Teoria Geral das Invalidades do Negócio Jurídico

Teoria Geral das Invalidades do Negócio Jurídico

NULIDADE E ANULABILIDADE NO DIREITO CIVIL CONTEMPORÂNEO

2017

Eduardo Nunes de Souza

TEORIA GERAL DAS INVALIDADES DO NEGÓCIO JURÍDICO
NULIDADE E ANULABILIDADE NO DIREITO CIVIL CONTEMPORÂNEO

© ALMEDINA, 2017

AUTOR: Eduardo Nunes de Souza
DIAGRAMAÇÃO: Almedina
DESIGN DE CAPA: FBA.

ISBN: 978-858-49-3245-0

Dados Internacionais de Catalogação na Publicação (CIP)
(Câmara Brasileira do Livro, SP, Brasil)

Souza, Eduardo Nunes de
Teoria geral das invalidades do negócio : nulidade
e anulabilidade no direito civil contemporâneo /
Eduardo Nunes de Souza. – São Paulo : Almedina, 2017.
Bibliografia
ISBN: 978-85-8493-245-0

1. Direito civil 2. Negócios jurídicos
3. Nulidades (Direito) I. Título.

17-08103   CDU-347.1

Índices para catálogo sistemático:

1. Invalidades do negócio jurídico: Direito civil 347.1

Este livro segue as regras do novo Acordo Ortográfico da Língua Portuguesa (1990).

Todos os direitos reservados. Nenhuma parte deste livro, protegido por copyright, pode ser reproduzida, armazenada ou transmitida de alguma forma ou por algum meio, seja eletrônico ou mecânico, inclusive fotocópia, gravação ou qualquer sistema de armazenagem de informações, sem a permissão expressa e por escrito da editora.

Setembro, 2017

EDITORA: Almedina Brasil
Rua José Maria Lisboa, 860, Conj. 131 e 132, Jardim Paulista | 01423-001 São Paulo | Brasil
editora@almedina.com.br
www.almedina.com.br

NOTA DO AUTOR

A presente obra corresponde à tese de doutoramento intitulada *Por uma releitura funcional das invalidades do negócio jurídico*, que defendi perante a Faculdade de Direito da Universidade do Estado do Rio de Janeiro em fevereiro de 2016. Um intenso trabalho de revisão e ampliação dos originais tornou-se imperativo após as sucessivas leituras e o desenvolvimento da pesquisa posteriormente à defesa. A principal alteração daí decorrente consistiu na ampliação do escopo da tese, de modo a se admitir o recurso ao raciocínio funcional também para fins de identificação das causas de nulidade, e não apenas no que tange à modulação das consequências da invalidade, como se propunha originalmente. Tal posicionamento, que o leitor já encontrará plenamente implementado nestas páginas, convenceu-me por completo como consequência lógica do pensamento civil-constitucional, marco teórico indissociável deste estudo.

A obra buscou abordar a invalidade negocial em perspectiva sistemática, de tal modo que as causas de invalidade em espécie servissem apenas a fins exemplificativos, sem se tornar o núcleo da investigação. Pareceu razoável, assim, a adoção do título de "teoria geral" para este estudo. Do mesmo modo, optou-se pelo emprego do termo "invalidades", no plural, como forma de indicar a infinidade de tratamentos possíveis para a matéria de acordo com as peculiaridades e os valores preponderantes de cada caso concreto. Ao procurar a avaliação da Editora Almedina, cujas obras me acompanharam ao longo de toda a minha formação acadêmica, estive movido pela convicção de que as presentes reflexões, embora tecidas na estrita forma de trabalho científico, podiam ser úteis também à práxis, momento do fenômeno jurídico que mais se ressente do excesso de formalismo na matéria. Recebi, com muita honra e alegria, a notícia de que minha tese viria a público nas elegantes páginas desta tão prestigiosa editora.

AGRADECIMENTOS

Na impossibilidade de agradecer a todos que contribuíram indiretamente para este trabalho, menciono apenas as pessoas que atuaram decisivamente para a sua conclusão.

À Profª. Maria Celina Bodin de Moraes, minha orientadora, sou grato pelo apoio incondicional que sempre prestou aos meus projetos, bem como pela capacidade de tornar fascinante a teoria geral do direito civil em suas aulas, contagiando-me com seu modo passional e encantador de ver o direito e a vida. Acredito que seus objetos de estudo na academia são tão minuciosamente elucidados em sua obra porque correspondem a aptidões pessoais suas – basta mencionar como exemplos a prática constante da solidariedade e o conhecimento preciso da medida da pessoa humana.

Agradeço por todas as lições aos meus professores e, nomeadamente, aos que influenciaram diretamente esta tese. Ao Prof. Gustavo Tepedino, com quem tive a honra de trabalhar durante toda a minha formação, devo não apenas a crítica ao plano da existência e a busca de sistematicidade que orienta todo este trabalho, mas também a oportunidade singular de conhecer, desde cedo, a academia por intermédio de alguém que a conduz com um compromisso singular. Aos Profs. Carlos Edison do Rêgo Monteiro Filho e Gisela Sampaio da Cruz Guedes, sou grato pela disponibilidade incondicional com que contribuíram para o aprimoramento desta tese no exame de qualificação e na defesa, bem como pelo sincero e inestimável apoio que sempre recebi deles. Ao Prof. Carlos Nelson Konder, agradeço pela honra de contar com sua interlocução, bem como pelo referencial acadêmico que representa para mim e tantos colegas. Aos Profs. Heloisa

Helena Barboza e Anderson Schreiber, agradeço pelos preciosos ensinamentos colhidos do privilégio de conviver com eles e de estar em contato com sua produção.

Sou grato à Universidade do Estado do Rio de Janeiro por ter sido o motivo determinante deste trabalho, que marcou a conclusão de um ciclo de exatos dez anos, desde o primeiro dia em que lá ingressei no curso de graduação, até a minha aprovação no concurso para professor adjunto de direito civil em 2016. Agradeço também aos alunos das turmas 2013.1 e 2013.2, para os quais tive a alegria de lecionar durante o doutorado, e, em especial, aos da turma 2011.1, cuja formatura coincidiu com a conclusão desta tese, deixando-me atônito com a rapidez do tempo e emocionado pela homenagem que deles recebi. Para a elaboração deste trabalho contei, ainda, com a ajuda de alunos de grupo de pesquisa organizado pela Profª. Celina, que localizaram parte das decisões judiciais aqui citadas. Esperando que a pesquisa também tenha sido útil a eles, agradeço a Anderson do Bonfim, Anna Teresa Trotta, Carolina Josetti, Gabriel Pereira, Gustavo de Azevedo, Isabela Reimão, Isabelle Giordano, Jamille Martins, Jeane Inácio, João Felipe Conceição, Lorena de Oliveira, Patrick Benício, Renan Medeiros, Rodrigo Correa e Rodrigo Farias.

Agradeço, ainda, aos amigos que souberam relevar minha ausência e me apoiaram ao longo de todo o caminho. Àqueles que não consigo ver sempre, aqui representados pelo Rodrigo Bonecini e pela Mariana Freire, agradeço pela amizade constante, que a distância geográfica só reforça. À turma do mestrado que levo para toda a vida, composta por Antônio Pedro Dias, André Nery, Carla Lgow, Caroline Andriotti, Fernanda Nunes, Gabriel Furtado, Ivana Coelho, Luiza Bianchini, Marcela Maffei, Miguel Labouriau, Raul Murad, Rebeca Garcia, Thaís Sêco, Thiago Lins e Vitor Almeida, agradeço por estarem presentes em tantas etapas da minha trajetória. Dois queridos alunos se tornaram também amigos nesse percurso: ao Guilherme Passos agradeço pelas pesquisas da primeira hora para meu projeto de tese e, ao Francisco Viégas, pela ajuda preciosa na reta final. Recebi, ainda, das amigas Milena Oliva e Aline Valverde, que também se fazem presentes há anos, conselhos certeiros e ajudas cruciais para este trabalho.

Ao Antonio dos Reis Júnior agradeço pela leitura de um dos mais delicados trechos deste trabalho, compreendendo minhas ideias e me ajudando a melhorá-las com sua inteligência e disponibilidade ímpares. Pela companhia preciosa e pela compreensão desde sempre tão espontânea, caracteres inerentes à sua data de aniversário privilegiada, sigo agradecendo perenemente, tentando um dia me colocar à altura da amizade fraterna com que me honra diuturnamente.

Ao Rodrigo da Guia Silva, agradeço pela participação decisiva neste e em tantos outros projetos, no direito civil e alhures. Dono de uma sabedoria inata e de uma generosidade infinda (que o tornam um interlocutor singular), não tenho como retribuir o cuidado com que revisou estes originais e a crítica paciente com que tornou esta tese muito mais adequada à análise funcional pretendida. Devo a ele, ainda, a companhia incansável, a compreensão sincera e tanto mais, que só posso agradecer por sua amizade inestimável. Mestre em humanidade e lealdade, tantas vezes privado por mim do seu uso todo particular do tempo, dele aprendi a esperar (o inesperado, e também) tudo que de melhor pode criar um grande amigo.

Finalmente, agradeço de todo coração aos meus pais, por me oferecerem todas as condições materiais e pessoais que me permitiram buscar a formação que sempre desejei, e que tantas alegrias tem me trazido. Muito mais do que isso, devo a eles os valores que carrego comigo, ensinados com seu exemplo, e o caminho que me mostraram para uma vida digna e feliz. Sou, ainda, para sempre grato por terem abraçado a minha escolha pela academia, um projeto que talvez não compreendam totalmente (e que talvez não tivessem escolhido para si), mas pelo qual têm lutado incansavelmente, muitas vezes mais do que eu. Pelo apoio nisso e em tudo, nunca agradecerei o suficiente. A dedicação deles fez e sempre fará toda a diferença.

PREFÁCIO

Esta obra corresponde à tese de doutorado em Direito Civil intitulada *Por uma perspectiva funcional das invalidades do negócio jurídico*, desenvolvida na UERJ por Eduardo Nunes de Souza, aluno (ora já professor) brilhante e muito querido orientando. O texto original, ora revisto e ampliado, obteve aprovação com grau máximo, distinção e louvor perante banca avaliadora por mim presidida e composta pelos Profs. Carlos Edison do Rêgo Monteiro Filho (UERJ), Gisela Sampaio da Cruz Guedes (UERJ), Caitlin Sampaio Mulholland (PUC-Rio) e Thamis Dalsenter Viveiros de Castro (PUC-Rio) nos idos de 2016.

O autor incisivamente desafia a teoria clássica das invalidades negociais, um dos institutos do direito civil mais tradicionais e estruturalistas, com a proposta de investigar as possibilidades de sua *funcionalização*.[1] Por

---

[1] Fala-se em *funcionalização* para designar seja o processo de análise funcional dos institutos jurídicos, isto é, de um estudo atento às finalidades perseguidas pelos mesmos e aos efeitos concretamente produzidos, seja para identificar o processo interpretativo que vincule a aplicação desses institutos à promoção de valores juridicamente relevantes. A necessidade da análise funcional é enfatizada por Pietro PERLINGIERI. *O direito civil na legalidade constitucional*. Rio de Janeiro: Renovar, 2008, pp. 358-359: "Para evitar os perigos de um estruturalismo árido, de maneira a subtrair-se ao fascínio de doutos questionamentos sobre o consentimento, sobre a troca sem diálogo e sem acordo, é necessário deslocar a atenção para os aspectos teleológicos e axiológicos dos atos de autonomia negocial, para o seu merecimento de tutela segundo o ordenamento jurídico. Isto representa o sinal de uma forte mutação no enfoque hermenêutico e qualificador do ato e, sobretudo, de um modo mais moderno de considerar a relação entre lei e a autonomia negocial".

que as invalidades deveriam ser tratadas como escolhas frias do legislador, desprovidas de qualquer conteúdo valorativo? Haveria sentido em estudá-las como uma verdadeira "matemática jurídica", um sistema rígido, infalível e imutável? Mais ainda: se esse fosse um sistema perfeito, por que razão são identificadas há tempos tantas "exceções à regra" nessa matéria? Decorreriam elas de opções arbitrárias da lei, de características "naturais" dos atos jurídicos, ou haveria algum fundamento principiológico para explicá-las? E, se esse fundamento existir, não poderiam as invalidades ser influenciadas de acordo com as características de cada caso concreto? Essas são algumas das perguntas que aqui se busca responder.

Com tal intuito, o autor analisa a invalidade negocial tanto em relação às suas causas (isto é, às hipóteses de vícios negociais previstos em lei que ensejam a nulidade e a anulabilidade) quanto às suas consequências (vale dizer, o regime jurídico aplicável aos negócios nulos e anuláveis, uma vez identificados tais vícios). Quanto às causas legais de invalidade, investiga os limites possíveis à sua análise funcional, particularmente por intermédio da figura das *nulidades virtuais*, assim denominadas aquelas decorrentes de violação a normas imperativas, nos casos em que o legislador não cominou expressamente a invalidade (por exemplo, a nulidade do negócio que dispõe sobre a herança de pessoa viva, art. 426 do Código Civil). Já a propósito das consequências da invalidade, propõe a ampla funcionalização do regime jurídico da invalidade negocial, sustentando-se a possibilidade de *modulação dos efeitos de atos inválidos pelo magistrado*, de modo a superar, de forma legítima, os contornos estritos do modelo legal.

A investigação encontra-se dividida em três eixos centrais. O primeiro propõe a análise do perfil funcional das invalidades, principal originalidade da obra. A invalidade negocial é aqui apresentada como um mecanismo jurídico de *controle valorativo* dos efeitos produzidos por atos de autonomia privada. A partir daí estruturam-se os demais itens do capítulo, primeiramente situando a invalidade dentre as demais categorias de controle da autonomia privada (ilicitude, abusividade e merecimento de tutela), em seguida especificando de que modo esse controle atua sobre as diversas categorias de atos de autonomia (atos-fatos jurídicos; atos jurídicos em sentido estrito; negócios jurídicos) e, finalmente, esclarecendo em que consistem os efeitos desses atos, em geral, e dos negócios jurídicos em particular (isto é, as situações jurídicas subjetivas).

PREFÁCIO

No final desta etapa, o autor questiona os limites tradicionais do chamado "plano da eficácia" do negócio jurídico, criticando a divisão estanque da análise baseada em Pontes de Miranda e demonstrando que o plano da validade consiste, em verdade, na *preocupação do legislador quanto à eficácia* dos atos jurídicos.

O eixo seguinte cuida da *análise crítica* do perfil estrutural das invalidades. Em primeiro lugar, o autor questiona o conceito de inexistência, para requalificá-lo como uma outra hipótese de invalidade negocial. Em seguida, relativiza as diferenças usualmente traçadas entre a nulidade e a anulabilidade, demonstrando não serem absolutas.

Assim ocorre com as características, normalmente atribuídas à nulidade, de decorrer de normas de ordem pública, de ser imprescritível, de não ser sanável pela vontade das partes ou de ofício pelo juiz, de poder ser alegada por qualquer interessado e de operar *ex tunc*, por força de sentença de natureza declaratória. Do mesmo modo, mostram-se flexíveis as características usualmente associadas à anulabilidade, a saber, a de que seria relevante apenas para os interesses das partes, de que convalesceria com o decurso do tempo, de que poderia ser suprida de ofício ou confirmada pelas partes, de que poderia ser invocada por um rol restrito de legitimados e de que sempre operaria *ex nunc*, por meio de sentença constitutiva.

Após cuidadosa comparação, o autor conclui não haver distinção definitiva entre os conceitos de inexistência, de nulidade e de anulabilidade, exemplificando o resultado alcançado com hipóteses controvertidas, como a chamada atividade contratual de fato[2] e a venda *a non domino*.[3] Em consequência, constata o autor que os modelos legais referentes à invalidade negocial não podem ser tidos como absolutos, já que não decorrem de qual-

---

[2] O autor demonstra, por exemplo, que o reconhecimento de efeitos a atos negociais corriqueiros realizados por absolutamente incapazes (por exemplo, a compra de balas, livros e revistas), aos quais se tem tradicionalmente reconhecido eficácia a despeito de sua teórica nulidade, ilustra a íntima proximidade entre validade negocial e juízo valorativo sobre os efeitos produzidos pelo ato.

[3] Do mesmo modo, o autor destaca que a venda *a non domino* já recebeu da doutrina todas as qualificações possíveis (ato nulo, anulável, inexistente, ineficaz e até mesmo plenamente válido), justamente porque as diversas soluções propostas pelo legislador para modular os efeitos desse tipo de alienação não correspondem perfeitamente a nenhuma das características normalmente atribuídas aos vícios negociais – e nem precisam corresponder, já que mais importante do que classificar o tipo de invalidade há de ser a valoração adequada dos efeitos decorrentes do ato.

quer característica essencial das hipóteses fáticas (*fattispecie*) que regulam. Voltam-se, isto sim, à tutela dos interesses e dos valores concretamente envolvidos pela produção de efeitos de cada negócio jurídico.

Oferece o autor, em seguida, uma proposta de método, a partir do qual admite que o intérprete module fundamentadamente os efeitos de um negócio juridicamente inválido, seja no sentido de torná-los mais restritivos, seja em prol da produção de alguns ou mesmo de todos os efeitos. A chave hermenêutica para esse procedimento está contida *nos valores do ordenamento*, aqui exemplificados pelos princípios que mais influenciam a matéria, a saber: a conservação do negócio jurídico, a vedação ao enriquecimento sem causa, a vedação ao benefício da própria torpeza, a tutela da confiança por meio da boa-fé objetiva, a tutela de pessoas vulneráveis e a garantia da segurança jurídica.

A partir da observação das tantas hipóteses (usualmente qualificadas como "excepcionais") em que a lei, a doutrina e a jurisprudência estabelecem regimes diferenciados para negócios inválidos, o êxito maior do autor consiste em traçar tendências de aplicação de princípios jurídicos específicos na modulação da disciplina das invalidades. A esse objetivo dedica o terceiro e último capítulo, onde aborda as aplicações mais frequentes dos princípios supramencionados – identificando, por exemplo, quais princípios se prestam ordinariamente a determinar a preservação dos efeitos de certos atos nulos, a ampliar o rol de legitimados para alegar uma anulabilidade, a determinar se o reconhecimento judicial de uma invalidade deve ou não operar retroativamente, a mitigar os rigores de uma invalidade formal e assim por diante.

Trata-se de uma obra propositiva e inspiradora – como devem ser as boas teses acadêmicas – que nos faz repensar os muitos dogmas que cercam a teoria das invalidades, nunca com o intuito de gerar insegurança, mas, ao contrário, buscando proporcionar a máxima efetividade dos valores constitucionais também nesse campo de estudo.

O leitor tem em mãos o arcabouço teórico e os mecanismos técnicos para a construção de um renovado sistema das invalidades, cujos desdobramentos apenas começam a ser delineados. Aqueles que sempre julgaram excessivamente rígida a teoria das nulidades, ou que consideravam atécnicas as soluções práticas criadas pela doutrina e pela jurisprudência para superar essa rigidez, encontrarão nesta obra um alento e um caminho com grande potencial transformador para o instituto.

Fui professora de Eduardo no primeiro ano de sua graduação e tive a ventura de acompanhá-lo de perto na pós-graduação, tanto no mestrado como no doutorado, todos realizados na Universidade do Estado do Rio de Janeiro, sua grande paixão. Nesses tantos anos de magistério, ainda não havia tido um aluno cujos talentos já pudessem ser entrevistos desde o primeiro dia de aula. No caso de Eduardo, os principais atributos são sua inteligência arguta, sua intensa dedicação e sua intrínseca honestidade.

No entanto, são os talentos que poderiam ser, talvez, considerados menores no âmbito acadêmico que o tornam tão especial. Sempre repeti que nada em demasia era bom. Li, contudo, em Kant que havia uma exceção: nada em excesso é bom, diz o filósofo, exceto, talvez, a boa vontade. Boa vontade é o que o autor desta obra tem de sobra – característica que se reflete na profundidade da pesquisa por ele empreendida, na riqueza dos resultados alcançados e, ainda, na vivacidade e sensibilidade com que ele se relaciona com todos que o conhecem.

Maria Celina Bodin de Moraes
Professora Titular da UERJ e
Professora Associada da PUC-Rio

SUMÁRIO

INTRODUÇÃO	21
1. PERFIL FUNCIONAL DAS INVALIDADES NEGOCIAIS: UMA QUESTÃO DE EFICÁCIA	35
1.1. Principais mecanismos de controle valorativo da autonomia privada e sua relação com as invalidades negociais	41
1.1.1. A evolução do conceito de legalidade e os controles de ilicitude, abusividade e merecimento de tutela em sentido estrito	43
1.1.2. A noção de invalidade e sua relação com o controle valorativo dos atos de autonomia privada	51
1.2. Categorias de atos jurídicos e seus respectivos graus de controle valorativo	78
1.2.1. Atos-fatos jurídicos	81
1.2.2. Atos jurídicos em sentido estrito	90
1.2.3. Negócios jurídicos	95
1.2.4. Graus de controle valorativo dos atos de autonomia privada	101
1.3. Uma questão de eficácia: por uma visão mais ampla dos efeitos negociais	108
1.3.1. Em que consistem os efeitos negociais: as situações jurídicas subjetivas	109
1.3.1.1. Direito subjetivo e as demais situações jurídicas: dificuldades conceituais	114
1.3.1.2. Situações jurídicas subjetivas de potestade: direito potestativo e poder jurídico	122

       1.3.1.3. Situações jurídicas subjetivas instrumentais:
              ônus jurídico e expectativa de direito 132
  1.3.2. Em que consiste a eficácia negocial: as múltiplas acepções
       do termo 145
       1.3.2.1. O tradicional plano da eficácia e as modalidades
              do negócio jurídico 147
       1.3.2.2. Crítica à noção tradicional e proposta conceitual
              de eficácia em sentido estrito 156

2. **PERFIL ESTRUTURAL DAS INVALIDADES NEGOCIAIS: CRÍTICA AOS TRADICIONAIS PLANOS DE ANÁLISE E SUA RECONDUÇÃO À EFICÁCIA DO NEGÓCIO JURÍDICO** 171
  2.1. A chamada inexistência do negócio jurídico e sua realocação
       no plano da validade 175
  2.2. A doutrina tradicional das invalidades do negócio jurídico
       e suas críticas 194
       2.2.1. Distinção entre nulidade e anulabilidade quanto às suas
           causas 195
       2.2.2. Distinção entre nulidade e anulabilidade quanto
           ao convalescimento pelo decurso do tempo 205
       2.2.3. Distinção entre nulidade e anulabilidade quanto à
           possibilidade de confirmação e de suprimento judicial do vício .. 225
       2.2.4. Distinção entre nulidade e anulabilidade quanto à legitimidade
           para alegação do vício 233
       2.2.5. Distinção entre nulidade e anulabilidade quanto à suposta
           operatividade de pleno direito 241
  2.3. Novamente, uma questão de eficácia: recondução dos planos
       de análise do negócio jurídico à valoração dos efeitos negociais .. 249
  2.4. Proposta de método 274

3. **A DINÂMICA DAS INVALIDADES NEGOCIAIS: ALGUNS VALORES RELEVANTES PARA A MODULAÇÃO JUDICIAL DE EFEITOS DO NEGÓCIO INVÁLIDO** 287
  3.1. Preservação da autonomia negocial (ou conservação
       do negócio jurídico) 295
  3.2. Vedação ao benefício da própria torpeza (ou proteção
       da boa-fé subjetiva) 313

3.3. Tutela da confiança (ou proteção da boa-fé objetiva)   324
3.4. Vedação ao enriquecimento sem causa   343
3.5. Tutela de pessoas vulneráveis   355
3.6. Garantia da segurança jurídica   368

PROPOSIÇÕES CONCLUSIVAS   381

REFERÊNCIAS   391

Introdução

Per fare un tavolo ci vuole un fiore.*
G. RODARI

Tem-se difundido, na história recente do direito civil brasileiro, construção dogmática de inegável interesse didático acerca da teoria geral do negócio jurídico. Trata-se dos chamados *planos de análise* do ato negocial, matéria em que usualmente se faz referência a Pontes de Miranda – autor a cujo gênio atribui-se a popularização desta e de tantas outras formulações indissociáveis da história do direito brasileiro.[4] De acordo com essa

---

* "Para fazer uma mesa, é preciso uma flor".
[4] Uma análise detalhada da contribuição de Pontes de Miranda para a difusão da teoria é traçada por Jan Peter SCHMIDT, que afirma: "[...] não há dúvidas quanto à influência de uma das mais conhecidas construções de Pontes de Miranda, isto é, de sua distinção rigorosa entre os três planos do negócio jurídico: o plano da existência, o plano da validade e o plano da eficácia. Ainda que o redator José Carlos Moreira Alves tivesse rejeitado a proposta de construir a parte geral do novo Código Civil de 2002 com base nessa tricotomia, em âmbito doutrinário terseia assistido ao enorme sucesso da construção ponteana. Nela se sustentam o estudo de Junqueira de Azevedo, que porta a tricotomia já no título, e a obra de Bernardes de Mello, que inclusive dedicou um volume próprio a cada plano. Mas também os manuais de direito civil da nova geração baseiamse, praticamente todos, na tricotomia, ou pelo menos a reverenciam" (Vida e obra de Pontes de Miranda a partir de uma perspectiva alemã – com especial referência à tricotomia 'existência, validade e eficácia do negócio jurídico'. *Revista Fórum de Direito Civil*. Ano 3. Número 5. Belo Horizonte: Fórum, jan.-abr./2014, p. 137).

teoria, tributária de algumas raízes romanas e, sobretudo, dos primeiros comentários oitocentistas à codificação francesa (período em que se difundiu, a partir da obra de Zachariae, a noção de atos inexistentes),[5] os negócios deveriam primeiramente ter averiguada sua *existência* (vale dizer, a apresentação de seus elementos constitutivos essenciais) para que, em seguida, fosse possível analisar sua *validade* (aptidão para a produção de efeitos pelo preenchimento de requisitos que qualificam tais elementos) e, posteriormente, sua *eficácia* (ausência de óbices externos para a concreta produção de efeitos).[6]

A prática jurisprudencial e as opções legislativas, contudo, distanciaram-se pouco a pouco de muitas das soluções propostas pela teoria dos planos de análise do negócio jurídico – no que foram seguidas (e, por vezes, precedidas) pela própria doutrina. Com efeito, embora atraentes por seu caráter eminentemente prático, os degraus da escala, cartesianos em sua precisão,[7] pareciam não explicar um sem-número de situações nas quais se mostrava razoável sustentar a eficácia (plena ou parcial) ou a ineficácia do negócio jurídico ao arrepio de maiores considerações quanto à sua existência ou validade. Submergiu-se, desse modo, em um oceano de exceções à regra, de soluções *ad hoc* propostas pelo legislador, pela doutrina ou pelo juiz à luz de determinadas *fattispecie*, ao argumento de que uma disciplina diversa

---

[5] Para uma breve descrição desse itinerário evolutivo, cf. item 2.1, *infra*.

[6] Assim define PONTES DE MIRANDA: "Para que algo valha é preciso que exista. Não tem sentido falar-se de validade ou de invalidade a respeito do que não existe. A questão da existência é questão prévia. Somente depois de se afirmar que existe é possível pensar-se em validade ou em invalidade. Nem tudo que existe é suscetível de a seu respeito discutir-se se vale, ou se não vale. Não há de se afirmar nem de se negar que o nascimento, ou a morte, ou a avulsão, ou o pagamento valha. Não tem sentido. Tampouco, a respeito do que não existe: se não houve ato jurídico, não há nada que possa ser válido ou inválido. [...] Os fatos jurídicos, inclusive os atos jurídicos, podem existir sem serem eficazes" (*Tratado de direito privado*. Tomo IV. São Paulo: Revista dos Tribunais, 2012, pp. 6-7).

[7] A demonstrar o apreço da doutrina por tal facilidade didática, Antônio Junqueira de AZEVEDO: "o aparentemente insolúvel problema das nulidades está colocado de pernas para o ar. É preciso, em primeiro lugar, estabelecer, com clareza, quando um negócio existe, quando, uma vez existente, vale, e quando, uma vez existente e válido, ele passa a produzir efeitos. Feito isto, a inexistência, a invalidade e a ineficácia surgirão e se imporão à mente com a mesma inexorabilidade das deduções matemáticas" (*Negócio jurídico*: existência, validade e eficácia. São Paulo: Saraiva, 2002, p. 25).

violaria a lógica jurídica ou os próprios valores do ordenamento.[8] Diante dessas frequentes exceções criadas ao longo do tempo, passou-se a afirmar que, se houvesse uma única matéria cuja disciplina pudesse pôr em xeque o caráter sistemático do direito civil, essa matéria seria, provavelmente, a teoria das invalidades negociais.[9]

Uma das prováveis causas desse descompasso consiste na aparente impermeabilidade da teoria dos planos negociais à análise funcional dos institutos jurídicos, pressuposto metodológico do projeto de reunificação e reconstrução do sistema do direito civil à luz da tábua axiológica constitucional.[10] Analisar qualquer categoria jurídica pelo prisma de sua função

---

[8] A respeito do crescimento em importância das exceções à teoria clássica das invalidades, imprescindível remeter à lição de Pietro PERLINGIERI: "É indicativa a radical mudança de postura realizada nos últimos anos em relação às patologias negociais. Da contraposição nítida entre as figuras de nulidade e anulabilidade passou-se, pouco a pouco, a atribuir importância às exceções: assim, a nulidade não é apenas absoluta, mas relativa; não é apenas total, mas parcial; determinam-se, além disso, razões para derrogar a disciplina da anulabilidade" (*O direito civil na legalidade constitucional*. Trad. Maria Cristina De Cicco. Rio de Janeiro: Renovar, 2008, pp. 373-374).

[9] Sobre as dificuldades de sistematização da matéria, v. Caio Mário da Silva PEREIRA: "Construída a chamada 'teoria das nulidades', que é a sistematização dos princípios que presidem a matéria da invalidade do negócio jurídico, com o tempo foram aparecendo diversidades de entendimento e de aplicação, que lhe desfiguraram a aparência de organismo uno. [...] apura-se a ausência de uniformidade nos conceitos e nas classificações, tanto de um para outro sistema, quanto dentro de um mesmo direito. [...] As regras gerais que estruturam a teoria da ineficácia do negócio jurídico, não só pelo caráter genérico de sua normação, como ainda por se situarem na Parte Geral do Código Civil, devendo, naturalmente, projetar-se por todas as províncias juscivilísticas, teriam de compor um sistema de princípios sempre certos. No entanto, isto não ocorre. Ao contrário, vigora largo ilogismo na aplicação, bastando recordar que em matéria de casamento são tantas as exceções consagradas que quase diríamos haver uma teoria especial de nulidade neste terreno" (*Instituições de direito civil*. Volume I. Rio de Janeiro: GEN, 2014, pp. 540-541). Observa, ainda, Francisco AMARAL que a construção teórica da invalidade negocial "ressente-se hoje da impossibilidade de uma perfeita sistematização, capaz de fixar a matéria em algumas regras gerais que proporcionem ao intérprete segura orientação, dada a multiplicidade de normas limitadoras da autonomia privada, o que dificulta a fixação de princípios comuns" (*Direito civil*: introdução. Rio de Janeiro: Renovar, 2014, p. 510).

[10] A necessidade de uma análise funcional do direito civil é enfatizada em página clássica de Pietro PERLINGIERI: "Para evitar os perigos de um estruturalismo árido, de maneira a subtrair-se ao fascínio de doutos questionamentos sobre o consentimento, sobre a troca sem diálogo e sem acordo, é necessário deslocar a atenção para os aspectos teleológicos e axiológicos dos atos de autonomia negocial, para o seu merecimento de tutela segundo o ordenamento jurídico.

significa levar em consideração seu aspecto dinâmico, consubstanciado nos efeitos jurídicos dela decorrentes e nos valores e interesses que justificam seu reconhecimento pelo ordenamento jurídico.[11] Contraditoriamente, a matéria que tem ao menos um terço de sua teoria construída em torno da "eficácia" do ato negocial (portanto, em tese, de seu aspecto dinâmico) parece não ter recebido ainda, por parte da doutrina, uma análise funcional mais detida.

Dentre outros fatores, isso se deve, provavelmente, à natureza tradicionalmente estática da teoria das nulidades[12] – núcleo teórico dos planos de análise do negócio jurídico (figurando a existência como pressuposto para a validade do negócio, e dependendo a eficácia, em tese, diretamente dessa validade). Com efeito, as nulidades costumam se apresentar atreladas ao perfil estrutural do negócio.[13] Foram previstas originalmente sob um princípio de legalidade estrita,[14] taxativamente listadas por lei conforme

---

Isto representa o sinal de uma forte mutação no enfoque hermenêutico e qualificador do ato e, sobretudo, de um modo mais moderno de considerar a relação entre lei e a autonomia negocial, configurada unitariamente" (*O direito civil na legalidade constitucional*, cit., pp. 358-359).

[11] Leciona Carlos Edison do Rêgo MONTEIRO FILHO: "o intérprete que se vê diante de uma situação jurídica qualquer, deve perquirir, para além de seus elementos constitutivos (o que ela é), a sua razão teleologicamente justificadora: para que serve? Ou seja, os institutos jurídicos, partes integrantes da vida de relação, passam a ser estudados não apenas em seus perfis estruturais (sua constituição e seus elementos essenciais), como também – e principalmente – em seus perfis funcionais (sua finalidade, seus objetivos)" (Usucapião imobiliária urbana independente de metragem mínima: uma concretização da função social da propriedade. *Direito das relações patrimoniais:* estrutura e função na contemporaneidade. Curitiba: Juruá, 2014, p. 17).

[12] O termo "teoria das nulidades" costuma ser empregado em sentido lato, para abranger todas as invalidades do negócio jurídico. A respeito, v., dentre outros: AMARAL, Francisco. *Direito civil*, cit., p. 510; PEREIRA, Caio Mário da Silva. *Instituições de direito civil*. Volume I, cit., p. 540.

[13] Afirma-se sobre a invalidade do negócio jurídico "que a sua configuração vai prender-se à sua estrutura" (PEREIRA, Caio Mário da Silva. *Instituições de direito civil*. Volume I, cit., p. 528).

[14] A exigência de previsão legal estrita da nulidade predominaria por muito tempo e seria apenas parcialmente superada com a admissão das chamadas *nulidades virtuais*, que continuam a exigir alguma previsão legal que as fundamente, como leciona Francesco GALGANO: "A nulidade é, dentre as duas espécies de invalidade, aquela de alcance geral: não se exige, para que um contrato seja nulo, que a nulidade seja prevista pela lei como consequência da violação de uma norma imperativa; basta que uma norma imperativa tenha sido violada. [...] É a assim chamada nulidade virtual, que supera o antigo princípio da nulidade textual, segundo a máxima da mais antiga jurisprudência francesa: *pas de nullité sans texte*" (*Il negozio giuridico*. In: CICÙ, Antonio; MESSINEO, Francesco; MENGONI, Luigi; SCHLESINGER, Piero (Coord.).

faltassem certos requisitos à vontade, ao objeto ou à forma negociais. Como se percebe, o mecanismo não abria margem à consideração de valores ou interesses no caso concreto, capazes de modular os efeitos negociais. *Tertium non datur*: ou bem o negócio preenchia todos os requisitos e estava apto a produzir efeitos, ou lhe faltava algum requisito e se lhe negava eficácia. A popularidade da teoria decorreu justamente dessa objetividade.

Em sua origem, porém, a teoria das nulidades traduz grande preocupação valorativa.[15] Não por acaso, afirma-se ainda hoje que a nulidade configura vício tão grave, caracterizado por violação à ordem pública, que daí decorreria necessariamente a mais severa das sanções que o negócio poderia receber – sua completa ineficácia.[16] O ordenamento não poderia admitir a produção de efeitos por um ato frontalmente contrário a ele.

Trata-se, contudo, de juízo valorativo cristalizado na previsão legal – em outros termos, uma valoração *a priori*, imutável na norma positiva, o que levou a doutrina a identificar hipóteses em que a teoria das nulidades não explicava satisfatoriamente os efeitos que *deveriam* decorrer de certos negócios inválidos, sob pena de se produzirem injustiças tão severas quanto aquelas que se pretendia evitar propondo-se sua absoluta ineficácia.[17] De fato, partindo-se do pressuposto de que o direito apenas se materializa à luz do caso concreto,[18] a ponderação abstrata feita pelo legislador jamais

---

Trattato di diritto civile e commerciale. Milano: Giuffrè, 2002, p. 267. Tradução livre). A respeito, cf. também o item 1.1.2, *infra*.

[15] Como aduz Raffaele Tommasini, as nulidades operam como "índice do juízo de merecimento de tutela dos interesses programados pelas partes em relação aos valores perseguidos pela comunidade" (Nullità (dir. priv.). *Enciclopedia del diritto*. Volume XXVIII. Milano: Giuffrè, 1978, p. 876. Tradução livre).

[16] Cf., por todos, Rodrigues, Silvio. *Direito civil*. Volume I. São Paulo: Saraiva, 2007, p. 285.

[17] Embora distante do juízo de merecimento de tutela proposto pela metodologia civil-constitucional, Valle Ferreira já aludia a valores juridicamente relevantes ao indicar o caráter "equitativo" dessa flexibilização das nulidades, "abrandadas por uma questão de oportunidade, quando o legislador, mais empenhado na composição dos interesses humanos, quis reduzir as consequências lógicas daquele princípio para, por motivo de utilidade pública, admitir a possibilidade de uma sanção mais ou menos enérgica, segundo a maior ou menor importância da norma então contrariada" (Subsídios para o estudo das nulidades. *Revista da Faculdade de Direito da UFMG*. Ano XIV. Número 3 (nova fase). Belo Horizonte: out./1963, p. 30).

[18] Trata-se da noção de ordenamento do caso concreto, conforme a lição de Pietro Perlingieri: "A forma é inseparável do conteúdo e o próprio negócio não pode ser relegável ao plano da estrutura, da *fattispecie* e de seus requisitos mecanicamente descritos, mas deve ser considerado

poderia figurar como parâmetro único para indicar quais efeitos seriam merecedores de tutela em cada negócio jurídico, constituindo tão somente o ponto de partida de uma análise que – como se sustenta hoje – cabe, fundamentalmente, ao julgador. A ineficácia dos atos nulos foi, desse modo, progressivamente relativizada.[19]

Nesse cenário, têm-se admitido muitas outras hipóteses de eficácia de atos nulos no direito civil contemporâneo, a serem apresentadas ao longo do presente estudo.[20] Tamanha foi a relativização da regra geral que a própria distinção entre nulidade e anulabilidade já se propõe parcialmente superada por alguns autores,[21] os quais, ao conferirem interpretação ampla ao art. 182 do Código Civil, reconhecem efeitos *ex tunc* tanto à sentença que reconhece a nulidade quanto à sentença anulatória.[22] De outra parte, diversas distinções comumente aludidas entre nulidade e anulabilidade foram progressivamente relativizadas. Por exemplo, embora a lei determine, em princípio, que as nulidades nunca prescrevam,[23] ao passo que as anulabilidades poderiam convalescer com o decurso do tempo, esse entendimento tem sido questionado atualmente por variadas correntes doutrinárias, em face da insegurança jurídica dele decorrente. Além disso, a possibilidade de confirmação do ato pelas partes, em princípio restrita às hipóteses de anulabilidade,[24] tem sido paulatinamente estendida aos atos nulos. Por fim, a ampla legitimidade para alegação dos atos nulos,

---

como ordenamento do caso concreto, um valor a ser integrado e a ser coadunado com o sistema do ordenamento, como uma parte do todo, em estrita indissolubilidade lógica e histórica" (*Perfis do direito civil:* introdução ao direito civil constitucional. Trad. Maria Cristina De Cicco. Rio de Janeiro: Renovar, 2007, p. 297).

[19] Processo que ocorreu, igualmente, em sistemas estrangeiros, como já relatava, no ordenamento italiano, PIGA, Emanuele. Nullità (in genere). In: D'AMELIO, Mariano (Coord.). *Nuovo Digesto Italiano*. Volume VIII. Torino: UTET, 1939, p. 1147.

[20] Particularmente no item 2.3 e no Capítulo 3, *infra*.

[21] Cite-se, por exemplo, o posicionamento de VALLE FERREIRA: "Atos nulos e atos anuláveis são igualmente imperfeitos, padecem de imperfeições, mais ou menos graves, mas o certo é que têm a mesma existência irregular e precária. Nesta matéria, em verdade, só se encontram dois conceitos antagônicos: validade e invalidade" (Subsídios para o estudo das nulidades, cit., p. 30).

[22] Cf., a respeito, o item 2.2.5, *infra*.

[23] *Verbis*: "Art. 169. O negócio jurídico nulo não é suscetível de confirmação, nem convalesce pelo decurso do tempo".

[24] *Verbis*: "Art. 172. O negócio anulável pode ser confirmado pelas partes, salvo direito de terceiro".

prevista pelo legislador,[25] vê-se restringida em diversas hipóteses, à luz de particularidades do caso concreto.[26]

Em todas essas mitigações da sistemática geral da invalidade do negócio jurídico, o intérprete parece partir dos efeitos negociais que pretende preservar ou suprimir para, em seguida, proceder à qualificação do vício, em um pensamento indutivo que, de modo geral, caracterizou a construção do já aludido "âmbito de exceções" na teoria das nulidades. Os efeitos do ato negocial são analisados como compatíveis ou contrários aos valores do ordenamento antes de se proceder à qualificação do negócio como (in)existente, (in)válido ou (in)eficaz. Em uma palavra, o julgador parece *regular* a eficácia do negócio jurídico, seu começo e seu fim, sua oponibilidade a terceiros ou sua eficácia *inter partes*, ou mesmo opta pela total ineficácia, e somente depois busca a fundamentação nos planos de análise do negócio, o que logra fazer na grande maioria dos casos, mas não em sua totalidade.

O procedimento deixa de parecer tão singular em se partindo da noção que contrapõe a estrutura dos institutos jurídicos à sua função.[27] Com efeito, afirma-se frequentemente que a função condiciona a estrutura, de tal modo que a disciplina jurídica somente se identifica após a análise (funcional) dos diversos valores e interesses tangenciados. Aspecto particular desse mecanismo, se aplicado à teoria das nulidades, reside no fato de que, por vezes, não há estrutura (vale dizer, conjunto de consequências legalmente previstas para determinado grau de invalidade) compatível com a análise funcional realizada. Assim pode acontecer que nem a nulidade (a acarretar a ineficácia plena do ato, legitimidade ampla para alegação

---

[25] *Verbis*: "Art. 168. As nulidades dos artigos antecedentes podem ser alegadas por qualquer interessado, ou pelo Ministério Público, quando lhe couber intervir. Parágrafo único. As nulidades devem ser pronunciadas pelo juiz, quando conhecer do negócio jurídico ou dos seus efeitos e as encontrar provadas, não lhe sendo permitido supri-las, ainda que a requerimento das partes".

[26] Tais distinções, acompanhadas das respectivas mitigações, serão apresentadas em detalhe no item 2.2.4, *infra*.

[27] Na análise de Gustavo TEPEDINO: "As situações jurídicas subjetivas apresentam dois aspectos distintos – o estrutural e o funcional. O primeiro identifica a estruturação de poderes conferida ao titular da situação jurídica subjetiva, enquanto o segundo explicita a finalidade prático-social a que se destina. O aspecto funcional condiciona o estrutural, determinando a disciplina jurídica aplicável às situações jurídicas subjetivas" (Notas sobre a função social dos contratos. In: FACHIN, Luiz Edson e TEPEDINO, Gustavo (Org.). *O direito e o tempo*: embates jurídicos e utopias contemporâneas. Rio de Janeiro: Renovar, 2008, p. 400).

e impossibilidade de confirmação pelas partes ou convalescimento pelo tempo) nem a anulabilidade (a justificar a eficácia até o momento da invalidação, legitimidade restrita para alegação e possibilidade de confirmação ou convalescimento) apresentem soluções satisfatórias para a modulação dos efeitos de certo ato.[28]

Mostra-se evidente a relevância (e também o sucesso, em boa parte dos casos) dos mecanismos previstos pelo legislador para a disciplina das invalidades, que se espraiam por todo o sistema jurídico brasileiro; constata-se, porém, sua insuficiência.[29] Desse modo, se a classificação dos atos inválidos como nulos ou anuláveis revela-se de grande valia para o intérprete,[30] por outro lado a disciplina legalmente prevista para tais categorias deve ser apenas o início do trajeto a ser percorrido pelo julgador, a quem incumbe interpretá-las e aplicá-las à luz da totalidade do ordenamento, em sua unidade sistemático-teleológica.[31] O caminho, portanto, parece repousar não no abandono de tais categorias, mas na sua sistematização à luz de um novo critério, baseado na eficácia que resultar legítimo conferir aos negócios jurídicos em concreto, após o julgamento de seu merecimento de tutela.

---

[28] Com efeito, René JAPIOT, um dos expoentes da teoria crítica das nulidades negociais na França, tecia severa crítica à doutrina clássica na matéria, ao denunciar sua artificialidade e desprezo pelos elementos do caso concreto: "O sistema clássico seduz por sua unidade, sua elegância, a harmonia das partes que o compõem, o belo encadeamento de suas deduções [...]. Mas ele tem sobretudo os defeitos de suas qualidades: ele apenas apresenta o regime das nulidades sob essa forma elegante e clara tomando por ponto de partida certas concepções nascidas da imaginação dos teóricos, e violentando as realidades objetivas para lhes atribuir uma simplicidade puramente artificial" (*Des nullités en matière d'actes juridiques*: éssai d'une théorie nouvelle. Paris: LGDJ, 1909, p. 156. Tradução livre).

[29] Caio Mário da Silva PEREIRA reconhecia o valor da teoria clássica das nulidades, mas recomendava "bom senso" em sua aplicação: "se falta absoluto rigor à teoria clássica, nenhuma outra foi encontrada, estabelecida ou esboçada para substituí-la, e, pois, o que se deve ter presente é que os conceitos tradicionais ainda são e devem ter-se por constitutivos de um sistema conveniente. Tem dado bons resultados, bastando comedimento e bom senso na sua aplicação" (*Instituições de direito civil*. Volume I, cit., pp. 541-542).

[30] Com efeito, as classificações desempenham papel indispensável: "As classificações são, de fato, um instrumento poderoso. Não apenas esclarecem e solidificam o conhecimento jurídico; têm o papel de aprimorar e promover o Direito" (MORAES, Maria Celina Bodin de. Prefácio a NEGREIROS, Teresa. *Teoria do contrato*: novos paradigmas. Rio de Janeiro: Renovar, 2006).

[31] A noção de ordenamento jurídico como um sistema teleológico-axiológico é esclarecida por CANARIS, Claus-Wilhelm. *Pensamento sistemático e conceito de sistema na ciência do direito*. Trad. António Menezes Cordeiro. Lisboa: Calouste Gulbenkian, 1996, pp. 66 e ss.

Em outras palavras, faz-se necessário empregar a teoria das invalidades, não mais como um fator de vinculação do intérprete que impõe entraves a essa sistematização, mas sim como instrumento facilitador do processo, integrado a uma perspectiva metodológica que parte do estudo da eficácia, e não da análise meramente estrutural do negócio jurídico.

Semelhante proposta exige o estabelecimento de critérios para a investigação do merecimento de tutela dos negócios jurídicos, cujo fundamento não reside propriamente em eventuais vícios estruturais que os inquinem desde o momento de sua formação, mas sim em seus efeitos concretos, valorados (positiva ou negativamente) a partir de uma interpretação sistemática do ordenamento. O enfoque funcional permite explicar de modo mais satisfatório por que os efeitos de um ato inválido em abstrato podem ser considerados, à luz do caso concreto, ora absoluta ou relativamente ilegítimos, ora parcialmente admissíveis, ora plenamente reconhecidos.[32] Em síntese, a partir da apreciação da concreta eficácia do negócio jurídico, sem vinculações *a priori* com sua esquematização abstrata e suas exceções, torna-se possível identificar parâmetros para o juízo de merecimento de tutela sobre os atos de autonomia privada,[33] em consonância com os princípios fundamentais do ordenamento.

Nesse sentido, as regras previstas pelo legislador sobre nulidade e anulabilidade parecem gerar tão somente a presunção de que certa disciplina deva ser aplicada aos efeitos do ato negocial – presunção esta que se afigura fundamental para a garantia da segurança jurídica no âmbito da autonomia privada e que, na maior parte dos casos, não sofre alterações após a

---

[32] Ressalta Pietro PERLINGIERI: "Errôneo, portanto, é sustentar, ainda hoje, que a nulidade, como regra, é absoluta. Omite-se, de fato, que ela se tornou na maioria dos casos nulidade de proteção, de garantia; assim, não mais 'qualquer um que tenha interesse' é legitimado a fazer valer a nulidade, mas apenas aquele que é garantido pela nulidade"; assim, reforça-se a ideia "de que a composição concreta de interesses exige, também sob o perfil patológico, uma disciplina que se deduz não da mera recondução ao tipo, mas da peculiaridade do caso" (*O direito civil na legalidade constitucional*, cit., pp. 374-375).

[33] Embora consagrado pelo uso, o termo "autonomia privada" tem sido substituída paulatinamente pela noção, mais ampla, de "autonomia negocial". Registra Pietro PERLINGIERI: "[...] a locução 'autonomia privada' pode induzir em erro: qualquer que seja o sentido que se queira dar ao atributo 'privada' corre-se o risco de gerar sérios equívocos. [...] a locução mais idônea a acolher a vasta gama das exteriorizações da autonomia é aquela de 'autonomia negocial', enquanto capaz também de se referir às hipóteses dos negócios com estrutura unilateral e dos negócios com conteúdo não patrimonial" (*O direito civil na legalidade constitucional*, cit., p. 338).

adequada interpretação e aplicação da disciplina legal à luz da axiologia do sistema.³⁴ Por outro lado, para que um ato inválido possa produzir efeitos, divergindo do regime que lhe confere a norma positiva, exige-se ônus argumentativo muito mais intenso, a ser levado a cabo pelo julgador à luz do caso concreto, a partir de uma análise valorativa do negócio, que leve em conta a sua função.³⁵ Conforme sintetiza Pietro Perlingieri, "os interesses individuados, deduzidos no contrato ou a eles coligados, são diversos, de maneira que as patologias contratuais são obrigadas a se conformar a tais interesses. Os 'remédios' devem ser adequados aos interesses".³⁶

Tal procedimento mostra-se especialmente compatível com a metodologia do direito civil-constitucional, que tem permitido a reordenação de todo o sistema do direito civil a partir dos princípios e valores tutelados pelo ordenamento e consagrados na tábua axiológica constitucional.³⁷ Somente a análise funcional permite restaurar a unidade teórico-dogmática da invalidade do negócio jurídico e superar o aspecto exclusivamente estruturalista que continua a dominar, pelo menos na sistemática tradicional, o tratamento

---

³⁴ Não se afirme, porém, que o controle judicial dos efeitos da invalidade negocial represente ameaça à segurança jurídica. Com efeito, afirma Gustavo Tepedino: "a noção de segurança jurídica, nessa perspectiva, longe de se ater ao texto legal isoladamente considerado, deve ser reconstruída na vinculação do magistrado ao ordenamento como um todo, incorporando, em cada decisão, devidamente fundamentada, os valores e princípios que definem a unidade do sistema" (Dez anos de Código Civil e a abertura do olhar do civilista. *Revista Trimestral de Direito Civil*. Volume 49. Rio de Janeiro: Padma, jan.-mar./2012, p. 103).

³⁵ Pietro Perlingieri ressalta a relevância do perfil da eficácia para a identificação da invalidade: "nem sempre a violação da forma legal provoca a nulidade"; "do mesmo modo como a inderrogabilidade representa não o dado inicial, mas o resultado da interpretação, assim a determinação da sanção (nulidade – e diversa graduação das suas consequências –, anulabilidade ou ineficácia) é o resultado de uma atenta consideração dos valores e interesses envolvidos: a função da norma não se extrai da 'sanção' nulidade, mas é a nulidade que deve ser justificada com base na função (pré-individuada) da norma" (*Perfis do direito civil*, cit., p. 291).

³⁶ Perlingieri, Pietro. *O direito civil na legalidade constitucional*, cit., p. 374.

³⁷ Em precisa síntese, Pietro Perlingieri: "Abre-se para o civilista um vasto e sugestivo programa de investigação, que propõe a realização de objetivos qualificados: individuar um sistema do direito civil mais harmonizado com os princípios fundamentais e, em particular, com as necessidades existenciais da pessoa; redefinir o fundamento e a extensão dos institutos jurídicos, especialmente civilísticos, destacando os seus perfis funcionais, em uma tentativa de revitalização de cada normativa à luz de um renovado juízo de valor; verificar e adequar as técnicas e as noções tradicionais [...]" (*O direito civil na legalidade constitucional*, cit., p. 591).

do tema.³⁸ Cumpre, assim, partindo-se das hipóteses de invalidade ou ineficácia previstas em lei como indicadores iniciais desse juízo valorativo dos atos negociais, construir um sistema coerente e unitário, capaz de abarcar também os casos de eficácia que não se encaixavam nos moldes rígidos e estruturalistas da teoria tradicional das invalidades, não como exceções à regra, mas como parte do mesmo corpo valorativo.

Em outras palavras, a identificação dos parâmetros de valoração da eficácia negocial pode conduzir à reordenação sistemática da matéria sob o prisma funcional, oferecendo critérios ao julgador³⁹ para a modulação de efeitos dos atos negociais e restabelecendo a segurança jurídica perdida com o tratamento casuístico e fragmentado que se tem conferido à eficácia negocial. A releitura dos institutos de direito privado à luz dos valores do ordenamento tem sido promovida, nas últimas duas décadas, pela escola do direito civil-constitucional, tendo esta logrado lançar novas luzes sobre temas tão variados quanto a teoria dos chamados direitos da personalidade, a teoria geral das obrigações, a responsabilidade civil, a teoria dos bens ou o direito de família.⁴⁰Propõe-se estender essa metodologia, no presente momento, também ao estudo da invalidade do negócio jurídico.⁴¹

---

[38] Leciona Pietro PERLINGIERI que se devem analisar as nulidades e formalidades legais em geral à luz dos interesses que elas garantem: "A utilização da forma legal responde a uma política do direito que, tanto nas vicissitudes constitutivas quanto naquelas modificativas, regulamentares ou extintivas da relação, tende a garantir, tutelar e promover interesses mais merecedores de tutela; principalmente se respondem às exigências de sujeitos que no âmbito do sistema têm um estatuto de favor e em relação aos quais justifica-se ainda mais a atenção do legislador ordinário. Desse modo, não é suficiente constatar a existência ou a inexistência da forma, mas é necessário, também, perguntar-se a que serve" (*Perfis do direito civil*, cit., pp. 297-298).

[39] Conforme registra Maria Celina BODIN DE MORAES, cabe precipuamente à doutrina "o trabalho de analisar a forma pela qual os institutos jurídicos nacionais devem ser interpretados à luz da normativa constitucional para oferecer instrumentos argumentativos, lógicos e racionais, de modo a, facilitando a labuta judicial, ampliar a efetivação dos princípios superiores que os inspiram" (Prefácio. *Na medida da pessoa humana*. Rio de Janeiro: Renovar, 2010).

[40] Analisa Teresa NEGREIROS: "os esforços do civilista contemporâneo atento a tais transformações têm se voltado para a recuperação de uma unidade sistemática através da identificação de um sentido axiológico comum às múltiplas mudanças ocorridas – aí reside, em grande parte, a justificativa para que seja tão importante insistir-se na afirmação de que o direito de hoje já não mais se compadece com os modelos explicativos do passado" (*Teoria do contrato*, cit., pp. 8-9).

[41] De fato, em perspectiva civil-constitucional, torna-se possível "uma reconstrução do sistema das patologias do contrato que repropõe, de forma nova, as relações entre anulabilidade e nulidade, entre invalidade absoluta e relativa sem atribuir a cada uma delas o papel de regra

O processo já tem sido desempenhado de modo assistemático, como se terá oportunidade de demonstrar, principalmente pelos tribunais e, secundariamente, também pela literatura jurídica. Cabe, porém, à doutrina cumprir seu papel de orientação e sistematização do trabalho jurisprudencial,[42] oferecendo ao julgador instrumentos mais seguros e eficazes para dosar o merecimento de tutela dos efeitos do ato negocial e, diante dos atos inválidos, modular funcionalmente seus efeitos. A tarefa é tão complexa quanto a própria autonomia privada, e tão duradoura quanto a própria ordem jurídica: trata-se, afinal, do constante esforço de adaptação do direito a uma realidade social cada vez mais diversificada – esforço que se tem operacionalizado, atualmente, pela releitura das normas jurídicas à luz dos valores e princípios do ordenamento proporcionada pela metodologia civil-constitucional. No intuito de levar a cabo essa proposta, dividiu-se o presente estudo em três eixos principais, seguidos de uma síntese conclusiva.

O primeiro capítulo busca demonstrar que o problema das invalidades do negócio jurídico consiste, na verdade, no problema do controle valorativo dos efeitos produzidos pela autonomia privada, a justificar a preocupação precípua do legislador com o negócio jurídico e apenas em menor grau com outras modalidades de atos jurídicos (cuja eficácia decorre prioritariamente da lei e não da vontade privada). Em seguida, abordam-se de forma individual os termos da proposição antes formulada, a saber: em que consistem os efeitos do negócio jurídico (as situações jurídicas subjetivas); quais são as figuras tradicionalmente associadas à eficácia negocial (as modalidades do negócio jurídico); e, finalmente, como pode se dar essa produção de efeitos, a demonstrar que o estudo da eficácia negocial se afigura muito mais amplo que o último degrau da escala ponteana.

O capítulo seguinte pretende apresentar um panorama da teoria tradicional da invalidade do negócio jurídico e suas aparentes contradições à luz da legislação, doutrina e jurisprudência contemporâneas. O negócio

---

ou exceção, mas reconhecendo primariamente o interesse substancial que domina a *fattispecie* concreta" (PERLINGIERI, Pietro. *O direito civil na legalidade constitucional*, cit., p. 398).

[42] Oportuna a lição de Maria Celina BODIN DE MORAES a esse propósito, segundo a qual, no sistema romano-germânico, são os doutrinadores que, "em virtude de estudos aprofundados acerca do sistema, impossíveis de ser realizados no dia a dia por força das demandas cotidianas do julgar, melhor conhecem e, em consequência, melhor elaboram sua interpretação lógica, sistemática e teleológica" (Professores ou juízes?. Editorial. *Civilistica.com*. Rio de Janeiro, a. 3, n. 2, jul.-dez./2014).

inexistente é requalificado, nesse contexto, como modalidade de negócio inválido. Descrevem-se, em seguida, as distinções tradicionais entre nulidade e anulabilidade e as suas principais mitigações no cenário contemporâneo. Ao final, busca-se apresentar, por meio de alguns exemplos emblemáticos, como os problemas relacionados à invalidade do negócio jurídico decorrem, na verdade, de uma ponderação a respeito de sua eficácia, mais complexa do que o cartesianismo dos planos de análise negociais permitiria supor. Optou-se por tomar a perspectiva funcional como ponto de partida no primeiro capítulo e apenas neste segundo momento apresentar uma análise estrutural da invalidade do negócio jurídico, invertendo-se a ordem que poderia parecer mais natural, justamente para permitir que a descrição dos entendimentos tradicionais sobre a matéria pudesse ser acompanhada de considerações críticas decorrentes do capítulo precedente.

O último capítulo retoma a perspectiva dinâmica em busca de sistematicidade axiológica nas diversas "exceções" reconhecidas à teoria geral das invalidades. Para tanto, identificam-se alguns dos principais valores juridicamente relevantes que têm exercido papel decisivo no controle da eficácia de negócios inválidos. Parte-se do instrumental apresentado no primeiro capítulo para demonstrar de que forma o juízo valorativo sobre os efeitos negociais leva em consideração tais valores para modular a eficácia dos atos inválidos em um ou outro sentido, por vezes à revelia da regra geral prevista em lei, mas de forma igualmente consentânea com o ordenamento. Desse modo, busca-se demonstrar de que modo os valores abordados se relacionam com características particulares da eficácia negocial, na esperança de se proporcionar ao intérprete critérios úteis que possam guiá-lo na identificação de casos que justifiquem a adoção de um regime jurídico, em princípio, *diferenciado* em relação às regras gerais das invalidades negociais – mas não excepcional em face da axiologia do sistema.

Ao final dessa empreitada, espera-se poder demonstrar que, por trás de uma disciplina rígida e estruturalista construída em abstrato pela lei, a teoria das invalidades parte de um sistema coerente e dinâmico de valoração dos atos de autonomia privada, que apenas pode ser aperfeiçoado à luz do caso concreto, em uma típica aplicação da metodologia civil-constitucional a esta seara ainda carente de tratamento funcional. O verso de uma popular cantiga infantil italiana, que serve de epígrafe a esta Introdução, ilustra bem o problema: afirma-se que, para quem sabe olhar, uma mesa pode revelar ao observador a existência anterior de uma flor (que foi necessária para produzir o fruto, que gerou a semente, que se tornou árvore e produziu a madeira). Para se fazer uma mesa, conclui o verso, é preciso uma flor.[43] Assim também a teoria das invalidades, à primeira vista de aplicação mecânica e precisão quase matemática, constrói-se a partir de uma complexa ponderação de valores, iniciada pelo legislador e, necessariamente, terminada pelo intérprete. O aparentemente árido regime legal das nulidades pode revelar ao jurista a rica dinâmica valorativa que perpassa a sua lógica – basta, para tanto, saber observar.

---

[43] "*Per fare un tavolo ci vuole un fiore*", frase que serve de refrão à cantiga infantil italiana *Ci vuole un fiore*, composta por Gianni Rodari.

1.
Perfil funcional das invalidades negociais: uma questão de eficácia

> *O meu fim evidente era atar as duas pontas da vida, e restaurar na velhice a adolescência.*
>
> J. M. Machado de Assis

O estudo e o ensino da teoria geral do direito civil – materializados, via de regra, na análise das normas da Parte Geral do Código Civil – costumam tomar como ponto de partida a apreciação das relações jurídicas e das modalidades de situações jurídicas subjetivas que se estabelecem na ordem civil.[44] Com efeito, entendido o direito civil como o setor da ciência jurídica que se dedica ao estudo da autonomia nas relações privadas quotidianas, suas bases se fundam justamente sobre a qualificação dessas

---

[44] Trata-se de abordagem proposta inicialmente pelo direito germânico, como leciona Orlando Gomes: "A sua elevação [da relação jurídica] à altura de conceito nuclear da Teoria Geral do Direito Civil é obra da Escola das Pandectas e a sua sistematização foi acolhida pelo Código Civil alemão (BGB). O Direito deixou de ser tratado em função do sujeito, como era nos Códigos Latinos, para girar em torno do conceito de relação jurídica, e de suas vicissitudes, sistematizadas numa parte geral do Código, tal como viria a suceder com a codificação brasileira" (*Introdução ao direito civil*. Rio de Janeiro: Forense, 2007, p. 85).

relações como jurídicas[45] e sobre o espaço de liberdade reconhecida aos particulares em seu interior (as prerrogativas que integram o conteúdo das situações jurídicas subjetivas e, particularmente, do direito subjetivo). Os três livros da Parte Geral do Código Civil foram concebidos como decorrências naturais desse início comum,[46] ao tratarem "Das Pessoas" (sujeitos titulares dos direitos), "Dos Bens" (objetos das situações jurídicas) e "Dos Fatos Jurídicos" (fontes dessas mesmas situações).

Na prática, contudo, os temas enfrentados pela teoria geral do direito civil são desenvolvidos, com alguma frequência, sem grande referência às respectivas relações e situações jurídicas, em um estudo voltado predominantemente para a teoria do negócio jurídico. A pessoa natural e a pessoa jurídica, nesse contexto, são apresentadas como as partes cujas declarações de vontade integrarão a estrutura negocial; sua capacidade e suas formas de representação se explicam como aspectos fundamentais à validade de tais declarações.[47] Também a inteira teoria dos bens acaba reduzida, não raro, à teoria do objeto material sobre o qual incide o regulamento negocial, e não propriamente o objeto de relações jurídicas. O núcleo dos estudos de teoria geral do direito civil, verdadeiro centro de gravidade dos demais

---

[45] Na clássica lição de Francesco FERRARA, "as relações da vida social reconhecidas pelo direito objetivo dizem-se relações jurídicas. O direito eleva as relações da vida a relações do direito, munindo-as de eficácia, transforma e plasma essas relações humanas em relações juridicamente vinculantes, dando a elas marca jurídica" (*Trattato di diritto civile italiano*. Volume I. Roma: Athenaeum, 1921, p. 295. Tradução livre).

[46] Nas palavras de Moreira ALVES, responsável pela Parte Geral do Anteprojeto do Código Civil, essa primeira parte da codificação civil "se estrutura em três Livros, que tratam respectivamente das pessoas, dos bens e dos fatos jurídicos. Seguiu-se aqui a mesma sistemática que os tratadistas alemães, desde o início do século passado, seguem na Parte Geral, ou seja, destacaram-se elementos fundamentais que integram o conceito de Direito Subjetivo, que é o conceito nuclear para o Direito Privado e se disciplinaram nos princípios gerais a respeito desses elementos integradores desse conceito nuclear, que é o direito subjetivo. Assim, no Livro I, disciplinaram-se as normas gerais sobre os sujeitos de direito, as pessoas quer físicas, quer jurídicas. No Livro II tratou-se dos bens como objetos de direito [...]. E, finalmente num Livro III, os fatos jurídicos, tendo em vista a circunstância de que todo direito subjetivo nasce de um fato que se adequa à hipótese prevista na lei" (10ª Reunião. Conferência do Prof. Min. José Carlos Moreira Alves. In: MENCK, José Theodoro Mascarenhas (Org.). *Código Civil brasileiro no debate parlamentar*: elementos históricos da elaboração da Lei nº 10.406, de 2002. Brasília: Câmara dos Deputados, 2012, p. 413).

[47] Logo, "nessa sistematização, o sujeito de direito é mero elemento da relação jurídica, e como tal é tratado" (GOMES, Orlando. *Introdução ao direito civil*, cit., p. 85).

institutos da Parte Geral, finda por ser o negócio jurídico – sua estrutura, suas modalidades, seus eventuais defeitos e invalidades, sua prova.

Os atos jurídicos em sentido estrito são caracterizados, nesse contexto, pela negação de seu caráter negocial e por admitirem uma aplicação meramente residual da disciplina do negócio jurídico. Os atos ilícitos e o abuso do direito, por sua vez, fecham o sistema dos fatos jurídicos, com relevância em grande parte circunscrita à de fonte do dever de indenizar: situam-se fora do plano negocial e sua eficácia, de fonte legal, foi deixada a cargo da Parte Especial do Código. Finalmente, o regime da prescrição e da decadência enseja uma rara remissão ao inicial estudo das situações jurídicas subjetivas (sobretudo no ponto em que se faz distinção entre a chamada extinção da pretensão e a extinção do direito), mas parece de certo modo deslocado diante do predomínio exercido pelo negócio jurídico.[48]

Categoria herdada do BGB[49] pelo direito brasileiro – assim como a própria estruturação do Código Civil em uma Parte Geral e uma Parte Especial –, o negócio jurídico corresponde provavelmente à maior das abstrações engendradas pelo direito civil.[50] Fruto da influência exercida pela tradição pandectista sobre a codificação alemã,[51] trata-se de figura

---

[48] A perspectiva ora apresentada, que se ressente de um maior espaço às situações jurídicas subjetivas na Parte Geral do Código Civil (e, de forma mais ampla, nos estudos de teoria geral) já era apresentada por Antonio Junqueira de AZEVEDO, que, em comentário ao Anteprojeto do atual Código Civil, sugeria a inclusão de um quarto livro em sua Parte Geral, especificamente dedicado ao direito subjetivo, após o livro referente aos fatos jurídicos. Nas palavras do autor: "Essa, pois, a nossa principal crítica à Parte Geral do Anteprojeto: falta, nela, o livro sobre os direitos subjetivos. Em consequência, os preceitos sobre esse assunto estão espalhados, e de forma incompleta, pelos outros livros, com prejuízo da segurança das relações jurídicas e da lógica que deve predominar justamente na Parte Geral, reflexo das mais altas sistematizações científicas, cúpula normativa de todo o Direito" (Crítica à Parte Geral do Projeto de Código Civil. *Estudos e pareceres de direito privado*. São Paulo: Saraiva, 2004, p. 67). Em igual sentido, Franz WIEACKER considera que uma Parte Geral coerentemente constituída deve abordar os temas dos "sujeitos de direito, objetos de direito, fundamentação dos negócios jurídicos e exercício dos direitos subjetivos" (*História do direito privado moderno*. Trad. António Manuel Botelho Hespanha. Lisboa: Calouste Gulbenkian, 2010, p. 560).

[49] *Bürgerliches Gesetzbuch*, Código Civil alemão de 1900.

[50] Comparável apenas, talvez, com a própria noção de sujeito abstrato de direitos, comentada por Stefano RODOTÀ em *Dal soggetto alla persona*. Napoli: Editoriale Scientifica, 2007, pp. 14 e ss.

[51] Como comenta Salvatore PUGLIATTI acerca do negócio jurídico, trata-se de categoria "que adquiriu, a partir do século passado [i.e., do século XIX], uma importância grandíssima, especialmente na doutrina tedesca, a qual alcança influência tal sobre a formação do Código

deliberadamente distanciada das hipóteses negociais concretas sobre as quais dispõem diretamente outros sistemas da família romano-germânica, como o francês e o italiano.[52] Seu predomínio sobre o estudo da teoria geral acaba por obscurecer o problema central ao qual se dedica o direito civil, qual seja, o dos limites para o reconhecimento de efeitos jurídicos à atividade privada – ou, em outros termos, à criação, modificação e extinção de relações jurídicas na ordem civil.[53] De fato, essa questão, de índole eminentemente material e fundamental para uma análise valorativa do direito civil, acaba esquecida sob o arcabouço teórico e abstrato do negócio jurídico, que ressona com a abstração de quase todas as categorias previstas na Parte Geral do Código Civil.

As duas principais exceções a esse caráter abstrato das matérias de teoria geral correspondem, do ponto de vista estritamente legislativo, a inovações trazidas pelo Código Civil de 2002: a transposição da disciplina da ausência para os arts. 22-39 da Parte Geral (tema inerente ao direito das sucessões e que se encontrava inserido na disciplina do direito de família sob a égide do Código Civil de 1916) e a criação de disposições acerca dos chamados direitos da personalidade nos arts. 11-21. No primeiro caso, o regime da ausência acabou atraído para a Parte Geral por força da alusão à morte e à morte presumida, necessária à delimitação do fim da personalidade.[54]

Civil germânico de 1901, que neste toda a terceira seção do I Livro (§§ 104-185) é dedicada em geral aos negócios jurídicos (*Rechtsgeschäfte*)" (*I fatti giuridici*. Milano: Giuffrè, 1996, p. 59. Tradução livre). Arremata Caio Mário da Silva Pereira: "é de salientar-se a riqueza de abstração dogmática da ciência pandectista germânica, ao fixar as linhas determinantes e os extremos da teoria do negócio jurídico" (*Instituições de direito civil*. Volume I, cit., p. 401).

[52] Conforme leciona Stefano Rodotà, na modernidade "os procedimentos abstratos, não apenas no caso do sujeito, tinham também assumido a finalidade deliberada de realizar uma distinta neutralização, que se resolvia no uso dos conceitos e das categorias jurídicas para o ocultamento dos conflitos e, assim, da realidade. [...] Assim, na Alemanha bismarckiana, enquanto se concluía uma construção como aquela do negócio jurídico, que abstraía da realidade das contratações, a legislação social dava evidência máxima à realidade das condições materiais. Mas a contradição se dissipa se se considera o comum intento político daquelas operações, todas voltadas ao mesmo fim de neutralização dos conflitos" (*Dal soggetto alla persona*, cit., pp. 14-17. Tradução livre).

[53] Cf. item 1.1.1, *infra*.

[54] A Exposição de Motivos do Código Civil de 2002 indica a disciplina da ausência na Parte Geral do Código "como continuidade lógica das questões atinentes à pessoa" (BRASIL. *Novo Código Civil*: exposição de motivos e texto sancionado. Brasília: Senado Federal, Subsecretaria

No segundo, a previsão de direitos como a honra, a imagem e nome no âmbito da Teoria Geral, para além da bastante criticada inadequação de uma tutela de interesses existenciais por meio da técnica regulamentar e do modelo do direito subjetivo,[55] denuncia certa dificuldade do legislador em encaixar situações jurídicas não patrimoniais em um Código ainda amplamente estruturado em eixos de direito civil patrimonial. Constata-se, ainda, certa confusão entre a noção de personalidade como aptidão para a titularidade de direitos (objeto de estudo da teoria geral) e o conceito de personalidade como atributo inerente a toda e qualquer pessoa humana – da qual decorrem a tutela da sua dignidade e, por consequência, os chamados direitos da personalidade.[56]

---

de Edições Técnicas, 2005, p. 37). A disciplina da ausência no âmbito do direito de família no Código Civil de 1916 era reputada uma "falha de sistema, tendo em vista a circunstância de que a ausência é instituto que se prende à capacidade das pessoas físicas [...]. Deslocou-se, portanto, este capítulo do Livro concernente ao Direito de Família, onde estava mal situado, para a parte própria, que é a Parte Geral, e para o Livro próprio, que é o concernente às pessoas" (ALVES, Moreira. 10ª Reunião. Conferência do Prof. Min. José Carlos Moreira Alves, cit., pp. 414-415).

[55] Na lição de Pietro PERLINGIERI, a tutela da pessoa humana não pode ser promovida de forma fragmentada, "mas deve ser apresentada como problema unitário, dado seu fundamento representado pela unidade do valor da pessoa. Este não pode ser dividido em tantos interesses, em tantos bens, em situações isoladas, como nas teorias atomistas" (*O direito civil na legalidade constitucional*, cit., p. 764). Particularmente sobre o caso brasileiro, pondera Maria Celina BODIN DE MORAES que o Código Civil brasileiro em vigor, em matéria de tutela da personalidade humana, restringiu-se "a um rol de tímidas enunciações do legislador ordinário, reduzidas em número e presas à categoria dos direitos subjetivos. Como já foi salientado em doutrina, a tutela da personalidade, para ser eficaz, não pode ser fracionada em diversas *fattispecie* fechadas, como se fossem hipóteses autônomas não comunicáveis entre si" (Ampliando os direitos da personalidade. *Na medida da pessoa humana*. Rio de Janeiro: Renovar, 2010, p. 126).

[56] A distinção é elucidada por Gustavo TEPEDINO: "Sob o ponto de vista dos atributos da pessoa humana, que a habilita a ser sujeito de direito, tem-se a personalidade como capacidade, indicando a titularidade das relações jurídicas. É o ponto de vista estrutural (atinente à estrutura das situações jurídicas subjetivas), em que a pessoa, tomada em sua subjetividade, identifica-se como o elemento subjetivo das situações jurídicas. De outro ponto de vista, todavia, tem-se a personalidade como conjunto de características e atributos da pessoa humana, considerada como objeto de proteção por parte do ordenamento jurídico. A pessoa, vista deste ângulo, há de ser tutelada das agressões que afetam a sua personalidade, identificando a doutrina, por isso mesmo, a existência de situações jurídicas subjetivas oponíveis *erga omnes*" (A tutela da personalidade no ordenamento civil-constitucional brasileiro. *Temas de direito civil*. Tomo I. Rio de Janeiro: Renovar, 2008, pp. 28-29).

De parte a tais exceções, pouquíssimas previsões de situações jurídicas subjetivas podem ser encontradas na Parte Geral do Código Civil – muito embora tais situações correspondam justamente à eficácia, não apenas dos negócios jurídicos, mas de todos os fatos jurídicos e, portanto, ao objeto central de preocupação da teoria geral do direito civil. O presente capítulo pretende abordar esse tema e as diversas instâncias de controle valorativo da produção de efeitos pela autonomia privada, ao tratar da teoria dos fatos jurídicos e, particularmente, do negócio jurídico em seu perfil dinâmico, vale dizer, por um prisma funcional.[57] Para tal propósito, faz-se necessário não apenas apresentar as situações jurídicas subjetivas como efeitos do negócio jurídico, como também ampliar a noção de eficácia negocial, tantas vezes restrita à modulação de efeitos proporcionada pelas modalidades do negócio jurídico.

As invalidades do negócio jurídico, objeto último do presente estudo, situam-se no âmago dessa discussão e dependem, conceitualmente, das premissas abordadas nesta primeira etapa: trata-se de mecanismo dos mais relevantes para o controle valorativo da produção de efeitos jurídicos pela autonomia privada. Pretende-se, assim, ao final deste capítulo, ter-se delineado o quadro teórico no âmbito da qual se insere a teoria das nulidades, com o propósito de demonstrar que o chamado plano da validade negocial pode ser compreendido, ao fim e ao cabo, como uma questão de eficácia, ou melhor, de controle da eficácia negocial. Mais do que isso, em singela paráfrase do propósito atribuído por Machado de Assis ao célebre

---

[57] A expressão "perfil dinâmico", ou "análise dinâmica", é usada de forma fluida na escola civil-constitucional, permeando a inteira metodologia. Em relação às situações jurídicas subjetivas, afirma Pietro PERLINGIERI que "a situação jurídica subjetiva é vista como conceito de duração que vive no seu ser uma referência contínua para a qualificação de uma pluralidade de comportamentos. Tais comportamentos constituem o perfil dinâmico da situação subjetiva" (*O direito civil na legalidade constitucional*, cit., p. 670). O termo "perfil estático", porém, emprega-se com frequência para designar todo tipo de análise estrutural ou formal, a sugerir que uma análise dinâmica abrange todo tipo de consideração não-estruturalista – portanto, não apenas o perfil funcional como também os perfis da eficácia, do interesse, do exercício. De fato, todos estes perfis parecem congregar-se em torno da característica de apenas poderem ser apreciados em concreto, diversamente do perfil estático ou estrutural, do qual se pode cogitar em abstrato. Ilustrativamente, leciona o autor que a "verificação em concreto da estrutura do fato que o ordenamento requer para a realização do efeito, faz-se em relação à ordem de interesses sobre a qual o fato incide" (*Perfis do direito civil*, cit., p. 94).

personagem Brás Cubas,[58] pretende-se, com o presente capítulo, atar as duas pontas – não da vida, mas – da teoria geral do direito civil, e restaurar, no estudo do negócio jurídico, sua verdadeira essência: o controle valorativo das situações jurídicas subjetivas, que representam a verdadeira repercussão, no mundo jurídico, dos atos de autonomia privada.

1.1. Principais mecanismos de controle valorativo da autonomia privada e sua relação com as invalidades negociais

Como se sabe, o ambiente revolucionário especialmente favorável ao advento do Código Civil francês em 1804 identificava na codificação a possibilidade de criar um espaço de atividade negocial privada infenso a intervenções arbitrárias estatais.[59] A aspiração de reunir toda a disciplina das relações civis em um único corpo normativo, para além de sua base filosófica iluminista e racionalista,[60] buscava isolar as atividades privadas em um setor próprio (consolidando a *summa divisio* entre direito público e privado, que perduraria de forma inflexível por mais de um século), de modo a demarcar um âmbito de autonomia individual tão amplo quanto possível, sobre o qual o Estado liberal não deveria intervir, salvo em momentos patológicos.[61]

Da maior relevância para a consolidação deste cenário foi a concepção que se convencionou denominar *princípio da legalidade*. De um lado, a garantia de uma legalidade oponível ao Estado contribuía para restringir seu espectro de atuação ao que determinara a vontade majoritária da classe que gozava de participação política à época – justamente, o homem burguês, contratante e proprietário, ao qual se dirigia o próprio Código Civil como sujeito de

---

[58] *Memórias póstumas de Brás Cubas*. São Paulo: Martin Claret, 1999.
[59] BOBBIO, Norberto. *O positivismo jurídico*. São Paulo: Ícone, 2006, pp. 79-80. V., ainda: HESPANHA, António Manuel. *Cultura jurídica europeia*: síntese de um milênio. Coimbra: Almedina, 2015, pp. 337-339; SACCO, Rodolfo. *Introdução ao direito comparado*. São Paulo: Revista dos Tribunais, 2001, pp. 262 e ss.
[60] Como lembra António Manuel HESPANHA, "os códigos manifestavam o espírito do jusracionalismo quanto ao sentido das suas disposições [...]. Sistematicidade e cientificidade provêm dos pressupostos filosóficos jusracionalistas: a existência de uma ordem jurídica anterior à legislação civil, à luz da qual esta devia ser cientificamente reformada" (*Cultura jurídica europeia*, cit., p. 338).
[61] Na análise de Pietro PERLINGIERI: "A tradição romanista, pela qual o direito público nasceu somente depois do direito privado e em posição subordinada, colocou na base da relação interindividual antes de tudo a regra do privado. Discursava-se sobre o direito público como auxiliar do direito privado, isto é, como simples garantia da esfera intangível e independente do particular, da sua liberdade [...]" (*O direito civil na legalidade constitucional*, cit., pp. 139-140).

direitos. Delineava-se, nesta lógica, aquela consequência das revoluções liberais que resultaria, na célebre síntese de John Adams, em um governo de leis, e não de homens.[62] Por outro lado, o desenvolvimento da noção de legalidade contribuiu para o fortalecimento da distinção entre direito público e privado, na medida em que se atribuíram ao princípio conteúdos distintos conforme se tratasse de relações entre particulares ou relações com a participação do Estado.

Mesmo atualmente, quando a clássica *summa divisio* já se considera há muito relativizada,[63] a dicotomia conceitual do princípio da legalidade permanece vigente. No controle dos atos da Administração Pública, a legalidade determina que o Estado apenas possa agir nas hipóteses em que a lei o exija ou autorize (princípio previsto no *caput* do art. 37 da Constituição). Já nas relações em que predominam interesses privados, a legalidade implica afirmar que "ninguém será obrigado a fazer ou deixar de fazer alguma coisa senão em virtude de lei" (máxima consignada pelo constituinte de 1988 no art. 5º, II).[64] Floresceram, sob a égide deste princípio, noções tão fundamentais ao direito civil como a autonomia privada (emblemática manifestação do princípio da liberdade nas relações particulares) e o direito subjetivo (que, em sua configuração oitocentista, e para além das divergências entre as correntes da vontade e do interesse juridicamente protegido, era tido como uma prerrogativa quase ilimitada do sujeito).[65]

---

[62] No original, "*a government of laws not men*". A frase, publicada na obra *Novanglus (or A History of the Dispute with America from its Origin, in 1754, to the Present Time)* em 1775, seria inserida posteriormente na Constituição de Massachussets de 1779, da qual Adams foi o principal redator.

[63] Sobre a mitigação da dicotomia, v., por todos, o texto clássico de GIORGIANNI, Michele. O direito privado e as suas atuais fronteiras. *Revista dos Tribunais*, n. 747. São Paulo: Revista dos Tribunais, 1998.

[64] A respeito da diferença de conteúdo do princípio da legalidade no direito público e no direito privado, cf., dentre muitos outros, BARROSO, Luís Roberto. Apontamentos sobre o princípio da legalidade. *Temas de direito constitucional*, t. 1. Rio de Janeiro: Renovar, 2006, pp.165-170.

[65] Francesco FERRARA, ao descrever a tradicional noção voluntarista de direito subjetivo, já considerada pelo autor parcialmente superada, demonstrava a ligação entre direito subjetivo e legalidade: "Uma opinião tradicional define o direito subjetivo como uma senhoria da vontade prestada ou protegida pela ordem jurídica. O direito é uma faculdade de querer ou de agir (*Wollendürfen*) contra outras pessoas ou sobre as coisas, é o poder da vontade individual de alcançar tudo que serve à realização dos escopos garantidos pela ordem jurídica. [...] Segundo esta concepção, o direito subjetivo vem a coincidir com a esfera do lícito jurídico, já que o poder

1.1.1. A evolução do conceito de legalidade e os controles de ilicitude, abusividade e merecimento de tutela em sentido estrito

A legalidade para o direito civil constituiu, assim, a afirmação de uma liberdade apresentada na forma de controle. Sustentar que a atividade particular encontrava limites apenas na ilicitude (vale dizer, na contrariedade à expressa disposição legal) implicava afirmar, por via de consequência, que nenhum outro limite além da própria lei se aplicava a ela. A segunda metade do século XIX e o começo do século XX trariam, porém, uma significativa mudança a este panorama.[66] O reconhecimento (pioneiramente feito pelos tribunais) de que certas condutas estruturalmente lícitas contrariavam, na locução de Louis Josserand, o *espírito do direito* no momento de seu exercício, permitiu a construção da figura do abuso do direito e criou uma nova instância de controle valorativo das atividades privadas.[67] A concepção de abuso seria, assim, a maior responsável por inaugurar no pensamento do civilista uma nova forma de análise das prerrogativas individuais, não mais estática e estrutural como aquela pressuposta pela licitude, mas dinâmica (aplicada ao momento do exercício da situação subjetiva) e funcional.[68]

---

de querer e de agir não faz mais do que exprimir em forma positiva que a um determinado comportamento não se opõe nenhum imperativo" (*Trattato di diritto civile italiano*, cit., p. 318. Tradução livre).

[66] Como relata Louis JOSSERAND, "a grande maioria senão a unanimidade dos civilistas tomaram partido em favor da relatividade dos direitos e contra a doutrina absolutista à qual aquela escola filosófica do século XVIII, as leis do período revolucionário e a grande codificação napoleônica tinham dado um favorecimento passageiro que explicava apenas um desejo de reação violenta contra o passado, mas que vinha a se chocar, se tomada como doutrina permanente, contra a essência mesma do direito e sua missão social" (*De l'esprit des droits et de leur rélativité*. Paris: Dalloz, 1927, pp. 8-9. Tradução livre).

[67] Nas palavras do autor, "[...] devemos admitir a existência de um espírito dos direitos, inerente a toda prerrogativa subjetiva, isoladamente concebida, e que, não mais do que não saberia a lei ser aplicada à revelia de seu espírito, não mais do que um rio não saberia modificar o curso natural de suas águas, nossos direitos não podem se realizar de encontro e em desprezo à sua missão social, a torto e a direito; concebe-se que o fim possa justificar os meios, ao menos enquanto estes são legítimos em si mesmos; mas seria intolerável que os meios, mesmo que intrinsecamente irrepreensíveis, possam justificar qualquer fim, mesmo se ele for odioso e inconcebível" (JOSSERAND, Louis. *De l'esprit des droits et de leur rélativité*, cit., p. 10. Tradução livre).

[68] Define Pietro PERLINGIERI: "O abuso é o exercício contrário ou de qualquer modo estranho à função da situação subjetiva. Se o comportamento concreto não for justificado pelo interesse que impregna a função da relação jurídica da qual faz parte a situação, configura-se o seu abuso" (*O direito civil na legalidade constitucional*, cit., p. 683).

Esta parece ser, aliás, uma boa demonstração da utilidade da figura do abuso do direito, mesmo diante do notável avanço de princípios como a boa-fé e a função social. De fato, se a autonomia privada continua sendo um princípio basilar do direito civil, seu controle negativo (repressivo) apenas se justifica com a demonstração de que certo ato de autonomia causou uma afronta ao ordenamento.[69] Essa afronta pode ser detectada por uma análise estrutural (e o ato ilícito tem sido, tradicionalmente, a figura responsável por conferir tratamento unitário a tais hipóteses) ou por uma análise funcional (respondendo o abuso pelo tratamento uniforme dos casos de violação aos valores e princípios que orientam e legitimam o exercício das situações subjetivas).[70] Afirmar, assim, que a figura do abuso perdeu relevância diante da possibilidade de aplicação direta dos princípios seria tão impreciso quanto afirmar que a qualificação de certo ato como ilícito seria desnecessária diante de uma proibição normativa expressa.

De todo modo, certo é que os juízos de licitude e não abusividade passaram a constituir, em conjunto, o conteúdo da noção de legalidade (entendida como o limite imposto pelo direito para o exercício de prerrogativas particulares).[71] Estas duas instâncias valorativas construíram um

---

[69] Contemporaneamente, poder-se-ia dizer, simplesmente, uma afronta à legalidade constitucional.

[70] Na doutrina brasileira, a respeito dessa concepção de abuso do direito, veja-se, por todos, a lição de SAN TIAGO DANTAS: "abuso do direito é o exercício de uma atividade que, formalmente, entra nos direitos do agente, mas que está sendo exercida com um fim que não é aquele que a norma jurídica tinha em vista quando protegeu aquela atividade" (*Programa de direito civil*: teoria geral. Volume I. Rio de Janeiro: Forense, 2000, p. 318). No direito português, v. CUNHA DE SÁ: "A juridicidade do problema do abuso só pode, assim, advir da interioridade ou imanência ao direito subjetivo do valor por que o comportamento do sujeito se orienta" (*Abuso do direito*. Coimbra: Almedina, 2005, p. 459). Trata-se, portanto, de "confrontação da concreta atuação, materialmente situada, isto é, do comportamento *in actu*, com o respectivo fundamento axiológico-normativo" (Ibid.).

[71] Vale notar que, embora disponha o Código Civil, no seu art. 187, que "também comete ato ilícito" quem abusa de seu direito, reunindo as figuras do ilícito e do abuso sob a rubrica "Dos Atos Ilícitos", a melhor doutrina parece ser a que interpreta a sistemática adotada pelo codificador como simples evidência de que tanto ilícito quanto abuso são espécies do gênero "ato antijurídico". O art. 187, portanto, "deve ser interpretado como uma referência a uma ilicitude *lato sensu*, no sentido de contrariedade ao direito como um todo" (TEPEDINO, Gustavo; BARBOZA, Heloisa Helena; e MORAES, Maria Celina Bodin de (Org.). *Código Civil interpretado conforme a Constituição da República*. Volume I. Rio de Janeiro: Renovar, 2004, p. 342). V., ainda, CARPENA, Heloisa. O abuso do direito no Código de 2002: relativização de direitos na ótica civil-constitucional.

sistema de controle predominantemente negativo, compatível com a lógica tradicional que sempre visualizou no direito uma função repressiva e prescritiva de condutas.[72] A evolução do pensamento jurídico exigiria, porém, um acréscimo a esse sistema, para acomodar o que se passou a denominar *função promocional do direito*.[73] De fato, com a afirmação dos direitos sociais e a superação do Estado liberal clássico, passou-se a compreender que o direito também poderia funcionar como um veículo de promoção de valores socialmente relevantes, incentivando e, muitas vezes, postando-se à frente de importantes mudanças sociais em direção aos valores do ordenamento.[74]

Nesse contexto, não basta mais que certo ato se apresente conforme ao Direito, sendo igualmente necessário que se revele *merecedor de tutela* – o que equivale a dizer que as situações jurídicas subjetivas não se encontram mais limitadas apenas por critérios negativos (repressivos) de controle, mas são valoradas positivamente pelos princípios do ordenamento (em

---

In: TEPEDINO, Gustavo (Coord.). *O Código Civil na perspectiva civil-constitucional:* Parte Geral. Rio de Janeiro: Renovar, 2013, pp. 437-439. Formulação parcialmente distinta, mas com igual consequência, é oferecida por BARBOSA MOREIRA: "A rigor, bem examinadas as coisas, tem-se de convir em que, no atual ordenamento, o ato ilícito passa a constituir um gênero, com duas espécies, a do art. 186 (violação de direito alheio) e a do art. 187 (abuso de direito próprio). Cada espécie tem seus pressupostos. Para apurar a ocorrência da segunda figura, a do ilícito consistente em abuso do direito, o essencial é verificar a presença dos pressupostos enumerados no art. 187, não a dos arrolados no art. 186" (Abuso do direito. *Revista Trimestral de Direito Civil.* Volume 13. Rio de Janeiro: Padma, jan.-mar./2003, p. 104).

[72] Para um estudo mais detalhado sobre a interação entre as duas instâncias de controle, seja consentido remeter a SOUZA, Eduardo Nunes de. Abuso do direito: novas perspectivas entre a licitude e o merecimento de tutela. *Revista Trimestral de Direito Civil.* Volume 50. Rio de Janeiro: Padma, abr.-jun./2012.

[73] A expressão foi consagrada por Norberto BOBBIO: "Nas constituições pós-liberais, ao lado da função de tutela ou garantia, aparece, cada vez com maior frequência, a função de promover" (A função promocional do direito. *Da estrutura à função.* São Paulo: Manole, 2007, p. 13).

[74] A técnica do encorajamento visa a tornar "os atos obrigatórios particularmente atraentes e os atos proibidos particularmente repugnantes. [...] A introdução da técnica do encorajamento reflete uma verdadeira transformação na função do sistema normativo em seu todo e no modo de realizar o controle social. Além disso, assinala a passagem de um controle passivo – mais preocupado em desfavorecer as ações nocivas do que em favorecer as vantajosas – para um controle ativo – preocupado em favorecer as ações vantajosas mais do que em desfavorecer as nocivas" (BOBBIO, Norberto. A função promocional do direito, cit., p. 15).

uma perspectiva promocional).[75] O legislador brasileiro não faz uso da expressão "merecimento de tutela"; a principal referência que se tem dela repousa no Código Civil italiano, cujo art. 1.322, no âmbito da disciplina dos contratos atípicos, afirma que estes podem ser celebrados, desde que se dirijam a realizar interesses merecedores de tutela segundo o ordenamento jurídico.[76] O dispositivo do *Codice Civile* busca subordinar a possibilidade da celebração de contratos atípicos no ordenamento italiano à demonstração de que tais contratos se prestam à realização de interesses merecedores de tutela.[77]

A expressão "merecimento de tutela", porém, tem aplicações muito mais amplas, tanto na doutrina italiana quanto na doutrina brasileira. Afirma-se até mesmo que, contemporaneamente, o conceito de legalidade no direito privado corresponde à noção de merecimento de tutela. Sustenta Pietro Perlingieri que, nos negócios jurídicos, "o controle de legalidade assume assim os contornos de um diversificado controle de merecimento de tutela que leve em conta particularmente a sua precípua função e o seu objeto".[78] Que sentido se poderia atribuir a este significado contemporâneo de legalidade? A ideia inicial é clara: a noção de legalidade passa a levar em conta também o aspecto funcional, para além da perspectiva simplesmente estrutural que era associada à noção de "conformidade à lei".

---

[75] Cf. PERLINGIERI, Pietro. *O direito civil na legalidade constitucional*, cit., pp. 370-371: "Se o ordenamento italiano se colocasse como objetivo apenas a tutela das situações adquiridas e das liberdades e os limites a tais liberdades fossem considerados exceção, então as liberdades deveriam prevalecer de qualquer forma, como expressões de um princípio-valor. [...] O ato negocial é válido não tanto porque desejado, mas se, e apenas se, destinado a realizar, segundo um ordenamento fundado no personalismo e no solidarismo, um interesse merecedor de tutela".

[76] Dispõe o Código Civil italiano: "Art. 1.322. Autonomia contratual. [...] As partes podem ainda concluir contratos que não pertencem aos tipos detentores de uma disciplina particular, desde que estejam dirigidas a realizar interesses merecedores de tutela segundo o ordenamento jurídico".

[77] Afirma-se, nesse sentido, que os tipos contratuais previstos em lei já teriam sido aprovados em uma valoração prévia do legislador, ao passo que, se a causa contratual não corresponder à previsão típica, esta valoração ainda teria de ser feita, para que se pudessem tutelar os efeitos negociais. Com efeito, os negócios atípicos apenas podem ser tutelados se forem "implicitamente permitidos pelo sistema" (MORAES, Maria Celina Bodin de. A causa do contrato. *Na medida da pessoa humana*. Rio de Janeiro: Renovar, 2010, p. 293), afirmativa que pode ser associada à noção de *tipicità sociale* de Emilio BETTI (*Teoria do negócio jurídico*, cit., p. 281).

[78] PERLINGIERI, Pietro. Il diritto di legalità nel diritto civile. *Rassegna di diritto civile*. Anno 31, n. 1. Milano: ESI, 2010, p. 187. Tradução livre.

O desenvolvimento da teoria do abuso do direito, porém, já havia realizado esta evolução, ao demonstrar que é vedado pelo ordenamento o exercício disfuncional de situações jurídicas subjetivas, ainda que tal exercício se apresente em conformidade com uma estrutura legalmente válida. A atual definição da legalidade como merecimento de tutela, portanto, sugere uma nova evolução conceitual, que vá além da vedação ao ilícito e ao abuso.

Essa evolução parece ser justamente aquela que acrescentou à função repressiva do direito uma função promocional. Em outras palavras, afirmar que a legalidade corresponde, hoje, ao merecimento de tutela indica que não se preveem apenas limites à autonomia privada na forma de vedações ou restrições, mas também se conferem preferências aos atos de autonomia que promovam especialmente valores juridicamente relevantes – eis aí o *mérito*, maior que a simples *conformidade* ao direito, que pode apresentar o ato negocial.[79] A função promocional lança mão das chamadas sanções positivas, consubstanciadas em incentivos ou privilégios proporcionados pela ordem jurídica, em lugar das sanções ditas negativas, de cunho repressor.[80] Assim também o merecimento de tutela se revela uma instância positiva de controle dos atos particulares, que não visa propriamente à repressão de violações ao direito (papel já desempenhado pelos juízos de licitude e não abusividade), mas sim à proteção privilegiada a certo ato pelos valores que promove – ainda que a consequência indireta dessa tutela acabe por resultar na restrição, sempre que possível apenas parcial, a outro exercício particular conflitante com ele.

De fato, pode acontecer que dois atos particulares sejam lícitos e não abusivos, mas, ainda assim, encontrem-se, no caso concreto, em rota de colisão, de tal modo que o exercício de um não se compatibilize com o de outro. É justamente quando já se verificou que não há ilicitude nem abuso de nenhuma das partes, e ainda assim um novo juízo valorativo precisa

---

[79] Com efeito, a própria semântica da expressão "merecimento de tutela" permite inferir que não se trata do simples não descumprimento da lei; um ato *merecedor* de tutela deve trazer um significado adicional, um mérito a mais, promovendo ativamente valores em vez de apenas não os violar. Segundo o Dicionário HOUAISS, "merecimento" significa, dentre outros sentidos, "aquilo que empresta valor a algo; aquilo que há de bom, vantajoso, admirável ou recomendável" em algo. Entre o antigo conceito de legalidade e o atual merecimento de tutela há, assim, uma distância semelhante àquela entre o correto e o recomendável.

[80] Cf. BOBBIO, Norberto. A função promocional do direito, cit., p. 19.

ser feito sobre tais atos (de modo a decidir qual deles irá prevalecer), que se revela útil a noção estrita de merecimento de tutela. Trata-se de casos nos quais a decisão buscará proteger primordialmente o ato que se reputar mais promovedor dos valores do ordenamento, e apenas por um imperativo prático negará tutela jurídica ao outro ato, na medida em que a convivência entre ambos se mostre impossível. Pense-se em casos como aqueles em que o exercício da liberdade de expressão entra em choque com o exercício do direito à privacidade por outra pessoa, sem que se possa identificar ilicitude ou abusividade de qualquer das partes; ou, ainda, o conflito entre duas posses sem título legitimador que não podem conviver sobre o mesmo bem, quando ambas cumprem, em alguma medida, a função social, não podendo, por isso, ser consideradas disfuncionais. Em casos como esses, embora não possa o julgador eximir-se de decidir a questão,[81] não poderá ele recorrer a um juízo repressivo, de modo que a função promocional se torna seu único recurso possível para alcançar uma solução.

Por sua vez, um ato que se considere não merecedor de tutela o será sempre em termos relativos (ou seja, não será merecedor de tutela *em relação a outro* exercício particular que lhe seja contraposto). No plano funcional, esse ato é, em princípio, conforme aos valores diretamente associados à sua tutela jurídica (i.e., à sua função); a negativa de tutela decorre tão somente de uma incompatibilidade com outro ato, ordinariamente também obediente à respectiva função, mas que, à luz da totalidade do sistema, merecerá tutela preferencial. A medida da repressão do primeiro ato, assim, não será a sua própria função, mas a medida necessária para a tutela do outro, dito merecedor de tutela em sentido estrito. Não se pode afirmar, assim, que o primeiro ato seja *antijurídico* (ao menos, não no mesmo sentido em que se fala do ilícito e do abuso); não existisse uma posição particular contraposta que promovesse melhor os valores do sistema, esse ato teria sua eficácia reconhecida. Em suma, todo ato lícito e não abusivo costuma ser, em sentido amplo, merecedor de tutela: o merecimento é, em regra, uma *consequência* da licitude e não abusividade do exercício. Excepcionalmente, porém, exigir-se-á do intérprete um terceiro e último juízo valorativo para

---

[81] Sobre o tradicional princípio do *non liquet*, v. DINAMARCO, Cândido Rangel. *Instituições de direito processual civil.* Volume II. São Paulo: Malheiros, 2009, pp. 234-235.

determinar se o ato terá seus efeitos protegidos, aqui designado como juízo de merecimento de tutela em sentido estrito.[82]

Como se pode perceber, o raciocínio aplicado nos exemplos acima mencionados se aproxima em alguns aspectos daquele atinente à técnica da ponderação de princípios, amplamente reconhecida pelo direito constitucional brasileiro. De fato, o controle valorativo deve ser feito em concreto, como propõem muitos autores em matéria de ponderação,[83] e a solução final alcançada após o juízo de merecimento de tutela também trabalha com uma gradação na proteção conferida a cada uma das pretensões em conflito, e não com a supressão completa de qualquer uma delas.[84] Neste ponto, porém, vale ressaltar: a proximidade com a técnica da ponderação se estende unicamente à noção de harmonização de princípios. A advertência se justifica tendo em vista que a doutrina clássica da ponderação acaba por admitir, ao final do processo de balanceamento, uma aplicação subsuntiva da conclusão alcançada pelo intérprete,[85] em retorno a um pensamento estruturalista de todo incompatível com a perspectiva civil-constitucional.[86]

---

[82] Para um maior desenvolvimento da análise aqui denominada merecimento de tutela em sentido estrito, permita-se remeter a Souza, Eduardo Nunes de. Merecimento de tutela: a nova fronteira da legalidade no direito civil. *Revista de Direito Privado*. Volume 58. São Paulo: Revista dos Tribunais, abr.-jun./2014, *passim*.

[83] Conforme observa Giorgio Pino, os defensores do *bilanciamento caso per caso* não sustentam que dois casos concretos com os mesmos elementos relevantes possam ou devam ser decididos de formas diversas (daí a impossibilidade de solução abstrata), mas sim que nunca haverá, de fato, dois casos concretos idênticos (*Diritti fondamentali e ragionamento giuridico*. Torino: G. Giappichelli, 2008, pp. 120-121).

[84] Veja-se, a respeito, a síntese de Pietro Perlingieri a respeito do merecimento de tutela dos contratos: "O controle de merecimento de tutela tem por objeto o ato tomando-se em conta as peculiaridades do caso específico, colocando-o no contexto político-econômico: sujeitos, matéria-objeto do contrato, tempos, modalidades de conclusão concorrem para precisar o regulamento negocial. O controle exige uma valoração inspirada no balanceamento dos interesses e dos valores, de tal modo que o contrato resulte razoável [...]" (Il principio di legalità nel diritto civile, cit., p. 189. Tradução livre).

[85] A convertibilidade da ponderação de princípios em uma subsunção é reconhecida, dentre outros, por José Juan Moreso, que considera a racionalidade subsuntiva "um pressuposto necessário" à justificação das decisões (Confliti tra princìpi costituzionali. *Diritto & questioni pubbliche*, n. 2, ago/2002, p. 33).

[86] Para uma crítica a esse retorno ao pensamento silogístico ao final do procedimento de ponderação, permita-se remeter a Souza, Eduardo Nunes de. Merecimento de tutela: a nova fronteira da legalidade no direito civil, cit., p. 88.

Não se deve compreender, assim, que o processo de interpretação ou aplicação foi cindido em momentos estanques pelas três instâncias de controle valorativo ora delineadas; ao contrário, à luz do caso concreto, essas três instâncias se analisam simultaneamente e se influenciam reciprocamente, em um processo hermenêutico único. De uma parte, constata-se que os elementos que permitem a realização dos juízos de licitude, não abusividade e merecimento de tutela são, na prática, percebidos simultaneamente pelo julgador. De outra, embora, na grande maioria das vezes, a identificação da ilicitude torne desnecessária a perquirição da possível abusividade ou do merecimento, não se pode descartar que, em casos excepcionais, as peculiaridades da *fattispecie* concreta ensejem um juízo de merecimento de tutela, devidamente justificado pelo intérprete, que supra, no todo ou em parte, a ilicitude verificada no juízo puramente estrutural.[87]

Licitude, não abusividade e merecimento de tutela: tem-se, aqui, um sistema de controle valorativo, em princípio completo, dos efeitos jurídicos produzidos pela autonomia privada.[88] Com o juízo de licitude, verifica-se a conformidade estrutural do ato com o ordenamento, o respeito às proibições e prescrições expressas impostas pela ordem jurídica. Com o juízo de não abusividade, indaga-se acerca da conformidade funcional, mais ampla, do exercício das situações jurídicas decorrentes do ato com os valores e princípios do ordenamento. Conjugadas, ambas as instâncias promovem um julgamento negativo-repressivo dos atos de autonomia, restringindo-os totalmente ou, sempre que possível, apenas na medida de sua desconformidade com a ordem jurídica. Atos lícitos e não abusivos são, em sentido lato, merecedores de tutela, coerentemente com a noção tradicional de legalidade no direito privado, segundo a qual se protegem todos os atos que não contrariem o ordenamento. Em certas hipóteses, contudo, duas pretensões particulares, em princípio lícitas e não abusivas, podem entrar em rota de colisão, à medida em que o exercício de uma se

---

[87] Mitiga-se, com isso, o posicionamento mais radical originalmente adotado em Souza, Eduardo Nunes de. Merecimento de tutela: a nova fronteira da legalidade no direito civil, cit., p. 104.
[88] *Completo* apenas por força da própria natureza dos critérios adotados no presente estudo, isto é, a valoração positiva e negativa, estrutural e funcional desses efeitos, que, não comportando, em princípio, outras modalidades, parece plenamente atendida pelas instâncias de controle ora apresentadas, sem embargo de tantos outros quadros teóricos possíveis, com múltiplas variações.

mostre faticamente incompatível com o da outra. Nesses casos, exigir-se-á da autonomia negocial um papel que lhe é menos comum, a saber, o de promover ativamente valores do sistema: ao ato que melhor o fizer, em um juízo ponderativo, atribuirá o julgador a tutela pretendida, reputando-o merecedor de tutela em sentido estrito.

1.1.2. A noção de invalidade e sua relação com o controle valorativo dos atos de autonomia privada

Em retorno ao tema central do presente estudo, a qualificação de certo ato jurídico como *inválido* não se distancia do raciocínio que classifica esse mesmo ato como lícito ou ilícito, ou que identifica no exercício de certas situações jurídicas seu grau abusividade ou seu merecimento de tutela. De fato, todas as qualificações mencionadas correspondem a formas de controle valorativo do ordenamento sobre a atividade privada ou, mais precisamente, sobre os efeitos jurídicos dela decorrentes.[89] Em outros termos, chega-se à conclusão de que certo ato é inválido porque, ao se analisarem os efeitos que decorreriam dele, não se pode afirmar que tais efeitos sejam conformes ao ordenamento. A preocupação central do direito privado, como se afirmou *supra*, corresponde à determinação do espaço de liberdade que se pode tutelar juridicamente ao particular, para que crie efeitos (também juridicamente) exigíveis com o poder de sua vontade.[90] Assim também ocorre no que diz respeito aos atos inválidos: afirma-se que são inaptos à

---

[89] Analisa Raffaele TOMMASINI a função valorativa do mecanismo das invalidades negociais: "o ordenamento o utiliza para negar a própria garantia a programas de interesses disformes aos seus valores fundamentais. Afastando-se da ideia de que os efeitos são da exclusiva disponibilidade dos sujeitos, os programas negociais são tutelados e garantidos se conformes ao sistema de valores da comunidade e apenas nos limites dessa conformidade" (Nullità (dir. priv.), cit., p. 876. Tradução livre).

[90] Na doutrina italiana, assevera Rosario NICOLÒ: "se se quisesse sintetizar em uma proposição o objeto, à primeira vista variado e complexo, do direito civil, [...] poder-se-ia dizer que este é representado por aquele setor da experiência jurídica em que exerce um papel importante a autonomia reconhecida ao indivíduo" (Diritto civile. *Enciclopedia del diritto*. Volume XII. Milano: Giuffrè, 1964, p. 909. Tradução livre). No direito brasileiro, Miguel REALE, em clássico elenco dos princípios fundamentais do direito civil, alude à autonomia privada como o segundo mais relevante princípio, logo após a personalidade, conceituando-a como "o reconhecimento de que a geral capacidade jurídica da pessoa humana lhe confere o poder de praticar certos atos ou abster-se deles, segundo os ditames de sua vontade" (*Lições preliminares de direito*. São Paulo: Saraiva, 2006, p. 359).

produção de efeitos porque a eficácia à qual estavam destinados deve ser repelida, em alguma medida, pelo sistema.[91]

A concepção segundo a qual o juízo de invalidade diz mais respeito à valoração jurídica dos efeitos tendencialmente produzidos pelo ato impugnado do que a alguma característica ínsita ao próprio ato pode parecer algo nebulosa, sobretudo por força da rígida tradição que associa a invalidade à falta de requisitos do ato, isto é, a um vício na sua estrutura. O caminho natural da doutrina, por isso, costuma ser o de contentar-se com a ideia de que a invalidade corresponde a um *defeito genético* do ato e, com isso, concluir que ela representa tão somente um juízo de valor sobre a estrutura do ato em si considerada, com seus elementos e requisitos.[92] Nessa perspectiva, o ato jurídico inválido seria semelhante a um autômato com uma ou algumas peças quebradas: o vício impediria seu adequado funcionamento, isto é, a produção de efeitos jurídicos, e apenas em alguns casos permitiria conserto, tornando o ato, em outras ocasiões, totalmente imprestável.

Essa formulação não pode ser considerada de todo inadequada. O raciocínio que se acaba de expor apresenta, na verdade, uma evidente utilidade prática, na medida em que diz muito sobre as causas legais de invalidade dos atos jurídicos. De fato, essas causas dizem respeito, de modo geral, à estrutura do ato (seus sujeitos, seu objeto, sua forma e assim por diante). Em perspectiva dinâmica, porém, como se buscará demonstrar, a previsão de requisitos de validade pelo legislador não decorre de mera escolha arbitrária, nem da impossibilidade lógica de existência do ato sem tais requisitos (como a máquina que não pode funcionar com uma de suas peças quebradas), mas traduz, diversamente, um efetivo juízo valorativo positivado na lei.[93] Assim, em verdade, a lei considera um ato inválido porque avalia que, normalmente, os requisitos nele faltantes (ditos requisitos

---

[91] V. PERLINGIERI, Pietro. *O direito civil na legalidade constitucional*, cit., pp. 374-375.

[92] Tal concepção é amplamente difundida na doutrina. Ilustrativamente, aduz Antonio Junqueira de AZEVEDO: "Validade é, como o sufixo da palavra indica, qualidade de um negócio existente. 'Válido' é adjetivo com que se qualifica o negócio jurídico formado de acordo com as regras jurídicas" (*Negócio jurídico*, cit., p. 42).

[93] Afirma-se mesmo que o legislador seria movido por "motivos paternalistas" ao não admitir a prática de certos negócios (SCHMIDT, Jan Peter. Alegação de invalidade como comportamento contraditório proibido? Comentários ao Acórdão do REsp 1.461.301/MT. *Revista de Direito Civil Contemporâneo*. Ano 3. Volume 7. São Paulo: Revista dos Tribunais, abr.-jun./2016, p. 425).

de validade) seriam as características mínimas necessárias para que o ato pudesse produzir efeitos merecedores de tutela pelo ordenamento.[94]

Tal perspectiva se tornará mais clara uma vez que se especifique em que consistem tais efeitos (nomeadamente, as situações jurídicas subjetivas), o que se fará mais adiante neste capítulo.[95] Por ora, basta constatar, para o objetivo aqui perseguido, que um ato inválido é assim considerado não tanto porque apresenta um "defeito estrutural", mas sim porque a verificação desse vício em sua estrutura leva a crer que, por qualquer ordem de razão previamente ponderada pelo legislador, ele contraria a própria axiologia do ordenamento – da mesma forma que um ato ilícito ou o exercício abusivo de determinada situação jurídica podem ser considerados antagônicos à ordem jurídica.[96] Recusa-se o sistema a conferir exigibilidade (garantia que, em última instância, corresponde à própria juridicidade de uma situação subjetiva ou, em perspectiva estática, do ato que deu origem a ela)[97] aos

---

[94] Na formulação de Pietro PERLINGIERI: "O remédio é apenas um instrumento e não representa um valor. [...] A temática se enfrenta, sobretudo, em chave funcional, refutando esquemas rígidos. Como já antecipado, não é o interesse a se estruturar em torno do remédio, mas o remédio a encontrar modulação em função dos interesses considerados pela *fattispecie* concreta" (Il 'giusto rimedio' nel diritto civile. *Il giusto processo civile*. N. 1/2011. Napoli: ESI, 2011, pp. 3-5. Tradução livre).

[95] Cf. item 1.3.1, *infra*.

[96] A concepção da nulidade como instância de controle valorativo negativo da autonomia privada é destacada por Angela la SPINA: "A nulidade, como critério de qualificação negativa (juízo de valor negativo) sobre um determinado programa de interesses, constitui um instrumento de controle sobre o exercício da liberdade contratual das partes e, assim, da autonomia privada" (*Destrutturazione della nullità e inefficacia adeguata*. Milano: Giuffrè, 2012, p. 59. Tradução livre).

[97] Leciona Pietro PERLINGIERI: "A juridicidade traduz-se no poder de realizar ou de exigir que outros realizem (ou que se abstenham de realizar) determinados atos e encontra confirmação em princípios e em normas jurídicas. Nesse aspecto, a situação constitui uma norma de conduta que pode significar atribuição ao sujeito – no interesse próprio e/ou de terceiros, no interesse individual e/ou social – do poder às vezes de realizar, outras, de não realizar determinados atos ou atividades" (*O direito civil na legalidade constitucional*, cit., p. 672). Como se extrai da clássica lição de Angelo FALZEA, "fato jurídico e efeito jurídico têm – se é possível a expressão – uma carga de juridicidade assaz diferente. O fato jurídico resta essencialmente o mesmo fato que ele é no plano pré-jurídico. A relevância que o direito confere a um evento físico, a um ato do homem, a uma declaração de vontade, não muda essencialmente com a sua natureza. Não é assim para o efeito jurídico. Um vínculo jurídico não é pensável fora do plano jurídico. [...] O efeito jurídico é, portanto, um fenômeno essencialmente jurídico, é mesmo o fenômeno jurídico por excelência: o núcleo último – pode-se dizer – da juridicidade" (Efficacia giuridica. *Enciclopedia del diritto*. Volume XIV. Milano: Giuffrè, 1958, §5. Tradução livre).

efeitos de um ato que não apresenta os chamados requisitos de validade determinados pela lei.

Em síntese, afirma-se que o ato nulo não é apto a produzir efeitos porque o sistema não reconhece, em princípio, proteção aos efeitos que normalmente decorrem de um ato que ostenta tal ou qual vício; por isso, não é possível, em regra, pretender judicialmente que tais efeitos sejam respeitados por ninguém. Ilustrativamente, ao dispor que o ato celebrado por pessoa absolutamente incapaz sem representação é nulo, não o fez o legislador por simples arbitrariedade ou ímpeto classificatório, nem porque seja materialmente impossível ao incapaz realizá-lo. Ao contrário, ponderou que os efeitos que costumam ser produzidos por atos praticados nessas circunstâncias não são, de ordinário, compatíveis com a ordem jurídica,[98] uma vez que expõem o incapaz e seu patrimônio a risco.[99] Nessa perspectiva, a invalidade do ato revela-se uma expressão do princípio da legalidade no direito privado, tanto quanto as noções de ilicitude, de abusividade, de ausência de merecimento de tutela em sentido estrito.[100] Se ninguém pode, em princípio, pretender em juízo que se lhe autorize uma conduta antijurídica (ou seja, que contrarie a ordem jurídica), tampouco

---

[98] A teoria crítica das nulidades, assim, sustenta que "a nulidade deve ser organizada a partir de sua natureza e do fim prático que fez com que ela fosse criada. O legislador não a inventou simplesmente para instituir formas novas de atos jurídicos diferentes da validade [...]: ele não a criou para se lançar [...] a experiências de biologia ou de vivissecção jurídica" (JAPIOT, René. *Des nullités en matière d'actes juridiques*, cit., p. 166. Tradução livre).

[99] O fundamento para a invalidade do ato em decorrência da incapacidade do agente foi analisado de forma mais detida em SOUZA, Eduardo Nunes de; SILVA, Rodrigo da Guia. Autonomia, discernimento e vulnerabilidade: estudo sobre as invalidades negociais à luz do novo sistema das incapacidades. *Civilistica.com*. Rio de Janeiro: a. 5, n. 1, jan.-jun./2016. A esse propósito, observou-se: "Nega-se validade a tais atos sobretudo porque falta a um dos agentes o fundamento subjetivo para que possa ser cobrado pelo cumprimento dos deveres negociais ou, de modo mais amplo, possa participar de modo juridicamente responsável das trocas sociais e da vida de relação. A solução para que não se vejam privados totalmente do gozo de sua capacidade de direito, nestes casos, é a atuação de seus representantes ou assistentes – os quais, tendo participado do ato, legitimam seus efeitos e se responsabilizam pela sua execução" (p. 13).

[100] Em todos esses juízos valorativos, está-se diante de casos em que o ordenamento pondera se a relação fática subjacente merece proteção. Na lição de FERRARA, "apenas, assim, as relações que a ordem jurídica reconhece como dignas de tutela [...] e que mune de proteção se tornam relações jurídicas. Nessa valoração e atribuição de efeitos a ordem jurídica é soberana" (*Trattato di diritto privato*. Volume I, cit., p. 296. Tradução livre).

conseguirá fazer valer, via de regra, um ato que não ostente os requisitos de validade legais.

A associação entre a invalidade dos atos jurídicos e o controle valorativo da autonomia privada não representa uma novidade. São recorrentes as noções de que a *ratio* das nulidades é a garantia da ordem pública e de que a distinção ontológica entre nulidade e de anulabilidade consiste justamente na gravidade da lesão ao ordenamento que tais categorias implicam, correspondendo as causas da nulidade a afrontas mais graves à axiologia do sistema e as da anulabilidade à ofensa de interesses de ordem particular.[101] Se no sistema francês desenvolveu-se a máxima segundo a qual não haveria nulidade sem prova de prejuízo (*pas de nullité sans grief*),[102] fórmula até hoje adotada em larga medida pelo direito processual civil brasileiro,[103] no direito

---

[101] A respeito, aduz Zeno VELOSO: "a nulidade tem o objetivo de tutelar interesses gerais, prevendo situações que a própria ordem jurídica quer que se desfaçam; a anulabilidade visa, em regra, a proteger interesses privados, individuais, de uma das partes que figuram no negócio jurídico" (*Invalidade do negócio jurídico:* nulidade e anulabilidade. Belo Horizonte: Del Rey, 2005, p. 313). No direito italiano, afirma Guido ALPA que, na hipótese de nulidade, "o interesse que se deseja tutelar é um interesse que transcende a posição das partes, é um interesse público, submetido à função da juridicidade do vínculo. Existem, porém, outros casos nos quais o ordenamento tutela uma parte nos confrontos com outra; nesses casos, o interesse tutelado é público apenas em sentido lato (por exemplo, a sanção à coação moral), porque o escopo é aquele de compor as diversas situações nas quais se encontram as partes e de tutelar um interesse privado de uma parte contra a outra" (*Corso di diritto contrattuale*. Padova: CEDAM, 2006, p. 121. Tradução livre). Particularmente em matéria de anulabilidade, a doutrina italiana enfatiza que sua disciplina encontra-se fundada na lesão ao interesse da parte legitimada a agir e não no vício negocial. Cf., a respeito, LUCARELLI, Francesco. *Lesione di interesse e annullamento del contratto*. Milano: Giuffrè, 1964, pp. 10 e ss. e, mais recentemente, POLIDORI, Stefano. Lesione d'interesse e annullamento del contratto: attualità e prospettive. *Rassegna di diritto civile*. Anno 33, n. 1. Napoli: ESI, 2012, p. 254.

[102] AUBRY e RAU já registravam a superação da regra, aduzindo que os juízes não poderiam deixar de conhecer da nulidade por falta de prejuízo (*Cours de droit civil français*. Tome 1er., cit., p. 120). Sobre a aplicação da regra no direito francês atual, particularmente no processo civil, v. POUYAUD, Dominique. Nullité. In: ALLAND, Denis; RIALS, Stéphanie (Coord.). *Dictionnaire de la culture juridique*. Paris: PUF, 2003, p. 1090.

[103] Veja-se a síntese de Cândido DINAMARCO: "Constitui também projeção da regra da instrumentalidade das formas [...] a disposição do art. 249, §1º do Código de Processo Civil [de 1973], segundo a qual o ato não se repetirá nem se lhe suprirá a falta quando não prejudicar a parte. Tal é a manifestação positivada da máxima *pas de nullité sans grief* e, ao impô-la assim de modo tão explícito, quis o legislador apoiar-se no binômio escopo-prejuízo, deixando bem

material pátrio afirma-se que a prova de prejuízo não é necessária para a nulidade, que decorreria da simples ofensa a valores do ordenamento.[104]

Esse juízo de valor que fundamenta as nulidades se encontra, contudo, há tanto tempo cristalizado na forma dos requisitos de validade legais que tais requisitos, aparentemente julgamentos sobre a estrutura do ato em si, passaram a dominar o raciocínio do intérprete e a fazer sombra sobre os próprios valores que os inspiraram. A impressão que se tem é a de que os atos inválidos são simplesmente inviáveis (em certo sentido, impossíveis) por força dos vícios que ostentam, quando essa inviabilidade decorre, na verdade, da consideração, pelo legislador, de que tais atos contrariam determinados valores do sistema. Em fórmula eloquente, afirma-se, na doutrina italiana, que "a nulidade é um instrumento operativo funcional à gestão do controle que o ordenamento exerce sobre a autonomia privada, limitando-a, promovendo-a ou conformando-a".[105]

Neste ponto da exposição, contudo, valeria indagar: de que modo as invalidades se inserem no quadro acima delineado de instâncias de controle valorativo dos atos de autonomia privada? Se as próprias características das nulidades, contudo, não bastassem para responder a essa indagação, a

---

claro que nada se anula quando o primeiro houver sido obtido e, consequentemente, este não existir" (*Instituições de direito processual civil*. Volume II, cit., pp. 616-617).

[104] À luz do Código Civil de 1916, SAN TIAGO DANTAS admitia a regra do prejuízo como princípio subsidiário das nulidades no direito brasileiro: "Diziam, então, os velhos juristas franceses: não há nulidade sem prejuízo – *pas de nullité sans grief* –; e esta regra, tomada como um sentido absoluto, tem mesmo prejudicado a disciplina das nulidades, porque há casos que temos nulidade mesmo sem prejuízo – são os casos em que, evidentemente, o requisito, a exigência, a solenidade foi posta na lei por um critério de ordem pública. Vê-se, portanto, que temos dois critérios que precisam ser considerados: o critério do prejuízo e o critério da ordem pública. Sempre que um requisito é posto a um ato por interesse claramente de ordem pública, a falta daquele requisito faz anular o ato; quando, porém, não se patenteia esse interesse de ordem pública, mas sim o interesse da parte [...], então devemos ver se a falta de um requisito conduziu ou não a um prejuízo" (*Programa de direito civil*: teoria geral. Volume I, cit., pp. 280--281). Afirmando que o princípio do prejuízo não foi adotado pelo legislador brasileiro, v. Caio Mário da Silva PEREIRA: "Na construção da teoria da *nulidade*, desprezou o legislador brasileiro o critério do prejuízo, recusando o princípio que o velho direito francês enunciava – *pas de nullité sans grief*. Inspirou-se, ao revés, no princípio do respeito à ordem pública, assentando as regras definidoras da nulidade na infração de leis que têm esse caráter [...]" (*Instituições de direito civil*. Volume I, cit., p. 530).

[105] SPINA, Angela Ia. *Destrutturazione della nullità e inefficacia adeguata*, cit., p. 91. Tradução livre.

própria antiguidade da teoria parece indicar uma resposta preliminar. Já se cogitava da invalidade do ato jurídico ao tempo em que a análise estrutural do direito era, senão a única via possível, ao menos aquela que amplamente predominava. Mais ainda, afirma-se tradicionalmente que a nulidade corresponde à inobservância, pelo ato jurídico, de um requisito que decorre diretamente da lei.[106] Mesmo as ditas *nulidades virtuais*, vale dizer, aquelas que não são expressamente cominadas por lei[107] (por oposição às chamadas *nulidades textuais*, isto é, aquelas que a lei declara expressamente ou, na expressão do art. 166, VII do Código Civil, "taxativamente"),[108] referem-se a atos expressamente vedados pelo legislador: pode faltar textualidade à

---

[106] A doutrina costuma ser contundente quanto a esse aspecto. No direito italiano, por exemplo, afirma Guido ALPA: "Na linguagem jurídica, esse termo [validade] e o seu contrário [invalidade] tem um significado técnico preciso: o contrato e, de modo mais geral, o negócio [...] não é válido quando não responde aos requisitos indicados pela lei" (*Corso di diritto contrattuale*, cit., p. 120. Tradução livre). Na doutrina francesa, já se encontra na obra de AUBRY e RAU a definição: "a nulidade é a invalidade ou a ineficácia de que um ato é atingido como contraventor de um comando ou de uma vedação da lei" (*Cours de droit civil français*. Tome 1er. Paris: Imprimerie et Librairie Générale de Jurisprudence, 1869, p. 118. Tradução livre). No direito brasileiro, aduz Orlando GOMES: "Negócio nulo é o que se pratica com infração de preceito legal de ordem pública" (*Introdução ao direito civil*, cit., p. 423).

[107] Ditas também não cominadas, ou, na obra de PLANIOL e RIPERT, tácitas (*Traité élémentaire de droit civil*. Tome 1er. Paris: LGDJ, 1908, p. 129). O termo "virtuais" é empregado por AUBRY e RAU (*Cours de droit civil français*. Tome 1er, cit., p. 120), aos quais PLANIOL E RIPERT (o.l.u.c.) atribuem o uso da expressão.

[108] Nesse sentido, Caio Mário da Silva PEREIRA: "Nem sempre, contudo, [a nulidade] se acha declarada na própria lei. Às vezes, esta enuncia o princípio, imperativo ou proibitivo, cominando a pena específica ao transgressor, e, então, diz-se que a nulidade é expressa ou textual; outras vezes, a lei proíbe o ato ou estipula a sua validade na dependência de certos requisitos, e, se é ofendida, existe igualmente nulidade, que se dirá implícita ou virtual" (*Instituições de direito civil*. Volume I, cit., pp. 529-530). No entanto, prossegue o autor, pode-se afirmar a legalidade das nulidades: "toda nulidade há de provir da lei, expressa ou virtualmente" (Ibid.). Na doutrina francesa, aduziam AUBRY e RAU que as nulidades decorriam *"de l'esprit de la loi"*; em se tratando de leis atinentes à ordem pública ou aos bons costumes, o descumprimento de certo requisito sempre acarretaria nulidade, ao passo que, em leis dispondo sobre interesses privados, cumpriria investigar se a formalidade exigida era indispensável à consecução do interesse pretendido. Distinguem-se, assim, as nulidades textuais das virtuais: para as primeiras, basta que o juiz verifique a violação ao texto legal, "ao passo que, para as segundas, ele deve não apenas verificar de fato se tal preceito legal foi ou não violado, mas ainda apreciar, no direito, se a violação desse preceito é [...] de natureza tal a atrair a nulidade" (*Cours de droit civil français*. Tome 1er, cit., p. 120. Tradução livre).

consequência cominada (isto é, à nulidade em si, que não foi prevista), mas não falta, em regra, textualidade à vedação do ato, que será nulo por ter descumprido a proibição.[109]

Na maior parte dos casos, portanto, a invalidade corresponde a descumprimento *estrutural* ao ordenamento,[110] inserindo-se na instância valorativa da ilicitude dos atos jurídicos.[111] Em regra, o ato nulo será um ato ilícito, no sentido ora atribuído ao termo. Destaque-se que não se cuida aqui do ato ilícito previsto pelo art. 186 do Código Civil, vale dizer, aquele que, correspondendo à violação de um direito e à consequente causação de um dano a terceiros, necessariamente enseja o surgimento do dever de indenizar (ressalvadas as excludentes do art. 188 do Código Civil). A restrição da noção de ilícito a essa *fattispecie* revela-se, na verdade, uma criticável atecnia.[112] A ilicitude a que se faz referência no presente estudo

---

[109] Na doutrina estrangeira em geral e, particularmente, no direito italiano, enfatiza-se que a nulidade não cominada apenas existirá se outra sanção não houver sido prevista para o ato contrário à lei. Assim, por exemplo, na lição de Alberto Trabucchi: "Não é necessário que a nulidade seja cominada pela lei: é necessário, em vez disso, que a lei não preveja consequências diversas (por vezes, por exemplo, a lei estabelece expressamente apenas uma sanção pecuniária [...])" (*Istituzioni di diritto civile*. Padova: CEDAM, 2013, p. 160. Tradução livre). No mesmo sentido: Gazzoni, Francesco. *Manuale di diritto privato*. Napoli: ESI, 2015, p. 997.

[110] Menezes Cordeiro considera a nulidade "uma falha estrutural do negócio" (*Tratado de direito civil*. Volume II. Coimbra: Almedina, 2012, p. 924), a ressaltar sua vinculação ao perfil estático do ato negocial.

[111] A associação entre invalidade e ilicitude, como não poderia deixar de ser em uma matéria de terminologia tão controvertida, suscita as mais variadas reações da doutrina. Para San Tiago Dantas, por exemplo, as noções são irreconciliáveis, pois o ato ilícito corresponderia ao descumprimento de um dever específico decorrente da lei ou do contrato, ao passo que a validade corresponderia à exigência legal de uma "precaução" a ser tomada pelas partes no negócio (*Programa de direito civil:* teoria geral. Volume I, cit., p. 295). A doutrina portuguesa costuma distinguir, ainda, a invalidade da hipótese de *irregularidade* negocial, na qual, embora o ato contrarie a lei, não tem sua eficácia afetada por isso (Ascensão, José de Oliveira. *Direito civil*. Volume II. São Paulo: Saraiva, 2010, p. 314; Cordeiro, António Menezes. *Tratado de direito civil*. Volume II, cit., p. 932).

[112] A crítica à escolha legislativa de reduzir o adjetivo "ilícito" aos atos que constituem fonte de responsabilidade civil subjetiva é encontradiça na doutrina. Vale reproduzir a esclarecedora distinção feita por Fernando Noronha: "Atos ilícitos, na acepção rigorosa aqui considerada, são todas as ações ofensivas de direitos alheios, proibidas pela ordem jurídica e imputáveis a uma pessoa a título de culpa ou dolo [...]. O art. 186 [do Código Civil] fala em 'ato que viola direito e causa dano a outrem', mas evidentemente a referência ao dano extrapola a noção de ato ilícito: não é sempre que os atos ilícitos causam danos. A essência do ilícito não está no dano, mas

é, em sentido mais amplo, a contrariedade estrutural ao ordenamento.[113] Pela própria semântica da palavra, ilícito é o ato que contraria a lei (mais precisamente, o ato estruturalmente antijurídico, que viola o princípio da legalidade em seu sentido original), independentemente da consequência normativa que tal contrariedade acarrete.[114]

em dois outros elementos: a violação de lei (antijuridicidade) e a censurabilidade de alguém (culpabilidade)" (*Direito das obrigações*. São Paulo: Saraiva, 2010, p. 382). A esse conceito de ilicitude, que o autor denomina subjetiva, agrega-se outro, ainda mais amplo, por ele designada objetiva, que corresponderia à simples violação a uma norma jurídica, independentemente da imputabilidade. Para a finalidade do presente estudo, a distinção não é relevante, desde que se destaque a independência entre as noções de ilicitude e responsabilidade por danos.

[113] O termo "ilícito" é empregado nesse sentido, ilustrativamente, por Régis FICHTNER PEREIRA: "Parece que se o ordenamento jurídico possui uma norma que expressamente vede a consecução de resultados análogos a resultados proibidos, através da prática de atos não tipificados na lei, nenhuma dúvida para que se declarem ilícitos tais atos" (Da regra jurídica sobre a fraude à lei. *Revista de Direito Civil*. Número 50. São Paulo: Revista dos Tribunais, out.-dez./1989, p. 44).

[114] A inadequação do uso restrito do termo "ilícito" para designar atos culposos causadores de dano indenizável é evidenciada já pelo dispositivo seguinte do Código Civil, o art. 187, que, ao se referir ao abuso do direito, afirma "também comete ato ilícito", quando, em verdade, faz referência a uma instância de controle valorativo que em tudo difere do art. 186. De fato, a abusividade se verifica sempre no exercício concreto de uma situação jurídica titularizada pelo agente e independe da ocorrência de dano; o dever de indenizar, por sua vez, surge, necessariamente, quando um dano é causado a alguém, e independe da titularidade de qualquer direito. Tem-se interpretado o dispositivo, por tais razões, no sentido de "também comete ato antijurídico", por ser justamente a contrariedade ao ordenamento a única característica necessariamente comum às *fattispecie* do art. 186 e 187. Sobre o ponto, já abordado em nota anterior, cf. os trechos já citados em: TEPEDINO, Gustavo; BARBOZA, Heloisa Helena; e MORAES, Maria Celina Bodin de (Org.). *Código Civil interpretado conforme a Constituição da República*. Volume I, cit., p. 342; CARPENA, Heloisa. O abuso do direito no Código de 2002, cit., pp. 437-439; SOUZA, Eduardo Nunes de. Abuso do direito, cit., pp. 66-67; e, ainda, NORONHA, Fernando. *Direito das obrigações*, cit., p. 392, que esclarece: "dos dois elementos da ilicitude, a antijuridicidade (isto é, a contrariedade ao direito) e a culpabilidade, só o primeiro está sempre presente no abuso de direito". Como se tal exemplo não bastasse, a inadequação da associação entre a ilicitude e o surgimento do dever de indenizar foi reforçada pelo que se designou, com base na doutrina italiana, o *giro conceitual* da responsabilidade civil, que deslocou a fonte do dever de reparar do ato ilícito para o dano injusto, a reforçar a autonomia entre as noções de ilicitude e dano (GOMES, Orlando. Tendências modernas na teoria da responsabilidade civil. In: DI FRANCESCO, José Roberto Pacheco (Org.). *Estudos em homenagem ao professor Silvio Rodrigues*. São Paulo: Saraiva, 1989, pp. 293 e ss.).

Nessa acepção, a maior parte das causas de invalidade podem ser associadas a espécies do gênero ilicitude.[115] Tais causas foram previstas *em abstrato* pelo legislador, que valorou apenas a possível eficácia de determinados atos, mas não levou em conta o momento dinâmico da sua concreta produção de efeitos. Por tal razão, afasta-se, em geral, a teoria das nulidades da instância valorativa que controla o abuso[116] – cuja análise, de índole funcional, incide sobre o momento dinâmico do *concreto exercício* de uma situação jurídica subjetiva e não sobre características abstratas do ato que as originou.[117] A ilicitude, por outro lado, por consistir em um descumprimento estrutural à lei, pode ser aferida em abstrato, mostrando-se, assim, mais compatível com a sistemática das invalidades.

O distanciamento entre as causas de invalidade dos atos jurídicos e a análise funcional do direito, contudo, não é absoluto. Neste ponto, vale

---

[115] De fato, "seguramente que o negócio jurídico é suscetível da qualificação como ilícito. Mas ilícito e inválido são qualificações diferentes. Já sabemos que um negócio pode ser ilícito e válido, e inválido mas lícito" (ASCENSÃO, José de Oliveira. *Direito civil*. Volume II, cit., p. 307).

[116] Cf. Serpa LOPES: "em se tratando de um ato abusivo resultante de um ato jurídico, impõe-se afastar a solução de sua nulidade, sobretudo pela possibilidade de poder afetar o interesse de terceiros, confiados na aparente legalidade do ato. Em tais casos, a sanção deverá resumir-se na condenação a perdas e danos" (*Curso de direito civil*. Volume I. Rio de Janeiro: Freitas Bastos, 1996, p. 541). Analogamente, Louis JOSSERAND afasta a nulidade como possível sanção à abusividade, destacando que o ato abusivo apenas será nulo se também contiver uma causa geral de invalidade (*De l'esprit des droits et de leur rélativité*, cit., p. 411).

[117] Assim, parece mais adequado considerar que o exercício de uma posição contratual é abusivo do que afirmar que o contrato em si o seria. Nesse sentido, embora se usem com frequência termos como "contratos abusivos" ou "cláusulas contratuais abusivas", sobretudo em matéria de contratos de adesão e, particularmente, de consumo, o termo "abusivo" é, nesses casos, usado em semântica coloquial, no sentido de aproveitamento malicioso de uma parte vulnerável por uma parte contratualmente mais forte. Ilustrativamente, as cláusulas nulas previstas pelo art. 51 do Código de Defesa do Consumidor não são, a rigor, abusos por parte do fornecedor, mas sim atos ilícitos, já que foram expressamente vedadas por lei. Além disso, mesmo nos casos em que a celebração de um negócio inválido se dê, de fato, no exercício abusivo de certa situação jurídica, normalmente é possível reconduzi-la a uma ilicitude. Por exemplo, o mandatário que abusa de seus poderes de representação (mas sem excedê-los), celebrando ato em nome do mandante que não esteja voltado aos interesses deste, atua de modo conforme à estrutura de sua posição contratual, porém disfuncional: o ato é, portanto, abusivo e, assim, inválido. Porém, seria possível requalificar essa atuação como inadimplemento do contrato de mandato, transformando-a em um caso de ilícito contratual – o que justificaria, do mesmo modo, a invalidade.

ressaltar, preliminarmente, que, em outros ordenamentos, particularmente o italiano,[118] a chamada *causa ilícita* corresponde a uma das hipóteses legalmente previstas de nulidade do negócio jurídico.[119] Como se sabe, a figura da causa negocial representa o inteiro perfil funcional de um negócio jurídico.[120] A previsão da causa ilícita como hipótese de invalidade negocial, por isso, criou, em princípio, uma importante aplicação da análise funcional do negócio para fins de identificação de sua validade no direito italiano. No entanto, embora essa previsão tenha sido responsável, em larga medida, pela profícua discussão acerca da causa negocial na Itália, a interpretação do dispositivo em matéria de validade negocial costuma restringir-se, na prática, a aspectos menores, notadamente a ilicitude dos motivos – a qual, no sistema brasileiro, constitui causa autônoma de invalidade legalmente prevista (art. 166, III do Código Civil), não se confundindo com a causa

---

[118] Embora a redação original do art. 1108 do Código Civil francês previsse "une cause licite dans l'obligation" como requisito de validade das convenções, o que iniciou profícua discussão sobre o tema da causa também nesse país, a matéria recebeu desenvolvimento totalmente diverso na França, com enfoque na causa da obrigação (não na causa negocial) e em sentido subjetivo, diversamente do que ocorreu na Itália. De todo modo, a partir de outubro de 2016, a Ordonnance n. 2016-131 modificou os arts. 1108 e 1131-1133, suprimindo por completo as referências à causa no Código Napoleão. Optou-se, por isso, no brevíssimo incurso na matéria realizado pelo presente estudo, em se fazer referência apenas à doutrina italiana sobre o tema.

[119] Dispõe o Código Civil italiano: "Art. 1.418. [...] Produzem nulidade do contrato a falta de um dos requisitos indicados pelo art. 1.325, a ilicitude da causa, a ilicitude dos motivos no caso indicado pelo art. 1345 e a falta no objeto dos requisitos estabelecidos pelo art. 1346 [...]" (Tradução livre).

[120] A discussão sobre a causa contratual não poderia ser minimamente reproduzida nesta sede, sendo este um dos mais controversos temas do direito civil. Para os fins ora empreendidos, mostram-se compatíveis as duas acepções mais difundidas do conceito, a saber, a de Salvatore PUGLIATTI (Precisazioni in tema di causa del negozio giuridico. *Diritto civile*: metodo-teoria-pratica. Milano: Giuffrè, 1951, p. 119), que o associa à síntese dos efeitos essenciais do negócio, e a de Emilio BETTI (*Teoria do negócio jurídico*, cit., p. 263), que a equipara à sua função econômico-social. De fato, o ponto de consenso da doutrina acerca da causa negocial é o de que se trata de noção correspondente ao perfil funcional do negócio. A respeito, por exemplo, afirma Pietro PERLINGIERI: "Os problemas afrontados na teoria da função do fato correspondem, em matéria negocial, àqueles discutidos em sede de causa do contrato" (*Perfis do direito civil*, cit., p. 96).

negocial¹²¹ – ou a ilicitude do objeto¹²² – hipótese autônoma de invalidade em ambos os sistemas.

Um dos prováveis motivos para a inclusão da causa negocial na sistemática das nulidades na Itália parece ser o fato de, nos termos do *Codice Civile*, a admissibilidade dos contratos atípicos estar expressamente vinculada ao seu merecimento de tutela, um critério funcional, nos termos do já aludido art. 1.322 do Código italiano.¹²³ A escolha legislativa foi muito fomentada pelo contexto totalitarista em que entrou em vigor o *Codice* de 1942, por oposição ao liberal *Codice* de 1865 (que fora, em grande parte,

---

[121] Muito embora possa vir a integrá-la, como lembra Carlos Nelson KONDER: "mesmo que não esteja expresso, mas contanto que esteja objetivado no negócio, o fato que levou o declarante a celebrar o negócio deixa de integrar os motivos, irrelevantes para o direito, para integrar a causa do negócio, relevante para a determinação dos seus efeitos" (Erro, dolo e coação: autonomia e confiança na celebração dos negócios jurídicos. In: TEIXEIRA, Ana Carolina Brochado; RIBEIRO, Gustavo Pereira Leite. *Manual de teoria geral do direito civil*. Belo Horizonte: Del Rey, 2011, p. 616).

[122] Ilustrativamente, cf. TOMMASINI, Raffaele. Nullità, cit., p. 886. O autor conclui que, embora equiparar a ilicitude da causa à ilicitude do motivo, do objeto etc. pudesse resultar em normativa genérica, dificuldade pelo dissenso doutrinário quanto ao conceito de causa, ainda assim é possível interpretar a causa ilícita como um "denominador comum" de ilicitudes estruturais do negócio: "Em última análise, o recurso ao denominador comum da 'função ilícita' serve para indicar que, em todo caso, as modalidades de ilicitude se substanciam na contrariedade a normas imperativas, à ordem pública e aos bons costumes" (Tradução livre).

[123] Vale reproduzir, ainda uma vez, o dispositivo do Código Civil italiano (em tradução livre): "Art. 1.322. As partes podem livremente determinar o conteúdo do contrato nos limites impostos pela lei e pelas normas corporativas. As partes podem, ainda, concluir contratos que não pertençam aos tipos dotados de uma disciplina particular, desde que sejam direcionados a realizar interesses merecedores de tutela segundo o ordenamento jurídico". A respeito do referido artigo, tem-se com frequência associado a referência ao merecimento de tutela à causa para fins de validade de negócios atípicos. No ponto, pondera Pietro PERLINGIERI: "Licitude e merecimento de tutela não se identificam. O problema reside na alternativa [entre as duas categorias]: dar, ainda que no sistema, uma autonomia conceitual e normativa ao art. 1322 c.c., na sua inteireza, ou afirmar, como pretende parte da doutrina, a inutilidade do segundo parágrafo desse artigo. Esta última alternativa encontra espaço quando se identifica o disposto pelo art. 1322, parágrafo 2, c.c. com a valoração de não ilicitude, e, assim, com os arts. 1343, 1344 e 1345 c.c., que discorrem sobre causa ilícita (em caso de contrariedade a normas imperativas, à ordem pública ou ao bom costume), sobre contrato em fraude à lei (como meio para elidir a aplicação da norma imperativa) e de motivo ilícito. Mas não parece correto reduzir o alcance do art. 1322, parágrafo segundo, c.c., exaurindo-o no juízo de falta de licitude" (In tema di tipicità e atipicità nei contratti. In: PERLINGIERI, Pietro (a cura di). *Il diritto dei contratti tra persona e mercato*. Napoli: ESI, 2003, pp. 395-396. Tradução livre).

reproduzido a partir do Código Napoleão).[124] No direito brasileiro, a seu turno, a atipicidade é, em princípio, mais ampla e se restringe apenas às "normas gerais" estipuladas pelo Código Civil pátrio (art. 425).[125] Em outros termos, muito mais do que no direito italiano, o negócio atípico no direito brasileiro não depende, em princípio, da demonstração de seu merecimento de tutela como requisito de validade, sendo suficiente que respeite plenamente os limites impostos pela axiologia do ordenamento, ainda que não promova ativamente nenhum valor supraindividual relevante para a ordem jurídica. Provavelmente por essa razão, no Brasil, o perfil causal ou funcional do negócio tem sido aplicado, pela doutrina que o reconhece, não propriamente para o controle valorativo do ato jurídico no momento de sua formação, mas sobretudo para o controle em concreto das situações jurídicas oriundas do ato, particularmente no que tange ao exercício abusivo de posições contratuais – o que justifica, ainda, que se venha associando, na doutrina brasileira, o papel da causa negocial à função negativa da função social do contrato.[126]

---

[124] Segundo analisa Maria Celina BODIN DE MORAES, como o conceito objetivo de causa adotado pelo direito italiano subtraía da noção qualquer associação com a vontade individual, sujeitando-a ao inteiro domínio do ordenamento, a consequência necessária seria a exigência de uma tipicidade de causas contratuais, isto é, de que os contratos fossem previstos em *numerus clausus* pela lei. O art. 1.322 teria sido previsto, então, para a solução desse impasse, estabelecendo a possibilidade de se estipularem contratos com causas atípicas (A causa do contrato. *Civilistica. com*. Rio de Janeiro: a. 2, n. 4, out.-dez./2013, p. 11). Conforme explicita Pietro PERLINGIERI, "é evidente que o código de 42 não é liberal, como ao revés o era o código de 1865; a autonomia negocial não se identifica mais com o querido, nem se funda sobre a obrigação de conservação do pacto (segundo o antigo brocardo *pacta sunt servanda*). É introduzido, de fato, o controle de merecimento de tutela, a integração e a substituição de autoridade dos efeitos queridos pelas partes com efeitos legais considerados razoavelmente coligáveis àquele contrato" (In tema di tipicità e atipicità nei contrati, cit., p. 399. Tradução livre). Desse contexto aproveitou-se a doutrina italiana, a partir da década de 1960, para a reformulação do direito privado pelo recurso aos princípios e valores constitucionais, como se extrai, por exemplo, das principais obras de Stefano RODOTÀ no período (cf., em matéria contratual, *Le fonti di integrazione del contratto*. Milano: Giuffrè, 1969, *passim*).
[125] *Verbis*: "Art. 425. É lícito às partes estipular contratos atípicos, observadas as normas gerais fixadas neste Código".
[126] A respeito, cf. a pioneira ponderação de MORAES, Maria Celina Bodin de. A causa do contrato, cit., p. 24. No mesmo sentido, permita-se, ainda, remeter a SOUZA, Eduardo Nunes de. Função negocial e função social do contrato. *Revista de Direito Privado*. Volume 54. São Paulo: Revista dos Tribunais, abr.-jun./2013, pp. 85 e ss.

A identificação da invalidade negocial, em consequência, acaba vinculada, prioritariamente, ao raciocínio estrutural da ilicitude, uma vez que a análise funcional do ato apenas precariamente se compatibiliza com o pensamento abstrato típico das causas de invalidade – as quais, por definição, deveriam ser identificáveis antes de qualquer produção concreta de efeitos pelo ato, a partir de sua simples estrutura. Não se pretende, com isso, sustentar que as causas de nulidade decorram sempre de uma análise exclusivamente estrutural, mas sim, principalmente, ressaltar o entendimento, amplamente dominante, de que *não existe causa de nulidade superveniente* à realização do ato.[127] Se o ato surge sem apresentar qualquer causa de invalidade, não se cogita de causa de invalidade posterior, nem mesmo por força da superveniência de lei nova.[128] Deve-se falar, então, de

---

[127] Assim entende a doutrina majoritária: "Só há invalidades originárias. O negócio que nasce válido é válido para sempre. Pode extinguir-se, por qualquer causa, mas não se pode mais suscitar a questão da validade" (ASCENSÃO, José de Oliveira. *Direito civil*. Volume II, cit., p. 314). Assim também Massimo BIANCA: "O juízo de validade do contrato deve ser formulado em relação à situação de fato e às normas vigentes no momento de seu aperfeiçoamento. As vicissitudes sucessivas não tocam, em regra, tal juízo" (*Diritto civile*. Volume III. Milano: Giuffrè, 2000, p. 611. Tradução livre). PONTES DE MIRANDA considerava a ideia de uma causa superveniente de invalidade uma contradição em termos (*Tratado de direito privado*. Tomo IV, cit., p. 323). No mesmo sentido: MOREIRA, José Carlos Barbosa. Invalidade e ineficácia do negócio jurídico. *Revista de Direito Renovar*. Número 25. Rio de Janeiro: Renovar, jan.-abr./2003, p. 102. Cf. também item 1.3.2.2, *infra*.

[128] Frise-se que nem mesmo por força da superveniência de lei nova pode o negócio válido, em princípio, tornar-se inválido, ante a proteção constitucional ao ato jurídico perfeito (art. 5º, XXXVI da CF). É nesse sentido que as disposições finais do Código Civil, ao regularem possíveis problemas de direito intertemporal, distinguiram entre a disciplina da validade dos atos anteriores à entrada em vigor do Código e a disciplina dos efeitos desses atos, dispondo o art. 2.035: "A validade dos negócios e demais atos jurídicos, constituídos antes da entrada em vigor deste Código, obedece ao disposto nas leis anteriores, referidas no art. 2.045, mas os seus efeitos, produzidos após a vigência deste Código, aos preceitos dele se subordinam, salvo se houver sido prevista pelas partes determinada forma de execução. [...]". Cogita-se, particularmente na doutrina italiana, de hipóteses de "nulidade superveniente" (*nullità sopravvenuta*) por força de mudança na lei posterior à celebração do ato; considera-se, porém, que tal nulidade opera *ex nunc* e apenas sobre os efeitos futuros, no mesmo sentido do art. 2.035 do Código Civil brasileiro. A respeito, v. GAZZONI, Francesco. *Manuale di diritto privato*, cit., p. 998. Aliás, mesmo os autores que admitem a superveniência de lei nova com eficácia retroativa afirmam que, estando já exaurido o ato jurídico, a lei nova incidirá sobre seus efeitos, e não mais propriamente sobre a sua validade (DONISI, Carmine. In tema di nullità sopravvenuta del negozio giuridico. *Rivista Trimestrale di Diritto e Procedura Civile*. Anno XXI. Milano: Giuffrè,

causas de ineficácia superveniente, em decorrência da aplicação de outros institutos (pense-se na resolução contratual por excessiva onerosidade ou em decorrência do inadimplemento absoluto, por exemplo).

A invalidade, porém, pode depender, em certa medida, de uma análise funcional para a sua verificação, ainda que essa não seja a regra. O melhor exemplo (ou, ao menos, o mais tradicional) de análise funcional nessa seara reside nos atos praticados em fraude à lei, reputados nulos por força do disposto no art. 166, VI do Código Civil. Trata-se de negócios estruturalmente conformes ao ordenamento, mas funcionalmente destinados a burlar uma proibição legal.[129] A rigor, os mais frequentes casos de negócio fraudulento poderiam ser qualificados como hipóteses de simulação relativa maliciosa, vale dizer, aquela em que o negócio simulado (e não querido verdadeiramente pelas partes) se presta a ocultar um segundo negócio, dissimulado, destinado a fraudar lei imperativa.[130] A doutrina, contudo, frequentemente se recusa a reconhecer a equiparação entre negócio simulado e negócio

---

1967, p. 783). "Em todo caso", ressalta-se, "convém ter presente que a ineficácia derivante da invalidade sucessiva é uma vicissitude resolutiva, vez que tem como título fato sucessivo ao aperfeiçoamento e eficácia do contrato" (BIANCA, Cesare Massimo. *Diritto civile*. Volume III, cit., p. 611. Tradução livre). Destaca-se, ainda, a impossibilidade de repristinação (*reviviscenza*) de cláusulas contratuais nulas por força da ab-rogação posterior da norma que servia de fundamento de sua invalidade (GAZZONI, Francesco. Ibid.).

[129] A respeito, leciona Régis FICHTNER PEREIRA: "Há, em verdade, uma violação indireta da norma jurídica: Daí a necessária distinção entre agir com fraude à lei e contra a lei. Fraudar a lei é objetivar escapar da sua aplicação através de meios aparentemente lícitos, é procurar contornar o princípio jurídico expresso por uma norma de aplicação obrigatória. Daí a razão dos alemães chamarem a fraude à lei de '*Gesetzesumgehung*', que em tradução literal significa 'dar a volta na lei'" (Da regra jurídica sobre a fraude à lei, cit., p. 44). O exemplo clássico de fraude à lei é colhido do direito romano: a *Lex Licinia de Modus Agris et Pecoris* "proibia a um cidadão romano possuir mais de quinhentos acres de terra, pois seu escopo era acabar com o latifúndio. Licínio Stolonis, pretor que fora um dos autores da norma, no intuito de escapar à sua incidência, emancipou um filho para que este, adquirindo a qualidade de *sui juris*, pudesse também ser senhor de quinhentos acres" (RODRIGUES, Silvio. *Direito civil*. Volume I, cit., pp. 299-300).

[130] Ao definir a figura da fraude à lei, considera Silvio RODRIGUES tratar-se de uma hipótese de simulação: "Trata-se de um negócio indireto, com o fim de alcançar um resultado que a lei expressamente veda. Age em fraude à lei a pessoa que, para burlar princípio cogente, usa de procedimento aparentemente lícito. Ela altera deliberadamente a situação de fato em que se encontra, para fugir à incidência da norma. O sujeito se coloca simuladamente em uma situação em que a lei não o atinge, procurando livrar-se de seus efeitos" (*Direito civil*. Volume I, cit., pp. 299-300).

fraudulento, sob a alegação de que a simulação nem sempre terá escopo ilícito e que, de todo modo, o negócio simulado nunca será fraudulento (apenas o dissimulado pode vir a sê-lo).[131]

A despeito de ser sustentado pela mais respeitável doutrina, o argumento mostra-se frágil e parece ter perdido toda a sua utilidade diante da escolha, pelo codificador de 2002, de considerar tanto a fraude à lei quanto a simulação hipóteses de nulidade (diversamente do regime anterior, que reputava anulável o negócio simulado).[132] Assim, em princípio, a nulidade em decorrência da fraude acabaria absorvida por uma causa mais específica de invalidade, a saber, a simulação. De fato, mesmo a doutrina anterior ao Código Civil de 2002 já criticava a noção de fraude à lei como causa autônoma de invalidade negocial, eis que, por definição, tal hipótese prevê duas violações à lei: a violação à norma imperativa específica que se buscou burlar com a fraude (e que, *per se*, já seria suficiente a ensejar a nulidade virtual do ato) e a violação à norma geral que comina de nulidade o ato fraudulento

---

[131] O entendimento, surpreendentemente, encontra-se disseminado na mais autorizada doutrina italiana. Segundo MESSINEO, o negócio em fraude à lei não se confunde com o negócio simulado, pois "este último pode ter escopo ilícito, mas pode também não o ter" e, todo modo, "é um negócio que pode ser privado dos efeitos apenas por força da irrealidade, ao passo que o negócio ilícito é real e por isso inválido" (*Manuale di diritto civile e commerciale*. Volume I. Milano: Giuffrè, 1957, p. 604. Tradução livre). O autor admite, no entanto, que a simulação pode ser "um meio praticamente (mas não juridicamente) equivalente à fraude à lei" (Ibid., p. 572). No mesmo sentido, CARIOTA FERRARA afirma que o conceito de simulação fraudulenta "é impróprio; a simulação é apenas simulação, e não se deixa qualificar; a fraude pode ser apenas o fim concreto que induz a simular e que está fora da simulação. De resto, o negócio simulado, enquanto não é querido no seu conteúdo e no seu resultado, não pode, ele, atuar a fraude, mas apenas servir de instrumento com o qual se cria aquela aparente situação que, enganando os terceiros, a torna praticamente possível" (*Il negozio giuridico nel diritto privato italiano*. Napoli: ESI, 2011, p. 542. Tradução livre). Na doutrina brasileira, o entendimento é reproduzido, dentre outros, por GOMES, Orlando. *Introdução ao direito civil*, cit., p. 381: "a simulação é ilícita quando fraudulenta, mas não se confunde com a fraude à lei porque esta é resultante de um contrato real, efetivo, enquanto o contrato simulado é aparente e a contrariedade à lei, larvada".

[132] A questão encontrava-se bem explicitada, sob a égide da codificação anterior, por SERPA LOPES, que reconhecia claramente a fraude à lei como hipótese de simulação, e lecionava: "toda vez que a simulação atue como um meio fraudatório à lei, visando à vulneração de uma norma cogente, deve desaparecer para dar lugar à preponderância da fraude à lei, pela violação da norma de ordem pública. Por outro lado, quando não ocorrer essa hipótese, quando o ato dissimulado não atentar contra uma norma de ordem pública, devem preponderar os princípios inerentes [à] simulação" (*Curso de direito civil*. Volume I, cit., p. 461).

(a qual resultaria, portanto, ociosa).¹³³ A distinção, porém, resultava útil como expediente para permitir que a doutrina considerasse nulas determinadas hipóteses de simulação, ao tempo em que esta se considerava hipótese de anulabilidade. Na ordem jurídica atual, tal utilidade não subsiste.

Controvérsias conceituais à parte, importa para a presente investigação destacar de que modo se pode identificar o chamado escopo fraudulento de determinado negócio, a configurar sua nulidade. Em última análise, a função de um negócio fraudulento corresponde à obtenção de resultado prático-jurídico vedado por lei, e é por essa nota distintiva que ele pode ser identificado.¹³⁴ A análise empreendida para a qualificação de um tal negócio é, portanto, ao menos em alguma medida, funcional.¹³⁵ O descumprimento

---

¹³³ A crítica é formulada por Régis FICHTNER PEREIRA: "Existente uma norma jurídica específica sobre fraude à lei no ordenamento jurídico, produzir-se-á uma consequência interessante, consistente em que havendo a ocorrência de uma fraude, estar-se-á violando indiretamente a norma fraudada e diretamente a norma que proíbe a perpetração de fraudes. Estar-se-á agindo ao mesmo tempo contra e em fraude à lei. Outra consequência pode também advir da existência de regra jurídica específica sobre fraude à lei. Se esta regra decretar a nulidade dos atos assim praticados, será esta a consequência obrigatória quando da ocorrência da fraude à lei. Em não havendo regra específica, aplica-se a sanção que estiver prevista no preceito da norma fraudada, uma vez que a violação indireta em nada deve diferenciar-se, quanto aos efeitos, da violação direta" (Da regra jurídica sobre a fraude à lei, cit., p. 45).

¹³⁴ Essa contrariedade à racionalidade da norma expressa é ressaltada por Caio Mário da Silva PEREIRA: "O dispositivo (art. 166, VI) usa o vocábulo *fraudar* em sentido genérico, de usar subterfúgio para contrariar a lei por via travessa" (*Instituições de direito civil*. Volume I, cit., p. 531).

¹³⁵ O raciocínio funcional resulta claro, por exemplo, na análise empreendida por Régis FICHTNER PEREIRA, que demonstra como a concepção de fraude à lei desempenhou papel bastante semelhante ao do abuso do direito na superação da análise exclusivamente estrutural do direito: "Os problemas surgem quando da hipótese de não haver norma neste sentido no ordenamento. Os atos assim praticados são pelo menos aparentemente lícitos, pois não há norma que os proíba expressamente. Para que se chegue a atacar estes atos praticados há que se lançar mão de técnicas de interpretação, com a finalidade de se descobrir qual a *voluntas legis*, ou seja, qual a vontade da lei. Isto, se admitirmos que as palavras da lei não contêm um sentido estrito; de maneira que delas possa se retirar princípios jurídicos, incindíveis sobre qualquer hipótese de fato que as fira. Nessa linha de raciocínio, há que se concluir que o que importa é a finalidade pela qual determinada norma está a vigorar. Se a norma existe para proibir que determinado resultado se produza e este se produz, parece que os atos que o dão causa contornam o princípio jurídico estabelecido e criam uma situação de contradição interna do Direito. Isto porque frequentem ente o que menos importa em um negócio jurídico são os atos praticados. Importantes, sim, são os efeitos alcançados pelas pessoas através da prática desses atos. Estaria criada uma situação de contradição se através de determinados atos os efeitos

à lei, no entanto, continua sendo, em regra, estrutural, já que a fraude se verifica, ordinariamente, contra uma vedação legal e não contra a axiologia do sistema.[136] O negócio nulo por força de fraude à lei, desse modo, parece continuar atrelado predominantemente à instância de controle valorativo da ilicitude, isto é, do descumprimento estrutural à lei.[137]

Avançando-se ainda mais nesse raciocínio, é efetivamente possível cogitar de causas de nulidade que apenas poderiam ser identificadas por meio de interpretação sistemático-funcional do ordenamento, a começar pelas próprias normas que cominam nulidades textuais (pense-se na maior parte dos incisos do art. 166 do Código Civil ou demais hipóteses em que a lei, nos termos do art. 166, VII, impõe taxativamente a nulidade) e caminhando-se até a amplíssima previsão das causas de nulidade textual (previstas pelo inciso VII do mesmo dispositivo). O mais contemporâneo

---

fossem proibidos, por contrários à lei; e através da prática de atos diversos pudessem esses ser tolerados apenas porque não há tipificação legal expressa para tais atos" (Da regra jurídica sobre a fraude à lei, cit., p. 44).

[136] Chegou-se inclusive a criticar a redação do Anteprojeto do Código Civil, ao prever a nulidade dos negócios em fraude à lei, uma vez assentada a nulidade dos negócios que violassem lei imperativa. A respeito, MOREIRA ALVES reafirmou a utilidade na distinção, uma vez que o negócio em questão não era propriamente *contra legem*, mas *in fraudem legis*, e este será nulo ainda que a lei que se pretendeu fraudar comine outra sanção para a hipótese de ser infringida diretamente (*A Parte Geral do Projeto de Código Civil brasileiro*, cit., p. 85).

[137] Veja-se, a respeito, a lição de Régis FICHTNER PEREIRA: "Não há porque estabelecer-se uma diferença de efeitos entre aquele que contraria a norma e aquele que a frauda, pois o fenômeno da violação se deu em ambos os casos. Da mesma maneira com relação à questão do intuito de fraudar, pois se a norma que incide sobre determinado fato foi violada, deve ela ser aplicada, não importando se esta violação se deu por atos contrários ou fraudatórios à lei. Para a aplicação da sanção de uma norma em relação àquele que age contra a lei, não importa, via de regra, se houve ou não intenção de contrariá-la. O próprio fato da violação já gera automaticamente o fenômeno da incidência. Da mesma maneira deve se passar com os atos que fraudam a lei, pois o fenômeno da violação se configurou" (Da regra jurídica sobre a fraude à lei, cit., p. 46). Nesse sentido colocam-se também os poucos ordenamentos da família romano--germânica que preveem regra expressa sobre a fraude à lei. Assim, por exemplo, o Código Civil português: "Artigo 21º. Na aplicação das normas de conflitos são irrelevantes as situações de facto ou de direito criadas com o intuito fraudulento de evitar a aplicabilidade da lei que, noutras circunstâncias, seria competente". E, ainda, o Código Civil espanhol: "Artigo 6. [...] 4. Os atos realizados ao amparo do texto de uma norma que persigam um resultado proibido pelo ordenamento jurídico, ou contrário a ele, se considerarão executados em fraude de lei e não impedirão a devida aplicação da norma que se tiver tratado de elidir" (Tradução livre).

exemplo de aplicação de uma interpretação funcionalizada à promoção de valores do ordenamento para a identificação de uma causa de nulidade decorreu da reforma do regime das incapacidades civis provocada pela Lei n. 13.146/2015, que alterou a redação dos arts. 3º e 4º do Código Civil para suprimir do rol legal de civilmente incapazes as pessoas com deficiências mentais de qualquer natureza ou gravidade. Após a reforma, não mais existe causa textual de invalidade para os atos praticados pessoalmente pelo deficiente, nem mesmo se sujeito ele a curatela (medida que se tornou excepcional nesses casos).[138]

Nesse cenário, a melhor interpretação parece ser a de que a validade dos atos praticados pessoalmente por quem apresenta deficiência psíquica ou intelectual passou a depender de uma consideração ampla da axiologia do ordenamento, sobretudo quanto à proteção integral da pessoa com deficiência e à relevância da higidez da vontade manifestada para a produção de efeitos pelo ato de autonomia. De acordo com essa perspectiva, o ato apenas será reputado inválido, nesses casos, caso reste evidenciado que a pessoa, por força da deficiência mental, não apresentava o discernimento necessário para compreender as consequências da vontade manifestada e assumir a respectiva responsabilidade pelos efeitos produzidos.[139] Trata-se

---

[138] A reforma do regime das incapacidades, sob o ponto de vista da invalidade negocial, foi analisada em detalhe em SOUZA, Eduardo Nunes de; SILVA, Rodrigo da Guia. Autonomia, discernimento e vulnerabilidade: estudo sobre as invalidades negociais à luz do novo sistema das incapacidades, cit., *passim*.

[139] Sobre a vinculação entre capacidade e responsabilidade, valiosa é a lição de Salvatore PUGLIATTI, que destaca a "relação entre liberdade, como possibilidade de tomar uma dada iniciativa e de assumir um dado comportamento em relação a um determinado interesse próprio, e a responsabilidade relativa. Sob esse perfil, pode-se afirmar que liberdade e autorresponsabilidade são termos correlativos; e se pode falar de um princípio da autorresponsabilidade privada, correlata à liberdade de querer" (Autoresponsabilità. *Scritti giuridici*, vol. IV. Milano: Giuffrè, 2011, p. 198. Tradução livre). No direito brasileiro, leciona Maria Celina BODIN DE MORAES: "A consequência da capacidade é, como se sabe, a imputação de responsabilidade. A imputabilidade é a possibilidade de ser considerado, pelo direito, como o *autor* de seus próprios atos, devendo em consequência por eles responder. Quem não tem discernimento tampouco tem responsabilidade, e as sanções jurídicas são diferenciadas justamente com base nesta distinção. Ter discernimento é ter capacidade de entender e querer. Se o indivíduo for dotado desta capacidade, dela decorrem a autodeterminação e a imputabilidade (isto é, a responsabilidade)" (Uma aplicação do princípio da liberdade. *Na medida da pessoa humana*. Rio de Janeiro: Renovar, 2010, p. 192. Grifo do original).

de invalidade que apenas se extrai de uma análise global dos valores do ordenamento (análise, portanto, funcional), e não mais da previsão taxativa pelo legislador das causas de nulidade negocial.[140]

Exemplos como este demandam particular esforço argumentativo do intérprete para a sua identificação. Sua incidência parece particularmente associada a hipóteses de nulidade destinadas à proteção de uma ou de ambas as partes, como ocorre no caso das pessoas com deficiência mental. Trata-se, de todo modo, de hipóteses pouco frequentes. Justamente por serem originárias ao ato, as causas de invalidade, como se afirmou, devem ser, tanto quanto possível, previsíveis em abstrato pelas partes, o que torna, em geral, a técnica legislativa regulamentar e a análise estrutural do direito suficientes para caracterizá-las. Caso a análise funcional se mostre determinante para sua identificação, essa análise será, prioritariamente, da própria previsão legal da causa de invalidade, mas não do ato em si, que continuará sendo apreciado quanto a eventuais vícios em sua estrutura genética.

Em outros termos, como acontece com qualquer outra norma jurídica, a previsão normativa das causas legais de invalidade também decorre de uma interpretação axiológica, sistemática e unitária da integralidade do ordenamento, pressuposto da metodologia civil-constitucional.[141] A clareza na compreensão dessas causas sempre será um *posterius* em relação

---

[140] Conforme se afirmou em outra sede, "Com efeito, a ponderação dos valores relevantes na específica situação e a averiguação do concreto grau de discernimento da pessoa com deficiência psíquica ou intelectual poderão levar à conclusão pela nulidade de certo ato. Subjazem a esse entendimento a perspectiva metodológica de constitucionalização do direito civil, em geral, e a conceituação ampla do princípio da legalidade, em particular, a imprimir novos contornos à causa virtual de nulidade prevista no art. 166, VII, do Código Civil: onde tradicionalmente se leu 'lei em sentido estrito e formal', deve-se passar a ler 'lei em sentido amplo e material', vez que traduziria nefasto contrassenso afirmar a validade de atos que, embora adequados à legalidade formal do Código Civil, não se revelassem compatíveis com a axiologia constitucional" (SOUZA, Eduardo Nunes de; SILVA, Rodrigo da Guia. Autonomia, discernimento e vulnerabilidade: estudo sobre as invalidades negociais à luz do novo sistema das incapacidades, pp. 29-30).

[141] Nesse sentido, por exemplo, entende-se que, "ao se considerar que as normas constitucionais gozam de eficácia direta e imediata sobre as relações privadas, conforme defendem setores importantes da doutrina brasileira, não se veria empecilho para que fossem aplicadas diretamente no controle da licitude do objeto do contrato" (RENTERÍA, Pablo. Considerações acerca do atual debate sobre o princípio da função social do contrato. In: BODIN DE MORAES, Maria Celina. *Princípios do direito civil contemporâneo*. Rio de Janeiro: Renovar, 2006, p. 292).

ao procedimento hermenêutico,[142] no âmbito do qual um raciocínio funcional pode conduzir a conclusões diversas daquelas que decorreriam da interpretação literal. Tem-se, com isso, uma ressignificação da noção de tipicidade que sempre regeu as invalidades negociais, com particular ampliação da abertura que já era conferida pela noção de nulidades virtuais.[143] Interpretada, porém, a causa normativa da invalidade, ainda que por meio de um raciocínio marcadamente funcional, sua identificação no ato concretamente considerado far-se-á prioritariamente sobre a estrutura negocial (ou seja, procurando-se o vício subjetivo, objetivo ou formal do ato), pela própria lógica do instituto das invalidades.[144]

Assim, no exemplo da pessoa com deficiência mental, a compreensão de que seu discernimento importa para a validade do ato por ela praticado decorre de uma análise funcional – e, decerto, não literal ou estrutural – do ordenamento, mas a conclusão continuará sendo a de que existiu um vício no elemento "declaração de vontade" que compunha a estrutura do ato. Mais ainda, o próprio legislador parece sinalizar que a análise funcional e valorativa do direito será fundamental para a compreensão das causas legais de invalidade, ao dispor, no parágrafo único do art. 2.035 do Código Civil, em matéria de direito intertemporal, que as convenções celebradas antes do advento da codificação atual "não prevalecerão" se contrariarem "preceitos de ordem pública, tais como os estabelecidos por este Código para assegurar a função social da propriedade e dos contratos". Não será, porém, o próprio ato a ser analisado funcionalmente, mas sim a disciplina

---

[142] PERLINGIERI, Pietro. O direito civil na legalidade constitucional, cit., p. 616.

[143] Conforme anota Pietro PERLINGIERI, "releva menos, em tal modo, a tipicidade; consolida-se a nulidade virtual e consequentemente a superação da taxatividade e da excepcionalidade das previsões normativas sobre invalidades, multiplicam-se as formas de proteção nas nulidades que se apresentam ora como nulidades parciais ora, sobretudo, como nulidades relativas" (O direito civil na legalidade constitucional, cit., p. 398).

[144] O posicionamento ora adotado não implica a criação de setores do direito civil imunes à análise funcional do direito ou à interpretação normativa com viés aplicativo ao caso concreto; conforme se expôs em outra sede, tais consequências da constitucionalização do direito privado não tornaram o raciocínio subsuntivo vedado ao intérprete, mas simplesmente destacam a insuficiência desse raciocínio como mecanismo legitimador das decisões (SOUZA, Eduardo Nunes de. Merecimento de tutela: a nova fronteira da legalidade no direito civil, cit., item 2). No caso das invalidades, parece muito mais compatível com os contornos do instituto permitir que seu controle valorativo pleno se dê quanto à modulação das consequências da invalidade do que no momento da identificação de sua causa na estrutura negocial.

legal da (in)validade negocial, que não pode, de antemão, ser contrariada pelos elementos estruturais do negócio. Por outro lado, tais considerações não se aplicam, em absoluto, à disciplina das *consequências* da invalidade *uma vez identificada sua causa*, matéria para a qual este estudo proporá, oportunamente, tratamento plenamente funcional.[145]

Nesses casos menos comuns, em que a causa de invalidade não decorre de expressa cominação legal (nulidade textual) ou de expressa vedação legal do ato sem cominação de sanção (nulidade virtual clássica), a hipótese estará mais próxima do controle de abusividade do ato impugnado do que propriamente de sua ilicitude.[146] De fato, a realização do ato que, embora formalmente (*rectius*, estruturalmente) permitido, contraria um valor do ordenamento, consiste, no rigor técnico, em um exercício disfuncional de

---

[145] Cf., particularmente, o método proposto no item 2.4, *infra* para a modulação funcional da disciplina das invalidades negociais.

[146] A possibilidade de ocorrer nulidade em um ato abusivo (ou melhor, disfuncional) é negada pela doutrina mais tradicional, particularmente em respeito ao interesse de terceiros. Nesse sentido, cf. LOPES, Miguel Maria de Serpa. *Curso de direito civil*. Volume I, cit., p. 541: "Todavia, em se tratando de um ato abusivo resultante de um ato jurídico, impõe-se afastar a solução de sua nulidade, sobretudo pela possibilidade de poder afetar o interesse de terceiros, confiados na aparente legalidade do ato. Em tais casos, a sanção deverá resumir-se na condenação a perdas e danos". A resistência à invalidade do ato celebrado no exercício disfuncional de uma situação jurídica decorre, ainda, provavelmente da suposição de que o ato abusivo, por definição, é realizado de forma estruturalmente conforme ao direito e, assim, não poderia conter um vício invalidante. Nesse sentido, também contrário à possibilidade de nulidade de atos abusivos, cf. JOSSERAND, Louis. *De l'esprit des droits et de leur rélativité*, cit., p. 411, com a ressalva de que ainda é possível a invalidação do ato quando o abuso se concretiza em um vício do consentimento ou enseja o ajuizamento de uma ação pauliana. O entendimento do grande jurista francês denota, em larga medida, a posição ora defendida: o raciocínio funcional pode conduzir à identificação de uma invalidade, muito embora esta possa ser, então, reconduzida à presença de um vício na estrutura do ato. Abertamente favorável à possibilidade de ser declarado nulo um ato disfuncional, cf. GOMES, Orlando. *Introdução ao direito civil*, cit., p. 122; e, ainda, LÔBO, Paulo. *Direito civil: Parte Geral*. São Paulo: Saraiva, 2009, p. 338, que afirma: "Como o abuso do direito envolve limites, a nulidade do ato abusivo alcança o que ultrapassá-los. Contudo, o ato jurídico abusivo pode ser declarado nulo, quando o seu objeto for inteiramente contaminado pelo abuso e não puder ser aproveitado pela conversão ou pela conservação do negócio". Esta última posição parece, de fato, ser a mais adequada: no exemplo do ato celebrado por pessoa formalmente capaz, mas que apresente deficiência mental que afete seu discernimento, a invalidade há de ser proporcional à falta de discernimento, preservando-se, tanto quanto possível, a eficácia do ato.

situação jurídica subjetiva (*in casu*, da própria liberdade negocial).[147] A distinção entre ilicitude e abusividade, ou entre análise estrutural e funcional do direito, porém, não deve ser supervalorizada ou estendida para além dos limites em que auxilie o intérprete na sua tarefa de aplicar o ordenamento de forma unitária ao caso concreto. Como é sabido, as hipóteses de exercício disfuncional encontram-se em permanente transição para a técnica da ilicitude, seja porque o legislador as positiva eventualmente (tornando-as hipótese de controle estrutural da autonomia privada), seja porque a práxis de sua reiterada aplicação torna seu conteúdo progressivamente menos aberto e mais concretizado na própria mentalidade do jurista.[148] Em inúmeras ocasiões, portanto, discutir se a interpretação se deu de forma estrutural ou funcional consiste em mero jogo de palavras, sem qualquer vantagem para a qualidade do procedimento hermenêutico.

Relevante para a presente análise é destacar que, em qualquer caso, quanto mais próxima da técnica da abusividade se aproximar a causa da invalidade, isto é, quanto mais demandar uma análise funcional para sua identificação, mais cautela deverá ter o intérprete em fundamentá-la. Esta parece ser, em verdade, a principal vantagem na caracterização ora adotada para as invalidades: evita-se, com ela, a expansão desordenada de causas de nulidade virtual dos atos jurídicos com base em uma análise funcional – que seria muito mais útil e adequada às peculiaridades do caso concreto se aplicada sobre a disciplina dos efeitos concretamente produzidos pelo ato do que sobre a sua validade. Mais ainda, a técnica da invalidade foi concebida para ser facilmente apreensível pelas partes ao negociarem. Assim, por mais que se leve em consideração a supramencionada evolução do conceito de legalidade a partir da análise funcional do direito, o instituto apresenta

---

[147] Também sob o ponto de vista do maior rigor técnico, a hipótese seria, igualmente, de antijuridicidade da causa negocial (isto é, de contrariedade da causa à axiologia do ordenamento), embora, como se acaba de referir, esta consista em aplicação excepcional da causa no sistema brasileiro, a teor do art. 425 do Código Civil, que não condiciona a liberdade de contratar e de celebrar contratos atípicos a um controle declaradamente funcional (e, portanto, causalista).

[148] Nessa direção, leciona SAN TIAGO DANTAS que a técnica do abuso do direito "tem muito este papel técnico, de antecipar as inovações, porque vai revelando, através da atividade dos magistrados, o desajustamento entre a norma jurídica e as situações novas apresentadas pela vida. O legislador, tomando conhecimento do desajustamento, não tarda a consagrar numa norma nova a proibição que o magistrado tinha feito, algumas vezes, lançando mão da teoria do abuso" (*Programa de direito civil*: teoria geral. Volume I, cit., p. 320).

limites inerentes de aplicação que não podem ser desconsiderados. A dificuldade em se funcionalizarem plenamente as causas de invalidade pode ser constatada sobretudo diante do entendimento, amplamente dominante, segundo o qual elas devem ser sempre originárias e nunca supervenientes à prática do ato, o que dificulta, por si só, uma análise funcional – via de regra, pouco adaptável ao raciocínio abstrato.

No que tange à instância do merecimento de tutela em sentido estrito, por maioria de razão, mais ainda se mostra ela distante da sistemática das invalidades. De fato, correspondendo a um juízo ponderado entre dois exercícios particulares em princípio conformes ao ordenamento, o merecimento de tutela em sentido estrito, além de se aplicar excepcionalmente, costuma pressupor a obediência estrutural e funcional à lei.[149] A invalidade negocial atua em momento muito anterior da análise, quando ainda se indaga da conformidade do ato aos requisitos impostos pelo ordenamento e, por conseguinte, aos valores do sistema. Nesse sentido, como se ressaltou há pouco, a validade dos atos jurídicos não depende, ordinariamente, daquela *promoção* de valores juridicamente relevantes que motiva o merecimento de tutela no sentido estrito ora aludido. De todo modo, não se pode afastar, ao menos no plano teórico, a possibilidade de determinada nulidade virtual originar-se de juízo de merecimento de tutela em sentido estrito, por meio do qual se conclua que o exercício da liberdade negocial, conquanto em princípio conforme ao ordenamento, não promoveu com a mesma intensidade os valores do sistema quanto o exercício, por outra pessoa, de uma situação jurídica subjetiva a ele antagônica.[150]

A noção de que quase toda invalidade representa uma forma de ilicitude conduz a uma outra discussão, há muito conhecida pela doutrina, consistente em se saber se o negócio nulo pode ser considerado, tecnicamente,

---

[149] No ponto, permita-se remeter a Souza, Eduardo Nunes de. Merecimento de tutela: a nova fronteira da legalidade no direito civil, cit., item 4.

[150] Dessa possível aplicação do juízo de merecimento de tutela em sentido estrito, de árdua exemplificação, já se cogitava teoricamente em Souza, Eduardo Nunes de. Merecimento de tutela: a nova fronteira da legalidade no direito civil, cit., p. 96. Talvez uma aplicação adequada para o merecimento de tutela em matéria de invalidade ocorra, em verdade, nos casos excepcionais em que determinado ato cuja validade tenha sido questionada judicialmente, embora venha a ser declarado plenamente válido pelo julgador, tenha parte de seus efeitos modulados pela decisão judicial. A esta hipótese se retornará no item 2.4, *infra*, uma vez sustentada a viabilidade da modulação da eficácia dos atos pelo julgador com base em sua (in)validade.

um *negócio ilícito*.¹⁵¹ A indagação, longe de encerrar mera discussão bizantina, busca na verdade esclarecer se a expressão "negócio ilícito", muito frequente em doutrina, é dotada de um sentido autônomo, que a afaste dos atos ilícitos em geral e, de algum modo, também dos próprios negócios nulos. A resposta para a questão, porém, não deveria surtir grande dificuldade. A rigor, um negócio ilícito não é apenas aquele que apresenta um objeto ilícito, mas aquele que contraria, de qualquer modo, a lei.¹⁵² Ainda que se entendesse tratar-se tão somente do negócio dotado de objeto ilícito, não poderia haver dúvidas: semelhante negócio há de ser reputado nulo, por expressa disposição do art. 166, II do Código Civil.¹⁵³

Assim, por exemplo, quem celebra contrato que tenha por objeto a herança de pessoa viva, celebra contrato nulo, uma vez que tal objeto é expressamente vedado pelo art. 426 do Código Civil.¹⁵⁴ Pouco importa, nesse caso, que a nulidade seja virtual, ante a ausência de expressa comi-

---

¹⁵¹ A questão já era abordada, nos primeiros anos do século XX, por FERRARA, para quem a conexão entre os conceitos era clara: "Quando a lei diz: não quero que isto seja feito, nesse enérgico comando negativo está a expressão do interesse da sociedade. O privado deve obedecer. Se não quer, se conclui um negócio em aberta contradição com a lei, esse negócio será nulo. A ordem jurídica o repudia de seu seio. De fato, seria inconcebível um contrato que violasse a justiça com eficácia jurídica, já que a negação do direito não pode encontra proteção no direito mesmo. O negócio ilícito é o abuso da liberdade contratual: é a rebelião da atividade privada contra a vontade imutável e imperativa da lei. [...] Um negócio em choque com uma vedação civil é um negócio ilícito" (*Teoria del negozio illecito nel diritto civile italiano*. Milano: Società Editrice Libraria, 1902, p. 3. Tradução livre).
¹⁵² Uma dificuldade inicial para a admissão desse entendimento foi a perplexidade, por parte da doutrina, de que um negócio jurídico, situado na categoria dos atos humanos lícitos, pudesse receber a qualificação "ilícito", normalmente reservada aos atos humanos ilícitos. Superada esta dificuldade, conclui SCOGNAMIGLIO: "o negócio ilícito não é desconforme ao direito diversamente, por exemplo, daquele viciado na forma. Só é diferente a causa específica da invalidade, o assim chamado vício, que nessa hipótese é reconduzido à contrariedade do conteúdo negocial [...] a alguma norma imperativa ou proibitiva: contrariedade que se torna possível justamente pela relevância do negócio como ato de autonomia privada. Resulta clara, em relação a essa última observação, a diferença que existe entre negócio ilícito e ato ilícito; e ainda se explica como o negócio encontra, ainda assim, a sanção da invalidade, que assume – e a coisa parece evidente – em todo caso o mesmo valor, qualquer que seja o vício que a causa" (*Contributo alla teoria del negozio giuridico*. Napoli: Jovene, 2008, p. 378. Tradução livre).
¹⁵³ *Verbis*: "Art. 166. É nulo o negócio jurídico quando: [...] II – for ilícito, impossível ou indeterminável o seu objeto; [...]".
¹⁵⁴ *Verbis*: "Art. 426. Não pode ser objeto de contrato a herança de pessoa viva".

nação legal – a vedação ao *pactum corvinum* é expressa, e isso basta para a configuração da nulidade; aliás, em se considerando que o objeto de tal contratação é vedado por lei, seria de se indagar se a disposição do art. 166, II não permitiria considerar textual tal nulidade. Por outro lado, diante do sentido de ilicitude ora apresentado, também o negócio jurídico que contrariasse a lei por qualquer outra razão não relacionada à regularidade de seu objeto haveria de ser reputado ilícito, e seria igualmente nulo. Assim, o contrato de compra e venda de bem imóvel cujo valor ultrapasse o valor de trinta vezes o maior salário mínimo vigente no país, ressalvadas as exceções legais, é um negócio ilícito se for celebrado por instrumento particular, por contrariar o art. 108[155] e, por isso, nulo, a teor do art. 166, IV.[156]

A associação entre os termos *negócio nulo* e *negócio ilícito* também ajuda a responder à crítica, formulada por autorizada doutrina, acerca da associação entre os termos mais genéricos *atos ilícitos* (no sentido amplo de atos jurídicos contrários ao direito) e *atos nulos*. Afirma-se, a esse propósito, que seria impossível considerar nulo um ato jurídico contrário ao ordenamento que não tivesse natureza negocial, porque, enquanto os negócios nulos, constituindo declarações preceptivas de vontade (isto é, declarações voltadas ao regulamento particular de interesses, e não somente à realização de um ato material), seriam *ipso facto* dotados dos três planos de análise da escala ponteana (existência, validade e eficácia), os atos ilícitos, supostamente consistentes apenas na realização de atos materiais (sem qualquer pretensão de regular interesses), apresentariam apenas dois planos possíveis de análise: a existência e a eficácia.[157] Em outras palavras, segundo esse entendimento,

---

[155] *Verbis:* "Art. 108. Não dispondo a lei em contrário, a escritura pública é essencial à validade dos negócios jurídicos que visem à constituição, transferência, modificação ou renúncia de direitos reais sobre imóveis de valor superior a trinta vezes o maior salário mínimo vigente no País".

[156] *Verbis:* "Art. 166. É nulo o negócio jurídico quando: [...] IV – não revestir a forma prescrita em lei; [...]".

[157] Esta é a posição de Antonio Junqueira de Azevedo: "Nulas são somente as declarações de vontade preceptivas, isto é, aquelas que, no sistema jurídico, são vistas como destinadas diretamente a produzir efeitos jurídicos: somente estas, justamente pelos fins visados por ato de decisão jurídica, têm requisitos previstos para sua regularidade. Ilícitos são os atos reprovados pelo sistema jurídico; de um ato ilícito, como um crime, não se diz ser nulo. Sobre eles, a lei somente prevê a hipótese (fattispecie) e a consequência jurídica; portanto, dois planos: existência e eficácia. Já os atos preceptivos, como os negócios jurídicos e os atos negociais administrativos, exigem um cuidado especial do legislador, porque seus efeitos, na ordem normal das coisas, serão os declarados como queridos, isto é, os que constam, por uma decisão, de seu "texto" ou

apenas um negócio jurídico poderia receber a qualificação de nulo, uma vez que o plano da validade apenas existiria para atos negociais; de outra parte, apenas um ato não negocial poderia ser reputado ilícito.

A crítica pode ser superada, sem embargo da autoridade de seus defensores, na perspectiva que aqui se tem buscado apresentar para a invalidade e para a ilicitude. A rigor, tal entendimento toma como axiomáticos os planos de análise ponteanos e sua exclusiva aplicabilidade aos atos negociais. No entanto, todos os atos de autonomia privada, negociais ou não, pela própria incidência do princípio da legalidade, demandam algum juízo valorativo: sempre é preciso saber se violam as barreiras axiológicas impostas pelo ordenamento para, em caso negativo, poder-se tutelar a esfera de liberdade particular em que se inserem. Se a invalidade corresponde tão somente a mais uma espécie de controle valorativo sobre certos atos de autonomia privada, não há impedimento, *a priori*, de que incida sobre atos não negociais.[158] Nesse sentido coloca-se, por exemplo, a tradicional lição de Norberto Bobbio, segundo o qual a ilicitude implicaria a imposição de uma consequência contrária àquela querida pelo agente, ao passo que a invalidade simplesmente acarretaria a ineficácia do ato, mas ambas representam uma contrariedade ao ordenamento.[159]

De outra parte, retomando-se o problema do negócio ilícito, se a ilicitude é aqui entendida como uma forma de descumprimento estrutural ao ordenamento, nada obsta, em princípio, que um negócio jurídico nela incorra. Tais controvérsias, como se percebe, dizem mais respeito ao sistema teórico adotado do que à natureza dos institutos. Na perspectiva ora apresentada, perguntar se um negócio nulo pode ser considerado uma hipótese de ato

---

conteúdo: esses atos, por isso, exigem requisitos de validade" (O direito como sistema complexo e de segunda ordem; sua autonomia. Ato nulo e ato ilícito. Diferença de espírito entre responsabilidade civil e penal. Necessidade de prejuízo para haver direito de indenização na responsabilidade civil. *Civilistica.com*. Rio de Janeiro: a. 2, n. 3, jul.-set./2013.

[158] Um novo argumento para esta conclusão será apresentado no item 1.2.4, *infra*.

[159] Leciona Norberto BOBBIO: "Ato ilícito é aquele não conforme a uma norma cuja violação comporta como consequência que o efeito jurídico a ela relacionado esteja em contraste com aquele querido pelo transgressor; ato inválido é aquele não conforme a uma norma cuja violação comporta como consequência o desaparecimento do efeito jurídico desejado. Pode-se representar o ordenamento jurídico como um aparato protetivo para os associados que a ele se conformam e como um aparato repressivo para os associados que desviam de suas normas [...]" (Sanzione. In: *Novissimo Digesto Italiano*. Volume XVI. Torino: UTET, 1957, p. 535).

ilícito equivale a perguntar se um ato que contraria um requisito previsto em lei é um ato que contraria a lei.[160] A resposta (repita-se, no âmbito terminológico aqui desenvolvido) parece intuitiva.

1.2. Categorias de atos jurídicos e seus respectivos graus de controle valorativo

Deu-se preferência ao uso do termo "ato jurídico" até o presente momento, de modo a abranger tanto os atos jurídicos negociais quanto os não negociais, e apenas exemplificativamente se fez alusão aos negócios jurídicos propriamente ditos. Sendo a invalidade destes, contudo, o objeto central do presente estudo, faz-se necessário, a partir de agora, diferenciá-los dos demais, e apresentar as possíveis razões pelas quais (e em que medida) o controle valorativo sobre eles incidente difere daquele realizado sobre as outras espécies de atos de autonomia privada. Fez-se alusão, mais acima, ao relevante papel do princípio da legalidade para a própria construção de uma esfera de autonomia privada juridicamente garantida. As diferentes formas de controle valorativo feito pelo ordenamento sobre as diversas espécies de atos jurídicos dizem respeito diretamente a essa matéria.

De fato, se, politicamente, as Leis Civis[161] representaram a afirmação da liberdade particular por meio de sua delimitação, do ponto de vista estritamente jurídico a tutela da autonomia privada pelo ordenamento sempre apresentou o problema teórico de sua compatibilização com as fontes do Direito: como atribuir qualificação e tutela jurídicas a efeitos criados por força da vontade individual, e não por obra do legislador (ou, ainda, por força do costume ou construção jurisprudencial)? O problema da eficácia jurídica, como já se observou em doutrina, corresponde ao

---

[160] Aduz Marcos Bernardes de MELLO: "Ora, parece claro, se a contrariedade a direito constitui elemento cerne da ilicitude e é, também, o fundamento da invalidade dos atos jurídicos, não é possível extrair-se outra conclusão senão a de que o ato jurídico inválido integra o gênero fato ilícito *lato sensu*. É uma espécie de ato ilícito, o ato ilícito invalidante, que, na verdade, tem natureza especial, diferente dos outros atos ilícitos, porque recebe esse caráter de ilicitude por força da incidência de normas jurídicas invalidantes, que atuam já dentro do mundo jurídico, no plano da validade" (*Teoria do fato jurídico:* plano da validade. São Paulo: Saraiva, 2009, p. 51).
[161] Faz-se referência, aqui, à obra de Jean DOMAT, *Les lois civiles dans leur ordre naturel*, considerada o mais emblemático marco, na família romano-germânica, da separação entre as leis de direito privado e de direito público. O texto foi republicado recentemente em *Civilistica.com*. Rio de Janeiro: a. 3, n. 2, 2014.

núcleo do problema da juridicidade de um ato.[162] O dilema desenvolveu-se à exaustão na forma da controvérsia, muito difundida doutrinariamente, acerca de uma suposta fonte negocial do Direito.[163] A questão, de maior interesse para a filosofia jurídica do que, propriamente, para a dogmática civilista, não poderia receber maiores desenvolvimentos nesta sede.[164] Dela, no entanto, extrai-se uma constatação fundamental ao estudo ora empreendido: em linha de princípio, quanto mais a vontade individual assume o papel de fonte geradora de efeitos jurídicos em determinado ato, tanto maior tende a se tornar a resistência, por parte do ordenamento jurídico, à tutela desses efeitos.[165]

De fato, a dificuldade em se reconhecerem efeitos jurídicos decorrentes da vontade particular (e não seria demais lembrar o relevante o

---

[162] Como leciona Angelo FALZEA, "o problema do efeito jurídico não é e não pode ser outro que o problema da própria juridicidade, isto é: o próprio problema do direito" (Efficacia giuridica, cit., §5).

[163] Ilustrativamente, relata Salvatore PUGLIATTI algumas das divergências, na doutrina italiana, em matéria de se reconhecer na autonomia privada uma fonte de efeitos jurídicos: "Sob outro perfil, a vontade viria qualificada como autônoma, enquanto fonte dos efeitos negociais, e, coerentemente, seria considerado como ato negocial também o ato legislativo. Segundo uma outra tendência, a vontade negocial seria heterônoma, enquanto constituiria um dos elementos da hipótese fática legal, de modo que a fonte dos efeitos seria sempre a lei" ("Autonomia privata". *Enciclopedia del diritto*. Volume IV. Milano: Giuffrè, 1959, p. 368. Tradução livre). No direito brasileiro, Francisco AMARAL reputa a autonomia privada uma autêntica fonte de direito: "Do mesmo modo que as estatais, as normas particulares [i.e., convencionais] estabelecem direitos e deveres (bilateralidade), apresentam-se como juízos hipotéticos (abstração) e estabelecem sanções (coatividade)" (*Direito civil*: introdução, cit., p. 126).

[164] Com efeito, muitos autores consideram superada a discussão nos termos em que é colocada. Para MENEZES CORDEIRO, "o abandono do dogma da vontade e as atuais doutrinas sobre as relações entre a vontade, o direito e o negócio não permitem manter a distinção nesses termos: no negócio como no ato há fatos que, por voluntários, produzem efeitos *ex lege*" (*Tratado de direito civil*. Volume II, cit., p. 88).

[165] A diversidade de regime jurídico baseada no papel desempenhado pela vontade em cada tipo de ato é ressaltada por Salvatore PUGLIATTI, segundo o qual a tutela jurídica dos atos voluntários (atos jurídicos em sentido lato) compreende "seja o interesse perseguido pelo sujeito, seja a vontade (subjetiva) que ele persegue. Mas se a tutela do interesse permanece a mesma em relação a qualquer tipo de ato, a tutela da vontade se comporta de maneira diversa em relação às duas categorias de atos (simplesmente) voluntários [para o autor, os atos jurídicos em sentido estrito] e dos atos de vontade [negócios jurídicos]: na verdade tal distinção, que tem valor apenas sob o perfil jurídico, impõe-se e se sustenta com referência à diversidade fundamental de postura da tutela jurídica" (*I fatti giuridici*, cit., p. 55. Tradução livre).

papel conferido à vontade individual pela dogmática civilista, nos moldes liberais que a caracterizam, com mitigações, até hoje) levou a uma gradação: a tarefa exige um número maior de requisitos quanto maior for o papel da vontade individual na atribuição de efeitos a determinado ato.[166] Distinguem-se, assim, os atos privados cujos efeitos decorrem da lei e os atos que, também empreendidos por particulares, têm seus efeitos por estes escolhidos. Trata-se da clássica divisão entre, de um lado, atos jurídicos em sentido estrito e atos-fatos jurídicos e, de outro, negócios jurídicos.[167] Em uma fórmula sintética, a base dessa classificação poderia ser descrita a partir de uma dúplice indagação a respeito de cada fato humano: em primeiro lugar, questiona-se qual é o nível de participação da vontade do agente para a realização do ato, e, em seguida, perquire-se qual é a fonte dos efeitos por ele produzidos.[168]

[166] A noção de que a vontade particular teria por conteúdo efetivamente os efeitos jurídicos do ato, de certo modo pouco realista, recebe diversos temperamentos. Faz-se distinção, por exemplo, entre o "intento empírico" das partes e o "intento jurídico" (este último efetivamente relativo à eficácia jurídica do ato), ou, ainda, faz-se alusão ao "efeito econômico-prático", destacando-se que basta que a vontade individual esteja *direcionada* a esse efeito. A esse propósito, cf. MESSINEO, Francesco. *Manuale di diritto civile e commerciale*. Volume I, cit., p. 460.

[167] Adotam esta classificação tripartite dos atos humanos voluntários (isto é, a existência de um *tertium genus* para além do negócio jurídico e do ato jurídico *stricto sensu*), ainda que com designações e ordenações teóricas distintas, dentre outros: no direito italiano, FERRARA, Luigi Cariota. *Il negozio giuridico nel diritto privato italiano*, cit., p. 40; MESSINEO, Francesco. *Manuale di diritto civile e commerciale*. Volume I, cit., p.453; no direito brasileiro, MIRANDA, Francisco Cavalcanti Pontes de. *Tratado de direito privado*. Tomo II, cit., p. 457; MELLO, Marcos Bernardes de. *Teoria do fato jurídico:* plano da existência. São Paulo: Saraiva, 1999, p. 137; LÔBO, Paulo. *Direito civil:* Parte Geral, cit., p. 232. Em interessante terminologia, Fernando NORONHA sustenta que a expressão "ato jurídico *stricto sensu*" corresponde a um gênero com duas espécies: os atos-fatos jurídicos (atos reais) e os "atos quase negociais", equivalentes aos atos aqui designados como jurídicos *stricto sensu* (*Direito das obrigações*, cit., pp. 401 e ss.), designações muito semelhantes àquelas encontradas na obra de ENNECCERUS, Ludwig; KIPP, Theodor; WOLFF, Martin. *Tratado de derecho civil*. Tomo I, Volume II. Barcelona: Bosch, 1955, p. 11. Já Orlando GOMES, conquanto afaste os atos-fatos dos atos jurídicos *stricto sensu*, insere-os dentre os fatos jurídicos naturais (*Introdução ao direito civil*, cit., p. 232).

[168] Os critérios de identificação de tais categorias, por evidente, variam com frequência entre os autores, de acordo com a sistemática adotada. Ilustrativamente, para Salvatore PUGLIATTI, que reconhece apenas as categorias do negócio jurídico e do ato jurídico em sentido estrito, a diferença estaria no fato de a vontade subjetiva ser apenas um pressuposto do ato ou, diversamente, integrar a estrutura, o conteúdo nuclear do mesmo (neste último caso, na forma de vontade declarada, correspondente aos atos negociais) (*I fatti giuridici*, cit., p. 4).

1.2.1. Atos-fatos jurídicos

Dizem-se atos-fatos jurídicos aqueles atos humanos em que a consciência do agente se volta inteiramente à realização da conduta material, sem qualquer consideração direcionada aos efeitos jurídicos que serão produzidos.[169] Nessa espécie de ato, não se considera haver declaração de vontade tendente a um regulamento individual de interesses; a rigor, o papel da vontade é tão reduzido que se chega a afirmar que, nos atos-fatos jurídicos, *não há vontade*.[170] Em se tratando de fatos jurídicos humanos, é evidente que, em verdade, essa vontade existe; não se trata, porém, de uma vontade juridicamente qualificada – o que significa que não se indaga, por exemplo, se ela se baseia no adequado discernimento de um agente capaz, nem se é uma vontade desprovida de qualquer vício do consentimento,

---

[169] Na lição de Pontes de Miranda, os fatos jurídicos que não se enquadram na classe dos negócios, nem podem ser considerados atos jurídicos *stricto sensu*, "são atos humanos que produzem fato, sem que seja preciso que o ato jurídico tenha sido querido. [...] É-lhes indiferente que se tenha querido, ou não, o fato jurídico, que resulta do ato; menos ainda os seus efeitos. Tais efeitos ocorrem ainda que não tenham sido queridos, porque o ato é fato jurídico, ainda que não se haja querido o ato (fático) ou a sua juridicização. Daí, pela parecença de tais atos com as coisas (*res*), serem chamados de atos reais; ou, por serem natureza pura, e não psique, atos naturais; ou por não serem ligados com a internidade do homem, atos puramente externos" (*Tratado de direito privado*. Tomo IV, cit., pp. 187-188).

[170] Conforme leciona Clóvis do Couto e Silva: "é possível distinguir vários tipos de atos tomando por base a amplitude da valorização da manifestação de vontade das partes. O ordenamento jurídico, que serve de moldura da atividade dos particulares, acaba por qualificar a vontade expressa no ato. Se ela conferir ampla autonomia, afirma-se, configura o ato um negócio jurídico; depois, se a vontade das partes que o ordenamento valorizar for tão somente a vontade de praticar o ato, uma vez que os efeitos jurídicos são impostos obrigatoriamente pela lei, temos então o ato jurídico em sentido estrito; ou, ainda, se o ordenamento jurídico não valorizar nem mesmo a vontade de praticar o ato, e considerar como juridicamente relevante somente o resultado da atividade volitiva, tem-se o ato-fato" (Para uma história dos conceitos no direito civil e no direito processual civil (a atualidade do pensamento de Otto Karlowa e Oskar Bülow. *Boletim da Faculdade de Direito de Coimbra*. Número especial: Estudos em homenagem aos Profs. Manuel Paulo Merêa e Guilherme Braga da Cruz. Separata. Coimbra: 1982, p. 18). No mesmo sentido, segundo Paulo Lôbo, "os atos-fatos jurídicos são atos ou comportamentos humanos em que não houve vontade, ou, se houve, o direito não a considerou. Nos atos-fatos jurídicos a vontade não integra seu suporte fático. É a lei que os faz jurídicos e atribui consequências e efeitos, independentemente de estes terem sido queridos ou não. O ato ou a vontade é esvaziada e é apenas levada para juridicização como fato; o ato dissolve-se no fato" (*Direito civil*: Parte Geral, cit., p. 232).

nem se é dotada de quaisquer outros requisitos. Em resposta às duas indagações supramencionadas, a saber, sobre o nível de participação da vontade individual e da fonte principal dos efeitos do ato, nos atos-fatos jurídicos a vontade do agente se reputa, em geral, juridicamente irrelevante e os efeitos do ato decorrem, inquestionavelmente, da lei.[171]

As espécies menos controversas de atos-fatos jurídicos são, provavelmente, aquelas que a doutrina tedesca denomina *atos reais (Realakten), atos materiais (Tathandlungen)* ou, ainda, atos puramente exteriores (*rein äussere Handlungen*),[172] correspondentes, *grosso modo*, à maior parte dos atos por

---

[171] Segundo Orlando GOMES, "em rigor, os chamados atos exteriores [designação atribuída, na doutrina alemã, a algumas hipóteses de atos-fatos] não constituem, propriamente falando, atos jurídicos, porque, neles, nenhuma relevância possui qualquer elemento de caráter psicológico" (Distinção entre negócio jurídico e ato jurídico. *Transformações gerais do direito das obrigações*. São Paulo: Revista dos Tribunais, 1967, p. 77). Remata o autor que, ainda que a atividade humana se faça presente também nesta categoria de atos, "o ordenamento jurídico não a valora, por sua irrelevância" (Ibid., p. 78).

[172] A doutrina francesa não distingue, de modo geral, entre atos-fatos e atos jurídicos em sentido estrito (como analisa MELLO, Marcos Bernardes de. *Teoria do fato jurídico*: plano da existência, cit., p. 142), no que é seguida, majoritariamente, pelos autores italianos. Na verdade, a França mostrou-se resistente à própria distinção entre negócio jurídico e ato não negocial, ao passo que a doutrina italiana acolheu-a amplamente, muito embora o tenha feito, não a partir do critério do direcionamento da vontade a um efeito jurídico ou a um efeito prático (predominante na Alemanha), mas sim a partir de outros parâmetros daí decorrentes, como a produção de efeitos *ex voluntate* ou *ex lege* (ALVES, José Carlos Moreira. Distinção entre os atos jurídicos negociais e os atos jurídicos não negociais. *Revista da Academia Brasileira de Letras Jurídicas*. Volume 10, jul.-dez./1996, p. 177). A categoria dos atos-fatos, cuja formulação no Brasil se atribui a Pontes de Miranda (v., por todos, NORONHA, Fernando. *Direito das obrigações*, cit., p. 405), parece ter origem nos atos reais de que trata a doutrina alemã – a qual os atribui amplamente à obra de Manigk (cf., por exemplo, ENNECCERUS, Ludwig; KIPP, Theodor; WOLFF, Martin. *Tratado de derecho civil*. Tomo I, Volume II, cit., p. 10). Curiosamente, porém, também se deve ao direito alemão (particularmente à escola pandectista) a classificação dominante tanto na doutrina germânica quanto na brasileira, que faz distinção apenas entre atos jurídicos em sentido estrito e negócios jurídicos, como observa Fernando NORONHA (Ibid., p. 404). Isso se deve à ênfase, mais relevante do que propriamente a diferença entre atos-fatos e atos jurídicos em sentido estrito, que se confere ao caráter negocial ou não na obra do próprio Manigk. Nesse sentido, analisa Moreira ALVES que "forte foi, e ainda é, a influência de Manigk sobre a doutrina germânica. Evidentemente, em terreno movediço como este, há divergências quanto à sistematização dos negócios jurídicos e dos atos de direito (*Rechtshandlungen*), ao enquadramento de atos jurídicos nessas categorias e à aplicação analógica, aos atos de direito (*Rechtshandlungen*) dos princípios dos negócios jurídicos. São, porém, as mais das vezes divergências de pormenores.

meio dos quais se adquire a propriedade sobre coisas móveis ou imóveis (pense-se em casos como a ocupação, o achado de tesouro, a especificação, a confusão, a comistão, a adjunção, a construção, a plantação).[173] Tais atos correspondem a exemplos claros de atos-fatos jurídicos por força de sua aproximação com fatos jurídicos em sentido estrito,[174] isto é, aqueles fatos da natureza que, não decorrendo da atuação humana, produzem efeitos juridicamente reconhecidos (ilustrativamente, a aluvião, a avulsão, o abandono de álveo ou, ainda, o nascimento ou a morte da pessoa natural). Não por acaso, o principal efeito jurídico dos atos-fatos jurídicos é o surgimento ou a modificação de situações jurídicas subjetivas de direito real, âmbito do direito civil cuja disciplina costuma ser muito mais vinculada à lei do que

---

Os dois princípios fundamentais em que se baseou Manigk para distinguir os negócios jurídicos dos demais atos jurídicos – o da vontade de resultado (*Erfolgswillen*) que caracteriza aqueles, e, consequentemente, a não produção por estes de efeitos *ex voluntate* mas apenas de efeitos *ex lege* – são ainda hoje, em geral, seguidos pelos juristas alemães" (Ibid., p. 175). Assim, por exemplo, o Tratado de ENNECCERUS, que negava a existência de uma categoria de atos não negociais nas suas primeiras edições, passou a reconhecê-la em edições posteriores, admitindo o atualizador que *"aunque los dos grandes grupos de los actos de derecho* [designação conferia aos atos não negociais] *(actos semejantes a los negocios y actos reales) tinen un trato bastante diverso, no pueden ser colocados, cual se pretendía en la edición anterior, a título de coordinados, junto a los negocios jurídicos, ya que con ello se obscurecía lo que tienen de común, la circunstancia de no tratarse de efecto de la voluntad, sino de efecto de la ley, o sea su contraste con los negocios jurídicos, y además no se señalaba el hecho de no poderse aplicar inmediatamente las reglas de los negocios jurídicos. En este aspecto hay que adherirse a Manigk y a Klein"* (Ibid., p. 10).
[173] Segundo PONTES DE MIRANDA, os atos-fatos "abrangem os atos reais, a responsabilidade sem culpa, seja contratual seja extracontratual, e as caducidades sem culpa (exceto o perdão). Ainda quando, no suporte fático, de que emanam, haja ato humano, com vontade ou culpa, esses atos são tratados como ato-fato" (*Tratado de direito privado*. Tomo II, cit., p. 457). A respeito, leciona Orlando GOMES que os caracteres distintivos dos atos reais são dois: "a) o efeito jurídico está adstrito unicamente ao resultado da ação; b) o efeito jurídico produz-se independentemente da consciência que o agente tenha de que seu comportamento o suscita" (*Introdução ao direito civil*, cit., p. 232).
[174] Anota Orlando GOMES que "a produção do efeito como consequência necessária do resultado do comportamento aproxima os atos materiais de certos fatos jurídicos *stricto sensu*, isto é, acontecimentos aos quais a lei atribui efeitos jurídicos específicos, mas, apesar da semelhança, distinguem-se porque o ato material é ação humana, pressupondo, pois, atuação, enquanto nas outras situações o resultado provém imediatamente do acontecimento natural" (*Introdução ao direito civil*, cit., p. 232). Paulo LÔBO afirma que os atos-fatos estão "a meio caminho" entre o fato jurídico e o ato jurídico *lato sensu* (*Direito civil: parte geral*, cit., p. 232).

propriamente à autonomia privada (sobretudo por força dos princípios da tipicidade e da taxatividade).[175]

Como se afirmou, tais atos não são desprovidos de vontade; trata-se, isto sim, de atos em que a vontade não recebe qualificação jurídica ou, em outros termos, não deve obedecer a nenhum requisito juridicamente previsto.[176] Exige-se do agente tão somente a consciência do ato material para que o efeito seja produzido, o que, do ponto de vista da disciplina da posse (aplicável, portanto, sobretudo aos atos reais), a doutrina germânica designa como vontade possessória (*Besitzwille*).[177] Isso justifica por que podem adquirir a propriedade da *res nullius* ao se apropriarem dela uma criança ou alguém que tenha incorrido em erro substancial quanto à natureza do objeto, mas não um recém-nascido ou quem se apodere da coisa sob *vis absoluta*. O controle dessa eficácia do ato-fato jurídico de ocupação, como dos demais atos reais, não depende da existência de vontade juridicamente qualificada, mas apenas da existência de uma vontade mínima

---

[175] A concepção, contudo, de que em matéria de direito das coisas não haveria espaço para a autorregulação de interesses proporcionada pela autonomia privada é criticável. Sobre o ponto, com ampla referência bibliográfica, permita-se remeter a SOUZA, Eduardo Nunes. Autonomia privada e boa-fé objetiva em direitos reais. *Revista Brasileira de Direito Civil*. Volume 4. Rio de Janeiro: abr.-jun./2015, *passim*.

[176] Controverte-se a doutrina acerca de alguns dos exemplos mencionados. Assim, por exemplo, CARIOTA FERRARA (*Il negozio giuridico nel diritto privato italiano*, cit., p. 46) recusa-se a reconhecer que, no caso da ocupação e da imissão na posse, tratar-se-ia de atos desprovidos de vontade, tendo em vista o elemento do *animus* que se faz essencial em matéria possessória. Admitindo, porém, que não se trataria de negócios jurídicos, o autor afirma que não se pode exigir capacidade civil do ocupante ou do possuidor, mas tão somente a "*capacità naturale*", o que parece corroborar, ao final, a qualificação dessas hipóteses como atos-fatos.

[177] Nas palavras de MOREIRA ALVES, trata-se da "consciência da aquisição da posse, ou seja, o *Besitzbegründungswille* ou, mais simplificadamente, *Besitzwille*". Segundo o autor, "por não precisar essa vontade de ser determinada, torna-se alguém possuidor daquilo a que se destina a receber sua caixa postal ou sua máquina automática de venda (não, porém das cartas que não lhe são endereçadas ou das coisas para os quais o receptáculo não se destina), e, por não ser ela juridicamente qualificada, pode o incapaz adquirir a posse desde que tenha consciência do que quer, como o que, tendo sido curado de doença mental, ainda não deixou de estar interditado, ou criança com alguns anos de vida (não, todavia, o recém-nascido, o louco, o que delira)" (O problema da vontade possessória. *Revista do Tribunal Regional Federal*. Volume 8, out.-dez./1996, p. 22).

quanto à realização do ato material – sem a qual não se poderia, de resto, sequer cogitar de um *ato*.[178]

Também os fatos eventualmente danosos sujeitos ao regime de responsabilidade objetiva são considerados atos-fatos jurídicos por alguns autores,[179] já que o efeito deles decorrente (nomeadamente, a obrigação de indenizar e o direito subjetivo de crédito contraposto) origina-se exclusivamente da lei, ao passo que o agente responsável por ressarcir o dano encontrava-se totalmente voltado à realização de certa atividade material (por exemplo, a atividade lícita perigosa que possa ser enquadrada na previsão do art. 927, parágrafo único, do Código Civil,[180] ou o fornecimento de produtos ou serviços no mercado de consumo que acarretem dano, nos termos dos arts. 12 e 14[181] do Código de Defesa do Consumidor).[182] A associação não

---

[178] Nas palavras de CARIOTA FERRARA, nos atos dessa categoria "do querer se prescinde de todo, o ato se considera em si. Esses atos são ditos, em geral, em abstrato, voluntários apenas porque são humanos, mas não porque neste ou naquele ato concreto se requer uma vontade" (*Il negozio giuridico nel diritto privato italiano*, cit., p. 44. Tradução livre).

[179] Afirma, por exemplo, Paulo LÔBO: "Exemplo relevante de ato-fato jurídico é a responsabilidade objetiva ou sem culpa, que realiza o ideal de justiça de incolumidade das pessoas, de todo dano e lesão serem reparados, sem indagar sobre a culpa ou a natureza da ação de quem seja responsável" (*Direito civil*: Parte Geral, cit., p. 232). Trata-se de entendimento liderado, na doutrina brasileira, por PONTES DE MIRANDA (*Tratado de direito privado*. Tomo II, cit., p. 457) e também defendido por Marcos Bernardes de MELLO (*Teoria do fato jurídico*: plano da existência, cit., p. 137). Todos esses autores ainda consideram como outra hipótese de ato-fato jurídico as "caducidades sem culpa", isto é, os casos de decadência de direitos potestativos.

[180] *Verbis:* "Art. 927. [...] Parágrafo único. Haverá obrigação de reparar o dano, independentemente de culpa, nos casos especificados em lei, ou quando a atividade normalmente desenvolvida pelo autor do dano implicar, por sua natureza, risco para os direitos de outrem".

[181] *Verbis:* "Art. 12. O fabricante, o produtor, o construtor, nacional ou estrangeiro, e o importador respondem, independentemente da existência de culpa, pela reparação dos danos causados aos consumidores por defeitos decorrentes de projeto, fabricação, construção, montagem, fórmulas, manipulação, apresentação ou acondicionamento de seus produtos, bem como por informações insuficientes ou inadequadas sobre sua utilização e riscos. [...]"; " Art. 14. O fornecedor de serviços responde, independentemente da existência de culpa, pela reparação dos danos causados aos consumidores por defeitos relativos à prestação dos serviços, bem como por informações insuficientes ou inadequadas sobre sua fruição e riscos. [...]".

[182] Sobre a noção de atividade de risco e seu estatuto de licitude, cf. MORAES, Maria Celina Bodin de. Risco, solidariedade e responsabilidade objetiva. *Na medida da pessoa humana*: estudos de direito civil-constitucional. Rio de Janeiro: Renovar, 2010. Conclui a autora a respeito dos diversos casos de responsabilidade independente de culpa, reconduzindo-os ao fundamento

é, de fato, totalmente descabida, já que, no regime de responsabilidade objetiva, a vontade do agente para fins de produção do efeito jurídico se mostra tão irrelevante que se reconhecem até mesmo casos de responsabilidade indireta, previstos pelos arts. 932 e 933 do Código Civil,[183] nos quais o dever de indenizar surge para alguém que sequer realizou a conduta que provocou o dano.[184]

Tal associação entre a produção de danos indenizáveis e a categoria dos atos-fatos jurídicos poderia suscitar dúvida quanto ao enquadramento, no grupo dos atos-fatos, dos próprios atos ilícitos no sentido particular previsto pelo art. 186 do Código Civil. A razão para se tratar aqui de figuras distintas pode ser atribuída ao arbítrio do próprio critério de classificação: os atos-fatos jurídicos costumam ser inseridos em um ramo do quadro geral de fatos juridicamente relevantes que tem como pressuposto a juridicidade desses atos.[185] De fato, é comum afirmar-se que a responsabilidade objetiva decorre de atividades plenamente lícitas (muito embora muitas hipóteses célebres, tais como as de responsabilidade indireta ou de danos causados

---

último da solidariedade social: "São danos (injustos) causados por atos lícitos, mas que, segundo o legislador, devem ser indenizados" (Ibid., p. 402).

[183] *Verbis:* "Art. 932. São também responsáveis pela reparação civil: I – os pais, pelos filhos menores que estiverem sob sua autoridade e em sua companhia; II – o tutor e o curador, pelos pupilos e curatelados, que se acharem nas mesmas condições; III – o empregador ou comitente, por seus empregados, serviçais e prepostos, no exercício do trabalho que lhes competir, ou em razão dele; IV – os donos de hotéis, hospedarias, casas ou estabelecimentos onde se albergue por dinheiro, mesmo para fins de educação, pelos seus hóspedes, moradores e educandos; V – os que gratuitamente houverem participado nos produtos do crime, até a concorrente quantia. Art. 933. As pessoas indicadas nos incisos I a V do artigo antecedente, ainda que não haja culpa de sua parte, responderão pelos atos praticados pelos terceiros ali referidos".

[184] Nessa direção, por exemplo, Gustavo TEPEDINO considera que a noção de ato-fato jurídico é útil "nas hipóteses em que os efeitos atribuídos pelo legislador pátrio independam do comportamento do agente, como parece ser exemplo típico a conduta do incapaz que causa dano indenizável (art. 932, II, do Código Civil)" (Esboço de uma classificação funcional dos atos jurídicos. *Revista Brasileira de Direito Civil.* Volume 1, jul.-set./2014, p. 26).

[185] Assim observa Marcos Bernardes de MELLO: "Essa espécie de ato-fato jurídico se assemelha bastante aos ilícitos. A distinção reside, precisamente, em serem ou não considerados conformes a direito pelo ordenamento jurídico. Se a atividade é permitida pelas normas jurídicas, o dano eventual que ela causar não caracteriza ilicitude, embora obrigue a indenizar" (*Teoria do fato jurídico:* plano da existência, cit., p. 139).

por animais ou coisas perigosas, tenham se originado de presunções de culpa por parte dos agentes).[186]

A rigor, a questão revela-se dependente de uma discussão muito mais ampla, a saber, a da antijuridicidade da categoria do dano injusto. Com efeito, tendo o dano injusto substituído o ato ilícito como núcleo do sistema brasileiro de responsabilidade civil,[187] seria necessário definir se a injustiça do dano continua a significar também a antijuridicidade da conduta do agente (como acontecia na concepção clássica de ilícito danoso, em que todos esses requisitos se encontravam, de certa forma, fundidos)[188] ou se, diversamente, a adoção contemporânea do paradigma do dano injusto permitiu dissociar dano e antijuridicidade, de modo que o dever de indenizar possa decorrer tanto de condutas contrárias ao direito quanto de condutas danosas plenamente lícitas.[189] A discussão, que talvez atenda mais ao impulso classificatório da doutrina do que a aplicações práticas, não poderia, de todo modo, receber o devido desenvolvimento nesta sede. Nela, porém, reside, provavelmente, a razão de as atividades danosas sujeitas a regimes objetivos de responsabilidade serem enquadradas como atos-fatos, subcategoria dos atos lícitos.

---

[186] Segundo Maria Celina BODIN DE MORAES, "inteiras searas do direito de danos, antes vinculadas à culpa, hoje cumprem o objetivo constitucional de realização da solidariedade social, através da ampla proteção aos lesados, cujos danos sofridos, para sua reparação, independem completamente de negligência, imprudência, imperícia ou mesmo da violação de qualquer dever jurídico por parte do agente. São danos (injustos) causados por atos lícitos, mas que, segundo o legislador, devem ser indenizados" (Risco, solidariedade e responsabilidade objetiva, cit., p. 402).

[187] A respeito, cf. GOMES, Orlando. Tendências modernas na teoria da responsabilidade civil, cit., *passim*.

[188] A respeito da noção de dano, leciona Caio Mário da Silva PEREIRA que, "partindo do princípio contido no art. 186 do Código Civil, inscreve-se o dano como circunstância elementar da responsabilidade civil. Por esse preceito fica estabelecido que a conduta antijurídica, imputável a uma pessoa, tem como consequência a obrigação de sujeitar o ofensor a reparar o mal causado" (*Responsabilidade civil*. Rio de Janeiro: GEN, 2016, p. 52). No paradigma da noção tradicional de ato ilícito, "o dano era considerado o elemento objetivo do ilícito e identificado com a lesão do direito subjetivo" (GOMES, Orlando. Tendências modernas na teoria da responsabilidade civil, cit., p. 297).

[189] Nesse sentido, afirma Maria Celina BODIN DE MORAES que "a assunção de um risco lícito torna-se, com a previsão do parágrafo único do art. 927, critério de imputação de responsabilidade civil" (Risco, solidariedade e responsabilidade objetiva, cit., p. 405).

De outra parte, o fato de a tradição do direito brasileiro confundir a forma mais tradicional de antijuridicidade (o ato ilícito, no sentido amplo de desconformidade estrutural ao direito) com a conduta culposa e produtora de danos prevista pelo art. 186 do Código Civil, como já se criticou anteriormente,[190] prejudica sobremodo o entendimento da questão. De fato, diante da necessidade de se qualificarem atos danosos (criadores do dever de indenizar) nos quais a culpa deve ser irrelevante, muitos autores sentem a necessidade de se afastarem da figura do ato ilícito, como se a culpa, além de fundamento de imputação do dever de reparar, respondesse também pela antijuridicidade do ato.[191] A rigor, a qualificação "ilícito", em qualquer de suas acepções, mostra-se estranha ao quadro geral classificatório dos fatos jurídicos, que toma por base o papel da vontade individual e não a juridicidade ou não do próprio fato. O ato ilícito do art. 186 do Código Civil, portanto, consiste, em verdade, em um fato humano juridicamente relevante (em geral ato-fato, mas até mesmo ato jurídico em sentido estrito ou negócio jurídico) sujeito a um regime especial em decorrência da produção de um dano injusto. Idêntica definição poderia ser conferida aos atos danosos sujeitos ao regime de responsabilidade objetiva. Se todos esses atos podem ser qualificados como antijurídicos, trata-se de discussão relevante para outros fins, mas não para a classificação de que ora se cuida.

Assim, em outros termos, tanto os atos ilícitos previstos pelo art. 186 (fonte de responsabilidade civil subjetiva) quanto os atos-fatos jurídicos que produzem danos e ensejam responsabilidade objetiva (do próprio agente ou de quem responda indiretamente por seus atos) provocam um efeito não estipulado pela vontade do agente: o surgimento do dever de indenizar. A comparação, portanto, não é descabida, embora deixe de reconhecer que até mesmo atos negociais, instrumento máximo da vontade negocial,

---

[190] Cf. item 1.1.2, *supra*.

[191] Emblemática, neste ponto, a passagem de Caio Mário da Silva PEREIRA: "A teoria da responsabilidade civil assenta, em nosso direito codificado, em torno de que o dever de reparar é uma decorrência daqueles três elementos: antijuridicidade da conduta do agente; dano à pessoa ou coisa da vítima; relação de causalidade entre uma e outro" (*Responsabilidade civil*, cit., p. 119). A questão é sistematizada de forma mais adequada por Orlando GOMES, ao explicar que da definição legal de ato ilícito "se deduzem os seus elementos: subjetivo, a culpabilidade, e objetivo, a antijuridicidade" (Tendências modernas na teoria da responsabilidade civil, cit., p. 294).

podem gerar efeitos impostos por lei,[192] inclusive o dever de indenizar (tanto sob o regime subjetivo quanto objetivo de responsabilidade civil). Frise-se, ainda, que a inexigibilidade de vontade juridicamente qualificada (característica dos atos-fatos jurídicos) não é sinônimo de ausência de culpa[193] (elemento do ato ilícito do art. 186 do Código Civil) e que, de outra parte, também se exige culpa, em alguns casos, por parte do causador direto do dano para que surja o dever de indenizar objetivo para o responsável indireto.[194]

Em resumo, uma conduta causadora de dano injusto poderá ser enquadrada na categoria do ato-fato jurídico não pela ausência de antijuridicidade (normalmente imputável aos casos de responsabilidade objetiva), nem pela irrelevância da culpa (que não se confunde com a irrelevância da vontade do agente para a produção de efeitos, questão voltada para fins totalmente diversos), mas simplesmente pelo fato de que o agente, ao praticá-la, não visava, em absoluto, à produção de efeitos jurídicos (nomeadamente, o dever de indenizar). Os atos-fatos são, com efeito, justamente condutas realizadas quotidianamente pelo agente, no exercício de sua autonomia privada, sem visar particularmente à produção de quaisquer efeitos jurídicos (e, menos ainda, à estipulação de efeitos com sua própria vontade); eventual eficácia decorrerá, portanto, da lei e não levará em consideração o aspecto volitivo do agente. A abordagem das demais categorias de atos humanos ajudará a traçar melhor seus contornos.

---

[192] A respeito, cf. item 1.4, *infra*.
[193] Tal entendimento é expresso, por exemplo, por Caio Mário da Silva PEREIRA: "A imputabilidade do agente significa, desta sorte, a capacidade de entender e de querer, no momento em que for cometido o ato danoso. A voluntariedade do ato não se confunde com a intenção de causar dano ou a consciência dele, que é elementar no dolo [...]. Nem implica a imputabilidade do ato à consciência do agente isenção de reparar o dano, quando o fato é atribuível a um incapaz. O Código Civil desloca a reparação, nesses casos, para o plano da responsabilidade indireta, dos pais, tutores, curadores pelos atos dos filhos, pupilos, curatelados (art. 932) que respondem independentemente de culpa (art. 933)" (*Responsabilidade civil*, cit., p. 46).
[194] Por exemplo, no caso de responsabilidade do empregador pelos atos do preposto. A respeito, v. TEPEDINO, Gustavo; BARBOZA, Heloisa Helena; e MORAES, Maria Celina Bodin de (Org.). *Código Civil interpretado conforme a Constituição da República*. Volume II. Rio de Janeiro: Renovar, 2006, p. 832.

1.2.2. Atos jurídicos em sentido estrito

A categoria seguinte a ser analisada corresponde aos atos que, embora tenham seus efeitos determinados por lei, atribuem à vontade do agente papel mais relevante do que os atos-fatos, de modo que se exige, para a produção de sua eficácia, vontade juridicamente qualificada.[195] Trata-se dos atos jurídicos *stricto sensu* ou atos lícitos de conduta,[196] previstos pelo art. 185 do Código Civil. A definição aqui apresentada não é unívoca, sobretudo porque muitos autores não admitem a categoria dos atos-fatos, reputando-os atos jurídicos *stricto sensu*, o que os obriga a caracterizar o gênero apenas por sua natureza não negocial, de modo a acomodar todas as diferentes hipóteses.[197] A vantagem, contudo, em se distinguirem as duas categorias consiste precisamente em justificar por que, em alguns atos não negociais, a vontade é qualificada (atos jurídicos *stricto sensu*), e não em outros (atos-fatos jurídicos).[198]

---

[195] Francesco MESSINEO reconhece que chega a existir declaração de vontade no ato jurídico em sentido estrito, mas com papel secundário, definindo tais atos como "atos, também consistentes em declarações de vontade, os quais são direcionados ao conseguimento de um dado efeito, mas é sua característica que produzam, ao mesmo tempo, um outro efeito, particularmente relevante, o qual, no entanto, surge por força da lei" (*Manuale di diritto civile e commerciale*. Volume I, cit., p. 455. Tradução livre).

[196] A expressão "ato lícito de conduta" é empregada, na doutrina brasileira, dentre outros autores, por SAN TIAGO DANTAS (*Programa de direito civil: teoria geral*. Volume I, cit., p. 211), que a atribui ao direito italiano.

[197] Talvez uma das poucas hipóteses de atos jurídicos em sentido estrito em que não haja grande controvérsia quanto à sua natureza consiste em diversas formas de comunicações, ditas também participações, tais como a notificação ou interpelação do devedor que o constitui em mora. V., por todos, MESSINEO, Francesco. *Manuale di diritto civile e commerciale*. Volume I, cit., p. 455. Salvatore PUGLIATTI, elaborando uma série de classificações quanto a esses atos, divide-os em, ao menos, dois grandes grupos: as participações representativas (como o aviso ao locador, pelo locatário, de turbações de terceiros fundadas em direito, e a notificação ao devedor cedido da cessão de crédito) e participações volitivas (como a constituição em mora), mas considera que, em todos os casos, trata-se de ato jurídico e não de negócio jurídico (*I fatti giuridici*, cit., pp. 6-7).

[198] A diferença entre as categorias é notada por PONTES DE MIRANDA: "Se o direito entende que é relevante essa relação entre o fato, a vontade e o homem, [...] o ato humano é ato jurídico, lícito ou ilícito, e não ato-fato, nem fato jurídico *stricto sensu*. Se, mais rente ao determinismo da natureza, o ato é recebido pelo direito como fato do homem [...], pondo-se entre parêntese o *quid* psíquico, o ato, fato (dependente da vontade) do homem, entra no mundo jurídico como ato-fato jurídico" (*Tratado de direito privado*. Tomo II, cit., pp. 457-458).

Reputam-se atos jurídicos *stricto sensu* figuras como a fixação de domicílio,[199] o pagamento,[200] a adoção,[201] o casamento[202] ou a gestão de negócios.[203] Trata-se, como se sabe, de hipóteses controversas, e bastaria, para ilustrá-lo, lembrar a divergência, de longa data verificada em doutrina, acerca da natureza do casamento, muitas vezes reputado um negócio jurídico *sui generis* por força das muitas peculiaridades de sua extensa disciplina codificada.[204] Mais ainda, tais hipóteses podem receber enquadramentos

---

[199] Considera a fixação de domicílio uma espécie de ato jurídico *stricto sensu* Marcos Bernardes de MELLO: "Não há, na constituição de domicílio, necessidade de que a pessoa declare sua intenção de constituí-lo [...] nem se exige, ao menos, que o queira mesmo constituir (pode nem saber, de fato, que o está constituindo), como, por outro lado, não lhe é permitido determinar em contrário (dizendo, por exemplo, que, embora seja aquela a sua residência definitiva, não será o seu domicílio) [...]" (*Teoria do fato jurídico:* plano da existência, cit., p. 161). No mesmo sentido, TEPEDINO, Gustavo. Esboço de uma classificação funcional dos atos jurídicos, cit., p. 25.

[200] Objeto de grande controvérsia, o pagamento é reputado ato jurídico *stricto sensu* por SAN TIAGO DANTAS: "A dúvida é grande porque podemos talvez distinguir no pagamento uma declaração de vontade dirigida à extinção da obrigação. [...] O pagamento é um caso realmente duvidoso, mas eu, por mim, confesso que me inclinarei a ver no pagamento um ato lícito de conduta, mas não um ato jurídico [equivalente ao negócio jurídico no CC1916], não uma declaração da vontade. E digo isto porque na declaração da vontade existe indiscutivelmente uma eficácia que é da própria vontade, e não do gesto praticado" (*Programa de direito civil:* teoria geral. Volume I, cit., p. 217). No mesmo sentido, embora com designação própria, NORONHA, Fernando. *Direito das obrigações*, cit., p. 407. E, ainda, FERRARA, L. C. *Il negozio giuridico nel diritto privato italiano*, cit., p. 47.

[201] Assim entendem, dentre outros, LÔBO, Paulo. *Direito civil:* famílias. São Paulo: Saraiva, 2010, p. 270; DIAS, Maria Berenice. *Manual de direito das famílias*. São Paulo: Revista dos Tribunais, 2013, p. 498.

[202] A natureza de ato jurídico *stricto sensu* do casamento, extremamente controvertida, é afirmada, dentre outros, por AMARAL, Francisco. *Direito civil:* introdução, cit., p. 406; VELOSO, Zeno. *Invalidade do negócio jurídico*, cit., p. 6. Sobre o direito italiano, mas em análise compatível com o caso brasileiro, pondera Pietro PERLINGIERI que as peculiaridades do casamento contrastam com as regras dos negócios patrimoniais, assumidos como paradigma da autonomia negocial: "O matrimônio é rotulado pela tipicidade e é ato legítimo, ao qual não se podem apor condições ou termos. Isso justifica a rigidez da disciplina: as partes não podem modificar o esquema legal [...]" (*Manuale di diritto civile*. Napoli: ESI, 2014, p. 1141).

[203] Alguns autores já atribuíam essa natureza à gestão de negócios mesmo sob a égide do CC1916, em que a figura era disciplinada logo após o contrato de mandato. Por todos, cf. MELLO, Marcos Bernardes de. *Teoria do fato jurídico:* plano da existência, cit., p. 164.

[204] Célebre é o entendimento de Orlando GOMES acerca da natureza de contrato *sui generis* do casamento: "O que se afirma é a contratualidade peculiar do casamento, isto é, sua qualificação

distintos a depender do caso: por exemplo, embora se considere, em geral, o pagamento uma modalidade de ato jurídico *stricto sensu*, admitem-se hipóteses de pagamento com natureza negocial, tais como a *datio in solutum* ou o pagamento com sub-rogação, que como negócio devem ser tratadas.[205]

De todo modo, a despeito das muitas controvérsias, em todos os atos mencionados a resposta às duas indagações já aludidas parece ser a mesma: trata-se de atos cujos efeitos decorrem da lei, mas nos quais o papel da vontade não é tão reduzido ao ponto de não se exigir qualquer requisito que a qualifique juridicamente. Tome-se como exemplo a impossibilidade de o menor impúbere realizar qualquer dos atos supracitados: não pode

de contrato submetido a regras. [...] É verdade que a lei impõe restrições a mais intensa e extensa vontade das partes do que as de qualquer contrato, mas, nos aspectos em que o interesse geral não aconselha normas imperativas, as partes podem reger seus interesses com relativa liberdade [...]. O que imprime a um ato natureza contratual não é a livre determinação de seu conteúdo pelas partes, mas sua formação por acordo livre e espontâneo de vontades" (*Direito de família*. Rio de Janeiro: Forense, 2000, p. 60). Embora, na perspectiva a ser apresentada nos parágrafos seguintes, a classificação rígida das *fattispecie* nas categorias de ato ou negócio se torne menos relevante, considerando-se a diferença mais quantitativa do que qualitativa (v. *infra*), torna-se fácil perceber que a definição aludida contraria os critérios mais difundidos na doutrina para a distinção entre ato jurídico em sentido estrito e negócio jurídico. Como analisa Maria Berenice DIAS, a rigor, a definição da natureza, em matéria de casamento, surte pouca relevância prática e depende, essencialmente, da noção de contratualidade que se adota (*Manual de direito das famílias*, cit., p. 157).

[205] Leciona Orlando GOMES: "Não é possível qualificar uniformemente o pagamento. Sua natureza depende da qualidade da prestação e de quem o efetua. Feito por terceiro, é um negócio jurídico e, igualmente, se, além de extinguir a obrigação, importa a transferência de propriedade da coisa dada pelo *solvens* ao *accipiens*, admitida em algumas legislações. Em outras modalidades, é ato jurídico *stricto sensu*" (*Obrigações*. Rio de Janeiro: Forense, 2006, p. 111). No mesmo sentido, Fernando NORONHA: "Como ato negocial, a ele só serão aplicáveis as disposições relativas aos negócios jurídicos quando estas forem adequadas. Assim, quando consista na simples entrega de uma coisa ou de um valor pecuniário, não há necessidade de aplicação daquelas normas; isto é assim mesmo quando ele envolver uma prévia operação de escolha (que, isoladamente considerada, a nosso ver é outro quase ato negocial), como acontece nas obrigações genéricas e alternativas. Quando, porém, implicar atos de disposição (cf. art. 307), ou celebração de contratos, ser-lhe-ão aplicáveis as normas relativas aos negócios jurídicos, mas não necessariamente aos negócios jurídicos bilaterais, ou contratos: quase sempre as normas mais adequadas serão as dos negócios unilaterais" (*Direito das obrigações*, cit., p. 408).

adotar (art. 42, *caput* da Lei n. 8.069/1990);[206] não pode casar-se, sob pena de invalidade textual (arts. 1.550, I c/c 1.517 do Código Civil);[207] não pode, tampouco, fixar seu próprio domicílio, vez que detém domicílio necessário junto a seus pais por força do art. 76 do Código Civil;[208] não pode pagar validamente, ao menos nas obrigações de dar ou quando for terceiro que solve a dívida alheia;[209] tampouco se lhe reconhece a possibilidade de gerir negócios alheios.[210]

Todos esses atos são vedados ao incapaz porque, a despeito de decorrerem seus efeitos da lei, exige-se uma vontade juridicamente qualificada (de modo geral, dotada de capacidade civil) para a sua prática. O papel relevante da vontade nos atos jurídicos *stricto sensu* pode ser demonstrado, ainda, pela exigência, amplamente reconhecida, de um *animus* específico

---

[206] Dispõe o Estatuto da Criança e do Adolescente: "Art. 42. Podem adotar os maiores de 18 (dezoito) anos, independentemente do estado civil. [...]".

[207] *Verbis*: "Art. 1.550. É anulável o casamento: I – de quem não completou a idade mínima para casar; [...]"; "Art. 1.517. O homem e a mulher com dezesseis anos podem casar, exigindo-se autorização de ambos os pais, ou de seus representantes legais, enquanto não atingida a maioridade civil".

[208] *Verbis*: "Art. 76. Têm domicílio necessário o incapaz, o servidor público, o militar, o marítimo e o preso. Parágrafo único. O domicílio do incapaz é o do seu representante ou assistente [...]".

[209] Leciona PONTES DE MIRANDA que "o incapaz, não podendo transferir o domínio, não pode pagar com a coisa que lhe pertence, nem com a coisa que pertence ao devedor" (*Tratado de direito privado*. Tomo XXIV. São Paulo: Revista dos Tribunais, 2012, p. 170); o autor, no entanto, considera que o pagamento, em linhas gerais, tem natureza de ato-fato jurídico, de modo que, para ele, "não se exige a capacidade de quem recebe, nem a de quem paga" (*Tratado de direito privado*. Tomo IV, cit., p. 194). Outros autores, como Caio Mário da Silva PEREIRA, sugerem que, para o pagamento, sempre é necessária a capacidade de fato, além de, em casos de transmissão de domínio, a legitimidade específica para tanto (*Instituições de direito civil*. Volume I, cit., p. 171).

[210] Afirma-se que, "se o gestor era absolutamente ou relativamente incapaz, há ação de enriquecimento injustificado [...]. Estaria dificultada a proteção dos incapazes se pudessem eles ficar vinculados pela gestão de negócios alheios sem outorga. Se algum dano resulta da gestão pelo incapaz, é preciso que se trate de ato ilícito absoluto e possa ser responsabilizado por ilicitude do ato o incapaz, para que se permita a ação de indenização" (PONTES DE MIRANDA, F. C. *Tratado de direito privado*. Tomo XLIII. São Paulo: Revista dos Tribunais, 2012, p. 283). O legislador brasileiro silenciou quanto à exigência de capacidade especificamente para o gestor de negócios, diversamente do que ocorre em alguns ordenamentos estrangeiros, como o italiano ("*Art. 2.029. Il gestore deve avere la capacità di contrattare*").

para sua prática. A fixação de domicílio, assim, exige o *animus manendi*,[211] ou seja, a intenção de permanecer no local com ânimo definitivo e lá estabelecer o centro de suas relações civis; também se exige o *animus solvendi*[212] no pagamento e o *animus negotia aliena gerendi*[213] na gestão de negócios. A relevância da vontade de formar o vínculo conjugal para a realização do casamento dispensa maior desenvolvimento: exige-se dos nubentes, na forma do art. 1.535 do Código Civil, "a afirmação de que pretendem casar por livre e espontânea vontade"; admite-se, ainda, a anulação do casamento por vício da vontade (art. 1.550, III do Código Civil).[214] Reconhece-se, de outra parte, a invalidade da adoção por vício do consentimento,[215] bem

---

[211] Trata-se do elemento subjetivo da fixação de domicílio: "Assentado, então, o fato externo, residência, como a morada habitual, a morada estável e certa, para convertê-la em domicílio será necessário introduzir-lhe o elemento psíquico: intenção. É o propósito de permanecer" (PEREIRA, Caio Mário da Silva. *Instituições de direito civil*. Volume I, cit., p. 313).

[212] A exigibilidade de um *animus solvendi* é prevista por certa parte da doutrina. Afirma, por exemplo CARIOTA FERRARA que a vontade de adimplir, "que é mais do que a simples voluntariedade do comportamento do devedor, em que deve consistir a prestação, parece animar e colorir o comportamento mesmo" (*Il negozio giuridico nel diritto privato italiano*, cit., p. 47. Tradução livre). Encontram-se, ainda, posições intermediárias, segundo as quais, salvo nos casos de pagamentos que revistam a forma de uma declaração de vontade, o elemento volitivo do devedor seria, em princípio, irrelevante, muito embora se admita a possibilidade de alguns vícios do consentimento com repercussão jurídica – por exemplo, o dolo ou a coação que tenham obrigado o *solvens* a renunciar ao benefício do termo e, por isso, ensejariam a repetição do pagamento (BOZZI, Giuseppe. Comportamento del debitore e attuazione del rapporto obbligatorio. In: LIPARI, Nicolò; RESCIGNO, Pietro (Org.); ZOPPINI, Andrea (Coord.). *Diritto civile*. Volume III: Obbligazioni. Tomo I: Il rapporto obbligatorio. Milano: Giuffrè, 2009, pp. 56-57). Outros autores, por fim, consideram o *animus solvendi* despiciendo na análise do adimplemento das obrigações, como MELLO, Marcos Bernardes de. *Teoria do fato jurídico*: plano da existência, cit., p. 124.

[213] Como anota Orlando GOMES, dentre os requisitos de configuração da gestão de negócios, "importa que, ao fazê-lo, o gestor tenha intenção de ser útil ao dono do negócio" (*Obrigações*, cit., p. 284).

[214] *Verbis*: "Art. 1.550. É anulável o casamento: [...] III – por vício da vontade [...]".

[215] Em caso concreto no qual a pessoa adotada alegava ter ocorrido vício de consentimento em sua adoção, ante a ausência de sua oitiva e a falta do devido estudo psicossocial (que apontaria pela inadequação do ambiente da família substituta), já decidiu o TJSP que a pretensão não pode ser deduzida em ação de retificação de registro, sendo necessário "interpor ação de nulidade ou anulabilidade da adoção, na qual deverão ser citados os pais adotivos para que se possa averiguar a ocorrência de eventual vício" (TJSP, 10ª C.D.Priv., Ap. Civ. 0011815-65.2011.8.26.0565, Rel. Des. Coelho Mendes, julg. 14.8.2012, publ. 16.8.2012).

como do reconhecimento de paternidade,[216] outro caso de ato jurídico *stricto sensu*.[217]

1.2.3. Negócios jurídicos

A terceira grande categoria de atos jurídicos lícitos, e provavelmente uma das figuras mais relevantes para todos os sistemas que, como o brasileiro, foram influenciados pelo direito germânico, consiste no negócio jurídico, do qual constituem exemplos, dentre outros, os contratos (negócios jurídicos bilaterais),[218] os testamentos[219] e a promessa de recompensa[220] (negócios jurídicos unilaterais). Instrumento por excelência da autonomia privada, corresponde o negócio jurídico justamente à modalidade de ato lícito que permite ao particular escolher os efeitos a serem produzidos,[221] os quais

---

[216] Segundo o Superior Tribunal de Justiça, "o reconhecimento espontâneo da paternidade somente pode ser desfeito quando demonstrado vício de consentimento, isto é, para que haja possibilidade de anulação do registro de nascimento de menor cuja paternidade foi reconhecida, é necessária prova robusta no sentido de que o "pai registral" foi de fato, por exemplo, induzido a erro, ou ainda, que tenha sido coagido a tanto" (STJ, 3ª T., REsp. 1.003.628, Rel. Min. Nancy Andrighi, julg. 14.10.2008, publ. 10.12.2008).

[217] Assim o consideram, dentre outros, MELLO, Marcos Bernardes de. *Teoria do fato jurídico: plano da existência*, cit., p. 161; VELOSO, Zeno. *Invalidade do negócio jurídico*, cit., p. 6.

[218] Os contratos consideram-se sempre negócios jurídicos bilaterais quanto à sua formação, ainda que venham a ser classificados como contratos unilaterais. Cf., por todos, DANTAS, F. C. de San Tiago. *Programa de direito civil*. Volume II. Rio de Janeiro: Editora Rio, 1978, p. 158.

[219] A natureza de negócio jurídico unilateral dos testamentos é relativamente pacífica na doutrina. Cf., por todos, TEPEDINO, Gustavo; BARBOZA, Heloisa Helena; e MORAES, Maria Celina Bodin de (Org.). *Código Civil interpretado conforme a Constituição da República*. Volume IV. Rio de Janeiro: Renovar, 2014, p. 668.

[220] Atribui à promessa de recompensa a natureza jurídica de negócio unilateral, dentre outros, NORONHA, Fernando. *Direito das obrigações*, cit., p. 427, que critica a opção do legislador de inserir a figura dentre os chamados atos unilaterais – cujas hipóteses, a rigor, correspondem a institutos de naturezas muito diversas.

[221] Tal concepção sobre o negócio jurídico é disseminada em quase todas as obras, nacionais e estrangeiras, que tratam do tema. Cf., por todos, FERRARA, L. Cariota. *Il negozio giuridico nel diritto privato italiano*, cit., pp. 54-55: "O negócio jurídico, enquanto constitui um dos meios para o auto-regulamento dos próprios interesses, enquanto é meio de atuação do sujeito, é o precípuo instrumento da autonomia privada" (Tradução livre). No direito brasileiro, afirma Antonio Junqueira de AZEVEDO: "negócio jurídico é todo fato jurídico consistente em declaração de vontade, a que o ordenamento jurídico atribui os efeitos designados como queridos, respeitados os pressupostos de existência, validade e eficácia impostos pela norma jurídica que sobre ele incide" (*Negócio jurídico*, cit., p. 16).

serão tão somente reconhecidos e tutelados pelo ordenamento na medida em que se mostrem compatíveis, estrutural e funcionalmente, com os limites da legalidade. Nessa categoria, portanto, a vontade desempenha papel crucial, uma vez que corresponde à fonte (ao menos imediata) da eficácia produzida, vale dizer, aqui a vontade não constitui simples consciência mínima do ato, nem se destina apenas à realização do ato material, mas volta-se propriamente à criação, modificação ou extinção de efeitos jurídicos.

Os negócios jurídicos se formam por meio da emissão de declarações de vontade,[222] sobre as quais recaem boa parte dos requisitos de validade negociais (basta pensar nos defeitos do negócio jurídico consistentes em vícios do consentimento e na exigência acerca da capacidade de fato do declarante). Com frequência se faz referência aos elementos essenciais do negócio jurídico, consistentes no(s) agente(s), no objeto e na forma, substituindo-se o primeiro deles pela declaração de vontade, a ressaltar, também neste ponto, a relevância da vontade particular para sua realização.[223] Semelhante relevo conferido à declaração de vontade, aliás, parece destacar que, nos negócios jurídicos, a vontade se volta prioritariamente à produção de efeitos jurídicos: o ato negocial, consistindo em verdadeira abstração jurídica, criação artificial engendrada pelo direito, pressuporia uma declaração direcionada especificamente a esse tipo de abstração, ao

---

[222] A distinção entre declaração e manifestação de vontade é lembrada por Caio Mário da Silva PEREIRA: "Quando se fala em declaração de vontade, emprega-se a palavra em sentido lato. Não é mister que o agente faça uma declaração formal, através da palavra escrita ou falada. Basta que traduza o seu querer por uma atitude inequívoca, seja esta efetuada através do veículo habitual de expressão, seja até mesmo por um gesto. Casos há mesmo em que a manifestação de vontade se verifica por uma atitude, em que não há uma expressão declaratória, como no do indivíduo que recolhe a concha atirada pelo mar à praia, e que constitui um negócio de aquisição por ocupação" (*Instituições de direito civil*. Volume I, cit., 405).

[223] Tão forte é a ligação entre declaração de vontade e negócio jurídico que alguns autores chegam a equiparar ambas as noções. Assim, por exemplo, afirma Antonio Junqueira de AZEVEDO que "a declaração de vontade é, do ponto de vista social, o que o negócio é, do ponto de vista jurídico, ou seja, a declaração de vontade tende a coincidir com o negócio na medida em que a visão jurídica corresponde à visão social. O ordenamento jurídico procura tomar a declaração de vontade como hipótese normativa (hipótese legal) dessa espécie de fato jurídico, que é o negócio jurídico. Por isso mesmo, num contrato, por exemplo, não há, como às vezes se diz, duas ou mais declarações de vontade; há, nele, mais de uma vontade e mais de uma manifestação de vontade, mas essas manifestações unificam-se [na] visão social de uma só declaração, que juridicamente será só um fato" (*Negócio jurídico*, cit., p. 18).

passo que os atos não negociais, mais próximos a fatos da vida, estariam embasados na vontade de simples condutas materiais.[224] Uma tal distinção, logicamente, encontra muitas limitações, na medida em que tenta apartar a realidade fática do mundo jurídico, esferas que cada vez mais se reconhecem como reciprocamente influenciadas e, a rigor, indissociáveis.[225]

Nesse particular, vale observar que boa parte das controvérsias atinentes ao enquadramento dos fatos humanos lícitos entre as três categorias supracitadas parece decorrer de uma análise puramente estática do quadro acima descrito, como a se considerar que tais categorias correspondem a compartimentos estanques[226] – forma de pensamento que, de modo geral, tem sido abandonada em todos os setores do direito civil.[227] De

---

[224] A abstração do negócio em relação à materialidade do ato não negocial, inclusive, estaria associada à atipicidade do primeiro contraposta à tipicidade do segundo: "O negócio não constitui, além disso, um ato em sentido psicofísico, mas um ato de auto-regulamento dos interesses privados, e pode assumir como tal variadas estruturas ou formas; por outro lado o ato jurídico se identifica e se exaure no ato específico que a lei, de vez em quando, determina na estrutura" (SCOGNAMIGLIO, Renato. *Contributo alla teoria del negozio giuridico*, cit., p. 166. Tradução livre).

[225] Tem-se, aqui, a já aludida noção de ordenamento do caso concreto: "O ordenamento realmente vigente é o conjunto dos ordenamentos dos casos concretos, como se apresentam na experiência do dia-a-dia, e vive, portanto, exclusivamente enquanto individualizado e aplicado aos fatos e acontecimentos. Um ordenamento que não encontrasse aplicação pertenceria ao mundo das ideias e, perdendo a sua função ordenadora, a *societas*, nem mais seria assim considerado. Sob este perfil, ao fenômeno jurídico não é possível subtrair a complexidade da factualidade que, em realidade, é uma componente essencial da normatividade e, sobretudo, da sua historicidade" (PERLINGIERI, Pietro. *O direito civil na legalidade constitucional*, cit., p. 201).

[226] Em sentido semelhante, João Baptista VILELA afirma que "a juridicidade não é um atributo intrínseco à materialidade dos fatos, mas uma propriedade que o Direito lhes acrescenta, com base em puras razões de conveniência ou oportunidade. Logo é equivocado pretender-se fundar uma tipologia dos fatos jurídicos a partir de uma angulação estática. Não há fatos jurídicos *a priori*. É no dinamismo da sua apropriação axiológica que os fatos adquirem ou não o atributo, eminentemente extrínseco, de serem jurídicos" (Do fato ao negócio: em busca da precisão conceitual. *Estudos em homenagem ao Professor Washington de Barros Monteiro*. São Paulo: Saraiva, 1982, p. 256).

[227] A superação do pensamento subsuntivo como mecanismo suficiente para a fundamentação de qualquer procedimento hermenêutico constitui um dos pilares fundamentais da metodologia civil-constitucional. Isso porque, como analisa Maria Celina BODIN DE MORAES, a subsunção "traduz uma segurança ilusória e uma neutralidade falsa, por trás das quais apenas se mascaram as escolhas políticas existentes no processo" (Do juiz boca-da-lei à lei boca-de-juiz: notas sobre a aplicação-interpretação do direito no início do século XXI. *Revista de Direito Privado*. Volume 56. São Paulo: Revista dos Tribunais, out.-dez./2013, pp. 27-28). Nesse sentido, cada vez mais

fato, ao contrário do que poderia sugerir a doutrina tradicional, parece mais consentâneo com a civilística contemporânea afirmar que a distinção entre atos-fatos, atos jurídicos em sentido estrito e negócios jurídicos é muito mais quantitativa do que qualitativa, de tal modo que seria mais adequado afirmar que certo ato concretamente considerado *aproxima-se* predominantemente deste ou daquele modelo teórico, em vez de simplesmente considerá-lo enclausurado em uma das três categorias.[228] Em outros termos, e resgatando-se as duas indagações supramencionadas, entre as modalidades de fatos humanos lícitos a diferença reside no *predomínio* da lei ou da vontade como fontes de efeitos jurídicos e no *grau de relevância* da vontade particular para a realização do ato,[229] não se podendo afirmar que em qualquer das classificações não exista, em alguma medida, um equilíbrio entre esses dois elementos.

Bastaria tomar como exemplo o mais emblemático dos negócios jurídicos, o contrato, para demonstrá-lo. Na história recente do direito civil brasileiro, a incidência do princípio da solidariedade sobre a autonomia negocial tem ocasionado uma completa reformulação do conteúdo contratual, nele

se sustenta que o entendimento que o intérprete adquire sobre o caso concreto forma-se no processo que a filosofia denomina *círculo hermenêutico*, um movimento dialético constante que faz com que ele se reporte do fato à norma e da norma ao fato, até alcançar a solução. Segundo Michele TARUFFO, que considera este o método inevitável de aplicação do Direito, "o que se usa chamar de *sussunzione* do fato [à] norma, ou correspondência entre fato e norma, é somente o resultado final de um particular círculo hermenêutico que liga, dialeticamente, o fato e a norma até chegar a uma correspondência entre o fato, juridicamente qualificado e a norma interpretada como referência ao caso, no qual ela é concretamente aplicada" (Legalidade e justificativa da criação judiciária do direito. *Revista da EMASPE*, vol. 6, n. 14. Recife: jul.-dez./2001, p. 435).

[228] Nesse sentido coloca-se a fundamental lição de Fernando NORONHA: "a classificação que estamos analisando é não só estrutural como também funcional. Por isso pode acontecer, e acontece com frequência, que seja possível considerar uma mesma ação ao mesmo tempo como fato jurídico para alguns efeitos e como ato jurídico, ou ato ilícito, ou até negócio jurídico, para outros" (*Direito das obrigações*, cit., p. 375).

[229] A rigor, a ideia de que a vontade atua em graus diferenciados em cada categoria de fato jurídico é amplamente aceita na doutrina, muito embora normalmente se sustente que, consideradas todas as peculiaridades do ato, seria possível inseri-lo integralmente em uma categoria bem demarcada. Ao tratar da classificação dos atos, por exemplo, João Baptista VILELA afirma que "bem cedo ela se pôde configurar como gradação de estágios da vontade, que vão desde aqueles em que ela é tudo – negócios – aos em que ela está ausente – meros fatos –, passando pela categoria intermediária dos meros atos, nos quais ocorre, porém não tão decisivamente" (Do fato ao negócio: em busca da precisão conceitual, cit., p. 264).

inserindo uma série de valores que, conquanto originados na lei, passam a integrar a própria causa negocial e a conformar internamente o ato, independentemente da vontade das partes.[230] O mais difundido corolário desse processo consiste, provavelmente, no reconhecimento da incidência dos deveres laterais decorrentes da boa-fé objetiva sobre todos os contratos, acompanhados de outros reflexos do solidarismo constitucional sobre a autonomia privada que ainda não receberam o mesmo desenvolvimento por parte da doutrina, como o equilíbrio das prestações e a função social do contrato.[231] Se o contrato não deixou de ser reputado um negócio jurídico a despeito de sua *heterointegração*,[232] é porque se reconhece que existe um predomínio dos efeitos desejados pelas partes sobre aqueles efeitos produzidos pela lei.

Do mesmo modo, também quanto à relevância do papel da vontade para a realização do ato, não se pode cogitar de uma rígida distinção entre atos negociais e não negociais. Com efeito, se o intérprete consegue vislumbrar, na celebração de um contrato, uma tendência mais forte da vontade das partes em direção à criação de efeitos jurídicos do que propriamente à realização do ato material (por exemplo, a elaboração do instrumento escrito), tal percepção se torna tão mais difícil quanto mais informal for a contratação – e, em todo caso, o esforço de tentar apartar a vontade quanto aos efeitos jurídicos da vontade quanto ao ato material seria, no mínimo,

---

[230] No ponto, indispensável a síntese de Maria Celina BODIN DE MORAES: "Ao direito de liberdade da pessoa será contraposto – ou com ele sopesado – o dever de solidariedade social, não mais reputado como um sentimento genérico de fraternidade ou uma ação virtuosa que o indivíduo poderia – ou não – praticar dentro da sua ampla autonomia. Na medida em que não se pode conceber o mítico *homo clausus*, cujo epíteto é o 'indivíduo', tampouco podem existir direitos que se reconduzam a esta figura ficcional. Os direitos só existem para ser exercidos em contextos sociais, contextos nos quais ocorrem as relações entre as pessoas, seres humanos 'fundamentalmente organizados' para viver em meio a outros" (O princípio da dignidade da pessoa humana. *Na medida da pessoa humana*: estudos de direito civil-constitucional. Rio de Janeiro: Renovar, 2010, p. 249).

[231] A respeito, cf., por todos, NEGREIROS, Teresa. *Teoria do contrato*: novos paradigmas, cit., *passim*.

[232] Trata-se do processo denominado heterointegração do contrato, assim sintetizado por Stefano RODOTÀ: "com a heterointegração [...] se alude a formas de intervenção sobre o contrato que vão além do já amplo desenvolvimento da lógica da declaração e que, assim, juntam-se à atividade das partes na construção do definitivo regulamento contratual (*Le fonti di integrazione del contratto*, cit., p. 9. Tradução livre).

infrutífero.²³³ O mesmo se pode afirmar acerca de muitos exemplos de atos jurídicos, a começar pelo casamento, no qual ambas as vontades parecem tão indissociáveis que, com grande frequência, afirma-se tratar-se, como já aludido, de negócio jurídico.²³⁴

A tentativa de se chegar a uma classificação definitiva para tais atos apresenta, via de regra, pouco interesse prático; de fato, as categorias jurídicas apenas são úteis na medida em que conduzem a disciplinas jurídicas particulares – e, de modo geral, casos limítrofes como os do casamento passam a receber, com o tempo, minucioso tratamento legislativo, independentemente da qualificação em abstrato.²³⁵ Além disso, para a metodologia civil-constitucional, a qualificação do fato em determinada categoria não

---

[233] Leciona PUGLIATTI: "O sujeito que põe em prática um ato de vontade quer conseguir o fim prático que o direito levou em consideração e por cuja realização arquitetou um determinado esquema jurídico. Se a vontade do privado está orientada em direção a esse fim prático, e não em direção aos efeitos predispostos pelo direito, deve-se, todavia, ter em conta que esses efeitos estão predispostos para a mais idônea tutela daquele fim, e, assim, ainda se não são considerados como objeto da volição do sujeito, certamente são os meios que o direito põe à disposição para o conseguimento do fim prático que forma o objeto da tutela jurídica" (*I fatti giuridici*, cit., p. 58. Tradução livre).

[234] A natureza contratual, de fato, costuma ser associada a uma visão menos conservadora acerca do casamento, enfatizando a autonomia dos cônjuges e o caráter existencial do ato. Tal concepção, como afirmado acima, parece partir do pressuposto de que não haveria autonomia nos atos não negociais, quando, na verdade, todas as espécies de atos jurídicos representam expressões da autonomia privada. A perspectiva parece, ainda, confundir o ato complexo do casamento com o pacto antinupcial, que tem natureza negocial, além de refletir uma crescente tendência, na doutrina do direito de família, favorável à contratualização e desregulamentação das relações conjugais. Tal projeto, contudo, ainda não foi implementado *de lege lata*, permanecendo o casamento, por ora, como um dos atos mais solenes do Código Civil, que a ele dedica setenta e um dispositivos. Oportuna, no tema, a crítica formulada por Maria Celina BODIN DE MORAES: "Assim sendo, cabe questionar se se devem manter tantas e tão detalhadas regras, provenientes de um tempo em que o casamento representava o eixo central da família, do qual todas as demais relações familiares derivavam: seja a regulamentação da vida em comum, seja a legalidade do parentesco, seja a licitude das relações íntimas" (A nova família, de novo: estruturas e função das famílias contemporâneas. *Pensar*. Volume 18, número 2. Fortaleza: mai.-ago./2013, pp. 616-617).

[235] Assim, é comum que a doutrina considere, em matéria de fatos jurídicos cuja natureza de atos *stricto sensu* seja controversa, que a sua qualificação não surte efeitos práticos sobre sua disciplina. Sobre o pagamento, afirmam-no TEPEDINO, Gustavo; SCHREIBER, Anderson. In: AZEVEDO, Álvaro Villaça (Coord.). *Código Civil comentado*. Volume IV. São Paulo: Atlas, 2008, p. 195. Sobre o casamento, cf. DIAS, Maria Berenice. *Manual de direito das famílias*, cit., p. 157.

pode representar um óbice prévio à interpretação, já que ambas devem ocorrer simultaneamente.[236] As categorias dos atos jurídicos, nesse sentido, devem ser um instrumento para o intérprete, e não uma barreira; um ponto de partida, mas não um ponto de chegada.

1.2.4. Graus de controle valorativo dos atos de autonomia privada

Tal entendimento não diminui a importância da classificação, mas, ao contrário, ressalta-a, particularmente para a análise, ora empreendida, dos diferentes graus de controle valorativo dos atos de autonomia privada. Com efeito, dentre as categorias apresentadas, as duas primeiras recebem menor resistência por parte da ordem jurídica: os atos-fatos e os atos jurídicos *stricto sensu* funcionam, de certo modo, como fatos naturais, aos quais o ordenamento atribui efeitos; neles, a consideração da vontade do agente (especialmente nos atos jurídicos em sentido estrito, para os quais se exige vontade juridicamente qualificada) visa mais à proteção do próprio interessado do que à legitimação dos efeitos produzidos. Nos negócios jurídicos, de outra parte, a resistência revela-se maior, pois cabe ao sistema tão somente homologar ou negar os efeitos buscados pelas partes – a ensejar maior suspeita (ou, ao menos, cautela) na admissão dessa eficácia.

Muitas evidências dessa desconfiança em relação à eficácia escolhida pelas partes no negócio jurídico poderiam ser oferecidas. Pense-se, por exemplo, do ponto de vista legislativo, nos oitenta artigos dispensados pelo Código Civil à disciplina geral do negócio jurídico (arts. 104-184), quando comparados ao único dispositivo (art. 185) reservado ao regime geral dos atos jurídicos *stricto sensu* – que se limita a determinar a aplicação analógica, a estes, da disciplina negocial. Pense-se, ainda, na difundida controvérsia doutrinária a respeito da chamada *teoria preceptiva* do negócio jurídico, que sustentava ser a fonte negocial criadora de normas jurídicas concretas,

---

[236] À luz da metodologia civil-constitucional, a interpretação deve ter sempre fins aplicativos, considerando-se a aplicação do direito uma atividade geminada ao próprio processo hermenêutico (PERLINGIERI, Pietro. Applicazione e controllo nell'interpretazione giuridica. *Rivista di diritto civile*. Anno LVI, n. 1. Padova: CEDAM, jan.-fev./2010, p. 322). No mesmo sentido, cf. GRAU, Eros. *Ensaio e discurso sobre a interpretação/aplicação do direito*. São Paulo: Malheiros, 2005, p. 284. Ao binômio interpretação-aplicação poder-se-ia adicionar ainda um terceiro termo, o da *qualificação*. De fato, é a noção de qualificação que permite a aproximação entre fato e norma, e também este aspecto, na perspectiva civil-constitucional, não pode ser separado em um momento estanque (PERLINGEIRI, Pietro, o.u.c., pp. 320-321).

auto-regulamento de interesses privados, mais do que simples exteriorização da vontade individual.[237] Entre evolução doutrinária e legislativa, poder-se-ia aludir, ainda, à transição observada desde a teoria da vontade até a atual teoria da confiança, que bem exemplifica a tensão entre duas tendências – a de se prestigiar a vontade das partes, ainda que recôndita, como força criadora de efeitos e a de se resguardar a segurança jurídica contra vontades particulares não declaradas.[238]

Realmente, não se verifica tamanha desconfiança em relação a efeitos que a própria lei atribui: além de não partirem da vontade particular (destinada, quando muito, tão somente à realização material do ato), tais efeitos são necessariamente típicos – e sua abrangência, portanto, é conhecida previamente. O negócio jurídico, ao revés, tem efeitos derivados da vontade declarada; suas possibilidades, assim, são infinitas, desde que obedientes às restrições legais ou, em visão contemporânea, compatíveis com a axiologia do sistema (no qual a própria autonomia privada constitui um valor

---

[237] Reconhecido como um dos principais defensores da teoria preceptiva, Emilio BETTI afirmava: "o negócio contém, e é, essencialmente, um estatuto, uma disposição, um preceito da autonomia privada, dirigido a interesses concretos próprios de quem o estabelece: preceito destinado à eficácia constitutiva, isto é, a realizar, imediatamente, os efeitos ordenativos correspondentes, na vida de relação. A declaração tem, portanto, natureza preceptiva ou dispositiva, e por conseguinte caráter vinculativo" (*Teoria geral do negócio jurídico*, cit., p. 90). Em oposição à teoria, veja-se a posição de Salvatore PUGLIATTI: "Contra tal tendência se pode fazer valer a fundamental consideração nutrida dos fatos mais elementares da experiência jurídica, segundo a qual qualquer fenômeno jurídico não pode ser considerado como um fenômeno pré ou meta jurídico ao qual se acrescenta uma simples veste jurídica. Mas sim como uma síntese na qual o que preexiste à valoração jurídica pode ser considerado como elemento material, que adquire uma particular existência e um particular significado em virtude do elemento formal, proveniente do direito" (*I fatti giuridici*, cit., p. 56. Tradução livre).

[238] O processo evolutivo que conduziu da teoria da vontade às teorias da declaração, da responsabilidade e, finalmente, da confiança é descrito em detalhe por Humberto THEODORO JÚNIOR, que identifica tal progressão particularmente nas mudanças sofridas pelo regime dos vícios do consentimento (Dos defeitos do negócio jurídico no novo Código Civil: fraude, estado de perigo e lesão. *Revista da EMERJ*. Volume 5, número 20. Rio de Janeiro: 2002, *passim* e, particularmente, pp. 67 e ss.). Cf., ainda, RODRIGUES, Silvio. *Direito civil*. Volume I, cit., pp. 184 e ss. Em se tratando da hipótese de invalidade que diz respeito diretamente à higidez da vontade declarada, mostra-se de todo procedente que a opção do legislador em prol da vontade real ou da legítima confiança provocada em terceiros se manifeste particularmente em matéria de vícios do consentimento. A respeito, v. também os itens 3.1 e 3.6, *infra*.

relevante).²³⁹ Alguns autores, levando ao extremo tal distinção, chegam a considerar que nos atos jurídicos *strictu sensu* não se verificaria nenhuma liberdade, seja quanto à ação material, seja quanto aos efeitos produzidos, inserindo no campo negocial, por outro lado, todos os atos em que se possa verificar qualquer atuação de vontade dos sujeitos.²⁴⁰

Em síntese das considerações até agora realizadas, seria possível concluir que a distinção entre, de um lado, negócios jurídicos e, de outro, atos não negociais corresponde aos diferentes graus de participação da lei e da vontade particular na definição dos efeitos do ato e, consequentemente, aos distintos níveis de desconfiança que a ordem jurídica oferece a tais efeitos, a acarretar um crescente número de exigências para a eficácia (ou, em outros termos, mais rígidos requisitos de validade) para o ato quanto mais ele se aproximar da natureza negocial. Esta parece ser a chave interpretativa do já mencionado art. 185 do Código Civil, que, destinando-se a disciplinar, em dispositivo único, os atos jurídicos lícitos não negociais – note-se que o codificador não fez distinção entre atos-fatos jurídicos e atos jurídicos em sentido estrito, adotando o sistema dualista que predomina, de modo geral, na doutrina –, limita-se a dispor que a eles "aplicam-se, no que couber", as disposições relativas aos negócios jurídicos.²⁴¹

---

²³⁹ Sobre a afirmação da autonomia privada como um valor merecedor de tutela jurídica própria e sua compatibilização com o pensamento civil-constitucional, cf. item 3.1, *infra*.

²⁴⁰ Assim, por exemplo, Pietro RESCIGNO, para quem "a qualificação de ato e, ao mesmo tempo, a negação do caráter de negociabilidade poderiam justificar-se apenas pelo adimplemento da obrigação e, de modo mais geral, pelos atos devidos". Remata o autor: "Mesmo quando o ato de adimplemento consista no transferir a propriedade ou um outro direito, o ato conserva a indicada natureza executiva, e não assume por isso caráter dispositivo de um interesse, em virtude da eficácia translativa (da propriedade ou do direito), já explicada pelo ato (contrato com efeitos reais, legado com efeitos reais)" (*Manuale del diritto privato italiano*. Napoli: Jovene, 1994, p. 290. Tradução livre). Embora tal construção encontre óbice na vedação, no ordenamento brasileiro, da transmissão de direito real *solo consensu*, ainda assim ilustra bem a gradação da autonomia percebida amplamente pela doutrina entre atos com efeitos determinados por lei e atos negociais. Na doutrina brasileira, este mesmo entendimento é seguido por João Baptista VILELA (Do fato ao negócio, cit., pp. 264-265), segundo o qual, nos atos jurídicos em sentido estrito, haveria liberdade apenas para que o agente escolhesse o modo "mais adequado" de cumprimento do dever, isto é, mais fiel ao conteúdo da prestação e, ao mesmo tempo, menos oneroso para ele próprio.

²⁴¹ O dispositivo é interpretado de forma muito ampla por Caio Mário da Silva PEREIRA, para quem praticamente toda a disciplina dos negócios jurídicos se estende aos atos não negociais:

Quanto mais distantes do modelo abstrato negocial, menos fará sentido aplicar a tais atos institutos relativos à definição de sua eficácia por parte do particular. O melhor exemplo consiste nas modalidades do negócio jurídico: não se adquire a propriedade de *res nullius* por meio de ocupação sob condição suspensiva, nem se pode reconhecer filiação[242] ou fixar domicílio estipulando-se um termo inicial.[243] Por outro lado, naqueles atos não negociais em que a vontade desempenhar papel minimamente relevante, pode-se cogitar da aplicação de categorias que exijam certa qualificação dessa vontade para que possa haver eficácia jurídica – nomeadamente, as causas de invalidade, em particular aquelas relacionadas à incapacidade do agente ou aos vícios da vontade.[244] Nessa perspectiva, ao menos para

"Havendo o Código perfilhado a noção de negócio jurídico, considerou desnecessário repetir os mesmos conceitos em relação aos atos jurídicos que não constituam negócios jurídicos. Vale dizer: por extensão analógica, os requisitos de validade, as modalidades, os defeitos e a teoria das nulidades, construídas em torno do negócio jurídico, aplicam-se aos atos jurídicos em geral (*Instituições de direito civil*. Volume I, cit., p. 400). Em perspectiva mais próxima da adotada neste estudo, pondera Fernando NORONHA: "Essas disposições [do art. 185 do Código Civil] são em especial as relativas à validade do negócio (agente capaz, objeto lícito, forma) e aos defeitos que podem ocorrer (erro, dolo, coação etc.). Vê-se que o art. 185 visa apenas os atos quase negociais [terminologia adotada pelo autor para os atos ora considerados jurídicos em sentido estrito], porque não teria sentido aplicá-lo aos atos reais" (*Direito das obrigações*, cit., p. 407).

[242] Dispõe expressamente o Código Civil: "Art. 1.613. São ineficazes a condição e o termo apostos ao ato de reconhecimento do filho".

[243] Não se deve entender, contudo, que nesses atos jurídicos em sentido estrito não haja qualquer espaço para a autonomia privada; trata-se de espaço tão somente menor em relação aos negócios jurídicos. A respeito da fixação de domicílio, afirma Gustavo TEPEDINO: "Não se pode afirmar que haja déficit de liberdade no momento da escolha, que muitas vezes abrange uma série de decisões pessoais e profissionais, as quais, por outro lado, se tomadas ao longo do tempo, na sucessão de atos que definem a atividade profissional e pessoal, por vez com repercussão em toda a família, devem ser examinadas e valoradas em seu todo, e não como eventos isoladamente considerados" (Esboço de uma classificação funcional dos atos jurídicos, cit., p. 25).

[244] A doutrina se mostra bastante controvérsia na matéria. Na doutrina italiana, CARIOTA FERRARA, após afastar algumas causas de invalidade típicas aos negócios jurídicos da disciplina dos atos jurídicos em sentido estrito (por exemplo, a forma exigida para certos negócios jurídicos não se estende a atos jurídicos semelhantes, nem caberia falar em nulidade decorrente da causa nestes últimos), afirma: "Mais delicada é a questão da vontade e da capacidade. A nosso ver, a vontade e a ciência do ato, e assim a capacidade natural são necessárias: o ato jurídico em sentido estrito é um ato de vontade, uma manifestação de vontade. Ao contrário, não ocorre em regra a capacidade legal, que a lei requer para os negócios jurídicos; igualmente, em regra, não são influentes as causas de desacordo entre vontade e manifestação e vícios de vontade"

os atos jurídicos em sentido estrito (isto é, quanto mais o ato concretamente considerado se aproximar dessa categoria teórica), seria possível aplicar analogicamente os requisitos de validade negocial, ainda que de forma mitigada, já que nesses atos a eficácia decorre predominantemente da lei.[245]

A possibilidade de atos jurídicos em sentido estrito estarem eivados de alguma espécie de invalidade já foi prevista inclusive no plano legislativo. De fato, o art. 2.035 do Código Civil afirma que "a validade dos negócios *e demais atos jurídicos*, constituídos antes da entrada em vigor deste Código, obedece ao disposto nas leis anteriores, [...] mas os seus efeitos, produzidos após a vigência deste Código, aos preceitos dele se subordinam [...]".[246] Do ponto de vista doutrinário, poucos autores fazem referência a essa possibilidade.[247] Dentre eles, Pontes de Miranda é expresso ao reconhecer

---

(*Il negozio giuridico nel diritto privato italiano*, cit., p. 43. Tradução livre). No direito brasileiro, PONTES DE MIRANDA reconhece a possibilidade de invalidade de atos jurídicos em sentido estrito, sobretudo em decorrência da incapacidade do agente (*Tratado de direito privado*. Tomo IV, cit., pp. 98 e 186). No mesmo sentido, Marcos Bernardes de MELLO (*Teoria do fato jurídico:* plano da validade, cit., p. 51). Francisco AMARAL entende que, nos negócios jurídicos, "pela importância de que se reveste a vontade, por seu poder jurígeno", teriam *maior relevo* os vícios do consentimento do que no negócio jurídico em sentido estrito, implicando que, nestes últimos, tais causas de anulabilidade teriam alguma relevância, ainda que menor (*Direito civil*, cit., p. 412).

[245] Quanto aos atos-fatos jurídicos, por ele designados como "meros atos jurídicos", CARIOTA FERRARA é contundente ao sustentar "uma profunda diferença de regulamentação jurídica com relação àquela dos atos jurídicos em sentido estrito: a falta de vontade ou de capacidade é de todo indiferente; além disso, não apenas em linha de princípio (como para os atos jurídicos em sentido estrito) mas sempre se afasta qualquer relevância ao desacordo entre a vontade e o ato e aos vícios do consentimento" (*Il negozio giuridico nel diritto privato italiano*, cit., pp. 44-45. Tradução livre).

[246] Grifou-se.

[247] Conforme explica Clóvis do Couto e SILVA, alguns autores "entendem não serem aplicáveis aos atos *stricto sensu* as regras relativas aos negócios jurídicos. Considere-se, porém, que tais autores, sob o *nomen juris* de atos jurídicos em sentido estrito, ou simplesmente atos jurídicos (*Rechtshandlungen*), conumeram atos reais ou atos-fatos. No que toca a estes últimos, pode-se afirmar, livre de qualquer dúvida, que aqueles princípios não são aplicáveis, pois não há nenhum ponto de semelhança que permita tratamento analógico. [...] A qualificação exata é importante. Os atos em sentido estrito, para validade, exigem agente capaz, pois considera-se nesse tipo de ato o movimento volitivo. No ato-fato não se pode cogitar de validade ou de invalidade em razão de vício" (*A obrigação como processo*. Rio de Janeiro: FGV, 2006, pp. 73-74).

a possibilidade de atos jurídicos em sentido estrito inválidos, embora não a respeito dos atos-fatos jurídicos.[248]

Se tais considerações são procedentes, como parecem, torna-se possível alcançar, ainda, duas outras conclusões. Por um lado, parece inegável que as invalidades negociais se inserem no âmbito dos mecanismos de controle valorativo que, na lógica do sistema, são impostos de forma mais rígida aos atos de natureza negocial e, em nível menos severo, aos demais atos de autonomia privada. De outra parte, porém, a teoria das invalidades não se presta unicamente a legitimar efeitos produzidos pelo poder da vontade individual. Pode também destinar-se ao controle valorativo de atos em que a vontade desempenhe papel secundário no que tange à produção de efeitos; nesses casos, voltar-se-á prioritariamente à proteção do próprio agente, motivo pelo qual as causas mais comuns de invalidade, nessas hipóteses, são a incapacidade e os vícios do consentimento.

A noção de que as invalidades podem voltar-se com primazia para a proteção das partes não constitui uma novidade. No ordenamento italiano, por exemplo, particularmente no direito do consumidor,[249] cogita-se das

---

[248] Segundo PONTES DE MIRANDA, em relação ao ato jurídico *stricto sensu*, "quase tudo se passa como a propósito dos negócios jurídicos", particularmente em matéria de invalidade por incapacidade do agente; quanto aos atos-fatos jurídicos, estes, "porque não são *posterius* de manifestação de vontade, nem de comunicações de conhecimentos ou de sentimento, podem ser praticados por incapazes: o que entra no mundo jurídico, portanto suficiente e não deficitariamente, é o fato simples, embora ato humano" (*Tratado de direito privado*. Tomo IV, cit., pp. 186-188). Também Paulo LÔBO: "Os atos-fatos jurídicos, por sua natureza singular, não estão sujeitos ao plano da validade, isto é, não podem ser nulos ou anuláveis. Tampouco a eles se aplicam as hipóteses de vícios de vontade" (*Direito civil:* Parte Geral, cit., p. 233). Segundo Fernando NORONHA, os efeitos dos atos-fatos "são independentes da circunstância de haverem sido praticados com consciência da ação, por isso não se exige neles capacidade jurídica do agente, nem lhes são aplicáveis os preceitos gerais sobre vícios da vontade e do consentimento" (*Direito das obrigações*, cit., p. 405). No mesmo sentido, Clóvis do Couto e SILVA (*A obrigação como processo*, cit., p. 75). Na doutrina italiana, MESSINEO reconhece que, aos atos reais, não se aplicam, em regra, as normas sobre capacidade, vontade, forma ou publicidade que regem os negócios jurídicos (*Manuale di diritto civile e commerciale*. Volume I, cit., p. 454).

[249] Nos termos do *Codice del Consumo* italiano: "Art. 36. 'Nulidades de proteção. 1. As cláusulas consideradas vexatórias nos sentidos dos artigos 33 e 34 são nulas enquanto o contrato permanece válido para o resto. [...] 3. A nulidade opera apenas em vantagem do consumidor e pode ser suscitada de ofício pelo juiz. [...]" (Tradução livre).

chamadas *nullità di protezione* ou *nullità protettive*,[250] literalmente nulidades de proteção ou nulidades protetivas, que apenas podem ser arguidas pela parte, mais vulnerável em determinada relação, que visam a proteger. No sistema brasileiro, bastaria aludir às hipóteses de anulabilidade, que, quanto a esse aspecto, funcionam de modo bastante semelhante no que tange à legitimidade para sua arguição[251] – muito embora, quanto às nulidades de proteção do direito italiano, admita-se que sejam conhecidas de ofício pelo magistrado. Por vezes essa proteção de uma parte no negócio confundir-se-á com a tutela de interesses supraindividuais, como aquela dirigida aos absolutamente incapazes, hipótese em que a causa de invalidade é normalmente alçada, no ordenamento pátrio, à categoria de nulidade;[252] no entanto, não deixa, necessariamente, de satisfazer ao interesse de uma pessoa em concreto.

A conclusão, porém, de que as invalidades podem ser aplicadas também a atos de natureza não negocial, via de regra com vistas à proteção do próprio agente, permite retirar o foco da estrutura do ato, do nível de participação da vontade individual e da lei para a produção de efeitos e até mesmo do titular dos interesses que a causa de invalidade visa a tutelar, para deslocá-lo, mais propriamente, para os efeitos do ato, na perspectiva já anunciada no início do presente estudo. De fato, todos esses fatores serão relevantes – para afastar a aplicação de certas causas de invalidade a atos não negociais, para atrair outras na disciplina de atos que se aproximem mais do negócio jurídico, para determinar o rol de legitimados a arguir a invalidade e assim por diante. No entanto, o elemento que confere unidade à teoria das invalidades, do ponto de vista funcional, não é a estrutura de negócio jurídico, nem a desconfiança em face de efeitos criados pela vontade particular, nem o fundamento na ordem pública ou na proteção individual, mas tão somente a necessidade de se avaliar se a eficácia do

---

[250] A respeito, afirma Francesco GAZZONI: "trata-se de proteger (fala-se de fato em nulidades protetivas também na rubrica do art. 36, D. Leg. 05/206) uma parte e não já os interesses gerais [...]. A nulidade é para tanto qualificada [...] como relativa, mesmo quando a legitimação do consumidor não é expressamente prevista [...], com exclusão da intervenção *ex officio* do juiz (salvo se isso se resolver em uma vantagem para o consumidor [...]), mas com imprescritibilidade e insanabilidade" (*Manuale di diritto privato*, cit., p. 1002. Tradução livre).
[251] Sobre a anulabilidade, cf. item 2.2.4, *infra*.
[252] Cf. item 2.2.1, *infra*.

ato concretamente considerado, derive ela ou não da lei, viola interesses juridicamente relevantes.

Desse modo, pode-se demarcar o perfil funcional das invalidades dos atos jurídicos afirmando-se que a categoria se presta à valoração dos efeitos produzidos pelos atos de autonomia privada, à verificação da compatibilidade desses efeitos com os valores do ordenamento. De volta ao problema já enunciado sobre a possibilidade de negócios inválidos serem reputados atos ilícitos,[253] ao qual parte da doutrina responde afirmando que a noção de validade apenas se põe para atos preceptivos (portanto, negociais), a perspectiva ora apresentada parece permitir superar a questão. Não faz sentido cogitar de uma aplicação do termo *ilícito* exclusiva para atos não negociais ou da reserva do juízo de validade apenas para negócios jurídicos, seja porque a natureza negocial de certo ato apenas pode ser determinada sempre em termos quantitativos (e não como uma qualidade ontológica sua), seja por a teoria das invalidades preocupar-se unicamente com os efeitos decorrentes do ato e não com a sua estrutura (ainda que seja influenciada pelo maior ou menor grau de participação da vontade individual para a produção dessa eficácia).

1.3. Uma questão de eficácia: por uma visão mais ampla dos efeitos negociais

Iniciou-se o presente capítulo com a afirmação de que a invalidade do negócio jurídico corresponde a um mecanismo de controle valorativo da produção de efeitos jurídicos pela autonomia privada. Se os itens antecedentes dedicaram-se a expor quais são esses mecanismos de controle e, particularmente no que tange ao juízo de invalidade, de que modo ele se aplica de forma diferenciada a atos negociais e não negociais, torna-se agora imperativo analisar a outra metade da afirmação, e investigar em que consistem os efeitos do negócio jurídico, objeto último de avaliação do juízo de invalidade. Em seguida, buscar-se-á precisar o conceito de eficácia negocial, não mais como o último plano de análise da escala ponteana (restrito aos negócios válidos), mas como o problema central ao qual podem ser reconduzidas todas as formas de invalidade do negócio jurídico.

---

[253] Já abordado no item 1.1.2, *supra*, tendo-se então concluído pela compatibilidade entre os termos por força do conceito de ilicitude como simples contrariedade ao ordenamento adotado neste estudo.

1.3.1. Em que consistem os efeitos negociais: as situações jurídicas subjetivas

Os efeitos por excelência dos fatos jurídicos na ordem civil consistem nas situações jurídicas subjetivas.[254] Em outras palavras, de todo fato jurídico concreto, situado no mundo do *ser*, resulta um efeito jurídico, conceito abstrato que integra o universo do *dever ser*.[255] Tais efeitos, enquadráveis em categorias estrutural e funcionalmente distintas, podem ser reunidos sob a designação genérica de *situações jurídicas subjetivas*.[256] Pouco importa se o conteúdo dessas situações foi previsto pelos próprios agentes que participaram do ato jurídico (no exercício de sua autonomia negocial) ou se resulta, em vez disso, da lei (como ocorre nos atos jurídicos em sentido estrito, nos atos-fatos jurídicos e nos atos ilícitos): a situação subjetiva será

---

[254] Afirma-o Pietro PERLINGIERI: "toda situação é efeito de um fato, ou seja, encontra a sua origem em um fato, natural ou humano, juridicamente relevante" (*O direito civil na legalidade constitucional*, cit., p. 669). Assim também José de Oliveira ASCENSÃO: "A valoração jurídica dos casos concretos implica a produção de consequências jurídicas. Essas consequências jurídicas traduzem-se justamente na modelação de situações jurídicas" (*Direito Civil*: Teoria Geral. Volume III: Relações e situações jurídicas. Coimbra: Coimbra Editora, 2002, p. 11). Especificamente sobre o direito subjetivo, mas em lição aplicável a todas as situações jurídicas subjetivas, propunha Antonio Junqueira de AZEVEDO seu estudo após o estudo dos fatos jurídicos, justamente por se tratar de efeito destes últimos: "direito subjetivo é efeito de fato jurídico (plano de eficácia), devendo, assim, seu estudo, bem como sua posição na lei, vir após o fato jurídico, que lhe dá origem" (*Crítica à Parte Geral do Projeto de Código Civil*, cit., p. 70).

[255] PERLINGIERI, Pietro. *O direito civil na legalidade constitucional*, cit., p. 667. Assim também afirma Angelo FALZEA que "na linguagem técnica dos juristas, [...] situação jurídica em sentido estrito ou situação de direito é apenas o efeito jurídico" (*Efficacia giuridica*, cit., §36). No mesmo sentido, José de Oliveira ASCENSÃO: "As situações jurídicas são uma realidade normativa. [...] Resultam da aplicação de uma ou mais normas, mas não se confundem com as normas que se aplicaram. Passou-se do geral para o individual" (*Direito Civil*: Teoria Geral. Volume III, cit., p. 12). Cf., ainda, MENEZES CORDEIRO, para quem a situação jurídica subjetiva não tem "mera natureza fática: ela traduz o Direito concretizado, exprimindo, nessa medida, uma síntese fato-valor" (*Tratado de direito civil*. Volume I. Coimbra: Almedina, 2012, p. 864).

[256] A designação comporta diversas definições. Para CARNELUTTI, "situação jurídica é menos o conjunto dos dois interesses opostos regulados pelo direito, do que cada um desses interesses convertido, pela combinação da relação econômica com a relação psicológica, em um poder ou um dever, seja desta, seja daquela espécie" (*Teoria geral do direito*, cit., pp. 283-284).

sempre a repercussão jurídica do fato concreto, em consonância com o que enunciava o adágio romano – *ex facto oritur ius*.[257]

No que tange aos fatos humanos (atos jurídicos lícitos) e, particularmente, aos negócios jurídicos, que constituem o objeto do presente estudo, é justamente a situação jurídica subjetiva (o efeito decorrente do ato) que se submete a um juízo valorativo por parte do ordenamento, a definir, em consequência, se os atos de autonomia privada podem ser considerados válidos ou inválidos, e em qual medida. Como leciona Pietro Perlingieri, "o efeito é instrumento de valoração do agir humano entendido segundo categorias"[258] – muito embora, em compreensível metonímia, afirme-se com muita frequência que a valoração jurídica recaia sobre o fato em si.[259] A rigor, o raciocínio deve seguir o caminho inverso: é por meio do efeito (situação jurídica subjetiva) que se pode valorar juridicamente o fato (ato ou negócio jurídico), por ser aquele a manifestação, no âmbito jurídico, deste.[260] Assim, o Direito, ao avaliar os efeitos que o negócio se destina a

---

[257] Na lição de Emilio BETTI, "assim se esclarece, também, o sentido da velha máxima *ex facto oritur ius*. Quer dizer-se com ela que a lei, só por si, não dá nunca vida a novas situações jurídicas, se não se verificam alguns fatos por ela previstos: não porque o fato se transforme em direito, mas porque é uma situação jurídica preexistente que se converte, com o sobrevir de um dado fato, numa situação jurídica nova" (*Teoria geral do negócio jurídico*, cit., p. 24). Como leciona Angelo FALZEA, "o gérmen da teoria se encontra nas primeiras tentativas realizadas pela doutrina na segunda metade do século XVIII para a definição e classificação dos atos jurídicos, e mais ainda nos estudos que os pandectistas dedicavam à parte geral dos seus tratados sobre as transformações (constituição, modificação, extinção) dos direitos subjetivos e das obrigações. Era fácil observar que na origem dessas transformações estão certos fatos, os chamados fatos jurídicos (*juristische Tatsachen*) [...]. Daí resultava espontânea a ideia de que essas situações jurídicas fossem efeitos ou consequências daqueles fatos e que entre fato e efeito devesse existir um específico liame de causalidade. Assim gradualmente se constitui a nomenclatura hoje a todos familiar: fato jurídico, efeito jurídico, relação de causalidade jurídica" (*Efficacia giuridica*, cit., §4. Tradução livre).

[258] PERLINGIERI, Pietro. *O direito civil na legalidade constitucional*, cit., p. 668.

[259] Ilustrativamente, afirma-se que não existe "fato que não receba uma valoração expressa ou implícita no âmbito do ordenamento" (PERLINGIERI, Pietro. *O direito civil na legalidade constitucional*, cit., p. 640).

[260] Não se rejeita aqui a inegável interferência mútua entre fato e norma, ressaltando-se apenas a imprescindível qualificação jurídica dos efeitos do fato (i.e., seu enquadramento em categorias jurídicas) como pressuposto para sua valoração pelo ordenamento. Conforme ressalta Emilio BETTI, "as concatenações dos fatos, naturais ou sociais, seguem, cada uma delas, as suas leis; as concatenações dos fatos jurídicos, com as novas situações que lhes correspondem,

produzir,²⁶¹ conclui então pela compatibilidade ou não do ato com a ordem jurídica.²⁶² Eis por que o estudo de tais situações revela-se imprescindível em matéria de controle valorativo da autonomia privada, inclusive no que tange às invalidades negociais: como se verá mais adiante, é com base nas potenciais situações jurídicas que decorram de atos com tais ou quais características que o legislador prevê as causas de invalidade negocial; do mesmo modo, é com base nas situações jurídicas concretamente produzidas por determinado ato que se permitirá ao intérprete, no modelo proposto pelo presente estudo, controlar as consequências de uma eventual invalidade.²⁶³

A qualificação das situações jurídicas subjetivas como *efeitos decorrentes* dos fatos jurídicos pode parecer obscura para aqueles que as associam à mais emblemática das suas hipóteses – o direito subjetivo – e, vislumbrando na situação jurídica uma prerrogativa individual, concluem que ela representa, justamente ao contrário, o poder de *realizar* atos jurídicos. De fato, tornaram-se notórias as concepções de direito subjetivo propugnadas

---

obedecem, pelo contrário, às normas jurídicas, no plano em que atua o direito: plano que é diferente daquele sobre que atuam as outras concatenações" (*Teoria geral do negócio jurídico*, cit., p. 24). Considera-se, assim, objeto de apreciação jurídica (ou, em outros termos, juridicamente relevante) apenas o "evento que possa ser explicado segundo situações subjetivas, seja aquele que constitui exercício ou execução de uma situação já existente (fato não predeterminado a ter eficácia), seja aquele que se coloca como fonte de uma novidade no ordenamento (fato predeterminado a ter eficácia), inovando o quadro das situações já existentes antes mesmo que surja o fato. Passear por seu próprio terreno é um fato relevante (exercício da situação subjetiva propriedade), mas não eficaz (a situação é exercida, mas não é nem constituída, nem modificada, nem extinta pelo passeio) [...]" (PERLINGIERI, Pietro. *O direito civil na legalidade constitucional*, cit., pp. 639-640).

²⁶¹ E não apenas estas situações, como também aquelas concretamente produzidas pelo ato – já que, como se sabe, o perfil dinâmico do ato observado em sua gênese pode diferir do mesmo perfil dinâmico verificado na relação jurídica concretamente desenvolvida a partir do ato. Esta constitui a diferença entre causa negocial abstrata e causa negocial concreta na formulação proposta por Maria Celina BODIN DE MORAES (A causa do contrato. *Civilistica.com*, cit., pp. 14 e ss.). Na mesma direção, permita-se remeter a SOUZA, Eduardo Nunes de. Função negocial e função social do contrato: subsídios para um estudo comparativo, cit., pp. 78-79.

²⁶² Assim, por exemplo, pode-se compreender que os requisitos de validade do negócio jurídico são, na verdade, pré-condições para a criação, modificação ou extinção de situações jurídicas subjetivas de modo compatível, em regra, com a ordem jurídica – muito embora situações merecedoras de tutela possam, excepcionalmente, ser geradas à revelia de tais requisitos, como se desenvolverá no item 2.4, *infra*.

²⁶³ Cf., particularmente, o item 2.4, *infra*.

por Savigny e por Jhering, o primeiro sustentando tratar-se de poder da vontade individual,[264] e o segundo afirmando ser o direito subjetivo um interesse juridicamente tutelado.[265] Em ambos os casos, o direito parece concebido, de certo modo, como *pressuposto* para a prática de atos jurídicos: nessa perspectiva, seria *porque* o ordenamento assegura determinado poder à vontade individual, ou confere tutela ao interesse particular, que as partes dispõem de liberdade para praticarem atos juridicamente eficazes (assim, por exemplo, o proprietário apenas pode celebrar o contrato de compra e venda do objeto de seu domínio – vale dizer, realizar o ato de autonomia privada – porque tal prerrogativa lhe é assegurada pelo direito subjetivo de propriedade que ele titulariza).[266] A questão remete ao antigo debate, já aludido, sobre o reconhecimento da autonomia privada como fonte de direito – questão com implicações mais filosóficas do que propriamente técnicas.[267]

Contudo, o aparente paradoxo na apresentação da situação jurídica subjetiva como um efeito que *decorre* do ato jurídico (e não como um pressuposto que o antecede) pode ser facilmente esclarecido em perspectiva dinâmica

---

[264] Segundo SAVIGNY, "o direito, se nós o considerarmos tal como na vida real, cerca-nos e nos penetra de todos os lados, aparece-nos como um poder do indivíduo. Nos limites desse poder, a vontade do indivíduo reina, e reina com o consentimento de todos. Esse poder ou faculdade, nós o chamamos *direito*, e alguns o chamam direito no sentido subjetivo" (*Traité de droit romain*. Tome 1. Paris: Firmin Didot Frères, 1840, p. 7. Tradução livre).

[265] Afirma JHERING: "Dois elementos constituem o princípio do direito: um *substancial*, no qual reside o fim prático do direito, e que é a utilidade, a vantagem, o ganho assegurado pelo direito, o outro *formal*, que se relaciona com esse fim unicamente como meio, a saber: a *proteção* do direito, a *ação na justiça*. Por si mesmo o primeiro não cria mais do que um estado de utilidade ou de fruição (*interesse de fato*) que qualquer um, que, de fato, tenha meios para tanto, pode impunemente, a cada instante, enfraquecer ou derrubar. Essa situação não se torna menos precária, menos instável, até que a lei venha protegê-la. A fruição ou a perspectiva da fruição se torna assim mais garantida; ela se torna um *direito*. A garantia jurídica da fruição é a base do princípio do direito. *Os direitos são interesses juridicamente protegidos*" (*L'esprit du droit romain*. Volume IV. Paris: A. Maresq, 1880, p. 326. Grifos do original. Tradução livre).

[266] Ilustrativamente, mesmo na obra de Pietro PERLINGIERI se reconhece que "o ato jurídico (ou a atividade) é a realização de uma situação, de um poder conferido ao sujeito. O poder é um dos aspectos que caracterizam a situação jurídica subjetiva. O interesse reconhecido a um sujeito se traduz, no momento do seu exercício, em comportamento e, normalmente, em atividade: o reconhecimento, isto é, a existência de um interesse juridicamente relevante, precede logicamente o exercício [...]" (*O direito civil na legalidade constitucional*, cit., p. 670).

[267] Cf. item 1.1.1, *supra*.

do direito, atenta à influência recíproca exercida entre fato e norma, conforme amplamente proposto pela metodologia civil-constitucional.[268] O observador que não se atenha a uma análise meramente estática do fenômeno jurídico poderá verificar que não existe, em verdade, antecedência ou procedência entre o fato jurídico e a situação dele decorrente: a situação, efeito de um fato, via de regra conduz a novo fato jurídico, que a modifica, extingue ou cria uma nova situação, e assim por diante.[269] Uma obrigação, por exemplo – situação jurídica subjetiva contraposta ao direito subjetivo de crédito –, tende naturalmente à realização do pagamento – ato jurídico que, por sua vez, produz como efeito jurídico a extinção dessa mesma situação; feito por terceiro não interessado, o ato do pagamento ocasiona também a criação de nova situação jurídica, a saber, o direito de regresso em face do devedor beneficiado, dentre diversos outros possíveis efeitos.

No ponto, vale ressaltar, portanto, que, quando se afirma que o efeito do fato jurídico será sempre uma situação jurídica subjetiva, trata-se de mera simplificação da linguagem. A rigor, o fato juridicamente relevante não precisa conduzir necessariamente à criação de uma situação nova, mas também à modificação ou à extinção de uma situação anterior[270] – como já

---

[268] Veja-se a esclarecedora lição de Pietro PERLINGIERI: "O fato concreto, quando se realiza, constitui o ponto de confluência entre a norma e a transformação da realidade: é o modo pelo qual o ordenamento se concretiza. A norma existe na sua realização, quando é individuada pelo intérprete em relação ao caso concreto: o momento fático atribui à norma a concretude e a historicidade que lhe são essenciais" (*O direito civil na legalidade constitucional*, cit., p. 636).
[269] Cite-se a insuperável lição de Francesco FERRARA: "Nem sempre, no entanto, as relações jurídicas são fonte imediata de direitos e deveres, por vezes, em vez disso, são apenas a base de possíveis direitos e deveres no futuro. É em seguida a um outro fato que cai como gérmen fértil neste terreno que os direitos e deveres germinam" (*Trattato di diritto civile italiano*. Volume I, cit., p. 297. Tradução livre). Assim também Angelo FALZEA destaca a existência de um componente de fato no próprio efeito jurídico: "No regime jurídico dos negócios obrigatórios constitui efeito jurídico do contrato de mútuo o interesse da comunidade jurídica na restituição da soma mutuada. Aqui é possível discriminar claramente duas hipóteses fáticas: a primeira é o contrato de mútuo e é o próprio fato jurídico; a segunda é a restituição da soma mutuada e é o componente de fato do efeito jurídico" (Efficacia giuridica, cit., §34). Segundo o autor, os dois casos apresentam como diferença essencial apenas o momento cronológico, tendo em vista que o primeiro acarreta e, portanto, antecede o segundo (o.l.u.c.).
[270] Na formulação de Pietro PERLINGIERI, "o efeito [do fato jurídico] é, portanto, um conjunto simples ou complexo de constituição, modificação ou extinção de situações jurídicas" (*O direito civil na legalidade constitucional*, cit., p. 668).

sugeria o Código Civil de 1916 com a redação de seu art. 81,[271] não reproduzido pelo Código Civil atual. Embora o dispositivo aludisse apenas aos atos lícitos, não é difícil inferir que os atos ilícitos também provocam o surgimento de situações jurídicas subjetivas (tradicionalmente, o dever de indenizar o dano causado e o direito subjetivo de crédito correlato), bem como que os fatos naturais, do mesmo modo, só podem ser ditos juridicamente relevantes se criarem, modificarem ou extinguirem situações jurídicas (pense-se, por exemplo, na morte, que acarreta a extinção de direitos e deveres personalíssimos, a abertura da sucessão etc.). Pouco importa, assim, se se trata de fatos naturais ou humanos, ou, dentre estes últimos, de atos lícitos ou ilícitos, negociais ou não: de todos decorrem, necessariamente, situações jurídicas subjetivas. Para os fins buscados pelo presente estudo, relevam particularmente os negócios jurídicos e as situações deles decorrentes.

1.3.1.1. Direito subjetivo e as demais situações jurídicas: dificuldades conceituais

Tradicionalmente, a única situação jurídica subjetiva a atrair atenção mais minuciosa por parte da doutrina tem sido o direito subjetivo. Contrapõe-se, em geral, à hipótese fática abstrata (*norma agendi* ou direito objetivo) a hipótese fática concreta (o fato jurídico), cuja verificação ocasionava o surgimento do chamado direito subjetivo (*facultas agendi*).[272] A expressão *situação jurídica subjetiva* deve grande parte de sua difusão a Paul Roubier, jurista francês que, em posição bastante inovadora para a época, atribuiu justamente ao efeito decorrente do encontro entre as *fattispecie* abstrata e concreta esta designação mais genérica, por ele definida como complexo

---

[271] *Verbis:* "Art. 81. Todo o ato lícito, que tenha por fim imediato adquirir, resguardar, transferir, modificar ou extinguir direitos, se denomina ato jurídico".

[272] Segundo Roberto de RUGGIERO, "a palavra 'direito' encerra dois significados diversos. Numa primeira acepção significa a regra ditada à conduta humana, a norma de conduta à qual o indivíduo se deve submeter e a cuja observância pode ser forçado mediante coação externa ou física (*jus est norma agendi*). [...] Num segundo sentido, designa uma faculdade reconhecida ao indivíduo pela lei e que lhe permite levar a efeito determinados atos (*ius est facultas agendi*). [...] Na primeira acepção verifica-se o que na linguagem técnica se chama direito objetivo; na segunda o que se chama direito subjetivo" (*Instituições de direito civil*. Volume I. Campinas: Bookseller, 2005, p. 36). Na doutrina brasileira, cf. PEREIRA, Caio Mário da Silva. *Instituições de direito civil*. Volume I, cit., p. 11; GOMES, Orlando. *Introdução ao direito civil*, cit., p. 97.

de direitos e deveres²⁷³ – em substituição à concepção tradicional de direito subjetivo, que implicava uma prerrogativa do titular desacompanhada de qualquer dever – hipótese considerada pelo autor "infinitamente" menos frequente.²⁷⁴

Muitas foram as vantagens dessa mudança. A mais imediata foi a de se revelar a complexidade da situação jurídica,²⁷⁵ abrindo caminho para o estudo de suas diversas modalidades e respectivas funções, para além da figura do direito subjetivo. Mais ainda, a compreensão de que às posições ativas agregam-se necessariamente deveres, que com o tempo se fortaleceu na doutrina, permitiu trazer o exame das situações subjetivas para uma perspectiva relacional,²⁷⁶ segundo a qual cada situação somente pode ser apreciada no âmbito de uma relação jurídica e à luz da situação jurídica a ela contraposta.²⁷⁷ Além disso, concebida como complexo de prerrogativas

---

²⁷³ Na página clássica de ROUBIER, "nós começamos a ganhar consciência, mais claramente do que tínhamos até agora, do entrelaçamento dos direitos e dos deveres, que caracteriza a organização jurídica. É esse entrelaçamento que levou os autores contemporâneos a tomarem por base de suas construções a noção de situação jurídica mais do que aquela de direito subjetivo. A situação jurídica se nos apresenta como constituindo um complexo de direitos e de deveres" (*Droits subjectifs et situations juridiques*. Paris: Dalloz, 1963, p. 52. Tradução livre).

²⁷⁴ Afirma ROUBIER que a situação jurídica subjetiva é "uma posição infinitamente mais frequente que aquela dos direitos existentes no estado de prerrogativas francas, ou de deveres aos quais não corresponderia nenhuma vantagem" (*Droits subjectifs et situations juridiques*, cit., p. 52. Tradução livre).

²⁷⁵ Como anota José de Oliveira ASCENSÃO, "o direito subjetivo representa uma posição de vantagem [...]. A ordem jurídica assegura essas vantagens através de normas. Atribui vantagens através de determinações. Estas dirigem-se ao sujeito e a terceiros. São poderes e deveres, que surgem como o conteúdo do direito subjetivo. [...] Do que dissemos, resulta já que o direito subjetivo é uma figura complexa e não simples, por compreender em si situações mais simples" (*Direito civil*: teoria geral. Volume III, cit., pp. 58-59).

²⁷⁶ Segundo Pietro PERLINGIERI, "em uma visão conforme aos princípios de solidariedade social, o conceito de relação representa a superação da tendência que exaure a construção dos institutos civilísticos em termos exclusivos de atribuição de direitos. O ordenamento não é somente um conjunto de normas, mas também um sistema de relações: o ordenamento, no seu aspecto dinâmico, não é nada mais que o nascimento, a realização, a modificação e a extinção de relações jurídicas, isto é, o conjunto das suas vicissitudes" (*O direito civil na legalidade constitucional*, cit., pp. 728-729). Sobre a perspectiva relacional, cf., ainda, FALZEA, Angelo. Efficacia giuridica, cit., §35.

²⁷⁷ Tal perspectiva, axiomática na metodologia civil-constitucional, encontra ainda hoje resistência na doutrina. Assim, por exemplo, para MENEZES CORDEIRO, "a relação jurídica é apenas uma das várias situações jurídicas possíveis" (*Tratado de direito civil*. Volume I, cit., p. 867).

e deveres, a noção de situação jurídica subjetiva substituiu a lógica estruturalista adotada pela doutrina até então, segundo a qual o direito subjetivo encerraria, ora relação jurídica de cooperação (em que as partes buscariam um interesse comum, como no contrato de sociedade), ora relação de concorrência (em que as partes perseguiriam interesses antagônicos).[278] Ao revés, passou-se a entender que toda relação jurídica pressupõe a cooperação entre as partes envolvidas para a sua adequada concretização e satisfação dos interesses recíprocos, superando-se o individualismo originalmente predominante no tratamento da matéria.[279]

Superou-se ainda, como consequência lógica, a visão que identificava nas chamadas relações jurídicas de concorrência a simples existência de um polo ativo e outro passivo.[280] Em lugar deles, passou-se a compreender a relação jurídica como vínculo estabelecido entre dois ou mais centros de interesses, núcleos de imputação dos direitos e deveres que constituem cada situação jurídica subjetiva.[281] Não significa, por evidente, que não se possa identificar na relação obrigacional, ainda e sempre, a figura do credor

---

[278] Cf. CARNELUTTI, Francesco. *Teoria geral do direito*, cit., pp. 286-288.

[279] Bastante ilustrativa, nesse sentido, revela-se a noção de "obrigação como processo", difundida no Brasil por Clóvis do COUTO E SILVA em obra homônima (*A obrigação como processo*, cit.). Segundo o autor, a concreção do princípio da boa-fé objetiva implica uma releitura das fontes das obrigações, de modo a permitir que estas sejam entendidas como um processo tendente ao adimplemento, construído a partir da cooperação entre as partes: "visa-se, mediante o princípio da boa-fé, instaurar uma ordem de cooperação entre os figurantes da relação jurídica" (p. 169).

[280] Exemplifica Pietro PERLINGIERI: "A situação chamada de débito, de resto, não se traduz em um mero dever ou obrigação de uma parte para com a outra (dita situação creditória), já que em diversas relações concretas pode-se verificar uma série de poderes a elas relacionáveis. Tome-se como exemplo o devedor que tem interesse – protegido pelo concreto regulamento da relação jurídica – a executar a prestação e o relativo poder de constituir em mora o credor se este não cooperar com o adimplemento; considere-se também um contrato de fornecimento entre duas empresas, do qual emerja o interesse, para fins publicitários, da empresa fornecedora a que a outra use a mercadoria fornecida" (*O direito civil na legalidade constitucional*, cit., p. 673).

[281] Leciona, por isso, Pietro PERLINGIERI que "a ligação essencial do ponto de vista estrutural [da relação jurídica] é entre centros de interesses. O sujeito é somente um elemento externo à relação jurídica porque externo à situação: é somente o titular, às vezes ocasional, de uma ou de ambas as situações que compõem a relação jurídica; de maneira que não é indispensável referir-se à noção de sujeito para individuar o núcleo da relação jurídica. O que é essencial é a ligação entre um interesse e um outro, entre uma situação, determinada ou determinável, e uma outra. É preferível, portanto, a doutrina que define a relação jurídica como ligação entre situações subjetivas" (*O direito civil na legalidade constitucional*, cit., p. 734).

e a do devedor, nem que na relação jurídica real não se contraponham as prerrogativas sobre a coisa ao dever de abstenção universal. Sem dúvida, ainda é possível identificar no conteúdo das situações jurídicas subjetivas um núcleo predominantemente vantajoso ou desvantajoso para seu titular[282] – do contrário, sequer seria possível o estudo de hipóteses tipificadas dessas situações. Aliás, a perspectiva relacional tem-se mostrado fundamental ao estudo diferencial das diversas modalidades de situações jurídicas justamente porque são, com muita frequência, as situações predominantemente passivas que permitem identificar a natureza das situações (por assim dizer, ativas) que lhes são contrapostas. Contudo, a compreensão de que nenhuma relação se destina unicamente à satisfação do interesse, a todo custo, do chamado polo ativo abriu margem a um amplo controle de abusividade e merecimento de tutela sobre o exercício das situações jurídicas, inspirado pela ideia de cooperação necessária entre centros de interesse.

Amplamente difundida, a expressão *situação jurídica subjetiva* não apresenta, contudo, uniformidade em sua aplicação. De fato, embora doutrina amplamente majoritária considere que figuras como o direito subjetivo, o direito potestativo e o poder jurídico são exemplos de tais situações, frequentemente faz-se alusão a posições muito mais amplas com a mesma designação – pense-se, por exemplo, na frequente referência à "situação jurídica subjetiva do comprador" ou à "situação jurídica subjetiva do mandatário", que fazem alusão a posições contratuais muito mais amplas, a rigor reunindo as diversas situações jurídicas imputáveis a um mesmo centro de interesses nesses contratos.[283] O comprador, por exemplo, corresponde ao centro de interesses no contrato de compra e venda ao qual são imputadas, necessariamente, ao menos duas situações jurídicas subjetivas distintas: o direito subjetivo de crédito sobre a entrega da coisa e a obrigação correlata ao direito do vendedor sobre o pagamento do preço – pondo-se de lado os diversos direitos e deveres secundários ou anexos verificáveis em concreto e igualmente titularizados por esse centro de interesses. Uma

---

[282] Pietro PERLINGIERI alude a um "momento principal" da situação: "Mediante a função do fato e o interesse justificativo da situação se determina ao lado do momento principal (poder ou dever) uma série de qualificações acessórias inversas; daí a complexidade [da situação jurídica subjetiva]" (*Manuale di diritto civile*, cit., p. 80. Tradução livre).

[283] Dentre tantos outros casos, cite-se José de Oliveira ASCENSÃO (*Direito civil*: teoria geral. Volume III, cit.), que alude à "situação jurídica do mandatário" (p. 13), à do devedor (p. 16) etc.

designação tal como a de "situação jurídica subjetiva do comprador", assim, apenas pode ser compreendida no âmbito de uma investigação mais ampla, em que o interesse do intérprete se volte prioritariamente para a dinâmica contratual, sendo possível cogitar, portanto, de uma *situação jurídica complexa* que congregue diversas situações jurídicas subjetivas (mais) simples.[284]

A noção de situação jurídica complexa costuma ser invocada com frequência no estudo dos reflexos do solidarismo constitucional sobre a autonomia privada.[285] De fato, a compreensão de que princípios como a função social passaram a conformar internamente os direitos individuais (superando-se a concepção liberal segundo a qual os direitos subjetivos apenas se limitavam excepcional e externamente pelo controle de legalidade)[286] sublinhou a existência de deveres jurídicos mesmo no âmbito de situações jurídicas classicamente vistas como ativas,[287] a justificar a referência à

---

[284] Na síntese formulada por MENEZES CORDEIRO, "a simplicidade ou complexidade de uma situação jurídica deriva de fatores científicos ou problemas de linguagem. Na figuração e na justificação de situações jurídicas, pode recorrer-se a situações parcelares, de modo a explicar realidades complexas que, de outra forma, ficariam pior conhecidas; há um predomínio científico. Mas a situação é, por vezes, simples ou complexa consoante os quadros linguísticos usados facultem a sua comunicação com recurso a uma única expressão ou, pelo contrário, requeiram composições linguísticas mais vastas" (*Tratado de direito civil*. Volume I, cit., p. 865). Remata o autor: "o estudo de modalidades de situações jurídicas não deve ser entendido como uma atividade classificatória, dirigida à memorização. Num plano científico, ela procura uma aproximação ao conteúdo das diversas situações, esquema idôneo na busca do seu regime [...]. Num plano pedagógico, ela visa ainda ministrar elementos doutrinários mínimos que, a nível de simples linguagem como no domínio substantivo, sejam necessários para apreender a matéria do Direito civil" (Ibid., p. 864).

[285] Na perspectiva civil-constitucional, a complexidade da situação jurídica se intensifica a partir da heterointegração promovida pelo princípio da solidariedade social: "a complexidade das situações subjetivas – pela qual em cada situação estão presentes momentos de poder e de dever, de modo que a distinção entre situações ativas e passivas não deve ser entendida em sentido absoluto – exprime a configuração solidarista do nosso ordenamento constitucional" (PERLINGIERI, Pietro. *O direito civil na legalidade constitucional*, cit., p. 678).

[286] Emblemático é o caso da propriedade e sua função social. A respeito, cf. TEPEDINO, Gustavo. A função social da propriedade e o meio ambiente. *Temas de direito civil*. Tomo III. Rio de Janeiro: Renovar, 2008.

[287] Basta pensar na clássica afirmação, feita pela Constituição de Weimar em 1919, segundo a qual "a propriedade obriga".

"complexidade" de tais situações.[288] Tais constatações, reconduzíveis à definição formulada por Roubier da situação jurídica como complexo de direitos e deveres, flexibilizam as fronteiras do conceito de situação jurídica, ao mesmo tempo em que conduzem a casos-limite de difícil qualificação. Como classificar, por exemplo, os deveres anexos decorrentes da boa-fé? Tratar-se-ia de deveres incluídos no conteúdo de situações jurídicas maiores, ou, em vez disso, de situações jurídicas subjetivas autônomas[289] – como leva a crer, inclusive, a doutrina mais contemporânea, que já tem reconhecido em seu descumprimento verdadeira hipótese de inadimplemento contratual?[290]

A questão é, provavelmente, insolúvel, na medida em que a perspectiva dinâmica da relação jurídica impede uma rígida delimitação das situações jurídicas subjetivas. Em outros termos, mais importante do que identificar quais prerrogativas e quais deveres encontram-se "no interior" de uma situação subjetiva e quais formam, por si mesmos, situações subjetivas autônomas é identificar que toda situação jurídica subjetiva tem por núcleo determinado interesse, e que a nenhum centro de interesses é possível atribuir apenas situações de vantagem ou de desvantagem.[291] A própria noção

---

[288] Sintetiza Carlos Edison do Rêgo MONTEIRO FILHO: "tecnicamente a propriedade deixa de ser estudada como mero direito subjetivo, tendencialmente pleno, a respeitar apenas certos limites externos, de feitio negativo, tornando-se, isso sim, situação jurídica subjetiva complexa, a abranger também deveres (positivos) ao titular, além de ônus, sujeições etc." (Usucapião imobiliária urbana independente de metragem mínima, cit., p. 20).

[289] A distinção, comumente adotada em doutrina, entre deveres de prestação (com fonte contratual) e deveres anexos e de proteção (derivados da cláusula geral de boa-fé objetiva) parece indicar a segunda alternativa. A respeito, cf. MARTINS-COSTA, Judith. *A boa-fé no direito privado: critérios para a sua aplicação*. São Paulo: Marcial Pons, 2015, p. 220-223.

[290] A respeito, cf., dentre outros autores (e com variados posicionamentos no que tange à utilidade ou ociosidade, no direito brasileiro, da figura da violação positiva do contrato): AGUIAR JÚNIOR, Ruy Rosado. *Extinção dos contratos por incumprimento do devedor*. Rio de Janeiro: AIDE, 2004, p. 124; TEPEDINO, Gustavo; SCHREIBER, Anderson. In: AZEVEDO, Álvaro Villaça (Coord.). *Código Civil comentado*. Volume IV, cit., p. 343; HAICAL, Gustavo. O inadimplemento pelo descumprimento exclusivo de dever lateral advindo da boa-fé objetiva. *Revista dos Tribunais*. Volume 900. São Paulo: Revista dos Tribunais, out./2010, p. 56; SILVA, Rodrigo da Guia. Em busca do conceito contemporâneo de (in)adimplemento contratual: análise funcional à luz da boa-fé objetiva. *Revista da AGU*. Volume 16, número 2. Rio de Janeiro: abr.-jun./2017, pp. 309 e ss.

[291] Como afirma Pietro PERLINGIERI, o interesse é o "fundamento justificador da situação" (*O direito civil na legalidade constitucional*, cit., p. 669), entendido como "a relação entre um sujeito e um bem" (Ibid., p. 117).

de *faculdade jurídica*, compreendida pela melhor doutrina como o conteúdo de situações jurídicas subjetivas (e não uma situação autônoma),[292] depende da relação concreta para a sua delimitação: ilustrativamente, a faculdade de uso que compõe o direito de propriedade passa a constituir o núcleo de uma situação jurídica subjetiva autônoma quando esse direito se decompõe no direito real limitado de uso.[293] Embora nebulosa em abstrato, a tênue separação entre conteúdo da situação e situação autônoma não pode, assim, servir de óbice a uma análise dinâmica (em concreto) da relação jurídica.

Talvez um dos melhores exemplos dessa dificuldade de delimitação resida no chamado *status* ou estado pessoal, em certo aspecto um efeito de fatos jurídicos e, como tal, uma situação jurídica subjetiva.[294] Consiste o estado pessoal em posição jurídica[295] complexa atribuída ao seu titular em razão de sua vinculação a determinado grupo:[296] fala-se em *status personae* no que tange ao simples pertencimento à espécie humana (com a consequente tutela dos direitos fundamentais do indivíduo); em *status civitatis* quanto

---

[292] Leciona Alberto TRABUCCHI: "o direito subjetivo tem um conteúdo próprio formado por aquelas que são ditas as faculdades e que são simples manifestações do próprio direito. Na linguagem corrente se usa frequentemente o termo 'direito' mesmo quando se trata de faculdades, e se fala do direito de usar, gozar, dispor. Sublinha-se, todavia, como tais faculdades não são independentes do direito do qual são expressão; não o precedem, mas logicamente são sucessivas a ele. Elas poderiam de fato mesmo faltar, sem que o direito desapareça" (*Istituzioni di diritto civile*, cit., p. 66. Tradução livre). No mesmo sentido, cf. MESSINEO, Francesco. *Manuale di diritto civile e commerciale*. Volume I, cit., p. 136, que considera que as faculdades são "a manifestação do direito subjetivo nas suas (normalmente, múltiplas) possibilidades" (Tradução livre).

[293] Lembra SAN TIAGO DANTAS: "Os poderes do proprietário são os de usar, gozar e dispor. Os direitos reais sobre coisa alheia, costuma-se dizer, são desmembramentos desses poderes" (*Programa de direito civil*. Volume III. Rio de Janeiro: Editora Rio, 1984, p. 122). O autor alerta, porém, para o fato de que, conquanto didaticamente útil, essa construção encontra pouco respaldo dogmático.

[294] Basta pensar que os fatos jurídicos do nascimento e da morte dão origem ao *status personae*, que o casamento e a adoção modificam o *status familiae* e assim por diante. Francesco CARNELUTTI considera-o uma situação jurídica complexa e ressalta que a relevância do estudo do *status* reside no "na teoria do fato jurídico e nomeadamente na análise daqueles fatos, cuja juridicidade se não representa por uma modificação de uma situação simples, mas de um complexo de situações, isto é, de um estado" (*Teoria geral do direito*, cit., p. 293).

[295] O termo "posição jurídica" costuma designar toda situação jurídica, simples ou complexa, que caiba a um único sujeito (ASCENSÃO, José de Oliveira. *Direito civil*: teoria geral. Volume III, cit., p. 17).

[296] Cf. PERLINGIERI, Pietro. *O direito civil na legalidade constitucional*, cit., pp. 706 e ss.

ao pertencimento a determinado Estado (de onde decorrem direitos e deveres de cidadão); em *status familiae* a respeito das relações familiares e suas consequências jurídicas (filiação, conjugalidade etc.); em *status* profissional e assim por diante.[297] Considerado por parte da doutrina como uma categoria do direito objetivo (a abarcar inúmeras normas a um só tempo),[298] o estado pessoal também é reputado situação jurídica subjetiva por certos autores,[299] como sinônimo de capacidade por outros[300] e qualificado até mesmo como objeto de direito subjetivo por parte da doutrina, embora não se negue que também constitua fonte de situações jurídicas subjetivas.[301]

---

[297] A respeito, v. BIANCA, Massimo. *Diritto civile*. Volume I. Milano: Giuffrè, 2002, p. 299. Esclarece Francesco CARNELUTTI: "Assim se poderá até considerar como estado o complexo de direitos e deveres de uma pessoa. Mas este conceito só tem relevância jurídica, quando o direito unifica o complexo de situações; fazendo depender a sua mudança de um mesmo fato, unificação que sobressai mais nas situações de direito familiar (*status familiae*) e de direito administrativo (*lato sensu; status civitatis*)" (*Teoria geral do direito*, cit., p. 292). Acrescenta o autor que o instituto sucessório apenas pode ser sistematizado por meio do *statuts hereditatis*, resultante da combinação de dois fatos: a abertura da sucessão e a aceitação da herança (Ibid., pp. 292-293).

[298] Para um histórico das concepções acerca do *status*, cf. PROSPERI, Francesco. Rilevanza della persona e nozione di *status*. *Civilistica.com*. Rio de Janeiro: a. 2, n. 4, out.-dez./2013. Particularmente no que tange à negativa da natureza de situação jurídica subjetiva do *status*, parte da doutrina o considera um *"indice tecnico e legislativamente convenzionale – una* legal formula, *quindi"* (Ibid., p. 11).

[299] Pietro PERLINGIERI defende fortemente o *status* como situação jurídica, criticando os que se opõem a esta tese: "Esta perspectiva reduz o problema das situações subjetivas em geral a uma questão de nomenclatura e, meramente, de linguagem. Ela centra a atenção exclusivamente no aspecto da obrigatoriedade e exclui que a construção de uma situação subjetiva autônoma (o *status*) possa se basear sobre dados normativos que atribuem um conjunto homogêneo de poderes, deveres etc., em função de tutela de um interesse ou de um valor, ainda que exista a possibilidade de obter uma sentença especificamente voltada a verificar a titularidade da situação. Contudo, deixa-se de considerar que o *status* precede, de um ponto de vista lógico e funcional, as ações colocadas para a sua tutela. Trata-se de um interesse ou valor juridicamente relevante, de conteúdo próprio, não de um simples recipiente de previsões normativas" (*O direito civil na legalidade constitucional*, cit., p. 704).

[300] Registra MESSINEO que alguns autores aludem ao *status* para designar a fonte ou o pressuposto da capacidade de direito, ou simplesmente como um sinônimo dela (*Manuale di diritto civile e commerciale*, cit., p. 136).

[301] BIANCA, Massimo. *Diritto civile*. Volume I, cit., p. 300. Tal concepção é criticada por Francesco PROSPERI, segundo o qual, ao se considerar o *status* uma situação jurídica subjetiva, isso já implica determinada tutela por parte do ordenamento, não fazendo sentido, por isso, considerá-lo, ao mesmo tempo, também objeto de uma tutela ulterior, relativa ao próprio reconhecimento jurídico do estado pessoal (Rilevanza della persona e nozione di *status*, cit., p. 12).

A diversidade de entendimentos não pode impedir, porém, a adequada tutela dos interesses jurídicos contidos nos estados pessoais – sobretudo diante de sua íntima ligação ao desenvolvimento existencial de seus titulares. Nesse sentido, a melhor doutrina parece ser a que tem considerado desnecessária a referência ao *status personae* para a atração de um regime jurídico protetivo, na medida em que, diante da cláusula geral de tutela da pessoa humana, a proteção integral do indivíduo decorreria de sua simples existência como ser humano e não de uma situação jurídica subjetiva específica a ele atribuída, por maior que seja sua amplitude.[302] Tal crítica se assemelha, aliás, àquela dirigida à expressão "direitos da personalidade": a ampla tutela proposta pelo ordenamento à pessoa humana não pode se restringir aos limites estruturais do direito subjetivo ou de uma situação jurídica subjetiva qualquer.[303]

1.3.1.2. Situações jurídicas subjetivas de potestade: direito potestativo e poder jurídico

Ao lado do direito subjetivo (e do dever jurídico a ele contraposto), costumam-se elencar dentre as situações jurídicas subjetivas o direito potestativo (e a posição de sujeição que lhe é correlata), o poder jurídico (e também sua correlata sujeição, denominada por alguns autores de interesse jurídico), o ônus jurídico e a expectativa de direito. Um breve panorama sobre a diferenciação dessas figuras permitirá ilustrar a relevância da perspectiva relacional (e da consequente análise funcional e dinâmica da situação) para a qualificação de hipóteses concretas. Tome-se por exemplo o caso da passagem forçada, direito de vizinhança previsto pelo art. 1.285 do Código Civil[304]

---

[302] Cf. PROSPERI, Francesco. Rilevanza della persona e nozione di *status*, cit., p. 32: "não há nenhuma necessidade de recorrer a velhas ou novas formulações do conceito de *status* com o fim de explicar razões e operatividade no sistema das derrogações sempre mais frequentemente postas ao princípio da igualdade formal, sendo uma óbvia consequência do reconhecimento do valor primário da pessoa humana na sua concreta e individual existência que caracteriza todo moderno Estado social de direito" (Tradução livre).

[303] PERLINGIERI, Pietro. *O direito civil na legalidade constitucional*, cit., pp. 764-765. Na doutrina brasileira, cf. TEPEDINO, Gustavo. A tutela da personalidade no ordenamento civil-constitucional brasileiro. *Temas de direito civil*. Rio de Janeiro: Renovar, 2008. Tomo I.

[304] *Verbis:* "Art. 1.285. O dono do prédio que não tiver acesso a via pública, nascente ou porto, pode, mediante pagamento de indenização cabal, constranger o vizinho a lhe dar passagem, cujo rumo será judicialmente fixado, se necessário [...]".

e classificado por muitos autores como direito potestativo.[305] Em certa perspectiva, a hipótese se aproxima, de fato, do direito potestativo, na medida em que se autoriza ao titular da passagem forçada uma intervenção compulsória na esfera jurídica alheia.

O direito potestativo caracteriza-se, contudo, pela existência de uma situação de plena sujeição imputada ao outro centro de interesses da relação.[306] Isso significa que não há nada que, na prática, a pessoa que ocupa esse centro de interesses possa ou deva fazer para impedir o exercício do direito potestativo contraposto que irá interferir em sua esfera jurídica.[307] Em outros termos, ao titular do direito potestativo não cabe *exigir* qualquer prestação do titular da sujeição, pelo simples motivo de que não há nenhuma conduta específica, positiva ou negativa, que este último poderia adotar a respeito. A impossibilidade, verdadeiramente conceitual, de ocorrer violação em matéria de direitos potestativos conduz à conclusão de que nestes, ao contrário do que ocorre nos direitos subjetivos, não se verifica a figura da pretensão (*Anspruch*), relacionada justamente com o poder de exigir de outrem a satisfação do conteúdo do direito.[308] Por via

---

[305] Cf., ilustrativamente, GAMA, Guilherme Calmon Nogueira da. *Direitos reais*. São Paulo: Atlas, 2008, p. 437; MELLO, Marco Aurélio Bezerra de. *Direito das coisas*. Rio de Janeiro: Lumen Juris, 2008, p. 196; VENOSA, Silvio de Salvo. *Direito civil*. Volume VI. São Paulo: Atlas, 2003, p. 378.

[306] Nesse sentido, Pietro PERLINGIERI define o direito potestativo como "poder de provocar unilateralmente uma vicissitude jurídica desfavorável para outro sujeito", contrapondo-o a uma situação jurídica subjetiva que denomina "sujeição" (*O direito civil na legalidade constitucional*, cit., p. 685). Conforme a clássica lição de Giuseppe CHIOVENDA, "A sujeição é um estado jurídico que não requer o concurso da vontade do sujeito nem qualquer comportamento seu" (*Istituzioni di diritto processuale civile*. Napoli: Jovene, 1960, p. 41. Tradução livre).

[307] Como anota Agnelo AMORIM, "no máximo a pessoa que sofre a sujeição pode, em algumas hipóteses, se opor a que o ato seja realizado de determinada forma, mas nesse caso o titular do direito pode exercê-lo de outra forma. Ex.: divisão judicial, quando os demais condôminos não concordam com a divisão amigável" (Critério científico para distinguir a prescrição da decadência e para identificar as ações imprescritíveis. *Revista dos Tribunais*. Ano 49, volume 300. São Paulo: Revista dos Tribunais, out./1960, p. 12).

[308] Conforme leciona BARBOSA MOREIRA, o termo *pretensão* mostra-se de uso recente no direito civil brasileiro, tendo sido importado da noção de *Anspruch* mencionada pelo §194, I do BGB. Ao contrário do que ocorre no sistema alemão, em que a figura é definida por lei como um "direito de exigir", entende o autor que a lei brasileira não considera a pretensão como um direito autônomo, mas sim como um poder decorrente, em linhas gerais, da violação de um direito relativo ou do próprio conteúdo dos direitos absolutos. Nesse sentido, "a lei aderiu à concepção da pretensão como poder de exigir, não como pura exigência. Com efeito: a

de consequência, não há que se falar, em matéria de direitos potestativos, em prescrição (que extingue a pretensão nos direitos subjetivos), mas sim em decadência (que fulmina o próprio direito a ela subordinado). Do mesmo modo, a sentença em matéria de direitos subjetivos terá natureza *condenatória* em face do sujeito que violou o direito, ao passo que a sentença que faça valer o direito potestativo apresentará natureza constitutiva (ou desconstitutiva) de uma situação jurídica.[309]

No caso da passagem forçada, diversamente, existe, sim, o risco prático de impedimento do exercício desse direito – que se revela, portanto, dependente da conduta da outra parte: basta pensar na hipótese de aposição de obstáculos ao longo do terreno por seu proprietário para impedir a passagem do dono do prédio encravado. Aliás, a própria previsão legislativa acerca da possível necessidade de fixação judicial do rumo da passagem parece sugerir esse risco de resistência. O verdadeiro objeto dessa relação jurídica, portanto, parece ser, sim, uma prestação por parte do centro de interesses sujeitado – ainda que se trate de prestação negativa, de simples abstenção e tolerância.[310] E a situação jurídica subjetiva caracterizada pela exigibilidade de certa prestação pelo titular do dever jurídico contraposto, como

---

existência do direito e a ocorrência da violação afiguram-se necessárias para que alguém possa exigir (legitimamente) uma prestação de outrem. Não o serão, entretanto, para que alguém de fato exija a prestação. Na perspectiva do novo Código Civil, só mereceria o nome de pretensão a pretensão fundada, aquela que se baseie num genuíno poder de exigir" (Notas sobre pretensão e prescrição no sistema do Novo Código Civil brasileiro. *Revista da Academia Brasileira de Letras Jurídicas*. Volume 19, número 22. Rio de Janeiro: jul.-dez./2002, p. 150). Conclui o autor a respeito dos direitos potestativos: "ora, não havendo obrigação de prestar, a violação é impensável. Logo, nessa esfera, não há cogitar de pretensão" (Ibid., p. 151).

[309] MOREIRA, José Carlos Barbosa. Notas sobre pretensão e prescrição no sistema do Novo Código Civil brasileiro, cit., p. 155. No mesmo sentido, leciona Agnelo AMORIM: "as ações condenatórias são meio de proteção daqueles direitos suscetíveis de violação ('direitos a uma prestação'); e as ações constitutivas são o meio de exercício daqueles direitos insuscetíveis de violação (direitos potestativos)" (Critério científico para distinguir a prescrição da decadência e para identificar as ações imprescritíveis, cit., p. 16).

[310] Nesse sentido, SERPA LOPES define a passagem forçada como "o direito que assiste ao dono do prédio rústico, ou urbano, que se achar encravado em outro, sem saída pela via pública, fonte ou porto, a *reclamar* do vizinho que lhe deixe passagem, fixando-se a esta judicialmente o rumo, quando necessário" (*Curso de direito civil*. Volume VI. Rio de Janeiro: Freitas Bastos, 1996, p. 531. Grifou-se), a indicar que assiste ao titular do direito à passagem forçada *reclamar uma prestação* do dono do prédio contíguo.

se sabe, é a de direito subjetivo,[311] categoria em que parece se enquadrar, com maior propriedade, o direito à passagem forçada.[312] Não por acaso, sustenta a doutrina que o direito potestativo costuma corresponder à prerrogativa de emitir determinadas declarações de vontade que interferem na esfera alheia[313] (pense-se no direito a pedir o divórcio, renunciar à herança ou revogar um mandato, por exemplo).[314] Tais declarações de vontade, criadoras, modificadoras ou supressoras de situações jurídicas

---

[311] Ao caracterizar o direito potestativo, leciona Caio Mário da Silva PEREIRA: "não há nada que o titular da sujeição possa ou deva fazer, não há dever, mas apenas submissão à manifestação unilateral do titular do direito, embora a manifestação atinja a esfera jurídica do outro, constituindo, modificando ou extinguindo uma sua situação jurídica subjetiva [...] a nota essencial é a ausência de prestação (direitos sem prestação), diferenciando-se, por esta via, e frontalmente, dos direitos subjetivos, desde então também chamados de direitos com prestação" (*Instituições de direito civil*. Volume I, cit., p. 30).

[312] Afirma tal natureza Luiz Edson FACHIN, segundo o qual "não pode ser o titular do bem compelido à clausura, garantindo-lhe a lei admissão à via pública, nascente ou porto. E ela o faz mediante *imposição de deveres*, imunizando o vizinho em face do exercício desse direito de movimentação" (grifou-se). Tal configuração de direito e dever, segundo o autor, seria ínsita à passagem forçada: "Impende, com efeito, adotar essa configuração, que a eleva à condição de direito subjetivo" (In: AZEVEDO, Antônio Junqueira de. *Comentários ao Código Civil*. Volume XV. São Paulo: Saraiva, 2003, pp. 87-88).

[313] Nesse sentido, afirma José de Oliveira ASCENSÃO: "um direito potestativo – direito de, unilateralmente, provocar vicissitudes na ordem jurídica existente – esgota-se no plano das significações normativas. Por exemplo, a faculdade de o obrigado denunciar uma obrigação por tempo indeterminado não se reflete no mundo sensível, mas tão só no das significações intelectuais" (*Direito civil*: teoria geral. Volume III, cit., p. 12). Também Pietro PERLINGIERI afirma que, no direito potestativo, o "titular pode, sozinho, constituir, modificar ou extinguir uma situação, apesar de isso significar invasão da esfera jurídica de outro sujeito que não pode evitar, em termos jurídicos, o exercício do poder. Este exercício dá-se com uma manifestação unilateral de vontade mesmo quando (segundo alguns), para realizar o resultado favorável ao titular, seja necessária (além da manifestação unilateral da vontade) uma sentença do juiz" (p. 685).

[314] Outros exemplos comumente referidos são o poder do doador de revogar a doação; o poder do condômino de pedir a divisão da coisa comum; o poder dos interessados de pedir a invalidação dos atos nulos e anuláveis; o poder do sócio de pedir a dissolução da sociedade; o poder do credor de pedir a resolução do contrato por inadimplemento; o poder do adquirente de pedir a redibição do contrato diante da verificação de vício oculto na coisa; o poder de escolha, a quem ele couber, nas obrigações alternativas; o poder de interpelar, notificar ou protestar para constituir o devedor em mora; o poder de alegar compensação; o poder de resgate do imóvel alienado com cláusula de retrovenda; o poder de adquirir a meação de parede ou muro divisório; o poder do oblato de aceitar a oferta de contratar do policitante; dentre outros (AMORIM,

alheias (fala-se classicamente em poderes formativos, modificativos ou extintivos),[315] representam hipóteses em que, de fato, nem mesmo uma prestação negativa se espera da pessoa que a elas se sujeita, já que não há nada que ela possa fazer para impedir o exercício do direito.[316]

A diferença estrutural entre direitos subjetivos e direitos potestativos, portanto, consiste em pressuporem os primeiros o direito a uma *prestação*, ao passo que os segundos implicam simplesmente o direito a uma *modificação jurídica*.[317] A existência ou não de uma prestação negativa como núcleo objetivo de imputação da situação jurídica jamais seria descoberta pela análise isolada do conteúdo da situação dita ativa (o direito subjetivo ou potestativo).[318] É a perspectiva relacional que a revela, quando se indaga

---

Agnelo. Critério científico para distinguir a prescrição da decadência e para identificar as ações imprescritíveis, cit., p. 11).

[315] Por todos, cf. FERRARA, Francesco. *Trattato di diritto civile italiano*. Volume I, cit., p. 344, que alude a *diritti alla costituzione, al mutamento* e *all'estinzione d'un effetto giuridico*. Contemporaneamente, cf. ASCENSÃO, José de Oliveira. *Direito civil*: teoria geral. Volume III, cit., p. 81.

[316] Poder-se-ia argumentar, não sem razão, que o titular do direito potestativo corre o risco de ter seu exercício obstado pelo recurso, v.g., à *vis absoluta* ou à *vis compulsiva* pelo titular da sujeição – e que, por isso, mesmo para viabilizar simples declarações de vontade exigir-se-ia deste último o dever de se abster de tais atos. Esse dever, porém, de não intervenção na liberdade alheia revela-se tão genérico que seria insuficiente para caracterizar uma situação jurídica subjetiva – a rigor, faz parte do conteúdo de toda e qualquer situação e, por isso, não se presta a caracterizar nenhuma especificamente. De outra parte, a possibilidade de impugnação judicial da declaração de vontade feita pelo titular do direito potestativo (pense-se, v.g., na alegação, pelo mandatário, de que a revogação do mandato teria sido abusiva, ou na contestação pelo empregado da despedida feita pelo empregador) tampouco permite identificar um dever jurídico negativo atribuível ao titular da sujeição. Com efeito, o direito potestativo caracteriza-se por ter seu exercício independente da atuação da contraparte, que nada pode fazer para impedi-lo; é justamente o que ocorre: a vontade é efetivamente declarada, sendo apenas a *legitimidade* desse exercício que se questiona em juízo.

[317] Esta a lição de BARBOSA MOREIRA (Notas sobre pretensão e prescrição no sistema do Novo Código Civil brasileiro, cit., p. 151), que complementa: nos direitos potestativos, "o sujeito passivo não está obrigado a prestar: submete-se, pura e simplesmente, à modificação produzida por ato do sujeito ativo, diretamente (exemplos: a escolha do devedor, na obrigação alternativa; a revogação do mandato) ou por intermédio de sentença judicial (exemplos: a anulação do casamento, o divórcio)".

[318] Por esse motivo, aliás, autores clássicos como Francesco FERRARA se recusavam a reconhecer a natureza de direito aos direitos potestativos: "um direito que não se dirige contra ninguém, que não importa uma exigência do comportamento alheio (um direito sem dever), um direito que não é capaz de violação [...] é a simples possibilidade de produzir por um comportamento

qual é o papel atribuído ao centro de interesses contraposto. De fato, como tanto o direito subjetivo quanto o direito potestativo caracterizam relações voltadas prioritariamente (se bem que não exclusivamente) à satisfação do interesse de seus titulares, afirmar que o direito potestativo tem por conteúdo a interferência na esfera jurídica alheia[319] em nada contribui para a distinção entre as duas figuras, pois semelhante interferência também pode ocorrer (e ocorre com frequência) nas relações de direito subjetivo.[320] Apenas observada a inteira dinâmica da relação torna-se possível qualificá-la.

A aproximação funcional entre direito subjetivo e potestativo, por outro lado, permite diferenciá-los de uma terceira situação, qual seja, a do poder jurídico (*potestà*, na doutrina italiana). Corresponde o poder jurídico à possibilidade de interferência na esfera jurídica alheia, exatamente como o direito potestativo se caracteriza do ponto de vista estrutural. No plano funcional, porém, diferenciam-se drasticamente as duas figuras, pois, se o direito potestativo se exerce legitimamente em prol do interesse de seu titular, o poder jurídico, ao contrário, apenas pode ser exercido tendo-se em conta a realização do interesse jurídico que lhe é contraposto, titularizado por aquele que a ele se sujeita.[321] Com efeito, esta espécie de situação jurídica, normalmente verificada nas relações de família, visa, em regra, à proteção da contraparte na relação: trata-se do poder familiar que têm os pais em relação aos filhos ou do poder do qual dispõem tutor ou curador sobre pupilo ou curatelado.[322] O poder que tem o genitor

---

consequências jurídicas, é capacidade jurídica, não direito subjetivo (*Trattato di diritto civile italiano*. Volume I, cit., pp. 346-347. Tradução livre).

[319] Esta é a definição tradicional utilizada pela doutrina, como se extrai da lição de Agnelo AMORIM, que caracteriza os direitos potestativos como "poderes que a lei confere a determinadas pessoas de influírem, com uma declaração de vontade, sobre situações jurídicas de outras, sem o concurso da vontade destas" (Critério científico para distinguir a prescrição da decadência e para identificar as ações imprescritíveis, cit., p. 10).

[320] De fato, como relata Agnelo AMORIM, esta constatação levou à resistência de parte da doutrina em aceitar a categoria do direito potestativo, considerando-se que este nada mais seria do que uma faculdade decorrente de um direito subjetivo. No entanto, como explica o autor, logo se percebeu que, no exercício das faculdades jurídicas, apenas se pode afetar a esfera jurídica de terceiro com a aquiescência deste, ao passo que nos direitos potestativos o terceiro é afetado independentemente de sua vontade (Critério científico para distinguir a prescrição da decadência e para identificar as ações imprescritíveis, cit., p. 13).

[321] PERLINGIERI, Pietro. *O direito civil na legalidade constitucional*, cit., p. 700.

[322] PEREIRA, Caio Mário da Silva. *Instituições de direito civil*. Volume I, cit., p. 31.

de decidir sobre os rumos da vida de seu filho, absolutamente incapaz, em muito se assemelha estruturalmente ao direito potestativo; cuida-se, porém, de categoria diversa, já que seu exercício inspirado por interesses próprios do pai reputar-se-ia abusivo e passível de repressão pela ordem jurídica,[323] ao passo que o direito potestativo se exerce de modo legítimo predominantemente no interesse do titular. Parte da doutrina cita, ainda, como hipóteses de *potestà* figuras tão diversas quanto o poder atribuído aos membros do conselho fiscal de sociedade anônima[324] e os poderes de que são investidos o representante e o testamenteiro.[325]

Na medida em que as prerrogativas conferidas ao seu titular encontram-se acompanhadas de um necessário direcionamento funcional em prol do melhor interesse da parte que se sujeita ao poder jurídico, o exercício dessa situação subjetiva reputa-se necessário, e não facultativo.[326] Em outros termos, ao contrário do que ocorre nos direitos subjetivo e potestativo, cujos titulares detêm a prerrogativa de não os exercer (sujeitando-se, em regra, apenas à prescrição e à decadência),[327] o titular do poder jurídico não pode optar pelo não exercício. Por isso, costuma-se afirmar, apropriando-se de terminologia do direito administrativo, que o poder jurídico constitui um *munus* de direito privado, verdadeiro poder-dever.[328] A designação "dever", no entanto, apenas poderia ser usada aqui em sentido lato, pois, como já

---

[323] A respeito, permita-se remeter a SOUZA, Eduardo Nunes de. Abuso do direito: novas perspectivas entre a licitude e o merecimento de tutela, cit., p. 90.

[324] Exemplo mencionado por PERLINGIERI, Pietro. *O direito civil na legalidade constitucional*, cit., p. 701.

[325] Exemplos aludidos por TRABUCCHI, Alberto. *Istituzioni di diritto civile*. Padova: CEDAM, 2014, 74.

[326] Cf., por todos, GOMES, Orlando. *Introdução ao direito civil*, cit., p. 95.

[327] Note-se que, em matéria de direito subjetivo, o não exercício pode manter-se a salvo até mesmo da prescrição, como ocorre nas situações jurídicas de natureza real. Para uma análise contemporânea das consequências do não exercício voluntário dos direitos reais por seus titulares, cf., com ampla bibliografia, SILVA, Rodrigo da Guia. Danos por privação do uso: estudo de responsabilidade civil à luz do paradigma do dano injusto. *Revista de Direito do Consumidor*. Volume 107. São Paulo: Revista dos Tribunais, set.-out./2016, item 3.

[328] Na lição de Pietro PERLINGIERI: "Esta constitui um verdadeiro ofício, uma situação de direito-dever (*diritto-dovere*): como fundamento da atribuição dos poderes existe o dever de exercê-los. O exercício da *potestà* não é livre, arbitrário, mas necessário no interesse de outrem ou, mais especificamente, no interesse de um terceiro ou da coletividade" (*O direito civil na legalidade constitucional*, cit., p. 700).

se observou, a exigibilidade desse dever mostra-se muito mais leve do que aquela observada no direito subjetivo.[329]

Sem dúvida, há mecanismos de controle valorativo do exercício do poder jurídico, sendo sempre possível coibir eventual exercício disfuncional; admite-se, ainda, a responsabilidade pelo não exercício e mesmo a destituição do titular em casos graves de omissão.[330] A possibilidade de indenização do dano moral causado ao filho pelo abandono moral cometido pelo genitor, amplamente admitida na jurisprudência brasileira,[331] revela-se bastante ilustrativa desse controle, conferindo juridicidade e, em certa medida, exigibilidade ao exercício do assim chamado poder-dever de educação e assistência moral à prole.[332] Tais mecanismos, porém, não

---

[329] Segundo Orlando GOMES, o poder jurídico, "embora exigível, está condicionado a uma apreciação subjetiva, com larga faixa de tolerância" (*Introdução ao direito civil*, cit., p. 95).

[330] Dispõe o Código Civil: "Art. 1.637. Se o pai, ou a mãe, abusar de sua autoridade, faltando aos deveres a eles inerentes ou arruinando os bens dos filhos, cabe ao juiz, requerendo algum parente, ou o Ministério Público, adotar a medida que lhe pareça reclamada pela segurança do menor e seus haveres, até suspendendo o poder familiar, quando convenha. Parágrafo único. Suspende-se igualmente o exercício do poder familiar ao pai ou à mãe condenados por sentença irrecorrível, em virtude de crime cuja pena exceda a dois anos de prisão"; "Art. 1.638. Perderá por ato judicial o poder familiar o pai ou a mãe que: I – castigar imoderadamente o filho; II – deixar o filho em abandono; III – praticar atos contrários à moral e aos bons costumes; IV – incidir, reiteradamente, nas faltas previstas no artigo antecedente".

[331] Cf., a título meramente ilustrativo "Civil e processual civil. Família. Abandono afetivo. Compensação por dano moral. Possibilidade. 1. Inexistem restrições legais à aplicação das regras concernentes à responsabilidade civil e o consequente dever de indenizar/compensar no Direito de Família. 2. O cuidado como valor jurídico objetivo está incorporado no ordenamento jurídico brasileiro não com essa expressão, mas com locuções e termos que manifestam suas diversas desinências, como se observa do art. 227 da CF/88. 3. Comprovar que a imposição legal de cuidar da prole foi descumprida implica em se reconhecer a ocorrência de ilicitude civil, sob a forma de omissão. Isso porque o *non facere*, que atinge um bem juridicamente tutelado, leia-se, o necessário dever de criação, educação e companhia – de cuidado – importa em vulneração da imposição legal, exsurgindo, daí a possibilidade de se pleitear compensação por danos morais por abandono psicológico. 4. Apesar das inúmeras hipóteses que minimizam a possibilidade de pleno cuidado de um dos genitores em relação à sua prole, existe um núcleo mínimo de cuidados parentais que, para além do mero cumprimento da lei, garantam aos filhos, ao menos quanto à afetividade, condições para uma adequada formação psicológica e inserção social [...]" (STJ, REsp. 1.159.242, 3ª T., Rel. Min. Nancy Andrighi, julg. 24.4.2012).

[332] A respeito, leciona Maria Celina BODIN DE MORAES: "Em virtude da imprescindibilidade (*rectius*, exigibilidade) de tutela por parte dos pais e da dependência e vulnerabilidade dos filhos, a solidariedade familiar alcança aqui o seu grau de intensidade máxima. Em caso de abandono

abrangem uma espécie de execução específica, como aquela que cada vez mais se oferece ao titular de um direito subjetivo de crédito.[333] Trata-se de exigibilidade mais atenuada do que aquela característica a um dever obrigacional (fala-se da *Haftung*, ou responsabilidade, como componente do vínculo creditício)[334] ou a um dever real (pense-se na sequela que atende ao titular do direito real caso a abstenção universal que lhe é devida seja descumprida).[335]

Em outros termos, o descumprimento de uma obrigação ou a violação à propriedade alheia são, a rigor, ilícitos, violações estruturais ao ordenamento que ensejam mecanismos de coibição específicos oferecidos ao prejudicado. No caso da interferência na esfera jurídica do sujeitado pelo titular do poder jurídico, tratar-se-á, em regra, de interferência lícita, plenamente compatível com o conteúdo do poder que tem o pai em relação ao seu filho;[336] ao contrário, ilícito (e passível de responsabilização – se restar verificado algum dano – ou mesmo de perda da titularidade do poder) é o não exercício, vale dizer, a não intervenção.[337] De outra parte, o controle

---

moral ou material, são lesados os direitos implícitos na condição jurídica de filho e de menor, cujo respeito, por parte dos genitores, é pressuposto para o sadio e equilibrado crescimento da criança, além de condição para a sua adequada inserção na sociedade" (Danos morais em família? Conjugalidade, parentalidade e responsabilidade civil. *Na medida da pessoa humana*. Rio de Janeiro: Renovar, 2010, p. 449).

[333] A garantia da execução específica para a satisfação das obrigações revela-se tendência cada vez mais marcante do direito brasileiro, abrangendo contemporaneamente mesmo as obrigações de fazer, que no passado eram consideradas impassíveis dessa espécie de execução, e, segundo alguns autores, mesmo as obrigações personalíssimas. A respeito, cf. TEPEDINO, Gustavo e SCHREIBER, Anderson. *Código Civil comentado*. Volume IV, cit., pp. 66-67.

[334] Alude-se aqui à distinção entre *Schuld* (débito) e *Haftung* (responsabilidade) como elementos componentes do conteúdo obrigacional, amplamente difundida em doutrina, em geral atribuída à obra de Alois von BRINZ.

[335] Trata-se da garantia classicamente conferida ao direito de propriedade, contida na parte final do art. 1.228 do Código Civil: "Art. 1.228. O proprietário tem a faculdade de usar, gozar e dispor da coisa, e o direito de reavê-la do poder de quem quer que injustamente a possua ou detenha".

[336] Sobre o controle de abusividade no exercício do poder familiar, seja consentido remeter a SOUZA, Eduardo Nunes de. Abuso do direito: novas perspectivas entre a licitude e o merecimento de tutela, cit., p. 90.

[337] *Ipso facto*, a crescente responsabilização, nos últimos anos, de pais pelo que se convencionou denominar abandono moral dos filhos, derivada justamente do ato ilícito consistente no descumprimento do dever de assistência moral à prole atribuído aos genitores.

desse exercício far-se-á no plano funcional, com as muitas consequências possíveis diante da verificação de exercício abusivo de situação jurídica subjetiva, dentre as quais inclui-se o dever de indenizar dano eventualmente caracterizado, o suprimento judicial de manifestação de vontade eventualmente negada pelo titular do poder jurídico etc.[338] Nesses casos, não se trata da violação de dever jurídico específico, mas da violação de um dever geral de respeito ao perfil funcional da situação jurídica subjetiva, apenas impropriamente equiparável aos deveres jurídicos contrapostos a direitos subjetivos.

A tormentosa caracterização do grau de exigibilidade desse exercício compulsório e funcionalmente vinculado, se já se afigurava difícil para a doutrina tradicional, ganha novas notas de complexidade à luz da evolução do direito de família, de onde se extraem os exemplos mais célebres de poder jurídico. A crescente necessidade de oitiva do menor para as decisões relevantes para a sua vida,[339] que no passado seriam tomadas unilateralmente pelos pais, cria enormes perplexidades à configuração teórica do poder jurídico – cujo exercício, embora passível de controle do ponto de vista funcional, conferia ao seu titular ampla discricionariedade.[340] Dito de outro modo, tem-se ampliado de tal forma o imperativo de tutela do melhor interesse da criança e do adolescente (vetor funcional do

---

[338] Tais consequências, possíveis em hipótese de abuso do direito, são aludidas, dentre outros, por SÁ, Fernando Augusto Cunha de. *Abuso do direito*, cit., pp. 649-650.

[339] Destaque-se, a título ilustrativo, as diversas ocasiões em que o Estatuto da Criança e do Adolescente (Lei n. 8.069/1990) prevê a necessidade de oitiva do menor: para colocação em família substituta (art. 28, §1º); para modificação do prenome do menor adotando quando da sua adoção (art. 47, §6º); para a definição da medida de promoção dos direitos e de proteção (art. 100, XII); para a modificação judicial da guarda (art. 161, §3º); dentre outras hipóteses. A oitiva pessoal do menor pela autoridade competência também é considerada garantia processual da criança e do adolescente (art. 111, V).

[340] Conforme anota Maria Celina BODIN DE MORAES, "um obstáculo ao modelo democrático de família pode estar no desempenho da função parental de modo autoritário. Hoje, mais do que antes, é preciso traçar uma linha divisória entre o exercício legítimo da potestade e os espaços de autonomia e autodeterminação do filho como sujeito de direitos fundamentais. O problema maior não diz respeito à proteção patrimonial do filho menor, já controlada pelo legislador e pelo juiz, e sim ao exercício de seus direitos na esfera existencial. Essa esfera, território de formação da personalidade de um indivíduo, não só tem mais relevo hoje, depois de passar pelo processo da despatrimonialização do direito civil, como também constitui o cenário em que o poder educativo parental tem um papel determinante" (A nova família, de novo, cit., pp. 587-628).

exercício do poder familiar)³⁴¹ que o controle das decisões tomadas pelos pais, antes restrito à coibição do exercício disfuncional, ora toma a forma de prerrogativas (pretensões) do menor no sentido de interferir em tais escolhas.³⁴² Cabe à doutrina auxiliar o julgador na difícil tarefa de propor, com alguma objetividade, critérios para o grau legítimo de participação do menor (titular da situação jurídica de sujeição) em tais decisões, sem com isso esvaziar a própria razão de ser do poder familiar, consistente na inexperiência e no discernimento insuficiente da criança e do adolescente para ditar os rumos de sua criação.³⁴³

1.3.1.3. Situações jurídicas subjetivas instrumentais: ônus jurídico e expectativa de direito

No rol usualmente aludido das situações jurídicas subjetivas, parte-se, em seguida, para a figura *sui generis* do ônus jurídico. Define-se tradicionalmente o ônus como aquele dever a ser necessariamente observado por seu titular caso deseje, futuramente, auferir determinado benefício ou evitar determinado malefício.³⁴⁴ O exemplo mais frequente dessa situação

---

[341] Sobre os contornos atuais do princípio, cf. BODIN DE MORAES, Maria Celina. A nova família, de novo, cit., pp. 603-604. Afirma a autora: "os pais não mais têm a missão de transformar seus filhos em função de princípios exteriores; a autoridade parental dilui-se na noção de respeito à originalidade da pessoa do filho, valorizando-se qualidades outras que não a obediência e o respeito. Os pais colocam-se na posição de ajudar os filhos a se tornarem seres autônomos, devendo isso ser considerado o conteúdo atual do princípio do melhor interesse da criança e do adolescente" (p. 609).

[342] Conforme anota Pietro PERLINGIERI, "a jurisprudência tem atribuído ao menor o direito de frequentar as amizades que considerar mais oportunas, desde que não sejam claramente de 'mau exemplo'. Do mesmo modo, no que diz respeito ao tipo de estudos que o menor queira empreender: na hipótese de contraste sobre o direcionamento dos estudos, o juiz poderá responder mais facilmente com base nos princípios fundamentais do ordenamento que impõem o respeito e o desenvolvimento da pessoa" (*O direito civil na legalidade constitucional*, cit., p. 703).

[343] Pondera Caio Mário da Silva PEREIRA que "o verdor dos anos e a consequente inexperiência, o incompleto desenvolvimento das faculdades intelectuais, a facilidade de se deixar influenciar por outrem, a falta de autodeterminação e auto-orientação impõem ao menor a completa abolição da capacidade de ação" (*Instituições de direito civil*. Volume I, cit., p. 232).

[344] CORDEIRO, António Menezes. *Tratado de direito civil português*. Volume I, cit., p. 910. No mesmo sentido, mas com outra formulação, afirma MOTA PINTO tratar-se da "necessidade de adoção de um comportamento para realização de um interesse próprio" (*Teoria geral do direito civil*. Coimbra: Coimbra Editora, 2005, p. 188).

jurídica, colhido do direito processual, é o ônus da prova:[345] quem alega não é propriamente *obrigado* a provar (no sentido de que a prova não corresponde a dever juridicamente exigível a cujo cumprimento alguém possa ser judicialmente compelido); simplesmente não poderá se beneficiar do que alegou nos autos do processo a parte que não comprovar tais alegações.[346] Nos casos de inversão do ônus da prova, comum, por exemplo, nas relações de consumo[347] ou nas hipóteses de presunções legais,[348] a parte que não lograr produzir a contraprova sofre as consequências indesejadas do que alegou a parte autora. Afirma-se, com frequência, tratar-se o ônus de um "dever potestativo",[349] na medida em que assume, a um só tempo, o

---

[345] Dispõe o Código de Processo Civil de 2015: "Art. 373. O ônus da prova incumbe: I – ao autor, quanto ao fato constitutivo de seu direito; II – ao réu, quanto à existência de fato impeditivo, modificativo ou extintivo do direito do autor. [...]".

[346] Cite-se a clássica lição de BARBOSA MOREIRA: "Mesmo diante de material probatório incompleto, o órgão judicial está obrigado a julgar. Essa eventualidade gera riscos para as partes, na medida em que implica para cada uma delas a possibilidade de permanecer obscura a situação fática de cujo esclarecimento se esperava a emergência de dados capazes de influir decisivamente, no sentido desejado, sobre o convencimento do juiz. [...] Cuida então a lei, em geral, de proceder a uma distribuição de riscos: traça critérios destinados a indicar, conforme o caso, qual dos litigantes terá de suportá-los, arcando com as consequências desfavoráveis de não se haver provado o que lhe aproveitava" (Julgamento e ônus da prova. *Temas de direito processual civil*. 2ª série. São Paulo: Saraiva, 1988, pp. 74-75).

[347] A inversão do ônus da prova em favor do consumidor é prevista pelo Código de Defesa do Consumidor (Lei n. 8.078/1990) em seu art. 6º, VIII, que considera direito básico do consumidor "a facilitação da defesa de seus direitos, inclusive com a inversão do ônus da prova, a seu favor, no processo civil, quando, a critério do juiz, for verossímil a alegação ou quando for ele hipossuficiente, segundo as regras ordinárias de experiências". Para uma crítica a respeito da inversão do ônus da prova nas relações de consumo, permita-se remeter a SOUZA, Eduardo Nunes de. *Do erro à culpa na responsabilidade civil do médico*: estudo na perspectiva civil-constitucional. Rio de Janeiro: Renovar, 2015, pp. 202 e ss.

[348] Conforme adverte BARBOSA MOREIRA, "não parece inteiramente exato dizer, todavia, que a presunção legal (relativa) se resolve em inversão do *onus probandi*. Com efeito, o resultado da aplicação da regra especial (contida no dispositivo que estabelece a presunção) pode perfeitamente coincidir, em determinado caso, com o resultado que se obteria aplicando à espécie a regra geral de distribuição daquele ônus" (As presunções e a prova. *Temas de direito processual civil*. 1ª série. São Paulo: Saraiva, 1988, pp. 60-61).

[349] Na lição de Pietro PERLINGIERI, "o ônus é a situação passiva na qual o titular deve comportar-se não no interesse de outrem, mas sim, próprio. O ônus é definido – com expressão de conveniência – como *obbligo* potestativo, no sentido de que o seu titular pode realizá-lo ou não" (*O direito civil na legalidade constitucional*, cit., p. 698). Assim também Pietro RESCIGNO,

conteúdo de situação jurídica subjetiva passiva por um lado e de prerrogativa livre ao seu titular, que pode legitimamente optar pelo descumprimento.[350]

Mais uma vez, a perspectiva relacional mostra-se decisiva para a qualificação de hipóteses concretas. Exemplo de ônus jurídico tipicamente aludido pela doutrina no âmbito do direito civil é o do encargo aposto às doações. Afirma-se com alguma frequência que o cumprimento do encargo corresponderia a ônus imposto ao donatário, caso deseje ser beneficiado pela liberalidade.[351] A disciplina jurídica do encargo nas doações, contudo, põe em xeque tal qualificação. Desde a vigência do Código Civil de 1916, já afirmava o legislador que o cumprimento do encargo pode ser exigido pelo doador ou pelo terceiro interessado e, caso o encargo seja de interesse coletivo, também pelo Ministério Público, após a morte do doador (art. 1.180 do Código Civil de 1916, correspondente ao art. 553 do Código Civil atual).[352] A exigibilidade, porém, como referido acima, não traduz nota característica do ônus jurídico. O Código Civil de 2002 acentuou esse

---

que ressalta a "posição singular" que ocupa o ônus na relação jurídica, "entre a liberdade e o dever", motivo pelo qual com frequência é definido como "dever livre" – palavras que, em linha de princípio, são contraditórias (RESCIGNO, Pietro. *Manuale del diritto privato italiano*. Napoli: Jovene, 1994, p. 273).

[350] "Poder-se-ia, justamente, objetar que não é possível falar de *obbligo* ou de dever deixado à discricionariedade do sujeito obrigado, de maneira a faltar em um outro sujeito o direito de exigir o cumprimento. Isso não obstante, a definição utilizada ajuda a compreender que existem situações passivas que não vinculam o sujeito titular, o qual, com base em uma própria avaliação discricionária, poderá exercê-las, ou não" (PERLINGIERI, Pietro. *O direito civil na legalidade constitucional*, cit., p. 698). No ponto, vale registrar a discordância de MENEZES CORDEIRO quanto à noção de que o ônus não constitui um dever jurídico; segundo o autor, tal posição deveria ser revista, na medida em que "a coercibilidade não é característica da norma jurídica" (*Tratado de direito civil*. Volume I, cit., p. 918).

[351] Dentre os autores estrangeiros, afirma Roberto de RUGGIERO: "*Modus* é, na verdade, um ônus ou peso, que aquele a quem é feita uma liberalidade sofre por vontade de quem a fez" (*Instituições de direito civil*. Volume I, cit., p. 386). Na doutrina nacional, v. Orlando GOMES: "Consiste o modo num ônus que integra, acidentalmente, o conteúdo do negócio" (*Introdução ao direito civil*, cit., p. 365).

[352] Dispõe o Código Civil atual, em idêntica redação àquela do dispositivo correspondente no Código anterior: "Art. 553. O donatário é obrigado a cumprir os encargos da doação, caso forem a benefício do doador, de terceiro, ou do interesse geral. Parágrafo único. Se desta última espécie for o encargo, o Ministério Público poderá exigir sua execução, depois da morte do doador, se este não tiver feito".

descompasso, prevendo inclusive, em seu art. 562,[353] a possibilidade de notificação judicial do donatário nos casos em que não haja prazo estabelecido para o cumprimento do encargo, uma vez que a mora nesse cumprimento pode dar ensejo à resolução da doação (art. 555 do Código Civil atual, correspondente ao parágrafo único do art. 1.181 do Código Civil de 1916).[354]

Como se percebe, semelhante regime jurídico em muito se distancia da noção tradicional de ônus. Com efeito, o donatário não precisa cumprir o encargo apenas para evitar um malefício posterior: é possível *exigir* dele semelhante cumprimento, como se de dever obrigacional se tratasse (e a menção legislativa à "mora" do donatário revela-se bastante significativa nesse sentido).[355] A preocupação central da doutrina em lidar com a ideia de uma doação onerosa, verdadeira *contradictio in terminis*, tem obscurecido o problema da qualificação da situação jurídica passiva do donatário quanto ao cumprimento do encargo, circunscrevendo-se a questão à afirmativa de que, como elemento acidental do negócio, o encargo não poderia corresponder a contraprestação.[356]

---

[353] *Verbis:* "Art. 562. A doação onerosa pode ser revogada por inexecução do encargo, se o donatário incorrer em mora. Não havendo prazo para o cumprimento, o doador poderá notificar judicialmente o donatário, assinando-lhe prazo razoável para que cumpra a obrigação assumida".

[354] Dispõe o Código Civil atual: "Art. 555. A doação pode ser revogada por ingratidão do donatário, ou por inexecução do encargo". Similar era a previsão do Código Civil anterior: "Art. 1.181. [...] Parágrafo único. A doação onerosa poder-se-á revogar por inexecução do encargo, desde que o donatário incorrer em mora".

[355] Alguns autores, por isso mesmo, qualificam-no como autêntica obrigação, como Eduardo Espínola: "Observam os autores que o modo, constituindo verdadeira obrigação, se distingue, por traços bem definidos, do simples conselho" (*Manual do Código Civil brasileiro*. Volume III. Parte II. Rio de Janeiro: Jacintho Ribeiro dos Santos, 1932, p. 625). Assim também Caio Mário da Silva Pereira: "Nos seus efeitos, o encargo impõe obrigação e pode ser exigido seu cumprimento" (*Instituições de direito civil*. Volume I, cit., p. 487). Conquanto no direito português a resolução da doação por inexecução do encargo apenas possa ser exigida se expressamente prevista no ato de liberalidade, José de Oliveira Ascensão é categórico: "o modo traz uma obrigação verdadeira e própria, que por isso pode ser exigida, como qualquer obrigação" (*Direito civil*: teoria geral. Volume II, cit., p. 302).

[356] Como observa Orlando Gomes, o encargo "não se integra na estrutura do ato. Em consequência, não funciona como contraprestação. Contrariando essa orientação, algumas legislações incluem a doação com encargo entre as doações onerosas, filiando-se à teoria das duas causas de Savigny, pela qual o ato é cindido em dois, um oneroso até o valor do encargo, o outro gratuito, no que excede, cada qual com o seu conteúdo e a sua causa" (*Introdução ao direito civil*, cit., p. 365). Assim também afirmam autores estrangeiros, como Ruggiero: "Como autolimitação

Parte desse raciocínio é aparentemente corroborada pelo fato de que, via de regra, o descumprimento do *modus* não impede a aquisição imediata do direito[357] e pela constatação de que não se aplica à hipótese (pelo menos por parte do doador) a exceção de contrato não cumprido.[358] No entanto, quer se considere o encargo uma contraprestação à transferência do bem (admitindo-se que o contrato em princípio gratuito e unilateral corresponde, na verdade, a negócio oneroso e sinalagmático),[359] quer se considere que ele cria obrigação meramente secundária ou acessória no contrato, sem a configuração de sinalagma (o que parece fazer mais sentido, já que se afasta a incoerência entre o *animus donandi* e uma suposta contraprestação, mas se reconhece ao dever de executar o encargo natureza suficientemente vinculante para permitir a revogação pelo descumprimento),[360] fato é que a exigibilidade do encargo nas doações – e, por expressa extensão legal de disciplina, nos legados – torna-o incompatível com a noção tradicional de ônus jurídico.

Parecem enquadrar-se adequadamente na categoria do ônus, por outro lado, situações como a do proprietário ou ocupante de um imóvel, que deve notificar previamente seu vizinho quanto à necessidade de ingressar

---

de vontade [o modo] é sempre um elemento acessório, isto é: arbitrariamente introduzido no negócio por vontade de quem dispõe, distinguindo-se assim nitidamente da contraprestação nos negócios a título oneroso pois, por pesado que seja o ônus, não assume nunca a função de contrapartida [...]" (*Instituições de direito civil.* Volume I, cit., p. 387).

[357] Salvo quando corresponder a condição suspensiva, hipótese prevista pelo art. 136, *in fine* do Código Civil.

[358] Vale frisar, porém, que mesmo em sede de contratos sinalagmáticos a exceção de contrato não cumprido pode não ser invocável por uma das partes – na própria compra e venda, por exemplo, a regra (a teor do art. 491 do Código Civil) é que, salvo pactuação em contrário, o vendedor não pode ser cobrado da tradição da coisa antes do recebimento do preço, de tal modo que a *exceptio non adimpleti contractus* não socorre ao comprador.

[359] A doação onerosa aproximar-se-ia, nesse sentido, do contrato de troca ou permuta. Contra este entendimento, em estudo específico sobre o tema, cf. PENTEADO, Luciano de Camargo. *Doação com encargo e causa contratual.* São Paulo: Revista dos Tribunais, 2013. O autor faz distinção entre a doação modal, o negócio misto com doação e a troca, ao partir de noção deliberadamente não funcional de causa contratual.

[360] O contrato tornar-se-ia, assim, reconhecidamente oneroso, mas permaneceria unilateral (ou, como classificam alguns autores, bilateral imperfeito). Esta parece ser a posição de Eduardo ESPÍNOLA, ao reconhecer que "*o inadimplemento da obrigação* imposta como encargo acarreta consequências jurídicas importantes, entre as quais a mais radical é a de se revogar o ato *sub modo*" (*Manual do Código Civil brasileiro.* Volume III. Parte II, cit., p. 625. Grifou-se).

no imóvel deste, para apoderar-se de coisas suas que lá estejam ou quando for necessário para reparo, construção ou limpeza de sua casa ou do muro divisório (art. 1.313 do Código Civil).[361] De fato, nesse caso, ao dispor "mediante prévio aviso", deixa claro o legislador que, se desejar obter o benefício de ingressar em imóvel alheio, deve antes notificar o respectivo ocupante. Também se considera um ônus jurídico a situação do adquirente que, verificando a existência de vícios ocultos na coisa enquanto esteja vigente prazo contratual de garantia, deve notificar o alienante em até trinta dias após o descobrimento, sob pena de decadência de seu direito[362] (assim determina o art. 446 do Código Civil).[363] Com efeito, nesse exemplo, pode livremente o comprador nada notificar, mas, neste caso, sujeitar-se-á à perda do direito por força da fluência do prazo decadencial.

No mesmo sentido, aliás, parece possível considerar que, em linhas gerais, o exercício dos direitos sujeitos à prescrição ou à decadência corresponde a certo ônus conferido ao seu titular, caso deseje evitar o malefício, respectivamente, da perda da pretensão ou da perda do próprio direito.[364] Afinal, não se questiona que tal exercício se coloca aberto à livre escolha do titular do direito (subjetivo ou potestativo), e que, no entanto, a opção pelo não exercício, excluídos os casos de interrupção, suspensão ou impedimento da prescrição, surte consequência indesejável a esse mesmo titular. Assim também se pode afirmar do ônus de declarar a vontade por

---

[361] *Verbis:* "Art. 1.313. O proprietário ou ocupante do imóvel é obrigado a tolerar que o vizinho entre no prédio, mediante prévio aviso, para: I – dele temporariamente usar, quando indispensável à reparação, construção, reconstrução ou limpeza de sua casa ou do muro divisório; II – apoderar-se de coisas suas, inclusive animais que aí se encontrem casualmente. [...]".

[362] O exemplo, extraído de dispositivo legal equivalente do Código Civil português, é aludido por MENEZES CORDEIRO (*Tratado de direito civil*. Volume I, cit., p. 919).

[363] *Verbis:* "Art. 446. Não correrão os prazos do artigo antecedente [para surgimento do vício e ajuizamento da ação edilícia] na constância de cláusula de garantia; mas o adquirente deve denunciar o defeito ao alienante nos trinta dias seguintes ao seu descobrimento, sob pena de decadência".

[364] Afirma-o Carlos Alberto da MOTA PINTO: "o titular de um direito pode ter o ônus de o invocar dentro de certo prazo, sob pena de o não poder exercer plenamente" (*Teoria geral do direito civil*, cit., p. 188). Assim, por exemplo, Pietro PERLINGIERI alude à hipótese da decadência do direito ao benefício de inventário caso não se promova o procedimento de inventário no prazo previsto em lei: "Fazer o inventário – nas hipóteses normais – pode ser considerado não um simples *obbligo*, mas, sim, um ônus, isto é, um *obbligo* potestativo no interesse do titular da situação subjetiva" (*O direito civil na legalidade constitucional*, cit., p. 699).

meio da forma prescrita pela lei na celebração do negócio jurídico, para que este seja válido.[365]

A configuração do ônus jurídico conforme acima descrito impõe, no entanto, algum desafio à perspectiva relacional que, conforme se sustentou, deve permear a análise de todas as situações jurídicas subjetivas. De fato, não importando a atuação na esfera jurídica alheia nem comportando qualquer forma de exigibilidade, não parece possível identificar no ônus o outro centro de interesses com o qual se relaciona esta situação jurídica subjetiva.[366] Seria impossível inserir o ônus no âmbito de uma relação jurídica? No ponto, autorizada doutrina tem buscado caracterizar o ônus como situação jurídica absoluta, contraposta à coletividade (isto é, oponível *erga omnes*).[367] A solução, contudo, parece pouco precisa, na medida em que não revela qual seria o conteúdo da situação jurídica ativa atribuída a esse centro de interesses universal que seria correlato ao ônus: certamente, não se trata da possibilidade de exigir o cumprimento do ônus (exigibilidade que, como se afirmou, mostra-se mesmo incompatível com essa espécie de situação jurídica). A própria expressão "oponibilidade *erga omnes*", aliás, parece ser mais adequada para situações de conteúdo predominantemente ativo, o que não é o caso do ônus jurídico, de índole eminentemente passiva.

De fato, do ponto de vista funcional, o ônus se volta, por definição, à satisfação de interesse do seu próprio titular,[368] distanciando-se com isso

---

[365] O exemplo é formulado por RESCIGNO, Pietro. *Manuale del diritto privato italiano*, cit., p. 273.
[366] Afirma MENEZES CORDEIRO: "Atente-se ainda em que ele [o ônus jurídico] não contracena com nenhuma posição ativa que lhe surja como simétrica" (*Tratado de direito civil*. Volume I, cit., p. 919). Em sentido contrário, para José de Oliveira ASCENSÃO tal situação jurídica contraposta seria a de sujeição, semelhante à sujeição que se contrapõe ao direito potestativo (*Direito civil: teoria geral*. Volume III, cit., p. 85), desde que se tratasse de ônus como situação jurídica autônoma, não inserido no conteúdo mais amplo de outra situação jurídica. Em outra parte, porém, reconhece uma situação designada "posição ativa contraposta ao ônus", e reconhece: "é esta a figura mais discutível" (Ibid., p. 51).
[367] Afirma-o expressamente, por exemplo, MENEZES CORDEIRO (*Tratado de direito civil*. Volume I, cit., p. 919).
[368] Conforme leciona Francesco CARNELUTTI, ao diferenciar o ônus e a obrigação, "enquanto que a obrigação é subordinação de um interesse do obrigado ao interesse de outrem, o ônus é subordinação de um interesse do onerado a um (outro) interesse próprio. Por este modo, para a resolução de um conflito de interesses intersubjetivo, o direito intervém estabelecendo um conflito entre interesses do mesmo sujeito, de sorte que este, se quiser que um interesse seu prevaleça sobre o de outrem, é forçado a sacrificar um outro interesse próprio. [...] Enquanto que

do dever jurídico correlato ao direito subjetivo e da sujeição contraposta ao direito potestativo. De outra parte, afasta-se o ônus da situação subordinada ao poder jurídico, na medida em que ninguém interfere na esfera jurídica do onerado senão ele próprio.[369] O ônus jurídico costuma apresentar, ao revés, um caráter instrumental,[370] de pressuposto para que o ordenamento considere certa vantagem buscada pelo onerado como merecedora de tutela, ou, ao revés, repute legítimo que lhe seja imposta determinada desvantagem. Parece, portanto, inserir-se no juízo valorativo que a ordem jurídica realiza sobre o exercício de outras situações jurídicas subjetivas, aí residindo seu perfil do interesse: o interesse indireto de legitimação de uma titularidade mais ampla. Da mesma forma, não se pode afirmar que o descumprimento do ônus crie para outros centros de interesse qualquer pretensão específica, senão a de questionar a legitimidade do exercício dessa situação jurídica maior (no caso da venda de coisa com defeito oculto, por exemplo, o vendedor passa a poder questionar o exercício do direito do comprador à redibição ou à revisão, se transcorrido o prazo legal sem o cumprimento do ônus de notificação do vendedor).

A questão, assim, parece resolver-se de modo mais objetivo em se considerando o ônus simples aspecto inerente ao conteúdo de determinada situação jurídica subjetiva mais ampla. Nessa perspectiva, assim como as já aludidas faculdades são consideradas como conteúdo (ativo) de situações jurídicas subjetivas, os ônus corresponderiam a um aspecto passivo do

---

a obrigação é necessidade de subordinar um interesse próprio a um interesse de outrem, o ônus é necessidade de o subordinar a um outro interesse próprio" (*Teoria geral do direito*, cit., p. 276). No mesmo sentido, PERLINGIERI, Pietro. *O direito civil na legalidade constitucional*, cit., p. 699.

[369] Não à toa, alguns autores falam existir no ônus atividade e passividade imputáveis ao mesmo centro de interesses: "Se considerarmos que há figuras autônomas de ônus, caracterizadas pelo aspecto ativo – alguém é titular de uma situação jurídica cujo conteúdo é representado pela outorga de uma vantagem em contrapartida de um sacrifício – vemos que nessa situação há um aspecto ativo e um aspecto passivo, simultaneamente, na mesma titularidade. Esse caráter misto de atividade e passividade é típico do ônus" (ASCENSÃO, José de Oliveira. *Direito civil: teoria geral*. Volume III, cit., p. 85).

[370] Tal instrumentalidade é ressaltada por Pietro PERLINGIERI: "o ônus não é somente um *obbligo* potestativo deixado ao arbítrio do obrigado, antes, representa uma situação instrumental para alcançar um resultado útil para o titular" (*O direito civil na legalidade constitucional*, cit., p. 698). No mesmo sentido, José de Oliveira ASCENSÃO: "o ônus pode assim ser instrumental em relação ao exercício dum direito" (*Direito civil:* teoria geral. Volume III, cit., p. 87).

conteúdo destas.[371] Tratar-se-ia, em outros termos, de limitações internas de seu exercício ínsitas à sua própria estrutura, a corroborar a noção, acima exposta, de situação jurídica como feixe de prerrogativas e deveres. Nesse sentido, por exemplo, o direito do credor em promessa unilateral de contrato de finalizar o negócio e vincular o promitente traz em si o ônus da manifestação no prazo previsto (art. 466 do Código Civil);[372] o direito de preferência na compra e venda com cláusula de preempção tem em seu conteúdo o ônus de aceitar o preço encontrado ou ajustado (art. 515 do Código Civil);[373] o direito do destinatário de reclamar de avarias nas mercadorias objeto de transporte de coisas apresenta o ônus de conferir e reclamar no momento da entrega (art. 754 do Código Civil);[374] o direito do segurado à garantia abrange o ônus de notificar a seguradora de eventual incremento do risco (art. 769 do Código Civil)[375] e seu direito à indenização pressupõe o ônus de comunicação imediata do sinistro (art. 771 do Código

---

[371] A analogia com as faculdades é feita, dentre outros, por CARNELUTTI (*Teoria geral do direito*, cit., p. 274), muito embora o foco do autor consista principalmente em identificar que tanto as faculdades quanto os ônus dizem respeito exclusivamente aos interesses de seu titular, ao passo que direitos subjetivos e obrigações mostram-se relevantes também para a esfera jurídica alheia. Tomando-se a perspectiva relacional das situações jurídicas subjetivas como um imperativo metodológico, o mesmo motivo que levou as faculdades a serem inseridas no próprio conteúdo dos direitos parece justificar que os ônus também o sejam: trata-se de aspectos desse conteúdo (respectivamente, ativos e passivos) que não se relacionam com o centro de interesses contraposto na relação.

[372] *Verbis:* "Art. 466. Se a promessa de contrato for unilateral, o credor, sob pena de ficar a mesma sem efeito, deverá manifestar-se no prazo nela previsto, ou, inexistindo este, no que lhe for razoavelmente assinado pelo devedor".

[373] *Verbis:* "Art. 515. Aquele que exerce a preferência está, sob pena de a perder, obrigado a pagar, em condições iguais, o preço encontrado, ou o ajustado".

[374] *Verbis:* "Art. 754. As mercadorias devem ser entregues ao destinatário, ou a quem apresentar o conhecimento endossado, devendo aquele que as receber conferi-las e apresentar as reclamações que tiver, sob pena de decadência dos direitos. Parágrafo único. No caso de perda parcial ou de avaria não perceptível à primeira vista, o destinatário conserva a sua ação contra o transportador, desde que denuncie o dano em dez dias a contar da entrega".

[375] *Verbis:* "Art. 769. O segurado é obrigado a comunicar ao segurador, logo que saiba, todo incidente suscetível de agravar consideravelmente o risco coberto, sob pena de perder o direito à garantia, se provar que silenciou de má-fé [...]". Note-se, neste exemplo, o uso atécnico do termo "obrigado", quando, em verdade, não pode o segurador, justamente por desconhecer a ocorrência do sinistro, exigir do segurado que o comunique.

Civil);[376] o direito potestativo de escusar-se da tutela exige a manifestação em dez dias, sob pena de configurar-se renúncia ao mesmo (art. 1.738 do Código Civil);[377] o direito do tutor de cobrar dívidas que mantenha com o pupilo abrange o ônus de declaração das mesmas antes da assunção da tutela (art. 1.751 do Código Civil)[378] e assim por diante.

Vale fazer menção a uma última situação jurídica subjetiva bastante aludida pela doutrina: trata-se da expectativa de direito,[379] cujo exemplo clássico é o do direito cuja aquisição se encontre submetida a condição suspensiva.[380] Afirma o art. 125 do Código Civil que, ao contrário do termo, cuja previsão apenas suspende o exercício da situação jurídica que a ele se subordina, a condição suspensiva impede a própria aquisição da situação jurídica respectiva.[381] Nesse ínterim, porém, deteria o titular do direito *sub conditione* uma situação jurídica subjetiva mais restrita, denominada expectativa de direito (ou, ainda, segundo alguns autores, direito eventual ou direito expectativo),[382] que lhe permitiria, por exemplo, realizar atos de

---

[376] *Verbis:* "Art. 771. Sob pena de perder o direito à indenização, o segurado participará o sinistro ao segurador, logo que o saiba, e tomará as providências imediatas para minorar-lhe as consequências".

[377] *Verbis:* "Art. 1.738. A escusa apresentar-se-á nos dez dias subsequentes à designação, sob pena de entender-se renunciado o direito de alegá-la; se o motivo escusatório ocorrer depois de aceita a tutela, os dez dias contar-se-ão do em que ele sobrevier".

[378] *Verbis:* "Art. 1.751. Antes de assumir a tutela, o tutor declarará tudo o que o menor lhe deva, sob pena de não lhe poder cobrar, enquanto exerça a tutoria, salvo provando que não conhecia o débito quando a assumiu".

[379] Segundo Caio Mário da Silva PEREIRA, consideram-se expectativas de direito "aquelas situações ou relações aderentes ao indivíduo, provenientes de fato aquisitivo incompleto, e por isso mesmo não integradas em definitivo no seu patrimônio" (*Instituições de direito civil.* Volume I, cit., p. 128).

[380] Outros exemplos aludidos por Orlando GOMES (*Introdução ao direito civil,* cit., p. 114) são a situação jurídica do herdeiro fideicomissário, a do substituto do herdeiro na sucessão legítima, a do possuidor *ad usucapionem* e a do adquirente de coisa móvel, por tradição, que a tenha recebido de quem não era proprietário. José de Oliveira ASCENSÃO lembra o exemplo do adquirente na compra e venda com reserva de domínio (*Direito civil: teoria geral.* Volume III, cit., p. 71). MENEZES CORDEIRO, o do preferente (*Tratado de direito civil.* Volume I, cit., p. 909).

[381] *Verbis:* "Art. 125. Subordinando-se a eficácia do negócio jurídico à condição suspensiva, enquanto esta se não verificar, não se terá adquirido o direito, a que ele visa".

[382] A terminologia não é unívoca na doutrina. Assim, por exemplo, Francisco AMARAL denomina "direito eventual" uma categoria à parte: "um direito concebido mas ainda não nascido, por lhe faltar algum elemento constitutivo, como o do proponente em relação ao destinatário da

conservação da situação jurídica subjetiva que pretende adquirir ao implemento da condição (art. 130 do Código Civil).[383] Na *expectativa de direito*, já ocorreu o fato jurídico que serve de gérmen à situação jurídica subjetiva a ser adquirida ao final (no exemplo tradicional, o negócio condicionado);[384] aí reside, segundo a doutrina, a distinção entre essa hipótese e aquela da mera *expectativa de fato* – nesta última, nem mesmo o fato jurídico que dará origem à situação já se verificou, sendo o exemplo clássico o direito hereditário antes da morte do autor da herança: espera-se ainda a ocorrência do próprio fato (a morte) que criará o direito.[385]

A concepção de uma situação jurídica *sui generis* como a da expectativa de direito oculta discussão muito mais abrangente acerca da eficácia negocial. A rigor, seria possível afirmar, em certa perspectiva, que o negócio condicional não cria propriamente uma situação intermediária ou imperfeita a ser posteriormente convertida em direito,[386] mas dá origem, em vez disso, a efeitos (leia-se, situações jurídicas subjetivas propriamente ditas) instrumentais ou de segunda ordem, com o fulcro de assegurar o interesse que estará contido em seu efeito (situação jurídica) principal, cuja produção

---

proposta [...] e o do promitente-comprador quanto à venda definitiva" (*Direito civil*: introdução, cit., p. 239). Note-se que o próprio codificador, no art. 130, usa a expressão "direito eventual" para fazer referência à expectativa de direito.

[383] *Verbis:* "Art. 130. Ao titular do direito eventual, nos casos de condição suspensiva ou resolutiva, é permitido praticar os atos destinados a conservá-lo".

[384] Exemplo aludido, dentre muitos outros, por PINTO, Carlos Alberto da Mota. *Teoria geral do direito civil*, cit., p. 573; RUGGIERO, Roberto de. *Instituições de direito civil*. Volume I, cit., p. 379; CORDEIRO, António Menezes. *Tratado de direito civil*. Volume I, cit., p. 909.

[385] Segundo Pietro PERLINGIERI, "aquele que à morte de um parente poderia receber dinheiro por herança acha-se em uma situação de mera espera de uma utilidade (a chamada expectativa de mero fato), não protegida (diretamente) pelo ordenamento jurídico (o pressuposto da tutela é a aquisição, *ex lege* ou por testamento, da qualidade de chamado a aceitar a herança; isso acontece, porém, apenas no momento da morte do *de cujus*, e não antes)" (*O direito civil na legalidade constitucional*, cit., p. 691). Aludem-se também como exemplos de expectativa de fato a situação em que a aquisição do direito depende do arbítrio de seu titular atual, ou, ainda, da vontade de quem espera o direito (GOMES, Orlando. *Introdução ao direito civil*, cit., p. 114).

[386] A essa noção, aliás, de situação jurídica "imperfeita" corresponderam os primeiros usos da designação "situação jurídica" (BETTI, Emilio. *Teoria geral do negócio jurídico*, cit., p. 25). Francesco CARNELUTTI considerava, porém, "vulgar designar-se a situação imperfeita ativa pela palavra expectativa, manifestamente alusiva à pendência de um evento e à esperança na sua verificação, de que a sua perfeição é dependente" (*Teoria geral do direito civil*, cit., p. 284).

(aquisição) se encontra pendente.[387] A doutrina tradicional, contudo, insiste em negar à expectativa o *status* de situação jurídica propriamente dita, nela entrevendo simplesmente uma "solução virtual" para responder a um "problema prático": a tutela jurídica de um interesse que ainda se encontra em fase de maturação para se tornar um direito juridicamente reconhecido.[388]

A recusa em se qualificar o direito à realização de atos conservatórios como situação jurídica autônoma, restringindo-o a simples conteúdo da expectativa de direito, mais do que refletir a já aludida dificuldade em se delimitarem as fronteiras da situação jurídica subjetiva, parece relacionar-se com a longa controvérsia doutrinária sobre a retroatividade das condições, a ser comentada mais adiante,[389] na medida em que atos realizados

---

[387] Este parece ser o entendimento de José de Oliveira ASCENSÃO, segundo o qual "não há razão para divisar sempre mais categorias de situações jurídicas subjetivas: *entia non sunt multiplicanda*. A expectativa cai inteiramente no âmbito do direito subjetivo, como afetação individual, concreta e destinada a criar um espaço de autonomia. O fato de ser instrumental não é razão em contrário, porque muitos direitos subjetivos são instrumentais" (*Direito civil:* teoria geral. Volume III, cit., p. 72). Sobre o referido caráter instrumental da expectativa, leciona Pietro PERLINGIERI: "Define-se expectativa a situação subjetiva instrumental (situação preliminar) para a aquisição de uma ulterior situação (situação final). A expectativa se insere em uma relação instrumental – coligada à relação final – que assume conteúdos específicos em relação ao tipo de interesse e ao tipo de vicissitude que se quer produzir" (*O direito civil na legalidade constitucional*, cit., p. 691). Nesse mesmo sentido, alude MOTA PINTO a "efeitos cautelares que têm em vista garantir a integridade dos efeitos finais, de modo a evitar que estes venham a ser meramente platônicos" (*Teoria geral do direito civil*, cit., p. 574).

[388] As expressões são de Angelo FALZEA, que leciona: "Valores práticos que já no presente se prospectam no seu conteúdo essencial, mesmo se apenas em um futuro próximo a situação de fato amadurecerá até permitir uma tomada de posição definitiva por parte do direito, podem assumir para a comunidade um tal relevo que requeira a imediata predisposição de medidas jurídicas. [...] Quando exigências desse gênero assumem importância prática, a ordem jurídica não pode restar indiferente ao seu processo de progressiva atualização e determinação. Para garantir que esse processo tenha um desenvolvimento normal, para evitar que ele seja turbado por interferências externas ou por diversões ilícitas, ocorre uma intervenção imediata do direito: intervenção de caráter preliminar e cautelativo, voltada apenas para assegurar que o interesse ainda não atual ou ainda não determinado não restará sem defesa no processo de sua formação. O interesse não será assistido senão como interesse incompleto, mediante medidas jurídicas diversas daquelas que assistem os interesses completos. Não se poderá tratar então de situações jurídicas no senso pleno antes definido, mas de simples expectativas" (Efficacia giuridica, cit., §40. Tradução livre).

[389] A respeito, cf. item 1.3.2.1, *infra*.

durante este período provisório antes do implemento da condição poderiam vir a ser desfeitos caso esta viesse a não se implementar. No entanto, a autorização legal para a realização de tais atos já deveria bastar para sua caracterização como prerrogativas conferidas por direitos autônomos, na medida em que estes se mantêm a salvo de eventual não implemento da condição e são, portanto, independentes de eventual implemento para a sua legitimação.[390]

De outra parte, a possibilidade de alienar o direito sob condição a terceiro (permanecendo a própria alienação dependente do implemento da condição), ou de transmiti-lo aos herdeiros, bastante aludida pela doutrina,[391] parece revelar, com maior vantagem, a utilidade prática de se reconhecer a expectativa de direito como categoria autônoma: justifica-se, com isso, qual é o objeto de tais transmissões de titularidade, em um momento no qual o direito que verdadeiramente se pretende transmitir ainda não foi adquirido.[392] A consequência mais relevante, porém, no reconhecimento da situação jurídica de expectativa decorre da situação passiva correspondente a ela: a parte que tem o interesse contrário à verificação da condição deve comportar-se de modo a não lesar ou esvaziar o conteúdo do direito que surgirá com o implemento da condição.[393] Em outros termos, ao longo do processo de formação de um direito, pode-se afirmar que, durante a fase de expectativa, busca-se principalmente tutelar o interesse do futuro titular e apenas secundariamente conferir-lhe prerrogativas. Essa distinção funcional, já designada na doutrina italiana como a diferença entre *relevância* e *eficácia jurídica*, parece justificar a diferenciação entre a expectativa e o

---

[390] Nesse sentido, afirma Pietro PERLINGIERI que "a fase de pendência é atributiva de situações jurídicas que não se exaurem na simples espera, sendo conservativas [...] e aquisitivas de um direito (dito direito ao direito: direito à aquisição do direito, direito à extinção do direito etc.) em virtude do qual, ao se verificar o evento futuro e incerto, a parte realizará a situação definitiva" (*O direito civil na legalidade constitucional*, cit., p. 694).

[391] Cf., dentre outros, PINTO, Carlos Alberto da Mota. *Teoria geral do direito civil*, cit., p. 573; RUGGIERO, Roberto de. *Instituições de direito civil*. Volume I, cit., p. 379.

[392] Isso não impede a doutrina de anotar que, nesses casos, "o objeto dos atos de disposição não é um direito atual, e talvez não seja inteiramente conforme a uma visão sincera dessas relações, dizer que se transfere a expectativa e só através desta se dispõe do direito condicionado" (BETTI, Emilio. *Teoria geral do negócio jurídico*, cit., p. 752).

[393] BETTI, Emilio. *Teoria geral do negócio jurídico*, cit., p. 754.

direito propriamente dito, no qual as faculdades do titular e a possibilidade de tutela jurídica parecem desempenhar um papel igualitário.[394]

O breve estudo ora empreendido acerca das situações jurídicas subjetivas integra o itinerário obrigatório da análise das invalidades do negócio jurídico. De fato, tendo-se afirmado que é sobre a potencial eficácia do ato que incide o juízo valorativo do ordenamento que conduz à consideração de sua validade, o conhecimento do perfil funcional das situações jurídicas mais frequentes constitui relevante instrumento para o intérprete, permitindo-lhe localizar os interesses nucleares dos efeitos negociais e, assim, avaliá-los à luz da axiologia do ordenamento. Quanto mais complexos os negócios, mais diversificado se revela o quadro de sua eficácia, vale dizer, o conjunto de seus efeitos, suas interações, seu conteúdo, suas fontes, enfim, o estudo global das situações jurídicas negocialmente criadas. É este estudo de eficácia negocial, mais amplo que a análise individualizada de cada efeito, que se passa a enfrentar no próximo item.

1.3.2. Em que consiste a eficácia negocial: as múltiplas acepções do termo

O que se deve entender por *eficácia* do negócio jurídico? De modo geral, a expressão tem sido associada ao terceiro plano de análise da escala ponteana. O dito *plano da eficácia* entra em cena uma vez que determinado negócio jurídico preencha todos os elementos de existência e atenda a todos os requisitos de validade que os qualificam.[395] Existente e válido, considera-se que

---

[394] Como leciona Angelo FALZEA, a expectativa decorre de uma *fattispecie* parcial, o que significa que é dotada de relevância jurídica, mas não de eficácia, atributo que seria destinado às *fattispecie* totais: "A hipótese fática que funda uma expectativa de direito é uma parte da mais complessiva hipótese fática de onde nasce uma situação jurídica. A relação entre expectativa de direito e situação jurídica se reporta assim à relação já estudada entre hipótese fática parcial e hipótese fática total. E como sabemos que à hipótese fática total corresponde a eficácia jurídica, enquanto que à hipótese fática parcial é legada à relevância jurídica, impõe-se concluir que o fato produtivo da expectativa jurídica é um fato relevante mas não eficaz (mais precisamente: não ainda produtivo da sua eficácia típica e fundamental)" (Efficacia giuridica, cit., §40. Tradução livre).

[395] Como descreve Marcos Bernardes de MELLO, a constatação das muitas possibilidades de eficácia e ineficácia dos atos jurídicos "levou Pontes de Miranda a propor a estruturação do mundo jurídico em três planos: da existência, da validade e da eficácia, nos quais se desenvolve a vida dos fatos jurídicos, consideradas todas as vicissitudes a que estão sujeitos. No plano da existência entram todos os fatos que recebem a incidência juridicizante da norma jurídica. Portanto, concretizado suficientemente o suporte fático, a norma jurídica que o prevê incide e

o ato negocial está devidamente apto para produzir efeitos; esse potencial de eficácia, no entanto, pode não chegar a se concretizar – ou, ao menos, não imediatamente após a celebração do negócio, em particular se houver alguma cláusula negocial que obste a criação, modificação ou extinção de situações jurídicas pelo ato. Por meio desse breve itinerário, com efeito, torna-se possível entender por que o estudo do plano da eficácia tem sido reduzido, muitas vezes, na verdade, à *não produção* dos efeitos típicos do negócio (quase sempre se tomando por exemplo as hipóteses de negócio sob condição suspensiva ou termo inicial).[396] Essa restrição, justificada com base no que se denominou "técnica de eliminação progressiva"[397] (segundo a qual só passariam ao exame da eficácia os atos válidos, pois não interessariam ao plano da eficácia eventuais efeitos, imprevistos pelas partes, decorrentes de uma invalidade), pouco contribui para a compreensão da matéria. A noção de eficácia mostra-se muito mais ampla, como se comentará neste item.

---

lhe dá entrada no mundo jurídico no plano da existência, sem exceção. Em se tratando de atos jurídicos, *lato sensu*, estes passam para o plano da validade, onde será aferida a sua perfeição: se são válidos ou se são inválidos. Sendo válido, o ato jurídico passa ao plano da eficácia, onde, estando apto, produzirá seus efeitos específicos" (*Teoria do fato jurídico:* plano da eficácia. São Paulo: Saraiva, 2009, p. 17). A atribuição dos planos de análise ao mestre alagoano, grande responsável por sua difusão no Brasil, não afasta o fato de a teoria ser também difundida na doutrina europeia em meados do século XX, quando o primeiro volume do *Tratado de direito privado* foi lançada. Na doutrina italiana, por exemplo, Renato SCOGNAMIGLIO já registrava, na primeira edição de seu *Contributo alla teoria del negozio giuridico* (cit., p. 328), datada de 1950, que predominava na doutrina a distinção entre inexistência, invalidade e ineficácia em sentido estrito.

[396] A condição suspensiva, particularmente, é citada como exemplo emblemático da ineficácia negocial (ou do estudo do plano da eficácia) pelos mais diversos autores, dentre os quais: AZEVEDO, Antonio Junqueira de. *Negócio jurídico*, cit., p. 55; PEREIRA, Caio Mário da Silva. *Instituições de direito civil*. Volume I, cit., p. 529; MELLO, Marcos Bernardes de. *Teoria do fato jurídico:* plano da eficácia, cit., p. 13. Contra essa concepção, o próprio PONTES DE MIRANDA esclarece: "A ineficacidade supõe que, a despeito da vontade que se manifestou e do conteúdo da manifestação, certo efeito ou efeitos não se deem. Ora, se houve condição, ou termo, há acontecimento do que se quis, ou do conteúdo do ato jurídico; de modo que não há ainda eficácia, porém não deixou de haver a eficácia do ato jurídico: tem ele a eficácia que havia de ter, menos a que depende do fato ou do tempo" (*Tratado de direito privado*. Tomo V. São Paulo: Revista dos Tribunais, 2014, p. 70).

[397] AZEVEDO, Antonio Junqueira de. *Negócio jurídico*, cit., p. 63.

1.3.2.1. O tradicional plano da eficácia e as modalidades do negócio jurídico

Um breve comentário sobre os mais célebres casos de ineficácia originária do negócio jurídico pode se mostrar útil para fins de se investigar se há interesse no relevo conferido a tais hipóteses sempre que se cogita do chamado plano da eficácia. Trata-se das chamadas modalidades do negócio jurídico, designação conferida pelo Código Civil à condição, ao termo e ao encargo. Tais figuras não passam, a rigor, de elementos acidentais do ato, no âmbito da vetusta classificação que alude aos termos *essentialia*, *naturalia* e *accidentalia negotii*.[398] Isso significa que tais cláusulas podem ser acrescentadas ao conteúdo negocial pela vontade das partes, mas não integram o tipo legal ao qual o ato pode ser reconduzido.[399]

A despeito da popularidade desses elementos acessórios na regulação da eficácia negocial, a teoria dos *essentialia* em nada se assemelha à escala ponteana. Trata-se de sistema engendrado pela escolástica medieval a partir de raízes romanas; associa-se, por isso mesmo, à lógica de tipicidade dos pactos.[400] No direito atual, em que predomina a atipicidade contratual, a teoria parece resistir, em grande parte, por força da tradição[401] e, em certa

---

[398] Segundo Vicente RÁO, esse "antigo sistema de classificação dos componentes dos atos jurídicos parte da noção filosófica de elementos, ou seja, das partes que, em seu todo, formam ou constituem as coisas materiais, aplicando esta noção, analogicamente, às coisas imateriais. E os elementos distingue em essenciais (genéricos e específicos), naturais e acidentais. [...] Essenciais dos atos jurídicos são, pois, os elementos que os compõem, qualificam e distinguem dos demais atos [...]" (*Ato jurídico*. São Paulo: Saraiva, 1981, p. 97). No ponto, leciona Salvatore PUGLIATTI que o conteúdo negocial pode estar discriminado com relação ao esquema típico do ato, cuja incompletude implica sua irrelevância jurídica (*elementos centrais* ou simplesmente *elementos*), ou apenas no que tange ao surgimento dos efeitos jurídicos que o direito confere ao ato (*elementos periféricos* ou *co-elementos*) (*I fatti giuridici*. Milano: Giuffrè, 1996, pp. 65-66).
[399] Para RUGGIERO, acidentais são os elementos "introduzidos pela vontade das partes (visto o negócio ser suscetível disso) e que tendem a modificar o tipo abstrato na espécie abstrata a que se dá vida. São em número infinito, mas há três que têm principalmente importância e merecem um estudo especial [...]: a condição, o termo e o modo" (*Instituições de direito civil*. Vol. I. Campinas: Bookseller, 2005, p. 321).
[400] Particularmente os elementos acidentais, que, segundo a doutrina especializada, já existiam no direito romano. Cf. CHAMOUN, Ebert. *Instituições de direito romano*. Rio de Janeiro: Forense, 1968, pp. 91 e ss.
[401] Ainda que recebam outras designações. Assim, por exemplo, para Antonio Junqueira de AZEVEDO, há elementos gerais, elementos categoriais inderrogáveis, elementos categoriais derrogáveis e elementos particulares (*Negócio jurídico*, cit., p. 43). Definição semelhante adota

medida, pelo suporte didático que oferece ao estudo dos contratos típicos.[402] Com efeito, os chamados elementos essenciais e acessórios relacionam-se muito mais com a tipicidade do ato do que com seus pressupostos de existência ou fatores de eficácia,[403] ao passo que os elementos naturais não mantêm relação direta com qualquer dos três planos.[404] De mais a mais, a artificial distinção entre existência e validade era desconhecida do pragmático pensamento romano.[405]

Francisco Paulo de Crescenzo MARINO, embora considere que os elementos naturais podem decorrer tanto de normas cogentes quanto de normas derrogáveis (*Interpretação do negócio jurídico*, cit., p. 39).

[402] Conforme reconhece Emilio BETTI, "o critério da distinção entre *essentialia* e *naturalia negotii*, e a sua antítese com os *accidentalia negotii*, refere-se somente ao tipo do negócio jurídico" (*Teoria do negócio jurídico*, cit., p. 267). A vinculação entre a tripartição dos elementos negociais e a identificação do tipo negocial é reconhecida expressamente, dentre outros, por FLUME, Werner. *El negocio juridico*. Madrid: Fundación Cultural del Notariado, 1998, p. 112. Para o autor, contudo, os *essentialia* e *accidentalia negotii* encontram-se em um plano diferenciado em relação aos *naturalia negotii*, pois estes constituiriam regulamento legal do negócio, ao passo que os primeiros representariam o conteúdo convencional do ato.

[403] Tal distanciamento se mostra ainda mais marcante em relação aos chamados elementos essenciais *específicos* do negócio, os quais, normalmente, se resumem ao objeto de determinado contrato típico. Sobre esses elementos específicos, cf. RÁO, Vicente. *Ato jurídico*, cit., p. 98.

[404] Afirma-se, por exemplo, que os *naturalia negotii* "representam os efeitos não queridos ou superfluamente queridos pelas partes e, portanto, dizem respeito ao plano da eficácia" (MARINO, Francisco Paulo de Crescenzo. *Interpretação do negócio jurídico*. São Paulo: Saraiva, 2011, p. 36). No mesmo sentido, Antonio Junqueira de AZEVEDO afirma que os elementos naturais permanecem implícitos no negócio, sem que as partes normalmente tenham sequer consciência deles (*Negócio jurídico*, cit., p. 43).

[405] Nesse sentido, pondera Caio Mário da Silva PEREIRA: "Inútil será, por outro lado, tentar a filiação dogmática da doutrina à teoria romana das nulidades, pois que em verdade o direito romano não a conheceu" (*Instituições de direito civil*. Volume I, cit., p. 542). De fato, segundo WETTER, o direito romano não aludia nem aos atos inexistentes, nem aos atos anuláveis, referindo-se a ambos como "ato inútil" (*inutilus*) (*Pandectes*. Tome 1er. Paris: LGDJ, 1909, p. 267). Há autores, como Emilio BETTI, que associam os elementos essenciais, não à existência, mas à validade do negócio: "é nulo o negócio que, por falta de algum elemento essencial correspondente à configuração exigida, seja inidôneo para dar vida àquela nova situação jurídica que o direito liga ao respectivo tipo legal, em conformidade com a função econômico-social que o caracteriza" (*Teoria geral do negócio jurídico*, cit., pp. 663-664). No caso deste último autor, porém, é provável que a associação se dê pelo fato de o mesmo equiparar os elementos essenciais à causa contratual (Ibid., p. 268), cuja ilicitude, no direito italiano, é hipótese de nulidade.

Ademais, a escolha dos elementos acessórios como símbolo quase absoluto do chamado plano da eficácia revela-se, ao menos, reducionista,[406] em se considerando que tais elementos: i) não estão presentes em todos os negócios; ii) determinam apenas *como* ou *quando* os efeitos serão produzidos (mas não *quais* efeitos o serão); e iii) não regulam necessariamente todos os efeitos negociais, podendo dirigir-se a apenas alguns deles. Excepciona-se dessa análise apenas o *encargo*, que, como já se teve oportunidade de comentar,[407] parece criar, sobretudo nos contratos de doação, verdadeiro dever juridicamente exigível, sendo, nesse sentido, responsável propriamente por um efeito (situação jurídica) decorrente do ato.

A condição e o termo, a seu turno, a despeito de tais considerações, acabam recebendo grande destaque por parte da doutrina, seja por representarem os instrumentos mais usuais para o controle da eficácia negocial no tempo, seja pelo papel que podem desempenhar para a promoção do interesse concreto das partes.[408] De fato, sem a aposição dessas cláusulas, nas hipóteses em que as situações jurídicas produzidas não estivessem delimitadas no tempo por sua própria natureza ou pela lei,[409] todo negócio tenderia a gerar efeitos, em princípio, a partir do momento de seu

---

[406] Já nos debates sobre o Anteprojeto do atual Código Civil discutiu-se o problema. Nesse sentido, criticava Clóvis do COUTO E SILVA: "parece ser de toda conveniência que o sistema da parte geral atenda à divisão – existência, validade e eficácia, tal como é hoje sustentada por Pontes de Miranda [...] e Miguel Reale [...]. Assim, toda a teoria das nulidades e anulabilidades deveria estar organizada num capítulo que teria forçosamente a denominação 'Da validade dos negócios jurídicos'. Por fim, seria por igual necessário abrir-se um capítulo para a condição, termo e encargo, o qual teria a denominação 'Da eficácia dos negócios jurídicos'". A esse entendimento contrapôs-se MOREIRA ALVES, redator da Parte Geral do Anteprojeto, por entender que as modalidades do negócio jurídico se encontravam bem situadas antes das invalidades negociais, já que consistiam em autolimitações voluntárias da eficácia negocial (portanto, inseparáveis do próprio conteúdo da manifestação de vontade), não dizendo respeito à patologia negocial (ALVES, José Carlos Moreira. *A Parte Geral do Projeto de Código Civil brasileiro*. São Paulo: Saraiva, 1986, pp. 42-44).

[407] Cf. item 1.3.1.3, *supra*.

[408] Nesse sentido, "critica-se a denominação elementos 'acidentais', tendo em vista não se tratar de elementos de importância secundária, mas sim de elementos que podem perfeitamente assumir relevância crucial para o negócio jurídico *in concreto*" (MARINO, Francisco Paulo de Crescenzo. *Interpretação do negócio jurídico*. São Paulo: Saraiva, 2011, p. 37). Assim também AZEVEDO, Antonio Junqueira de. *Negócio jurídico*, cit., p. 38.

[409] Ilustrativamente, a eficácia do testamento apenas se produz com a abertura da sucessão do testador, nos termos do art. 1.784 do Código Civil.

aperfeiçoamento,[410] e tais efeitos perdurariam por tempo indeterminado. Por meio de condição e termo, no entanto, é possível subordinar o início ou o final da produção de efeitos negociais a certo marco temporal, consubstanciado em evento cuja ocorrência seja incerta (ainda que se possa saber até que momento tal evento deva ocorrer) ou a evento cuja verificação se considere certa (ainda que não se possa saber quando ele irá acontecer), respectivamente.[411]

Vale frisar, no entanto, que mesmo esse controle temporal da produção de efeitos não abrange necessariamente a integralidade das situações jurídicas subjetivas a serem criadas, modificadas ou extintas pelo ato. Normalmente, condição e termo dizem respeito aos efeitos principais do negócio entabulado (e, por vezes, a apenas um ou alguns deles), o que não obsta a produção imediata de efeitos secundários pelo mesmo[412] – e, de todo modo, não pode afastar o surgimento *incontinenti* de situações jurídicas de fonte legal, tais como os deveres decorrentes da boa-fé objetiva, eventuais obrigações tributárias ou de outra natureza cujo fato gerador corresponda à própria celebração do negócio e assim por diante. É apenas, portanto, em relação a determinadas situações jurídicas subjetivas oriundas do ato negocial que afirma o legislador obstar a condição suspensiva a aquisição do direito (art. 125 do Código Civil),[413] diversamente do que ocorre com

---

[410] Dispõe, neste ponto, o Código Civil em seu art. 134 que "os negócios jurídicos entre vivos, sem prazo, são exequíveis desde logo, salvo se a execução tiver de ser feita em lugar diverso ou depender de tempo".

[411] As definições de termo e encargo encontram-se bastante difundidas em quase todas as obras que tratam do tema. A respeito da condição, afirma Francesco MESSINEO: "Chama-se condição um acontecimento (evento, fato) futuro e incerto; um acontecimento, isto é, que não se verificou ainda e que se ignora se algum dia se verificará; ao verificar-se, ou seja, ao ocorrer desse evento, as partes subordinam a eficácia do negócio (condição suspensiva) ou, respectivamente, a cessação da eficácia" (*Manuale di diritto civile e commerciale*. Volume I, cit., p. 583. Tradução livre). Sobre o termo, cite-se, por todos, Salvatore PUGLIATTI: "pode-se acompanhar ao termo uma situação de incerteza, mas esta concerne unicamente o *quando*, não já o *se*, dos efeitos negociais" (*I fatti giuridici*, cit., p. 127. Tradução livre).

[412] Cf. PERLINGIERI, Pietro. *Manuale di diritto civile*, cit., p. 615: "Durante o período de pendência da condição, que vai da conclusão do contrato até quando o evento, apesar de não se verificar, ainda pode se verificar, o contrato, mesmo se condicionado, não é privado de efeitos" (Tradução livre).

[413] *Verbis*: "Art. 125. Subordinando-se a eficácia do negócio jurídico à condição suspensiva, enquanto esta se não verificar, não se terá adquirido o direito, a que ele visa".

o termo inicial, que suspende tão somente o exercício da situação jurídica sobre a qual incide (art. 131 do Código Civil).[414]

Particularmente com relação ao termo inicial, seria de se indagar se corresponde à realidade a afirmativa anterior, segundo a qual a estipulação de *dies a quo* se destina a controlar a produção de efeitos pelo ato, assim como a condição suspensiva. De fato, se o termo suspende tão somente o exercício da situação jurídica decorrente do ato (mas não a sua aquisição), é possível afirmar, em certa perspectiva, que o negócio jurídico produziu de imediato seus efeitos. A distinção, porém, parece ser, tal como se afirmou a respeito da diferença entre atos negociais e não negociais, mais quantitativa do que qualitativa. A rigor, o termo controla a produção de efeitos pelo negócio simplesmente *em grau mais atenuado* do que a condição, o que não significa que se trate de figuras funcionalmente distintas.[415]

Não se afasta, por evidente, a relevância da distinção, vez que condição e termo operam, do ponto de vista estrutural, de formas diversas e recebem disciplina legal específica. Parece razoável, porém, considerar que as partes buscam, em linha de princípio, a mesma espécie de regulação de interesses ao pactuarem condição suspensiva ou termo inicial, devendo-se a suspensão da aquisição do direito pela primeira dessas figuras precipuamente ao fato de estar ela baseada em evento de ocorrência incerta, o que não permite, de antemão, reputar adquirida, modificada ou extinta a situação jurídica subjetiva.[416] Não é necessário pontuar, por outro lado,

---

[414] *Verbis:* "Art. 131. O termo inicial suspende o exercício, mas não a aquisição do direito".
[415] Nesse sentido, afirma Pietro PERLINGIERI: "A produção dos efeitos contratuais pode ser subordinada à verificação de um determinado fato estabelecendo que os efeitos ou decorram de uma certa data ou perdurem por um determinado período. A esse fim são usados a condição e o termo. Ambos, especificando os interesses das partes, incidem sobre efeitos do contrato sem concorrer, todavia, para a formação de sua estrutura. [...] Assim como a condição, o termo é um útil instrumento para consentir ao interessado de circunscrever a eficácia temporal do negócio e pode ser aposto aos atos dos quais os privados tenham a disponibilidade dos efeitos" (*Manuale di diritto civile*, cit., pp. 614 e 619. Tradução livre). O autor ainda ressalta que alguns autores rejeitam a possibilidade de aposição de termo a negócios translatícios de propriedade, de modo a se evitar a criação imediata de uma propriedade, privada de seu exercício; tal problema, cabível em sistemas como o italiano e o francês, não se aplica ao caso brasileiro, em que não se admite a transmissão da propriedade *solo consensu*.
[416] Esta a lição de Francesco MESSINEO: "Se bem que a condição suspensiva e o termo inicial produzam, antes de sua verificação, o comum efeito de impedir que o negócio (ou uma única cláusula deste) seja eficaz; e se bem que condição resolutiva e termo final determinem o cessar

que a aquisição imediata do direito permitida pelo termo inicial, quando desacompanhada da possibilidade de exercício, proporciona, via de regra, para a parte interessada um interesse quase tão debilitado quanto a (em princípio, mais radical) não aquisição do direito ensejada pela condição suspensiva.

Tão próximas se revelam as figuras da condição suspensiva e do termo inicial do ponto de vista funcional que o ordenamento parece ter se preocupado em criar uma série de compensações ao fato da não produção imediata de efeitos pelo negócio condicional. A primeira delas corresponde à já aludida[417] figura da expectativa de direito, espécie de situação jurídica subjetiva intermediária que, a rigor, poderia ser considerada a expressão de uma eficácia negocial secundária, irradiadora de situações jurídicas autônomas de caráter instrumental, como a prerrogativa de se realizarem atos conservatórios do direito sob condição (art. 130 do Código Civil).[418] A segunda, e provavelmente, mais tormentosa dessas compensações corresponde à discussão sobre a retroatividade da condição suspensiva uma vez implementado o evento futuro e incerto. No ponto, afirma o Código Civil em seu art. 126 que, pendente a condição suspensiva, se forem realizadas novas disposições sobre a coisa objeto do negócio condicional, tais disposições "não terão valor", uma vez implementada a condição, se forem incompatíveis com a eficácia prevista para o ato original.[419]

A segunda questão, referente à retroatividade, suscita longo debate doutrinário, cujos matizes não podem ser integralmente expostos nesta sede. No entanto, parece significativo que o codificador tenha optado pelo desfazimento dos atos incompatíveis com a produção de efeitos do negócio condicional, a despeito de dispor que a condição suspensiva não

---

da eficácia do negócio – eles se diferenciam, com base ao significado da incerteza do acontecimento, que é ínsita à condição, e da certeza do acontecimento, que é própria do termo, enquanto deixado ao infalível decurso do tempo (*certus an, incertus quando*). Portanto, propriamente, a condição (suspensiva) suspende a eficácia; o termo (inicial) a difere" (*Manuale di diritto civile e commerciale*, cit., p. 595. Tradução livre).

[417] V. item 1.3.1.3, *supra*.

[418] *Verbis:* "Art. 130. Ao titular do direito eventual, nos casos de condição suspensiva ou resolutiva, é permitido praticar os atos destinados a conservá-lo".

[419] *Verbis:* "Art. 126. Se alguém dispuser de uma coisa sob condição suspensiva, e, pendente esta, fizer quanto àquela novas disposições, estas não terão valor, realizada a condição, se com ela forem incompatíveis".

permite a aquisição do direito antes de seu implemento.[420] Tal previsão (expressamente destinada a negócios que tenham por objeto a aquisição, modificação ou extinção de direito sobre determinada coisa) poderia facilmente ter recebido tratamento diverso, já que a titularidade sobre o bem não é alterada antes da verificação do evento futuro. Por exemplo, poderia ter o legislador considerado mero inadimplemento contratual a realização de disposições sobre a coisa incompatíveis com o negócio condicional, o que conduziria tão somente à satisfação por perdas e danos ao prejudicado diante da impossibilidade superveniente culposa causada pela outra parte – preservando-se, assim, eventual interesse de terceiro de boa-fé que tenha contratado com esta última.[421]

O fato de ter o legislador adotado solução tão drástica quanto o desfazimento dos atos incompatíveis previamente realizados, reconhecendo,

---

[420] Esta, porém, também é a solução adotada por outros ordenamentos. A respeito, anota CARIOTA FERRARA que, no sistema italiano, a condição tem efeitos retroativos, salvo para atos de administração (tanto por parte do alienante quanto por parte do adquirente, tais como despesas de manutenção, contratos de locação celebrados etc.) e percepção de frutos (*Il negozio giuridico nel diritto privato italiano*, cit., p. 679). A diferença, como anota Eduardo ESPÍNOLA, está no fato de o direito brasileiro não afirmar expressamente o princípio da retroatividade da condição até o momento da celebração do ato; nos ordenamentos que o fazem, como o francês e o italiano, tal preceito seria despiciendo. O legislador brasileiro teria seguido o sistema alemão, que, embora afastando, em regra, a retroatividade, atribui à condição efeitos reais apenas até onde possa ser prejudicado o direito do adquirente ou do alienante condicional (*Manual do Código Civil brasileiro*. Volume III, Parte II, cit., pp. 505-507).

[421] No direito italiano, em que a condição suspensiva produz o mesmo efeito retroativo, podendo causar danos ou prejudicar o interesse de terceiros, afirma-se que se trata de uma *retroattività reale* (retroatividade real), na medida em que atinge os atos que ultrapassem os de mera gestão (FERRARA, L. Cariota. *Il negozio giuridico nel diritto privato italiano*, cit., p. 679). Na doutrina brasileira, costuma-se aludir a uma série de mitigações a essa retroatividade prejudicial a terceiros, sempre com base no princípio da boa-fé: assim, não seriam desfeitos atos de disposição sobre bens fungíveis (ante a possibilidade de substituí-los), nem sobre bens móveis infungíveis se o terceiro estivesse comprovadamente de boa-fé, nem, finalmente, sobre bens imóveis, se a cláusula condicional não tiver sido levada a registro (BEVILAQUA, Clóvis. *Código Civil dos Estados Unidos do Brasil*. Volume I. Rio de Janeiro: Editora Rio, 1976, p. 378; RÁO, Vicente. *Ato jurídico*, cit., p. 356; AMARAL, Francisco. *Da irretroatividade da condição suspensiva no direito civil brasileiro*. Rio de Janeiro: Forense, 1984, p. 286). Já Eduardo ESPÍNOLA, diversamente, sustenta que mesmo no caso de negócios de alienação de imóveis em que a condição suspensiva não tenha sido levada a registro, impõe-se a manutenção do ato incompatível, devendo, porém, o alienante ressarcir o terceiro por perdas e danos (*Manual do Código Civil brasileiro*. Volume III, Parte II, cit., p. 509).

assim, a retroatividade do implemento da condição suspensiva ao menos quanto aos negócios incidentes sobre determinada coisa – retroatividade que sequer é admitida por parte da doutrina[422] – parece corroborar a hipótese levantada de que a não produção imediata do efeito pretendido pelo ato condicional decorre precipuamente da incerteza quanto ao implemento da condição. De resto, como se percebe, a lógica é de proteção das situações jurídicas a serem criadas pelo ato como se elas já houvessem sido adquiridas. Assim, apenas a incerteza quanto ao implemento do evento futuro justifica que a condição suspensiva funcione a partir de técnica jurídica bastante distinta em relação ao termo inicial, muito embora ambos apresentem, em linhas gerais, o mesmo perfil funcional, voltado a controlar, no tempo, a produção de certos efeitos negociais, sem, contudo, deixar de resguardar a parte que pode ver seus interesses debilitados enquanto aguarda a verificação do evento.

Discussão semelhante, ainda que menos intensa, pode ser travada a respeito da condição resolutiva e do termo final, tendo em vista que, embora o caráter retrooperante da primeira decorra de sua própria natureza, também buscou o legislador controlar o desfazimento dos efeitos negociais quando de seu implemento. De fato, esclarece o Código Civil no art. 128 que, ao menos nos negócios de execução continuada ou periódica, o implemento da condição resolutiva não desfaz os efeitos já produzidos, salvo disposição em contrário e desde que compatíveis tais efeitos com a condição pendente e com os ditames da boa-fé.[423] Assim, ao menos nessas hipóteses, a dinâmica prevista para a condição resolutiva transforma-a em uma espécie de termo *ad quem* incerto, tendo o legislador optado por afastar a álea de que o efeito retroativo da condição resolutiva viesse a comprometer o equilíbrio das

---

[422] Assim, por exemplo, em estudo monográfico sobre o tema, ainda sob a égide do CC1916 (tomando por base o então vigente art. 122, de redação idêntica ao atual 126), afirma Francisco AMARAL que o sistema brasileiro não adotou a retroatividade da condição, seguindo, portanto, o modelo alemão, muito embora, segundo o autor, tenha-se protegido, a exemplo do sistema francês, a expectativa de direito criada pela pendência da condição de atos que fossem com ela incompatíveis (*Da irretroatividade da condição suspensiva no direito civil brasileiro*. Rio de Janeiro: Forense, 1984, p. 287).

[423] *Verbis:* "Art. 128. Sobrevindo a condição resolutiva, extingue-se, para todos os efeitos, o direito a que ela se opõe; mas, se aposta a um negócio de execução continuada ou periódica, a sua realização, salvo disposição em contrário, não tem eficácia quanto aos atos já praticados, desde que compatíveis com a natureza da condição pendente e conforme aos ditames de boa-fé".

prestações já realizadas por elas. De outra parte, a previsão de que os efeitos incompatíveis com a resolução se desfazem quando do implemento desta, embora pouco clara a princípio, costuma ser interpretada pela doutrina no sentido da irretroatividade, ou seja, de se desconstituírem apenas efeitos que tenderiam a permanecer para depois da verificação da condição, sempre que possível em caráter *ex nunc*.[424] Tem-se, mais uma vez, uma aproximação com o termo final nestes casos.

Como se percebe, condição e termo promovem a delimitação temporal da aquisição, modificação ou extinção de situações jurídicas subjetivas pelo negócio jurídico, mas não determinam de quais situações se trata, nem qual é o seu conteúdo. Por esse motivo, consideram-se elementos acessórios no que tange à produção de efeitos pelo ato negocial. Note-se que, como já mencionado, essa acessoriedade não significa necessariamente uma menor importância de tais elementos no negócio; ao contrário, podem os mesmos constituir aspecto crucial da síntese de interesses negociais – fala-se, por exemplo, em *termo essencial* nos casos em que já se sabe de antemão que determinada prestação não mais corresponderá ao interesse útil do credor após determinado marco temporal.[425] A escolha, porém, das modalidades

---

[424] Entende-se, assim, que o implemento da condição opera *ex nunc*, "conservando-se os efeitos já produzidos anteriormente pelo negócio, como ocorre, por exemplo, em uma locação de imóvel cuja propriedade é resolúvel. Implementada a condição, transfere-se a propriedade do bem sem que se cogite da devolução dos aluguéis percebidos pelo proprietário resolúvel no curso da locação. Trata-se de regra dispositiva, vez que o legislador admite convenção diversa entre as partes [...] O preceito determina, entretanto, *a contrario sensu*, a extinção dos efeitos já produzidos que, por sua natureza, forem incompatíveis com o implemento da condição, bem como aqueles cuja conservação contrarie a cláusula geral da boa-fé objetiva [...]. Seria o caso, no exemplo acima cogitado do contrato de locação, de uma cláusula de oponibilidade a terceiros aposta pelo proprietário resolúvel; ou dos atos do proprietário resolúvel praticado ante a confiança, por ele depositado no novo adquirente, quanto à sua resolubilidade" (TEPEDINO, Gustavo; BARBOZA, Heloisa Helena; e MORAES, Maria Celina Bodin de. *Código Civil interpretado conforme a Constituição da República*. Volume I, cit., p. 261). Ressalta, ainda, Carvalho SANTOS que nem todos os efeitos desaparecem, como no caso do imposto de transmissão da propriedade, que, sendo devido, desde que se realize o contrato, não pode ser devolvido (*Código Civil brasileiro interpretado*. Volume III. Rio de Janeiro: Freitas Bastos, 1986, p. 67).

[425] Segundo Pietro PERLINGIERI, "um termo é essencial se a prestação não tem mais utilidade para o credor após a sua fluência (pense-se no alfaiate que deve entregar o vestido da noiva para o dia do casamento). A essencialidade pode resultar da natureza da prestação, das circunstâncias objetivas do contrato (a assim chamada essencialidade objetiva) ou da vontade

do negócio jurídico como o símbolo do plano da eficácia parece, ao menos, reducionista, quando se considera que as mesmas determinam *como* os efeitos são produzidos, mas não *quais* efeitos são produzidos.[426]

1.3.2.2. Crítica à noção tradicional e proposta conceitual de eficácia em sentido estrito

Por evidente, a crítica formulada acima é conhecida pela doutrina, que não restringe formalmente o estudo do plano da eficácia negocial à simples verificação da existência de termo ou encargo no regulamento de interesses das partes.[427] A rigor, segundo a doutrina majoritária, o plano da eficácia trata de todos os fatores *externos* ao contrato (ditos *fatores de eficácia*) que poderiam comprometer a sua produção de efeitos (desde o evento futuro em que consistem condição e termo até causas as mais diversas de resolução superveniente).[428] Como, porém, as noções de existência e validade remetem

---

dos contraentes (a assim chamada essencialidade subjetiva)" (*Manuale di diritto civile*, cit., pp. 638-639. Tradução livre).

[426] Já nos debates doutrinários formulados sobre o Anteprojeto do atual Código Civil discutiu-se a referida redução do chamado plano da eficácia às modalidades do negócio jurídico. Nesse sentido, criticava Clóvis do COUTO E SILVA: "parece ser de toda conveniência que o sistema da parte geral atenda à divisão – existência, validade e eficácia, tal como é hoje sustentada por Pontes de Miranda [...] e Miguel Reale [...]. Essa posição acarreta uma nova forma de sistematizar o Anteprojeto, quanto à Parte Geral. Assim toda a teoria das nulidades e anulabilidades deveria estar organizada num capítulo que teria forçosamente a denominação 'Da validade dos negócios jurídicos'. Por fim, seria por igual necessário abrir-se um capítulo para a condição, termo e encargo, o qual teria a denominação 'Da eficácia dos negócios jurídicos'". A esse entendimento contrapôs-se MOREIRA ALVES, redator da Parte Geral do Anteprojeto, por entender que as modalidades do negócio jurídico se encontravam bem situadas antes das invalidades negociais por consistirem em autolimitações voluntárias da eficácia negocial (portanto, inseparáveis do próprio conteúdo da manifestação de vontade), não dizendo respeito à patologia negocial (ALVES, José Carlos Moreira. *A Parte Geral do Projeto de Código Civil brasileiro*. São Paulo: Saraiva, 1986, pp. 42-44).

[427] Outros exemplos são aludidos por Antonio Junqueira de AZEVEDO: "O ato ineficaz em sentido restrito é um ato válido, mas que, por falta de um fator de eficácia, não produz, desde o princípio, efeitos; por exemplo, o ato sob condição suspensiva, quando não ocorre o evento a que a condição se referia, ou o ato do mandatário sem poderes que prometeu a ratificação do mandante e não a obteve, ou a cessão de crédito não notificada ao devedor" (*Negócio jurídico*, cit., p. 65).

[428] Cite-se, ainda uma vez, Antonio Junqueira de AZEVEDO: "muitos negócios, para a produção de seus efeitos, necessitam dos fatores de eficácia, entendida a palavra *fatores* como algo

a análises realizadas sobre o negócio em si considerado no momento de sua celebração, o enfoque doutrinário sobre o plano da eficácia, normalmente feito em conjunto com os outros dois, acaba recaindo sobre fatores de eficácia que já existem no ato desde sua gênese – justamente, a condição e o termo.[429]

Afirma-se com frequência, além disso, que os planos de análise da escala ponteana como um todo, e o plano da eficácia em particular, destinam-se tão somente ao estudo dos efeitos *desejados* pelas partes, e não ao estudo global da eficácia de determinado negócio.[430] Contudo, o termo *eficácia*, ao menos em sua semântica usual, não importa, *per se*, a distinção entre efeitos desejados ou não pelas partes.[431] A rigor, se fosse possível fazer uma distinção rígida entre essas duas categorias de efeitos (ou, o que parece mais adequado contemporaneamente, entre efeitos *previstos* ou não pelas partes),[432] seria preciso falar, mais propriamente, em *eficácia convencional* e *eficácia legal*.

---

extrínseco ao negócio, algo que dele não participa, que não o integra, mas contribui para a obtenção do resultado visado" (*Negócio jurídico*, cit., p. 55). O autor cita como exemplos, além do implemento da condição suspensiva e do advento do termo inicial, a ratificação do ato do mandatário que age sem poderes pelo mandante, a necessidade de registro e de notificação do devedor acerca da cessão de crédito para que esta valha perante terceiros e perante o próprio cedido; a morte do testador, no testamento; dentre outros (Ibid., p. 57).

[429] A ideia de que a condição e o termo poderiam ser reputados fatores externos ao negócio se deve à sua polissemia, podendo-se utilizá-los tanto para designar a previsão contratual quanto o evento futuro ao qual ela se refere. Em matéria de condição, trata-se da distinção entre *condicio facti* e *condicio iuris* (a respeito, v. FALZEA, Angelo. *La condizione e gli elementi dell'atto giuridico*. Milano: ESI, 1941, pp. 77 e ss.).

[430] Segundo Antonio Junqueira de AZEVEDO, "o terceiro e último plano em que a mente humana deve projetar o negócio jurídico para examiná-lo é o plano da eficácia. Nesse plano, não se trata, naturalmente, de toda e qualquer possível eficácia prática do negócio, mas sim, tão somente, da sua eficácia própria ou típica, isto é, da eficácia referente aos efeitos manifestados como queridos" (*Negócio jurídico*, cit., p. 49).

[431] Destaca SAN TIAGO DANTAS a polissemia do termo *eficácia*: "a matéria da ineficácia do ato jurídico é a matéria da confusão de termos, e a preocupação deve ser evitá-la" (*Programa de direito civil: teoria geral*. Volume I, cit., p. 284).

[432] A noção de desejo ou intento das partes como caracterizadora do negócio jurídico e da declaração de vontade negocial recebe diversas críticas da doutrina, em grande medida relacionadas à controvérsia quanto a ser a vontade individual ou o próprio ordenamento a fonte criadora de efeitos jurídicos. A respeito, cf. SCOGNAMIGLIO, Renato. *Contributo alla teoria del negozio giuridico*, cit., pp. 48-50. Nesse sentido, na doutrina alemã, Karl LARENZ, ao tratar da

Avançando-se um pouco mais na crítica, tampouco se depreende da semântica ordinária do termo *eficácia* que se esteja fazendo referência apenas à maneira como os efeitos são produzidos (por exemplo, com sua aquisição suspensa por condição ou com seu exercício suspenso por termo), e não também ao conteúdo desses efeitos (situações jurídicas subjetivas).[433] Ao contrário, em sentido corrente, entende-se que a eficácia negocial abarca, em princípio, as duas noções (quais efeitos se produzem e como se produzem) – o que se poderia designar como *eficácia em sentido lato*.[434] Caso se pretenda fazer alusão tão somente à *maneira* pela qual se produzem esses efeitos, torna-se preciso aludir a um *sentido estrito de eficácia* dentre outras possíveis acepções do termo. Esse sentido particular se refere, por exemplo, à regulação no tempo das situações jurídicas subjetivas decorrentes do negócio jurídico promovida pela condição e pelo termo.[435]

Ainda assim, no interior deste sentido particular de eficácia, seria possível cogitar, ao menos, de três aspectos principais distintos: i) a eficácia delimitada no tempo; ii) a eficácia total ou parcial do ato negocial analisado;

---

ineficácia negocial, alude a "efeitos aos quais se dirige" o ato, evitando assim critérios subjetivos (*Derecho civil*: Parte General. Madrid: Editorial Revista de Derecho Privado, 1978, p. 624).

[433] A própria doutrina adepta dos planos de análise do negócio jurídico admite que o termo abrange também os próprios efeitos produzidos, ao sustentar, por exemplo, que "a expressão *eficácia jurídica*, de modo genérico, sem especificações, é aqui empregada para designar os efeitos próprios e finais dos fatos jurídicos" (MELLO, Marcos Bernardes de. *Teoria do fato jurídico*: plano da eficácia, cit., p. 45).

[434] Esta não é, contudo, a praxe na doutrina, que costuma aludir à eficácia em sentido lato (ou, mais especificamente, à ineficácia em sentido lato) para designar a ausência de produção de efeitos pelo ato em decorrência de sua invalidade e à eficácia (ou ineficácia) em sentido estrito para se referir à produção ou não de efeitos em decorrência de fatores originários ou supervenientes que não digam respeito à validade do ato. Cf., por todos, PEREIRA, Caio Mário da Silva. *Instituições de direito civil*. Volume III, cit., p. 33.

[435] É bastante disseminada a expressão *ineficácia em sentido estrito*, normalmente destinada a descrever o objeto tradicionalmente atribuído ao plano da eficácia. Na doutrina portuguesa, MENEZES CORDEIRO afirma: "A ineficácia em sentido estrito traduz a situação do negócio jurídico que, não tendo, em si, vícios, não produza, todavia, todos os seus efeitos, por força de fatores extrínsecos. As ineficácias deste tipo só surgem nos casos específicos, previstos pela lei. O negócio jurídico sem vícios produz os seus efeitos: apenas razões muito particulares e expressamente predispostas poderão levar a que assim não seja" (*Tratado de direito civil*. Volume II, cit., p. 931). No mesmo sentido, ASCENSÃO, José de Oliveira. *Direito civil*. Volume II, cit., p. 308. Na doutrina brasileira, usa o termo, dentre outros, AZEVEDO, Antonio Junqueira de. *Negócio jurídico*, cit., p. 65.

e iii) a eficácia relativa às partes do negócio jurídico apreciado ou perante terceiros, conforme crie, modifique ou extinga situações jurídicas apenas para as partes que dele tomaram parte ou também para terceiros.[436] Outras tantas peculiaridades da criação, modificação ou extinção de situações jurídicas subjetivas pelo ato poderiam ser aqui elencadas, conforme a necessidade e o interesse da investigação, mas essas três parecem ser as mais frequentes e servem a exemplificar o que se pode denominar de *eficácia* no sentido estrito ora mencionado.

No que tange à *eficácia do negócio jurídico no tempo*, as considerações já elaboradas a respeito da condição e do termo permitem concluir que os efeitos negociais podem, em linhas gerais, ser produzidos, ao menos, das seguintes formas: *imediatamente* (como em contratos de execução imediata e que não estejam sujeitos a condição ou termo), *retroativamente* (operando para antes do momento da celebração do ato, como a aceitação da herança ou a confirmação do ato anulável,[437] ou, ainda, permanecendo em suspenso de início, mas com valor retrooperante em seguida, como em negócios condicionais, após o implemento da condição) ou *sucessivamente* (apenas a partir de momento futuro, como nos negócios sujeitos a termo).[438] Note-se que, como a extinção de situações jurídicas subjetivas também pode ser considerada um tipo de eficácia do negócio jurídico,[439] o implemento da condição resolutiva também produz, em linha de princípio, uma forma de efeito (retroativo) do negócio que a previu, e o advento do termo final, igualmente, um efeito (sucessivo) do respectivo ato. Em outros termos, a extinção de situações jurídicas não é o antônimo da eficácia; em vez disso, por *ineficácia* deve-se entender apenas a (em princípio, hipotética) completa ausência de repercussão de um ato no mundo jurídico.[440]

---

[436] Adota classificação semelhante NORONHA, Fernando. *Direito das obrigações*, cit., p. 419.

[437] Exemplos aludidos por MESSINEO, Francesco. *Manuale di diritto civile e commerciale*. Volume I, cit., p. 446, e compatíveis com o sistema brasileiro. Sobre a ratificação e sua alegada retroatividade, cf. item 2.2.3, *infra*. Sobre a aceitação de herança e seu valor retroativo, a despeito da adoção do princípio da *saisine* pelo ordenamento pátrio, cf. GOMES, Orlando. *Sucessões*. Rio de Janeiro: Forense, 2008, p. 21.

[438] Cf. MELLO, Marcos Bernardes de. *Teoria do fato jurídico:* plano da eficácia, cit., pp. 63-65.

[439] MESSINEO, Francesco. *Manuale di diritto civile e commerciale*. Volume I, cit., p. 446.

[440] Em sentido diverso, de modo consentâneo com sua construção dos planos de análise, PONTES DE MIRANDA afirmava: "a ineficácia do negócio jurídico não se confunde com indiferença, ou

Ressalte-se, ainda uma vez, que todas essas formas de eficácia no tempo, embora possam abranger, teoricamente, a totalidade dos efeitos negociais, dificilmente o fazem; dito de outro modo, embora a eficácia principal a que tende determinado negócio possa ser suspensa de início e depois ocorrer retroativamente, ou apenas se dê de forma sucessiva, ou, ainda, sequer chegue a se concretizar, dificilmente ocorrerá que um negócio não produza, desde a sua gênese, nenhum efeito na ordem jurídica.[441] A ideia de que determinado ato passe de forma absolutamente inerte pelo sistema jurídico, além de pouco realista, parece não se coadunar com a perspectiva, adotada pela metodologia civil-constitucional, de que todos os atos humanos são dotados de relevância jurídica.[442] A regulação dos efeitos no tempo, portanto, será, em regra, incidente sobre uma eficácia meramente parcial (ainda que diga respeito aos principais efeitos negociais), e não sobre a eficácia total a que se destina o ato – e aqui já se ingressa no segundo aspecto relevante quanto às maneiras de produção de efeitos, atinente à eficácia (em sentido estrito) total ou parcial.

A esse propósito, no que tange à *completude dos efeitos*, um negócio pode ser *parcialmente eficaz* pelas mais diversas ordens de razão: porque certa parcela de seus efeitos estava sujeita a uma condição que não se implementou; porque uma de suas cláusulas era nula, sem, porém, contaminar

---

falta de consequência" (*Tratado de direito privado*. Tomo V, cit., p. 70). Também neste último sentido, no direito italiano, TRABUCCHI, Alberto. *Istituzioni di diritto civile*, cit., p. 158.

[441] Aliás, ao menos no campo do direito contratual, há muito se reconhece, e cada vez com maior ênfase, que mesmo a fase de tratativas, anterior ao momento da celebração do negócio, surte repercussão no mundo jurídico, de modo a se vincularem as partes, com maior ou menor intensidade, à ultimação do negócio. Contudo, eventual direito a perdas e danos pré-contratuais pela ruptura imotivada das negociações parece ser o efeito decorrente, não propriamente do negócio não celebrado, mas do próprio fato da ruptura.

[442] Na perspectiva civil-constitucional, todo ato humano, sem exceção, constitui um fato jurídico, porque resultante de uma liberdade juridicamente tutelada. A doutrina tradicional costuma designar "fato jurídico" aos fatos do mundo material que repercutem em efeitos jurídicos (nesse sentido, v., por todos, AMARAL, Francisco. *Direito civil*: introdução, cit., p. 341); para a metodologia civil-constitucional, em vez disso, todos os fatos humanos são juridicamente relevantes, ainda que não apresentem efeitos jurídicos específicos, porque sua mera realização decorre de uma liberdade garantida pelo Direito (PERLINGIERI, Pietro. *O direito civil na legalidade constitucional*, cit., p. 640), sob pena de sua repressão em caso de desconformidade – o que também constitui, afinal, um tipo de relevância jurídica. Atrai-se, com isso, uma multiplicidade de atos cujos efeitos se submetem à chancela (e consequente proteção) do ordenamento.

o restante do ato; porque a eficácia total pretendida dependia da anuência ou, ao menos, da notificação de alguém, que não se efetivou (pense-se, por exemplo, na cessão de crédito antes da comunicação ao devedor-cedido); por expressa disposição legal (como acontece na doação inoficiosa, quanto à parte que excede a metade do patrimônio do doador)[443] e assim por diante. Sobretudo quanto a esta faceta da eficácia, parece fazer sentido tratar-se apenas da produção de efeitos pactuados pelas partes, e não de quaisquer efeitos que a ordem jurídica possa atribuir excepcionalmente ao ato, uma vez que tão variadas são as possibilidades de efeitos imprevistos pelas partes que nunca se saberia, a rigor, a real extensão da eficácia total se estes também fossem levados em conta.[444] Tem-se, aqui, como já aludido, mais uma possível classificação sobre a eficácia: a distinção entre eficácia *convencional* e *legal*.

Finalmente, quanto ao que se poderia denominar *alcance dos efeitos produzidos*, um negócio jurídico pode produzir efeitos apenas *inter partes* ou, diversamente, criar, modificar ou extinguir situações jurídicas subjetivas também para terceiros que não participaram de sua celebração.[445] Os

---

[443] Nesse sentido, dispõe o Código Civil: "Art. 549. Nula é também a doação quanto à parte que exceder à de que o doador, no momento da liberalidade, poderia dispor em testamento".

[444] A respeito, pondera Jan Peter SCHMIDT: "Do ponto de vista da lógica, essa distinção entre uma ineficácia *lato sensu* e uma ineficácia *stricto sensu* é correta, e na doutrina alemã é tida quase por evidente. Mas é obvio que a categoria da ineficácia *lato sensu* seria tão ampla, que perderia toda serventia. Porque é difícil imaginar um negócio jurídico nulo privado de qualquer efeito. É normal que a sanção da invalidade produza algum reflexo, mediato ou imediato, numa outra área do direito. Mas esses reflexos não nos interessam no momento em que queremos saber se os efeitos queridos pelas partes se realizam ou não" (Vida e obra de Pontes de Miranda em uma perspectiva alemã, cit.).

[445] Segundo leciona Fernando NORONHA, "absoluta é a ineficácia que opera tanto entre as partes interessadas como em confronto com terceiros; relativa, também chamada de inoponibilidade, é aquela que produz efeitos apenas em relação a terceiros, ou a certas categorias de terceiros" (*Direito das obrigações*, cit., p. 420). A noção de oponibilidade encontrou sua diferenciação em relação à de relatividade no direito francês, como relata Philippe Delmas SAINT-HILAIRE: "Todos os esforços da doutrina consistiram então em fazer o terceiro sair de seu 'esplêndido isolamento' ao demonstrar que, a despeito do art. 1.165 do Código Civil [francês], eles eram suscetíveis de serem tocados indiretamente pelos efeitos do contrato em razão notadamente de sua oponibilidade. O estrito enclausuramento dos efeitos do contrato foi assim progressivamente abandonado em benefício de uma outra leitura do art. 1.165. [...] Se o princípio da relatividade das convenções significa que os terceiros não podem se tornar credores ou devedores, contra sua vontade, em razão de um ato do qual eles não foram fartes, por outro lado, a oponibilidade

contratos constituem exemplos tradicionais da primeira forma de eficácia, na medida em que são regidos pelo princípio da relatividade, ainda que excepcionado, no direito civil contemporâneo, em hipóteses específicas.[446] Assim, por exemplo, a estipulação em favor de terceiro, como sugerido pela própria designação, constitui exceção à eficácia relativa, criando uma situação jurídica subjetiva para terceira pessoa mesmo antes da aceitação por parte desta última.[447]

O panorama acima descrito – que, de nenhum modo, ambiciona esgotar as muitas diferenciadas hipóteses de produção de efeitos pelo negócio jurídico[448] – ajuda a demonstrar simplesmente que, mesmo compreendida a eficácia em sentido estrito como a maneira (imediata, retroativa ou sucessiva; total ou parcial; relativa ou perante terceiros etc.) pela qual o negócio jurídico cria, modifica ou extingue situações jurídicas, não parece

os obriga a respeitar a situação jurídica engendrada pelo contrato, mesmo se eles não estão vinculados por ela" (*Le tiers à l'acte juridique*. Paris: LGDJ, 2000, p. 5. Tradução livre).

[446] Conforme anotam Carlos Edison do Rêgo MONTEIRO FILHO e Luiza BIANCHINI, a relatividade contratual tem sido flexibilizada, inclusive para fins de se permitir a responsabilização de terceiro que contribua para o inadimplemento do pacto, por incidência do princípio da boa-fé objetiva: "O princípio da relatividade significa que o contrato apenas pode criar deveres para os contratantes, não podendo onerar a esfera jurídica de terceiros que, com isso, não tenham consentido. Não se confunde, entretanto, com a oponibilidade, segundo a qual o contrato, como fato social, é oponível a todos os membros da coletividade, que devem abster-se de lesar a situação jurídica criada por ele. [...] A boa-fé objetiva impõe – não somente aos contratantes – mas aos demais membros da coletividade o dever de atuar de forma leal, honesta e transparente nas relações sociais. Os terceiros também estão adstritos a essa obrigação e, ao celebrarem com o devedor contrato incompatível com um previamente existente, podem estar a violar a boa-fé objetiva, de modo a ensejar a sua responsabilidade civil pelos danos provocados" (Breves considerações sobre a responsabilidade civil do terceiro que viola o contrato (tutela externa do crédito. In: TEPEDINO, Gustavo; FACHIN, Luiz Edson (Org.) *Diálogos sobre direito civil*. Volume III. Rio de Janeiro: Renovar, 2012, pp. 469-470).

[447] PEREIRA, Caio Mário da Silva. *Instituições de direito civil*. Volume III. Rio de Janeiro: GEN, 2014, p. 96.

[448] Ilustrativamente, MENEZES CORDEIRO alude, ainda, à fundamental classificação da eficácia como constitutiva, transmissiva, modificativa ou extintiva de situações jurídicas (*Tratado de direito civil*. Volume II, cit., p. 78). Na doutrina brasileira, Marcos Bernardes de MELLO amplia drasticamente o rol de formas de eficácia, acrescentando-lhe classificações como eficácia definitiva, resolúvel ou intermística (quanto à definitividade dos efeitos), eficácia plena e limitada (quanto ao exercício), eficácia *ex nunc*, *ex tunc* e mista (quanto à atuação dos efeitos), eficácia instantânea, sucessiva e protraída (quanto ao surgimento dos efeitos) e assim por diante (*Teoria do fato jurídico*: plano da eficácia, cit., p. 52).

razoável restringi-la a figuras que, conquanto possam ser relevantes para o concreto regulamento de interesses, não respondem por mais do que um ou alguns dos aspectos supramencionados. Ademais, as considerações até agora desenvolvidas permitem, em retorno ao tema central do presente estudo, traçar uma importante correlação entre os chamados planos da validade e da eficácia.

Como se percebe das modalidades de eficácia em sentido estrito acima exemplificadas, todas elas correspondem a problemas que se resolvem de maneiras distintas em matéria de nulidade e anulabilidade do negócio jurídico (e, ainda, de inexistência, na perspectiva que será apresentada no próximo capítulo).[449] O regime jurídico das invalidades ainda será objeto de análise pormenorizada.[450] Por ora, porém, vale mencionar que as distinções fundamentais sobre as consequências práticas da nulidade e da anulabilidade perpassam justamente as aludidas espécies de eficácia. O reconhecimento da nulidade ou a anulação do negócio viciado serão totais ou apenas parciais? Quem poderá impugnar o ato: apenas as partes ou também terceiros? Podem os efeitos do negócio inválido ser mantidos para alguma das partes ou para terceiros, a despeito da invalidade? E de que forma o desfazimento desses efeitos será delimitado no tempo? Será retroativo? Em caso afirmativo, até que momento retroagirá?

São questões como essas que o sistema legal das invalidades busca solucionar. No início do presente estudo intentou-se demonstrar que a invalidade do negócio jurídico mantinha relação com o controle valorativo dos efeitos produzidos pelo ato (e, nesse sentido, com a eficácia negocial em sentido lato). A invalidade negocial, porém, também é um problema de eficácia no sentido estrito que ora se lhe atribui, na medida em que a constatação de que os efeitos a que tende o ato não são compatíveis com a ordem jurídica implica o problema de se decidir em que medida se deve impedir sua produção ou, caso já tenham sido produzidos, de como desconstituí--los.[451] Nessa perspectiva, poder-se-ia imaginar que, a rigor, as invalidades

---

[449] Cf. item 2.1, *infra*.
[450] Cf. item 2.2, *infra*.
[451] Não por acaso, no direito alemão, em que o BGB faz alusão tanto ao adjetivo "nulo" (*nichtig*) quanto ao adjetivo "ineficaz" (*unwirksam*), a doutrina evoluiria para considerá-los sinônimos. Conforme leciona Jan Peter SCHMIDT em estudo comparativista, "rapidamente se tornaria majoritária a posição que sustentava a indefinição quanto aos conceitos de '*nichtig*' (nulo) e de '*unwirksam*' (ineficaz) no BGB, circunstância que impunha seu tratamento como sinônimos.

negociais diriam respeito, mais propriamente, à *ineficácia* do que à eficácia do ato. Contudo, como se sabe, mesmo os atos inválidos podem produzir alguns efeitos[452] e, de outra parte, o desfazimento de situações jurídicas subjetivas que tenham sido criadas pelo próprio negócio também pode ser considerado um efeito deste último.[453] Nesse diapasão, ilustrativamente, em um negócio anulável que produza efeitos até o momento em que uma das partes pretenda sua anulação, a cessação desses efeitos também pode ser considerada uma das formas de eficácia desse negócio.[454]

Em outros termos, vale repetir, a ineficácia não é sinônimo de desfazimento de efeitos produzidos, ou de produção prejudicada dos efeitos previstos, mas, sim, de *nenhuma produção de efeitos*, de *ausência de repercussão juridicamente apreensível*, o que ocorre de forma muito menos frequente. De fato, como se comentará adiante,[455] a simples realização do ato inválido pelo particular já pode suscitar uma aparência de validade suficiente para

---

Como consequência disso, desapareceu a distinção entre '*Ungültigkeit*' e '*Unwirksamkeit*', tendose estabelecido a segunda pouco a pouco como única categoria geral. '*Unwirksamkeit*' corresponde à ineficácia em sentido amplo, que inclui tanto os casos da invalidade, como os da ineficácia simples. Mas como a terminologia do BGB geralmente é ignorada, não se faz uma distinção clara entre as diversas causas da ineficácia. Em vez disso, põese o foco nos diferentes tipos desta, que seriam dados pela ineficácia inicial, pela ineficácia posterior, pela ineficácia parcial, pela ineficácia relativa e pela ineficácia pendente" (Vida e obra de Pontes de Miranda a partir de uma perspectiva alemã, cit.).

[452] Cf., particularmente, o item 2.3, *infra*.

[453] Afirma-se, nesse sentido, que o negócio (particularmente o contrato) tem eficácia constitutiva em sentido amplo, abrangendo também a desconstitutiva: "a eficácia do contrato é comumente entendida como constitutiva em sentido lato: com esta última expressão, quer-se abranger não apenas a criação, mas também a modificação e a extinção de uma situação jurídica subjetiva" (SIRENA, Pietro. Effetti e vincolo. In: COSTANZA, Maria (Coord.). Volume III: Effetti. In: ROPPO, Vincenzo. (Org.). *Trattato del contratto*. Milano: Giuffrè, 2006, p. 8. Tradução livre).

[454] Ilustrativamente, afirma-se até mesmo que, diante de negócio jurídico anulável, surge um direito potestativo de pretender judicialmente a anulação para a parte interessada (CORDEIRO, António Menezes. *Tratado de direito civil*. Volume II, cit., pp. 923-924), embora o mesmo autor negue a existência de situação jurídica análoga no que tange à declaração de nulidade do negócio (uma vez que a possibilidade dessa declaração decorreria de uma permissão genérica do ordenamento, diante do amplo rol de legitimados para pretendê-la, o que seria insuficiente para caracterizar um suposto direito potestativo a ver reconhecida uma nulidade). De todo modo, o direito potestativo à anulação, em certa perspectiva, poderia ser considerado um efeito do próprio ato inválido a cuja extinção seu exercício se destina.

[455] Cf. Capítulo 2, *infra*.

o surgimento de efeitos juridicamente relevantes, com os quais terá o intérprete de lidar uma vez que reconheça o vício negocial. E, de todo modo, a alegação de que o problema de que ora se trata estaria mais relacionado com uma suposta ineficácia do que, propriamente, com a eficácia poderia ser feita também a respeito da escala tripartite dos planos de análise do negócio jurídico.[456] Na lógica da escala, se o negócio estiver destinado a produzir todos os seus efeitos, a análise poderia ser interrompida ao final do plano da validade, ao passo que o negócio válido seria aquele apto a produzir os efeitos previstos pelas partes. O chamado plano da eficácia, portanto, trata, em princípio, apenas dos casos de eficácia diferida ou de não produção de efeitos pelo ato válido.

Como se percebe, dentre os planos de análise do negócio jurídico, os chamados planos da existência e da validade têm mais a dizer sobre a eficácia negocial (aqui considerada, seja em sentido lato, seja em sentido estrito) do que o próprio plano da eficácia.[457] A contradição parece decorrer do fato de que a escala tripartite dos planos de análise construiu cada um de seus degraus em ordem crescente, de um tipo de análise mais restrito para um tipo de análise mais abrangente, o que acaba resultando em que o último degrau (o da eficácia) possa, a rigor, resumir a escala inteira em si mesmo. O que seria a virtude dos planos de análise (i.e., o fato de um plano abranger ou pressupor o preenchimento dos atributos do plano anterior)[458] acaba, na prática, gerando a referida contradição.

---

[456] Este, aliás, é, na visão de Antonio Junqueira de AZEVEDO, o provável motivo da confusão conceitual na matéria: "Quer-nos parecer que as ambiguidades e as hesitações entre os próprios autores, que admitem a ineficácia em sentido restrito como sendo uma situação diversa da nulidade, explicam-se pelo fato de que a questão não foi, até agora, colocada de um ponto de vista positivo. Torna-se, então, indispensável, completar o exame do negócio jurídico, analisando-o no plano da eficácia [...]" (*Negócio jurídico*, cit., p. 55).

[457] Se ainda uma nova opinião se fizer necessária, cite-se a precisa lição de Salvatore PUGLIATTI, que descreve a validade como a decisão sobre a manutenção ou o desaparecimento de efeitos produzidos previamente: "Ao perfil da eficácia se reportam os assim chamados requisitos de validade, aos quais não interessam a existência jurídica do negócio nem o surgimento dos efeitos jurídicos, mas unicamente a duração de tais efeitos, já que esses são destinados a desaparecer mediante a impugnação de quem é pela lei legitimado a isso" (*I fatti giuridici*, cit., p. 66. Tradução livre).

[458] Assim, por exemplo, Antonio Junqueira de AZEVEDO sustentava que, a partir do exame do negócio jurídico em seus três planos, seria possível, cada vez mais, afastar a confusão conceitual de que se ressente a doutrina em matéria de invalidade do negócio: "torna-se simples dizer

Sobre o plano da existência serão tecidos comentários mais adiante; levando, por ora, em consideração apenas validade e eficácia, parece fazer mais sentido – caso ainda se pretendesse preservar o raciocínio compartimentalizado da escala – ao menos indagar primeiramente quais efeitos o negócio abstratamente considerado tende a produzir para, em seguida, valorando-se esses efeitos, determinar se o ato é válido e, caso não seja, retornar para a questão da eficácia, determinando-se se e em que medida cada efeito será desconstituído.[459] Desnecessário ressaltar que tal análise se mostra bem mais complexa do que a escala ponteana sugere: o raciocínio do intérprete precisa transitar entre a validade abstrata e a valoração dos efeitos concretos, em uma argumentação de mão dupla (ínsita à análise funcional) que ainda admite a possibilidade de, a despeito da invalidade, o ato produzir alguns efeitos, previstos ou não pelas partes.

A crítica ora apresentada é tributária da análise funcional e dinâmica que se mostra particularmente cara à metodologia civil-constitucional. De fato, os planos de análise do negócio jurídico parecem concebidos para a metodologia do direito civil tradicional, embasada no pensamento

quando ele inexiste, quando não vale e quando é ineficaz (ineficácia em sentido restrito)" (*Negócio jurídico*, cit., p. 63).

[459] Provavelmente por reconhecer esse descompasso, a própria doutrina que adota os planos de análise ponteanos sustenta a independência entre o plano da validade e o plano da eficácia, muito embora tal independência contrarie a própria lógica da eliminação progressiva em que se baseia a teoria. Ao mesmo tempo, assim, em que se afirma que a invalidade é "a mais importante das causas de ineficácia" e que, em relação ao negócio "nulo, a ineficácia resulta, em uma última análise, de uma recusa de eficácia ao fato jurídico, como sanção, que o ordenamento jurídico impõe à ilicitude caracterizada na nulidade", sustenta-se que "não é admissível relacionar a eficácia à invalidade do ato jurídico. Em geral, o que é nulo é ineficaz, mas nem sempre. [...] Ser, valer e ser eficaz, em verdade, são situações distintas e inconfundíveis, em que se podem encontrar os fatos jurídicos. [...] Em geral, o ato jurídico precisa ser válido para ser eficaz; não, contudo, essencialmente" (MELLO, Marcos Bernardes de. *Teoria do fato jurídico*: plano da eficácia, cit., pp. 75-76). Este último entendimento, embora ainda se baseie em uma perspectiva estruturalista, parece mais lógico, na medida em que atribui importâncias autônomas à validade e à eficácia, mas contraria frontalmente a técnica da eliminação progressiva. Assim reconhece Antonio Junqueira de AZEVEDO, ao admitir que a possibilidade de atos inválidos passarem ao plano da eficácia constitui "um 'furo' na técnica de eliminação com que os negócios são tratados" (*Negócio jurídico*, cit., p. 64), embora afirme o autor que se trataria da "exceção que confirma a regra" (Ibid.).

subsuntivo, para a qual faz sentido investigar primeiramente se existe alguma causa de invalidade prevista em lei antes de considerar que determinado ato possa produzir efeitos. Não se nega, aliás, a inquestionável atratividade didática da teoria dos planos de análise.[460] Em perspectiva civil-constitucional, porém, atenta à influência recíproca exercida entre fato e norma e à necessidade de se aplicar o ordenamento de forma ponderada e sistemática, congregada com os próprios elementos do caso concreto (e não por meio de simples subsunção), torna-se possível compreender que mesmo o negócio jurídico inválido pode gerar uma série de situações subjetivas que demandam tratamento jurídico.[461] Imprescindível, assim, que a ênfase se desloque para o perfil da eficácia: realmente, apenas por meio de uma análise dinâmica é possível realizar um juízo de valor completo sobre o ato e, assim, obter respostas para problemas que, muitas vezes, o legislador não poderia prever em abstrato.[462]

A construção teórica dos planos de análise do negócio jurídico, no que tange à distinção entre os planos da validade e da eficácia, tornar-se-ia, em princípio, compatível com as considerações acima desenvolvidas apenas se este último plano fosse concebido como aquele que trata tão somente das questões de eficácia que não dizem respeito ao controle valorativo que o legislador busca realizar sobre os potenciais efeitos do ato a partir da verificação de requisitos legalmente previstos. Em outros termos, o plano da

---

[460] O mérito da teoria é reconhecido na doutrina, como destaca Jan Peter SCHMIDT: "A distinção entre os planos de existência, validade e eficácia do negócio jurídico tem, antes de mais nada, um valor didático inegável. Porque, como toda sistematização bem-sucedida, ajuda a ordenar e estruturar o pensamento" (Vida e obra de Pontes de Miranda a partir de uma perspectiva alemã, cit.).

[461] Segundo a lição de René JAPIOT: "o ato, por nulo que seja, poderá ter uma existência aparente que, de forma vã, a teoria pretendia desconhecer; ele terá algo, não será o nada. Essas aparências desempenham [...] um papel importante, quer se trate de organizar sua destruição, quer se trate, ao contrário, de assegurar seu respeito" (*Des nullités en matière d'actes juridiques*, cit., pp. 169-170. Tradução livre).

[462] Vale registrar a advertência de MENEZES CORDEIRO: "O ponto de partida para o estudo dogmático do Direito civil há de, em quaisquer circunstâncias, ser constituído pela eficácia jurídica e não por normas ou fontes. Convém, efetivamente, ter presente que todo o esforço desenvolvido pela Ciência jurídica, a partir dos finais do século XX, para superar o irrealismo metodológico, assenta na natureza constitutiva dessa mesma Ciência e no fato, hoje já não discutível, de apenas no caso concreto decidido aparecer o verdadeiro Direito" (*Tratado de direito civil*. Volume II, cit., p. 78).

eficácia trataria apenas dos problemas de (in)eficácia superveniente, vale dizer, não decorrentes de qualquer valoração associada a fatores genéticos ou originários ao ato.[463] Essa distinção já foi realizada em doutrina sob o prisma da ineficácia, designando-se como ineficácia em sentido lato todas as *fattispecie* que impedem a produção de efeitos pelo ato e como ineficácia em sentido estrito apenas as causas de não produção de efeitos externas à estrutura do ato ou posteriores à celebração deste.[464] Ainda assim, seria igualmente necessário ressaltar que, como as causas de invalidade foram previstas pelo legislador justamente com base em um juízo valorativo sobre

---

[463] Vale registrar que parte da doutrina estrangeira, particularmente a italiana, cogita de causas de nulidade ditas supervenientes (*nullità sopravenute*) e suspensas (*nullità sospese*). As *nulidades supervenientes*, já comentadas no item 1.2.4, *supra*, seriam aquelas que, em contratos de duração ou de execução diferida, decorreriam da incompatibilidade de certa cláusula negocial com lei nova posterior, consistindo em verdadeiro problema de direito intertemporal. Outros exemplos de nulidade superveniente são aludidos por Carmine DONISI, mas podem ser reconduzidos, em geral, à perda posterior de objeto do contrato (como a ineficácia da novação por "inexistência" da obrigação novada, nos termos do art. 1234 do Código Civil italiano) ou a algumas causas de ruptura ou caducidade do testamento (In tema di nullità sopravvenuta del negozio giuridico, cit., *passim*). Por outro lado, exemplo das chamadas *nulidades suspensas* seria o caso em que o objeto da prestação devida em decorrência do negócio jurídico é deixado a cargo de escolha de terceiro, que não realiza tal escolha. Neste caso, tem-se ponderado, na própria doutrina italiana, ser preferível deslocá-las para o campo da eficácia ou da formação progressiva do negócio, pois, "em realidade, se o requisito de validade ainda não formada é estrutural, é evidente que se deva falar de formação ainda não completa da regra contratual, mais do que de nulidade suspensa" (PUTTI, Pietro Maria. Le nullità contrattuali. In: LIPARI, Nicolò; RESCIGNO, Pietro (Org.); ZOPPINI, Andrea (Coord.). *Diritto civile*. Volume III: Obbligazioni. Tomo II: Il contratto in generale. Milano: Giuffrè, 2009, p. 925. Tradução livre).

[464] Veja-se lição atual na doutrina italiana: "No interior da assim chamada ineficácia em sentido amplo, síntese de todas as *fattispecie* nas quais se reconhece a inidoneidade do negócio a produzir os efeitos jurídicos tipicamente responsáveis pela sua função, é usual se distinguirem as hipóteses em que a ineficácia deriva da invalidade em relação àquelas que representam, ao revés, a assim chamada ineficácia em sentido estrito. Esta última compreende todas as *fattispecie* nas quais um elemento externo impede que o negócio, por vontade das partes ou da lei, produza os efeitos finais próprios a ele; a ineficácia em sentido estrito diz respeito ao momento eficacional [*effettuale*], sendo o negócio ineficaz, nesse caso, um negócio válido. A distinção tradicional entre invalidade e ineficácia vem, portanto, a fundar-se sobre o caráter intrínseco do vício que dá lugar à primeira, de fronte à natureza extrínseca do elemento impeditivo da eficácia, na segunda" (MARUCCI, Barbara. Invalidità e inefficacia dell'atto giuridico. *Rassegna di diritto civile*. Anno 33, n. 1. Napoli: ESI, 2012, p. 87. Tradução livre).

os efeitos que se deduzem ordinariamente do negócio,[465] o chamado plano da validade resulta, do início ao fim, em uma questão de eficácia (produção ou não de efeitos, e circunstâncias de produção de efeitos).[466]

Como se percebe, a lógica que conduziu à divisão entre validade e eficácia mostra-se útil para outros tipos de enfoque, sobretudo no que tange ao estudo das vicissitudes que possam ocorrer à eficácia contratual supervenientemente – considera-se, por exemplo, a resolução contratual (por inadimplemento, por impossibilidade superveniente, por onerosidade excessiva e assim por diante) uma hipótese da chamada ineficácia *stricto sensu* (não na acepção estrita de eficácia adotada no presente estudo, mas no sentido de pertencer a matéria ao plano da eficácia na escala ponteana).[467] Se, porém, o interesse do estudioso se volta ao controle valorativo sobre o próprio ato (ou, mais precisamente, sobre os efeitos a que ele tende no momento de sua constituição, e que pode concretamente vir a produzir), apartar validade e eficácia resulta em verdadeira contradição – e, de fato, talvez esta seja uma das formas de se explicar a multiplicação das exceções às regras gerais da teoria das invalidades a que já se fez alusão.[468]

---

[465] Razão pela qual se afirma, como se expôs no item 1.1.2, *supra*, que não há causas supervenientes de nulidade: "A defeituosidade ou deficiência do suporte fático é definida sempre no início do ato, na sua origem: seria de todo incorreto pensar em 'invalidade superveniente', pois só a ineficácia, jamais a nulidade, pode sobrevir. É ao momento do nascimento do negócio que se deve, portanto, primeiramente atentar, examinando se reunidos foram todos os pressupostos de validade" (MARTINS-COSTA, Judith. In: TEIXEIRA, Sálvio de Figueiredo (Coord.). *Comentários ao novo Código Civil*. Volume V. Tomo I. Rio de Janeiro: Forense, 2003, p. 559).

[466] Nesse sentido, seria preciso ainda esclarecer que o plano da eficácia da doutrina tradicional dos planos de análise abrange tanto a maneira de se produzirem os efeitos genéticos do ato como também vicissitudes supervenientes ocorridas à eficácia. Antonio Junqueira de AZEVEDO, embora pareça enfatizar a eficácia originária do negócio, alerta para o fato de que também existem problemas de ineficácia superveniente (*Negócio jurídico*, cit., p. 65). Na doutrina italiana, busca-se explicar que "a irrelevância [jurídica] se identifica com o conceito de inexistência e comporta necessariamente a improdutividade de efeitos jurídicos. O contrato [juridicamente] relevante, por sua vez, pode ser inválido, mas ineficaz – pense-se na nulidade e na anulabilidade –, mas nesse caso a ineficácia é reabsorvida na invalidade e entendida em sentido amplo; por último, o contrato [juridicamente] relevante pode ser válido, mas ineficaz, entendida [a ineficácia], desta vez, em sentido estrito" (MARUCCI, Barbara. Invalidità e inefficacia dell'atto giuridico, cit., pp. 88-89. Tradução livre).

[467] Cf. AZEVEDO, Antonio Junqueira de. *Negócio jurídico*, cit., p. 61.

[468] Cf. Introdução, *supra*.

A doutrina dos planos de análise busca congregar, em uma formulação unitária, tanto um juízo valorativo sobre efeitos negociais originários (materializados nos planos da existência e da validade) quanto diversas causas de diferimento ou impedimento desses efeitos, genéticas ou supervenientes (o plano da eficácia). Tal escolha teórica apenas intensifica a confusão conceitual que predomina nessas matérias, e o intérprete que pretende beneficiar-se da facilidade didática do modelo acaba, com isso, por relegar a validade a um plano estático e dissociado dos efeitos negociais.[469] Na prática, assim, o itinerário hermenêutico a ser seguido, ainda que parta da perspectiva estática dos planos de análise (ou, preferencialmente, apenas das próprias regras legais sobre o tema), há de se materializar na análise dinâmica do ato, não se admitindo que o intérprete, conformando-se com a comodidade da norma legal sobre a invalidade, deixe de investigar a concreta valoração dos efeitos a que tende o negócio concretamente analisado – e que podem ter sido efetivamente produzidos, ou criado, ao menos, legítimas expectativas quanto à sua produção,[470] questão que se retomará por ocasião da análise estrutural da disciplina das invalidades negociais no próximo capítulo.

---

[469] Conforme já se anotou em doutrina, "a distinção entre os planos da existência, da validade e da eficácia tem caráter meramente descritivo, e não prescritivo. Ela nos ajuda no entendimento das regras, mas não nos explica o seu fundamento. Por que alguns defeitos conduzem à nulidade do negócio jurídico e outros somente à anulabilidade? Por que em algumas situações o negócio jurídico produz efeitos apesar da sua nulidade? A tricotomia de Pontes de Miranda não é capaz de dar as respostas, e também não pretende fazêlo. Somente uma jurisprudência de conceitos (*Begriffsjurisprudenz*) se atreveria 'deduzir' da tricotomia soluções para casos concretos" (SCHMIDT, Jan Peter. Vida e obra de Pontes de Miranda a partir de uma perspectiva alemã, cit.). Arremata o autor: "Não importa se a causa da ineficácia é a inexistência, a invalidade ou a ineficácia simples. Nem as partes de um processo, nem tampouco o juiz querem saber se o contrato ou o testamento objeto da controvérsia é 'existente' ou 'válido'. Eles estão apenas interessados nas consequências jurídicas. Sob esse ponto de vista, os planos de existência e validade deveriam ser no máximo subcategorias dentro do plano da eficácia, e não gozar de autonomia ao lado dele" (Ibid.).

[470] Na síntese de René JAPIOT, "a aparência se apresenta aqui como sendo de natureza tal que pode fazer nascer no espírito dos interessados essa ideia da existência do ato em seu conjunto, como título suscetível de produção de efeitos mais tangíveis, como fonte considerada independentemente de suas consequências" (*Des nullités en matière d'actes juridiques*, cit., p. 172. Tradução livre).

2.
Perfil estrutural das invalidades negociais: crítica aos tradicionais planos de análise e sua recondução à eficácia do negócio jurídico

Ceci n'est pas une pipe.[*]
R. MAGRITTE

O primeiro capítulo do presente estudo buscou apresentar a invalidade negocial em perspectiva funcional, pouco frequente na matéria. No decorrer da exposição, apresentou-se a relação entre a autonomia privada e o princípio da legalidade em sua acepção privatista, a um só tempo limitação e garantia do espaço particular de liberdade. Situou-se a noção de validade no âmbito da legalidade, associando-a ao juízo de licitude dos atos de autonomia, graduado conforme a relevância do papel da vontade para a determinação dos efeitos jurídicos produzidos por cada espécie de ato. Especificou-se a natureza desses efeitos – situações jurídicas subjetivas, que foram diferenciadas em seus perfis estruturais e funcionais –, e caracterizou-se a validade como um juízo valorativo incidente não propriamente sobre os elementos do ato mas sobre os efeitos dele decorrentes. Finalmente, buscou-se ampliar a noção de eficácia negocial, apresentando-se algumas de suas acepções e alcançando-se a conclusão de que a validade, a rigor, representa um juízo acerca da eficácia dos negócios.

[*] "Isto não é um cachimbo".

Todas essas considerações, ao menos idealmente, foram feitas pelo legislador ao prever, ao longo do tempo, as causas de nulidade, textuais ou virtuais. Ponderou[471] o legislador – em abstrato, como é de sua vocação natural atuar –, minuciosamente, os principais valores tocados pelo exercício da autonomia privada (dentre eles, a própria tutela jurídica dessa autonomia).[472] Por vezes, ao perceber que determinados negócios, relativamente frequentes, violavam certo interesse juridicamente tutelado, previu uma vedação ao próprio conteúdo específico desses atos, criando tacitamente uma causa de nulidade. Em outras ocasiões, considerou que a melhor forma de tutelar certos valores do ordenamento consistia em lançar mão de características do próprio ato como índices de conformidade ao sistema – a capacidade das partes, a licitude dos motivos declarados, a higidez da vontade. Como nem todos os negócios comprometiam com a mesma gravidade a axiologia jurídica, graduou-lhes, ainda, as consequências, regulando sua eficácia no tempo, no alcance e assim por diante.

Cristalizadas na estrutura da regra positivada, resistem tais considerações ao teste do tempo, na forma das tradicionais causas legais de nulidade. Auxiliam o processo de interpretação-aplicação do direito – que,

---

[471] Embora a noção de ponderação, muito difundida no direito constitucional brasileiro, diga respeito, em regra, à técnica que o julgador emprega na solução de casos concretos (para a doutrina constitucionalista, normalmente diante de *hard cases*; para o direito civil-constitucional, a rigor, durante o perene esforço de unificação hermenêutica do ordenamento), nada impede que se cogite também de uma ponderação em abstrato – realizada, por exemplo, pelo legislador. A respeito, aduz Ana Paula de BARCELLOS: "Na verdade, mais que possível, é desejável que a ponderação se desenvolva também antes do surgimento do caso concreto. Na medida em que a ponderação vai sendo forjada em abstrato ou preventivamente, por meio da discussão de casos hipotéticos ou passados, o juiz terá balizas pré-fixadas quando se defrontar com casos reais. Esse conjunto de ideias conduz à formulação de dois momentos para a ponderação ou de duas modalidades de processo ponderativo, que podem ser denominadas ponderação preventiva ou abstrata e ponderação real e concreta" (*Ponderação, racionalidade e atividade jurisdicional*. Rio de Janeiro: Renovar, 2005, pp. 146-147). Tal lição, de grande interesse para o presente estudo, apenas discrepa da ótica civil-constitucional na medida em que supõe que certos casos, mais simples, possam ser definitivamente resolvidos em abstrato e aplicados de forma meramente subsuntiva ao caso concreto. Sobre a superação da técnica da subsunção como mecanismo autossuficiente de fundamentação das decisões e o espaço de aplicação da ponderação no direito civil-constitucional, permita-se remeter a SOUZA, Eduardo Nunes de. Merecimento de tutela: a nova fronteira da legalidade no direito privado, cit., *passim*.

[472] Sobre a afirmação da autonomia privada como um valor merecedor de tutela jurídica própria e sua compatibilização com o pensamento civil-constitucional, cf. item 3.1, *infra*.

do contrário, teria apenas a incidência direta dos princípios jurídicos sobre os elementos do caso concreto como *modus operandi*. A aplicação indireta desses princípios, intermediada pela norma ordinária, é considerada pelo direito civil-constitucional o cenário ideal: ao contrário do que muitas vezes se supõe, entende essa escola metodológica que aplicar a regra infraconstitucional à luz da axiologia do sistema é sempre preferível, quando possível, à aplicação direta desses princípios.[473] Contudo, a exasperação do papel do direito positivo, promovida pela hermenêutica mais tradicional, baseada no raciocínio silogístico e na subsunção,[474] corresponde ao efeito adverso indesejável da atuação regulamentar legislativa: o dispositivo legal, que poderia auxiliar o intérprete na individualização da normativa do caso concreto, acaba se tornando, ao revés, sua clausura.

De fato, nas últimas décadas do século XX, particularmente após a redemocratização e a instituição da ordem constitucional de 1988, passou o direito brasileiro por radical transformação, que, do ponto de vista da

---

[473] Leciona Pietro PERLINGIERI: "Pode-se afirmar, pois, que seja na aplicação dita indireta – que sempre acontecerá quando existir na legislação ordinária uma normativa específica, ou cláusulas gerais ou princípios expressos –, seja na aplicação dita direta – assim definida pela ausência de intermediação de qualquer enunciado normativo ordinário –, a norma constitucional acaba sempre por ser utilizada. O que importa não é tanto estabelecer se em um caso concreto se dê aplicação direta ou indireta (distinção nem sempre fácil), mas sim, confirmar a eficácia, com ou sem uma específica normativa ordinária, da norma constitucional respeito às relações pessoas e socioeconômicas" (*O direito civil na legalidade constitucional*, cit., pp. 589-590).

[474] Em sua formulação mais clássica, o mecanismo subsuntivo implicava o encaixe mecânico entre uma premissa maior (a norma) e outra menor (o fato), na estrutura de um silogismo. Embora os moldes mais rígidos de tal concepção apenas tenham prevalecido pelo exíguo período histórico da escola da exegese, tornou-se regra a postura hermenêutica que, ao fim e ao cabo, costumava buscar a identificação mecânica da norma aplicável ao caso concreto, desconsiderando, na prática, a unidade lógico-valorativa da ordem jurídica. Após tal identificação, qualquer esforço para o enquadramento sistemático da norma escolhida apenas servia a adaptar sua literalidade ao caso concreto, i.e., a justificar a escolha feita previamente. Um exemplo do raciocínio subsuntivo, ainda que superada a lógica exclusivamente literal com a qual por vezes é caracterizado, é trazido por Karl ENGISCH, que, após explicar a noção de subsunção, indaga o que fazer quando a premissa menor não pode ser enunciada, quer porque não seja possível verificar quais são os fatos relevantes, quer porque os fatos não se deixem subsumir à premissa maior. Propõe o autor: "é necessário que se retirem da lei novas premissas maiores, com as quais se haverão de combinar as correspondentes premissas menores, a fim de fundamentar a sentença sob a forma de uma conclusão" (*Introdução ao pensamento jurídico*. Lisboa: Calouste Gulbenkian, 2001, pp. 94-100).

técnica legislativa, correspondeu a uma progressiva substituição da técnica regulamentar pelo mecanismo das cláusulas gerais, normas de textura aberta, a serem preenchidas pelo intérprete à luz do caso concreto.[475] Reconhecem-se, cada vez mais, as limitações do legislador para prever a infinitude de situações fáticas que a evolução social e tecnológica pode criar. De outra parte, doutrinariamente, constata-se a multiplicação de fontes normativas potencialmente antagônicas, voltadas cada vez mais à tutela de vulnerabilidades específicas (e não mais a um único sujeito abstrato de direito), e se postula a possibilidade de unificação lógica e axiológica do ordenamento[476] a partir de uma postura hermenêutica que aplique sempre a totalidade do sistema à luz do caso concreto.[477]

Com a teoria das nulidades não poderia ter sido diferente. Também nesse setor, sentiu o intérprete a necessidade de, libertando-se da rígida estrutura legal,[478] individuar, para determinados casos concretos, a normativa mais consentânea com os valores do ordenamento, em casos para os quais o abstrato esquema legislado não apresentava soluções adequadas. O que fazer diante de efeitos negociais cuja preservação se impunha, a despeito

---

[475] Cf. TEPEDINO, Gustavo. O Código Civil, os chamados microssistemas e a Constituição: premissas para uma reforma legislativa. *Problemas de direito civil-constitucional*. Rio de Janeiro: Renovar, 2001, *passim*.

[476] Sobre a caracterização do sistema jurídico como internamente unitário e dotado de adequação valorativa, cf. CANARIS, Carl-Wilhelm. *Pensamento sistemático e conceito de sistema na ciência do direito*, cit., pp. 66 e ss.

[477] Estes e outros pressupostos fundamentais da metodologia civil-constitucional podem ser encontrados em MORAES, Maria Celina Bodin de. A caminho de um direito civil-constitucional. *Na medida da pessoa humana*. Rio de Janeiro: Renovar, 2010, *passim*.

[478] Emblemático é o comentário de René JAPIOT sobre a flexibilização das nulidades: "Esse movimento novo se encaixa bem nas tendências da ciência jurídica moderna. Percebe-se melhor que a lei não pode ter previsto tudo; reconhece-se o que há de artificial em certas construções; desconfia-se de certos procedimentos escolásticos, da lógica pura; busca-se fazer penetrar mais justiça, dar um lugar mais amplo ao bom senso no raciocínio jurídico. O direito se torna mais vivo: sob os institutos, busca-se ver a luta dos interesses, as relações tão complexas dos homens, que não se saberia regrar de uma forma sábia e equitativa pela deflagração de um sistema automático de deduções. [...] Sob essa influência, tentativas mais ou menos vagas ou parciais se manifestam contra uma organização estrita demais da nulidade, no direito francês e no direito estrangeiro, na doutrina e na legislação – na jurisprudência sobretudo, que fornece em boa hora exemplos disso, porque está localizada mais próximo dos fatos cheios de nuances, das espécies tão diversas, dos obstáculos práticos ao absoluto dos princípios" (*Des nullités en matière d'actes juridiques*, cit., pp. 137-138. Tradução livre).

da invalidade do negócio que os originou? Ou, ainda, de negócios cujos efeitos contrariavam certo valor juridicamente tutelado, mas para os quais não havia causa legislada de invalidade? De posse dos elementos funcionais apresentados no capítulo precedente, tais questionamentos parecem encontrar respostas sistemáticas no ordenamento. Não se mostra possível, porém, resolvê-los na perspectiva estruturalista que predominou, durante muito tempo, no pensamento jurídico.

O presente capítulo buscará apresentar o perfil estrutural do negócio jurídico inválido, consoante a disciplina prevista pelo codificador, ao lado de algumas das principais flexibilizações que doutrina, jurisprudência e a própria legislação precisaram fazer, para acomodar uma realidade fática mutável e cada vez menos previsível em abstrato. As soluções foram as mais variadas e abrangeram não apenas um progressivo arrefecimento da rigidez da disciplina legal das invalidades como também notáveis esforços argumentativos de requalificação de certas hipóteses fáticas em categorias submetidas a regimes menos restritivos. Alguns desses esforços chegaram a soluções extremas, como a de se negar natureza negocial a negócios formalmente inválidos cujos efeitos se visava a preservar,[479] ou, ainda, a negar existência a negócios formalmente válidos cujos efeitos se visava a desconstituir.[480] Tais soluções, em princípio contraditórias, lembram o impacto da pintura de Magritte, *La trahison des images*, em que o pintor, tendo retratado um cachimbo em um fundo neutro, adicionou logo abaixo a mensagem: "isto não é um cachimbo".[481] As aparentes contradições, seja na pintura, seja nas soluções propostas à teoria das nulidades, encontram sua explicação lógica quando se perquirem os valores transmitidos por trás das palavras.

2.1. A chamada inexistência do negócio jurídico e sua realocação no plano da validade

O primeiro dos planos de análise do negócio jurídico, à luz da escala difundida por Pontes de Miranda, corresponde ao *plano da existência*. Trata-se

---

[479] Cf. item 2.3, *infra*.
[480] Cf. item 2.1, *infra*.
[481] "*Ceci n'est pas une pipe*". Aparentemente contraditória, a inscrição buscava alertar o observador para o fato de que se tratava meramente da *imagem* de um cachimbo, incapaz de apreender plenamente o objeto real.

do plano que antecede, na teoria ponteana, a análise de todos os demais: afirma-se que, caso determinado negócio jurídico não apresente seus elementos mínimos de existência (ditos também *pressupostos* por alguns autores),[482] não caberia indagar acerca de sua validade, muito menos de sua eficácia, pois tais atos seriam reputados simplesmente não realizados pela ordem jurídica.[483] A lógica interna da teoria é inexpugnável: se o negócio sequer chegou a existir, não haveria sentido em verificar se ele atende aos requisitos de validade e, portanto, está apto a produzir efeitos. Evita-se, assim, o rígido controle promovido pela teoria das invalidades negociais: para o direito, tudo acontece como se o negócio nunca houvesse sido celebrado.

Considera-se que o grande fautor da noção jurídica de inexistência[484] foi o jurista alemão Karl Zachariae von Lingenthal,[485] professor da Universidade

---

[482] Antonio Junqueira de AZEVEDO explica que os elementos essenciais gerais do negócio podem ser de duas ordens: intrínsecos (segundo o autor, o objeto, a forma e as circunstâncias negociais) ou extrínsecos (para ele, o tempo, o lugar e o agente), sendo estes últimos "também elementos pressupostos, no sentido preciso de que existem antes de o negócio ser feito" (*Negócio jurídico*, cit., p. 33). Trata-se de divisão dos elementos bastante semelhante àquela empregada por CARNELUTTI (*Teoria geral do direito*, cit., pp. 432-438), embora o autor denomine "pressuposto" aquilo que se costuma designar, na doutrina brasileira, como requisito de validade.

[483] No ponto, valiosa é a clássica lição de AUBRY e RAU, aos quais se atribui, em larga medida, a difusão do conceito de atos inexistentes (também chamados *actes non avenus*) na França: "O ato que não reúne os elementos de fato que supõe a sua natureza ou o seu objeto, e na ausência dos quais é logicamente impossível conceber sua existência, deve ser considerado não apenas como nulo, mas como nunca ocorrido. O mesmo vale para o ato que não tenha sido acompanhado das condições e solenidades indispensáveis à sua existência, segundo a letra ou o espírito do direito positivo" (*Cours de droit civil*. Tome 1er., cit., p. 119). *"L'acte qui ne réunit pas les éléments de fait que suppose sa nature ou son objet, et en l'absence desquels il est logiquement impossible d'en concevoir l'existence, doit être considéré non pas seulement comme nul, mais comme non avenu. Il en est de même de l'acte qui n'a pas été accompagné des conditions et des solenités indispensables à son existence, d'après la lettre ou l'esprit du Droit positif"*.

[484] Como ocorre, de resto, com todas as outras criações intelectuais, sua atribuição a um único autor é raramente pacífica. Em estudo comparatista, Jan Peter SCHMIDT anota que acenos à figura da inexistência já podiam ser encontrados, por exemplo, na obra de Bernard WINDSCHEID, embora confundida com a noção de nulidade (Vida e obra de Pontes de Miranda a partir de uma perspectiva alemã, cit., *passim*).

[485] Veja-se a célebre lição que atribuiria a ZACHARIAE a noção de inexistência: "É da maior importância, não apenas do ponto de vista puramente teórico mas também sob o aspecto prático, distinguir as condições essenciais do casamento das condições de validade do casamento. As

de Heidelberg cuja obra influenciou fortemente a doutrina francesa do século XIX – a qual, por sua vez, tecia, à época, os primeiros comentários sobre a noção de nulidade que se podia extrair do Código Civil francês. Zachariae faleceu em 1843, antes da unificação da Alemanha e pouco mais de meio século antes do advento do BGB. Seus célebres tratados de direito civil basearam-se, assim, em grande parte no *Code Napoléon*. Um deles seria traduzido por Aubry e Rau[486] – dois dos mais notórios juristas franceses, cujo Curso de Direito Civil viria a ganhar o apropriado subtítulo *d'après la méthode de Zachariae*. Na França, a noção de inexistência se conjugaria com a crescente teoria da validade contratual, particularmente impulsionada pela obra de Demolombe,[487] e se consolidaria como uma relevante hipótese de ineficácia do ato jurídico.[488]

Com a teoria do ato inexistente, pretendia Zachariae resolver problemas práticos de um instituto no âmbito do qual o direito civil francês se

---

primeiras concernem uma questão de fato, a questão de saber se o fato que as leis qualificam como casamento aconteceu ou não aconteceu; as segunda concernem uma questão de direito, a questão de saber se o casamento, constando de fato, deve ser considerado como válido de direito: questão que não pode se apresentar senão quando já se suponha a existência do casamento e, por consequência, a existência das condições essenciais de um casamento. Se as condições de validade do casamento faltam, esse casamento deve, no entanto, ser considerado como válido provisoriamente e até que a nulidade seja declarada pelo juiz na ação de nulidade dirigida contra o casamento. Se, ao contrário, uma única das condições essenciais vem a faltar, não há qualquer casamento, e não é em nada necessário recorrer a uma ação de nulidade" (*Le droit civil français*. Tome 1er. Paris: Auguste Durand, 1854, p. 166. Tradução livre).

[486] ZACHARIAE, K. S. *Cours de droit civil français*. Tome 1er. Bruxelles: Meline, Cans et Comp., 1850.

[487] Conforme relatava René JAPIOT já no início do século XX, nos trabalhos dos primeiros comentadores do *Code* não constava a expressão "inexistência", salvo como "simples figura de retórica que servia a traduzir em uma linguagem alegórica tudo que havia de rigoroso e de radical em certas ineficácias. É praticamente apenas com Demolombe que ela toma consistência [...]. E desde este momento a inexistência se tornou uma concepção que possui um valor verdadeiro" (*Des nullités en matière d'actes juridiques*, cit., pp. 121-122. Tradução livre). Explicava, ainda, o autor, que "essa fixação de uma data de nascimento tem um quê de arbitrário, pois é por transições insensíveis que se chega a dar às palavras um sentido cada vez mais sério; cremos, porém, que caso se queira indicar, na medida do possível, um evento que marca a passagem da vagueza para a precisão, é ainda a teoria do Sr. Demolombe que vale mais escolher" (o.l.u.c. Tradução livre).

[488] Esse breve itinerário é relatado por Caio Mário da Silva PEREIRA: "Imaginada por Zachariae, aceita por Demolombe, divulgada por Aubry e Rau, desenvolvida pelas doutrinas francesa e italiana, encontra geral e boa acolhida a teoria da inexistência" (*Instituições de direito civil*. Volume I, cit., p. 542).

mostrava particularmente rígido em matéria de nulidades: o casamento.[489] De fato, sustentava-se então que o casamento era regido pelo princípio *pas de nullité sans texte*, ou seja, que esse ato jurídico não admitia causas virtuais de nulidade, mas apenas as textuais. O entendimento seria posteriormente superado doutrinariamente,[490] embora grande parte da doutrina o sustente até hoje no direito brasileiro.[491] À época, no entanto, a *communis opinio* se quedava perplexa diante de três hipóteses que, embora se considerassem, no âmbito doutrinário, contrárias à ordem jurídica, não contavam com cominações expressas de nulidade pela lei:[492] cuidava-se, nomeadamente, do casamento entre pessoas do mesmo sexo,[493] daquele contraído sem o consentimento de alguma das partes e, ainda, do que não seguiu nenhuma forma legal.[494] Não por acaso, as primeiras discussões quanto aos negócios

---

[489] Cf. ESPÍNOLA, Eduardo. *Manual do Código Civil brasileiro*. Volume III. Parte IV. Rio de Janeiro: Jacintho Ribeiro dos Santos, 1932, pp. 145-154.

[490] Por todos, cf. CARBONNIER, Jean. *Droit civil*. Tome 1. Paris: PUF, 2004, p. 1395, segundo o qual a doutrina moderna francesa tende a reconduzir todos os casos de inexistência à nulidade absoluta.

[491] Afirma-o, por exemplo, PEREIRA, Caio Mário da Silva. *Instituições de direito civil*. Volume I, cit., p. 544. V., ainda, CASTRO JÚNIOR, Torquato. *A pragmática das nulidades e a teoria do ato jurídico inexistente*. São Paulo: Noeses, 2009, pp. 124-125, em que o autor afirma que a doutrina que exige a nulidade textual em matéria de casamento "é correlata privada do *nullum crimen sine lege*. Significa que todas as nulidades, exatamente porque atingem restritivamente a esfera de liberdade do sujeito, devem estar de antemão tipificadas no ordenamento jurídico. No caso do direito matrimonial, isso é ainda mais relevante para garantir a segurança do vínculo matrimonial, que somente pode ser atacado pelos vícios que a lei taxativamente indica".

[492] A respeito dessas hipóteses, cf. ZACHARIAE, K. S. *Droit civil français*. Tome 1er., cit., pp. 170-171. E, ainda, JAPIOT, René. *Des nullités en matière d'actes juridiques*, cit., p. 122 ; CORDEIRO, António Menezes. *Tratado de direito civil*. Volume II, cit., p. 925.

[493] Exemplo reproduzido por muito tempo na doutrina brasileira, mas superado nos dias de hoje, depois que o STF (ADIn. 4.277/DF e ADPF 123/RJ, Pleno, Rel. Min. Ayres Britto, julg. 5.5.2011; RE 477.554/MG, 2ª T., Rel. Min. Celso de Melo, julg. 16.8.2011) reconheceu as uniões homoafetivas como entidades familiares e o CNJ, em 2013, aprovou resolução para obrigar os cartórios do país a habilitar e celebrar o casamento civil entre pessoas do mesmo sexo e a converter a união estável homoafetiva em casamento (Resolução nº 175/2013, que proíbe as autoridades competentes a se recusarem a habilitar, celebrar casamento civil ou de converter união estável em casamento entre pessoas de mesmo sexo).

[494] Já existia, no entanto, no Código Civil francês a previsão de o casamento nulo prevalecer em benefício dos cônjuges de boa-fé (art. 201), tendo-se adicionado, em 1993, a mesma previsão em benefício dos filhos (art. 202). No direito brasileiro, admite-se a preservação de efeitos do casamento putativo desde o Código de 1916 (art. 221, que chegou a sofrer uma mudança

inexistentes surgiram no âmbito do direito de família, seara mais diretamente influenciada por questões morais, fortes o suficiente para suscitar questionamentos sobre a teoria das nulidades.

A noção de inexistência solucionou o impasse: tais atos seriam reputados como não ocorridos (*non avenus*), o que tornaria prescindível que a ordem jurídica se pronunciasse sobre sua validade. A eles se seguiram diversos outros exemplos criados pela doutrina, todos controversos. Levando-se em conta apenas a doutrina brasileira, são considerados inexistentes por alguns autores: a declaração de última vontade gravada em vídeo, e não registrada por escrito;[495] o reconhecimento de paternidade de criança que nunca foi concebida[496] ou de paternidade absolutamente falsa;[497] o negócio dissimulado em simulação absoluta inocente;[498] o negócio realizado sob *vis absoluta*;[499] a declaração de vontade jocosa ou didática, não dotada de seriedade;[500] a adoção realizada verbalmente;[501] o testamento celebrado por procuração ou mediante fraude, por quem se faça passar pelo testador;[502] o contrato sobre herança de pessoa viva;[503] o ato do qual deveria participar o juiz ou outra autoridade pública, e esta nele não funcionou;[504] o testamento celebrado sob reserva mental[505] e, ainda, o negócio jurídico em

---

de redação para diferenciar casamentos nulos de anuláveis), dispondo o Código Civil atual: "Art. 1.561. Embora anulável ou mesmo nulo, se contraído de boa-fé por ambos os cônjuges, o casamento, em relação a estes como aos filhos, produz todos os efeitos até o dia da sentença anulatória. §1º Se um dos cônjuges estava de boa-fé ao celebrar o casamento, os seus efeitos civis só a ele e aos filhos aproveitarão. §2º Se ambos os cônjuges estavam de má-fé ao celebrar o casamento, os seus efeitos civis só aos filhos aproveitarão".

[495] MELLO, Marcos Bernardes de. *Teoria do fato jurídico:* plano da existência, cit., p. 149.
[496] VELOSO, Zeno. *Invalidade do negócio jurídico:* nulidade e anulabilidade, cit., p. 135.
[497] LOPES, Miguel Maria de Serpa. *Curso de direito civil*. Volume I, cit., p. 505.
[498] MELLO, Marcos Bernardes de. *Teoria do fato jurídico:* plano da existência, cit., p. 154.
[499] LÔBO, Paulo. *Direito civil:* Parte Geral, cit., p. 283.
[500] ASCENSÃO, José de Oliveira. *Direito civil*. Volume II, cit., pp. 105-106.
[501] VELOSO, Zeno. *Invalidade do negócio jurídico:* nulidade e anulabilidade, cit., p. 135.
[502] MADALENO, Rolf. Testamentos inválidos e ineficazes: revogação, rompimento, caducidade, anulabilidade e nulidade. In: HIRONAKA, Giselda; PEREIRA, Rodrigo da Cunha (Coord.). *Direito das sucessões e o novo Código Civil*. Belo Horizonte: Del Rey, 2004, p. 265.
[503] SANTOS, J. M. Carvalho. *Código Civil brasileiro interpretado*. Volume XV. Rio de Janeiro: Freitas Bastos, 1986, p. 194.
[504] BEVILAQUA, Clóvis. *Teoria geral do direito civil*. Rio de Janeiro: Editora Rio, 1975, p. 258.
[505] CARVALHO, Luiz Paulo Vieira de. *Direito das sucessões*. São Paulo: Atlas, 2015, p. 804.

geral celebrado sob reserva mental, se a mesma for conhecida pela outra parte;[506] dentre muitos outros.

Também a jurisprudência nacional acrescentou a esse rol outros exemplos, como o ato societário realizado por sócio sem poderes de representação;[507] o contrato de seguro coletivo para o qual não tenham anuído os segurados;[508] o contrato de compra e venda de imóveis celebrado verbalmente;[509] a cessão particular de direito hereditários sem a declaração de vontade dos cessionários;[510] o termo de parcelamento de dívida não assinado;[511] o contrato celebrado mediante fraude (particularmente, por meio da falsificação da assinatura de uma das partes);[512] o seguro estipulado sobre a vida de terceiro por pessoa que não é parente nem justifica seu interesse pela preservação da vida do segurado;[513] dentre diversos outros casos.

[506] NERY JÚNIOR, Nelson e NERY, Rosa Maria de Andrade. *Código Civil comentado*. São Paulo: Revista dos Tribunais, 2006, p. 251.

[507] "Alienação de imóvel pertencente a sociedade em instrumento firmado por um dos sócios. Estatutos que preveem a representação da sociedade por seus dois sócios em conjunto. Ausência de consentimento da alienante. Vontade que somente se forma quando os dois sócios a exprimem em conjunto. Aplicação da teoria do ato inexistente. [...]" (STJ, 4ª T., REsp. 115.966, Rel. Min. Sálvio de Figueiredo Teixeira, julg. 17.2.2000).

[508] STJ, 3ª T., AgRg. no REsp. 1.318.365, Rel. Min. João Otávio de Noronha, julg. 25.11.2014, publ. 12.12.2014.

[509] TJMG, 17ª C.C., Ap. Civ. 10110130010249001, Rel. Des. Luciano Pinto, julg. 4.8.2015, publ. 17.8.2015.

[510] TJDFT, 1ª T.C., Ap. Civ. 20080310109149, Rel. Des. Maria Ivatônia, julg. 2.9.2015, publ. 8.9.2015.

[511] TJRS, 3ª T.R.C., Rec. Civ. 71004042396, Rel. Des. Luís Francisco Franco, julg. 14.3.2013, publ. 18.3.2013.

[512] A hipótese é bastante frequente na jurisprudência. Ilustrativamente: "Negócio jurídico inexistente – Compromisso Venda e Compra de Imóvel – Assinatura falsa da vendedora – A inexistência do negócio não precisa de declaração judicial, porque não existiu, e a intervenção judicial se cinge aos efeitos indiretos, como no caso de ter havido registro imobiliário da transação [...]" (TJSP, 1ª C.D.Priv., Ap. Civ. 0153382-58.2010.8.26.0100, Rel. Des. Alcides Leopoldo e Silva Júnior, julg. 26.5.2015, publ. 26.5.2015). Conferir, ainda, dentre outros: TJRS, 16ª C.C., Ap. Civ. 70058249558, Rel. Des. Paulo Sérgio Scarparo, julg. 27.3.2014, publ. 31.3.2014; TJSP, 20ª C.D.Priv., Ap. Civ. 9076762-89.2009.8.26.0000, Rel. Des. Maria Lúcia Pizzotti, julg. 7.4.2014, publ. 17.4.2014; TJRS, 4ª T.R.C., Rec. Civ. 71004829651, Rel. Des. Paulo Cesar Filippon, julg. 11.7.2014, publ. 15.7.2014; TJDFT, 1ª T.R., Ap. Civ. 0022234-10.2014.8.07.0003, Rel. Des. Leandro Borges de Figueiredo, julg. 10.2.2015, publ. 25.2.2015; TJPR, 8ª C.C., Ap. Civ. 1091084-8, Rel. Des. Lilian Romero, julg. 7.5.2015, publ. 10.6.2015.

[513] TJPR, 8ª C.C., Ap. Civ. 4050313, Rel. Des. Luis Espíndola, julg. 3.4.2008, publ. 3.4.2008.

A teoria do ato jurídico inexistente nunca ingressou no Código Civil brasileiro,[514] a despeito de sua ampla difusão doutrinária e jurisprudencial. Clóvis Beviláqua a havia inserido em seu Projeto, mas a previsão jamais chegou à redação final do Código Civil de 1916.[515] Quanto ao Código em vigor, verificou-se particular preocupação, durante sua elaboração legislativa, em se diferenciarem as noções de validade e eficácia, mas não se fez alusão à existência, que sequer é mencionada em sua Exposição de Motivos.[516] A crítica formulada por Clóvis do Couto e Silva ao Anteprojeto do atual Código Civil, no sentido de que o texto deveria ser adaptado à tricotomia existência-validade-eficácia, foi veementemente rechaçada por Moreira Alves, responsável pela redação original da Parte Geral.[517] Também em outros ordenamentos jurídicos nos quais a doutrina reconhece a categoria da inexistência, como a França e a Itália, omitiram-se os respectivos legisladores a respeito.[518] O silêncio legal sobre a figura da inexistência acabou por ocasionar o surgimento de duas correntes doutrinárias antagônicas, havendo autores que afirmam a autonomia do plano da existência em relação

---

[514] V., dentre outros, PEREIRA, Caio Mário da Silva. *Instituições de direito civil*. Volume I, cit., p. 542: "Não se encontrava no Código de 1916 menção a esta categoria de ineficácia, por ter o legislador recusado consagrar na lei o princípio que o Projeto Beviláqua havia assentado. Nem no Código de 2002 encontrou abrigo a teoria".

[515] Como anota o próprio autor, "além dos atos nulos e anuláveis, conhecia o Projeto a classe dos inexistentes, que não se acham compreendidos na noção de nulidade" (*Teoria geral do direito civil*, cit., p. 258).

[516] Conforme a Exposição de Motivos do Código Civil, a busca de precisão terminológica importou uma tomada de posição por parte do Projeto de Código Civil quanto à necessidade de distinguir-se entre validade e eficácia, não havendo, porém, menção à inexistência: "Na terminologia do Anteprojeto, por validade se entende o complexo de requisitos ou valores formais que determina a vigência de um ato, por representar o seu elemento constitutivo, dada a sua conformação com uma norma jurídica em vigor, seja ela imperativa ou dispositiva. Já a eficácia dos atos se refere à produção dos efeitos, que podem existir ou não, sem prejuízo da validade, sendo certo que a incapacidade de produzir efeitos pode ser coeva da ocorrência do ato ou da estipulação do negócio, ou sobrevir em virtude de fatos e valores emergentes" (*Novo Código Civil*: exposição de motivos e texto sancionado, cit., p. 36).

[517] A crítica de Clóvis do Couto e Silva e a resposta de Moreira Alves podem ser consultadas em ALVES, José Carlos Moreira. *A Parte Geral do Projeto de Código Civil brasileiro*, cit., pp. 42 e ss.

[518] Cf. GALGANO, Francesco. *Il negozio giuridico*, cit., p. 277; CARBONNIER, Jean. *Droit civil*. Tome 1, cit., p. 116.

ao da validade[519] e outros que sustentam ser a inexistência tão somente uma hipótese de nulidade, rejeitando a expressão.[520]

De fato, a noção de um ato jurídico inexistente revela-se, de certa forma, contraditória com a própria natureza deontológica da ciência jurídica,[521] uma vez que não cabe, em princípio, ao direito reconhecer a existência do fato material, mas sim atribuir ou negar efeitos a esse fato.[522] Basta observar, nesse sentido, como muitos dos autores que sustentam a utilidade da figura da inexistência acabam por aplicar ao Direito uma lógica idêntica àquela das ciências naturais, como se a ciência jurídica resultasse de regras da natureza e não da construção intelectual humana.[523] Como já aludido, são

---

[519] Cf. MIRANDA, F. C. Pontes de. *Tratado de direito privado*. Volume IV, cit., p. 69; AZEVEDO, Antonio Junqueira de. *Negócio jurídico*, cit., p. 63; ASCENSÃO, José de Oliveira. *Direito civil*. Volume II, cit., p. 102.

[520] Nesse sentido, por exemplo: GOMES, Orlando. *Introdução ao direito civil*, cit., p. 422; CORDEIRO, António Menezes. *Tratado de direito civil*. Volume II, cit., p. 925.

[521] Vale destacar a lição de KELSEN: "O fato externo que, de conformidade com o seu significado objetivo, constitui um ato jurídico (lícito ou ilícito), processando-se no espaço e no tempo, é, por isso mesmo, um evento sensorialmente perceptível, uma parcela da natureza, determinada, como tal, pela lei da causalidade. [...] O que transforme este fato num ato jurídico (lícito ou ilícito) não é a sua facticidade, não é o seu ser natural, isto é, o seu ser tal como determinado pela lei da causalidade e encerrado no sistema da natureza, mas o sentido objetivo que está ligado a esse ato, a significação que ele possui. O sentido jurídico específico, a sua particular significação jurídica, recebe-a o fato em questão por intermédio de uma norma que a ele se refere com o seu conteúdo, que lhe empresta a significação jurídica, por forma que o ato pode ser interpretado segundo esta norma" (*Teoria pura do direito*. São Paulo: Martins Fontes, 2006, p. 4).

[522] Este descompasso levou a doutrina a fazer esclarecimentos como os de PLANIOL e RIPERT: "Não há lugar para se cuidar dos casos de inexistência, salvo quando o ato jamais tenha sido realizado de fato e que se lhe forneça a prova; são naturalmente inexistentes os atos que ninguém tenha jamais realizado, mas deles ninguém cuida, ao passo que um ato pode existir em aparência, ter sua prova e, no entanto, ser juridicamente inexistente" (*Traité élémentaire de droit civil*. Tome 1er., cit., p. 134. Tradução livre). Também TRABUCCHI entende que o termo *inexistência* "se prestaria melhor a indicar os casos nos quais faltam os elementos materiais do ato (quando não tenha havido sequer um mínimo de declaração do sujeito: por exemplo, a venda que alguém nunca sonhou em fazer: inexistência do negócio), ao passo que a nulidade compreende todos os casos, na prática bem mais importantes, nos quais estão presentes os elementos materiais e faltam, ao revés, os elementos jurídicos do ato" (*Istituzioni di diritto civile*, cit., p. 160. Tradução livre).

[523] Eminentes vozes, porém, chegam ao ponto de aplicar ao Direito lógica idêntica à das ciências naturais. V., por exemplo, Martinho GARCEZ: "Uma lei natural preside à formação dos corpos, tanto no mundo físico quanto no mundo jurídico. Os contratos são corpos jurídicos,

os efeitos (isto é, as situações jurídicas subjetivas) a repercussão, na esfera jurídica, dos fatos sociais;[524] parece mais adequado, assim, considerar que assiste ao direito negar *repercussão* ao fato, mas não existência.

Em outros termos, embora seja possível (e, inclusive, muito comum na prática judicial) declarar a inexistência de um direito, ou de uma obrigação, contraria a lógica jurídica a declaração de inexistência de um ato de vontade, justamente por se tratar de matéria fática.[525] O contrassenso em um conceito "jurídico" de (in)existência já era notado pela doutrina tradicional,[526] e a contradição sobressai ainda mais à luz da civilística contemporânea – que, ao considerar juridicamente relevantes todos os atos humanos (embora muitos deles, não destinados à produção específica de efeitos, constituam mero exercício de liberdades asseguradas pelo direito),[527] não admite que o ordenamento feche os olhos a determinado negócio jurídico, como se simplesmente "não existisse".

Na maior parte das vezes em que a doutrina faz alusão à inexistência negocial, assim, o que se pretende realmente dizer é que os efeitos do ato serão desconsiderados juridicamente.[528] A designação, porém, não parece

---

disse Ihering. [...] Ora, para que o ato jurídico se forme e possa ter existência, é preciso que ele reúna um certo número de elementos orgânicos e vitais" (*Das nulidades dos atos jurídicos*. Rio de Janeiro: Renovar, 1997, p. 13). Com idêntica construção, LOPES, Miguel Maria de Serpa. *Curso de direito civil*. Volume I, cit., p. 504.

[524] Cf. item 1.3.1, *supra*.

[525] Note-se, por exemplo, que, ao tratar do interesse processual, dispõe o Código de Processo Civil de 2015, no inciso I de seu art. 19, que o interesse do autor pode limitar-se à declaração "da existência, da inexistência ou do modo de ser de uma relação jurídica". De fato, o que se pode declarar judicialmente é a existência da qualificação jurídica (na dicção do dispositivo, uma relação jurídica), mas não o fato que enseja essa qualificação.

[526] Reconhece, por exemplo, Caio Mário da Silva PEREIRA que "a teoria do ato inexistente é uma quebra de sistemática" (*Instituições de direito civil*. Volume I, cit., p. 541).

[527] Trata-se de pressuposto da escola civil-constitucional, conforme ensina Pietro PERLINGIERI: "O fato concreto é sempre juridicamente relevante; nem sempre, todavia, a norma lhe atribui efeitos jurídicos individualizáveis de modo específico e determinado [...] os chamados fatos 'juridicamente irrelevantes', na verdade, ou são fatos relevantes (como o exercício de liberdade), mas não predeterminados a ter eficácia, ou não são fatos" (*O direito civil na legalidade constitucional*, cit., pp. 638-640).

[528] Assim, por exemplo, leciona Salvatore PUGLIATTI que "a inexistência do negócio é considerada do ponto de vista jurídico; ela concerne àqueles negócios jurídicos os quais historicamente existem, mas juridicamente são considerados *tamquam non essent*, por uma causa de natureza formal, derivante do ordenamento jurídico" (*I fatti giuridici*, cit., p. 151. Tradução livre). O autor

desejável, pois remete a um juízo naturalístico muito pouco compatível com as qualificações jurídicas.[529] Tal crítica é agravada pelo fato de a doutrina da inexistência efetivamente aludir à necessidade de estarem presentes certos *elementos* para que o ato possa "existir",[530] a sugerir que os atos designados como inexistentes seriam desprovidos de sujeitos, objeto ou forma, o que não corresponde à realidade – se existe a simples discussão sobre a dita existência do ato, é porque houve ação humana sobre determinado objeto e seguindo certa forma, ou, do contrário, sequer se poria o problema.[531] A noção de elementos essenciais de certo ato, como já se afirmou,[532] decorre da teoria dos *essentialia negotii*: a essencialidade, na verdade, refere-se à possibilidade de configuração de certo tipo negocial (note-se, uma qualificação jurídica), e não à realização fática do negócio.[533]

Assim, ainda que se considere que nenhum dos efeitos a que tende o chamado ato inexistente pode ser juridicamente reconhecido, apenas se terá certeza quanto a essa rejeição quando o julgador for conclamado a reconhecer a não produção de tais efeitos (em prol da segurança jurídica),

---

ainda sustenta que determinado negócio apenas se pode considerar inexistente *em relação à norma que o disciplina* (Ibid., p. 156).

[529] Como anota Jan Peter SCHMIDT, "[...] essa denominação cria a impressão errada de que o negócio jurídico seria uma entidade ontológica, quando, na verdade, ele, ou pelo menos os seus efeitos, são somente uma criação do ordenamento jurídico, isto é, do espírito. Parece ser mais correto, então, falar simplesmente ou da formação do negócio jurídico, ou, ao exemplo de Leenen, de seu suporte fático" (Vida e obra de Pontes de Miranda em uma perspectiva alemã, cit.).

[530] Cf., ilustrativamente, VELOSO, Zeno. Nulidade e inexistência. In: CASSETTARI, Christiano. *10 anos de vigência do Código Civil brasileiro de 2002:* estudos em homenagem ao professor Carlos Alberto Dabus Maluf. São Paulo: Saraiva, 2013, p. 198.

[531] Alguns autores, nesse sentido, costumam indicar que seriam inexistentes os atos que socialmente não seriam capazes de apresentar sequer uma aparência social de atos jurídicos: "a disciplina da nulidade pressupõe que o ato seja recognoscível ao menos no terreno fenomênico, enquanto a inexistência exclui a configurabilidade do negócio também no plano social" (PERLINGIERI, Pietro. *Manuale di diritto civile*, cit., p. 562. Tradução livre). O autor cita como exemplos de atos inexistentes, nessa perspectiva, o testamento encenado por um ator no palco ou o contrato que o professor simula celebrar com o aluno como exemplo didático (o.l.u.c.). No mesmo sentido, Alberto TRABUCCHI (*Istituzioni di diritto civile*, cit., p. 160) reserva a inexistência para atos que não tiveram nenhuma realização material.

[532] Cf. item 1.3.2.1, *supra*.

[533] Assim, por exemplo, Emilio BETTI definia o negócio inexistente como o "simulacro de negócio que se pensa ter realizado", ao qual "não se ligam efeitos jurídicos de tal qualidade que possam referir-se ao tipo em questão" (*Teoria geral do negócio jurídico*, cit., p. 663).

bem como regular eventuais expectativas juridicamente relevantes que possam ter surgido em decorrência da aparência de validade negocial, sobretudo perante terceiros.[534] Como já se sugeriu ao final do capítulo precedente, e ora se desenvolve, muito embora o juízo quanto à validade do negócio jurídico (e, mais ainda, quanto à sua existência, para a doutrina que reconhece tal plano de análise) diga respeito ao momento da celebração do ato, e conquanto se afirme que o ato inválido não é apto a produzir efeitos, tal julgamento se faz, necessariamente, após a celebração, quando o intérprete é provocado a se pronunciar sobre o negócio concreto. Desse modo, o simples fato da realização material do negócio provoca, na grande maioria das vezes, alguma repercussão jurídica, na medida em que dificilmente não surgirá alguma situação jurídica no interregno até o julgamento da validade do ato.[535]

Por tal razão, embora não seja incorreto associar os negócios jurídicos ditos inexistentes e, ainda, os negócios nulos à inadmissibilidade de todos ou de alguns dos efeitos aos quais eles tendiam, a diferença prática em relação a um negócio meramente anulável não é tão significativa: em qualquer caso, exigir-se-á da ordem jurídica que resolva o problema dos efeitos já produzidos (ou, caso se prefira, da *aparência* de efeitos,[536] expressão que normalmente se usa apenas para justificar por que os mesmos não serão, depois, reconhecidos[537]). Eis o grande risco provocado pela noção

---

[534] Tal afirmativa era admitida até mesmo por ZACHARIAE a respeito do casamento que reputava inexistente: "Pode acontecer, é verdade, em certos casos, ainda que as condições essenciais de um casamento não existam, que seja necessário intentar uma ação; e é isso que acontece notadamente quando o fato de um casamento contratado existe em aparência" (*Droit civil français*. Volume I, cit., p. 166). "*Il peut, il est vrai, en certain cas, quoique les conditions essentielles d'un mariage n'existent pas, être nécessair d'intenter une action; et c'est ce qui a lieu notamment lorsque le fait d'un mariage contracté existe en apparence*".

[535] Neste sentido, reconhecia René JAPIOT que, em alguns casos de nulidade, "os efeitos do ato se produzem e duram até que uma ação venha fazê-los desaparecer". Para o autor, a nulidade, "se está oculta, não tem consequências" enquanto não for impugnada em juízo (*Des nullités en matière d'actes juridiques*, cit., p. 130). Cf., ainda, item 2.2.5, *infra*.

[536] Aduz Orlando GOMES que a inexistência "é uma aparência de ato. Essa aparência precisa ser desfeita, o que se há de verificar, necessariamente, mediante pronunciamento judicial, a despeito da opinião contrária dos partidários da teoria. O negócio inexistente equivalerá, portanto, ao negócio nulo, ainda sob esse aspecto prático" (*Introdução ao direito civil*, cit., p. 422).

[537] Em sentido contrário ao referido na nota anterior, Caio Mário da Silva PEREIRA afirma: "Costuma-se objetar que o ato inexistente não deixa de ser uma aparência de ato, que há mister

de inexistência: a afirmativa de que certo negócio simplesmente não existiu parece implicar que nenhuma providência a respeito dele precisa ser tomada, uma vez que o ato reputado como "não acontecido" não poderia, em tese, ter produzido qualquer eficácia a ser desconstituída.[538] Neste ponto, seria preferível (conquanto igualmente incorreto) considerar que o ato não tem natureza negocial (por lhe faltarem os supostos elementos essenciais), mas existe, do que postular sua inexistência.[539]

Se tais considerações são verdadeiras, a noção de inexistência, de cunho muito mais ontológico que deontológico, somente poderia ser concebida (caso se pretendesse considerá-la uma qualificação jurídica) se fosse entendida como uma espécie de invalidade do negócio, vale dizer, uma justificativa para a inaptidão do ato a produzir efeitos. Não se verifica, nessa perspectiva, qualquer escalonamento procedimental entre os chamados planos da validade e da existência, identificando-se, em vez disso, tão somente a recusa do ordenamento a esse reconhecimento de efeitos, tanto na inexistência quanto na invalidade. Essa recusa pode se apresentar mais ou menos drástica em face dos efeitos aos quais tende o negócio (muito embora não se vislumbre necessariamente um grau de reprovação maior quanto à eficácia dos atos ditos inexistentes em relação à reprovação

---

seja desfeita, e, para tanto, requer-se um decreto judicial, o que (concluem) induz equivalência entre a nulidade e a inexistência. Não nos parece, porém, assim. Teoricamente, há uma diferenciação positiva entre a inexistência e a nulidade. E na prática os efeitos diferem. [...] O ato inexistente não pode produzir qualquer efeito, independentemente de um pronunciamento da inexistência. Um contrato de compra e venda de um imóvel de valor superior à taxa legal é nulo se não revestir a forma pública (Código Civil, art. 108), mas o juiz terá de proferir um decreto de nulidade. Faltando, porém, a própria realização do contrato, o juiz poderá, pura e simplesmente, isentar o pseudocomprador de uma prestação" (*Instituições de direito civil*. Volume I, cit., p. 544).

[538] Tornou-se difundida na doutrina francesa a frase *"on n'annule pas le néant"*, literalmente, "não se anula o nada". A respeito, criticava JAPIOT: "o ato pode ter sido executado; pouco importa, ele é inexistente, a justiça não quer sequer ouvir falar dele [...]; não se dá atenção a que, assim, encontra-se consolidado um estado de fato contrário à finalidade da lei: está-se elevado alto demais na abstração para dar atenção aos fatos" (*Des nullités en matière d'actes juridiques*, cit., p. 131. Tradução livre).

[539] Esta solução parece ser proposta por Antonio Junqueira de AZEVEDO: "Se, no plano da existência, faltar um dos elementos próprios a todos os negócios jurídicos (elementos gerais), não há negócio jurídico; poderá haver um ato jurídico em sentido restrito ou um fato jurídico, e é a isso que se chama 'negócio inexistente'" (*Negócio jurídico*, cit., p. 63).

dirigida aos atos nulos),[540] mas sempre se estará diante de uma invalidade negocial.[541]

A cautela, aliás, com que se afirma frequentemente que os requisitos da inexistência seriam menos rígidos do que aqueles que caracterizam a nulidade, como se se tratasse de um *tertium genus* de invalidade, não sobrevive a uma efetiva comparação entre as hipóteses fáticas normalmente reconduzidas às duas categorias. A rigor, todos os exemplos supracitados de atos reputados inexistentes podem ser inseridos em causas de nulidade negocial, quase sempre recaindo na ilicitude do objeto ou na violação da forma prescrita.[542] Desse modo, pode-se afirmar, à luz desses exemplos, que os supostos atos inexistentes, na verdade, nada mais são que atos nulos.[543] Ilustrativamente, o contrato que tenha por objeto herança de pessoa viva é nulo por versar sobre objeto vedado por lei;[544] o testamento gravado em vídeo é nulo por não seguir as formas que legalmente admitidas;[545] e assim por diante.

---

[540] No entanto, a noção de que a inexistência corresponderia a um grau mais elevado de reprovação dos efeitos do ato pela ordem jurídica é aludida por vários autores. Na doutrina brasileira, por exemplo, Zeno VELOSO a considera "o grau máximo da eficácia" (*Invalidade do negócio jurídico*, cit., p. 135). No direito francês, destaca Jean CARBONNIER: "A sanção genérica é a ineficácia. Podem-se racionalmente dela distinguir três graus, em um *decrescendo* de energia: inexistência, nulidade absoluta nulidade relativa, e repartir entre eles os diferentes casos" (*Droit civil*. Tome 2. Paris: PUF, 2004, p. 2095. Tradução livre).

[541] Contra, v. Antônio Junqueira de AZEVEDO: "Não é lógico que se continue a colocar, ao lado do nulo e do anulável, o negócio dito inexistente, como se se tratasse de um *tertium genus* de invalidade. Não há uma gradação de invalidade entre o ato inexistente, o nulo e o anulável" (*Negócio jurídico*, cit., p. 63).

[542] Assim entende Orlando GOMES: "A teoria da inexistência é tida como construção inútil. A falta do objeto pode ser considerada causa de nulidade, e a da vontade, até de anulabilidade. Não obstante, muitos lhe reconhecem grande utilidade prática" (*Introdução ao direito civil*, cit., p. 422). Conclui o autor: "Se, doutrinariamente, é admissível a distinção entre inexistência e nulidade, praticamente não teria utilidade. A lei não pode admitir a categoria dos negócios jurídicos inexistentes porque, sendo simples fatos sem ressonância jurídica, logicamente, deles não deve ocupar-se" (o.l.u.c.).

[543] Sustenta, por exemplo, MENEZES CORDEIRO que "os pretensos casos de inexistência jurídica são, pois, casos de nulidade, sob pena de gravíssimas injustiças, enquadradas por puros conceitualismos" (*Tratado de direito civil*. Volume II, cit., p. 929).

[544] PEREIRA, Caio Mário da Silva. *Instituições de direito civil*. Volume III, cit., p. 31

[545] Nesse sentido: GOMES, Orlando. *Sucessões*, cit., p. 41.

No que tange aos negócios sob reserva mental, autorizada doutrina os classifica como casos de simulação[546] – e até o testamento sob reserva mental, que se costuma considerar inexistente, é reputado nulo por alguns autores.[547] E mesmo o negócio celebrado sob *vis absoluta*,[548] objeto de tradicional lição que o associa à inexistência negocial, pode ser considerado nulo,[549] tendo em vista que as circunstâncias da manifestação volitiva são

---

[546] Assim, por exemplo, PEREIRA, Caio Mário da Silva. *Instituições de direito civil*. Volume I, cit., p. 421; VELOSO, Zeno. *Invalidade do negócio jurídico*, cit., p. 94. No mesmo sentido, na doutrina portuguesa, cf. CORDEIRO, António Menezes. *Tratado de direito civil*. Volume II, cit., p. 822, que entende que a reserva mental conhecida pelo declaratário, ainda que nem sempre configure simulação, enseja a nulidade do negócio.

[547] A classificação decorre de entendimento, bastante difundido, de que no testamento prevalece, ainda hoje, a teoria da vontade sobre a teoria da declaração; por tal razão, a disposição do art. 110 do Código Civil, segundo o qual "a manifestação de vontade subsiste ainda que o seu autor haja feito a reserva mental de não querer o que manifestou, salvo se dela o destinatário tinha conhecimento", dirigir-se-ia apenas a declarações de vontade receptícias, mas não às disposições testamentárias, que subsistiriam independentemente do conhecimento da reserva mental por qualquer outra pessoa (nesse sentido, cf. CARVALHO, Luiz Paulo Vieira de. *Direito das sucessões*, cit., pp. 804-805; NERY JÚNIOR, Nelson e NERY, Rosa Maria de Andrade. *Código Civil comentado*, cit., p. 251). Ainda que se considere procedente tal princípio interpretativo dos testamentos, contudo, não se verifica qualquer razão para afirmar que a reserva mental não corresponda a hipótese de nulidade do ato. De fato, tal entendimento já podia ser encontrado na doutrina clássica italiana, afirmando, por exemplo, Francesco FERRARA que a reserva mental nos negócios *mortis causa* é relevante, mas enseja a nulidade do ato (*A simulação dos negócios jurídicos*. São Paulo: Red Livros, 2014, p. 75). Esta *ratio* também parece ter sido adotada pelo codificador português, que, ao tratar de uma das hipóteses mais frequentes de reserva mental testamentária, dispôs no art. 2.200: "É anulável a disposição feita aparentemente a favor de pessoa designada no testamento, mas que, na realidade, e por acordo com essa pessoa, vise a beneficiar outra".

[548] A distinção tradicional entre *vis absoluta* e *vis compulsiva* pode ser encontrada, dentre outros, na lição de Francisco AMARAL: "O sistema do Código Civil abrange: a) violência física absoluta, que impede a formação do ato jurídico, por falta de consentimento; b) a coação física que constrange o agente a dar uma declaração contrária à sua vontade; c) a coação moral que, incutindo no espírito do paciente fundado temor de grave dano, leva-o a manifestar um consentimento não querido" (*Direito civil*: introdução, cit., p. 543).

[549] Sustenta, por exemplo, Orlando GOMES: "Só a violência moral vicia o consentimento. A violência física ou material (*vis absoluta*) exclui a vontade. Nesse caso, o ato não será simplesmente anulável, mas nulo" (*Introdução ao direito civil*, cit., p. 379). No mesmo sentido, Silvio RODRIGUES: "Se se tratar de *vis absoluta*, o ato jurídico é nulo, por faltar um elemento substancial, isto é, o consentimento; se, ao contrário, caracterizar-se a hipótese de *vis compulsiva*, o ato é meramente anulável" (*Direito civil*. Volume I, cit., p. 201). Com idêntico entendimento, cf.

vedadas por lei (inclusive no âmbito penal), a atrair, senão a incapacidade absoluta temporária do agente,[550] ao menos a contrariedade à lei como causa de nulidade virtual.[551] Na experiência jurídica, nulo e inexistente se confundem – como, aliás, já ocorre desde as fontes romanas, para as quais o adjetivo *nullum* significava simplesmente inexistente, isto é, o ato irrelevante, desprovido de ação para sua tutela.[552]

Realmente, não parece existir, no plano funcional, diversidade de propósitos entre inexistência e invalidade: ambas tratam da regulação da eficácia negocial a partir de um juízo de valor realizado sobre o ato ou, mais propriamente, sobre os efeitos dele decorrentes.[553] Talvez o melhor indício dessa paridade de funções consista na afirmativa, muito recorrente em matéria de nulidade negocial, de que os atos nulos não produziriam efeitos,

---

também ESPÍNOLA, Eduardo. *Manual do Código Civil brasileiro*. Volume I. Parte I. Rio de Janeiro: Jacintho Ribeiro dos Santos, 1932, p. 387; PEREIRA, Caio Mário da Silva. *Instituições de direito civil*. Volume I, cit., p. 445. Já Francisco AMARAL afirma que o negócio celebrado sob coação absoluta é "inexistente ou nulo" (*sic*) (*Direito civil*: introdução, cit., p. 544).

[550] Proposta aludida por Orlando GOMES: "Diz-se, por exemplo, que não há vontade quando uma pessoa age num acesso de loucura (Capitant), mas, nesse caso, o ato poderia ser declarado nulo por incapacidade absoluta do agente" (*Introdução ao direito civil*, cit., p. 422). Tal solução resta parcialmente prejudicada com a reforma do Código Civil promovida pela Lei n. 13.146/2015, que retirou equivocadamente do rol de causas de incapacidade absoluta a impossibilidade temporária de exprimir vontade (que não mantinha qualquer relação com o regime jurídico da pessoa com deficiência, matéria regulada pela referida lei), inserindo-a dentre as hipóteses de incapacidade relativa. A respeito, cf. SOUZA, Eduardo Nunes de; SILVA, Rodrigo da Guia. Autonomia, discernimento e vulnerabilidade: estudo sobre as invalidades negociais à luz do novo sistema das incapacidades, cit., pp. 32-33.

[551] Com idêntica argumentação, v. TRABUCCHI, Alberto. *Istituzioni di diritto civile*, cit., p. 160.

[552] Cf. SPINA, Angela la. *Destrutturazione della nullità e inefficacia adeguata*, cit., p. 20, que destaca que, para a concepção romana, era estranha a noção de uma *fattispecie* destinada unicamente a ser qualificada como nula (Ibid., p. 21).

[553] Isso acontece, na verdade, porque o crescimento da teoria da inexistência acabou absorvendo casos que já eram anteriormente tratados como nulidades. O processo, observado na doutrina francesa por JAPIOT, começou pela previsão de causas de inexistência "das quais a necessidade parecia evidente do ponto de vista do bom senso", mas logo evoluiu para hipóteses que começaram a se impor ao legislador (particularmente ligadas ao objeto ou à causa da obrigação), as chamadas inexistências racionais, até o ponto em que se passou a cogitar de inexistências legais a partir de disposições normativas que, de outra forma, seriam consideradas causas de nulidade absoluta (*Des nullités en matière d'actes juridiques*, cit., pp. 124-125).

como se jamais houvessem existido.[554] Nesse caso, a referência à existência do ato se mostra menos arriscada para o adequado controle valorativo de seus efeitos do que aquela promovida pelo plano da existência propriamente dito, porque, na teoria da invalidade, sabe-se de antemão que o intérprete deverá solucionar o problema colocado pelos efeitos produzidos pelo ato (ainda que a solução já se encontre, em princípio, prevista na lei, conforme se trate de ato nulo ou anulável), decidindo por sua manutenção ou desconstituição.[555]

Por outro lado, também do ponto de vista estrutural, não se vislumbra diferença entre inexistência e invalidade que justifique o tratamento autônomo da primeira categoria.[556] Afirma-se, por exemplo, que, no caso dos atos inexistentes, seria sempre possível pretender judicialmente seu desfazimento, já que, diversamente dos atos nulos, não convalesceriam

---

[554] Afirma-o, por exemplo, RUGGIERO: "A nulidade do ato é a mais grave imperfeição, não lhe permitindo que produza qualquer dos seus efeitos próprios; o negócio jurídico é, pelo ordenamento, considerado como se não se tivesse feito e se alguns efeitos dele resultaram, estes não são efeitos do negócio, como tal, mas consequência dos fatos aos quais foi dada existência ao concluir o ato nulo" (*Instituições de direito civil*. Volume I, cit., p. 390). PONTES DE MIRANDA criticava os autores que confundiam as noções de nulidade e inexistência, afirmando que tal confusão acaba redundando, justamente, na supressão da categoria do nulo, que passa a ser considerada sinônimo de ausência de elementos componentes, o que o autor considera um erro de lógica (*Tratado de direito privado*. Volume IV, cit., p. 75).

[555] Alguns autores, por outro lado, mesmo sustentando a diferença entre atos inexistentes e atos nulos, ressaltam que também no caso dos atos inexistentes sempre seria necessário o reconhecimento judicial do vício. Assim, por exemplo, Luiz Paulo Vieira de CARVALHO: "A inexistência do testamento em sentido jurídico, embora se configure como um nada no campo do direito, deverá, como na hipótese da nulidade da disposição de última vontade, uma vez aberta a sucessão do testador, ser declarada judicialmente, seja mediante ação própria, que, *in casu*, é a ação declaratória da inexistência do negócio, seja *ex officio* em qualquer processo ou procedimento sucessório, caso o magistrado a encontre aprovada, sob pena de o testamento continuar a produzir seus aparentes efeitos" (*Direito das sucessões*, cit., p. 802).

[556] O mesmo se afirma na doutrina francesa, inclusive a respeito do casamento, exemplo que justificou a própria noção de inexistência. Nesse sentido, por exemplo, Jean CARBONNIER explica que, no caso do casamento celebrado sem a presença da autoridade competente, o caso seria, tradicionalmente, considerado como ato inexistente. No entanto, a jurisprudência o tem considerado "como simplesmente nulo, não como inexistente (o que lhe permite, após a anulação, aplicar o benefício do casamento putativo)" (*Droit civil*. Tome 1, cit., p. 1199. Tradução livre).

com o decurso do tempo nem permitiram confirmação pelas partes.[557] Tal alegação, contudo, não apenas comprova que os ditos atos inexistentes podem produzir, de fato, efeitos (sobre os quais a ordem jurídica precisará se pronunciar eventualmente) como também contraria a própria teoria tradicional das nulidades,[558] segundo a qual, como se verá mais adiante, também estas não prescreveriam e não admitiriam ratificação. Por outro lado, os mesmos motivos pelos quais parte da doutrina sustenta a flexibilização da imprescritibilidade das nulidades[559] permitiriam superar a aplicação dessa característica à inexistência, de modo que não parece se justificar, em um sentido ou no outro, a diferença de regime jurídico. Particularmente no caso do casamento putativo, sustenta-se ainda que uma diferença estaria no fato de a boa-fé dos cônjuges aparentes não permitir a manutenção dos efeitos do ato em benefício dos filhos caso o casamento

---

[557] Na doutrina francesa, analisava criticamente JAPIOT que se popularizaram expressões como "não se pode confirmar o nada" (*"on ne peut pas confirmer le néant"*) ou, ainda, "cura-se um doente, mas não um morto" (*"on guérit un malade, on ne guérit pas un mort"*), para fazer referência ao negócio inexistente. No que tange à prescrição, como relata o autor, também não se admite, em geral, a convalidação com o tempo do ato inexistente, já que não poderia a inação validar o que é desprovido de existência: "não há geração espontânea" (*"pas de génération spontanée"*) (*Des nullités en matière d'actes juridiques*, cit., p. 135). Assim também na doutrina brasileira: "o negócio jurídico inexistente, por não ingressar no mundo do direito, pode ser impugnado (*rectius*: ter reconhecida a sua inexistência) a qualquer tempo, não lhe sendo oponíveis a convalidação ou o esgotamento do prazo prescricional, que poderiam ser invocados em face do negócio jurídico inválido" (TEPEDINO, Gustavo. Aquisição *a non domino* e os efeitos do tempo na cadeia de aquisição imobiliária. *Soluções práticas de direito*: pareceres. Volume I. São Paulo: Revista dos Tribunais, 2011, p. 581). Tal posicionamento a respeito dos negócios inexistentes, segundo alguns autores, seria sustentado mesmo por aqueles que admitissem a possibilidade excepcional de convalidação dos negócios nulos. A respeito, v. RODRIGUES, Silvio. *Direito civil*. Volume I, cit., p. 291; LOPES, Miguel Maria de Serpa. *Curso de direito civil*. Volume I, cit., p. 505. A questão torna-se ainda mais clara em matéria de disposições de última vontade, para cuja nulidade o próprio Código Civil prevê prazo de alegação (art. 1.859), os quais a doutrina afirma, no entanto, não se estenderem aos testamentos inexistentes (v. CARVALHO, Luiz Paulo Vieira de. *Direito das sucessões*, cit., p. 802).
[558] Nesse sentido, relata JAPIOT que, se a teoria das formas de ineficácia negocial iniciou-se na doutrina francesa comportando diversas categorias, com gradações de ineficácia, com o crescimento da teoria da inexistência tais categorias foram reduzidas pouco a pouco (*"suppression progressive des intermédiaires"*), até que, em certo momento, apenas se cogitava de duas "etiquetas", nos termos usados pelo autor: a nulidade relativa (associável à anulabilidade no direito brasileiro) e a inexistência (*Des nullités en matière d'actes juridiques*, cit., pp. 124-136).
[559] Cf. item 2.2.2, *infra*.

se repute inexistente, diversamente de outros casos de nulidade ou anulabilidade.[560] Como, porém, a lei não prevê hipóteses de inexistência e todas aquelas aludidas pela doutrina constituem, à luz do Código Civil, causas de nulidade, a distinção torna-se de difícil sustentação.

Em síntese, o conceito de inexistência, para alguns autores verdadeira ficção jurídica,[561] desenvolveu-se à sombra da teoria das nulidades,[562] via de regra como forma mais flexível[563] de justificar a ineficácia de certos atos que, embora plenamente válidos à luz dos requisitos legais, ainda assim contrariavam algum valor juridicamente relevante – de tal modo que a doutrina e, a seu turno, a jurisprudência optaram por buscar outra

---

[560] Segundo Eduardo ESPÍNOLA, partindo ainda da inadmissibilidade dos casamentos entre pessoas do mesmo sexo, "na verdade, naqueles casos em que se não pode falar em casamento existente, porque houve falta absoluta de consentimento, ou manifestamente idêntico era o sexo dos pseudos [sic] nubentes, ou ainda não houve celebração ou absolutamente incompetente era o celebrante, a boa-fé dos cônjuges, ou de um deles, não tem a virtude de determinar, em benefício deles ou dos filhos, os efeitos resultantes do matrimônio" (*Manual do Código Civil brasileiro*. Volume III, parte IV, cit., p. 175).

[561] Relata Caio Mário da Silva PEREIRA: "[...] há quem defenda a sua desnecessidade ou declare a distinção mera sutileza bizantina, e quem se plante até na recusa aos seus méritos científicos, raciocinando que a própria expressão *ato inexistente* não passa de uma *contradictio in adiectio*, por ver que o ato pressupõe a existência de algo, e a inexistência é a sua negação" (*Instituições de direito civil*. Volume I, cit., p. 542). Parte da doutrina, porém, rejeita o termo "inexistência" apenas para conferir idêntico conceito à noção de nulidade. Exemplificativamente, Martinho GARCEZ: "Nós não temos necessidade de recorrer à categoria de atos inexistentes [...] porque temos a expressão *nulos de pleno direito*, que traduz em nosso direito o mesmo que a palavra *inexistente* no direito francês" (*Das nulidades dos atos jurídicos*, cit., p. 14). No mesmo sentido, ESPÍNOLA, Eduardo. *Manual do Código Civil brasileiro*. Volume III, parte IV, cit., p. 146.

[562] Reconhece Clóvis BEVILÁQUA que "a transição entre o ato nulo e o inexistente é suave; desliza a mente de um para o outro como que insensivelmente"; o autor, no entanto, acaba concluindo que "a distinção é real, porque o primeiro sofre de um vício essencial, que o desorganiza e desfaz: é um enfermo condenado à morte; o outro não tem existência jurídica; será, quando muito, a sombra de um ato, que se desvanece" (*Teoria geral do direito civil*, cit., pp. 258-259).

[563] A vantagem dessa flexibilidade é registrada por PLANIOL e RIPERT: "A teoria foi apresentada pela primeira vez por Zachariae; ela foi depois aceita por todos os autores, felizes de nela encontrar um meio de sair do embaraço e de anular casamentos sem texto" (*Traité élémentaire de droit civil*. Tome 1er, cit., p. 134. Tradução livre). Com efeito, a teoria dos atos inexistentes não depende de previsão legal, podendo ser aplicada, por exemplo, em matérias que não admitem as nulidades virtuais, como o casamento; nem depende, tampouco, de declaração judicial, embora se admita provimento judicial com o fulcro de se desfazer mera aparência de ato (v. PEREIRA, Caio Mário da Silva. *Instituições de direito civil*. Volume I, cit., p. 544).

fundamentação para a sua não produção de efeitos. Diante de uma teoria das nulidades formalista, foi preciso buscar na noção de inexistência o fundamento para negar eficácia a atos negativamente apreciados pelo pensamento jurídico da época.[564] Este parece ser o momento, porém, de repensar tal escolha, na medida em que uma leitura funcional da teoria das nulidades responde de forma muito mais vantajosa às necessidades valorativas do intérprete, em lugar de uma figura que, além de remeter muito mais a um juízo naturalístico do que jurídico, foi originalmente concebida apenas para a superação da textualidade das nulidades em setor muito específico do direito civil.[565] À mesma conclusão, aliás, há muito já chegaram outros ramos do direito que se aproveitam da teoria geral do ato jurídico civil, como o direito administrativo.[566]

Diante de todas essas constatações, evitou-se, ao longo da exposição deste estudo, a referência aos chamados negócios inexistentes, e, uma vez ultrapassada esta necessária etapa intermediária, em que se analisou a suposta autonomia da categoria em relação aos negócios jurídicos inválidos, tendo-se concluído que a chamada inexistência consiste, na verdade, pura e simplesmente na invalidade negocial, apenas a esta última far-se-á

---

[564] Em certa perspectiva, aliás, chega a ser contraditório que, para se evitar o recurso a uma espécie de nulidade porque ela não era textual, tenha-se recorrido a uma categoria totalmente nova e que sequer era prevista na lei.

[565] Nesse sentido parece postar-se Silvio RODRIGUES, ao afirmar que a inexistência poderia ser considerada *inexata, inútil e inconveniente:* "Seria inexata porque, no mais das vezes, o ato malsinado cria uma aparência que para ser destruída implica recurso judicial. [...] Seria inútil porque a noção de nulidade absoluta a substitui vantajosamente. Se falta a um ato um elemento substancial, ele deve ser proclamado nulo e de tal declaração decorre sua total ineficácia, gerando apenas aqueles efeitos porventura permitidos por lei. [...] Finalmente, seria inconveniente porque, a ser verdade que se pode prescindir de ação judicial para declarar a inexistência, estar-se-á privando as partes, interessadas no ato, das garantias de defesa que o processo oferece e dos eventuais efeitos por vezes atribuídos pela lei, mesmo na hipótese de nulidade" (*Direito civil.* Volume I, cit., pp. 291-292).

[566] Afirma, por exemplo, Hely Lopes MEIRELES sobre o ato administrativo: "Ato inexistente é o que apenas tem aparência de manifestação regular da Administração, mas não chega a se aperfeiçoar como ato administrativo. É o que ocorre, por exemplo, com o 'ato' praticado por um usurpador de função pública. Tais atos equiparam-se, em nosso direito, aos atos nulos, sendo assim irrelevante e sem interesse prático a distinção entre nulidade e inexistência, porque ambas conduzem ao mesmo resultado – a invalidade – e se subordinam às mesmas regras de invalidação. Ato inexistente ou ato nulo é ato ilegal e imprestável, desde o seu nascedouro" (*Direito administrativo brasileiro.* São Paulo: Revista dos Tribunais, 1989, p. 150).

referência doravante. Com efeito, não se admite, particularmente na perspectiva civil-constitucional, que a ordem jurídica feche os olhos a qualquer ato humano ou se abstenha de disciplinar as repercussões que ele pode ter provocado mesmo antes que tenha havido tempo de se emitir qualquer juízo sobre sua validade. Por tais razões, a inexistência resulta em categoria artificial, que pouco contribui à dogmática civilista, tendo em vista que, seja do ponto de vista funcional, seja em seu perfil estrutural, não é possível verificar distinção clara entre ela e a invalidade.

2.2. A doutrina tradicional das invalidades do negócio jurídico e suas críticas

Uma vez abordada a discussão a respeito do plano da existência, e tendo-se entendido que não se verifica distinção prática entre o negócio dito inexistente e o negócio inválido, cumpre investigar de forma mais detida a doutrina tradicional a respeito da invalidade do negócio jurídico e de seu perfil estrutural. Até este ponto da exposição, tem-se feito referência às expressões "teoria das invalidades" e "teoria das nulidades" de forma intercambiável. Este parece ser o momento oportuno para diferenciá-las, elencando as diferenças traçadas pela doutrina entre os perfis estruturais das duas espécies de invalidade – nomeadamente, nulidade e anulabilidade –, seja quanto às causas de configuração, seja quanto à disciplina jurídica. Comentar-se-ão, ainda, as críticas há muito dirigidas à distinção entre essas modalidades. A análise das invalidades e de seu regime, inclusive, permitirá corroborar a conclusão, já alcançada *supra*, de que a chamada inexistência não passa de uma hipótese de nulidade.

A distinção entre nulidade e anulabilidade revela-se do maior interesse, muito mais do que a controvérsia quanto ao ato inexistente, porque, ao contrário deste último, a bipartição das invalidades negociais foi expressamente adotada pelo legislador brasileiro. Evitou-se, aqui, o uso das expressões "nulidade absoluta" e "relativa", não adotadas pelo Código Civil e bastante controversas em doutrina.[567] Tais expressões, quando

---

[567] Registra Caio Mário da Silva PEREIRA: "as expressões nulidade absoluta e nulidade relativa, que para uns correspondem às ideias de nulidade e anulabilidade, para outros não têm o mesmo sentido e igual correspondência, uma vez que entendem 'relativa' aquela que não pode ser alegada por terceiro" (*Instituições de direito civil*. Volume I, cit., pp. 540-541). Remata o autor: "No sistema do Código Civil, portanto, o vocábulo nulidade já por si tem o sentido de

empregadas por autores nacionais, decorrem, em linhas gerais, da influência estrangeira, particularmente francesa. Não tendo sido albergada pelo legislador brasileiro, a distinção deve ser evitada, sobretudo porque apenas parcialmente corresponde à distinção tradicional entre nulidade e anulabilidade (em regra, diz respeito tão somente à legitimidade para alegação da invalidade). Dar-se-á preferência, assim, à terminologia do Código Civil, apenas excepcionalmente se aludindo a essas designações.

2.2.1. Distinção entre nulidade e anulabilidade quanto às suas causas

Bastante difundida em doutrina é a afirmativa de que a diferença primordial entre nulidade e anulabilidade residiria no interesse jurídico que tais modalidades visam a tutelar. Nesse sentido, a *ratio* das causas de nulidade consistiria na proteção de interesses socialmente relevantes – ou, em outra formulação, "de ordem pública" –, ao passo que a anulabilidade estaria voltada à tutela, em linha de princípio, dos interesses particulares das partes.[568] Dessa natureza também decorreria o caráter *erga omnes* da nulidade, cujo reconhecimento pode, em regra, ser oposto a terceiros.[569]

---

absoluto, e é de pleno direito; a expressão nulidade relativa deve dar lugar à anulabilidade" (Ibid., p. 531). Também critica a classificação Orlando GOMES: "Pretenderam alguns admitir a existência de nulidade relativa, que teria todos os caracteres da nulidade absoluta, menos seu reflexo processual. A iniciativa de sua decretação tocaria apenas a certos interessados. Assiste razão aos que consideram contraditória essa figura" (*Introdução ao direito civil*, cit., p. 426). Exemplos de nulidades relativas, segundo este último autor, para as correntes doutrinárias que as admitem, seriam, no direito matrimonial, aquelas decorrentes de impotência, erro, coação etc. e, no direito contratual, a simulação ou a venda de bens penhorados (Ibid., p. 425).

[568] Afirma Clóvis BEVILÁQUA: "Essa reação é mais enérgica, a nulidade é de pleno direito, e o ato é nulo, quando ofende princípios básicos da ordem jurídica, garantidores dos mais valiosos interesses da coletividade. É mais atenuada a reação, a nulidade é sanável e o ato é apenas anulável, quando os preceitos violados se destinam, mais particularmente, a proteger interesses individuais" (*Código Civil dos Estados Unidos do Brasil*. Volume I, cit., p. 410). Particularmente sobre a anulabilidade, veja-se a lição de PLANIOL e RIPERT: "A simples anulação é uma medida de proteção de uma pessoa determinada. Seja um incapaz que a lei queira proteger contra sua própria inexperiência, seja uma pessoa que tenha sido enganada ou coagida, ou que incorreu em um erro fortuito. Esse motivo muito especial explica todos os caracteres que são próprios a essa nulidade" (*Traité élémentaire de droit civil*. Tome 1er, cit., p. 132. Tradução livre).

[569] Nesse aspecto, afirma-se que, "quanto a terceiros, declarada a nulidade do ato, desfaz-se o direito que por acaso tenham adquirido com fundamento nesse ato. Isso não impede, todavia, que se apliquem as regras sobre a posse de boa-fé no tocante a frutos, produtos e benfeitorias realizadas na pendência do negócio posteriormente declarado nulo" (AMARAL, Francisco.

A distinção já foi mencionada neste estudo quando se sustentou que, na origem das causas de invalidade negocial, reside a finalidade precípua de tutela de valores e interesses juridicamente relevantes.[570] Também no plano estrutural, porém, a diferença se manifesta, ainda que a linha divisória entre nulidade e anulabilidade não se revele tão intransponível quanto a doutrina tradicional costuma sugerir.

Em primeiro lugar, o fato de as nulidades constituírem, em princípio, matéria de "ordem pública" conduziu à admissibilidade de sua previsão não textual pela lei, na forma das chamadas nulidades virtuais.[571] De fato, como todo ato violador de preceitos de ordem pública podia ser considerado inapto à produção de efeitos jurídicos, concluiu-se que bastava a existência do referido preceito normativo, ainda que este não cominasse uma nulidade como consequência, para que estivesse suficientemente estipulada a causa de nulidade sem que restasse ferido o princípio, reconhecido em doutrina, segundo o qual a invalidade não se presume.[572] Adverte a doutrina, com alguma frequência, que a nulidade apenas estará estabelecida, em sua forma virtual, caso a norma que estabelece a vedação legal já não cominar uma sanção específica para o ato vedado.[573] Tal entendimento foi reproduzido pelo próprio legislador no art. 166, VII do Código Civil,[574] fundamento legal da admissão das nulidades virtuais (não cominadas).

Semelhante concepção merece ser lida *cum grano salis*, já que não parece razoável supor que a lei, sempre que prevê uma sanção específica para o agente, teria pretendido, em silêncio eloquente, preservar a integralidade

---

Direito civil, cit., p. 571). Sobre as consequências da declaração da nulidade para terceiros, cf., ainda, os comentários acerca da alienação *a non domino* desenvolvidos nos itens 2.3 e 3.3, *infra*.

[570] Cf. item 1.1.2, *supra*.

[571] Conforme conclui CARIOTA FERRARA, "já que a invalidade virtual ocorre especialmente e seguramente no caso de contraste entre o conteúdo do negócio com normas imperativas e, assim, inderrogáveis, nada pode haver senão nulidade" (*Il negozio giuridico nel diritto privato italiano*, cit., p. 334. Tradução livre).

[572] Cf. MESSINEO, Francesco. *Manuale di diritto civile e commerciale*. Volume I, cit., p. 615.

[573] Assim, por exemplo, na doutrina francesa já se entendia que as normas imperativas não ensejavam, normalmente, nulidades virtuais quando cominavam outras consequências para sua violação (PLANIOL, Marcel; RIPERT, Georges. *Traité élémentaire de droit civil*. Tome 1er, cit., p. 130).

[574] *Verbis*: "Art. 166. É nulo o negócio jurídico quando: [...] VII – a lei taxativamente o declarar nulo, ou proibir-lhe a prática, sem cominar sanção".

dos efeitos produzidos pelo ato.[575] Ao que parece, o sentido da dicção legal é o de que haverá nulidade caso a norma que veda o ato realizado não disponha no sentido de se manterem os efeitos deste, acrescidos, porém, de outras consequências.[576] Faz-se necessário, nesse sentido, investigar o fim perseguido pela norma.[577] Do mesmo modo, a previsão de nulidade para

---

[575] A exigência de que a norma que fundamenta a nulidade virtual não tenha previsto qualquer outra sanção é vista com verdadeira perplexidade por parte da doutrina, que considera tal requisito de todo despiciendo: "O apêndice final do inciso VII do artigo 166 [...] ficou sem sentido. Se a lei o declara nulo, impõe a nulidade como sanção. Se proíbe a prática do ato, ele já é nulo, por contrariedade à lei proibitiva, dispensando obviamente que a lei que o proíbe mencione a nulidade como sanção" (PEREIRA, Caio Mário da Silva. *Instituições de direito civil*. Volume I, cit., p. 531). O Código Civil italiano, em seu art. 1.418, revela-se mais preciso ao dispor, simplesmente, "*salvo che la legge disponga diversamente*", o que se interpreta na perspectiva funcional de que não haverá nulidade virtual apenas se à tutela dos interesses envolvidos pela norma tiver recebido "um remédio mais côngruo" (PERLINGIERI, Pietro. *Manuale di diritto civile*, cit., p. 566). A esse propósito, relata Giovanni PERLINGIERI que, "no direito europeu dos contratos, é frequente que o legislador estabeleça apenas qual é o interesse jurídico protegido, deixando depois ao intérprete a tarefa de escolher, entre dois ou mais remédios compatíveis, aquele mais adequado". Nesse sentido, ressalta o autor que a natureza imperativa de uma norma "não comporta necessariamente a nulidade (virtual mas também textual) do contrato se tal sanção resultar desproporcional e irrazoável em relação à *ratio* da proibição [...]" (*Profili applicativi della ragionevolezza nel diritto civile*. Napoli: ESI, 2015, p. 86. Tradução livre).

[576] Assim, por exemplo, quando o art. 308 estabelece que "o pagamento deve ser feito ao credor ou a quem de direito o represente, sob pena de só valer depois de por ele ratificado, ou tanto quanto reverter em seu proveito", implicitamente determina que não haverá invalidade do pagamento: i) em caso de ratificação posterior ou ii) caso o pagamento tiver revertido em proveito do credor de direito, e na medida em que isso houver ocorrido. Nesse sentido, a nulidade virtual do pagamento apenas ocorrerá nas hipóteses em que o referido dispositivo não tiver previsto solução diversa (isto é, a validade pela ratificação ou pelo aproveitamento total por parte do credor de direito, ou a nulidade parcial quando também for parcial esse aproveitamento). Como observa Orlando GOMES, "a determinação das nulidades virtuais não é fácil, porque inexiste critério de ordem geral que permita reconhecer todos os casos nos quais houve a intenção de sancionar a transgressão com essa pena" (*Introdução ao direito civil*, cit., p. 424).

[577] Pondera José de Oliveira ASCENSÃO que o efeito da nulidade virtual em face da violação de um comando legal "não pode ser generalizadamente aceito. Basta pensar que em certos casos isso teria como resultado sacrificar o sujeito que a lei visa justamente proteger. A base legal não impõe semelhante entendimento. [...] Será pelo sentido do preceito que se tira a consequência, o que não torna taxativas as conclusões" (*Direito civil*. Volume II, cit., p. 315). Assim também se direcionava já a doutrina tradicional italiana, ao afirmar que a nulidade virtual se depreenderia "da função da norma" (MESSINEO, Francesco. *Manuale di diritto civile e commerciale*. Volume I, cit., p. 615). No direito brasileiro, Francisco de Bulhões CARVALHO entendia que "a lei pode

negócios que apresentem determinados vícios não afasta a possibilidade de se configurarem, do mesmo ato, outras consequências não desejadas pelas partes.[578]

Ao vincular a existência das nulidades virtuais à ausência de uma sanção específica pela violação da norma, o legislador ainda contribui para uma segunda interpretação preocupante, que qualifica a invalidade negocial como uma *sanção*. Contra essa concepção sempre se insurgiu autorizada doutrina, com o fundamento de que a ideia de sanção deveria significar uma consequência negativa para o agente, o que destoa da *ratio* das invalidades.[579] Nesse sentido, já se afirmou que as nulidades apenas poderiam ser consideradas sanções jurídicas em um sentido particular, mais direcionado à eficácia do ato do que à penalização do agente.[580] A afirmação

---

cominar uma pena contra a violação duma proibição legal, sem que isso importe em lhe ser aplicável também a sanção de nulidade conforme a natureza do dispositivo" (*Sistemas de nulidades dos atos jurídicos*. Rio de Janeiro: Forense, 1981, p. 192) e sugeria que o legislador adotasse a mesma solução do §134 do BGB, segundo o qual o negócio que contrariar disposição legal é nulo, se outra coisa não se deduzir da natureza da lei (o.l.u.c.).

[578] Exemplifica Giovanni PERLINGIERI: "a nulidade e o ressarcimento do dano podem configurar-se juntos, mas não se pode excluir a operatividade, alternativamente, da nulidade ou do ressarcimento, confirmando que em relação à peculiaridade do caso concreto ('pactos' ou 'praxes' iníquas) podem tanto verificar-se, alternativamente, remédios diversos (nulidade ou ressarcimento) quanto conviverem vários remédios (nulidade e ressarcimento). Nem se pode excluir que, ainda que na presença de um 'pacto iníquo', o remédio mais adequado a satisfazer o interesse do contraente frágil possa consistir, não na nulidade, mas no ressarcimento do dano" (*Profili applicativi della ragionevolezza nel diritto civile*, cit., p. 91).

[579] Segundo Herbert HART, no direito criminal, "as regras que determinam quais os tipos de conduta que constituem os fatos ilícitos fundamento de ação judicial são referidas como impondo às pessoas, independentemente dos seus desejos, 'deveres' [...] de abstenção de certa conduta. Esta conduta em si mesma é designada como 'violação de um dever' e a compensação ou os outros modos jurídicos de reparação são designados como 'sanção'. Mas há importantes tipos de leis em que tal analogia com as ordens baseadas em ameaças falha redondamente, visto que preenchem uma função social bastante diferente. As regras jurídicas que definem os modos pelos quais se podem celebrar contratos, testamentos ou casamentos válidos não obrigam as pessoas a atuar de determinada maneira, quer queiram, quer não. Tais leis não impõem deveres ou obrigações. Em vez disso, facultam aos indivíduos dispositivos para a realização dos seus desejos, conferindo-lhes poderes jurídicos legais para criar, através de certos procedimentos especificados e sujeitos a certas condições, estruturas de direitos e deveres dentro do quadro coercitivo do direito" (*O conceito de direito*. Lisboa: Calouste Gulbenkian, 1994, pp. 34-35).

[580] Nesse sentido, pondera Norberto BOBBIO: "Se nós definirmos a sanção como uma consequência desagradável imputada pelo legislador a todo aquele que transgride a norma primária,

das invalidades negociais como sanções, porém, é bastante difundida na doutrina, que considera a não produção dos efeitos negociais uma consequência indesejável para o agente[581] – ignorando, assim, a possibilidade, sustentada no presente estudo, de que o ato produza parcial ou totalmente seus efeitos a despeito da verificação de uma causa legal de invalidade.[582]

Mais ainda, a qualificação da nulidade como uma sanção tem assumido com frequência um sentido punitivo, o que desvirtua a própria função do instituto, que não parece visar propriamente à imputação de um castigo ao agente (nem pressupõe qualquer critério de imputabilidade para a eventual incidência de uma punição), mas sim ao controle de legitimidade dos efeitos produzidos pela autonomia privada.[583] Por outro lado, contraditoriamente, não é rara a afirmação de que a suposta sanção se dirige, não exatamente ao agente, mas ao próprio ato realizado,[584] o que apenas se compatibiliza

---

o objetivo de atribuir uma consequência desagradável ao transgressor pode ser atingido de dois modos: 1) fazendo de modo que violando a norma não se alcance o fim a que se propunha; 2) fazendo de modo que violando a norma se alcance um fim oposto àquele que se propunha. Exemplos do primeiro modo são as normas mais propriamente chamadas de técnicas, isto é, aquelas que estabelecem a modalidade para o cumprimento de um ato juridicamente válido (como grande parte das normas sobre contratos e testamentos): em todos esses casos, se não sigo a modalidade prescrita, não atinjo o fim de realizar um ato juridicamente válido, e a sanção consiste precisamente no desaparecimento do fim" (*Teoria da norma jurídica*. Bauru: EDIPRO, 2001, pp. 118-119).

[581] Sustenta, por exemplo, Marcos Bernardes de MELLO que "é irrelevante para descaracterizar a sanção jurídica a circunstância de que a pena não importe um ônus ou uma obrigação para o infrator, mas seja constituída pela frustração de um objetivo que persegue, exatamente por ser contrário ao direito. O que caracteriza a punição é a consequência desvantajosa imposta àquele que viola a ordem jurídica, seja esta consequência a morte, a prisão, a obrigação de indenizar, a perda de direitos ou apenas a frustração de um fim almejado. Em qualquer das hipóteses o direito repele a conduta infringente de seus comandos e isto não pode ser simplesmente ignorado ou receber uma conotação diferente" (*Teoria do fato jurídico*: plano da validade, cit., p. 57).

[582] Cf. item 2.4, *infra*, onde se cogita, ainda, da modulação de efeitos de determinados atos válidos.

[583] Conforme anota Pietro PERLINGIERI, "a nulidade por si parece idônea não tanto a reprimir quanto simplesmente, desencorajar certas composições de interesses" (*O direito civil na legalidade constitucional*, cit., p. 399).

[584] Afirma, por exemplo, Orlando GOMES: "A invalidade é a *sanção imposta pela lei ao negócio praticado em desobediência ao que prescreve, ou no qual é defeituosa a vontade do agente*. No Direito Penal, a violação da lei pune-se com a pena; no Direito Civil, com a nulidade [...]. Na ordem civil, o melhor modo de reprimir as infrações é [...] frustrar o ato, privando-o de eficácia. O efeito querido pelo agente não se produz, ou se produz limitadamente" (*Introdução ao direito civil*, cit., p. 423. Grifou-se).

com a noção lata do termo, sinônima à ideia de consequência jurídica,[585] já que não há cabimento em se cogitar na "punição" de um ato. De todo modo, para os fins da presente análise, relevante é constatar que se reconhece amplamente a existência de causas virtuais para a nulidade – que não precisa, portanto, ser expressamente cominada pela lei. Nesse sentido, o art. 166, VII do Código Civil dispõe que as nulidades podem ser "taxativamente" (leia-se, expressamente) previstas ou decorrer implicitamente de vedações legais.

De outra parte, afirma-se que a anulabilidade do negócio jurídico decorre, necessariamente, da expressa cominação legal, não se admitindo sua existência implícita na norma jurídica.[586] Os casos de anulabilidade negocial, assim, consideram-se sempre taxativos, vislumbrando-se a nulidade como critério residual para os casos em que o legislador, tendo vedado determinado ato, não atribuiu a ele o caráter de (meramente) anulável.[587] A explicação lógica está no fundamento das causas de anulabilidade, que pode ser reconduzido ao interesse das partes: a rigor, como não se podem prever quantos são os possíveis interesses das partes no caso concreto, foi preciso que o legislador determinasse quais interesses individuais poderiam justificar o desfazimento dos efeitos produzidos pelo ato – e o fez, essencialmente, com referência à higidez da declaração de vontade (disciplina dos defeitos negociais) e à qualificação jurídica da vontade (incapacidade relativa).

---

[585] Assim, leciona José Carlos BARBOSA MOREIRA: "por sanção, com efeito, designa-se na linguagem jurídica a consequência prefixada para a inobservância de um preceito" (Reflexões críticas sobre uma teoria da condenação civil. *Temas de direito processual*. São Paulo: Saraiva, 1977, p. 74). Em interessante aproveitamento do termo, René JAPIOT ressalta a natureza sancionatória das nulidades, no sentido de remédios ou consequências jurídicas aplicáveis aos efeitos do ato e proporcionais à valoração dos mesmos. Para o autor, trata-se, portanto, de normas secundárias: "A nulidade é uma sanção; ela apenas tem por utilidade e por razão de ser assegurar a observância da regra que ela sanciona, e, caso ela seja desconsiderada, reparar o melhor possível essa violação preservando contra as consequências dela os interesses que a regra violada estava destinada a proteger. Daí resulta necessariamente que, em lugar de organizar a nulidade por si própria, seguindo o procedimento do sistema clássico, [...] é preciso regulamentar os atos nulos de forma essencialmente subordinada ao caráter de sanção que é aquele da nulidade. É preciso ver a nulidade apenas como um acessório das regras jurídicas" (*Des nullités en matière d'actes juridiques*, cit., pp. 166-167. Tradução livre).

[586] Nesse sentido, TRABUCCHI, Alberto. *Istituzioni di diritto civile*, cit., p. 164.

[587] Assim entende CARIOTA FERRARA, segundo o qual "onde não tenha sido sancionado com precisão o tipo de invalidade, deve-se propender pela nulidade, que é a espécie normal de invalidade" (*Il negozio giuridico nel diritto privato italiano*, cit., p. 334. Tradução livre).

Como toda qualificação excessivamente rígida, a distinção acima apresentada entre nulidade e anulabilidade não se mostra isenta de críticas. De uma parte, a própria noção de "ordem pública" costuma ser muito pouco desenvolvida pela doutrina,[588] provavelmente sob a influência dos autores clássicos que, tendo escrito os primeiros comentários ao Código Civil de 1916, baseavam-se em uma noção de moralidade coletiva e de consenso social que, se já seria duvidosa à época, atualmente se revela uma abstração insustentável.[589] Na impossibilidade de se precisar a que corresponderia o conceito de "ordem pública", o uso mais frequente da expressão em matéria de nulidade costuma ser o que a equipara à norma jurídica cogente: a violação de normas jurídicas meramente dispositivas não enseja, em princípio, invalidade negocial.[590] O recurso à expressão

---

[588] Em rara exceção a essa tendência, afirma-se que, em nível normativo, o controle exercido pela figura da nulidade negocial se consubstancia "na ordem pública. Como instrumento funcional da tutela de interesses, esta deve ser, por sua natureza, dúctil, capaz portanto de adaptar-se ao tipo de interesse tutelado e ao contexto no qual deve cumprir sua função. É bem possível que um determinado objetivo de tutela voltado a um interesse público seja perseguido por meio da tutela de um interesse marcadamente particular [...]. A ordem pública, parâmetro axiológico sobre o qual se verifica a validade do negócio, necessariamente exprime a relatividade histórica dos ordenamentos, portanto os valores proeminentes, os fundamentos ético-políticos e econômicos de uma dada sociedade espacialmente e temporalmente definida, portanto imanentes ao inteiro ordenamento vigente nesta em um dado tempo. Assim, em uma leitura atual do quadro de valores traçado pela Carta constitucional [...], a prevalência do interesse público sobre a iniciativa privada, embora constitua um princípio imanente ao sistema, não o exaure. [...] Na lógica de mercado assume particular relevo o interesse (particular) a que o poder de autonomia contratual, no âmbito da liberdade de iniciativa econômica, seja exercido de modo efetivamente livre e consciente" (SPINA, Angela la. *Destrutturazione della nullità e inefficacia adeguata*, cit., pp. 60-61. Tradução livre).

[589] Esse contexto é exposto por Zygmunt BAUMAN, que analisa que, em um mundo cheio de oportunidades, "poucas coisas são predeterminadas, e menos ainda irrevogáveis. [...] Para que as possibilidades continuem infinitas, nenhuma deve ser capaz de petrificar-se em realidade para sempre. Melhor que permaneçam líquidas e fluidas e tenham 'data de validade', caso contrário poderiam excluir as oportunidades remanescentes e abortar o embrião da próxima aventura" (*Modernidade líquida*. Rio de Janeiro: Zahar, 2001, p. 74). Vive-se, assim, "entre uma multidão de valores, normas e estilos de vida em competição, sem uma garantia firme e confiável de estarmos certos" (Ibid., p. 243).

[590] Ilustrativamente, Caio Mário da Silva PEREIRA afirma que, ao dispor sobre as nulidades, inspirou-se o legislador "no princípio do respeito à ordem pública, assentando as regras definidoras da nulidade na infração de leis que têm este caráter cogente" (*Instituições de direito civil*. Volume I, cit., p. 530).

"ordem pública" em matéria de nulidades ganhou grande impulso nos últimos anos na doutrina consumerista, para se fazer alusão ao caráter protetivo das nulidades previstas pelo CDC e a uma indisponibilidade dos interesses do consumidor.[591]

Por outro lado, põe-se em dúvida a afirmação de que os interesses tutelados por uma nulidade seriam sempre de ordem pública, mesmo porque, conforme já reconheceu a doutrina, as consequências tradicionalmente atribuídas à nulidade nem sempre se mostram o veículo mais adequado para a promoção desses interesses.[592] Do mesmo modo, cabe questionar se os interesses vinculados pelo legislador às causas de anulabilidade pertencem, de fato, somente às partes, abrindo-se à livre disposição destas, e não constituem interesses socialmente relevantes, objeto de proteção cogente em alguma medida. Interessa apenas às partes que o negócio jurídico seja celebrado sem a presença de dolo ou coação? Além disso, por que apenas a proteção ao absolutamente incapaz seria de interesse coletivo, e a proteção ao relativamente incapaz restringir-se-ia ao seu próprio interesse? No caso da lesão e do estado de perigo, em que o consentimento não se pode considerar propriamente viciado, mas se protege, ao revés, a vulnerabilidade de uma das partes,[593] ainda se estaria no campo do interesse individual?

---

[591] Afirma-se, por exemplo, que "são nulidades de ordem pública, em proteção de interesses indisponíveis, e que, portanto, sequer podem ser objeto de transação ou renúncia por parte do consumidor" (MIRAGEM, Bruno Nubens Barbosa. Nulidade das cláusulas abusivas nos contratos de consumo: entre o passado e o futuro do direito do consumidor brasileiro. *Revista de Direito do Consumidor*. Volume 72. São Paulo: Revista dos Tribunais, out.-dez./2009, p. 77).

[592] "A nulidade, não apenas e nem sempre, é direta a garantir uma utilidade superindividual, mas às vezes não representa nem mesmo a técnica mais adequada para realizar esse objetivo. Os contratos em fraude à lei fiscal, por exemplo, são certamente contrários a uma norma imperativa, ao menos na acepção tradicional, já que impedem a plena realização da utilidade social da contribuição individual à despesa pública. Onde se considere que a fraude é consideravelmente difusa, sobretudo nos contratos da grande economia, a nulidade, permitindo a repristinação da situação antecedente, seria capaz de realizar o interesse superindividual à contribuição apenas com o sacrifício do interesse, igualmente merecedor de tutela, à intensificação e, no caso da interposição fictícia, à segurança das relações econômicas" (PERLINGIERI, Pietro. *O direito civil na legalidade constitucional*, cit., p. 399).

[593] Nesses casos, inclusive, alguns autores afirmam que o termo técnico para o desfazimento do negócio não seria *anulação*, mas *rescisão* (GOMES, Orlando. *Introdução ao direito civil*, cit., p. 430), a ressaltar a independência dessa categoria em relação aos vícios do consentimento. Tal entendimento, oriundo do direito consuetudinário francês, é difundido na doutrina italiana,

A crítica é conhecida pela doutrina, que constata a crescente dificuldade em se delimitarem com maior precisão interesses individuais e supraindividuais uma vez que passam a ser tutelados pela norma jurídica.[594]

segundo a qual a rescisão diria respeito à "direta violação de um critério de equidade, mais do que à liberdade de querer que, embora indiretamente, vem a ser tutelada" (MARUCCI, Barbara. Invalidità e inefficacia dell'atto giuridico, cit., p. 94. Tradução livre). Nesse mesmo sentido, afirma-se que "a rescisão [...] distingue-se substancialmente das duas formas de invalidade de que falamos, porque no seu fundamento tem-se em conta diretamente a violação de um critério substancial de justiça real ou de equidade, mais do que a liberdade da vontade, a qual se tutela efetivamente, mas indiretamente [...]. Portanto o negócio rescindível não padece de um vício constitutivo; todavia, o resultado da rescisão é muito similar àquele da anulação" (TRABUCCHI, Alberto. Istituzioni di diritto civile, cit., pp. 170-171. Tradução livre). Os exemplos aludidos pelo autor no direito italiano são equivalentes, em linhas gerais, à lesão e ao estado de perigo, figuras que, no direito brasileiro, têm sido consideradas "vizinhas aos vícios do consentimento" (PEREIRA, Caio Mário da Silva. Instituições do direito civil, cit., p. 432), muito embora Clóvis BEVILÁQUA, a quem se atribui a divisão dos defeitos negociais entre vícios do consentimento e vícios sociais (Teoria geral do direito civil, cit., p. 216), expressamente afirmasse que a lesão não podia ser considerada um vício (Ibid., p. 230). Particularmente quanto à lesão, em célebre obra na qual sustentava a reinserção do instituto no direito brasileiro, Caio Mário da Silva PEREIRA reconhecia que, disciplinada à época apenas como tipo penal, a lesão deveria ensejar a nulidade do contrato; mas sugeria que o legislador optasse por discipliná-la como causa de anulabilidade, de modo a permitir à parte interessada o restabelecimento do equilíbrio econômico se assim desejasse (A lesão nos contratos. Rio de Janeiro: Forense, 1959, p. 224). Em resposta à crítica de Clóvis do COUTO E SILVA, que sustentava a adoção do termo "rescindível" em lugar de "anulável" em matéria de lesão e estado de perigo, o redator da Parte Geral do Anteprojeto do Código Civil atual, MOREIRA ALVES, afirmava expressamente: "a simples substituição de um termo por outro não bastaria, sendo necessária a inclusão da disciplina da ação rescisória, tal como, por exemplo, se encontra nos Códigos Civis da Itália de 1865 e de 1942, e no Projeto de Código das Obrigações do Prof. Caio Mário da Silva Pereira. Sou dos que entendem que não há razão de fundo para que se acolha, em nosso direito, a distinção entre a anulabilidade e a rescindibilidade quanto ao estado de perigo e à lesão" (A Parte Geral do Projeto de Código Civil brasileiro, cit., p. 59). Remata o autor: "Por outro lado, estabelecendo o Código Civil brasileiro atual – princípio que foi mantido no Anteprojeto – que a fraude contra credores é vício que acarreta a anulabilidade, seria incoerente considerar a lesão e o estado de perigo – vícios da manifestação de vontade que se aproximam do dolo e da coação – causas de rescindibilidade. Preferi, portanto, não introduzir no nosso direito essa distinção que surgiu na França por motivos históricos e em termos diversos dos atuais, que desapareceu depois da Revolução Francesa quando esses motivos feneceram, e que ressurgiu no Código Napoleão, passando daí a outros códigos" (Ibid., p. 61).

[594] A respeito, pondera Pietro PERLINGIERI: "A contraposição entre lesão de interesses gerais (sancionada com a nulidade) e lesão de interesses individuais (que leva à anulabilidade) é útil,

Nesse ponto, vale destacar, a própria dicotomia clássica entre interesses públicos e privados, inclusive, encontra-se há muito flexibilizada,[595] o que torna cada vez mais difícil a qualificação de um interesse juridicamente tutelado nesses termos. No entanto, a tradição em se afirmarem as naturezas diversas dos interesses especificamente protegidos pela nulidade e pela anulabilidade tem se prolongado, provavelmente por representar uma explicação aparentemente simples e eficaz para as consequências diversas previstas em lei para tais casos de invalidade negocial.

Nesse diapasão, justificar-se-iam, em princípio, as consequências drásticas decorrentes da nulidade em face da repercussão, muito mais temperada, que deriva da anulabilidade. De fato, na doutrina francesa, é bastante comum a referência à nulidade como *nullité radicale*,[596] terminologia que presenta bem a consequência pretendida para esse tipo de invalidade negocial, inclusive pela etimologia do adjetivo *radical*: supõe-se que o ato nulo será absolutamente desfeito, verdadeiramente arrancado pelas raízes da esfera jurídica, para que se considere jamais realizado. Na anulabilidade, bastante referida pela doutrina francesa como *nullité relative*,[597] a solução é diversa, na medida em que os efeitos produzidos pelo ato até o momento da anulação serão desfeitos apenas *ex nunc*. À luz da justificativa

---

mas simplista. A nulidade, além de ser posta para a tutela de interesses gerais, pode garantir também a tutela de interesses individuais (pense-se nas assim chamadas nulidades de proteção postas para a tutela do contraente fraco, as quais salvaguardam interesses individuais ou de categoria e, ao mesmo tempo, o interesse geral ao correto e leal funcionamento do mercado" (*Manuale di diritto civile*, cit., p. 563. Tradução livre). No mesmo sentido, afirma Barbara MARUCCI: "O modificado contexto normativo dos últimos anos, sobretudo pela decisiva influência das numerosas previsões de derivação comunitária que assumem o objetivo de tutelar de maneira incisiva a parte mais frágil da relação, fez com que se superasse a tese da natureza excepcional das chamadas nulidades relativas para reconhecer, em vez disso, uma coerência destas no interior de um sistema no qual a sanção da nulidade funcionalizada à realização de interesses individuais se põe como expressão de um princípio de ordem pública" (Invalidità e inefficacia dell'atto giuridico, cit., p. 102. Tradução livre).

[595] GIORGIANNI, Michele. O direito privado e as suas atuais fronteiras, cit., *passim*.

[596] Cf. JAPIOT, René. *Des nullités en matière d'actes juridiques*, cit., p. 300. Também na doutrina italiana se pode encontrar a expressão, como em TRABUCCHI, Alberto. *Istituzioni di diritto civile*, cit., p. 158.

[597] V., ainda uma vez, JAPIOT, René. *Des nullités en matière d'actes juridiques*, cit., p. 136. Em denúncia à atecnia da equiparação da chamada nulidade relativa à anulabilidade, v., no direito italiano, FERRARA, Luigi Cariota. *Il negozio giuridico nel diritto privato italiano*, cit., p. 338.

proporcionada pela natureza dos interesses tutelados, apenas matérias de "ordem pública" justificariam intervenção tão drástica sobre a autonomia privada, não interesses de ordem individual. Contemporaneamente, contudo, põem-se em xeque tais concepções: não é a consequência jurídica (o grau de invalidade) que indica a relevância ou a extensão do interesse tutelado, mas justamente o oposto: deve ser o interesse identificado em cada caso concreto a determinar o remédio adequado para a causa de invalidade.[598]

2.2.2. Distinção entre nulidade e anulabilidade quanto ao convalescimento pelo decurso do tempo

A natureza dos interesses tutelados permeia, assim, toda a disciplina das invalidades, suscitando consequências, em regra, mais radicais em caso de nulidade e menos severas em hipóteses de anulabilidade. Uma das mais relevantes dessas consequências consiste na alegação de que as nulidades *não convalesceriam com o tempo*, ou, como se costuma dizer, em terminologia pouco técnica, seriam *imprescritíveis*.[599] Encontram-se, em doutrina, ao

---

[598] Segundo Pietro PERLINGIERI, "O que não convence é a ideia de que a existência do remédio seja índice de relevância do interesse. Apenas, de fato, após ter individuado os interesses em jogo e ter verificado o merecimento de tutela deles é possível perquirir o remédio adequado. De outro modo incorrer-se-ia no erro de cristalizar os direitos em torno da medida de proteção e de conferir relevância a eles apenas no momento patológico do prejuízo" (Il 'giusto rimedio' nel diritto civile, cit., p. 4. Tradução livre). Remata o autor: "na passagem de uma dogmática dos direitos para uma dogmática dos remédios, o interesse assumiria relevância apenas no momento patológico. Afirmar que a previsão de um remédio é medida da relevância jurídica de um interesse (*ubi remedium ibi ius*) não é uma operação lógico-jurídica diversa de afirmar que uma situação é merecedora de tutela apenas se qualificada pelo ordenamento como direito (*ubi ius ibi remedium*). Busca-se, sobretudo, a exigência de estender o âmbito de operatividade de cada instrumento remedial para além dos confins predefinidos pelo legislador" (Ibid., pp. 6-7. Tradução livre).

[599] O termo "imprescritível", utilizado para caracterizar a ação de nulidade, era criticado por Agnelo AMORIM: "a expressão em foco tem, por conseguinte, uma compreensão mais ampla do que o sentido em que é utilizada, pois abrange uma categoria de ações (aquelas sujeitas a decadência) que não se tem em mente abranger quando se faz uso dela. Talvez a anomalia decorra da confusão que muitos autores fazem entre os institutos da prescrição e da decadência, ou da dificuldade que há em distingui-los. Mas, como a precisão dos conceitos é fundamental nos domínios do Direito, há necessidade de ser substituída a expressão 'ações imprescritíveis' por uma outra que corresponda com exatidão à ideia que se pretende exprimir, e concilie a realidade com a lógica. Para esse fim não vemos outra melhor do que a expressão 'ações perpétuas'

menos duas explicações, visivelmente imbricadas, para tanto: de uma parte, afirma-se que o ato nulo, por violar interesses indisponíveis, poderia ser impugnado a qualquer tempo;[600] de outra, sustenta-se que um ato nulo jamais produziu efeitos, de modo que contrariaria a lógica se a simples constatação dessa ineficácia não pudesse mais ocorrer a partir de certo prazo.[601] A segunda explicação parece filiada a certa corrente doutrinária que costuma confundir a chamada inexistência com a nulidade,[602] como se a invalidade consistisse em característica naturalística do ato e este *não fosse capaz* de produzir qualquer efeito, ou aparência de efeito, juridicamente relevante.

Optou o legislador expressamente pelo não convalescimento das nulidades, ao dispor, no art. 169 do Código Civil, que "o negócio jurídico nulo não é suscetível de confirmação, nem convalesce pelo decurso do tempo".[603] A disposição, contudo, não logrou pacificar viva controvérsia que já se

---

[...]" (Critério científico para distinguir a prescrição da decadência e para identificar as ações imprescritíveis, cit., p. 33).

[600] Nesse sentido, cf. ROPPO, Enzo. *O contrato*. Coimbra: Almedina, 2009, p. 205. No direito brasileiro: RODRIGUES, Silvio. *Direito civil*. Volume I, cit., p. 290.

[601] Nesse sentido, por exemplo, SAN TIAGO DANTAS, seguindo doutrina clássica, afirma que uma "característica fundamental" nas nulidades "[...] é a sua imprescritibilidade. As nulidades não prescrevem jamais e isto se explica, pois que se trata de um ato que não se formou ou que, depois de se formar, se dissolveu completamente e que, portanto, não pode ter ação o tempo sobre ele, para lhe dar uma eficácia que ele não tenha. Por conseguinte, a qualquer tempo pode-se pedir a decretação da nulidade de um ato, sem indagar o tempo que decorreu da data desse ato" (*Programa de direito civil:* teoria geral. Volume I, cit., pp. 282-283). No mesmo sentido, GARCEZ, Martinho. *Das nulidades dos atos jurídicos*, cit., p. 61. Na doutrina italiana, v. FERRARA, Luigi Cariota. *Il negozio giuridico nel diritto privato italiano*, cit., p. 342.

[602] Nesse sentido coloca-se a crítica de CARVALHO SANTOS, segundo o qual a imprescritibilidade da nulidade "não é aceitável, a não ser que se equiparem os atos nulos a atos inexistentes, porque somente os atos inexistentes é que ficam ao abrigo da prescrição, pois não existem e, não existindo, em qualquer tempo pode o fato ser alegado. Mas quanto à nulidade já o mesmo não acontece. Por isso que nada obsta a que a situação jurídica criada pelo ato nulo esteja ordinariamente consolidada por efeito da prescrição, se decorridos 30 anos" (*Código Civil brasileiro interpretado*. Volume III, cit., pp. 255-256).

[603] Segundo Gustavo TEPEDINO, "a regra, suprindo omissão legislativa, consagrou o entendimento que paulatinamente se consolidara em doutrina, segundo o qual a nulidade não é sanável, nem convalida com o tempo, afigurando-se, por isso mesmo, imprescritível" (Prescrição da nulidade em instrumento de cessão de créditos. *Soluções práticas de direito*: pareceres. Volume I. São Paulo: Revista dos Tribunais, 2012, p. 580).

verificava em doutrina sob a égide do Código Civil de 1916, que se mostrava omisso a respeito.[604] Ainda hoje, podem ser identificadas ao menos três correntes a respeito do não convalescimento da nulidade. De uma parte, afirma-se, em consonância com a norma codificada, que as nulidades podem ser reconhecidas a qualquer tempo.[605] De outra, sustenta-se que, a despeito da expressa dicção legal, o ato nulo necessariamente convalesce com o decurso do prazo geral de dez anos do art. 205 do Código Civil.[606] Finalmente, em posição intermediária, alguns autores, embora defendam o não convalescimento da nulidade, sustentam que haveria prazo prescricional para a desconstituição dos efeitos do ato nulo:[607] adotam, para

---

[604] Uma emenda ao projeto do Código Civil atual chegou a ser proposta durante o processo legislativo, para que o negócio nulo pudesse ser validado após o decurso de prazo prescricional, mas foi rejeitada ao argumento de que a imprescritibilidade se aplica ao negócio nulo "desde o direito romano" e, ainda, sob a alegação de que, se a anulabilidade se sujeita à decadência, não se poderia falar em prescrição em matéria de nulidade (ALVES, José Carlos Moreira. *A Parte Geral do Projeto de Código Civil brasileiro*, cit., p. 148).

[605] Nesse sentido, v. RODRIGUES, Silvio. *Direito civil*. Volume I, cit., p. 289; LOTUFO, Renan. *Código civil comentado*. Volume I. São Paulo: Saraiva, 2003, p. 470.

[606] Caio Mário da Silva PEREIRA, por exemplo, pondera que, na questão da prescritibilidade da nulidade, colocam-se em conflito dois princípios, a saber, "o não convalescimento do ato nulo *tractu temporis*, e o perpétuo silêncio que se estende sobre os efeitos do negócio jurídico, também *tractu temporis*. E, do confronte entre essas duas normas, igualmente apoiadas no interesse da ordem pública, continuo sustentando que não há direitos imprescritíveis, e, portanto, também perante o Código de 2002, a declaração de nulidade prescreve em dez anos" (*Instituições de direito civil*. Volume I, cit., pp. 531-532).

[607] A respeito, afirma-se que, para as ações declaratórias, como a de nulidade, "não há prazo extintivo, simplesmente porque se destinam a eliminar incerteza jurídica, e a incerteza não desaparece só pelo decurso do tempo. Mas, se é certo que a nulidade, em si, não pode se sujeitar aos efeitos da prescrição, das situações que o negócio jurídico inválido cria podem perfeitamente decorrer pretensões que hão de sofrer os efeitos naturais da prescrição (exemplo: restituição de bens ou preço, indenização de prejuízos etc., as quais terão de submeter-se aos efeitos da prescrição). [...] É a situação criada, portanto, posteriormente ao negócio nulo, como produto de sua execução, que pode sofrer os efeitos extintivos da prescrição, não a nulidade em si mesma" (THEODORO JÚNIOR, Humberto. In: Sálvio de Figueiredo Teixeira (Coord.). *Comentários ao novo Código Civil*. Volume III. Tomo II. Rio de Janeiro: Forense, 2006, pp. 527--531). Nessa mesma direção, foi aprovado, na VI Jornada de Direito Civil, organizada pelo Centro de Estudos Judiciários do Conselho da Justiça Federal, em 2013, o Enunciado n. 536, segundo o qual, "resultando do negócio jurídico nulo consequências patrimoniais capazes de ensejar pretensões, é possível, quanto a estas, a incidência da prescrição".

tanto, prazos específicos previstos em lei e, apenas residualmente, o prazo prescricional geral de dez anos.[608]

A questão revela-se delicada, tendo em vista que o não convalescimento das nulidades representa verdadeiro dogma, consubstanciado na muito difundida máxima latina *quod ab initio vitiosum est, non potest tractu temporis convalescere*.[609] A antiguidade da regra, porém, talvez também seja um argumento eloquente em prol da sua revisão. Como se reconhece amplamente, a evolução social e tecnológica tem tornado a dinâmica negocial cada vez mais ágil, o que significa, em última análise, que a noção de segurança jurídica exige também uma estabilização mais célere dos efeitos produzidos pelos atos jurídicos. Foi nesse sentido que se observou, com o advento do Código Civil de 2002, uma substancial redução nos prazos prescricionais, a começar pelo prazo geral, que, sendo vintenário na última redação vigente do Código anterior, tornou-se decenal.[610] A ideia de uma invalidade qualquer que não convalesça com o decurso do tempo e, portanto, possa ser alegada mesmo décadas após a celebração do ato, em prejuízo de seus efeitos, resulta cada vez mais anacrônica e parece suscitar cada vez maior insegurança.

A crítica à imprescritibilidade das pretensões de natureza patrimonial em geral já era desenvolvida pela doutrina à luz do Código Civil anterior.[611]

---

[608] Nesse sentido: "[...] os efeitos patrimoniais produzidos pelo contrato nulo, e que lesionam, portanto, direitos subjetivos, prescrevem no prazo geral de dez anos, nos termos do art. 205 do CC/2002, vez que o desfazimento da transferência patrimonial em razão de ato nulo (eficácia contratual que atinge situação jurídica subjetiva de quem confiou na higidez da causa contratual) não pode ser perseguido *ad eternum*, sob pena de sujeitar a contraparte à interminável insegurança e incerteza. Não havendo previsão de prazo prescricional específico para o efeito contratual que pretende debelar, aplica-se o prazo geral de dez anos"; já "ação declaratória de nulidade, em si considerada, destinada a eliminar incertezas, pode ser proposta a qualquer tempo, embora após o decurso do prazo decenal não se possa mais desfazer os efeitos patrimoniais resultantes do negócio nulo" (TEPEDINO, Gustavo. Prescrição da nulidade em instrumento de cessão de créditos, cit., pp. 582-583). E, ainda, VELOSO, Zeno. *Invalidade do negócio jurídico*, cit., p. 178.

[609] WETTER, P. van. *Pandectes*, cit., p. 266.

[610] Sobre a redução dos prazos prescricionais pelo Código Civil de 2002, cf. TEPEDINO, Gustavo. Prescrição aplicável à responsabilidade contratual: crônica de uma ilegalidade anunciada. Editorial à *Revista Trimestral de Direito Civil*. Volume 27. Rio de Janeiro: Padma, jul.-set./2009.

[611] Um dos mais célebres partidários da crítica, afirma Caio Mário da Silva PEREIRA que "a prescritibilidade é a regra, e a imprescritibilidade, a exceção" no direito brasileiro. Pondera o autor: "alguns admitem que entre o interesse social do resguardo da ordem legal, contido na

Alude-se a pretensões de natureza patrimonial porque aquelas de ordem existencial, por dizerem respeito diretamente à expressão da personalidade humana, consideram-se imprescritíveis (trata-se da muito propalada imprescritibilidade dos chamados direitos da personalidade e dos direitos de família puros).[612] A distinção costuma tornar-se menos clara em controvérsias como aquela atinente à prescritibilidade da pretensão de compensação por danos morais – reflexo patrimonial de lesão a situação jurídica extrapatrimonial, que, por isso, seria imprescritível de acordo com parte da doutrina e, em alguns casos, também com a jurisprudência.[613] A explicação para a suposta imprescritibilidade nesses casos estaria, ainda, segundo alguns autores, na permanente atualidade dos danos decorrentes de lesões aos chamados

---

vulnerabilidade do negócio jurídico, constituído com infração de norma de ordem pública, e a paz social, também procurada pelo ordenamento jurídico, sobreleva esta última, e deve dar-se como suscetível de prescrição a faculdade de atingir o ato nulo. O princípio reza às testilhas com o artigo 189. Dispõe este que, violado o direito, nasce para o titular a pretensão, mas esta extingue-se nos prazos previstos no Código (arts. 205 e 206). Vale dizer: o direito pátrio, tal como vigorava no Código de 1916, não conhece direitos patrimoniais imprescritíveis. Sendo a prescrição instituída em benefício da paz social, não se compadece esta em que se ressuscite a pretensão, para fulminar o ato" (*Instituições de direito civil*. Volume I, cit., p. 532). No mesmo sentido, entendia Clóvis BEVILÁQUA que a nulidade "de pleno direito" necessariamente prescrevia no prazo geral, "porque nenhuma ação pessoal tem duração maior" (*Código Civil dos Estados Unidos do Brasil*. Volume I, cit., p. 413).

[612] Como registram Gisela Sampaio da Cruz GUEDES e Carla Wainer LGOW: "A par da grande controvérsia que gira em torno da prescritibilidade, ou não, de certas pretensões ligadas a direitos existenciais, a regra geral, no direito brasileiro, é a prescritibilidade dos direitos, sendo a imprescritibilidade a exceção. São prescritíveis, grosso modo, todos os direitos subjetivos patrimoniais de caráter privado, enquanto os direitos atrelados à personalidade em sua acepção objetiva – como, por exemplo, o direito à vida, à honra, à dignidade –, bem como ao estado das pessoas, não se sujeitam a prazos prescricionais, embora, a rigor, os efeitos patrimoniais desses direitos possam estar sujeitos à prescrição" (Prescrição extintiva: questões controversas. In: TEPEDINO, Gustavo (Coord.). *O Código Civil na perspectiva civil-constitucional*: Parte Geral. Rio de Janeiro: Renovar, 2013, p. 445).

[613] No ponto, célebre é o entendimento do Supremo Tribunal Federal segundo o qual "a prescrição quinquenal, disposta no art. 1º do Decreto 20.910/1932, não se aplica aos danos decorrentes de violação de direitos fundamentais, os quais são imprescritíveis, principalmente quando ocorreram durante o Regime Militar, época em que os jurisdicionados não podiam deduzir a contento suas pretensões" (STF, 2ª T., AgRg. no AREsp. 302.979, Rel. Ministro Castro Meira, julg. 28.4.2013, publ. 5.6.2013).

direitos da personalidade.⁶¹⁴ Também com relação à indenização por danos morais, porém, parece mais adequado o entendimento de que a pretensão compensatória, apresentando natureza patrimonial, deve prescrever.⁶¹⁵

No caso da invalidade negocial, porém, a defesa de seu não convalescimento com o decurso do tempo parece criar risco ainda maior para a segurança jurídica, pois, se o reconhecimento do dever de indenizar simplesmente cria para o ofensor uma situação jurídica subjetiva de débito, o reconhecimento judicial de uma nulidade visa, em regra, à *desconstituição* de efeitos decorrentes do ato jurídico – efeitos que podem ter vigorado durante anos e suscitado confiança legítima quanto à sua validade. A distinção decorre da própria natureza dos direitos envolvidos: como o direito de crédito referente a uma indenização tem natureza de direito subjetivo, a sentença a ele referente terá caráter condenatório; por outro lado, representando o direito ao reconhecimento da nulidade um direito potestativo, a sentença respectiva terá natureza (des)constitutiva dos efeitos (situações jurídicas) já produzidos pelo ato.⁶¹⁶

De fato, a tutela da confiança parece ser uma primeira solução possível para compatibilizar o art. 169 do Código Civil com os problemas oriundos do não convalescimento da nulidade pelo decurso do tempo:⁶¹⁷ ainda que se

---

⁶¹⁴ Nesse sentido, afirma-se que "as pretensões ressarcitórias, em regra, se sujeitam à prescrição e não se confundem com os direitos imprescritíveis, em si considerados. O que diferencia, entretanto, os chamados direitos da personalidade, e os fazem imprescritíveis, é que a sua violação não se regenera, afastando-se a tríade, típica das relações jurídicas patrimoniais: dano-reparabilidade-prescrição. Assim sendo, a lesão à imagem, à privacidade ou à honra jamais se convalesce: a antijuridicidade atua de maneira contínua contra a dignidade da pessoa humana. Daí dizer-se que a violação se preserva enquanto a personalidade estiver atingida, seguindo-se pretensões ressarcitórias sempre atuais" (TEPEDINO, Gustavo; BARBOZA, Heloisa Helena; MORAES, Maria Celina Bodin de. *Código Civil interpretado conforme a Constituição da República*. Volume I, cit., p. 366).

⁶¹⁵ Doutrinariamente, sustenta-se que, "embora os direitos da personalidade sejam imprescritíveis em si, as pretensões ressarcitórias decorrentes de violações a esses direitos podem, sim, prescrever" (GUEDES, Gisela Sampaio da Cruz; LGOW, Carla Wainer Chalréo. Prescrição extintiva: questões controversas, cit., p. 445).

⁶¹⁶ MOREIRA, José Carlos Barbosa. Notas sobre pretensão e prescrição no sistema do Novo Código Civil brasileiro, cit., p. 155. Sobre a referida natureza constitutiva da sentença relativa à invalidade negocial, cf., ainda, item 2.2.5, *infra*.

⁶¹⁷ O entendimento de Orlando GOMES parece direcionar-se para uma semelhante solução. Segundo o autor, a imprescritibilidade associada às nulidades seria um sinônimo da insanabilidade

repute imprescritível a pretensão ao reconhecimento da nulidade, o princípio da boa-fé objetiva pode restringir eventual impugnação disfuncional do ato inválido. Trata-se de aplicação da figura parcelar da boa-fé objetiva que se costuma denominar *suppressio*, a partir da qual o reiterado não exercício de determinada situação jurídica ao longo do tempo, se for capaz de suscitar a legítima expectativa de que tal situação não mais será exercida, torna disfuncional esse exercício a partir de certo marco temporal (apenas identificável no caso concreto), autorizando sua restrição.[618] Muitos autores admitem a aplicação da *suppressio* justamente a situações jurídicas imprescritíveis.[619] De fato, a configuração de uma confiança legítima quanto ao não exercício do direito nos casos em que há prazo prescricio-

---

do ato nulo; em outras palavras, a nulidade seria alegável a qualquer tempo porque não pode ser sanada pelas partes nem suprida pelo juiz. No entanto, afirma o autor: "apesar de se afirmar que a nulidade não prescreve, podendo ser alegada a todo tempo, a verdade é que, pelo decurso do tempo, o ato nulo vem afinal a convalescer, ainda que por via oblíqua" (*Introdução ao direito civil*, cit., p. 432).

[618] A respeito, veja-se a lição de MENEZES CORDEIRO: "Diz-se *suppressio* a situação do direito que, não tendo sido, em certas circunstâncias, exercido durante um determinado lapso de tempo, não possa mais sê-lo por, de outra forma, se contrariar a boa-fé. [...] O tempo sem exercício é eminentemente variável, consoante as circunstâncias, para que possa haver *suppressio*; o segundo fator – o dos indícios objetivos de que não haverá mais atuações – cuja necessidade é muito sublinhada, mas de conteúdo pouco explicitado, pode ter, na sua determinação, um papel fundamental" (*Da boa-fé no direito civil*. Coimbra: Almedina, 2007, pp. 797-811). Na doutrina brasileira, leciona Judith MARTINS-COSTA: "A *suppressio* é a translação de funções atribuídas a instituto que os juristas germânicos denominam de *Verwirkung*, criação jurisprudencial abrangente de várias hipóteses e particularizada pelo efeito consistente no tolhimento do exercício de um direito como meio sancionatório da deslealdade e da torpeza. [...] Trata-se, portanto, de uma hipótese do exercício deslealmente retardado de um direito ou de uma pretensão quando o seu titular, tendo-se mantido injustificadamente inerte por certo tempo (independentemente do prazo de decadência ou de prescrição eventualmente aplicável), criou na contraparte uma legítima expectativa de que já não os exerceria" (*A boa-fé no direito privado*, cit., p. 648).

[619] Relata MENEZES CORDEIRO que, em suas primeiras aplicações pela jurisprudência alemã, a *Verwirkung* foi empregada em casos de compra e venda comercial nos quais a lei não estipulava prazo específico para o exercício de certas posições contratuais (*Da boa-fé no direito civil*. Coimbra: Almedina, 2007, p. 799). Conclui o autor que a *suppressio* é referida como "saída extraordinária, insuscetível de aplicação sempre que a ordem jurídica prescreva qualquer outra solução. Tem, pois, natureza subsidiária" (Ibid., pp. 810-812). V., ainda, SIMÃO, José Fernando. Prescrição e decadência: tempo de esclarecer controvérsias. In: CASSETTARI, Christiano. *10 anos de vigência do Código Civil brasileiro de 2002*. São Paulo: Saraiva, 2013, p. 233.

nal ou decadencial estabelecido mostra-se drasticamente excepcional, o que justifica que o campo de aplicação por excelência da *suppressio* resida justamente nas matérias não sujeitas a prescrição ou decadência, como a nulidade.[620]

Uma das principais vantagens dessa solução, além da oportuna remissão ao caso concreto para a definição do regime a ser aplicado, parece estar na sua compatibilidade com a lei. De fato, diante dos termos estritos adotados pelo Código Civil, a corrente em favor do convalescimento pleno da nulidade com o decurso do tempo parece sustentável apenas *de lege ferenda*;[621] os autores que a defendem, porém, costumam fazê-lo sobretudo por força da insegurança advinda do não convalescimento – problema em grande parte resolvido pelo recurso à boa-fé objetiva. Tal solução, além disso, parece preferível às tentativas hermenêuticas que buscam eternizar a possibilidade de reconhecimento da nulidade ao mesmo tempo em que sustentam a prescrição da pretensão de se desconstituírem os efeitos do ato. De fato, o simples reconhecimento da nulidade sem qualquer repercussão no âmbito da eficácia se mostra, na grande maioria das vezes, inútil para quem a pretende e suscitaria, de antemão, o problema da falta de interesse processual.[622] O caso se assemelha à distinção traçada em matéria de responsabilidade civil por danos morais que diferencia a prescritibilidade da pretensão pecuniária em relação à imprescritibilidade do pedido de reconhecimento judicial do dano. Neste último caso, porém, existe uma vantagem mais clara na distinção, que consiste na possibilidade de não prescreverem as pretensões relativas a formas não pecuniárias de repara-

---

[620] Cf., a respeito, também o item 3.3, *infra*.

[621] Cf., ilustrativamente, Silvio VENOSA, autor que, antes do Código Civil de 2002, propugnava pelo convalescimento, mas entende que tal posição não se sustenta diante da nova redação da lei (*Direito civil*. Volume I. São Paulo: Atlas, 2003, p. 576).

[622] Uma possível relevância da distinção entre declaração de nulidade e desconstituição dos efeitos poderia estar na possibilidade de se alegar a nulidade por via de exceção, mesmo quando a pretensão à desconstituição dos efeitos negociais já estivesse prescrita (nesse sentido: MELLO, Marcos Bernardes de. *Teoria do fato jurídico*: plano da validade, cit., p. 236). De fato, como a exceção prescreve no mesmo prazo da pretensão (art. 190 do Código Civil), o não convalescimento da nulidade preservaria ao menos a possibilidade de alegá-la em sede de defesa. No entanto, a mesma aplicação que ora se conferiu ao princípio da boa-fé objetiva sobre o pedido de reconhecimento da nulidade poderia ser estendida à alegação da nulidade como exceção.

ção – como, por exemplo, o pedido de retratação no caso de lesões à honra da vítima.[623] Em matéria de nulidade negocial, semelhante diferenciação parece, em geral, totalmente inócua.

A aplicação da *suppressio* para justificar a o caráter disfuncional do pedido de reconhecimento de nulidade após certo lapso temporal também parece preferível à corrente doutrinária que simplesmente sustenta o convalescimento da nulidade negocial no prazo geral de dez anos. Embora teoricamente irrepreensível, esta última posição não se afigura passível de sustentação *de lege lata*, por força da redação expressa do Código Civil – a não ser que se esclareça, preliminarmente, o itinerário percorrido para se chegar à conclusão da possibilidade de convalescimento. Com efeito, a doutrina crítica das nulidades na França, já ciente do problema criado pelo não convalescimento, formulou interessante interpretação: partindo do pressuposto, que ora também se adota, de que a nulidade não tem por fundamento o vício negocial em si, mas sim os efeitos a serem desconstituídos ou preservados, deslocou-se o foco da discussão para os interesses que levam as partes a pedirem o reconhecimento da nulidade. Com isso, constatou-se que a ação que tem por objeto tal reconhecimento pode visar, em síntese, a dois interesses distintos: o de prevenir litígios em que se pretendesse exigir a satisfação de situações jurídicas decorrentes do ato nulo (como no caso do devedor que, percebendo a nulidade do ato antes de pagar sua obrigação, deseja que a mesma seja reconhecida, para evitar a futura cobrança pelo credor); ou o de se desconstituírem efeitos concretamente produzidos, isto é, situações jurídicas decorrentes do negócio nulo que já tenham sido satisfeitas (como a obrigação oriunda do ato inválido que já tenha sido paga, em relação à qual, constatada posteriormente a nulidade pelo devedor, pretende este a restituição do indébito).[624]

---

[623] A respeito de formas não pecuniárias de reparação do dano moral, cf. SCHREIBER, Anderson. Reparação não pecuniária dos danos morais. In: TEPEDINO, Gustavo; FACHIN, Luiz Edson (Org.). *Pensamento crítico do direito civil brasileiro*. Curitiba: Juruá, 2011, *passim*.

[624] Assim sustenta René JAPIOT: "a ação judicial só pode ser a ação preventiva tendente a fazer constatar o vício – ação que nós reconhecemos como facultativa e imprescritível, – ou então a ação tendente a obter uma restituição de valor, ação nascida do fato da execução, ação real ou pessoal de direito comum, não começando jamais a prescrever antes da execução, e não já uma ação nomeada como *de nulidade* prescritível a partir do dia da celebração" (*Des nullités en matière d'actes juridiques*, cit., pp. 887-888. Tradução livre).

Concluiu-se, então, que o problema do não convalescimento da nulidade poderia ser resolvido decompondo-se a questão na verificação da prescrição de cada possível pretensão relativa aos efeitos negociais; particularmente, sustentou-se que a questão estaria solucionada a partir da prescrição dos pedidos de desfazimento dos atos materiais de execução do negócio. Uma vez transcorrido o último prazo prescricional relativo a todos os possíveis pedidos de desconstituição dos efeitos concretamente produzidos (normalmente, pretensões restitutórias, que, no direito brasileiro atual, extinguem-se no prazo trienal referente aos pedidos fundados na vedação ao enriquecimento sem causa – embora se cogite, em abstrato, de pretensões de outra natureza, que poderiam exigir o decurso do prazo prescricional geral de dez anos), já não haveria qualquer interesse, por nenhum dos legitimados, em pretender o reconhecimento da nulidade.[625]

A esse raciocínio pode-se acrescentar idêntica conclusão também em relação ao interesse preventivo que pode residir no pedido de reconhecimento de nulidade pelo interessado: também depois de transcorrido o último prazo prescricional de todas as possíveis pretensões relativas à satisfação de direitos aparentes decorrentes do negócio cuja execução ainda não tenha ocorrido, ao devedor das respectivas obrigações bastaria alegar a prescrição das mesmas em sua defesa, já não mais lhe assistindo qualquer interesse em pedir o reconhecimento da nulidade.[626] A diferença

---

[625] Conclui René JAPIOT, fazendo alusão ao prazo geral trintenário adotado pelo *Code*, pela "consolidação, em todos os casos, da situação daquele que tenha recebido pagamento em seguida de um ato nulo, por trinta anos a datar da execução, jamais da celebração. Assim nós damos à teoria da prescrição em matéria pessoal toda a sua unidade, graças à aplicação de um princípio [...]: a força preponderante apenas das situações resultantes de execução" (*Des nullités en matière d'actes juridiques*, cit., p. 890. Tradução livre).

[626] JAPIOT não confere relevo ao aspecto preventivo da declaração de nulidade por acreditar que efeitos meramente aparentes (ou seja, direitos decorrentes do negócio que não tenham sido concretamente satisfeitos) não demandariam tratamento jurídico: "Vimos que o direito de impugnação não é relativo quanto aos seus sujeitos passivos como um direito de crédito, mas, em princípio, absoluto, como o direito de propriedade: em se seguindo tal abordagem, pensamos que, para que a prescrição opere contra o direito de impugnação, a inação do titular não deve ser suficiente como nos direitos de crédito, mas, ao contrário, que deve ser necessário, como no direito de propriedade, que esse direito seja objeto de uma infração mais caracterizada daquele que pretende prescrever contra ele [...]. É apenas pelo fato da execução que a situação se torna totalmente contrária à nulidade, que ela contradiz totalmente o direito de impugnação. Até aí, o credor que não recebeu o pagamento não tem, de qualquer modo, mais do que uma posse

em relação aos prazos para desconstituição de efeitos já produzidos estaria no *dies a quo*: se, no caso do interesse preventivo no reconhecimento da nulidade, a certeza quanto à inutilidade desse reconhecimento se daria com o decurso de todos os prazos prescricionais a contar da celebração do ato, no caso do interesse de desconstituir os efeitos da execução do negócio nulo seriam levados em consideração os respectivos prazos prescricionais contados da realização de cada ato executório (em linhas gerais, de cada pagamento efetuado).[627]

De todo modo, uma vez que se verificasse a prescrição de todas essas pretensões (o que aconteceria, necessariamente, no máximo após o transcurso do prazo geral, contado, seja da data da celebração do negócio – caso não tenha havido execução concreta –, seja da data dos atos de execução), desapareceria o interesse processual[628] no reconhecimento de nulidade,

---

equívoca dos direitos que o ato teria engendrado em seu proveito se ele tivesse sido válido. Até aí também, o titular do direito de impugnação não está na necessidade de agir [...]; e podemos ver aí uma simples faculdade que, como tal, seria subtraída do império da prescrição extintiva" (*Des nullités en matière d'actes juridiques*, cit., pp. 818-819. Tradução livre). A divergência, aqui, parece decorrer do fato de o autor não considerar que o direito à impugnação do ato nulo tem natureza de direito potestativo – sujeito, tecnicamente, à decadência e não à prescrição (como normalmente se alude em doutrina). Dispensa-se, portanto, a resistência da contraparte e o surgimento de uma pretensão.

[627] JAPIOT, René. *Des nullités en matière d'actes juridiques*, cit., p. 890.

[628] Como se sabe, o interesse processual é considerado um requisito para que se possa postular em juízo. Nesse sentido, dispõe o Código de Processo Civil de 2015: "Art. 17. Para postular em juízo é necessário ter interesse e legitimidade". De acordo com a doutrina especializada, o interesse processual, também designado interesse de agir, é caracterizado pela noção de utilidade: "Como conceito geral, interesse é utilidade. [...] Há o interesse de agir quando o provimento jurisdicional postulado for capaz de efetivamente ser útil ao demandante, operando uma melhora em sua situação na vida comum – ou seja, quando for capaz de trazer-lhe uma verdadeira tutela, a tutela jurisdicional [...]. Existem dois fatores sistemáticos muito úteis para a aferição do interesse de agir, como indicadores da presença dele: a necessidade da realização do processo e a adequação do provimento jurisdicional postulado" (DINAMARCO, Cândido Rangel. *Instituições de direito processual civil*. Volume II, cit., pp. 310-311). A doutrina remete, nesse sentido, ao critério da utilidade do provimento jurisdicional pretendido pelo autor para caracterizar seu interesse na ação: "O interesse de agir é em resumo, a relação de utilidade entre a afirmada lesão de um direito e o provimento de tutela jurisdicional pedido" (LIEBMAN, Enrico Tullio. *Manual de direito processual civil*. Rio de Janeiro: Forense, 1985, p. 156). Note-se, ao propósito, que, embora a codificação processual preveja que o interesse na declaração da existência ou da inexistência de uma relação jurídica constitui interesse processual bastante para que se possa postular em juízo (art. 19, II do Código de Processo Civil de 2015), tal previsão não alcança a sentença que

porque nem se poderia mais cobrar a execução do contrato, nem se poderia mais pretender o desfazimento de eventual execução realizada, o que já levou a própria doutrina pátria a reconhecer a "perda do direito de manejar a ação" de nulidade.[629] Na doutrina francesa, foi necessário ainda resolver o problema dos efeitos reais decorrentes de atos inválidos, já que aquele sistema admite que efeitos de tal natureza se produzam consensualmente, o que se solucionou pelo recurso análogo ao prazo máximo de usucapião.[630] No caso brasileiro, tal consideração não seria, na maior parte dos casos, sequer necessária.[631]

A prescrição, assim, das possíveis pretensões que tomem por base efeitos (aparentes ou concretamente executados) do contrato nulo faz desaparecer, em linha de princípio, o interesse processual ao reconhecimento judicial da nulidade.[632] Tal entendimento não parece idêntico à terceira

---

trata da invalidade negocial e modula suas consequências – a qual, como se comentará mais adiante, ao contrário do que se afirma normalmente, tem também natureza constitutiva e não meramente declaratória (cf. item 2.2.5, *infra*). De fato, a concepção de que a sentença que reconhece a nulidade seria exclusivamente declaratória parece ser o principal motivo para a perpetuação da lógica da chamada imprescritibilidade. Isso porque, conforme esclarece Fredie DIDIER JR., nas ações declaratórias, "porque não se busca, nem mediatamente, a efetivação de qualquer direito, não há prazo para o ajuizamento de demanda meramente declaratória, que é imprescritível" (*Curso de direito processual civil*. Volume I. Salvador: JusPodivm, 2014, p. 247). Nesse sentido, apenas caso se pudesse cogitar de um pedido judicial de reconhecimento de nulidade que não representasse, nem mediatamente, a persecução de um direito do postulante, seria razoável admitir a chamada imprescritibilidade dessa ação.

[629] Nesse sentido analisa Humberto THEODORO JÚNIOR: "Prescrita a pretensão de desfazer a situação criada pelo cumprimento das prestações derivadas do negócio inválido, perde-se o direito de manejar a ação de nulidade. [*sic*] Já então porque faltaria interesse para justificar a declaração de nulidade, porque esse reconhecimento não teria mais força para atingir as prestações realizadas e seladas pelo decurso da respectiva prescrição. Depois de consolidada a situação ulterior ao negócio, pela prescrição ou pelo usucapião, a tardonha ação de nulidade somente viria a conturbar a paz nas relações jurídicas, suscitando indesejados prejuízos à certeza e segurança em torno de situações consolidadas pelo longo transcurso de tempo. Por isso é que mesmo sendo imprescritível a ação de nulidade, deve ter-se como não mais manejável a ação voltada para a declaração de nulidade em tais circunstâncias" (*Comentários ao Código Civil*. Volume III. Tomo II, cit., p. 531).

[630] Cf. JAPIOT, René. *Des nullités en matière d'actes juridiques*, cit., pp. 891 e ss.

[631] Para maior esclarecimento, veja-se o comentário sobre a alienação *a non domino* realizado no item 2.3, *infra*.

[632] O mesmo se pode dizer a respeito da já referida alegação da nulidade em via de exceção.

corrente doutrinária, já enunciada, que propõe o não convalescimento da nulidade aliado à prescritibilidade das pretensões relativas aos efeitos, porque ele propõe, de forma mais radical, que, do ponto de vista prático, o não convalescimento da nulidade com o tempo não passa de um falso problema.[633] A prescrição relativa aos efeitos do ato relegaria o problema do reconhecimento judicial da nulidade a um espaço de esquecimento, em que o ato continuaria teoricamente passível de impugnação, mas destituído de qualquer interessado para tanto (e mesmo ao julgador parece mais lógico o reconhecimento, *ex officio*, da prescrição das pretensões quanto aos efeitos do ato). Se é esse raciocínio que leva a terceira corrente a sustentar a prescritibilidade da desconstituição dos efeitos a despeito do não convalescimento do vício, e que leva a segunda corrente a defender que a nulidade prescreve em dez anos, é fundamental que esse itinerário lógico seja explicitado, de modo a destacar sua compatibilidade com o regime legal e, ao mesmo tempo, com o imperativo de segurança jurídica que propugna pela prescritibilidade.

De qualquer forma, não se deve interpretar a restrição temporal do pedido de reconhecimento judicial da nulidade negocial como um enfraquecimento da tutela a interesses de ordem pública que essa espécie de invalidade normalmente tende a promover.[634] Ao contrário, à medida em que se compreende que apenas a análise do caso concreto permite

---

[633] O autor chega a afirmar que "Não existe uma ação de nulidade que não possa se extinguir em trinta anos, a contar da celebração do ato" (JAPIOT, René. *Des nullités en matière d'actes juridiques*, cit., p. 939. Tradução livre). Justifica tal entendimento pelo princípio que denomina como "especialidade da prescrição", que dirige a incidência desta especificamente para cada efeito do ato: "uma prescrição consolidando separadamente as consequências realizadas pode ser concebida lá onde uma prescrição consolidando o ato em si seguindo a ideia clássica não se conceberia: pois a prescrição consolidando o ato se choca frontalmente contra a proibição legal cuja violação engendrou a nulidade; ela vai diretamente ao encontro da finalidade da nulidade; ao passo que a prescrição consolidando os fatos de execução apenas leva em conta o interesse da nulidade de forma indireta e talvez simplesmente parcial" (Ibid., p. 823. Tradução livre).

[634] Tão somente se reconhece que pode haver interesses ainda mais relevantes do que aqueles tutelados pela nulidade. Nesse sentido, Silvio RODRIGUES, que, em seu manual, sustenta de forma convicta a impossibilidade de convalescimento (v. a já citada p. 289 de *Direito civil*. Volume I, cit.), reconheceu em parecer publicado na sua obra *Direito civil aplicado*: "já sustentei a imprescritibilidade das ações de nulidade [...], mas hoje evoluí dessa posição, para admitir a prescrição vintenária nas ações cujo interesse em jogo seja meramente patrimonial. Isso porque o interesse social de pôr termo, após longo período, a ameaças de soluções judiciais, me parece

concluir pela admissibilidade ou não da impugnação do ato após certo lapso temporal, torna-se possível verificar em que medida os valores e interesses envolvidos no fato concretamente analisado foram protegidos – e, assim, na ponderação a ser realizada pelo julgador entre eles, decidir se a segurança jurídica será o princípio preponderante a ser tutelado. Em tal raciocínio, pode o intérprete concluir tanto pela inadmissibilidade do pedido de reconhecimento da nulidade por força do decurso do tempo quanto chegar à solução oposta, caso outro valor se considere merecedor de tutela (em sentido estrito) no caso concreto, particularmente no campo extrapatrimonial.

Pense-se no caso de um ato jurídico em sentido estrito do qual decorra o estabelecimento de uma relação de filiação (uma adoção, um reconhecimento de paternidade ou mesmo um assento de nascimento promovido por alguém que não é o genitor biológico – a chamada "adoção à brasileira"). A arguição da nulidade (e até mesmo o pedido de anulação) desse ato após certo tempo deverá levar em consideração os valores tangenciados por ele: o melhor interesse da criança ou do adolescente (se o filho ainda não tiver atingido a maioridade), a parentalidade socioafetiva, o direito à verdade sobre a origem biológica etc. A preponderância de tais valores sobre o imperativo da segurança jurídica e da própria boa-fé objetiva (que fundamenta a *suppressio* do direito ao reconhecimento judicial da nulidade) pode vir a ser reconhecida no caso concreto, o que permitirá ao julgador entender, fundamentadamente, pela legitimidade ou pela inadmissibilidade da arguição da nulidade, de modo muito mais atento à proteção de interesses juridicamente relevantes do que a discussão, promovida em abstrato pela doutrina, entre convalescimento ou imprescritibilidade.[635]

Bastante ilustrativo é o entendimento, que se consolidou no Superior Tribunal de Justiça, a respeito do art. 1.614 do Código Civil atual (de idêntica redação ao art. 362 do CC1916), que dispõe: "Art. 1.614. O filho maior não pode ser reconhecido sem o seu consentimento, e o menor pode impugnar

---

muito mais relevante do que a proteção ao direito subjetivo do titular omisso" (Volume III. São Paulo: Saraiva, 1986, p. 32)

[635] Estes e outros exemplos de modulação valorativa da disciplina legal das invalidades negociais serão desenvolvidos no Capítulo 3, *infra*, tendo-se antecipado a presente discussão apenas por força do imperativo de se analisar, neste ponto da exposição, se a prescritibilidade da invalidade constitui um critério confiável de diferenciação entre nulidade e anulabilidade.

o reconhecimento, nos quatro anos que se seguirem à maioridade, ou à emancipação". O dispositivo, como se percebe, trata da invalidação do ato jurídico de reconhecimento de paternidade por iniciativa do suposto filho que fora reconhecido quando era maior de idade, cominando prazo decadencial de quatro anos para tanto. Contudo, em uma ação que pretendia a nulidade do registro, tendo o prazo decadencial de quatro anos transcorrido em 1981 e a ação sido proposta apenas em 1995, entendeu o STJ que o art. 27 do Estatuto da Criança e do Adolescente, que determina que "o reconhecimento do estado de filiação é direito personalíssimo, indisponível e imprescritível [...]", teria revogado tacitamente o dispositivo do Código Civil (à época, ainda o de 1916) que previa a decadência quadrienal do direito.[636] A própria decisão ressalta que, antes da ordem constitucional de 1988, o dispositivo do Código Civil era aplicável, e constituía uma exceção à (já reconhecida jurisprudencialmente) imprescritibilidade das ações atinentes ao estado de filiação – as quais, sempre que relativas à nulidade do reconhecimento, caducavam em quatro anos. Após a Constituição, porém, entende a Corte que se impõe a incidência do princípio de igualdade entre os filhos, estabelecido pelo art. 226, §6º da Lei Maior, deixando de aplicar, por isso, a norma expressa de decadência do direito à impugnação da nulidade prevista pelo Código Civil.[637]

---

[636] STJ, 4ª T., REsp. 605.047, Rel. Min. Aldir Passarinho Júnior, julg. 15.12.2009, publ. 11.2.2010.

[637] A rigor, a invocação do art. 27 do Estatuto da Criança e do Adolescente não justifica a suposta revogação, vez que o dispositivo se refere à imprescritibilidade do reconhecimento do estado de filiação, ao passo que a norma do Código Civil alude à impugnação da nulidade registral (portanto, à negativa da filiação, que, na ação anulatória, tem fundamentos próprios – o erro ou falsidade do registro). Ademais, tendo o Código Civil de 2002 reproduzido o mesmo teor do dispositivo do Código revogado, o critério cronológico daria prevalência à norma mais recente, de igual hierarquia e especialidade. Desse modo, a solução apenas parece ter sido resolvida pela análise valorativa da *fattispecie* à luz da axiologia constitucional. No mesmo sentido: "Direito civil. Investigação de paternidade e maternidade c/c ação declaratória de nulidade de registro. Decadência. Arts. 178, §9º, VI, e 362, CC/1916. Exegese. Hermenêutica. [...] II – Tratando-se de relações de parentesco, as regras jurídicas devem ser vistas e interpretadas dentro de uma ótica mais abrangente e elástica, com teleologia, em atenção às realidades da vida contemporânea. Assim, em termos de aferição da verdadeira paternidade, as normas do Código Civil devem ceder lugar, em determinadas circunstâncias, à norma do art. 5º da Lei de Introdução, observados os métodos mais modernos de hermenêutica" (STJ, REsp. 259.768, Rel. Min. Aldir Passarinho Júnior, Rel. p/ Ac. Min. Sálvio de Figueiredo Teixeira, julg. 22.4.2003, publ. 22.3.2004).

De outra parte, vale destacar que o próprio legislador previu exceções à regra geral do não convalescimento da nulidade pelo decurso do tempo, particularmente em matéria de disposições de última vontade, para cujo reconhecimento da nulidade previu o prazo decadencial de cinco anos no art. 1.859 do Código Civil.[638] Embora o dispositivo aluda à "invalidade", de modo geral, entende-se majoritariamente que o prazo se dirige apenas à nulidade,[639] já que, para as causas de anulabilidade, foi previsto prazo específico de quatro anos pelo art. 1.909, parágrafo único, do Código Civil.[640] A doutrina busca compatibilizar a previsão legal com a regra geral afirmando que o prazo se destina apenas ao desfazimento de efeitos patrimoniais do testamento, não se estendendo aos existenciais[641] – retornando-se, assim, às discussões já apresentadas acima. Outros autores simplesmente reconhecem a derrogação da regra geral,[642] havendo ainda quem sustente que, a despeito da decadência do direito de pretender o reconhecimento da nulidade, ainda seria possível ao juiz, após o prazo, reconhecê-la de ofício.[643]

---

[638] *Verbis:* "Art. 1.859. Extingue-se em cinco anos o direito de impugnar a validade do testamento, contado o prazo da data do seu registro".

[639] Nesse sentido, cf. TEPEDINO, Gustavo; BARBOZA, Heloisa Helena; MORAES, Maria Celina Bodin de. *Código Civil interpretado conforme a Constituição da República.* Volume IV, cit., p. 674; CARVALHO, Luiz Paulo Vieira. *Direito das sucessões,* cit., p. 817.

[640] *Verbis:* "Art. 1.909. São anuláveis as disposições testamentárias inquinadas de erro, dolo ou coação. Parágrafo único. Extingue-se em quatro anos o direito de anular a disposição, contados de quando o interessado tiver conhecimento do vício".

[641] Nesse sentido, afirma-se que "as controvérsias sobre a imprescritibilidade das nulidades são recorrentes na doutrina e na jurisprudência e ganharam fôlego com a dicção do art. 169 do Código Civil, tendo em vista a posição amplamente defendida no sistema anterior no sentido da inexistência de direitos patrimoniais imprescritíveis [...]. Entretanto, deve-se registrar que o aludido art. 169 não parece estar em dissonância com a posição acima mencionada, consagrada no regime anterior, se a nulidade, em si considerada, for apartada dos efeitos patrimoniais dela decorrentes. Desse modo, as pretensões patrimoniais se submetem ao período prescricional do CC – no caso do testamento, ao período de cinco anos do art. 1.859 –, ao passo que as consequências extrapatrimoniais, que dizem respeito especialmente à tutela da personalidade, ao *status personae* e às relações de família, encontram-se protegidas pela dicção do art. 169 do Código Civil" (TEPEDINO, Gustavo; BARBOZA, Heloisa Helena; MORAES, Maria Celina Bodin de. *Código Civil interpretado conforme a Constituição da República.* Volume IV, cit., p. 674).

[642] Cf., por exemplo, VENOSA, Silvio de Salvo; GOZZO, Débora. In: ALVIM, Arruda; ALVIM, Teresa (Org.). *Comentários ao Código Civil brasileiro.* Volume XVI. Rio de Janeiro: Forense, 2004, pp. 274-275.

[643] Nesse sentido: CARVALHO, Luiz Paulo Vieira. *Direito das sucessões,* cit., p. 816.

Previu, ainda, o legislador, no art. 48, parágrafo único, do Código Civil,[644] o prazo decadencial de três anos tanto para o pedido de anulação das decisões tomadas pelos órgãos coletivos das pessoas jurídicas eivadas de vícios do consentimento quanto para o reconhecimento da nulidade desses mesmos atos quando tiverem sido realizados ao arrepio da lei ou do estatuto ou, ainda, em simulação ou fraude. Tal previsão, reiterada pelo art. 206, §3º, VII,[645] tem levado alguns autores a concluir simplesmente que a chamada imprescritibilidade não integra a natureza das nulidades, embora não neguem que constitua a regra geral na matéria.[646]

Feitas tais considerações acerca da nulidade negocial, cumpre indicar o regime jurídico atribuído à anulabilidade. No que tange aos negócios jurídicos simplesmente anuláveis, previu expressamente o legislador seu convalescimento pelo decurso do tempo, ao estipular prazos para a sua alegação (quatro anos em se tratando de anulabilidade decorrente de defeito do negócio jurídico ou de incapacidade relativa, nos termos do art. 178 do Código Civil,[647] e dois anos nos demais casos de anulabilidade para os quais não se tenha previsto prazo específico, a teor do art. 179 do Código Civil).[648] Empregou, aliás, a melhor técnica ao estipular que

---

[644] *Verbis:* "Art. 48. Se a pessoa jurídica tiver administração coletiva, as decisões se tomarão pela maioria de votos dos presentes, salvo se o ato constitutivo dispuser de modo diverso. Parágrafo único. Decai em três anos o direito de anular as decisões a que se refere este artigo, quando violarem a lei ou estatuto, ou forem eivadas de erro, dolo, simulação ou fraude".

[645] *Verbis:* "Art. 206. Prescreve: [...] §3º Em três anos: [...] VII – a pretensão contra as pessoas em seguida indicadas por violação da lei ou do estatuto, contado o prazo: a) para os fundadores, da publicação dos atos constitutivos da sociedade anônima; b) para os administradores, ou fiscais, da apresentação, aos sócios, do balanço referente ao exercício em que a violação tenha sido praticada, ou da reunião ou assembleia geral que dela deva tomar conhecimento; c) para os liquidantes, da primeira assembleia semestral posterior à violação; [...]".

[646] Nesse sentido: MELLO, Marcos Bernardes de. *Teoria do fato jurídico:* plano da validade, cit., p. 237.

[647] *Verbis:* "Art. 178. É de quatro anos o prazo de decadência para pleitear-se a anulação do negócio jurídico, contado: I – no caso de coação, do dia em que ela cessar; II – no de erro, dolo, fraude contra credores, estado de perigo ou lesão, do dia em que se realizou o negócio jurídico; III – no de atos de incapazes, do dia em que cessar a incapacidade".

[648] *Verbis:* "Art. 179. Quando a lei dispuser que determinado ato é anulável, sem estabelecer prazo para pleitear-se a anulação, será este de dois anos, a contar da data da conclusão do ato". Alguns prazos específicos previstos pelo Código Civil são o prazo de cento e oitenta dias para o representado pedir a anulação do ato do representante com conflito de interesses (art. 119, parágrafo único), o prazo de dois anos após o término da sociedade conjugal para o ex-cônjuge

tais prazos têm natureza decadencial, uma vez que o pedido de anulação do negócio corresponde a direito potestativo das partes legitimadas a formulá-lo e, portanto, sujeita-se à decadência (não à prescrição, como usualmente se afirma em matéria de nulidade, sobretudo com o uso do termo "imprescritibilidade").[649]

Em princípio, portanto, ao contrário das nulidades, as anulabilidades estão destinadas ao convalescimento sempre que a parte legitimada não as alegue tempestivamente. Semelhante disciplina decorreria, segundo a doutrina, da natureza disponível dos interesses protegidos por essa espécie de invalidade negocial: em se tratando de interesses individuais das partes, nada impede que estas simplesmente se abstenham de alegar o vício,[650] o que equivaleria, por via transversa, a uma forma de confirmação do ato.[651] Nada impede, porém, que, por força dos mesmos princípios aludidos em matéria de nulidade, também as consequências previstas em lei para a anulabilidade venham a ser modificadas no caso concreto diante de um juízo de merecimento de tutela. Basta pensar, nos mesmos exemplos da adoção, do reconhecimento de paternidade ou do registro de nascimento por quem não é pai biológico, em uma invalidade decorrente de vício do consentimento: talvez a prevalência, no caso concreto, de princípios ínsitos ao direito de família e, particularmente, às relações de filiação justifique o afastamento fundamentado pelo intérprete do prazo decadencial previsto

---

do doador ou os herdeiros pedirem a anulação da doação feita pelo adúltero ao seu cúmplice (art. 550) e o prazo de dois anos após o término da sociedade conjugal para o ex-cônjuge do alienante pedir a anulação do negócio praticado sem a sua outorga, nos casos exigidos por lei (art. 1.649).

[649] Conforme pondera Zeno VELOSO, "o vocábulo 'imprescritibilidade' não tem sido utilizado no seu sentido restrito e técnico. Se o direito de ingressar em juízo para requerer a declaração da nulidade estivesse sujeito a prazo, este prazo seria de decadência e não de prescrição, como, aliás, são de decadência os prazos (extintivos) nos casos de anulabilidade dos negócios jurídicos (art. 178)" (*Invalidade do negócio jurídico*, cit., p. 169).

[650] Pondera Enzo ROPPO a esse propósito: "Tratando-se, apenas, de proteger o interesse do incapaz, do errante, do enganado ou do ameaçado, só estes – ou, nos casos de incapacidade, o seu representante legal – são árbitros da sorte do contrato: só a eles cabe decidir se pedir ou não a anulação. Nada exclui, com efeito, que também o contrato concluído por um incapaz, ou por efeito de um vício da vontade, resulte, em concreto, conveniente para esta mesma parte, ou, pelo menos, seja, por esta, julgado como tal, ou, então, não haja, da sua parte, nenhum interesse em invalidá-lo" (*O contrato*, cit., p. 244).

[651] RODRIGUES, Silvio. *Direito civil*. Volume I, cit., p. 302.

em lei.[652] De outra parte, pode também acontecer que a incidência do princípio da boa-fé objetiva determine uma hipótese de *suppressio* antes mesmo de verificado o prazo decadencial, a depender do caso concreto.[653]

Não por acaso, o direito de família é considerado frequentemente um setor em que a teoria das invalidades teria construído um microssistema autônomo:[654] na verdade, por se tratar de área regida por princípios específicos e de atuação cada vez mais fortemente marcada, sente-se com frequência a necessidade de modular, em certas *fattispecie* de atos jurídicos, as consequências de sua invalidade (o que muitas vezes ocorre pela pró-

---

[652] A lógica aqui aplicada parece ser a mesma que justifica a imprescritibilidade das ações de estado, extraída do art. 1.601, *caput* do Código Civil, muito embora não se incluam normalmente nesse gênero as ações anulatórias, particularmente quando se visa a desconstituir o registro civil, ação que "tem fundamentos próprios. Exige-se que se prove 'erro ou falsidade' das declarações nele contidas, conforme determinam os arts. 1.604 e 1.608" (PEREIRA, Caio Mário da Silva. *Instituições de direito civil*. Volume V. Rio de Janeiro: GEN, 2014, p. 373). Nesse sentido, o Código Civil de 1916 previa prazos diferenciados para a contestação da paternidade (art. 178, §3º) e a ação do filho para impugnar o ato de reconhecimento (art. 178, §6º) e, como já se comentou *supra*, se o primeiro não encontra mais respectivo no Código atual, o segundo foi reproduzido pelo art. 1.614 em vigor.

[653] A respeito, pondera Anderson SCHREIBER a respeito da *Verwirkung*, figura do direito germânico costumeiramente equiparada à *suppressio*: "ao menos em uma primeira análise, não pode ser considerada inteiramente legítima a confiança despertada em outrem com relação ao não exercício do direito subjetivo a prazo fixo em lei. Isto porque, conhecendo ou devendo conhecer o prazo legal para o exercício, o terceiro não poderia sustentar, com pleno amparo do direito, ruptura de uma legítima expectativa fundada no não exercício por período inferior a este mesmo prazo. Esta assertiva reduziria, contudo, a incidência da *Verwirkung* aos casos de exercício de posição jurídica sem prazo fixado em lei, o que, em sistemas jurídicos como o brasileiro, é campo infértil. Parece, todavia, razoável admitir que, neste confronto com os prazos legais (prescricionais ou decadenciais), o valor da segurança que os inspira ceda em favor da tutela da confiança naquelas hipóteses em que ao simples decurso do tempo se somem comportamentos do titular do direito [...] ou circunstâncias de fato, imputáveis a ele ou não, que justifiquem uma tutela da boa-fé objetiva independentemente e acima dos prazos fixados em lei, em uma espécie de prescrição de fato" (*A proibição de comportamento contraditório:* tutela da confiança e *venire contra factum proprium*. Rio de Janeiro: Renovar, 2007, p. 192).

[654] Conforme pondera Caio Mário da Silva PEREIRA, "em matéria de casamento são tantas as exceções consagradas que quase diríamos haver uma teoria especial de nulidade neste terreno. Assim é que a incapacidade absoluta do agente, de que provém a nulidade, leva à anulabilidade do matrimônio; a declaração de nulidade do negócio jurídico pode ser pronunciada pelo juiz quando conhecer do ato ou de seus efeitos, ao passo que a nulidade do casamento somente pode ser postulada por ação direta [...]" (*Instituições de direito civil*. Volume I, cit., p. 541).

pria intervenção legislativa, ao se criarem supostas exceções legalmente positivadas às regras gerais). Isso não deve representar, do ponto de vista valorativo, uma quebra de sistemática, já que a intervenção dos princípios no direito de família se faz mais pronunciada, via de regra, justamente por sua associação mais imediata à tutela da dignidade humana, constituindo as entidades familiares um *locus* privilegiado de desenvolvimento da personalidade de seus membros.[655] A axiologia do sistema e, particularmente, a incidência da dignidade humana unifica, assim, os setores do direito civil e justifica o que, do ponto de vista estrutural, seriam exceções à teoria geral, não apenas no direito de família como em todas as demais áreas.

Como se percebe, nem a afirmativa de que as nulidades se voltam à tutela de interesses de ordem pública conduz necessariamente à impossibilidade de convalescimento do ato com o tempo, nem a imprescritibilidade da pretensão ao reconhecimento da nulidade parece ser um critério confiável para diferenciar essa espécie de invalidade negocial das hipóteses de anulabilidade do negócio jurídico. A própria compreensão de que as invalidades negociais se prestam à proteção de determinados interesses exige que o intérprete lance um olhar funcional sobre cada ato concreto, o que pode acarretar a modificação da disciplina legalmente prevista para nulidade e anulabilidade. Essa mesma constatação se aplica a outras distinções comumente traçadas entre as duas formas de invalidade, a serem analisadas no próximo item: todas partem do pressuposto da diversidade de funções entre nulidade e anulabilidade (isto é, da diversidade de natureza dos interesses que se visa a tutelar), mas todas também são igualmente questionáveis no que tange à diferença prática entre seus respectivos regimes jurídicos.

---

[655] Por exemplo, em interessante precedente, no qual se impugnava um casamento nuncupativo celebrado entre tio e sobrinha (em regra, nulo, por força do impedimento previsto pelo art. 1.521, IV do Código Civil), entendeu o STJ que o ato seria válido, pois a finalidade do impedimento era a de "preservação da moral média do grupo social – que repudia o incesto – e de restrição biológica quanto à consanguinidade e riscos de má-formação fetal que dela decorrem", questões que não se colocavam no caso, pois um dos cônjuges morrera logo após a celebração do casamento (STJ, 3ª T., REsp. 1.330.023, Rel. Min. Nancy Andrighi, julg. 5.11.2013, publ. 29.11.2013).

2.2.3. Distinção entre nulidade e anulabilidade quanto à possibilidade de confirmação e de suprimento judicial do vício

Corolários lógicos do alegado não convalescimento das nulidades correspondem à *insanabilidade do ato nulo* pela vontade das partes e à correlata *impossibilidade de suprimento* da nulidade pelo juiz.[656] Trata-se de características igualmente tradicionais atribuídas aos atos nulos[657] e que, diversamente do que ocorria com a impossibilidade de convalescimento pelo decurso do tempo, já se encontravam previstas pelo Código anterior.

Particularmente quanto à possibilidade de as partes sanarem o vício, a única alteração da codificação atual parece ter sido a substituição do termo *ratificação* pela expressão *confirmação*. Embora parte da doutrina estrangeira faça distinção entre os dois conceitos e restrinja o termo "ratificação" ao ato do representado que torna eficaz a representação sem poderes,[658]

---

[656] Como anota Orlando GOMES, "a prescrição é equiparada à confirmação. Considera-se confirmação tácita. Presume a lei que, se o interessado não agiu dentro de certo prazo, é porque reputou vantajoso o ato, mesmo defeituoso" (*Introdução ao direito civil*, cit., p. 428). No mesmo sentido, na doutrina francesa, JAPIOT atribui à doutrina clássica a concepção de que a prescrição seria "uma confirmação tácita, ao menos presumida", embora proponha o autor, como exposto acima, que a prescrição do desfazimento dos efeitos do ato possa ocorrer mesmo em espécies de invalidade que não admitem confirmação (*Des nullités en matière d'actes juridiques*, cit., p. 816).

[657] Cf., por todos, MESSINEO, Francesco. *Manuale di diritto civile e commerciale*. Volume I, cit., p. 616.

[658] Por exemplo, MENEZES CORDEIRO afirma que a confirmação "nada tem a ver" com a ratificação, restringindo este último termo ao ato do representado que torna eficaz a representação sem poderes (*Tratado de direito civil*. Volume II, cit., pp. 965-966). Com base no art. 268º do Código Civil português, o autor sustenta que a ratificação da representação sem poderes teria disciplina específica, como a exigência de forma idêntica à do ato ratificado e eficácia retroativa, já que o ato originalmente inoponível ao representado apenas com a ratificação passaria a ser eficaz em relação a ele (retroagindo à data da celebração). No mesmo sentido, Rui ALARCÃO afirma que a ratificação "é o ato pelo qual, na representação sem poderes ou com abuso no seu exercício, a pessoa em nome de quem o negócio é concluído declara aprovar tal negócio, que doutro modo seria ineficaz em relação a ela" (*A confirmação dos negócios anuláveis*. Volume I. Coimbra: Atlântica, 1971, p. 118). A mesma diferenciação é feita, no direito italiano, por Alberto TRABUCCHI: "A convalidação ou confirmação de um negócio não se confunde com a ratificação, com a qual se sana a falta de legitimação do sujeito [...] e pela qual não se requer com tanto rigor a prova do conhecimento do defeito do ato, já que basta a vontade de adequá-lo" (*Istituzioni di diritto civile*, cit., p. 164. Tradução livre).

a sinonímia é amplamente adotada pela doutrina pátria em matéria de invalidade negocial,[659] sobretudo diante da ainda recente mudança de terminologia legislativa e do fato de nada ter sido alterado na sua disciplina. De fato, a todo tempo o Código em vigor adota o termo "confirmação" onde o Código anterior aludia à "ratificação", sem qualquer mudança prática.[660] A adoção do termo "confirmação" chegou a ser questionada durante o processo legislativo do atual Código Civil, tendo-se optado pela substituição do termo "ratificação" por se entender que este atuaria no plano da eficácia, não no plano da validade.[661] Em uma perspectiva que busca superar a separação rígida entre os referidos planos, menos ainda se justifica a distinção. Ainda assim, dar-se-á preferência no presente estudo ao termo atualmente adotado pela lei, que tem sido elogiado pela doutrina especializada como mais técnico.[662]

Tanto sob o regime anterior quanto na codificação atual, previa o legislador que o juiz não pode suprir o vício da nulidade nem mesmo a pedido das partes (art. 146, parágrafo único, do Código revogado,[663] equivalente ao art.

---

[659] Assim, por exemplo, PONTES DE MIRANDA prevê um sentido lato e outro estrito para o termo "ratificação", apenas aplicando o segundo ao que o Código atual designa como confirmação da anulabilidade (*Tratado de direito privado*. Tomo IV, cit., p. 345). No entanto, ao definir tais acepções, o autor acaba atribuindo a elas idêntico conteúdo, como critica MELLO, Marcos Bernardes de. *Teoria do fato jurídico*: plano da validade, cit., p. 241.

[660] Pouco importa para a análise ora empreendida que a sanação do vício que maculava o ato seja proporcionada pela simples declaração de vontade da pessoa cujo consentimento estava viciado, se essa declaração vem da parte de terceiro cuja anuência para o ato faltava, ou, diversamente, que decorra de um acordo entre todas as partes (sendo certo que, neste último caso, a pessoa cujo assentimento se fazia ausente também terá declarado sua vontade). Nesse sentido, Caio Mário da Silva PEREIRA entende que a confirmação do ato anulável "implica uma atitude inequívoca de quem tinha qualidade para atacá-lo, no sentido de atribuir-lhe validade, e efetiva-se mediante a repetição do próprio ato, ou reiteração da declaração de vontade, ou atitude inequívoca de validá-lo, o que de uma forma ou outra implica renúncia ao seu desfazimento" (*Instituições de direito civil*. Volume I, cit., p. 538).

[661] Assim relata MOREIRA ALVES ao tratar das emendas que foram propostas ao projeto do Código Civil (*A Parte Geral do Projeto de Código Civil brasileiro*, cit., p. 148).

[662] Cf. MELLO, Marcos Bernardes de. *Teoria do fato jurídico*: plano da validade, cit., p. 241.

[663] Dispunha o Código Civil de 1916: "Art. 146. [...] Parágrafo único. Devem [as nulidades] ser pronunciadas pelo juiz, quando conhecer do ato ou dos seus efeitos e as encontrar provadas, não lhe sendo permitido supri-las, ainda a requerimento das partes".

168, parágrafo único, do Código em vigor).⁶⁶⁴ No que tange à confirmação do ato nulo, o Código Civil de 1916 afastava tal possibilidade por interpretação *a contrario sensu* do dispositivo que a autorizava no ato anulável (art. 148),⁶⁶⁵ no que foi seguido, desta vez em disposição expressa, pelo Código Civil de 2002 (art. 169).⁶⁶⁶ A lógica para tal disciplina continua sendo a da disponibilidade do interesse tutelado, em última instância, pela invalidade. Um interesse de ordem pública não poderia ser objeto de transação pelas partes, motivo pelo qual não poderiam elas superar convencionalmente uma nulidade negocial, muito menos postular ao juiz que a ignore.⁶⁶⁷ Não se verifica, em linha de princípio, qualquer equívoco nessa lógica, sendo certo que, quanto maior a tutela jurídica conferida a determinado interesse, maior se torna, em regra, sua indisponibilidade pela autonomia privada.

A afirmação, porém, de que o ato nulo não pode ser sanado ignora a natureza do próprio ato jurídico de confirmação, amplamente admitido nos atos anuláveis. A rigor, a confirmação representa uma nova declaração de vontade,⁶⁶⁸ que muitas vezes não dista, na prática, da celebração de um novo negócio idêntico ao original, mas desprovido do vício que o inquinava.⁶⁶⁹

---

⁶⁶⁴ *Verbis:* "Art. 169. [...] Parágrafo único. As nulidades devem ser pronunciadas pelo juiz, quando conhecer do negócio jurídico ou dos seus efeitos e as encontrar provadas, não lhe sendo permitido supri-las, ainda que a requerimento das partes".

⁶⁶⁵ Dispunha o Código Civil de 1916: "Art. 148. O ato anulável pode ser ratificado pelas partes, salvo direito de terceiro. [...]".

⁶⁶⁶ *Verbis:* "Art. 169. O negócio jurídico nulo não é suscetível de confirmação [...]".

⁶⁶⁷ Nada impede, contudo, que as partes cumpram espontaneamente o conteúdo do ato nulo, tornando-o eficaz no plano prático, como ressalta PONTES DE MIRANDA (*Tratado de direito privado*. Tomo IV, cit., p. 112).

⁶⁶⁸ A respeito, afirma Orlando GOMES: "Negócio integrativo, a confirmação importa renúncia do interessado aos meios que lhe faculta a lei para anular o contrato. Seu efeito é, por conseguinte, o de curar a invalidade do negócio defeituoso. [...] Exige declaração de vontade, pelo que, em si, a confirmação é declaração negocial destinada a corrigir o defeito que marca o negócio anulável" (*Introdução ao direito civil*, cit., p. 429). Também atribuem à confirmação a natureza de negócio jurídico unilateral PONTES DE MIRANDA (*Tratado de direito privado*. Tomo IV, cit., p. 345) e Marcos Bernardes de MELLO (*Teoria do fato jurídico:* plano da validade, cit., p. 242). Divergindo quanto à natureza do ato, mas também identificando nele uma declaração volitiva, aduz MENEZES CORDEIRO sobre a confirmação: "Trata-se de um ato jurídico unilateral, *stricto sensu*, assente numa declaração de vontade não recipienda" (*Tratado de direito civil*. Volume I, cit., p. 971).

⁶⁶⁹ A diferença estaria em que o negócio jurídico de confirmação do ato anulável teria natureza "integrativa", ao passo que o novo negócio celebrado com a intenção de confirmar uma nulidade

Não se confunde a confirmação com a novação, porque a primeira retroage ao momento da celebração do ato[670] – ao passo que a novação, por definição, cria efeitos novos e opera, portanto, *ex nunc*.[671] Não se pode, porém, ignorar que, em muitos casos, a confirmação do ato anulável não difere, nos resultados práticos que produz, da nova celebração desse mesmo ato e nas mesmas condições, mas desta vez com a participação ou anuência da pessoa de cuja vontade dependia a validade.

Já em matéria de nulidade, não apenas se proíbe a confirmação do negócio como também veda a lei que as "obrigações nulas" (*rectius*, decorrentes

---

não poderia ter essa natureza: o sistema jurídico "não pode recebê-lo como integrativo do negócio jurídico nulo, porque, por definição, nulo é o que não se pode sanar" (MIRANDA, F. C. Pontes de. *Tratado de direito privado*. Tomo IV, cit., p. 113). A questão, aparentemente, restringe-se às premissas conceituais adotadas, e não a diferentes regimes jurídicos.

[670] A suposta retroatividade do ato de confirmação é posta em dúvida por MENEZES CORDEIRO: "Quando se fala em 'eficácia retroativa' pretende-se, naturalmente, dizer que, no presente e para o futuro, tudo se passará como se, no passado, se tivessem iniciado determinados efeitos jurídicos. A essa luz teremos de entender uma pretensa retroatividade da confirmação. [...] a confirmação não tem, em rigor, eficácia retroativa. De fato, quando ela ocorra, o negócio será tratado como se, *ab initio*, fosse válido. Mas na falta de confirmação e a menos que sobreviesse uma anulação, o negócio sempre funcionaria, *ab initio*, como válido. A confirmação nada acrescenta. [...] A retroatividade surge apenas por contaminação vocabular com a retroatividade de uma hipotética anulação. Não há retroatividade, até porque nem existe alternativa lógica" (*Tratado de direito civil*. Volume I, cit., p. 963). No mesmo sentido, afirma RUGGIERO sobre a confirmação: "dizer que ela opera retroativamente, como diz a maioria, é quase insensato se se considerar que os efeitos estão já validamente produzidos pelo negócio anulável, até que a anulação não seja pronunciada; pela confirmação destrói-se apenas a possibilidade de os destruir [...]" (*Instituições de direito civil*. Volume I, cit., p. 399). A relevância jurídica, portanto, da confirmação é unicamente a de trazer estabilidade definitiva (ao menos do ponto de vista do vício genético que inquinava o ato) para a eficácia negocial, na medida em que provoca, assim como a execução espontânea do negócio anulável, "a extinção de todas as ações, ou exceções, de que contra ele dispusesse o devedor" (art. 175 do Código Civil).

[671] Como pondera SERPA LOPES, "o ato realizado sem poderes existe desde época anterior à ratificação. A sua existência, porém, não passa de uma situação virtual, pois a sua vida depende do ato posterior da ratificação. Mas esta não realiza o ato, vivifica-o. A ratificação tem assim uma função complementar, incorporando-se ao ato ao qual ela se refere" (*Curso de direito civil*. Volume I, cit., p. 515). Assim, "a novação é uma forma de extinção da obrigação, [...] ao passo que a ratificação não substitui a antiga obrigação, mas, pelo contrário, dá-lhe vida e o sustentáculo necessário para dela afastar os vícios de que padece: *confirmatio nihil dat novit*" (Ibid., p. 514).

de ato nulo) sejam objeto de novação (art. 367 do Código Civil).[672] Ocorre que, em diversas hipóteses, também é possível perceber que a finalidade que as partes obteriam com uma hipotética "confirmação" do ato nulo pode ser alcançada pela simples celebração de novo negócio, mesmo que totalmente desvinculado ao primeiro. Pense-se, por exemplo, na venda de bem imóvel celebrada verbalmente, pela qual o vendedor obriga-se a entregar o bem no prazo de uma semana. Sem dúvida, tal contrato é nulo por desrespeitar a forma prescrita em lei, que exige não apenas a forma escrita como também, na normalidade dos casos, a escritura pública (art. 108 do Código Civil).[673] Se o vendedor, porém, em menos de uma semana após a avença verbal, imitir o adquirente na posse do imóvel e celebrar com ele um novo contrato, atendendo às exigências formais da lei, que possa ser levado a registro, não se vislumbra, a rigor, do ponto de vista do interesse prático das partes, diferença entre este novo contrato e uma hipotética confirmação do ato originalmente nulo.

O exemplo singelo que se acaba de formular presta-se tão somente a demonstrar como a vedação à confirmação do ato nulo pode se revelar artificial diante do caso concreto. Se essa constatação não afasta, em absoluto, a procedência da distinção entre nulidade e anulabilidade, diminui, por outro lado, sua relevância, já que, em diversas situações, admitir-se-á um resultado prático muito semelhante ao da confirmação mesmo diante de uma nulidade. Esse resultado não será obtido, em linhas gerais, quando a data da celebração do negócio for relevante para a determinação de seus efeitos, ou quando estiverem em jogo prestações acessórias abrangidas pelo contrato original (tais como juros de mora que tenham decorrido de eventual inadimplemento ou garantias que tenham sido prestadas pelo devedor ou por terceiro, que não se estenderão ao novo ato praticado); mesmo esses aspectos, porém, podem acabar sendo compensados no

---

[672] *Verbis:* "Art. 367. Salvo as obrigações simplesmente anuláveis, não podem ser objeto de novação obrigações nulas ou extintas". A respeito, comenta Judith MARTINS-COSTA: "o art. 367 contém, na segunda parte, o princípio da irratificabilidade do ato nulo e, bem assim, o princípio segundo o qual 'ainda onde se admite que o ato jurídico pode ter eficácia *ex tunc*, não se pode dar por ter existido, no passado, o que não existiu'" (*Comentários ao novo Código Civil*. Volume V. Tomo I, cit., p. 560).

[673] *Verbis:* "Art. 108. Não dispondo a lei em contrário, a escritura pública é essencial à validade dos negócios jurídicos que visem à constituição, transferência, modificação ou renúncia de direitos reais sobre imóveis de valor superior a trinta vezes o maior salário mínimo vigente no País".

novo negócio celebrado (por exemplo, pela estipulação de termo inicial mais curto que compense o interregno entre a celebração do ato nulo e a subsequente celebração do ato válido, ou a fixação de preço que abranja tanto a dívida principal quanto a acessória decorrentes do contrato nulo, ou a prestação de nova garantia).

A aproximação prática entre uma hipotética confirmação do ato nulo e a celebração de ato de idêntico teor já foi reconhecida pelo Superior Tribunal de Justiça,[674] ao apreciar caso de "ratificação" (isto é, de nova celebração) de alterações em contrato social cuja nulidade havia sido reconhecida em ação anterior, porque, sem representarem a maioria do capital social, parte dos sócios de determinada pessoa jurídica havia deliberado sobre a destituição de um deles da direção das empresas integrantes do grupo empresarial. *In casu*, porém, conferiu-se utilidade prática à distinção, entendendo-se que, caso o novo ato celebrado (com finalidade de confirmação) pretendesse a produção de efeitos *ex tunc*, poderia ser reconhecida sua invalidade apenas quanto a essa pretendida eficácia retroativa, para que não se equiparasse, na prática, à confirmação do ato originalmente nulo.[675] Tal conclusão corrobora

---

[674] Esclareceu, no caso, o Superior Tribunal de Justiça: "A ratificação ou convalidação são institutos próprios das anulabilidades ou nulidades relativas, os quais possibilitam a sanação do vício existente no negócio jurídico e cujos efeitos retroagem à data da prática do ato. Não são admitidos no caso das nulidades absolutas. Contudo, embora não sejam os negócios absolutamente nulos ratificáveis ou convalidáveis, nada impede possam ser novamente realizados, com a correção da falha que fulminou o ato anterior, sendo indiferente que a nulidade primitiva tenha sido declarada judicialmente. Trata-se, apenas, no caso, de imperfeição terminológica. Na verdade, o cerne da diferença é que não haverá ratificação do ato anterior, com efeitos *ex tunc*, mas negócio jurídico novo, gerando efeitos para o futuro" (STJ, 3ª T., REsp. 685.573/RS, Rel. Min. Castro Filho, julg. 2.6.2005, publ. 15.8.2005. Trecho do voto do relator).

[675] Conforme decidiu o Superior Tribunal de Justiça, "Na repetição da prática de atos de idêntico teor aos dos que foram declarados nulos, é vedada a concessão de efeitos *ex tunc*. Contudo, se isso ocorreu, é possível declarar sua nulidade apenas nesse aspecto, mantendo-se a sua eficácia para o futuro" (STJ, 3ª T., REsp. 685.573/RS, Rel. Min. Castro Filho, julg. 2.6.2005, publ. 15.8.2005). Solução diversa é conferida ao caso pelo BGB, que, ao admitir, em seu §141, 2, que as partes podem consensualmente confirmar o negócio nulo, determina que, salvo disposição contrária, essa confirmação opere retroativamente: "[...] Se um contrato nulo for confirmado pelas partes, estas ficam, em caso de dúvida, obrigadas a conferirem uma à outra o que teriam obtido, caso o contrato tivesse sido válido desde o início" (Tradução livre). Também na doutrina italiana já se admitiu que o novo negócio em confirmação do nulo tivesse eficácia retroativa, ressalvados, contudo, os interesses de terceiros (FERRARA, Luigi Cariota. *Il negozio giuridico nel diritto privato italiano*, cit., p. 340).

uma segunda distinção entre ratificação e confirmação, desta vez restrita ao campo da invalidade negocial, sustentada no referido julgamento e também por parte da doutrina: a ratificação teria efeito retrooperante, ao passo que a confirmação equivaleria à celebração de novo ato com efeitos *ex nunc*, que seria permitida nos atos nulos.[676] A distinção, porém, destoa da literalidade do art. 169 do Código Civil, que apenas alude à confirmação.

Poder-se-ia indicar como diferença suplementar entre a confirmação do ato anulável e a realização de novo ato no caso de nulidade o fato de essa segunda possibilidade depender de novo consenso entre as partes do negócio original,[677] ao passo que a confirmação costuma ser um ato unilateral da parte a quem ela incumbe;[678] se, porém, a parte cujo consentimento estava viciado ou faltava está disposta a confirmar o ato, a rigor, esta não parece ser uma diferença drástica do ponto de vista prático, pois não será difícil, em regra, obter-se o consenso entre as partes. O mesmo se pode afirmar a respeito da confirmação por terceiro, quando a invalidade decorria da falta de sua autorização, o que se admite apenas nos casos de anulabilidade (art. 176 do Código Civil):[679] nada parece impedir que novo ato seja realizado, dessa vez com a participação do terceiro.

---

[676] Assim sustentava Caio Mário da Silva PEREIRA à luz do Código Civil de 1916, em passagem que seria suprimida nas edições atualizadas por força da mudança de terminologia do Código de 2002: "muitos escritores e, especialmente, a doutrina francesa, costuma dizer que o ato nulo é insuscetível de confirmação que toma traduzindo ratificação. Entendemos serem diversas estas ideias, e, por isso, dizemos que o negócio jurídico nulo não pode ser ratificado, mas lícito será confirmá-lo, se revestir a confirmação de todos os requisitos, de fato e de direito, necessários à sua eficácia, e isto mesmo quando for possível sem afronta à mesma proibição que tornou nulo o primitivo. A nosso ver, portanto, a confirmação importa na repetição do ato, escoimando-o da falha. Ao revés da ratificação, a confirmação não produz nenhum efeito retrooperante. Vale o ato confirmado, a partir do momento em que se repetir" (*Instituições de direito civil*. Volume I. Rio de Janeiro: Forense, 1997, p. 406).

[677] A respeito, comenta MENEZES CORDEIRO que "a 'confirmação' de atos nulos implica, sempre, uma concordância de ambas as partes, ainda que simplificada" (*Tratado de direito civil*. Volume I, cit., p. 970). O autor cita como exemplo o §141 do BGB, que determina: "1. Se um negócio jurídico nulo for confirmado por aquele que o tenha proposto, a confirmação deve ser reputada novamente como proposta [...]" (Tradução livre).

[678] Cf., por todos, LOPES, M. M. de Serpa. *Curso de direito civil*. Volume I, cit., p. 515.

[679] *Verbis*: "Art. 176. Quando a anulabilidade do ato resultar da falta de autorização de terceiro, será validado se este a der posteriormente".

Desse modo, a principal diferença prática entre atos nulos e anuláveis parece estar na vedação ao suprimento judicial do vício que enseja a nulidade, pois, neste caso, a consequência jurídica da distinção não está relegada unicamente ao interesse das partes. Com efeito, a possibilidade de o magistrado suprir o vício do qual decorre a anulabilidade, normalmente reconhecida nos casos de ausência da participação de pessoa que nele deveria intervir (como o a intervenção do assistente em relação à maior parte dos atos celebrados por relativamente incapazes,[680] a autorização dos pais para o casamento de menor de idade[681] ou a anuência do cônjuge nos negócios para os quais se exige a outorga uxória[682]), torna-se de difícil aplicação nos atos nulos por força da relevância dos valores normalmente tutelados pelas causas de nulidade. O uso do verbo "suprir" nesses casos, aliás, provavelmente decorre do fato de os casos de anulabilidade normalmente consistirem na ausência ou vício de alguma declaração de vontade que era necessária para o aperfeiçoamento do ato – a rigor, é essa vontade que o juiz pode suprir em determinados casos, e não a invalidade em si. Em matéria de nulidade, que importa vícios de outras naturezas, tal procedimento dificilmente seria aplicável.

Ainda assim, não se deve, aprioristicamente, afastar a possibilidade de suprimento judicial em casos particulares, nos quais a análise dos efeitos concretos o permitir. Por exemplo, seria possível cogitar da emancipação de filho menor realizada por apenas um dos genitores, quando ambos existirem

---

[680] Como observa Marcos Bernardes de MELLO, "o assentimento de quem deva assistir o incapaz (pais, tutor ou curador) na prática do ato jurídico implica decisão sobre o conteúdo do ato. O assistente decide sobre a oportunidade, a conveniência e as vantagens do ato jurídico para o incapaz. Por essa razão, sua recusa pode ser injusta, donde caber suprimento judicial a respeito; portanto, se os pais, o tutor ou o curador recusam o assentimento, pode o incapaz requerer ao juiz que o autorize a praticar o ato. A autorização judicial supre o assentimento, fazendo válido o ato jurídico" (*Teoria do fato jurídico:* plano da validade, cit., p. 145).

[681] A falta da referida autorização é causa de anulabilidade do casamento (art. 1.550, II do Código Civil), mas autoriza-se ao juiz supri-la: "Art. 1.519. A denegação do consentimento, quando injusta, pode ser suprida pelo juiz"; "Art. 1.553. O menor que não atingiu a idade núbil poderá, depois de completá-la, confirmar seu casamento, com a autorização de seus representantes legais, se necessária, ou com suprimento judicial".

[682] A ausência da outorga uxória torna anuláveis os atos para os quais ela é exigida (art. 1.649 do Código Civil), mas o juiz pode supri-la: "Art. 1.648. Cabe ao juiz, nos casos do artigo antecedente, suprir a outorga, quando um dos cônjuges a denegue sem motivo justo, ou lhe seja impossível concedê-la".

e estiverem munidos do poder familiar, que se considera, em princípio, nula.[683] Se, porém, restar verificado no caso concreto que a recusa de um dos genitores em conceder a emancipação convencional decorrer de mero espírito emulativo dirigido contra o outro genitor, em nada considerando o melhor interesse do emancipando (hipótese, portanto, de recusa abusiva), não seria de se afastar a possibilidade de o juiz suprir a vontade do genitor recalcitrante.[684] De fato, neste caso, estaria caracterizado o exercício abusivo do poder familiar, cujo perfil funcional, como já se explicitou,[685] dirige-se ao interesse da pessoa que a ele se sujeita e não ao interesse do próprio titular (particularmente um interesse frontalmente contrário à axiologia do ordenamento), e uma das consequências mais frequentes de uma recusa abusiva de manifestar a vontade corresponde ao suprimento judicial dessa manifestação.[686]

2.2.4. Distinção entre nulidade e anulabilidade quanto à legitimidade para alegação do vício

Outra distinção relevante comumente indicada entre nulidade e anulabilidade consiste na legitimidade para a sua arguição. Particularmente neste ponto, a teoria tradicional das nulidades parece mais rica em exceções do que em regras. Em princípio, a legitimidade para arguição das nulidades é ampla, abrindo-se a qualquer interessado (isto é, tanto às partes quanto a terceiros) e também ao Ministério Público quando lhe couber intervir, nos termos do art. 168, *caput*, do Código Civil.[687] Por outro lado, a legitimidade para pretender a simples anulação do negócio, a teor da parte final

---

[683] Trata-se de nulidade virtual em decorrência da dicção do parágrafo único do art. 5º do Código Civil, que, em seu inciso I, prevê que a emancipação voluntária depende de ato de ambos os pais, "ou de um deles *na falta do outro*" (grifou-se). Nesse sentido, observa Caio Mário da Silva PEREIRA que a emancipação "é ato dos pais, conjuntamente, mas pode ser outorgada por um só, na falta do outro" (*Instituições de direito civil*. Volume I, cit., p. 245).

[684] Nesse sentido, por exemplo, Arnaldo RIZZARDO afirma que, recusando-se um dos genitores a conceder a emancipação, deve o outro genitor, que esteja disposto a concedê-la, peticionar em juízo (*Parte Geral do Código Civil*. Rio de Janeiro: GEN, 2011, p. 209), muito embora a emancipação judicial apenas esteja prevista, no caso do inciso I do art. 5º, para os incapazes submetidos a tutela.

[685] Cf. item 1.3.1.2, *supra*.

[686] Cf. SÁ, Fernando Augusto Cunha de. *Abuso do direito*, cit., pp. 649-650.

[687] *Verbis*: "Art. 168. As nulidades dos artigos antecedentes podem ser alegadas por qualquer interessado, ou pelo Ministério Público, quando lhe couber intervir. [...]".

do art. 177, *caput* do Código Civil,[688] restringe-se apenas aos "interessados" – expressão que normalmente se associa às próprias partes no negócio, já que, ao menos teoricamente, é o interesse delas que a anulabilidade visa a resguardar.[689] A despeito da aparente clareza de tais disposições, a determinação da legitimidade para arguição da invalidade negocial pode se tornar mais nebulosa do que sugere sua disciplina legal.

Primeiramente, vale observar que a afirmação de que qualquer interessado pode alegar a nulidade pouco contribui para a distinção entre essa forma de invalidade negocial em relação à anulabilidade. De fato, considerando-se que a produção de efeitos de determinado ato perante terceiros constitui eficácia excepcional do negócio jurídico e, particularmente, dos contratos,[690] não são muitas as hipóteses de terceiros em relação ao ato que dispõem de verdadeira legitimação para a arguição da nulidade. Como é notório, não assiste, em verdade, a "qualquer" pessoa alegar a invalidade de certo ato

---

[688] *Verbis:* "Art. 177. A anulabilidade não tem efeito antes de julgada por sentença, nem se pronuncia de ofício; *só os interessados a podem alegar*, e aproveita exclusivamente aos que a alegarem, salvo o caso de solidariedade ou indivisibilidade" (grifou-se).

[689] Afirma MENEZES CORDEIRO que "as circunstâncias que permitem tal impugnação são fixadas em abstrato, podendo dizer respeito a qualquer uma das partes, no negócio considerado. Deste modo, hipóteses como o erro, o dolo ou a coação moral podem aproveitar tanto ao comprador como ao vendedor, tanto ao locador como ao locatário, tanto ao mandante quanto ao mandatário e assim por diante" (*Tratado de direito civil*. Volume II, cit., p. 945). O próprio autor, no entanto, excepciona a regra ao tratar de "anulabilidades privilegiadas", que, estabelecidas em prol de certas pessoas, apenas podem ser alegadas por elas (o.l.u.c.). Essa exclusividade também é a lógica das já referidas nulidades de proteção no direito italiano, que, como anota Pietro PERLINGIERI, são "acionáveis apenas por iniciativa da parte fraca" da relação (*Manuale di diritto civile*, cit., p. 568). Segundo PLANIOL e RIPERT, na anulabilidade não basta a quem a alega o interesse jurídico à anulação do ato, pois "é uma faculdade reservada pela lei seja ao incapaz, seja à pessoa de quem o consentimento tenha sido viciado" (*Traité élémentaire de droit civil*. Tome 1er, cit., p. 133. Tradução livre).

[690] Conforme anota Massimo BIANCA particularmente em matéria contratual, a regra geral é a do princípio da relatividade, ao menos no que diz respeito à eficácia típica dos contratos; existe, porém, uma eficácia reflexa, consubstanciada na chamada eficácia externa (dever geral de respeito de terceiros em face ao negócio) e na oponibilidade (particularmente quanto à preferência que se reconhece do contrato como título aquisitivo em face de títulos apresentados por terceiros – problema menos relevante no direito brasileiro, tendo em vista que este não reconhece a aquisição de direitos reais como efeito direto do negócio). A respeito, v. *Diritto civile*. Volume III, cit., pp. 566 e ss.

jurídico,[691] a começar pelo fato de que à maior parte das pessoas faltaria o interesse de agir.[692] Normalmente, assim, não se reconhece a uma pessoa que não tenha sua esfera jurídica diretamente afetada pelo ato que se avoque a função de tutelar em juízo os interesses resguardados pela nulidade do mesmo, tão somente por força da natureza de ordem pública normalmente atribuída a esses interesses. A ressalva a tal afirmativa, para além dos casos em que são cabíveis as tutelas coletivas, corresponde à legitimidade do Ministério Público – restrita, porém, aos casos em que a lei (normalmente, a norma processual) determinar expressamente sua atuação.[693]

De outra parte, há hipóteses de nulidade que não podem ser alegadas sequer pelas partes do negócio jurídico. Com efeito, em frequente aplicação do princípio geral do direito segundo o qual ninguém pode se beneficiar da própria torpeza, impede-se que a parte que tenha dado causa à nulidade a alegue em seu próprio benefício – por exemplo no caso dos negócios simulados.[694] Segundo a disciplina da simulação, reputa-se nulo o negócio simulado, nos termos do art. 167 do Código Civil.[695] A despeito da natureza do vício que inquina essa categoria negocial, no entanto, é recorrente em doutrina a advertência de que as partes, por terem desejado a simulação,

---

[691] Conforme analisa Orlando GOMES, "em verdade, a nulidade não é absoluta. Qualquer pessoa não pode argui-la. Somente aos interessados é lícito invocá-la a todo tempo. Quem não tenha interesse em seu procedimento não pode pedir ao juiz que a declare, e, sem essa declaração, a nulidade não passa de mera expectativa" (*Introdução ao direito civil*, cit., p. 432).

[692] Assim também se reconhece no direito italiano: "A legitimação geral às ações de nulidade não exime o agente de demonstrar a subsistência de um adequado interesse concreto de agir, já que a ação propriamente dita não é proponível em falta da prova da necessidade de recorrer ao juízo para evitar uma lesão atual do próprio direito e o consequente dano à própria esfera jurídica" (PERLINGIERI, Pietro. *Manuale di diritto civile*, cit., p. 563. Tradução livre).

[693] A norma geral na matéria é aquela extraída do art. 178 do Código de Processo Civil de 2015: "Art. 178. O Ministério Público será intimado para, no prazo de 30 (trinta) dias, intervir como fiscal da ordem jurídica nas hipóteses previstas em lei ou na Constituição Federal e nos processos que envolvam: I – interesse público ou social; II – interesse de incapaz; III – litígios coletivos pela posse de terra rural ou urbana. Parágrafo único. A participação da Fazenda Pública não configura, por si só, hipótese de intervenção do Ministério Público".

[694] Outros exemplos que excepcionam a ampla legitimidade à arguição da nulidade prevista pelo Código Civil serão oferecidos no Capítulo 3, *infra*, particularmente a respeito da aplicação do princípio de vedação ao benefício da própria torpeza na modulação dos efeitos do ato nulo.

[695] *Verbis*: "Art. 167. É nulo o negócio jurídico simulado, mas subsistirá o que se dissimulou, se válido for na substância e na forma. [...]".

não poderiam alegar a nulidade em juízo (e assim também dispunha o art. 104 do Código Civil de 1916);[696] tem-se, aqui, uma hipótese de ato nulo cuja invalidade não pode ser suscitada por nenhum dos sujeitos que o celebrou.[697] Por conta dessa peculiaridade, sob a égide do Código Civil revogado, a simulação era tratada como causa de anulabilidade do negócio jurídico, por ser esta a espécie de invalidade que melhor se aproxima de uma legitimidade restrita de alegação.

Como se percebe do exemplo da simulação, em muitos casos a determinação do tipo de invalidade que é caracterizado por cada espécie de vício acaba decorrendo muito mais das consequências que pretendia o legislador atribuir à *fattispecie* (em última análise, da forma de regular os efeitos decorrentes do ato) do que propriamente da natureza individual ou social do interesse tutelado pela invalidade.[698] Por tal razão, a mesma figura da simulação já recebeu duas qualificações distintas no direito bra-

---

[696] Dispunha o Código Civil de 1916: "Art. 104. Tendo havido intuito de prejudicar a terceiros, ou infringir preceito de lei, nada poderão alegar, ou requerer os contraentes em juízo quanto à simulação do ato, em litígio de um contra o outro, ou contra terceiros".

[697] Ainda sob a égide do Código Civil de 1916, que assim dispunha expressamente, afirmava Homero PRATES: "quer consista a simulação na interposição, real ou fictícia de pessoa, quer em declaração, confissão, condição ou cláusula não verdadeira, quer em antedatar ou pós--datar documentos particulares, só poderão alegá-la e prová-la os contraentes, em juízo, se não tiverem o intuito de prejudicar a terceiros ou de infringir preceito de lei" (*Atos simulados e atos em fraude da lei*. Rio de Janeiro: Freitas Bastos, 1958, p. 176). O autor referia que a opção do Código "de negar a ação às próprias partes, na simulação fraudulenta" decorria de aplicação da máxima *nemo auditur turpitudinem suam allegans*, entendimento que se mantém ainda à luz do Código Civil em vigor (v., por todos, PEREIRA, Caio Mário da Silva. *Instituições de direito civil*. Volume I, cit., p. 535).

[698] Neste ponto, vale transcrever a lição de Pietro PUTTI, segundo o qual a clareza da distinção entre nulidade e anulabilidade "se quebra já no interior do próprio quadro codicístico", sempre que, "sob o perfil da nulidade, a legitimação à ação seja reservada a categorias bem individuadas de sujeitos, ou mesmo a uma só parte". Explica o autor: "De tal complexo quadro normativo deriva que a perseverante distinção entre nulidade e anulabilidade [...] termina por se substanciar sobretudo no tocante às modalidades de individuação dos sujeitos legitimados à ação: de fato, sob tal perfil, a anulabilidade apresenta características de tipicidade tais a permitir a imediata individuação dos sujeitos legitimados à ação de anulação, ao passo que a nulidade apresenta a esse respeito perfis de atipicidade, já que não permite isso, mas impõe ao intérprete primeiro individuar o interesse posto pelo legislador na base da norma, de forma a identificar, apenas sucessivamente a essa operação lógico-jurídica, o sujeito legitimado a agir" (*La nullità parziale*. Napoli: ESI, 2002, pp. 366-367. Tradução livre).

sileiro: causa de anulabilidade a teor do art. 147, II do Código Civil de 1916[699] e hipótese de nulidade à luz do art. 167 do Código Civil de 2002. Aparentemente, buscou o Código atual reaproximar a simulação do caráter de ordem pública que parece caracterizá-la, mas sacrificou, com isso, a compatibilidade com a disciplina legal de legitimidade para arguição das nulidades.[700] Durante o processo legislativo, chegou-se a propor uma emenda ao projeto do Código para que se passasse a considerar a simulação causa de ineficácia relativa; a emenda, porém, foi rejeitada sob a alegação (surpreendente à luz da teoria clássica) de que não haveria mudança de consequência prática.[701]

Por sua vez, a afirmação de que as anulabilidades apenas podem ser alegadas pelas partes do negócio jurídico inválido tampouco subsiste à prova imposta pela disciplina específica de certas hipóteses fáticas.[702] Tome-se como exemplo a fraude contra credores, hipótese de anulabilidade desde a codificação anterior. Os legitimados a manejar a ação pauliana não são os sujeitos que participaram do negócio fraudulento, mas, ao revés, os credores do alienante que, com a celebração do negócio, seja reduzido à insolvência ou tenha sua insolvência agravada.[703] Por tal razão, parte

---

[699] Dispunha o Código anterior: "Art. 147. É anulável o ato jurídico: [...] II. Por vício resultante de erro, dolo, coação, simulação, ou fraude (art. 86 a 113)". A natureza de ato anulável decorrente da simulação, aliás, também já era estabelecida na Consolidação das Leis Civis de Teixeira de Freitas (art. 358).

[700] Recebeu, por isso, crítica de parte da doutrina: "Melhor teria sido que o Código de 2002 mantivesse a doutrina consagrada no de 1916. Assim procedesse, e evitaria a incongruência de catalogar como nulo o negócio simulado, ressalvando entretanto o negócio dissimulado (art. 167, caput), bem como os direitos dos terceiros de boa-fé (art. 167, § 2º). Aliás, o parágrafo segundo é bom subsídio para sustentar que os simuladores fraudulentos não têm a ação de anular o negócio jurídico simulado, tendo em vista que mesmo os terceiros somente terão ressalvados os seus direitos se estiverem de boa-fé, em face dos participantes do negócio jurídico simulado" (PEREIRA, Caio Mário da Silva. *Instituições de direito civil*. Volume I, cit., p. 536).

[701] Assim relata ALVES, José Carlos Moreira. *A Parte Geral do Projeto de Código Civil brasileiro*, cit., p. 147. Segundo o autor, foi deliberada a supressão do art. 104 do Código Civil de 1916, de modo a tornar a simulação oponível mesmo pelos próprios simuladores em litígio um contra o outro (Ibid., p. 114).

[702] Parte da doutrina afirma até mesmo, como Orlando GOMES, que "a anulabilidade pode ser absoluta, arguível por qualquer interessado" (*Introdução ao direito civil*, cit., p. 428).

[703] Tal legitimidade é determinada pelo próprio Código Civil, que dispõe: "Art. 158. Os negócios de transmissão gratuita de bens ou remissão de dívida, se os praticar o devedor já insolvente,

da doutrina chega a afirmar, à revelia da expressa disposição legal, que a fraude contra credores não corresponde a uma causa de anulabilidade do negócio, mas tão somente do que se convencionou designar como *ineficácia relativa*,[704] isto é, a ineficácia do ato exclusivamente em face de determinada pessoa[705] (neste caso, em face aos credores). Em outros termos, entre as partes, o negócio seria plenamente válido e produziria, portanto, seus efeitos regulares; no entanto, seria inoponível em face de terceiros credores do alienante, o que também justificaria que o bem alienado, uma vez julgada procedente a ação pauliana, não retorne ao patrimônio deste último, mas sim seja revertido em prol do acervo de credores.[706] Preferiu o codificador,

---

ou por eles reduzido à insolvência, ainda quando o ignore, poderão ser anulados pelos credores quirografários, como lesivos dos seus direitos. §1º. Igual direito assiste aos credores cuja garantia se tornar insuficiente. §2º Só os credores que já o eram ao tempo daqueles atos podem pleitear a anulação deles".

[704] Nesse sentido, sustenta Humberto THEODORO JÚNIOR: "a lei, uma vez reconhecida a procedência da pauliana, restaura o direito do credor à referida garantia, sem desconstituir a aquisição efetuada pelo terceiro. Não há anulação, pois o que a sentença faz é apenas declarar que, diante da fraude, o ato é ineficaz perante o credor, de sorte que o bem alienado poderá ser penhorado pelo autor da revocatória, como se não tivesse saído do patrimônio do devedor. Daí ser hoje dominante a teoria da ineficácia do ato fraudulento, ou de sua inoponibilidade, na medida em que prejudica os direitos dos credores, como já se demonstrou. No direito positivo, os Códigos mais recentes, como o português, o peruano, o quebequeano e o italiano, consagraram, em termos expressos, a teoria da ineficácia relativa ou inoponibilidade do ato praticado pelo devedor em prejuízo da garantia de seus credores, como já se demonstrou. Assim, o lugar correto para tratar fraude contra credores não é o relacionado com os efeitos do negócio jurídico, mas sim o dos efeitos e garantias das obrigações" (*Comentários ao novo Código Civil*. Volume III. Tomo I. Rio de Janeiro: Forense, 2006, pp. 305-306).

[705] A definição de "ineficácia relativa" ora aludida é reconhecida na doutrina alemã por LARENZ, Karl. *Derecho civil*: Parte General, cit., p. 647.

[706] Conforme analisa Caio Mário da Silva PEREIRA, "o efeito natural da anulação seria repor o bem no patrimônio do devedor ou cancelar a garantia especial concedida, de sorte que, retornando ao patrimônio do devedor, voltassem os credores a ter, sobre o bem restituído, o caráter de garantia genérica. O alienante seria compelido a repor o que houvesse recebido. Todavia, não foi esta a decisão do legislador. [...] Surgiu, assim, a híbrida figura prevista no art. 165 do Código Civil: embora anulados os negócios fraudulentos, a vantagem resultante 'reverterá em proveito do acervo sobre que se tenha de efetuar o concurso'. Os bens, portanto, não retornam ao status quo ante, como seria normal, mas irão diretamente compor a massa sobre a qual recairá a execução" (*Instituições de direito civil*. Volume I, cit., p. 454).

porém, adotar a classificação da anulabilidade, à semelhança do que ocorria no Código Civil de 1916.[707]

Ainda no campo da anulabilidade, mas desta vez aplicada a ato jurídico em sentido estrito, determina o legislador que, no caso do casamento anulável em decorrência de não ter um dos cônjuges atingido a idade núbil, são legitimados a pretender a anulação do ato não apenas o próprio cônjuge menor, como também seus representantes legais e seus ascendentes (art. 1.552 do Código Civil).[708] Por se tratar de uma rara hipótese em que incapacidade absoluta do agente enseja a anulabilidade do ato (e não sua nulidade), ampliou o legislador o rol de legitimados a suscitar a invalidade, em nome de uma proteção mais eficiente do absolutamente incapaz. De volta ao campo negocial, a anulabilidade de disposição testamentária (por força de erro, dolo ou coação do testador, por exemplo) não é alegada, evidentemente, pelo próprio sujeito que celebrou o negócio, mas sim por terceiros interessados (em regra, os herdeiros).[709]

Como se depreende de tais exemplos, com grande frequência o rol de legitimados à alegação da invalidade não é determinado pelas regras gerais previstas para cada *fattispecie*, mas sim por normas específicas[710] ou

---

[707] Conforme relata MOREIRA ALVES, quando questionada sobre a necessidade de modificar o enquadramento da fraude contra credores como causa de ineficácia do negócio, de modo que o ato fraudulento fosse passível de revogação (e não de anulação), respondeu-se que o sistema da anulabilidade adotado pelo Código Civil de 1916 "nunca deu motivo a problemas, nesse particular", e que atingia "o mesmo resultado prático. Para que mudar?" (*A Parte Geral do Projeto de Código Civil brasileiro*, cit., p. 146). Ironicamente, um dos argumentos utilizados à época foi o de que o termo "revogação" seria usado pelo Projeto para casos de dissolução voluntária do contrato pelas partes com eficácia *ex nunc*, e não *ex tunc* – muito embora, segundo muitos autores, a anulabilidade tenha eficácia igualmente não retroativa (cf. item 2.2.5, *infra*).

[708] *Verbis:* "Art. 1.552. A anulação do casamento dos menores de dezesseis anos será requerida: I – pelo próprio cônjuge menor; II – por seus representantes legais; III – por seus ascendentes".

[709] Nesse sentido, afirma-se que, "[...] se a anulação do testamento beneficia diversas pessoas, qualquer delas poderá intentá-la. Mas se ao revés, o fundamento da nulidade [sic] diz respeito a uma só, a ninguém mais assiste o direito de postulá-la" (PEREIRA, Caio Mário da Silva. *Instituições de direito civil*. Volume VI. Rio de Janeiro: GEN, 2014, p. 337).

[710] Interessante exemplo de restrição à legitimidade é encontrado no direito português. Embora MENEZES CORDEIRO rejeite categoricamente um fundamento valorativo para a previsão das causas legais de nulidade, particularmente as nulidades por vício de forma – em relação às quais, segundo ele, "não há valores substantivos em jogo" (*Tratado de direito civil*. Volume II, cit., p. 922) –, o mesmo autor classifica como "mistas ou atípicas" algumas hipóteses de nulidade, que exigiriam interpretação para elucidar os contornos de seu regime. Um dos casos aludidos

por força da incidência, no caso concreto, de princípios gerais como o da vedação ao benefício da própria torpeza. Nesse sentido, a regra mais geral que parece ser possível enunciar a respeito da legitimação para arguição da invalidade é a de que será legitimado quem tiver interesse para tanto (inclusive o Ministério Público, nas hipóteses em que a lei determina sua atuação), e desde que nenhum outro valor juridicamente relevante justifique o afastamento em concreto dessa legitimidade.[711] Como o interesse de agir constitui questão processual, do ponto de vista material o direito à impugnação se abre, em princípio, tanto às partes quanto a terceiros, podendo ser modificado pela valoração dos efeitos concretos do ato.[712]

pelo autor é o do art. 410º/3 do Código Civil português, que, após alteração legislativa, passou a dispor, em matéria de contrato-promessa: "No caso de promessa respeitante à celebração de contrato oneroso de transmissão ou constituição de direito real sobre edifício, ou fracção autónoma dele, já construído, em construção ou a construir, o documento referido no número anterior deve conter o reconhecimento presencial das assinaturas do promitente ou promitentes e a certificação, pela entidade que realiza aquele reconhecimento, da existência da respectiva licença de utilização ou de construção; *contudo, o contraente que promete transmitir ou constituir o direito só pode invocar a omissão destes requisitos quando a mesma tenha sido culposamente causada pela outra parte*" (grifou-se). Como se percebe, aqui a legitimidade para alegação da invalidade depende expressamente de um comportamento negligente, tendo o legislador optado por prever norma específica que foge ao esquema geral das invalidades diante de um específico equilíbrio de interesses.

[711] Essa chave de leitura é desenvolvida, por exemplo, por Pietro PUTTI, que atribui às nulidades uma índole eminentemente atípica, sobretudo no que tange ao rol de legitimados para sua arguição. Segundo o autor, cujo estudo se volta particularmente à compatibilização do direito italiano com a normativa comunitária, a complexidade de fontes normativas reflete "um quadro econômico profundamente modificado, no qual a proteção da parte mais frágil não responde a exigências genéricas de equidade, mas é exigida para a manutenção de equilíbrios macroeconômicos precisos" (*La nullità parziale*, cit., p. 377. Tradução livre).

[712] Em caso concreto no qual uma sociedade anônima e a esposa de um dos sócios pretendiam a declaração de nulidade de contrato firmado por esse sócio com terceira pessoa (na verdade, alegando a inexistência do negócio e, subsidiariamente, a verificação de simulação absoluta), entendeu o Superior Tribunal de Justiça que, apesar de a legitimação para a alegação de nulidade ser ampla no direito brasileiro, no caso concreto nenhuma das recorrentes apresentava qualquer interesse na causa. O recurso, assim, não foi conhecido, ante a ausência dos necessários pressupostos recursais, em acórdão assim ementado: "[...] II – Em se tratando de ato catalogado pela lei como nulo (art. 145, CC), justamente em razão da intensidade dos defeitos, permite-se que a declaração de nulidade seja postulada por qualquer interessado, ou seja, qualquer pessoa que detenha um mínimo de interesse no desfazimento do negócio (art. 146, CC). III – Não tendo, no entanto, diante das circunstâncias da causa, qualquer utilidade no prosseguimento da

2.2.5. Distinção entre nulidade e anulabilidade quanto à suposta operatividade de pleno direito

Finalmente, a distinção prática mais notória entre nulidade e anulabilidade consiste na afirmação de que as nulidades *operariam de pleno direito*.[713] Ao contrário do que ocorre com o ato meramente anulável, que produz seus efeitos regularmente antes de ser anulado por sentença (primeira parte do art. 177, *caput* do Código Civil),[714] o ato nulo considerar-se-ia desprovido de efeitos *ab initio*. Tal concepção recebeu forte resistência de parte da doutrina,[715] diante da constatação, já esclarecida a respeito da suposta inexistência negocial (à qual também se pretendia atribuir uma operatividade de pleno direito),[716] de que o negócio nulo normalmente acarreta situações juridicamente relevantes, ainda que venham a ser posteriormente desconstituídas (hipótese em que se afirma que eram situações de

---

causa, não prospera o recurso, ainda que as autoras, pelo menos em tese, possuam legitimidade e interesse para o ajuizamento da pretensão. [...]" (STJ, 4ª T., REsp. 184.703, Rel. Min. Salvio de Figueiredo Teixeira, julg. 9.3.1999, publ. 21.6.1999).

[713] Na doutrina italiana, aduz Francesco MESSINEO: "a nulidade opera de direito: ela é apenas declarada" (*Manuale di diritto civile e commerciale*. Volume I, cit., p. 616. Tradução livre). Note-se, porém, que não há consenso quanto ao sentido da expressão "de pleno direito". Martinho GARCEZ, por exemplo, embora defenda a existência de nulidades de pleno direito, entende que elas necessariamente devem ser pronunciadas pelo juiz; seriam de pleno direito, pois não haveria discricionariedade para o juiz em seu dever de declará-las, mas não se consentiria às partes que as alegassem sem prévio pronunciamento judicial (*Das nulidades dos atos jurídicos*, cit., pp. 41-48).

[714] *Verbis*: "A anulabilidade não tem efeito antes de julgada por sentença, nem se pronuncia de ofício [...]". Tal característica justifica que a anulabilidade também seja referida como *nulidade dependente de rescisão*, como registram, dentre outros, VALLE FERREIRA (Subsídios para o estudo das nulidades, cit., p. 32) e Orlando GOMES (*Introdução ao direito civil*, cit., p. 427).

[715] Assim já entendiam AUBRY e RAU na doutrina francesa: "toda nulidade deve, em regra geral, ser pronunciada por julgamento. A esse respeito, não há que distinguir entre os casos em que a lei se restringe a abrir contra um ato uma ação de nulidade, e aqueles em que ela declara ela mesma a nulidade, seja de uma maneira pura e simples, seja com a adição das palavras *de direito* ou *de pleno direito*. Os atos eivados de nulidade permanecem então eficazes enquanto a anulação não tenha sido pronunciada pelo juiz" (*Cours de droit civil français*. Tome 1er, cit., p. 122. Tradução livre). No mesmo sentido, PLANIOL e RIPERT: "o ato nulo permanece eficaz mesmo quando a nulidade está fundada em motivos de ordem pública, enquanto ele não tiver sido anulado pelo juiz. Toda nulidade supõe assim uma ação judicial, e ela jamais enseja a inexistência inicial do ato" (*Traité élémentaire de droit civil*. Tome 1er, cit., p. 126. Tradução livre).

[716] Cf. item 2.1, *supra*.

mera aparência).[717] Além disso, reconhecia a doutrina que o negócio nulo podia produzir, de qualquer modo, efeitos não negociais.[718] Sempre será necessário, portanto, que o magistrado reconheça a nulidade, de modo a conferir segurança jurídica à relação – já que, conhecida a invalidade e moduladas suas consequências por provimento judicial irrecorrível, a própria coisa julgada reveste de definitividade a eficácia ou ineficácia do ato.[719]

---

[717] Orlando GOMES mostra-se contundente: "Não é igualmente correta a tese de que a nulidade é imediata ou instantânea. O negócio nulo subsiste, se escapa à apreciação do juiz. Seja para pronunciá-la, declará-la ou decretá-la, a intervenção judicial é imprescindível. Enquanto não se faz sentir, o negócio aparentemente normal está produzindo efeitos. Teoricamente, pode-se dizer que a nulidade é decretada pela própria lei; o juiz não faz mais do que reconhecê-la e proclamá-la. Praticamente, porém, se esse reconhecimento não for feito, [...], o negócio nulo vive, perdura. Neste sentido, nenhuma nulidade é imediata" (*Introdução ao direito civil*, cit., pp. 431-432). Assim também VALLE FERREIRA: "Assim nos textos legislativos como na exposição dos comentadores, encontramos referência frequente a uma nulidade de pleno direito. A expressão é simples resíduo verbal de sistemas há muito tempo superados e assim na linguagem de hoje só pode perturbar, como frequentemente ocorre. Não há nulidade de *pleno iure*, tudo porque, mesmo inquinado do vício mais grave, o ato quase sempre conserva uma aparência de regularidade, que só pode ser destruída pela declaração do juiz. Esta presunção de regularidade, este respeito pelas aparências, é um dos grandes princípios da organização civil [...]" (Subsídios para o estudo das nulidades, cit., pp. 31-33). O entendimento também se consolidou em nossa jurisprudência: "Embora a lei classifique a irregularidade do ato jurídico, quer no plano do direito material, quer do processual, segundo a valoração ou 'gravidade' do vício que o acoima – ato nulo ou anulável –, vale ressaltar a imprescindibilidade da declaração judicial da sua invalidade [...]" (STJ, 4ª T., REsp. 184.703, Rel. Min. Sálvio de Figueiredo Teixeira, julg. 9.3.1999, publ. 21.6.1999).

[718] Nesse sentido, Karl LARENZ: "A designação de um negócio ineficaz em todos os aspectos e permanentemente como 'nulo' não deve induzir a estimar que tal negócio seja algo 'não existente'. O negócio existe como ato realizado, isto é, como evento; apenas se lhe denegam os efeitos jurídicos a que se dirige. O ordenamento não pode converter em não acontecido o ato realizado como tal", mesmo porque "sua realização pode ter efeitos jurídicos distintos daqueles pretendidos pelas partes com ele" (*Derecho civil*: Parte General, cit., p. 624. Tradução livre).

[719] Assim, em regra, "o que se declarou nulo, por decisão judicial irrecorrível, não pode ser posteriormente convertido, mediante nova sentença" (MOREIRA, Carlos Roberto Barbosa. Conversão do negócio jurídico. In: TEIXEIRA, Ana Carolina Brochado; RIBEIRO, Gustavo Pereira Leite. *Manual de teoria geral do direito civil*. Belo Horizonte: Del Rey, 2011). Nesse sentido, mesmo que algum argumento capaz de modificar a modulação das consequências da invalidade não tenha sido arguído no primeiro processo, a coisa julgada impedirá sua posterior arguição, como prevê o Código de Processo Civil de 2015: "Art. 508. Transitada em julgado a decisão de mérito, considerar-se-ão deduzidas e repelidas todas as alegações e as defesas que a parte poderia opor tanto ao acolhimento quanto à rejeição do pedido".

Denunciou-se progressivamente, por isso, o excesso de formalismo da noção de invalidades de pleno direito.[720]

Além disso, a doutrina clássica francesa já demonstrava a incompatibilidade da suposta operatividade *pleno iure* das nulidades com o princípio geral de vedação à autotutela[721] – particularmente em contraposição ao direito germânico, que previu expressamente a possibilidade de anulação por simples declaração do interessado e sem intervenção judicial.[722] A despeito, porém, das críticas que a atingiram, a noção de que as nulidades seriam dotadas de uma operatividade independente de intervenção judicial sempre se prestou a justificar uma consequência prática muito mais importante: de fato, como a nulidade supostamente operaria sempre *pleno iure*, um provimento jurisdicional posterior que viesse a reconhecê-la teria necessariamente natureza declaratória, ao contrário da sentença que concluísse pela anulabilidade do negócio, cuja eficácia teria natureza constitutiva – ou, mais propriamente, desconstitutiva em relação aos efeitos concretamente produzidos pelo ato até aquele momento.[723]

---

[720] Tal formalismo, segundo VALLE FERREIRA, seria "peculiar ao fraseado romano, num tempo em que podia ser invocada a intervenção pretoriana para abrandar os rigores da lei. Assim, ainda formalista ao exagero, embora já em fase de desenvolvimento, o Direito Romano decidia pela nulidade e negava qualquer efeito ao ato jurídico, quando não fossem observados os requisitos de forma que a lei recomendava. Apenas neste caso de desobediência, podia-se questionar a invalidade; fora daí, não se aplicava o princípio da nulidade, mesmo na hipótese de estar o ato inquinado de outro vício, ou defeito" (Subsídios para o estudo das nulidades, cit., p. 31). Por tal razão, esse tipo de nulidade, dita civil, considerava-se automática. Tal cenário, porém, seria posteriormente relativizado pela criação de uma segunda espécie de nulidade, dita pretoriana, que dependeria do exercício de uma ação própria e de uma sentença, a deflagrar a *restitutio in integrum* com base em diversas outras causas: *ob aetatem, ob dolum, ob metum, ob errorem* etc. (Ibid., p. 32. V., ainda, o mesmo itinerário descrito por PLANIOL, Marcel e RIPERT, Georges. *Traité élémentaire de droit civil*. Tome 1er, cit., p. 124).

[721] Cf. DOMAT, Jean. *Les lois civiles dans leur ordre naturel*, cit., p. 104 (Livro I, Título I, Seção V, art. 16); e, na mesma esteira, PLANIOL, Marcel e RIPERT, Georges. *Traité élémentaire de droit civil*. Tome 1er, cit., p. 124.

[722] A previsão encontra-se no §143, 1 do BGB: "A anulação ocorre através de declaração à contraparte" (Tradução livre).

[723] O que não impediu, por outro lado, que a doutrina identificasse a retroatividade da nulidade (e até da anulabilidade) independentemente de reconhecer a operatividade de pleno direito: "Em realidade, nenhuma nulidade é imediata, no sentido de que a intervenção do juiz é sempre necessária para pronunciá-la. Mas toda nulidade, seja absoluta ou relativa, opera retroativamente.

A regra acima descrita pode ser encontrada em mais de uma formulação na literatura jurídica. Por exemplo, segundo alguns autores, haveria nulidades de pleno direito e outras dependentes de declaração judicial; muitas vezes, para esses autores, as nulidades de pleno direito são associadas (quando não verdadeiramente equiparadas) às hipóteses de inexistência.[724] Passando ao largo de tais divergências, a doutrina costuma concordar, por outro lado, a respeito da possibilidade de a nulidade ser pronunciada de ofício pelo magistrado, independentemente de arguição pelas partes[725] (em consonância com a determinação da primeira parte do art. 168, parágrafo único, do Código Civil),[726] diversamente do que ocorre com a anulabilidade,

---

O ato é reputado como se jamais tivesse existido" (DE PAGE, Henri. *Traité élémentaire de droit civil belge*. Tome 1. Bruxelles: Émile Bruylant, 1948, p. 132. Tradução livre).

[724] Tais equívocos são atribuídos por VALLE FERREIRA à redação do *Code Napoléon* e sua influência sobre o direito brasileiro: "sem qualquer fundamento, vamos encontrar uma linguagem confusa e imprecisa no código napoleônico, pois é certo que este, com frequência, refere-se a atos nulos, nulos de pleno direito e anuláveis; nulidade de pleno direito e anulabilidade. Tal ocorrência só tem explicação no fato de não terem escapado às influências do direito antigo nem mesmo os maiores juristas franceses, cujos trabalhos tiveram grande influência sobre os redatores do Código" (Subsídios para o estudo das nulidades, cit., p. 33). No direito brasileiro, tornou-se alvo de célebre crítica doutrinária o Decreto n. 737 de 1850, que empregava os termos "nulo de pleno direito", "nulo" e "nulo dependente de rescisão" (a respeito, v. BEVILÁQUA, Clóvis. *Teoria geral do direito civil*, cit., pp. 259-262). Semelhante confusão conceitual também foi relatada no direito francês por JAPIOT, René. *Des nullités en matière d'actes juridiques*, cit., p. 146.

[725] Mesmo assim, na doutrina italiana, faz-se a seguinte distinção: "A jurisprudência, todavia, propõe uma aplicação restritiva dessa regra, tornando-a operante apenas nas hipóteses nas quais se pede a execução do negócio nulo pressupondo-se a sua validade. Quando, ao revés, são esperadas outras ações que não pressupõem a validade, como aquelas de resolução, rescisão, anulação, o juiz não pode declarar a nulidade se esta não foi suscitada pela parte" (PERLINGIERI, Pietro. *Manuale di diritto civile*, cit., p. 564. Tradução livre). Tal entendimento se sustenta a despeito de o Código Civil italiano dispor expressamente sobre a cognoscibilidade de ofício da nulidade pelo juiz (art. 1.421), a exemplo do Código Civil brasileiro. A discussão abrange também a controvérsia, travada na doutrina italiana, quanto ao reconhecimento da nulidade constituir uma faculdade ou, diversamente, um dever para o magistrado, já que o art. 1.421 do *Codice* usa o verbo "poder", diversamente do art. 168 do Código brasileiro, que emprega o verbo "dever". A respeito, cf. também o comentário de TRABUCCHI, Alberto. *Istituzioni di diritto civile*, cit., pp. 161-163.

[726] *Verbis*: "Art. 168. [...] As nulidades devem ser pronunciadas pelo juiz, quando conhecer do negócio jurídico ou dos seus efeitos e as encontrar provadas [...]".

que, por expressa determinação legal, há de ser suscitada por algum interessado (a teor da primeira parte do art. 177, *caput* do Código Civil).[727]

Contraditoriamente, porém, existe dissenso a respeito da natureza meramente declaratória da sentença que reconhece a nulidade, por oposição à índole constitutiva da sentença anulatória (decorrências imediatas da concepção segundo a qual a nulidade operaria automaticamente e a anulabilidade dependeria de pronunciamento judicial).[728] Com efeito, para alguns autores, uma das mais claras distinções entre nulidade e anulabilidade residiria na eficácia *ex tunc* da sentença que reconhece a primeira, por oposição à eficácia *ex nunc* do provimento de anulação do negócio jurídico.[729] Ocorre que a disposição normativa atinente a esse aspecto da disciplina das invalidades mostra-se obscura desde o Código Civil de 1916, cujo art. 158 foi substancialmente reproduzido pelo art. 182 do Código Civil atual, com o seguinte teor: "Anulado o negócio jurídico, restituir-se-ão as partes ao estado em que antes dele se achavam, e, não sendo possível restituí-las, serão indenizadas com o equivalente". Como se percebe, o dispositivo prevê a eficácia *ex tunc* da sentença, mas utiliza a expressão "anulado o negócio", não esclarecendo se está fazendo referência também (ou até mesmo somente) à anulabilidade – quando seria de se esperar que se dirigisse apenas aos casos de nulidade negocial, tendo em vista a previsão de uma eficácia retroativa do provimento jurisdicional.

Diante da redação pouco clara do dispositivo, alguns autores atribuem interpretação ampla ao art. 182 do Código Civil, reconhecendo efeitos *ex tunc* tanto à sentença que reconhece a nulidade quanto à sentença anulatória.[730]

---

[727] *Verbis:* "Art. 177. A anulabilidade não tem efeito antes de julgada por sentença, nem se pronuncia de ofício [...]".

[728] Tais naturezas são reconhecidas pela doutrina processualista, como leciona BARBOSA MOREIRA: "Ora, a sentença que pronuncie a nulidade será meramente declaratória, e a que anule o contrato será constitutiva" (Reflexões críticas sobre uma teoria da condenação civil, p. 76).

[729] Afirma, por exemplo, SERPA LOPES: "enquanto o ato nulo surge como se nunca houvera existido (*non valet*), sendo retroativos os efeitos da sentença que o decretar, operando *ex tunc*, o ato anulável, enquanto não decretada a anulabilidade por sentença, em ação própria ou reconvenção, continua portador de todos os efeitos como se válido fosse, e os do reconhecimento dessa eficácia só começam a partir do trânsito em julgado da sentença (*ex nunc*)" (*Curso de direito civil*. Volume I, cit., p. 506).

[730] Assim conclui Silvio RODRIGUES: "as nulidades, quer a absoluta, quer a relativa, operam retroativamente, por expressa disposição da lei, atuando como se o ato malsinado jamais houvesse existido" (*Direito civil*. Volume I, cit., p. 305). E, sob a égide do Código Civil de 1916,

Alega-se como justificativa para tanto não apenas o próprio texto legal, mas também uma série de hipóteses nas quais a conservação dos efeitos do ato não seria razoável (tais como os atos decorrentes de defeitos do negócio, nos quais resultaria inadmissível a preservação dos efeitos que já tenham sido produzidos)[731] ou que, por outro lado, seria importante homologar efeitos decorrentes da anulabilidade.[732] Coerentemente com tal conclusão, supera-se igualmente o entendimento segundo o qual as nulidades operariam *pleno iure:* ao contrário, constata-se que a relevância

---

VALLE FERREIRA: "o vício é dirimente e contemporâneo da formação do ato, quer se trate de nulidade, quer de anulabilidade. Por este motivo bastante, uma vez pronunciada a invalidade, as duas causas invariavelmente se igualam quanto ao efeito essencial, que é o de apagar o ato desde o passado e para o futuro, tudo porque – convém salientar – também a nulidade relativa é absoluta em seus efeitos" (Subsídios para o estudo das nulidades, cit., p. 33).

[731] E, de fato, a jurisprudência admite o desfazimento dos efeitos já produzidos por atos maculados por defeitos do negócio jurídico, inclusive chegando ao extremo de reconhecer uma suposta hipótese de nulidade diante de um ato inquinado de erro quanto à pessoa. Em caso concreto julgado pelo Tribunal de Justiça do Estado de São Paulo, por exemplo, no qual se pretendia a invalidação de uma procuração que fora conferida a pessoas que, embora figurassem como locatárias de determinado imóvel, fizeram as vezes de cessionárias de direitos reais sobre o bem, decidiu o Tribunal pela nulidade do instrumento do mandato, com base no erro em que incorreram os mandantes. A decisão, que conferiu à invalidade verificada expresso efeito retroativo, recebeu a seguinte fundamentação: "Há vício no consentimento dos mandantes por erro essencial quanto às pessoas dos reais cessionários, bem como em relação à natureza do negócio, o que torna o ato nulo. Bem por isso, devem arcar com as consequências da má orientação jurídica, obtendo cessão de quem não ostentava qualquer direito sobre o prédio. Os efeitos da nulidade retroagem à data do ato viciado" (TJSP, 32ª C.D.Priv., Ap. Civ. 9082193-80.2004.8.26.0000, Rel. Des. Kioitsi Chicuta, julg. 26.8.2011, publ. 26.8.2011).

[732] Massimo BIANCA, por exemplo, afastando a noção segundo a qual o ato anulável seria absolutamente válido antes da anulação judicial, afirma que a invalidade permitiria ao interessado recusar-se a realizar a prestação que lhe incumbiria em decorrência do negócio: "a recusa se legitima, de fato, em seguida da anulação, que tem eficácia retroativa" (*Diritto civile*. Volume III, cit., p. 643. Tradução livre). Tal aplicação, contudo, não parece aplicável ao direito brasileiro, em que, ao contrário da doutrina italiana, não se admite a alegação da anulabilidade por via de exceção, mas apenas em ação própria ou por meio de reconvenção, que terão, segundo José Carlos BARBOSA MOREIRA, natureza constitutiva negativa: "Se, portanto, aquele em cujo favor o negócio gera crédito propõe ação para cobrá-lo, a existência do vício não impede que o juiz julgue procedente o pedido" (Invalidade e ineficácia do negócio jurídico, cit., p. 104).

jurídica do ato nulo sempre poderá ser percebida quando o julgador for chamado a pronunciar a invalidade.[733]

A mesma conclusão já foi alcançada, vale registrar, em outros ramos do direito, como no direito processual civil em relação à validade dos atos processuais.[734] Mais ainda, também quanto ao processo legislativo e à validade das normas jurídicas já entendia Kelsen que a nulidade dependia necessariamente do pronunciamento judicial, mesmo porque incumbe ao julgador verificar a presença ou ausência dos requisitos de validade da lei. Concluía, assim, o jurista que tanto a sentença relativa à nulidade quanto aquela atinente à anulabilidade teriam natureza constitutiva, verificando-se apenas uma diferença de grau de invalidade nessas duas hipóteses.[735] De

---

[733] Bastante esclarecedora é a lição, na doutrina italiana, de Lapo PUCCINI: "Em um plano lógico ainda antes que jurídico, vem imediatamente à mente a exigência preliminar de um destacamento cronológico entre o momento em que o ato se conclui e aquele em que a nulidade ganha relevo para o ordenamento. Se tal cisão cronológica entre dois tempos diversos – não importa se breves ou longos – for examinada 'in vitro' com os instrumentos oferecidos pelo direito positivo, através da análise indutiva de uma quantidade de situações anormais normativamente previstas, é possível deduzir que o traço de união entre essas duas entidades diferenciadas no tempo (momento em que o ato se conclui e aquele relativo ao relevo da sua nulidade) tem o seu tecido conectivo em um interesse do ordenamento (individual, de grupo ou estatal que seja) à impugnação do ato inválido" (*Studi sulla nullità relativa*. Milano: Giuffrè, 1967, p. 141. Tradução livre). Esclarece o autor que é no momento da impugnação ou do conhecimento de ofício que a validade se torna relevante juridicamente, e que, por outro lado, a determinação da legitimidade para tanto remete de volta para a celebração do ato, de modo a se investigar a quem beneficia a restituição ao estado anterior.

[734] Oportuna, neste ponto, a lição de Cândido Rangel DINAMARCO a respeito da chamada sentença inexistente: "Mesmo um ato juridicamente nulo existe na realidade dos fatos, sendo um nada jurídico mas não podendo ser um nada histórico (Calmon de Passos). A sentença juridicamente inexistente é sentença e, havendo decidido sobre o que constituía objeto do processo (mérito), ela é uma sentença de mérito. O que há de peculiar com essa sentença é que, como efeitos nela estabelecidos encontram barreiras intransponíveis para se efetivar, ela acaba não tendo força para impô-los" (Relativizar a coisa julgada material. *Revista da Procuradoria Geral do Estado de São Paulo*. Volumes 55-56. São Paulo: jan.-dez/2001, p. 40).

[735] Segundo KELSEN, "Quando a ordem jurídica estabelece, por exemplo, que uma norma não foi posta pelo órgão competente, ou foi posta por um indivíduo que nem sequer possui a qualidade de órgão, ou uma norma que tem um conteúdo que a Constituição exclui, devem ser consideradas nulas *a priori* e que, portanto, não é necessário qualquer ato para as anular, necessita determinar quem há de verificar a presença dos pressupostos dessa nulidade; e, como esta verificação tem caráter constitutivo, como a nulidade da norma em questão é efeito desta verificação, como não pode ser juridicamente afirmada antes de realizada tal verificação, esta

fato, este parece ser o melhor entendimento também em matéria negocial: nulo ou anulável o negócio jurídico, a sentença que aprecie a invalidade será sempre, em alguma medida,[736] constitutiva,[737] não havendo que se falar na "simples declaração" da nulidade, uma vez que se compreenda que esta não provoca automaticamente suas consequências e que, portanto, o negócio nulo sempre apresenta relevância jurídica. Invocando-se, ainda uma vez, o pensamento kelseniano, em imagem bastante esclarecedora, "o Direito é como o rei Midas: da mesma forma que tudo o que este tocava se transformava em ouro, assim também tudo aquilo a que o Direito se refere assume o caráter de jurídico".[738]

Mitigadas estas últimas distinções fundamentais entre nulidade e anulabilidade, pela atribuição de eficácia retroativa ao reconhecimento judicial de ambas as formas de invalidade e a negativa da operatividade automática da nulidade, parece não restar outra conclusão senão aquela de que as duas modalidades não gozam de plena autonomia conceitual.[739] Parte da doutrina, atenta a tais constatações, chega a afirmar tratar-se de uma única categoria.[740]

---

verificação significa, mesmo quando se opere na forma de uma nulidade, a anulação, com efeito retroativo, de uma norma até aí considerada válida. [...] Dentro da ordem jurídica, a nulidade é apenas o grau mais alto da anulabilidade" (*Teoria pura do direito*, cit., p. 308).

[736] Não é demais destacar, como leciona BARBOSA MOREIRA, que toda sentença tem natureza ao menos parcialmente declaratória (Reflexões críticas sobre uma teoria da condenação civil, cit., pp. 76-77).

[737] No ponto, interessante destacar, como Agnelo AMORIM, que, "embora as sentenças proferidas nas ações constitutivas produzam, normalmente, efeitos 'ex nunc', não é contrária à sua natureza, e é até mesmo frequente, a produção de efeitos 'ex tunc'" (Critério científico para distinguir a prescrição da decadência e para identificar as ações imprescritíveis, cit., p. 17).

[738] KELSEN, Hans. *Teoria pura do direito*, cit., p. 308.

[739] Constata Orlando GOMES: "todos os caracteres da nulidade, através dos quais se procura e se pretende diferenciá-la da anulabilidade, não se apresentam com aquele particularismo necessário à sua função. O princípio capital a que deveria subordinar-se a matéria sofre tais exceções, que a sua incidência não pode ser elevada à condição de traço característico" (*Introdução ao direito civil*, cit., p. 432). A superação das características clássicas da nulidade também é reconhecida na doutrina italiana: "A nulidade, ao revés, sendo uma sanção legal deverá ser invocada perante um juiz e, assim poderá, logicamente, ser, caso a caso, prescritível, sanável, acionável apenas por quem nela tenha um interesse merecedor de proteção jurídica" (PUTTI, Pietro. *La nullità parziale*, cit., p. 372. Tradução livre).

[740] Afirma, por exemplo, VALLE FERREIRA: "nulidade não se contrapõe a anulabilidade, porque não representam categorias diferentes" (Subsídios para o estudo das nulidades, cit., p. 30). Para o autor, a diferença entre nulidade e anulabilidade estaria tão somente nas causas

Embora tal afirmativa possa se revelar desproporcional às considerações acima desenvolvidas, sobretudo diante da expressa adoção da dicotomia pelo legislador, convém ter em mente que a distinção subsisite sobretudo no plano normativo, como proposta de modelo abstrato; a fronteira entre elas, porém, se já é tênue na elaboração legal, quase desaparece no trabalho do julgador. Essa compreensão, menos radical, parece suficiente para que se possa retornar à tese, já enunciada anteriormente, atinente à influência mútua entre validade e eficácia – o que se faz a seguir.

2.3. Novamente, uma questão de eficácia: recondução dos planos de análise do negócio jurídico à valoração dos efeitos negociais
A crítica à distinção entre nulidade e anulabilidade não é recente, e parece colocar em xeque a teoria das invalidades negociais. Como se depreende da exposição até este ponto, partindo-se de uma análise meramente estrutural, não há distinção entre as causas da suposta inexistência e da nulidade; por outro lado, todas as principais diferenças de regime entre nulidade e anulabilidade se sujeitam a críticas e são objeto de frequentes exceções, propostas não apenas pela doutrina e pela jurisprudência como pelo próprio legislador. A modificação da análise para o prisma funcional apenas agrava a crise entre tais categorias: como se procurou demonstrar, não é possível estabelecer, *a priori*, uma diferença qualitativa entre os valores e interesses tutelados por inexistência e invalidade e nem mesmo entre as finalidades perseguidas por nulidade e anulabilidade. No entanto, como já se lamentou em doutrina, o movimento contrário à teoria das nulidades se restringe, em linhas gerais, à crítica, sem propor uma nova configuração para a matéria que supere as perplexidades mencionadas.[741]

---

de cada uma delas: "uma vez pronunciada a nulidade, não há qualquer diferença quanto a seus efeitos" (Ibid., p. 31).
[741] Como analisa Orlando GOMES, "O movimento de ideias infenso à teoria clássica das nulidades é forte na crítica e fraco na construção. Com argúcia mostra as inconsequências e as falhas do sistema tradicional, mas não oferece, em troca, uma sistematização de princípios que represente construção doutrinária de conteúdo lógico apreciável. Vale, no entanto, como obra de esclarecimento, que serve, principalmente, para corrigir os excessos a que conduz o amor à abstração manifestado pelos partidários da teoria clássica através da inflexibilidade que emprestam às categorias que classificam. Contudo, tais considerações conduziriam, segundo alguns escritores, a um retrocesso, mormente porque aboliriam a categoria das nulidades de pleno direito [...]" (*Introdução ao direito civil*, cit., p. 433). No mesmo sentido, na doutrina francesa,

Um possível refúgio para o intérprete poderia ser o simples reconhecimento de que todas essas categorias apenas podem ser sistematicamente reunidas sob a designação mais genérica de *invalidade negocial*. Esse aparente porto seguro, porém, encontra-se situado no âmago de um outro sistema em potencial colapso, a saber, o dos planos de análise do negócio jurídico. Como já se teve oportunidade de comentar,[742] a célebre escala ponteana toma como pressuposto uma artificial distinção entre invalidade (aqui já compreendida a inexistência) e ineficácia, afirmando que a análise do ato apenas pode recair sobre sua eficácia caso se tenham considerado atendidos seus requisitos de validade. A conclusão, porém, que se acaba de alcançar quanto ao reagrupamento das categorias da suposta inexistência, da nulidade e da anulabilidade como espécies do gênero invalidade decorreu justamente da constatação de que todas essas figuras representam tentativas do intérprete de lidar com a regulação da eficácia (em sentido estrito) de negócios cujos efeitos contrariam, em alguma medida, a ordem jurídica.

Resultam despropositadas, assim, as tentativas de encontrar sistematicidade para o cenário fragmentado que se vem de descrever a partir de uma perspectiva que relega o problema da eficácia negocial apenas para último plano. Não por acaso, as noções de invalidade e ineficácia estiveram por muito mais tempo reunidas do que autonomizadas na história do sistema romano-germânico. As fontes romanas mostravam-se absolutamente ambíguas quanto ao uso do termo *nullus*, problema que não foi resolvido pelos juristas medievais.[743] Apenas na doutrina pandectista retomou-se o estudo da matéria, particularmente com Savigny e Windscheid – autores que, porém, continuaram considerando a invalidade como parte integrante do problema da ineficácia.[744] A insistência na construção de planos estanques

---

criticava René JAPIOT: "São, portanto, mais as dificuldades de reconstrução que asseguram a esse sistema [clássico das nulidades] um sucesso durável" (*Des nullités en matière d'actes juridiques*, cit., p. 156. Tradução livre).

[742] Cf. item 1.3.2.2, *supra*.

[743] Segundo Angela la SPINA, para a concepção romana, era estranha a noção de uma *fattispecie* destinada unicamente a ser qualificada como nula (*Destrutturazione della nullità e inefficacia adeguata*, cit., p. 21).

[744] A evolução da noção de invalidade na Alemanha é relatada por Jan Peter SCHMIDT: "Savigny introduziu a categoria geral da '*Ungültigkeit*'. Literalmente, esta teria de ser traduzida como 'invalidade', mas seu significado não deve ser associado automaticamente aos planos de

de análise do negócio jurídico parece, em larga medida, uma peculiaridade do setor da doutrina brasileira herdeiro da elaboração ponteana.[745] Nesse contexto, cumpre revisitar, com novos argumentos, a tese já sustentada ao final do capítulo precedente, segundo a qual a invalidade negocial não passa de uma questão de eficácia.

Antes, porém, de se descrever de modo mais detido uma proposta de método para a ressistematização buscada pelo presente estudo, parece conveniente apresentar alguns exemplos extremos de soluções propostas à excessiva rigidez da teoria das invalidades negociais. Nos itens precedentes, buscou-se demonstrar que, mesmo à luz da doutrina tradicional do direito civil (e independentemente da análise funcional que o presente estudo visa a empreender), as invalidades negociais há muito têm proporcionado mais inseguranças e perplexidades do que certezas à doutrina, sendo alvo das mais variadas críticas.[746] Como se sabe, o tema dos negócios jurídicos inválidos

---

Pontes de Miranda. Porque Savigny entendia a '*Ungültigkeit*' como a 'negação da eficácia' da relação jurídica, e distinguia, dentro da '*Ungültigkeit*', a '*Nichtigkeit*' (nulidade) da '*Anfechtbarkeit*' (anulabilidade). Notase, assim, que, à diferença de Pontes de Miranda, Savigny não fez uma diferenciação entre validade e eficácia. Tampouco separou o plano de existência, o que se vê especialmente em sua caracterização do negócio jurídico nulo como negócio não existente. Essa equiparação representa uma herança do Direito romano, à luz do qual o termo '*nullus*' apresentava vários sentidos, referindose tanto ao negócio inexistente, como ao negócio existente, mas defeituoso. A sistemática de Savigny foi depois refinada por Bernhard Windscheid. Como Savigny, este empregou a categoria geral da '*Ungültigkeit*', mas a distinguiu da '*Unwirksamkeit*' (literalmente: ineficácia) do negócio jurídico. Explicou Winscheid que esta era mais ampla do que aquela, porque o negócio jurídico podia caracterizarse como válido, porquanto livre de defeitos, sendo, ainda assim, ineficaz, como no exemplo da condição suspensiva que ainda não se realizou. Vemos então que Windscheid distingue, dentro da ineficácia, a invalidade de outros casos de ineficácia, sem contudo desenvolver essa última subcategoria plenamente. Mais tarde ela foi denominada de 'ineficácia simples' ou 'ineficácia em sentido estrito'" (Vida e obra de Pontes de Miranda em uma perspectiva alemã, cit.).

[745] A idiossincrasia da teoria ponteana é analisada em minúcia no já citado estudo de SCHMIDT, Jan Peter. Vida e obra de Pontes de Miranda em uma perspectiva alemã, cit., *passim*.

[746] Bastante ilustrativa é a lição de Orlando GOMES na matéria: "As tentativas de sistematização multiplicaram-se, concorrendo para a maior obscuridade da teoria que se procurava construir. Os conceitos fundamentais variam. O sentido das palavras não é uniforme. As classificações divergem. As categorias aumentam ou diminuem por efeito de insegurança conceitual. A concepção dos atos inexistentes contribuiu ainda mais para dificultar a condensação de princípios claros e precisos. O desentendimento é geral. A confusão de linguagem chega ao ponto de se tomar como sinônimas palavras de significados diferentes, a que os escritores emprestam

ficou célebre pelas dificuldades que apresenta ao intérprete e pela insuficiência das construções dogmáticas conhecidas para o tratamento das muitas hipóteses fáticas por ele abrangidas.[747] Tornaram-se bastante frequentes na doutrina referências à difícil sistematização da teoria das nulidades.[748] Em lição emblemática, por exemplo, Clóvis Beviláqua reconhecia que a falta de nitidez dos dispositivos legais e a ausência de princípios gerais que orientassem a matéria acabavam por conferir a ela "um aspecto particularmente rebarbativo".[749] Reconhece-se amplamente a crise conceitual, em grande parte impulsionada por tentativas de se alcançarem soluções mais justas para determinados casos concretos.[750]

Pois bem: uma das muitas incertezas decorrentes da teoria das invalidades reside no fato de que diversas espécies negociais, em princípio nulas (e, portanto, inaptas à produção de efeitos), tornaram-se tão frequentes quotidianamente, e seus efeitos começaram a parecer tão legítimos aos

---

acepções diversas. O que é nulo para um é inexistente ou anulável para outro, e assim por diante. [...] E, quando conseguem fixar os traços característicos de vários graus de imperfeição dos negócios jurídicos, não apresentam caracteres que permitam distinção rígida" (*Introdução ao direito civil*, cit., p. 431).

[747] Nesse sentido, afirma-se que "o dado positivo, ora fragmentário, heterogêneo e no mais das vezes contraditório, induziu parte da doutrina a renunciar à sua sistematização. Falou-se, de fato, na desestruturação da nulidade [...]" (SPINA, Angela la. *Destrutturazione della nullità e inefficacia adeguata*, cit., p. 72). Remata a autora: "O estudo da nulidade no tempo da complexidade impõe algumas precisações ou indicações metodológicas [...]. A variedade e multiplicidade de hipóteses normativas previstas pelo atual ordenamento em matéria de nulidade comportam, de fato, inestricáveis nós de difícil superação, ao ponto de colocar em dúvida a própria possibilidade de organizá-los e reconduzi-los ao sistema" (Ibid., p. 85).

[748] Ilustrativamente, VALLE FERREIRA: "São por demais conhecidos os embaraços que se apresentam a um estudo mais completo das nulidades, e parece bem certo que tais dificuldades se agravam em consequência da opinião divergente dos autores. Estes, além de variarem na linguagem e na inteligência dos textos que examinam, quase sempre se prendem a fatos de outros tempos, ou a circunstâncias de outros lugares" (Subsídios para o estudo das nulidades, cit., p. 29).

[749] Clóvis BEVILÁQUA. *Teoria geral do direito civil*, cit., pp. 254-255.

[750] Segundo VALLE FERREIRA, com efeito, "na realização da teoria da nulidade, ou melhor, no simples processo técnico de aplicação daquele princípio, é natural que varie o parecer dos juristas, segundo o feitio e a habilidade de cada um, ao considerar os diferentes casos de equidade prática, no momento de aplicar uma regra punitiva" (Subsídios para o estudo das nulidades, cit., p. 29).

olhos da sociedade,⁷⁵¹ que boa parte da doutrina passou a defender sua eficácia plena, como se fossem desprovidas de qualquer invalidade. Alguns dos exemplos que melhor ilustram tal cenário correspondem a certos negócios de pequeno porte, corriqueiros na vida social, celebrados por incapazes sem a devida representação ou assistência – pense-se no contrato de transporte celebrado pelo menor com uma concessionária de serviço público que opere determinada linha de ônibus ou de trem, por exemplo, ou no contrato de compra e venda que esse mesmo menor firma com o comerciante para adquirir bens móveis de pequeno valor, tais como jornais, revistas, gêneros alimentícios etc. A eficácia plena de semelhantes negócios se revela empiricamente inquestionável, não havendo dúvidas de que a contraprestação é devida pelo menor ao transportador ou ao comerciante; essa mesma eficácia, no entanto, parece desafiar frontalmente a teoria das invalidades negociais.

Com efeito, uma vez que a incapacidade do agente constitui uma das mais tradicionais causas de invalidade do negócio jurídico, nesses casos restaria deflagrada a nulidade (na hipótese de absolutamente incapaz sem representação) ou, ao menos, a anulabilidade do contrato (em se tratando de relativamente incapaz não assistido). Tal perplexidade não tardou a ser notada pela doutrina, que propôs solução *sui generis* para explicar essas hipóteses, não muito distante do mesmo raciocínio que motivou a criação da categoria da inexistência. De fato, nos negócios inexistentes, como se viu, a constatação de que certos negócios (cuja eficácia se pretendia negar) eram formalmente válidos exigiu que a doutrina recorresse a um juízo, mais fenomenológico do que jurídico, que os considerava como nunca realizados – dispensando-se, assim, a análise de sua validade. Já no caso dos negócios de pequena monta celebrados por incapazes, era preciso afirmar sua eficácia, muito embora se tratasse de negócios formalmente válidos: a solução foi considerar, desta vez, que não se estava diante de atos verdadeiramente negociais, de modo a também justificar o afastamento das causas legais

---

⁷⁵¹ Admite-se, em geral, que as invalidades constituem reação da sociedade à violação de um interesse juridicamente relevante. Assim se pronuncia Silvio RODRIGUES: "Não raro o ato tem uma finalidade que colide com a ordem pública, ou que machuca a ideia de moral social ou de bons costumes. É um interesse público que é lesado; por conseguinte, a própria sociedade reage, e reage violentamente, fulminando de nulidade o ato que a vulnerou" (*Direito civil*. Volume I, cit., p. 285).

de invalidade. Recorreu-se, assim, à teoria dos chamados *comportamentos socialmente típicos*, também denominados *relações contratuais de fato*.[752]

A doutrina dos comportamentos socialmente típicos, de matriz tedesca (na formulação iniciada por Günther Haupt e desenvolvida por Karl Larenz),[753] negava que tais hipóteses assumissem natureza de negócio jurídico, com o propósito deliberado de superar o problema gerado por sua produção de efeitos, incompatível com a nulidade que, em tese, macularia *ab initio* os atos dos incapazes.[754] Essa teoria, porém, precisou admitir

---

[752] Segundo a doutrina contemporânea, "a falta do consenso contratual não impede de considerar juridicamente relevantes comportamentos da vida de relação que correspondem ao exercício de um direito ou da execução de uma prestação. A valência socioeconômica de tais comportamentos justifica seu tratamento jurídico tendencialmente coincidente com aquele predisposto pelo ordenamento para regular hipóteses fáticas análogas. Discorre-se a respeito das relações contratuais de fato, lá onde os comportamentos atuativos nos quais as relações se concretizam sub-rogam a (ausente) fonte contratual, tradicionalmente fundada no consenso entre as partes" (PERLINGIERI, Pietro. *Manuale di diritto civile*, cit., p. 519. Tradução livre).

[753] As divergências entre os dois autores são explicitadas em LARENZ, Karl. Estabelecimento de relações obrigacionais por meio de comportamento social típico. *Revista Direito GV*, vol. 2, n. 1, 2006. Conforme relata o autor, a questão foi travada inicialmente a respeito de certos comportamentos – que não podiam ser considerados concludentes, diante de uma expressa declaração de vontade no sentido da não vinculação do declarante – podiam gerar obrigações juridicamente válidas, como no caso do homem que, ingressando em um bonde, declara desde logo ao cobrador que não pretende pagar a tarifa, mas quer chegar ao seu destino. Nesse caso, a perplexidade não decorria da incapacidade do agente, mas da própria ausência de consentimento. Costuma-se atribuir a LARENZ a mais importante formulação do tema (por todos, cf. TEPEDINO, Gustavo. Atividade sem negócio jurídico fundante e seus desdobramentos na teoria contratual. Prefácio a SILVA, Juliana Pedreira da. *Contratos sem negócio jurídico:* crítica das relações contratuais de fato. São Paulo: Atlas, 2011, p. xii).

[754] Eis a análise de LARENZ: "O reconhecimento de que não se trata de um negócio jurídico, mas ainda assim de um ato no campo da autonomia privada, resolve várias dificuldades dogmáticas. Já que não há uma 'declaração de vontade' no comportamento social típico, 'vícios de vontade' não têm qualquer importância. Os dispositivos sobre 'capacidade de fato' não são imediatamente aplicáveis, mas a proteção do incapaz precisa também aqui ser observada" (Estabelecimento de relações obrigacionais por meio de comportamento social típico. *Revista Direito GV*, vol. 2, n. 1, 2006, p. 61). Na doutrina brasileira, Gustavo TEPEDINO analisa que o desenvolvimento das relações de fato, "com origem na doutrina alemã e italiana ainda na primeira metade do século XX, constituiu-se em válvula de escape para o rigor técnico da teoria do negócio jurídico [...]. De uma maneira geral, os países da família romano-germânica que adotam, de forma direta ou indireta, a doutrina do negócio jurídico, encontram dificuldade semelhante: o excessivo controle de validade do negócio acaba por excluir de seu espectro de incidência certas atividades

que, embora não negociais, tais atos ainda se encontravam inseridos no âmbito dos atos de autonomia privada.[755] Mais ainda, admitiu-se que se tratava de figuras funcionalmente idênticas aos negócios jurídicos (e assim reconhecidas socialmente),[756] mas se atribuiu a elas a qualificação de comportamentos não negociais, pelo simples fato de não se coadunarem com os rígidos requisitos exigidos da vontade negocial e as respectivas causas de invalidade (por exemplo, a incapacidade do agente ou os vícios do consentimento). Sustentou-se, assim, a validade de tais atos apenas na qualidade de *atividades contratuais sem negócio fundante*, fontes de efeitos jurídicos a despeito da ausência de negócio formal – solução que, ainda hoje, é adotada por autorizada doutrina para justificar tais comportamentos realizados por incapazes.[757]

que, em sua substância, despidas do aparato negocial, são admitidas como socialmente úteis e legítimas pelo corpo social " (Atividade sem negócio jurídico fundante e seus desdobramentos na teoria contratual, cit., pp. vii-viii).

[755] Admite LARENZ: "o comportamento social típico se encontra ainda no campo da 'autonomia privada', ou seja, da liberdade do indivíduo em estabelecer suas relações de cunho jurídico. O significado social típico do seu comportamento é normalmente conhecido pelo agente; ao menos, ele precisa conhecê-lo. Se quer evitar as consequências jurídicas inafastáveis de seu ato, ele deve deixar de realizá-lo" (Estabelecimento de relações obrigacionais por meio de comportamento social típico, cit., p. 60).

[756] Por tal razão, inclusive, LARENZ reconhecia que, quanto ao conteúdo, tais relações deveriam ser tratadas como se oriundas de negócios jurídicos formalmente válidos: "Quanto ao conteúdo, as relações obrigacionais estabelecidas por meio de comportamentos sociais típicos devem ser julgadas segundo as normas válidas para a relação contratual correspondente, ou seja, por exemplo, segundo as regras do contrato de empreitada ou do depósito oneroso. Se devemos por isso designá-los de 'relações contratuais', é uma questão puramente terminológica. O termo 'contrato' engloba tanto a causa de surgimento, a conclusão do contrato, quanto a relação jurídica por meio deste estabelecida, a relação contratual [...]. Dentro desse conceito mais amplo, deveriam, então, ser diferenciados os verdadeiros contratos, os negócios jurídicos bilaterais, e o comportamento social típico como fonte de uma relação contratual" (Estabelecimento de relações obrigacionais por meio de comportamento social típico, cit., p. 62).

[757] A expressão "atividade contratual sem negócio" é empregada, por exemplo, por Gustavo TEPEDINO, que, particularmente a respeito dos negócios celebrados por incapazes, pondera: "Não é fácil entender, do ponto de vista dogmático, o arrefecimento da chamada doutrina das relações jurídicas de fato, já que, independentemente de sua nomenclatura, algo controvertida, mostra-se extremamente eficiente para solucionar inúmeros problemas em que seria difícil, senão de modo artificial, justificar a produção de efeitos obrigacionais com base na técnica da vontade presumida ou, por outro lado, a mera liquidação de danos. Basta lembrar a hipótese do incapaz que compra e vende artigos de suas necessidades pessoais, se faz transportar e

Contudo, a noção de atividade,[758] a despeito de sua crucial importância para o direito privado (e, particularmente, para o direito contratual), não parece se prestar à justificativa do afastamento da teoria geral das invalidades em tais hipóteses. De fato, o conceito de atividade mostra-se relevante para justificar, por exemplo, a existência de uma responsabilidade pré-contratual (particularmente para os autores que, superando a doutrina da *culpa in contrahendo* de Jhering, atribuem a essa responsabilidade natureza contratual e não aquiliana).[759] Permite, ainda, compreender de forma mais precisa a dinâmica da execução contratual, de modo que sua análise contribui para mensurar, por exemplo, se determinados atos podem ser considerados de administração ordinária ou extraordinária.[760] No que tange aos atos realizados por incapazes, no entanto, a identificação de uma forma de atividade parece não corresponder, funcionalmente, à realidade dos aludidos comportamentos realizados por incapazes.

---

assim por diante" (Atividade sem negócio jurídico fundante e seus desdobramentos na teoria contratual, cit., p. x).

[758] Deve-se particularmente à doutrina italiana o desenvolvimento de uma noção funcional de atividade, consistente na reunião de uma série de atos jurídicos (em sentido lato) unificados por um escopo comum. Em uma das definições mais propaladas, a atividade é entendida como "aquele conjunto de atos de direito privado coordenados ou unificados no plano funcional pela unicidade do escopo" (AULETTA, Giuseppe. Attività (dir. priv.). *Enciclopedia del diritto*. Volume III. Milano: Giuffrè, 1958, p. 982. Tradução livre). Essa perspectiva mostrou-se de grande valia, na medida em que permite uma análise mais completa da legitimidade do exercício da autonomia privada, como referido por Tullio ASCARELLI: "A atividade deverá ser valorada de forma autônoma, isto é, independentemente da valoração dos atos singulares, singularmente considerados. Independentemente da disciplina dos atos singulares pode ser ilícito (ou submetido a normas particulares) o exercício da atividade" (*Lezioni di diritto commerciale*: introduzione. Milano: Giuffrè, 1955, p. 103. Tradução livre). Assim também PERLINGIERI considera a atividade uma "série coordenada de fatos humanos, unificados por uma finalidade comum", citando como exemplos, dentre outros, a gestão de negócios, a posse e a atividade empresarial (*Manuale di diritto civile*, cit., p. 72). No direito brasileiro, com o mesmo entendimento, cf. NORONHA, Fernando. *Direito das obrigações*, cit., p. 422.

[759] Sobre esta aplicação, v., com minucioso desenvolvimento, TEPEDINO, Gustavo. Atividade sem negócio jurídico fundante e seus desdobramentos na teoria contratual, cit., que sustenta: "Dentre as modalidades atuais de aplicação da problemática em apreço, identifica-se nas tratativas e negociações preliminares um campo fértil de atividades (contratuais, mas não negociais) que hão de ser examinadas sob tal perspectiva" (p. xvi).

[760] Cf. NORONHA, Fernando. *Direito das obrigações*, cit., p. 423.

Em outros termos, verifica-se que o transporte ou a compra e venda realizados pelo menor não se coadunam com a ideia de conjunto de atos funcionalmente unificados que normalmente se associa à noção de atividade.[761] Como se afirmou, tais comportamentos são funcionalmente idênticos a negócios jurídicos, em regra atos isolados (e a melhor prova disso parece estar na constatação de que, caso fossem realizados por pessoas plenamente capazes que emitissem vontade de contratar, o problema de qualificação não se poria). Designá-los como uma "atividade" resulta tão impreciso quanto designar pelo mesmo termo atos idênticos celebrados por adultos que paguem voluntariamente a contraprestação: parece mais adequado considerar que pode existir uma atividade anterior à formação do ato, afirmar que o negócio pode ter sido celebrado no âmbito de uma atividade negocial mais ampla e, sem dúvida, entender como atividade a execução material das situações decorrentes do ato, mas admitir que o ato, em si considerado, é negocial.[762]

Assim como a noção de atividade desprovida de negócio jurídico, a designação dos negócios celebrados por incapazes como "comportamentos" ou, ainda, como "relações de fato" pode ser útil para justificar a admissibilidade de sua eficácia à luz de uma consolidada aceitação social, mas não parece resolver o problema teórico de sua invalidade.[763] Revela-se mais

---

[761] Conforme pondera Pietro Sirena, em uma perspectiva estritamente normativística, "a atividade pode resultar apenas como hipótese fática complexa, isto é, constituída por uma multiplicidade de elementos essenciais. Desse modo, todavia, propõe-se uma variante meramente quantitativa ao interior do ato jurídico tradicional, que pode bem ser representado como composto, ou seja, resultante da some de mais atos simples" (La categoria dei contratti di colaborazione. In: Sirena, Pietro (Org.). *I contratti di colaborazione*. Torino: UTET, 2011, p. 5. Tradução livre).

[762] De fato, embora não haja dúvidas de que a noção de atividade ganha crescente importância no direito civil contemporâneo, seu reconhecimento não importa o aniquilamento das categorias de atos juridicamente relevantes que a compõem. Em matéria de controle valorativo da autonomia privada, por exemplo, afirma-se que "a atenção se desloca do dogma da autonomia ao ato que deve ser valorado não apenas isoladamente, mas no âmbito da atividade exercida pelo sujeito" (Perlingieri, Pietro. *O direito civil na legalidade constitucional*, cit., p. 358). Isso não implica, porém, uma substituição da noção de negócio jurídico pela de atividade; ao contrário, entende-se que esta entra em cena justamente como um aspecto relevante para a própria valoração do ato negocial e, particularmente, dos seus efeitos.

[763] Não se descarta, porém, sua utilidade para uma série de outras aplicações, cuja análise mais detida seria impossível nesta sede diante do escopo do presente estudo. Haupt, por exemplo,

vantajoso, assim, seguindo a constatação da admissibilidade social de tais comportamentos, entender que se trata de negócios jurídicos que contêm uma causa de invalidade prevista pelo legislador, mas cujos efeitos se revelam merecedores de tutela jurídica em concreto, de modo que se justifica a preservação de sua eficácia por força de uma particular composição dos interesses envolvidos: aqui, valores como a segurança jurídica e a conservação dos negócios parecem prevalecer sobre o interesse na proteção ao incapaz, justamente porque não se considera socialmente que, em tais negócios, exista risco elevado para o menor.[764] Nesse sentido, apenas diante do caso concreto poderá o julgador encontrar a linha divisória – muitas vezes sutil[765] e, de todo modo, impossível de se traçar em abstrato – entre atos celebrados por incapazes cujos efeitos possam ser preservados e outros que não se reputarão eficazes, seguindo a regra geral da invalidade.[766]

classificava as relações contratuais de fato em três grupos: relações baseadas em um contato social, como a relação pré-contratual que gera deveres de cuidado e consideração; relações inerentes à inserção em um contexto comunitário, como as sociedades de fato e as relações trabalhistas de fato; e, finalmente, relações que surgem em virtude de deveres sociais de prestação (assim relata LARENZ, Karl. Estabelecimento de relações obrigacionais por meio de comportamento social típico, cit., p. 57). Embora LARENZ descartasse as duas primeiras hipóteses como casos de comportamentos sociais típicos (o.l.u.c.), a tripartição ainda é aludida pela doutrina contemporânea (por todos, v. PERLINGIERI, Pietro. *Manuale di diritto civile*, cit., p. 520, que inclui na terceira hipótese a prestação de serviços públicos como o transporte). Destaque-se, aqui, a diferença significativa entre se sustentar que, na prestação de serviços públicos, o pagamento da contraprestação pelo utente se deve mais à imposição da lei ou das normas administrativas do que à verificação de uma relação contratual e, de outro lado, afirmar que relações de tal natureza têm fonte negocial para plenamente capazes e não negocial para incapazes.

[764] Sobre os valores mencionados, cf., particularmente, os itens 3.1, 3.5 e 3.6, *infra*.

[765] Verifica-se, de fato, uma zona cinzenta entre casos extremos, como o do incapaz que compra um bilhete de metrô (negócio que será, provavelmente, reputado quase sempre válido) e o do incapaz que, dirigindo-se sozinho a uma empresa de transporte aéreo, tenta adquirir uma passagem para voo internacional (negócio que será, provavelmente, considerado inválido na maior parte dos casos). O critério distintivo para uma série de hipóteses compreendidas entre tais exemplos apenas poderá ser identificado concretamente pelo julgador.

[766] Como se teve oportunidade de sustentar no item 1.2.3, *supra*, a divisão entre atos não negociais e negociais não é dotada de rigidez absoluta, de modo que não haveria teórico em se considerarem tais atos funcionalmente menos negociais e mais próximos de atos lícitos de conduta, voltados ao resultado material. Nesse caso, porém, seria necessário concluir, por questão de coerência, que também as transações de pequeno porte celebradas por pessoas plenamente capazes atenderiam em menor grau à natureza negocial, pois, como se viu, o que determina essa natureza é a fonte produtora dos efeitos jurídicos e o nível de participação da vontade

A tentativa de negar a natureza negocial de tais atos, bem como de se negar a própria celebração dos atos ditos inexistentes, ou o fato de se ter inserido a simulação no campo da anulabilidade negocial na codificação anterior (a despeito de o interesse juridicamente protegido parecer ser, em princípio, de ordem pública), ou, ainda, a afirmativa de que a fraude contra credores corresponderia a uma hipótese de ineficácia (muito embora o Código Civil determine a anulabilidade do ato fraudulento) representam uma tendência, muito mais ampla, segundo a qual o intérprete (e, por vezes, o próprio legislador), intuitivamente, valora os efeitos do ato e investiga a compatibilidade da disciplina a ser aplicada a ele com a axiologia do ordenamento antes de qualificar propriamente a natureza do vício do qual ele padece.[767] Os negócios celebrados por menores e os atos inexistentes são casos especialmente característicos, porque transbordam a artificialidade da distinção entre os dois tipos de invalidade e revelam, a um só tempo, contradições entre os três planos de análise, pondo em xeque a inteira teoria.

Mas também no interior do próprio plano da validade a artificialidade se faz sentir, como nos casos da simulação e da fraude contra credores e, mais ainda, no que se convencionou chamar "efeitos do ato nulo".[768] De

particular para a produção de tais efeitos – a exigência de ser ou não essa vontade qualificada, e em que medida, é uma decorrência da qualificação do ato, não podendo ser convertida de requisito de validade para critério prévio de qualificação.

[767] Tendência que também se observa na doutrina italiana: "Não se pode aceitar a ideia de que o único modo de ler e estudar o complexo fenômeno das patologias contratuais seja aquele mediado pela doutrina clássica, visto que a jurisprudência (e não apenas a italiana, como extrai do estudo dos ordenamentos europeus), com coerência, individua em cada causa concreta de nulidade diferentes opções interpretativas relativamente ao regime de nulidade que lhes resulta aplicável e visto que o legislador (também nesse caso o fenômeno é europeu) não hesita em construir normas e regimes de nulidade que deveriam ser considerados alternativos aos tradicionais" (PUTTI, Pietro. *La nullità parziale*, cit., pp. 371-372. Tradução livre).

[768] Reconhece Antonio Junqueira de AZEVEDO: "pode ocorrer que, por exceção, um negócio nulo produza efeitos jurídicos (são os chamados efeitos do nulo), embora nem sempre esses efeitos sejam os efeitos próprios, ou típicos" (*Negócio jurídico*, cit., p. 49). PONTES DE MIRANDA, a quem se atribui a difusão dos planos de análise na doutrina brasileira, elaborava extensa relação de exceções à ineficácia do ato nulo: "São raros, porém o direito positivo conhece: negócios jurídicos nulos sanáveis ou ratificáveis; negócios jurídicos nulos de alegação relativa, e não pelo simples interessado; negócios jurídicos cuja nulidade não é decretável de ofício; negócios jurídicos nulos para cuja decretação de nulidade se precisa de 'ação' e, por vezes, de 'ação ordinária'; negócios jurídicos nulos a que se fixou prazo preclusivo, ou de prescrição, para

fato, mesmo após todo o esforço de compatibilização das soluções de casos concretos e da lei com a escala ponteana, a própria doutrina que adota os planos de análise reconhece que certos negócios nulos podem vir a "ingressar no plano da eficácia", e que os negócios anuláveis, por definição, o fazem sempre, até que sua anulação seja pretendida judicialmente – constatações que Antonio Junqueira de Azevedo reconhecia como "um 'furo' na técnica de eliminação com que os negócios são tratados", embora considerasse que se trataria de exceções a confirmar a regra.[769] Eis o que parece ocorrer também na matéria dos negócios de pequeno porte celebrados por menores, dentre tantos outros exemplos.

Os casos de efeitos de atos nulos são muitos,[770] particularmente quando se consideram também os efeitos que não foram originalmente pretendidos pelas partes.[771] Assim, por exemplo, uma dação em pagamento considerada nula pode importar confissão de dívida para fins de interrupção da prescrição (nos termos do art. 202, VI do Código Civil).[772] O negócio jurídico translatício do domínio, ainda que inválido, serve como causa justificadora da

---

ser pedida a decretação da nulidade; negócios jurídicos nulos, mas eficazes no todo ou em parte dos efeitos" (*Tratado de direito privado.* Tomo IV, cit., p. 83).

[769] AZEVEDO, Antonio Junqueira de. *Negócio jurídico*, cit., p. 64.

[770] Ao ponto de se ter aprovado, na VI Jornada de Direito Civil, organizada pelo Centro de Estudos Judiciários do Conselho da Justiça Federal, em 2013, o Enunciado n. 537, segundo o qual "a previsão contida no art. 169 não impossibilita que, excepcionalmente, negócios jurídicos nulos produzam efeitos a serem preservados quando justificados por interesses merecedores de tutela".

[771] Nesse sentido, a crítica de Orlando GOMES: "Via de regra, o que é nulo nenhum efeito produz. Há negócios nulos que, todavia, produzem efeitos. Dentre tantos outros, basta citar: a) a prescrição se interrompe por citação nula; b) declaração feita em negócio nulo serve de começo de prova; c) o parentesco por afinidade sobrevive a casamento nulo. Alguns produzem efeitos secundários, como o instrumento público nulo, que vale como instrumento particular. Outros geram todos os seus efeitos, como o casamento putativo e os atos praticados pelo herdeiro aparente, pouco importando, nestes casos, que a ordem jurídica neutralize o princípio com o recurso técnico da boa-fé ou da máxima *error communis facit jus*. Intrinsecamente tais negócios são nulos; não deveriam suscitar qualquer efeito, e, no entanto, suscitam. Inexata, portanto, a afirmação categórica sobre a ineficácia absoluta dos negócios nulos" (*Introdução ao direito civil*, cit., p. 431).

[772] *Verbis:* "Art. 202. A interrupção da prescrição, que somente poderá ocorrer uma vez, dar-se-á: [...] VI – por qualquer ato inequívoco, ainda que extrajudicial, que importe reconhecimento do direito pelo devedor".

posse.⁷⁷³ Admite-se a subsistência de deveres anexos de proteção a despeito da nulidade do negócio.⁷⁷⁴ A teor do art. 1.617 do Código Civil, a prova da filiação pode resultar de casamento declarado nulo, ainda que não revista as características do casamento putativo.⁷⁷⁵ Este último, particularmente, corresponde a uma das hipóteses mais aludidas em matéria de eficácia de atos nulos: produz seus efeitos regulares em benefício dos filhos e de um ou ambos os cônjuges, se estivessem agindo de boa-fé.⁷⁷⁶ Admite-se, ainda, a possibilidade de o ato nulo gerar o dever de indenizar – desde que verificados os requisitos da responsabilidade civil,⁷⁷⁷ sendo certo que

---

⁷⁷³ Cf., por todos, PEREIRA, Caio Mário da Silva. *Instituições de direito civil*. Volume I, cit., p. 540.
⁷⁷⁴ Nesse sentido, com base na doutrina alemã, cf. CORDEIRO, António Menezes. *Da boa-fé no direito civil*, cit., p. 618.
⁷⁷⁵ *Verbis:* "Art. 1.617. A filiação materna ou paterna pode resultar de casamento declarado nulo, ainda mesmo sem as condições do putativo".
⁷⁷⁶ De fato, dispõe o Código Civil: "Art. 1.561. Embora anulável ou mesmo nulo, se contraído de boa-fé por ambos os cônjuges, o casamento, em relação a estes como aos filhos, produz todos os efeitos até o dia da sentença anulatória. §1º Se um dos cônjuges estava de boa-fé ao celebrar o casamento, os seus efeitos civis só a ele e aos filhos aproveitarão. §2º Se ambos os cônjuges estavam de má-fé ao celebrar o casamento, os seus efeitos civis só aos filhos aproveitarão".
⁷⁷⁷ Assim já reconheciam AUBRY e RAU: "a anulação mesma de um ato pode dar ocasião a uma demanda por perdas e danos, fundada em um delito ou quase-delito imputado, seja a uma das partes, seja a um terceiro" (*Cours de droit civil français*. Tome 1ᵉʳ., cit., p. 123. Tradução livre). Um exemplo de indenização por perdas e danos em decorrência da nulidade parece ter sido reconhecido pelo próprio legislador na disciplina da evicção (que pode ocorrer, dentre outras causas, pela nulidade do título que serviu de base à transferência da coisa), ao prever que o evicto tem direito "à indenização pelas despesas dos contratos e pelos prejuízos que diretamente resultarem da evicção" (art. 450, II do Código Civil), que não se confunde com a restituição integral do preço ou das quantias pagas (art. 450, *caput*). A questão é frequente na jurisprudência, como se vê, ilustrativamente, no seguinte julgado do Tribunal de Justiça do Estado do Rio de Janeiro, a respeito da declaração de nulidade de um contrato de permuta imobiliária: "Apelação cível. Ação de nulidade de ato jurídico. Evicção. [...] A perda efetiva do autor pelo desfazimento do negócio é justamente o valor do imóvel dado em permuta, com os consectários pertinentes. [...] Indenização por dano material fundado nas despesas incidentes na celebração do contrato. Cabimento. É direito do evicto, para além da restituição do valor investido no negócio desconstituído, o ressarcimento das despesas a ele correlatas, o que inclui dispêndios cartorários e tributários, na esteira do art. 450, II do CC [...]" (TJRJ, 2ª C.C., Ap. Civ. 0073638-54.2006.8.19.0001, Rel. Des. Paulo Sérgio Prestes dos Santos, julg. 27.4.2015, publ. 29.4.2015).

apenas impropriamente se refere o art. 182 à "indenização" como uma decorrência natural da invalidação.[778]

O motivo de existirem tais exceções raramente é abordado de forma detalhada pela doutrina, embora não pareça ser difícil identificá-lo. Ao final do capítulo precedente, buscou-se apresentar a validade negocial como um problema de eficácia ao se sustentar que a teoria das invalidades negociais corresponde a um mecanismo de controle valorativo que incide sobre os efeitos produzidos pelo ato. Nesse sentido, a identificação de uma causa de invalidade (textual ou virtual) pelo legislador decorre da previsão de efeitos para certos tipos de atos que não se consideraram merecedores de tutela. No entanto, também quanto ao regime a ser aplicado a essa invalidade (já constatada pela ocorrência de uma causa legal de nulidade ou anulabilidade), o problema parece ser inteiramente de eficácia: por serem as regras gerais das invalidades muito rígidas, a tendência é que o intérprete, valorando os efeitos do ato, decida quanto às consequências do vício, isto é, quanto aos tipos de eficácia que serão permitidos e que serão

---

[778] A natureza dos valores a serem restituídos caso o contrato seja declarado nulo não destoa daquela assumida pelo valor a ser restituído em caso, por exemplo, de resolução contratual por inadimplemento, já que em todos esses casos se objetiva o retorno das partes *in statu quo ante*; pode essa restituição ser ou não cumulada com perdas e danos, assim como pode acontecer de nada precisar ser restituído, caso não tenha havido qualquer início de execução para o negócio. A respeito, leciona MENEZES CORDEIRO: "deve ser restituído tudo o que tiver sido prestado, ou, se a restituição em espécie não for possível, o valor correspondente, nos termos desse mesmo preceito. [...] O dever de restituir é recíproco. A doutrina estrangeira já intentou, por via doutrinária, construir aqui um sinalagma, de modo a permitir a aplicação de institutos que garantam as posições das partes. A lei portuguesa solucionou, de modo expresso, o problema, no artigo 290º: 'As obrigações recíprocas de restituição que incumbem às partes, por força da nulidade ou anulação do negócio devem ser cumpridas simultaneamente, sendo extensivas ao caso, na parte aplicável, as normas relativas à exceção do contrato não cumprido'. [...] A nulidade ou a anulação de um negócio são, ainda, suscetíveis de causar danos ilícitos. Podem intervir institutos de responsabilidade civil e, designadamente, a *culpa in contrahendo*" (*Tratado de direito civil*. Volume I, cit., pp. 936-938). A referência à culpa in contrahendo é oportuna, tendo JHERING concebido tal figura justamente para explicar por que poderiam surgir perdas e danos em decorrência da anulação de certos atos (*Culpa in contrahendo ou indemnização em contratos nulos ou não chegados à perfeição*. Coimbra: Almedina, 2008). A referência é útil, ainda, para se cogitar da possibilidade de indenização pelo interesse contratual positivo em decorrência da invalidação, o que já se reconhece em matéria de responsabilidade pré-contratual por ruptura imotivada das negociações (por todos, cf. TEPEDINO, Gustavo. Atividade sem negócio jurídico fundante e seus desdobramentos na teoria contratual, cit., p. xix).

vedados para o ato concretamente considerado, por vezes a despeito da disciplina abstrata que o legislador previra para aquele caso de invalidade.

Nessa direção, não é novo o entendimento de que a função pode definir a estrutura,[779] isto é, de que a qualificação jurídica é diretamente influenciada pela análise funcional. E, em todos esses casos, ainda que inconscientemente, promove o intérprete (e, não raro, também o próprio legislador, ao prever normas específicas sobre a validade de certos atos) justamente uma análise funcional dos negócios em tela, por vezes esbarrando na perplexidade de não reputar legítima, no caso concreto, a aplicação das soluções legalmente previstas. Contudo, no lugar de reconduzir o afastamento em concreto da regra geral à aplicação sistemática e valorativamente unitária do ordenamento, conforma-se o hermeneuta em criar exceções, aparentemente assistemáticas, quando não opta por conferir qualificações ainda mais artificiais para os atos analisados, buscando, assim, evitar negar a teoria clássica das invalidades.[780]

Nesse cenário, a qualificação de certo vício (como causa de nulidade, de anulabilidade, da chamada inexistência ou, ainda, do que se costuma chamar como "mera ineficácia") acaba se tornando secundária em relação à disciplina dos efeitos decorrentes do ato. Já se afirmou, por exemplo, que a qualificação dos vícios do consentimento como causas de anulabilidade decorre de mera "política legislativa".[781] A assunção de dívida realizada sem

---

[779] Leciona, a respeito, Pietro PERLINGIERI a relevância de "um método de pesquisa orientado a privilegiar o interesse respeito à vontade, o perfil objetivo e funcional respeito àquele subjetivo e descritivo, a função socioeconômica respeito à estrutura. [...] O estudo das *fattispecie*, especialmente aquelas negociais, a análise da eficácia jurídica e da relação são propostos novamente, mas em uma perspectiva nova, ainda suscetível de ulteriores e fecundos resultados. Na individuação da natureza dos institutos concorrem estrutura e função, mas é esta última, como síntese dos efeitos essenciais e característicos, produzidos ainda que de forma diferida, a tipificar a *fattispecie*" (*O direito civil na legalidade constitucional*, cit., p. 118).

[780] Na doutrina italiana já se ponderou que a crença em duas hipóteses de invalidade com claras distinções entre si correspondeu à reação "à complexidade das figuras de ineficácia expressas por sistemas jurídicos que ignoravam a categoria lógico-jurídica do negócio jurídico e eram prisioneiros da casuística"; por tais razões, sistemas como o francês e o italiano, que eram "extremamente dúcteis" na matéria, mas privados de coerência teórica, acabaram "prisioneiros da necessidade de atribuir natureza excepcional à nulidade para evitar sua expansão incontrolada" (PUTTI, Pietro. *La nullità parziale*, cit., p. 372).

[781] THEODORO JÚNIOR, Humberto. Dos defeitos do negócio jurídico no novo Código Civil, cit., p. 64, que sugere que tais hipóteses poderiam acarretar a inexistência do negócio, já que afetam "o elemento essencial da validade do negócio jurídico – a declaração de vontade".

anuência do credor é tratada por parte da doutrina como ato inexistente[782] e como causa de "ineficácia relativa" por outra corrente[783] – qualificações que remetem aos dois extremos da escala ponteana. Os atos praticados pelo mandatário sem poderes específicos não apenas são desprovidos de legitimação (capacidade específica) como ainda constituem ilícitos contratuais do mandato; contudo, o art. 662 do Código Civil faz referência apenas à sua "ineficácia" contra o mandante, como se não se tratasse de atos contrários à ordem jurídica, mas apenas de atos à espera de um fator ulterior de eficácia (a ratificação).[784] A necessidade de se valorarem os efeitos do ato combinada à excessiva rigidez da disciplina das invalidades contribui para a confusão conceitual e mitiga, de certo modo, o caráter quase axiomático que se costumava conferir à qualificação legal prevista para cada vício.[785]

Permita-se ainda um outro exemplo, particularmente rico em divergências conceituais: nomeadamente, a venda ou alienação *a non domino*. Trata-se da hipótese fática em que certo contrato de compra e venda é celebrado tendo como objeto uma coisa que não pertence ao alienante, mas sim a terceiro, seu legítimo titular, a quem assiste o direito de reclamá-la. No que diz respeito à sua validade, essa hipótese negocial já recebeu da

---

[782] Nesse sentido, cf. TEPEDINO, Gustavo; SCHREIBER, Anderson. *Código Civil comentado*. Volume IV, cit., p. 185.

[783] Nesse sentido, cf. PEREIRA, Caio Mário da Silva. *Instituições de direito civil*. Volume II, cit., p. 370.

[784] A falta de confirmação dos atos anuláveis não costuma surtir repercussão prática caso a parte interessada não pretenda judicialmente a anulação, ao passo que a não ratificação do mandato sem poderes torna os atos do mandatário inexigíveis em face do mandante – o que poderia justificar a distinção. No entanto, dispõe o Código Civil que são anuláveis o contrato celebrado pelo representante consigo mesmo (art. 117) e o exercício da representação em conflito de interesses (art. 119), hipóteses em que também a oponibilidade do ato ao representado dependerá efetivamente da ratificação. Como há representação nos três casos, a eficácia de todos eles abrange a exigibilidade em face do representado; logo, não deveria haver diferença entre eles.

[785] Constatação que a própria doutrina faz expressamente, como reconhece MENEZES CORDEIRO a respeito das exceções previstas por lei em matéria de confirmação de atos inválidos: "*Desde logo, as qualificações legais não são vinculativas para o intérprete-aplicador: apenas o regime é decisivo*. De seguida, há que lidar com as categorias, acima referidas, das nulidades relativas e absolutas; elas traduzem valorações distintas e regras diferenciadas. Finalmente, devemos ter presente que, na preparação do Código Civil, intervieram especialistas diversos [...]. Em suma: nada disto é generalizável, cabendo, caso a caso, ver o seu exato campo de aplicação" (*Tratado de direito civil*. Volume I, cit., p. 970. Grifou-se).

doutrina, provavelmente, todas as qualificações possíveis.[786] Com efeito, já se considerou essa espécie de venda inexistente;[787] outros autores a reputam nula;[788] alguns a entendem como ato anulável;[789] segundo a doutrina majoritária, tratar-se-ia de negócio simplesmente ineficaz;[790] finalmente, há quem considere tal negócio como plenamente válido.[791]

A despeito da referida celeuma doutrinária, a lógica que orienta a disciplina jurídica da venda de coisa alheia é aparentemente simples: como ninguém pode transmitir mais direitos a outrem do que possui (no adágio latino, *nemo plus iuris ad alium transfere potest quam ipse habet*), o adquirente sofrerá, em regra, a evicção da coisa, uma vez que o legítimo proprietário, dotado do direito de sequela, pode reaver o bem das mãos de quem quer que injustamente o possua, de acordo com a clássica configuração do direito

---

[786] Ressalta-se, a propósito, a relevância da atuação doutrinária na matéria, já que o Código Civil se absteve de regulá-la de forma sistematizada (VELOSO, Zeno. *Invalidade do negócio jurídico*, cit., p. 179).

[787] Assim entende, por exemplo, Gustavo TEPEDINO, ressaltando que, em se tratando de venda imobiliária, pouco importa o registro da mesma para a sua inexistência (Aquisição *a non domino* e os efeitos do tempo na cadeia de aquisição imobiliária, cit., p. 511).

[788] Cf., por todos, BEVILÁQUA, Clóvis. *Código Civil dos Estados Unidos do Brasil*. Volume II. Rio de Janeiro: Editora Rio, 1975, p. 235. Este é o posicionamento adotado pelo sistema francês, conforme o art. 1.599 do *Code:* "A venda de coisa alheia é nula: ela pode ensejar perdas e danos se o adquirente ignorava que a coisa pertencia a outrem" (Tradução livre).

[789] Sustenta tal entendimento, dentre outros, Caio Mário da Silva PEREIRA, pelo fato de ser possível a validação da transferência se o alienante estava de boa-fé e vier a adquirir posteriormente a coisa, retroagindo o efeito ao momento da tradição, bem como por a transferência, ainda que inválida, constituir título justo para a usucapião ordinária (*Instituições de direito civil*. Volume III, cit., p. 160).

[790] Cf., por todos, GOMES, Orlando. *Contratos*. Rio de Janeiro: Forense, 2007, p. 274, que rejeita de forma contundente as hipóteses de nulidade e anulabilidade.

[791] Segundo PONTES DE MIRANDA, a venda *a non domino* seria plenamente válida (do ponto de vista dos planos de análise e dos requisitos negociais); simplesmente, a impossibilidade posterior do cumprimento da obrigação de transferir a propriedade acarretaria as mesmas consequências da impossibilidade do objeto. Segundo o autor, considerar inválida a hipótese "revela bem parcos conhecimentos jurídicos nos que a afirmam" (*Tratado de direito privado*. Tomo IV, cit., p. 88). O autor explica, ainda, que a falta de poderes não implica a invalidade do negócio – o que justificaria a validade da gestão de negócios (Ibid., p. 89). Esta é a solução proposta pela doutrina alemã (cf., por exemplo, HEDEMANN, J. W. *Tratado de derecho civil*. Volume III. Madrid: Revista de Derecho Privado, 1958, p. 241). Como pondera Caio Mário da Silva PEREIRA (*Instituições de direito civil*. Volume III, cit., p. 160), tal solução parece confundir a possibilidade de convalescimento com a própria validade do contrato.

de propriedade consignada no art. 1.228, *caput, in fine* do Código Civil.[792] O exercício do direito de sequela, por definição, decorre da oponibilidade *erga omnes* e do caráter exclusivo do domínio, atingindo, em princípio, até mesmo o terceiro adquirente de boa-fé, que sofrerá a evicção do bem.[793]

Embora não se trate aqui de propriedade resolúvel, a principal consequência da alienação de coisa alheia seria, ao menos em tese, semelhante àquela proposta pelo art. 1.359 do Código Civil:[794] o legítimo proprietário pode reivindicar a coisa das mãos de quem a possuir ou detiver, desfazendo-se igualmente todos os direitos reais que tenham sido eventualmente constituídos por quem não era dono.[795] A proximidade das soluções jurídicas talvez decorra do fato de que tanto na propriedade resolúvel quanto na venda *a non domino* o motivo da ulterior perda da propriedade por terceiros adquirentes decorre de causa originária ao ato (a condição ou o termo no primeiro caso, a impossibilidade jurídica decorrente da ausência de propriedade pelo alienante no segundo).[796] Diversamente do que ocorre na propriedade resolúvel, contudo, como o motivo para a reivindicação da coisa foi a antijuridicidade da conduta do alienante, este não deixará de ser responsabilizado. De fato, se a alienação *a non domino* houver sido onerosa, responderá ele perante o adquirente pela evicção, nos termos do art. 447

---

[792] *Verbis:* "Art. 1.228. O proprietário tem a faculdade de usar, gozar e dispor da coisa, e o direito de reavê-la do poder de quem quer que injustamente a possua ou detenha".

[793] A sequela, por vezes designada como *aspecto externo* do conteúdo da propriedade, decorre do próprio atributo de exclusividade que é inerente a esse direito, o qual permite ao titular *excluir qualquer pessoa* do acesso à substância ou às vantagens da coisa (DANTAS, F. C. de San Tiago. *Programa de direito civil.* Volume III, cit., p. 117).

[794] *Verbis:* "Art. 1.359. Resolvida a propriedade pelo implemento da condição ou pelo advento do termo, entendem-se também resolvidos os direitos reais concedidos na sua pendência, e o proprietário, em cujo favor se opera a resolução, pode reivindicar a coisa do poder de quem a possua ou detenha".

[795] "Ao reconhecer ao proprietário o poder reivindicatório da coisa, o Código, por via de consequência, faz abstração daqueles direitos constituídos na constância da condição e do termo, e, assim, pronuncia-se pelo efeito retrooperante, a um tempo anterior ao em que foram concedidos (PEREIRA, Caio Mário da Silva. *Instituições de direito civil.* Volume IV, cit., p. 82).

[796] A respeito da propriedade resolúvel, leciona Lafayette Rodrigues PEREIRA que apenas "ocorre quando a causa de aquisição do domínio encerra em si um princípio ou condição resolutiva do mesmo domínio, expressa ou tácita" (*Direito das coisas.* Rio de Janeiro: Freitas Bastos, 1956, p. 88).

do Código Civil,[797] devendo não apenas restituir a contraprestação paga pela coisa (decorrência do desfazimento do contrato e da necessidade de se conduzirem as partes ao *status quo ante*) como também indenizar o comprador por prejuízos eventualmente sofridos (art. 450 do Código Civil).[798]

Do ponto de vista da validade do negócio translatício do domínio, igualmente, não deveria haver dificuldade de qualificação da *fattispecie* correspondente à alienação de coisa alheia. Faltando ao objeto da compra e venda *a non domino* o requisito da possibilidade jurídica, e não havendo norma que comine esse ato de anulabilidade, aparentemente seu enquadramento seria o de negócio nulo, com base no art. 166, II do Código Civil.[799] A discordância doutrinária, porém, decorre de uma evidente preocupação prática com a disciplina a ser aplicada aos efeitos da compra e venda de coisa alheia, particularmente no que tange à proteção do terceiro adquirente de boa-fé e ao evidente interesse pelo ordenamento jurídico em possibilitar a convalidação posterior do ato pelo alienante.[800] Além disso, em se tratando

---

[797] *Verbis:* "Art. 447. Nos contratos onerosos, o alienante responde pela evicção. Subsiste esta garantia ainda que a aquisição se tenha realizado em hasta pública".

[798] *Verbis:* "Art. 450. Salvo estipulação em contrário, tem direito o evicto, além da restituição integral do preço ou das quantias que pagou: I – à indenização dos frutos que tiver sido obrigado a restituir; II – à indenização pelas despesas dos contratos e pelos prejuízos que diretamente resultarem da evicção; III – às custas judiciais e aos honorários do advogado por ele constituído. Parágrafo único. O preço, seja a evicção total ou parcial, será o do valor da coisa, na época em que se evenceu, e proporcional ao desfalque sofrido, no caso de evicção parcial".

[799] *Verbis:* "Art. 166. É nulo o negócio jurídico quando: [...] II – for ilícito, impossível ou indeterminável o seu objeto; [...]". Vale notar que não está em questão uma promessa de fato de terceiro, no sentido de que o verdadeiro proprietário transferirá a titularidade da coisa para o alienante *a non domino*, nem se trata aqui do contrato realizado sob a condição de o alienante obter, posteriormente, essa titularidade.

[800] Sob a vigência do Código Civil de 1916, Eduardo ESPÍNOLA salientava que a tradição "feita por quem não é proprietário, não transfere o domínio; entretanto, se o adquirente estiver de boa-fé, e o alienante vier depois a tornar-se dono da coisa alienada, revalida-se a transferência, considerando-se realizada a tradição desde o momento em que ele a fez. Assim também, quando baseada num título nulo, a tradição não transfere o domínio" (*Posse, Propriedade, Compropriedade ou Condomínio, Direitos Autorais*. Rio de Janeiro: Conquista, 1956, pp. 386-388). Vicente RÁO, por sua vez, esclarecia a respeito da boa-fé: "em múltiplos casos a boa-fé, jungida a elementos outros, produz a aquisição de direitos. [...] Não são esses, porém, os únicos efeitos aquisitivos de direitos produzidos pela posse de boa-fé, pois, reunida a mais elementos, ela pode gerar a aquisição do domínio [...]. E mais efeitos aquisitivos produz a boa-fé, apesar do erro, ou outros vícios da vontade. [...] A tradição feita por quem não seja o dono, não alheia o domínio, mas

de coisa móvel, é muito comum que a tradição do bem se dê *incontinenti* à celebração do negócio inválido. Como lidar com a aparente transferência de propriedade decorrente desse cenário fático?[801]

A questão se agrava no âmbito de alienações realizadas em ambientes que reforçam a aparência de regularidade na cadeia de transmissão do bem, como acontece nas transferências de bens alheios que venham a ser realizadas em hasta pública ou em estabelecimento comercial. O Código Civil de 2002, buscando resolver longeva crítica doutrinária formulada sob a vigência da codificação anterior,[802] reconhece a eficácia plena da venda *a non domino* nas hipóteses de aquisição por terceiros de boa-fé de bens

---

se o alienante, posteriormente, o adquirir, considera-se revalidada a transferência e operado o efeito da tradição desde o momento de seu ato se o adquirente houver procedido de boa-fé. A boa-fé do adquirente faz com que a aquisição posterior pelo alienante retroaja, saneando os vícios originários do ato de transferência" (*Ato Jurídico*, cit., pp. 230-231).

[801] Diz-se "aparente" porque, a teor do art. 1.269, §2º do Código Civil, "Não transfere a propriedade a tradição, quando tiver por título um negócio jurídico nulo". Afasta-se, com isso, o caráter peremptório da célebre regra do direito francês segundo a qual, em matéria de bens móveis, a posse vale como título (*en fait de meubles, la possession vaut titre*), prevista pelo art. 2.276 do *Code Napoléon* (relativizada pelo próprio legislador francês ao permitir a reivindicação da coisa pelo titular que a tenha perdido ou que tenha sido roubado).

[802] A propósito, comentava VALLE FERREIRA a respeito do ordenamento brasileiro vigente à época que este havia decidido "por um critério regulador bem estranho". De fato, enquanto o sistema francês apontava para o desfazimento dos efeitos do ato nulo inclusive em detrimento do terceiro de boa-fé, o sistema alemão protegia o terceiro que havia adquirido a coisa móvel por tradição ou, no que tange os imóveis, o terceiro que havia adquirido de boa-fé por meio do registro, a não ser que o vício constasse da própria inscrição. Já o Código Civil brasileiro de 1916, "que adotou um sistema inteiramente contrário ao francês, quis aproximar-se do alemão, mas deste também diverge. É mal acabado. Efetivamente: apesar de incluir a regra afirmando ser a tradição modo de adquirir *inter vivos*, isto é, ato abstrato criador de direitos reais, degrada em seguida a mesma tradição, quando condiciona seus efeitos à validade de um título preexistente (arts. 620 e 622)" (Subsídios para o estudo das nulidades, cit., pp. 36-37). Em outros termos, embora não seguisse o sistema francês de transmissão da propriedade *solo consensu*, o Código Civil de 1916 adotava a solução radical de desfazimento não apenas dos efeitos obrigacionais do negócio inválido como também dos efeitos reais decorrentes do ato subsequente de tradição ou registro, de forma bastante radical. A respeito, afirmava Clóvis BEVILÁQUA: "Em relação a terceiros, declarada a nulidade do ato, desfaz-se o direito, que, acaso, tenham adquirido com fundamento no ato nulo ou anulado, porque ninguém transfere a outrem direito que não tem"; a única ressalva feita pelo autor a respeito da boa-fé se relacionava aos efeitos possessórios: "a boa-fé, com razão mais forte, aqui se atenderá, quanto aos frutos e quanto à posse para o usucapião" (*Código Civil dos Estados Unidos do Brasil*. Volume I, cit., p. 424).

móveis em hasta pública ou estabelecimento comercial (art. 1.268, *caput*) e ainda permite, no mesmo dispositivo, a possibilidade de convalidação mediante a aquisição posterior da propriedade (§1º).[803] A evidente proteção ao terceiro adquirente aproxima o regime jurídico destas vendas de coisa móvel alheia à disciplina da propriedade *ad tempus*,[804] prevista pelo art. 1.360 do Código Civil[805] – muito embora nesta última hipótese os terceiros não sejam afetados justamente porque a causa da resolução não era originária ao título aquisitivo,[806] o que não se pode afirmar a respeito da venda *a non domino*.

Raciocínio análogo não foi aplicado à venda de bem imóvel alheio, tendo em vista que o registro exigido para que se aperfeiçoe a transferência de propriedade torna mais difícil a alegação de boa-fé pelo adquirente. Considera o legislador, assim, que, nesse caso, a boa-fé será irrelevante para fins de permitir a reivindicação pelo proprietário verdadeiro, uma vez que se constate a invalidade registral[807] (art. 1.247, parágrafo único, do

---

[803] *Verbis:* "Art. 1.268. Feita por quem não seja proprietário, a tradição não aliena a propriedade, exceto se a coisa, oferecida ao público, em leilão ou estabelecimento comercial, for transferida em circunstâncias tais que, ao adquirente de boa-fé, como a qualquer pessoa, o alienante se afigurar dono. §1º Se o adquirente estiver de boa-fé e o alienante adquirir depois a propriedade, considera-se realizada a transferência desde o momento em que ocorreu a tradição. §2º Não transfere a propriedade a tradição, quando tiver por título um negócio jurídico nulo".

[804] A designação *ad tempus* adotada para a propriedade que se resolve por causa superveniente, isto é, não constante de seu título aquisitivo, é empregada, dentre outros, por GOMES, Orlando. *Direitos reais*, cit., p. 265.

[805] *Verbis:* "Art. 1.360. Se a propriedade se resolver por outra causa superveniente, o possuidor, que a tiver adquirido por título anterior à sua resolução, será considerado proprietário perfeito, restando à pessoa, em cujo benefício houve a resolução, ação contra aquele cuja propriedade se resolveu para haver a própria coisa ou o seu valor".

[806] A respeito da norma do art. 1.360 do Código Civil, comenta-se: "preocupa-se o legislador com os efeitos que a superveniente resolução da propriedade acarreta na esfera jurídica de terceiros adquirentes. A aquisição por título anterior à resolução (do direito do alienante) não lhes prejudica. Isto porque as causas supervenientes de resolução não se opõem a terceiros, vez que não se encontram inseridas no título" (TEPEDINO, Gustavo; BARBOZA, Heloisa Helena; BODIN DE MORAES, Maria Celina (Org.). *Código Civil interpretado conforme a Constituição da República*. Volume III. Rio de Janeiro: Renovar, 2014, p. 735).

[807] A esse propósito, comenta Gustavo TEPEDINO: "ao contrário do sistema alemão, o Código Civil brasileiro admite que o legítimo proprietário de bem imóvel, uma vez julgado procedente o pedido de anulação do registro, ou desconstituído o título que servia de base à transmissão,

Código Civil).[808] Criou-se, porém, uma modalidade de usucapião com prazo reduzido, dita *tabular*, no art. 1.242, parágrafo único, do Código Civil,[809] para minorar o risco de desconstituição dos efeitos nesses casos.[810] Já no que tange aos bens móveis que não se sujeitem a nenhuma das disposições específicas se aplique, os prazos de prescrição aquisitiva já são, de modo geral, mais exíguos, amenizando parte do problema.

Como se percebe, o legislador, atento à incidência de princípios particulares sobre essa *fattispecie* (em especial a boa-fé do terceiro adquirente), tomou a iniciativa de dispor especificamente sobre a disciplina da venda *a non domino*, afastando, em diversas previsões normativas, as regras que seriam típicas do regime de nulidade que caracteriza, em princípio, a alienação de coisas alheias. Esta parece ser, como já referido,[811] a tendência natural das conclusões mais frequentemente alcançadas por meio da análise funcional do direito: cedo ou tarde, acabam sendo incorporadas legisla-

possa reivindicar o imóvel do adquirente, ainda que de boa-fé, eis que a presunção do registro não se mostra absoluta. A boa-fé do terceiro adquirente ganha relevância na modalidade especial de usucapião prevista no parágrafo único do art. 1.242, com o decurso do prazo de 5 anos de posse contínua.De qualquer maneira, ainda que a boa-fé do adquirente não prevaleça, o interessado em reivindicar o bem terá o ônus de provar que a situação do registro não corresponde à verdade" (In: AZEVEDO, Antonio Junqueira de. *Comentários ao Código Civil*. Volume XIV. São Paulo: Saraiva, 2011, p. 381).

[808] *Verbis:* "Art. 1.247. Se o teor do registro não exprimir a verdade, poderá o interessado reclamar que se retifique ou anule. Parágrafo único. Cancelado o registro, poderá o proprietário reivindicar o imóvel, independentemente da boa-fé ou do título do terceiro adquirente".

[809] *Verbis:* "Art. 1.242. Adquire também a propriedade do imóvel aquele que, contínua e incontestadamente, com justo título e boa-fé, o possuir por dez anos. Parágrafo único. Será de cinco anos o prazo previsto neste artigo se o imóvel houver sido adquirido, onerosamente, com base no registro constante do respectivo cartório, cancelada posteriormente, desde que os possuidores nele tiverem estabelecido a sua moradia, ou realizado investimentos de interesse social e econômico".

[810] Conforme relata Gustavo TEPEDINO, o dispositivo, quando de sua concepção, inovou com a redução do prazo da prescrição aquisitiva. A norma, porém, não resta imune de críticas: "A solução mostra-se oportuna, põe fim a uma série de demandas relacionadas a erro ou fraude no registro imobiliário, mas perdeu com o tempo o impacto distintivo suscitado pelo quinquênio, já que inúmeras são, na atualidade, as modalidades de usucapião que, associadas à moradia e à função social da propriedade, se perfazem, independentemente da confiança haurida do Registro Imobiliário, no mesmo período de cinco anos" (*Comentários ao Código Civil*. Volume XIV, cit., p. 344).

[811] Cf. item 1.1, *supra*.

tivamente.[812] Sobre a proteção do adquirente de boa-fé serão formulados novos comentários mais adiante.[813]

Como também se pode notar das soluções previstas pelos dispositivos citados, essa disciplina legal híbrida conferida à venda *a non domino* (variável conforme o objeto ou as circunstâncias da contratação), ao contrário do que busca sustentar boa parte da doutrina, não corresponde perfeitamente a qualquer classificação estanque. Não seria válida, uma vez que seu objeto, até o momento da confirmação, é ilícito; não seria nula, pois a lei admite sua posterior confirmação pela aquisição superveniente da coisa; não seria anulável, pois, em determinadas vendas de coisas móveis, a lei reconhece a sua validade plena; não se poderia tampouco dizer ineficaz, no sentido de não produzir qualquer efeito, pois, em alguns casos, a lei reconhece sua eficácia plena e, em outros, exige do julgador a desconstituição dos efeitos concretamente produzidos. Assim, apenas à luz do caso concreto é possível decidir se e em que medida os efeitos decorrentes da alienação *a non domino* serão preservados, pois a lei valora de modo particular diferentes possibilidades concretamente verificadas na operação.

Tal perspectiva lança novas luzes, igualmente, sobre o problema da validade das alienações subsequentes feitas pelo adquirente *a non domino*. Na doutrina espanhola, é comum a referência a uma "cadeia de nulidades" (*cadena de nulidades*), ou a "nulidades por arrastamento" (*arrastre de la nulidad*), na medida em que todas as alienações subsequentes seriam inválidas, o que poria em risco o interesse dos adquirentes de boa-fé.[814] Contra essa concepção, lição bastante reproduzida sustenta que o caso

---

[812] Nesse sentido, SAN TIAGO DANTAS afirmava que a figura do abuso do direito (a qual, como visto no item 1.1.1, *supra*, correspondeu a uma das primeiras grandes aplicações da análise funcional no direito), sendo progressivamente identificada pelo legislador na praxe jurisprudencial, não tarda a ser consagrada em norma legislada (*Programa de direito civil*: teoria geral. Volume I, cit., p. 320).

[813] Cf. item 3.3, *infra*.

[814] Ilustrativamente: "Estamos diante de um problema dos efeitos que tem um contrato ineficaz sobre as titularidades reais que originou. Apenas quando não existem normas de proteção ou faltam os pressupostos para que o ordenamento jurídico dispense sua proteção aos terceiros adquirentes, a repercussão da nulidade adquire plena relevância. A nulidade pode, nesses casos, arrastar os demais contratos de maneira que o último também careça de uma causa de atribuição patrimonial, devendo ter então os efeitos restitutórios em cadeia próprios de toda nulidade" (DOHRMANN, Albiez. La repercusión de la nulidad 'dentro' y 'fuera' del contrato. In: GABRIEL, J.R. Ferrandíz (Dir.). *El negocio jurídico:* la ineficacia del contrato. Madrid: CGPJ, 1994, p. 73).

não seria de invalidade sucessiva, pois as vendas subsequentes são eficazes entre as partes (e podem, inclusive, servir de título para usucapião) – e, se produzem efeitos, não podem ser consideradas nulas. A hipótese seria, assim, de ineficácia em face do legítimo proprietário, ressalvados os casos em que a lei proteja expressamente os adquirentes de boa-fé.[815] Na proposta defendida no presente estudo, ambas as posições se revelam conciliáveis: dizer que as alienações subsequentes são formalmente (ou melhor, estruturalmente) inválidas, na medida em que apresentam um vício na cadeia de transmissão (causa legal de invalidade), não implica afirmar que não possam produzir alguns dos efeitos pretendidos, ou efeitos *ex lege*, sem que, de outra parte, alguns dos efeitos produzidos não sejam oponíveis a terceiros.

Avançando-se mais um pouco nessa análise, o que dizer da venda *a non domino* (ou de qualquer outro negócio que, formalmente, possa ser associado a uma causa de invalidade), caso se conclua que, em determinado caso concreto, por determinação legal ou por valoração pelo julgador dos valores envolvidos, sua eficácia *plena* deve ser preservada? A doutrina tradicional responderia, provavelmente, que se trata de uma *hipótese em que o ato inválido produz efeitos*.[816] Tal resposta, porém, parece refletir um esforço

---

[815] "Em particular, se Primus vendeu e entregou a coisa para Secundus (sendo a venda inválida) e Secundus (adquirente) a vendeu e entregou a Tertius (sub-adquiriente), vendeu Tertius de forma eficaz? Pode reclamar Primus a coisa de Tertius? Na nossa opinião, o que ocorre é que o sub-adquirente recebeu a coisa de um não proprietário e, portanto, sem eficácia translativa de propriedade; seu título é válido, mas ineficaz para transmitir o domínio. Em consequência, o proprietário poderá reivindicar, a não ser que Tertius tenha usucapido (usucapião ordinária, já que o fato de o título de aquisição ter sido inválido não invalida seu título) ou esteja protegido pelo registro ou pelo art. 464 do Código Civil [espanhol]. O proprietário poderá reivindicar ainda que Tertius esteja de boa-fé se não se cumprem os requisitos previstos em nosso ordenamento para que o adquira *a non domino* de maneira não reivindicável" (ECHEVERRÍA, Jésus Delgado; LUCÁN, Maria Angelo Parras. *Las nulidades de los contratos:* en la teoría y en la práctica. Madrid: Editorial Dykinson, 2005, p. 270. Tradução livre). O referido art. 464 apresenta conteúdo semelhante ao do art. 1.268, *caput* do Código Civil brasileiro, quanto aos bens móveis adquiridos em hasta pública.

[816] Assim, por exemplo, Karl LARENZ, reconhece que a lei estabelece "algumas exceções" em que os atos nulos serão eficazes. Nesses casos, os defeitos formais do negócio não teriam sido recuperados (ao contrário do que ocorre, por exemplo, no ato anulável posteriormente confirmado pela pessoa legitimada), mas simplesmente a forma teria se tornado "desnecessária" (*Derecho civil:* Parte General, cit., p. 624).

final de preservação da lógica dos planos de análise do negócio,[817] pelo que seria preferível reconhecer que há exceções à regra geral ou falhas na teoria do que admitir, na perspectiva que este estudo adota, que validade e eficácia correspondem a noções indissociáveis, em uma análise unitária dos atos de autonomia privada.[818]

Ao contrário, caso conclua o intérprete que os efeitos do negócio formalmente nulo concretamente considerado devem ser integralmente preservados (ou caso o conclua o próprio legislador, como fez a respeito da venda de coisas móveis alheias em hasta pública ou estabelecimento comercial, seguida de sua tradição), parece mais lógico sustentar que o

---

[817] Como já analisou Jan Peter SCHMIDT, uma alternativa ao reconhecimento de efeitos do ato nulo "[...] poderia ser dada pelo legislador: nos casos em que ele se afastasse conscientemente do entendimento tradicional acerca da invalidade, e quisesse dar efeitos ao nulo, deveria, desde o início, evitar o termo "nulidade", e empregar outro. [...] É preciso, contudo, reconhecer que o legislador nunca será capaz de prever todas as situações em que será necessário reconhecer efeitos ao negócio nulo. Isso se explica pela ausência de uma teoria da nulidade que esclareça quando estamos diante de uma ineficácia total, ou, por outro lado, quando ela é somente parcial. Provavelmente essa teoria nunca será desenvolvida. Quanto aos negócios defeituosos, o único ponto incontroverso é dado pela ineficácia como a regra, e a eficácia como exceção. Não é uma coincidência que também Pontes de Miranda se torne lacônico a propósito deste assunto, que toca um ponto crucial da sua tricotomia. Por sinal, alguns autores da doutrina brasileira contemporânea caem em contradições, quando, por um lado, pretendem basear sua obra na tricotomia de Pontes de Miranda, e por outro, eliminam a distinção entre invalidade e ineficácia ao enfrentar o conceito de nulidade" (Vida e obra de Pontes de Miranda em uma perspectiva alemã, cit.).

[818] Com crítica semelhante, cf. PUTTI, Pietro. La nullità parziale, cit., p. 371, segundo o qual as figuras de invalidade previstas no Código Civil italiano (em análise de todo aplicável ao caso brasileiro) "fogem, salvo se abusando da técnica lógica da regra e da exceção, da impostação bipolarística da nulidade-anulabilidade [...]" (Tradução livre). Como observa o autor, tais categorias "nunca foram dóceis instrumentos de um apriorístico esquema dogmático", mas sim "expressões de um sistema, por clara escolha legislativa, atípico e aberto" (o.l.u.c.). No mesmo sentido, Barbara MARUCCI observa que "o negócio nulo, apesar de sê-lo, em alguns casos é apto a produzir efeitos: portanto, não se pode não verificar como a doutrina fiel ao brocardo *quod nullum est, nullum producit effectum* tem justificado aquelas *fattispecie*, realmente, nulas mas igualmente produtoras de efeitos"; nessas hipóteses, "é evidente que o legislador preferiu recuperar o ato, ou atribuir eficácia jurídica a uma pactuação *contra ius*, do que aquiescer ao brocardo [...]. Argumentar segundo a impostação tradicional, se, de um lado, responde a compreensíveis exigências de sistematização conceitual, de outro lado pode revelar-se insuficiente para explicar numerosos dados positivos previstos no Código e, sobretudo, nas leis especiais [...]" (Invalidità e inefficacia dell'atto giuridico, cit., pp. 98-101. Tradução livre).

ato é, ao menos funcionalmente, *válido*. Como se aludiu acima, trata-se de uma aplicação simples do entendimento, propugnado pela metodologia civil-constitucional, de que a função pode (e deve) conformar a estrutura e, por conseguinte, a qualificação.

2.4. Proposta de método

Tendo-se alcançado este ponto da exposição, torna-se possível, à luz de todas as considerações já realizadas, apresentar uma proposta de método para se promover, a partir da perspectiva funcional sustentada pelo presente estudo, uma nova sistematização das invalidades negociais. Para tanto, uma primeira escolha metodológica relevante consiste em levar em consideração apenas as categorias previstas pelo legislador, isto é, o sistema binário constituído pelas categorias da nulidade e da anulabilidade do negócio jurídico. De fato, os casos que usualmente são referidos como exemplos de inexistência podem ser reconduzidos sem grande dificuldade à categoria da nulidade, dada a amplitude de hipóteses proporcionada pela admissão das nulidades virtuais.[819] Assim também se pode afirmar a respeito de eventuais referências, pelo legislador, a causas de "simples ineficácia": ou bem se estará diante de uma hipótese fática passível de enquadramento dentre os vícios genéticos do negócio jurídico (e, portanto, de algum tipo de invalidade negocial), ou bem se tratará de vicissitude superveniente à celebração do negócio e, portanto, alheia ao objeto do presente estudo. Em matéria de problemas originários de eficácia negocial, portanto, parece aconselhável permanecer no campo da nulidade e da anulabilidade.

Feitas tais escolhas, coerentemente ao sistema normativo, cumpre indagar: como deve o intérprete se portar diante da disciplina legal prevista para as invalidades? A proposta ora apresentada encontra no sistema positivo da invalidade negocial um valioso ponto de partida para o processo hermenêutico, na medida em que as normas atinentes à nulidade e à anulabilidade trazem em seu bojo o resultado de uma ponderação prévia, realizada em abstrato pelo legislador, entre os valores e interesses juridicamente relevantes normalmente tutelados por cada causa (textual ou virtual) de invalidade.[820] Presume-se, assim, em linha de princípio, que a espécie

---

[819] Cf. item 2.1, *supra*.

[820] Como leciona Ana Paula de BARCELLOS, o legislador prevê em abstrato ou preventivamente "[...] apenas situações-tipo de conflito (imaginadas e/ou colhidas da experiência) tanto no que

de invalidade indicada pela lei, bem como as respectivas consequências jurídicas a ela associadas, correspondem à solução mais consentânea com o ordenamento para determinada hipótese fática.

Ilustrativamente, no caso do contrato de compra e venda celebrado pelo menor absolutamente incapaz sem representação, é de se presumir, inicialmente, acompanhando-se a ponderação prévia realizada pelo legislador, que nenhum efeito decorrente de um ato com tais características será, provavelmente, merecedor de tutela jurídica e que o ato, portanto, será nulo, com a consequente necessidade de se desconstituir qualquer eventual eficácia que venha a ser produzida em concreto. Semelhante presunção também decorrerá, *a fortiori*, dos casos menos frequentes em que a causa de invalidade demandar uma análise (menos estrutural e) mais funcional do ordenamento para sua identificação – como se exemplificou, anteriormente, com o caso dos atos praticados por pessoa com deficiência mental sem representação.[821]

Identifica-se a necessidade de o julgador se manifestar a respeito da validade do ato, portanto, pela simples correspondência entre a causa legal de invalidade e as características estruturais do negócio concretamente analisado. Não se vislumbra, a esse propósito, grande inovação em relação à doutrina tradicional, simplesmente porque o recurso à técnica das nulidades, tal qual se configura no direito brasileiro, é suscitado, como

---

diz respeito aos enunciados envolvidos, como no que toca aos aspectos de fato. Tudo isso sem que se esteja diante de um caso real. A partir das conclusões dessa ponderação preventiva, é possível formular parâmetros específicos para orientação do aplicador quando ele esteja diante dos casos concretos. Evidentemente, o aplicador estará livre para refazer a ponderação, considerando agora os elementos da hipótese real, toda vez que esses parâmetros não se mostrarem perfeitamente adequados. De toda sorte, caberá ao intérprete o ônus argumentativo de demonstrar por que o caso por ele examinado é substancialmente distinto das situações-tipo empregadas na ponderação preventiva" (*Ponderação, racionalidade e atividade jurisdicional*, cit., pp. 154-155). Nesse sentido, destaca Rodrigo da Guia SILVA a insuficiência da ponderação prévia realizada pelo legislador, constatando que "a afirmação abstrata da legitimidade de uma norma não assegura *ipso facto* a legitimidade dos efeitos que decorreriam da sua aplicação subsuntiva ao caso concreto" (Um olhar civil-constitucional sobre a 'inconstitucionalidade no caso concreto'. *Revista de Direito Privado*, vol. 73, ano 18. São Paulo: Revista dos Tribunais, jan./2017, p. 47).

[821] Cf. item 1.1.2, *supra*. O exemplo da pessoa com deficiência mental foi desenvolvido com maior minúcia em SOUZA, Eduardo Nunes de; SILVA, Rodrigo da Guia. Autonomia, discernimento e vulnerabilidade: estudo sobre as invalidades negociais à luz do novo sistema das incapacidades, cit., *passim*.

analisado *supra*, pelo confronto entre causas legalmente previstas e características estruturais do ato – adaptando-se bem, portanto, ao raciocínio silogístico da civilística clássica.[822] Como já se comentou, a superação do método subsuntivo propugnada pela escola civil-constitucional não implica a absoluta eliminação desse método, mas apenas destaca sua insuficiência como fundamento decisório, por mais clara que pareça ser a hipótese em estudo.[823] A presunção gerada, assim, pela causa abstratamente prevista de invalidade pode e deve funcionar como ponto de partida para o intérprete,[824] mas nunca será o bastante: há de ser posta à prova, à luz dos valores e interesses associados aos efeitos do ato concretamente considerado.[825]

---

[822] Como se teve oportunidade de especificar no item 1.1.2, *supra*, esta parece ser a realidade no ordenamento brasileiro, que não remeteu a nenhum aspecto funcional para fins de identificação de vícios que ensejem a invalidade negocial. Na Itália, em que a causa ilícita corresponde a uma hipótese de nulidade, afirmam autores como Pietro PERLINGIERI que o vício do negócio pode se apresentar com natureza estrutural (falta de acordo, da própria causa, do objeto ou da forma prescrita por lei) ou funcional (ilicitude da causa ou do objeto) (*Manuale di diritto civile*, cit., p. 562). A rigor, tal lição não se mostra incompatível com a perspectiva ora apresentada, embora reflita não apenas a diversidade entre os dois ordenamentos como também terminologias divergentes. No sentido aludido por PERLINGIERI no trecho citado, a ilicitude (da causa negocial ou do objeto) representa a contrariedade em sentido lato ao ordenamento, abrangendo também a abusividade e o não merecimento de tutela. Desse modo, para o autor, a nulidade pode ter como fonte também um vício funcional, não pela possibilidade de o vício estar na causa do negócio, mas sim porque ele designa como "funcional" todo vício que se identifique por um juízo de valor (ou seja, não apenas a ilicitude da causa como também do objeto) e como "estrutural" todo vício que parta da simples falta de aspectos ou requisitos do negócio (inclusive a causa, um aspecto funcional do ato). Já na terminologia aqui adotada, entende-se que a nulidade é identificada sempre por uma causa estrutural, a uma porque se emprega o termo "ilícito" apenas em sentido estrito (ou seja, como contrariedade estrutural ao ordenamento) e, a duas, porque o legislador brasileiro não faz qualquer menção à causa negocial em matéria de invalidade – de modo que parece mais adequado, no sistema pátrio, deixar o perfil funcional para o controle valorativo do exercício das situações que decorrem do ato, e não dos efeitos negociais em seu momento genético.

[823] Cf. a apresentação deste Capítulo 2.

[824] Assim, por exemplo, VALLE FERREIRA, embora rejeite a distinção entre nulidade e anulabilidade, reconhece sua utilidade na orientação do intérprete: "a referida divisão tem irrecusável utilidade prática no processo de punir a infração da lei, porque orienta quanto aos modos de pronunciar a invalidade, à forma de alegá-la e às pessoas qualificadas para fazê-lo" (Subsídios para o estudo das nulidades, cit., p. 31).

[825] Nesse sentido, Hamid Charaf BDINE JÚNIOR propõe que "o que se tem em vista no campo das invalidades são os valores a tutelar. Prestigiam-se os que forem mais dignos de proteção,

Como se percebe, o método ora proposto demanda a compreensão de uma aparente contradição ínsita à matéria: a noção de validade traduz, em última análise, um juízo valorativo (portanto, funcional e dinâmico) realizado sobre os efeitos do ato, muito embora tal juízo apenas seja deflagrado por causas, textuais ou implícitas, previstas pela lei e manifestadas na estrutura (estática) do ato.[826] A contradição, como se disse, é apenas aparente, e decorre da constatação de que a técnica da invalidade negocial, embora tenha seu fundamento último no controle valorativo dos efeitos do ato, opera, ordinariamente, por um mecanismo de controle de licitude, isto é, por meio da previsão expressa de requisitos, vedações ou permissões a serem observados no momento de celebração do ato.[827] Esse sistema já foi iniciado pelo legislador, que valorou abstratamente os potenciais efeitos de negócios com tais ou quais características, mas deve ser terminado pelo intérprete à luz do caso concreto.[828] Retornando-se às instâncias de controle valorativo da autonomia privada apresentadas no primeiro item

mais relevantes do ponto de vista do equilíbrio das relações jurídicas. Se tais valores forem prestigiados pela manutenção do contrato que o ordenamento relaciona entre os passíveis de nulidade, não se haverá de declarar a invalidade que, como sanção, deve ser justificada pela violação às mesmas finalidades indicadas" (*Efeitos do negócio jurídico nulo*. São Paulo: Saraiva, p. 131).

[826] Nesse último sentido é que se afirma que a nulidade decorre de "uma sua falha estrutural" que "atinge o negócio em si" (MARTINS-COSTA, Judith. *Comentários ao novo Código Civil*. Volume V. Tomo I, cit., p. 558).

[827] Essa contradição é reforçada pela tradicional perspectiva de que a invalidade residiria *no ato jurídico*, e não em seus efeitos, à qual René JAPIOT contrapõe a lição de que a invalidade não está *in actu*, mas sim *in personis*: "O legislador não trabalha com vistas a edificar construções teóricas: ele trabalha para os indivíduos cujas relações ele se propõe a regulamentar. Ele consagra a validade dos atos jurídicos tendo em vista a utilidade que esses atos proporcionam às pessoas. [...] Assim também a lei declara um ato nulo de modo que as pessoas [...] não fiquem desarmadas contra as consequências do ato, mas que elas tenham, ao contrário, o direito de preveni-las ou de suprimi-las" (*Des nullités en matière d'actes juridiques*, cit., p. 285. Tradução livre). Assim, a finalidade da impugnação do ato não representa "uma constatação relativa a essa abstração que constitui o ato jurídico considerado em si mesmo"; não se impugna o ato em busca de "um reconhecimento teórico da nulidade pela justiça", mas sim de um resultado prático, "a supressão do fato objetivo que é a consequência do ato" (Ibid., pp. 295-296).

[828] Como precisamente notado por Pietro PUTTI, "A nulidade é o resultado de uma valoração primeiro política e depois judicial, a aplicação de uma consequência jurídica a uma determinada situação de fato e por isso é possível que a sua disciplina seja diversificada segundo as técnicas e os princípios que se podem extrair pela interpretação do fundamento das normas que a preveem" (*La nullità parziale*, cit., p. 373. Tradução livre).

deste estudo, incumbe ao intérprete aferir, uma vez identificada uma causa de invalidade (ilicitude) no ato, se a impugnação deste não será, no caso concreto, disfuncional (abusiva), e se é merecedora de tutela (em sentido estrito).[829]

Deve, portanto, o julgador investigar, no caso concreto, a incidência de interesses juridicamente relevantes cuja presença tornaria a solução proposta pela lei para a regulação da eficácia do ato, presumidamente consentânea com o sistema, ilegítima naquele caso.[830] Se assim for, não há necessidade de forçar uma artifical requalificação da *fattispecie*, o que se faz, muitas vezes, em contrariedade à própria natureza das causas de invalidade legalmente previstas. A mera verificação de que o regime previsto em lei, se fosse aplicado a certo caso concreto, provocaria resultados contrários à ordem jurídica não constitui uma quebra de sistemática,[831] justamente porque o ordenamento deve ser interpretado e aplicado como um todo, observando-se sua unidade lógica e axiológica conjugada ao próprio dado fático. Assim, em termos ilustrativos, caso se conclua que a eficácia do negócio celebrado pessoalmente pelo menor de idade deve ser total ou parcialmente preservada (pois, no caso, os valores que levaram o legislador a prever a causa de invalidade cedem espaço a outros valores, concretamente preponderantes), não há necessidade de se contornar a

---

[829] Nesse sentido, Hamid Charaf BDINE JÚNIOR considera que a alegação de uma nulidade pode ensejar abuso do direito (*Efeitos do negócio jurídico nulo*, cit., p. 187).

[830] Cabe, assim, ao intérprete "analisar atentamente o mal e suas causas a fim de conhecer o remédio a empregar, a fim de poder redigir a fórmula exata dos elementos que devem compô-lo. É preciso penetrar intimamente na finalidade dessas regras e de suas razões de ser: é preciso se perguntar o que quis o legislador, e por que o quis, quais são os interesses os quais ele tinha em mente defender [...]. Guiados por tais considerações, descobriremos as formas especiais que deverão revestir as nulidades, as regulamentações particulares que elas deverão receber a fim de se modelar e de se adaptar da maneira mais correta às regras que elas sancionam. Muito diversos são os fins aos quais tendem essas regras: para apreendê-los mais de perto, a nulidade deverá, ela própria, dobrar-se a essa diversidade" (JAPIOT, René. *Des nullités en matière d'actes juridiques*, cit., p. 167. Tradução livre).

[831] Esta é a ponderação de Pietro PUTTI: se algumas nulidades "produzem efeitos, são inderrogáveis apenas a favor de uma parte, em geral comportam a eficácia parcial, não são sempre cognoscíveis de ofício, não são sempre insanáveis e imprescritíveis, isso não significa que sejam subversivas de um sistema porque, na verdade, também demonstram que este era, e é, o modo adequado de disciplinar os fenômenos da patologia contratual" (*La nullità parziale*, cit., pp. 373-374. Tradução livre).

teoria das invalidades ou mesmo de se negar a natureza negocial do ato para sustentar tal conclusão.[832]

O intérprete, assim, tendo identificado a causa legal de invalidade a partir da presunção de legitimidade do regime proposto para ela pelo legislador, deverá fundamentar adequadamente o porquê de ser aplicável ao caso concreto um regime jurídico diferenciado, modulando, assim, a eficácia negocial (no tempo, na amplitude dos efeitos, no alcance em relação às partes e a terceiros e assim por diante) em prol do equilíbrio dos interesses identificados naquele caso específico.[833] Tais interesses apenas podem ser encontrados por meio de um juízo ponderativo,[834] realizado sobre os efeitos que decorrem do ato concretamente considerado e os interesses a eles associáveis.[835] Isso implica a compreensão de que nenhuma invalidade

---

[832] Nesse sentido, compreende-se que os caracteres tradicionais da nulidade, tais como a insanabilidade, o caráter absoluto, a imprescritibilidade e assim por diante, consistem apenas em "instrumentos que o ordenamento utiliza do modo mais variado e nas mais articuladas combinações em função do tipo e da quantidade dos efeitos negados ou concedidos [ao ato], com referência a uma classe ou grupo de hipóteses de nulidades, em tutela de determinados interesses" (SPINA, Angela la. *Destrutturazione della nullità e inefficacia adeguata*, cit., p. 91).

[833] Sobre o referido equilíbrio, leciona René JAPIOT: "Há interesses em conflito entre os quais não se saberia decidir justamente sem se inspirar naquela direção que conhecemos pelo nome de princípio do equilíbrio dos interesses presentes. Em face dos interesses da pessoa mais especialmente protegida pela nulidade, há interesses respeitáveis de outra pessoa, os interesses gerais de terceiros, os interesses da sociedade; há necessidades do crédito, os respeitos devidos à confiança depositada não no que é, mas no que parece; há a segurança e a certeza necessárias, que protestam contra as perturbações trazidas à posse e às situações de fato pelas nulidades e suas repercussões, que exigem que saibamos o que esperar sobre a validade ou a invalidade de um ato, sobre a anulação ou a confirmação, e que demandam por vezes uma organização da nulidade inspirada por outras considerações além do interesse e das comodidades da pessoa protegida" (*Des nullités en matière d'actes juridiques*, cit., pp. 176-177. Tradução livre).

[834] A propósito do tão propalado tema da ponderação como técnica hermenêutica, destaca Humberto ÁVILA que podem ser objeto de sopesamento os mais variados elementos, como os bens jurídicos, os interesses, os valores e os princípios (*Teoria dos princípios*: da definição à aplicação dos princípios jurídicos. 16. ed. São Paulo: Malheiros, 2015, pp. 185-187). Este parece, como efeito, um momento em que incumbe ao intérprete balancear todos os muitos aspectos funcionais e dinâmicos que decorrem do ato, a justificar a referência ao raciocínio ponderativo.

[835] Fundamental, neste ponto, é a lição de Orlando GOMES, que já reconhecia tanto o fundamento da validade negocial na tutela de interesses juridicamente relevantes quanto a necessidade de se graduarem as consequências da invalidade à luz dos efeitos do ato: "em vez de construir uma teoria dos negócios jurídicos nulos, o que se deve fazer é regular tais atos em função da natureza punitiva da nulidade. Não desempenhará o importante papel que lhe cabe, se não

opera de pleno direito; todo ato humano é, por si só, juridicamente relevante e tende a produzir situações jurídicas subjetivas desde o momento de sua celebração. Ao identificar uma das causas legais de invalidade, é para esses efeitos concretamente produzidos que o julgador deverá lançar sua atenção, de modo a concluir se a eficácia abstratamente proposta pelo regime legal da nulidade ou da anulabilidade se mostra verdadeiramente adequada ao perfil dinâmico do ato concreto.[836] Se não for esse o caso, é também a partir desse juízo valorativo sobre os efeitos negociais que deverá o julgador fundamentar sua decisão quanto à modulação diferenciada da eficácia do negócio.[837]

for dosada, como sanção que é, conforme o fim da lei. Este é que deve ser considerado. Há que conhecer os interesses cuja defesa a lei quer tutelar. Esses interesses variam e atendem a solicitações diversas. São da sociedade, de terceiros ou da parte. A intensidade da sanção há de variar consequentemente. Para graduá-la, mister se faz levar em conta não o negócio em si mesmo, mas sim, seus efeitos jurídicos. A distinção entre um ato válido somente pode ser feita em termos objetivos, do ponto de vista da eficácia. No estado de validade há integral produção de efeitos; no de invalidade, ausência de maior ou menor número de efeitos. Será, portanto, na determinação da eficácia que se encontrará o critério para distinguir o negócio válido ou nulo. De certos negócios, deve-se ter o direito de prevenir ou suprimir os efeitos. A outros deve-se recusar eficácia plena ou parcial" (*Introdução ao direito civil*, cit., pp. 432-433).

[836] A necessidade para tal procedimento tem sido notada em doutrina, ainda que de forma pouco sistemática. Muitas vezes, por exemplo, preveem-se hipóteses de invalidades "mistas", em tentativa de se justificar a mudança em relação ao regime legal. Observa José de Oliveira Ascensão que "O tipo não assenta numa rígida delimitação. É formado pela justaposição de várias características. As realidades não se subsumem, apenas se referem aos tipos, a que correspondem mais ou menos completamente. Poderíamos então dizer que as características enunciadas são características típicas da nulidade e da anulabilidade. [...] Consoante isso, caber-lhes-ia também, em medida maior ou menor, o regime correspondente a cada um daqueles tipos. Poderiam assim aplicar-se em cada incidência especial certos trechos do regime e outros não. [...] Por isso, diremos definitivamente que a nulidade e a anulabilidade são institutos gerais, que se manifestam nas invalidades negociais. O seu regime aplica-se a estas, sempre que não houver razão para o afastar, pela índole da particular invalidade em causa" (*Direito civil: teoria geral*. Volume II, cit., pp. 324-325).

[837] Em outros termos, sustenta-se, como Pietro Putti, que "Um contrato nulo não é um estado natural do ato jurídico, mas o resultado de uma sanção, um instrumento de reação do ordenamento jurídico a comportamentos dos privados que destoam dos objetivos superiores pré-fixados pelo legislador. Nesse sentido se justifica, assim, a escolha de graduar os mecanismos de legitimação, de convalidação, de eficácia relativa; e nesse sentido se compreende também o caráter reativo e relativo da ação de nulidade como defesa nos confrontos de atos fenomenologicamente idôneos

Como é intuitivo, o método ora proposto apenas esporadicamente conduzirá a soluções diversas daquelas que se alcançariam pela simples aplicação subsuntiva do abstrato regime legal sobre os negócios jurídicos nulos ou anuláveis.[838] Na perspectiva civil-constitucional, porém, o raciocínio complexo ora apresentado, que leva em conta necessariamente a totalidade dos valores do ordenamento e as características do caso concreto, há de ser seguido em todos os casos, por se reconhecer que, por detrás da suposta neutralidade do método subsuntivo aplicado a casos de aparente clareza interpretativa, esconde-se sempre uma escolha do intérprete, que há de ser fundamentada à luz do sistema.[839] De outra parte, cumpre destacar que apenas a interpretação unitária e sistemática do ordenamento em conjunto com os elementos do caso concreto permite superar o aspecto fragmentário e repleto de supostas exceções da teoria das invalidades negociais (com suas muitas regras excessivamente rígidas e potencialmente contraditórias), e recuperar a sistematicidade da matéria.

Na perspectiva ora proposta, a noção de validade como aptidão para a produção de efeitos jurídicos não se mostra inadequada, mas demanda uma especificação: a manifestação definitiva por parte da ordem jurídica

a produzirem efeitos jurídicos, defesa que se confere aos destinatários da norma que prevê a nulidade" (*La nullità parziale*, cit., p. 373. Tradução livre).

[838] Embora sem os mesmos pressupostos metodológicos decorrentes do marco teórico ora adotado, também a teoria crítica francesa já ressaltava a necessidade de um novo método a despeito de se alcançarem, por vezes, as mesmas conclusões do sistema clássico: "Por vezes, os resultados coincidirão; será esse o caso quando os autores tiverem admitido a concepção clássica para apresentar, sob uma forma sistemática, uma solução preliminarmente estabelecida por motivos práticos: mesmo então, a solução ganhará ao se desprender das teorias que a obscurecem, para ver restituída sua base real por uma análise mais íntima, com a força que ela extrairá da natureza mesma das coisas e lá mergulhando mais profundamente suas raízes" (JAPIOT, René. *Des nullités en matière d'actes juridiques*, cit., p. 165. Tradução livre).

[839] A ideia de fundamentação, aqui, "deixa de ser meramente semântica, e passa a ser discursiva e, com isso, passa a envolver a questão da aceitabilidade racional da decisão por meio de um procedimento de produção jurídica que gere legitimidade" (ÁVILA, Humberto. *Teoria da segurança jurídica*. São Paulo: Malheiros, 2014, p. 269). Conforme destaca o mesmo autor em outra sede, a respeito das condições que permitem a não aplicação, em concreto, de determinadas normas: "a superação de uma regra deverá ter uma fundamentação condizente: é preciso exteriorizar, de modo racional e transparente, as razões que permitem a superação. Vale dizer, uma regra não pode ser superada sem que as razões de sua superação sejam exteriorizadas e possam, com isso, ser controladas. A fundamentação deve ser escrita, juridicamente fundamentada e logicamente estruturada" (*Teoria dos princípios*, cit., p. 147).

acerca da validade negocial ocorre sempre *a posteriori*, no momento em que o julgador é chamado a se pronunciar acerca da compatibilidade dos efeitos a que tende o ato (muitos já produzidos concretamente a partir da celebração do mesmo) com a axiologia do sistema.[840] Entende-se, assim, a validade negocial, de modo mais preciso, como a aptidão para a chancela jurídica dos efeitos a que o ato se destina e que, com grande frequência, já foram concretamente produzidos antes que o julgador sobre eles se manifestasse – ou que, ao menos, geraram expectativas legítimas, com as quais terá o intérprete de lidar caso conclua pela não preservação da eficácia negocial no caso concreto.

Coerentemente com tal perspectiva, cumpre reconhecer igualmente a possibilidade, ainda que pouco comum, de que atos cuja validade tenha sido judicialmente questionada, e que venham a ser declarados plenamente válidos pelo julgador, tenham, ainda assim, parte de sua eficácia modulada no caso concreto diante de valores juridicamente relevantes. Pense-se, ilustrativamente, no caso em que a parte que alegava a nulidade de determinada cláusula negocial tenha obtido liminarmente a autorização para descumprir a referida previsão contratual, diante da verossimilhança da invalidade. Se o negócio, contrariando as expectativas iniciais, vier a ser declarado plenamente válido ao cabo de um demorado processo judicial, pode ocorrer que o intérprete verifique a inviabilidade de se exigir da parte que descumprira a cláusula contratual impugnada que venha a respeitar

---

[840] Nesse sentido, afirma Angela la SPINA que o primeiro passo para uma investigação que pretenda identificar os atuais delineamentos do instituto é o de "superar definitivamente [...] aquela indicação abstratizante, simplificadora e, assim, deformadora segundo a qual tal estudo possa ser conduzido partindo-se da ideia tradicional de que a nulidade apresenta determinados 'caracteres' (ineficácia, absolutismo, insanabilidade, imprescritibilidade e relevabilidade de ofício). [...] Já se disse que a nulidade é um instrumento por meio do qual o ordenamento exerce o seu poder de controle sobre o correto exercício da autonomia privada; em particular, a nulidade integra um juízo de valor negativo que o ordenamento emite sobre um programa de interesses e de comportamentos que (na sua inteireza ou em parte) se ponha em contraste com os valores do sistema [...] e que, portanto, não seja admitido na fase conservativa e completa da juridicidade, a eficácia. À luz dessa indicação, torna-se então evidente que aqueles supra--elencados [caracteres] não individualizam características próprias reconduzíveis genericamente à nulidade; parecem mais qualidades específicas ou do objeto do juízo de desvalor que a nulidade integra e, isto é, do contrato, ou então peculiaridades da ação com a qual é deflagrado o procedimento que conduz à declaração da nulidade" (*Destrutturazione della nullità e inefficacia adeguata*, cit., pp. 85-86).

todos os efeitos que deveriam ter sido produzidos por essa cláusula ao longo do processo em face da declaração de validade plena. A hipótese não é incomum, particularmente diante da oscilação do entendimento jurisprudencial acerca da licitude certas cláusulas contratuais frequentes no tráfego jurídico e dos limites cognitivos inerentes à tutela processual provisória.

Em casos como esse, as consequências do reconhecimento da *validade* da cláusula podem vir a ser modulados fundamentadamente pelo julgador, sobretudo em face da boa-fé da parte que obtivera liminarmente a autorização de não os observar, ou de outros interesses merecedores de tutela em concreto, a despeito da conclusão pela validade da disposição negocial. O ônus argumentativo imposto ao intérprete será, em tais hipóteses, ainda maior do que na modulação das consequências de uma invalidade, pois, tendo-se concluído que o negócio era plenamente válido, a presunção inicial decorrente da disciplina legal é a de que não haveria óbice à sua produção de efeitos. A modulação da eficácia de um ato válido, porém, não pode ser descartada como hipótese plausível, consistindo, em verdade, em uma rara aplicação do juízo de merecimento de tutela em sentido estrito nessa seara, como já se destacou anteriormente.[841]

Todas essas vicissitudes que podem advir à eficácia negocial (desde a modulação das consequências de uma invalidade negocial até a esporádica modulação da eficácia de um ato válido) consistem, assim, no momento mais importante do juízo de (in)validade, meramente iniciado com a previsão legislativa das causas de nulidade e anulabilidade. A rigor, seria possível reservar a designação "juízo de validade" apenas para a valoração abstrata realizada pela lei, e reunir a modulação judicial dos efeitos ora proposta aos problemas de (in)eficácia superveniente, sob uma designação unitária de "juízo de eficácia". Tal abordagem parece, inclusive, coerente com a constatação de que a modulação judicial dos efeitos do ato inválido costuma levar em consideração as prestações que as partes já tenham realizado materialmente (fatos posteriores à celebração do negócio e, nesse sentido, tão supervenientes quanto, por exemplo, o inadimplemento ou a onerosidade excessiva que ensejam resolução contratual). Não haveria óbice, portanto, para semelhante abordagem, sem prejuízo das aplicações ora propostas. Entretanto, deu-se preferência no presente estudo à caracterização do

---

[841] Cf. item 1.1.2, *supra*.

juízo de validade como um *processo*[842] que compreende tanto a valoração legislativa prévia quanto a valoração posterior (e eventual modulação) pelo juiz, por se compreender que esta segunda etapa corresponde, em verdade, a uma verificação de legitimidade, em concreto, das presunções valorativas formuladas pela primeira. Como as vicissitudes resolutivas e demais problemas de (in)eficácia superveniente também contam com previsões legais que devem ser valoradas em concreto pelo intérprete, este parece ser, de fato, o sistema mais coerente.

De todo modo, parece efetivamente superada, na perspectiva acima descrita, a teoria dos planos de análise do negócio jurídico: o chamado plano da existência revela-se, em verdade, despiciendo, ao mesmo tempo em que a investigação da validade se confunde com a valoração dos efeitos negociais (eficácia em sentido lato) e a modulação da maneira pela qual tais efeitos são produzidos (eficácia em sentido estrito), o que permite afirmar a falta de sentido de qualquer formulação que separe as noções de validade e eficácia. Esse abandono da escala ponteana parece ocorrer em benefício da unidade do sistema e da própria disciplina legal das invalidades negociais, que apenas com grande dificuldade se encaixa nos degraus da escala. De fato, trata-se de teoria deliberadamente descartada no processo legislativo que culminou no Código Civil brasileiro.[843] Mais ainda, até mesmo no direito

---

[842] Ao analisar a semiótica do problema, TORQUATO CASTRO identifica que a afirmativa de que atos inexistentes e nulos não produzem qualquer efeito "nada quer dizer, já que esses efeitos sempre podem ser produzidos por regras colaterais, 'regras de calibração', que atendem a imposições pragmáticas relacionadas à prudência do decidir. Assim, a impossibilidade de saber com certeza se o nulo produz ou não categoricamente efeitos não decorre de um nó irresolúvel na teoria lógica que se possa aplicar ao direito, mas da permeabilidade do discurso fundante do direito face às distinções semânticas úteis, que atendem às premências pragmáticas do decidir" (*A pragmática das nulidades e a teoria do ato jurídico inexistente*, cit., p. 142). O diagnóstico do autor é preciso: conclui que a nulidade, "do ponto de vista sintático, terá de ser representada como um processo, não como um instante normativo" (Ibid., p. 134).

[843] No ponto, vale destacar que o responsável pela redação original da Parte Geral do Anteprojeto do Código Civil em vigor, MOREIRA ALVES, sustentava expressamente uma opção legislativa não correspondente à escala ponteana: "Em meu entender, não se deve modificar a sistemática seguida no Anteprojeto, quanto aos negócios jurídicos, para ajustá-la, rigidamente, à tricotomia existência-validade-eficácia. A observância rigorosa da sugestão do Prof. Couto e Silva levaria a discrepâncias desta ordem: a) no capítulo 'Da validade dos negócios jurídicos' tratar-se-ia apenas dos casos de invalidade do negócio jurídico (nulidade e anulabilidade); e b) no capítulo 'Eficácia dos negócios jurídicos' não se abrangeriam todos os aspectos da eficácia, mas

germânico, ao qual por vezes se credita a difusão da tricotomia, trata-se de construção ausente do BGB e desconhecida pela doutrina majoritária.[844]

Mesmo do ponto de vista do ensino jurídico, uma das preocupações do presente estudo,[845] a atratividade didática dos planos de análise do negócio jurídico não aparenta compensar a criação de um problema suplementar para a compreensão da matéria pelo estudante, consistente nas contradições dessa teoria. Parece mais vantajoso, ao revés, apresentar simplesmente o regime previsto pelo legislador para as invalidades negociais, com suas causas e consequências, como um consectário da necessidade de se controlar valorativamente a autonomia privada, ressaltando-se, por outro lado, a possível necessidade de sua readequação (devidamente fundamentada pelo intérprete) à axiologia do sistema diante de determinados casos concretos. Tal raciocínio permite dispensar a dificuldade intermediária de

---

apenas uma parcela deles (os impropriamente denominados elementos acidentais do negócio jurídico)" (*A Parte Geral do Projeto de Código Civil brasileiro*, cit., pp. 42-43). Prosseguia o autor para explicar as razões pelas quais, ao contrário do que sustentava Clóvis do COUTO E SILVA, a opção do Anteprojeto não seria antiquada: a rigor, o que este último denominava eficácia do negócio jurídico correspondia à autolimitação voluntária dos efeitos do contrato pelas partes, e não à patologia negocial, que MOREIRA ALVES entendia restringir-se ao campo da invalidade e dos defeitos negociais (Ibid., pp. 43-44).

[844] Em estudo comparatista, Jan Peter SCHMIDT diagnostica a impressão amplamente difundida de que a teoria dos planos de análise encontraria amparo no direito alemão: "Em um cenário de profundo enraizamento da distinção entre os planos da existência, validade e eficácia, não é de se surpreender que muitos juristas brasileiros vejam, em tal construção, um tipo de 'lei natural' da ciência jurídica, de caráter universal e imutável, como pude pessoalmente constatar em muitas conversas ao longo dos anos. [...] Trata-se, contudo, de mais um exemplo que mostra que, no tema presente, há um sério problema de comunicação entre juristas brasileiros e alemães: os brasileiros tomam por evidente algo que os alemães mal conhecem, e ainda menos utilizam" (*Vida e obra de Pontes de Miranda a partir de uma perspectiva alemã*, cit.). Prossegue o autor: "[...] deve ser enfatizado que Pontes de Miranda longe esteve de simplesmente copiar a doutrina alemã. Ao contrário, podese dizer que deu um passo à frente, ao conceber existência, validade e eficácia do negócio jurídico como planos autônomos e independentes. Desde Savigny, a doutrina alemã, tem preferido, por seu turno, trabalhar com um único plano, antes chamado '*Ungültigkeit*', e hoje, de '*Unwirksamkeit*'. À diferença da tricotomia de Pontes de Miranda, a invalidade não é separada da ineficácia; aparecendo, sim, como um tipo dela. Para a grande maioria dos juristas alemães, nulidade e ineficácia são, portanto, basicamente sinônimos" (Ibid.).

[845] Compreende-se, como Pietro PERLINGIERI, que "são coessenciais à interpretação a formação do jurista e os métodos, os quais se configuram unitariamente, como pressupostos para uma escolha consciente que, longe de se apresentar como justa ou injusta, verdadeira ou falsa, testemunha a difícil passagem da lei ao direito" (*O direito civil na legalidade constitucional*, cit., p. 609).

compreensão do tema que o estudante enfrenta ao tentar compatibilizar o cartesianismo da escala ponteana com a nem sempre correspondente disciplina legal e, sobretudo, com a necessária análise dinâmica dos efeitos negociais concretamente considerados.

Para a facilitação do método ora proposto, mostra-se oportuno o estudo das aparentes exceções adotadas pela doutrina e pela jurisprudência às regras gerais da invalidade, indagando-se quais valores juridicamente relevantes costumam ser invocados para justificá-las.[846] O mesmo se aplica aos regimes, tantas vezes ditos "excepcionais", previstos pelo próprio legislador para certos casos particulares de invalidade; embora tais casos já estejam, em princípio, resolvidos de antemão pela norma específica, o estudo da *ratio* que orientou a elaboração dessa norma não apenas contribui para a interpretação e aplicação da mesma, como pode servir a orientar o julgador na valoração de outras hipóteses que, conquanto se relacionem com os mesmos valores juridicamente relevantes, ainda não conseguiram ser apreendidas pelo processo legislativo.

Incumbe à doutrina o papel de sistematizar,[847] em cada uma dessas aparentes exceções, quais formas diferenciadas de eficácia ou ineficácia de negócios inválidos têm sido propostas com base na incidência de quais valores juridicamente relevantes – de modo a criar, assim, subsídios úteis ao hermeneuta para a avaliação dos casos concretos que se lhe apresentam.[848] É a esse estudo da relação entre alguns valores e interesses e as correspectivas modulações de eficácia dos atos inválidos a eles associadas que o próximo capítulo será dedicado.

---

[846] Esta é a exata metodologia proposta por Hamid Charaf BDINE JÚNIOR, segundo o qual "os valores da solidariedade e da cooperação ditados pelo texto constitucional e, em seguida, os princípios da função social do contrato, da boa-fé, da conservação e o que veda comportamentos contraditórios, bem como os da proporcionalidade e da razoabilidade, presentes nas relações jurídicas em geral, são úteis e contribuem para a identificação das situações de afastamento ou mitigação das invalidades" (*Efeitos do negócio jurídico nulo*, cit., p. 211). No direito italiano, metodologia semelhante é proposta por SPINA, Angela Ia. *Destrutturazione della nullità e inefficacia adeguata*, cit., *passim* e, especialmente, pp. 89-90.

[847] Sobre a relevância do papel da doutrina nos sistemas da família romano-germânica, cf. MORAES, Maria Celina Bodin de. Professores ou juízes?, cit., *passim*.

[848] Conforme lembra Giovanni PERLINGIERI, "a razoabilidade é um critério interpretativo útil mesmo quando o remédio invalidade tiver sido expressamente contemplado pelo legislador" (*Profili applicativi della ragionevolezza nel diritto civile*, cit., p. 90. Tradução livre).

3.
A dinâmica das invalidades negociais: alguns valores relevantes para a modulação judicial de efeitos do negócio inválido

Sei que não vou por aí
J. Régio

Os capítulos precedentes buscaram apresentar as principais críticas a que se submetem a teoria dos planos de análise do negócio jurídico, em geral, e a teoria clássica das invalidades negociais, em específico. Tais críticas seguiram, em linhas gerais, dois percursos diferentes. De um lado, sustentou-se que a previsão, pelo legislador, das causas de nulidade e anulabilidade parte de uma análise valorativa abstrata dos efeitos do negócio, de modo que a disciplina final da invalidade apenas pode ser obtida, de forma precisa, conjugando-se a previsão estática da norma com a análise dinâmica dos efeitos concretamente produzidos. De outra parte, apresentaram-se as diversas contradições ínsitas à própria estrutura do plano da validade e dos demais planos de análise, de forma a demonstrar que não apenas as distinções supostamente bem demarcadas entre as diversas categorias são, na verdade, frágeis e repletas de exceções amplamente reconhecidas, como também que o enquadramento de certa hipótese fática em uma dessas categorias parte, não raro, de uma análise prévia do intérprete ou do próprio legislador quanto à disciplina jurídica que se revela mais adequada para o caso (decidindo-se, em outros termos, acerca do regime a ser aplicado antes de se decidir, de modo não raro artificial e indevido, pela qualificação jurídica).

Ambos os caminhos tomados conduziram a um ponto de confluência, que consiste na análise valorativa dos efeitos negociais. Propôs-se, assim, um possível método ao final do capítulo precedente, com o intuito de se permitir uma nova sistematização da matéria – o que somente parece possível no plano valorativo e a partir de uma análise, declarada e conscientemente, funcional do ato. Trata-se, a rigor, de uma aplicação típica da metodologia civil-constitucional, marco teórico do presente estudo; sujeita-se, portanto, à resistência e às críticas normalmente dirigidas a essa escola hermenêutica, sobretudo no que tange a um suposto excesso de discricionariedade conferido ao julgador e a uma alegada perda de neutralidade e de segurança jurídica ensejada pela superação do método subsuntivo como mecanismo hábil à fundamentação das decisões judiciais.[849]

Como se teve oportunidade de comentar – sem, no entanto, a pretensão de se superarem, nesta sede, quaisquer dessas críticas –, a perspectiva funcional ora proposta não sugere um impensável abandono da regra legislada em nome de uma liberdade irrestrita ao julgador. Ao contrário, propõe-se a flexibilização de construções doutrinárias que não refletem fielmente o dado normativo[850] e, de outra parte, ressalta-se que a discricionariedade

---

[849] Interessante compilação das críticas comumente dirigidas à escola civil-constitucional, tomando por base o enfoque da filosofia do direito, pode ser encontrada em LEAL, Fernando. Seis objeções ao direito civil-constitucional. *Direitos Fundamentais e Justiça*, a. 9. n. 33, out.--dez./2015. Ao contrário do que se afirma usualmente, porém, tais objeções (para as quais as demais escolas hermenêuticas contemporâneas não parecem ter encontrado alternativas mais vantajosas) não são desconhecidas pelos próprios autores da linha civil-constitucional, cuja proposta tem sido a de buscar fortalecer a contribuição doutrinária para fornecer subsídios ao julgador diante do papel reforçado que lhe é atribuído. Cf., a respeito, o diagnóstico de Maria Celina BODIN DE MORAES: "A necessária superação do formalismo por uma perspectiva mais flexível e principiológica foi efetivada, e agora nos deparamos com o alerta do risco oposto. O receio dos juristas mais tradicionais parece encontrar eco quando se veem decisões que, sob o pretexto da constitucionalização e da aplicação dos princípios, mais parecem realizar o que vem sendo chamado de banalização do Direito" (Do juiz boca-da-lei à lei boca-de-juiz, cit., p. 26).

[850] Acompanha-se, neste ponto, a crítica que já era feita a respeito da doutrina francesa por René JAPIOT: "Textos, há um certo número deles, nos Códigos ou nas leis especiais; não é questão de tocar neles. É bem mais a tese clássica que desnatura a intenção do legislador, emprestando

do intérprete não se confunde com mero arbítrio, encontrando-se balizada por seu dever de fundamentação, tão mais árduo quanto mais a solução do caso concreto implicar o afastamento do regime legalmente previsto para a invalidade negocial, e, em qualquer caso, necessariamente vinculado à legalidade constitucional, isto é, à axiologia do sistema jurídico.[851] De outra parte, como também se objetivou demonstrar, a simples subsunção pouco proporciona a alegada neutralidade, já que muitas vezes parece isentar o julgador de seu dever constitucional de fundamentação, e não promove a referida segurança jurídica,[852] já que são frequentes as hipóteses fáticas em que o intérprete prevê simplesmente uma exceção à regra geral, em lugar de aplicá-la subsuntivamente.[853]

---

aos redatores do Código visões sistemáticas gerais que, com certeza, eles não tinham, e sobre as quais, na medida em que se tratava de puras concepções doutrinárias, eles não tinham talvez que tomar partido" (*Des nullités en matière d'actes juridiques*, cit., p. 157. Tradução livre).

[851] Propõe Pietro PERLINGIERI que o discurso dos juízes, "proposto em termos históricos e positivos, deve estar em consonância com os valores da Constituição, entre os quais indiscutivelmente o princípio da legalidade, entendido certamente, não como uma subserviente interpretação e aplicação de uma lei particular isolada, mas como dever de interpretá-la e aplicá-la em respeito às normas e escolhas constitucionais, como a obrigação da correta motivação e argumentação" (*O direito civil na legalidade constitucional*, cit., p. 24).

[852] Vale referir, uma vez mais, a ponderação de René JAPIOT na teoria crítica francesa: "esse sistema [clássico] apenas dá uma segurança aparente. Nós vimos as diversas formas que ele revestiu ao curso de sua evolução: todas essas variedades ainda encontram mais ou menos partidários; nenhuma deles goza de um triunfo incontestável. O número e os limites das diferentes categorias permanecem controversos. As ideias fundamentais são suscetíveis de interpretações mais ou menos rigorosas: uma consequência parece excessiva a alguns, uma outra o parece a outros; as regras se esfacelam, sob o efeito irresistível da necessidade ou sob a ação dissolutória das apreciações individuais, em uma poeira de numerosas exceções, discutíveis e discutidas, forçosamente admitidas mais ou menos por acaso" (*Des nullités en matière d'actes juridiques*, cit., p. 160. Tradução livre).

[853] Segundo o raciocínio subsuntivo, "o exame do dado normativo se obtém em termos de conformidade-deformidade da previsão singular em relação à categoria a que se refere: a possibilidade de reconduzir a previsão singular à categoria geral comportará automaticamente a atribuição à mesma de todos os seus caracteres peculiares; a eventual incompatibilidade de um desses caracteres com a previsão singular (que, por hipótese, preveja expressamente a aporia dispondo, por exemplo, que a legitimação à ação seja limitada) ou com a sua *ratio* comporta que a mesma deva ser isolada no âmbito das exceções ou inserida, unitariamente, em outros dados normativos estruturalmente similares, em uma subcategoria criada para esse fim. Exatamente a utilização desse procedimento lógico na análise conduziu àquelas impostações que elaboraram figuras de nulidade desviantes como exceções, esterelizadas pela proibição de extensão

A rigor, a análise valorativa ora proposta já vem sendo aplicada por nossa jurisprudência,[854] de modo que o esforço acadêmico na sua ordenação sistemática e vinculação a uma metodologia hermenêutica parece apenas contribuir para tornar mais controláveis os resultados que já vêm sendo obtidos. Dentre os diversos exemplos a serem apresentados neste último capítulo, destaca-se um acórdão exemplar do Tribunal de Justiça do Estado de São Paulo,[855] que, ao realizar uma análise funcional dos efeitos da alienação inválida de certo terreno, identificou a necessidade de preservá-los. A transferência havia sido declarada nula em primeira instância, porque se detectou a falsificação da assinatura da esposa do alienante em procuração que fora conferida a terceiro para a realização da transferência. O terreno, porém, sofrera diversas transferências posteriores e passara a integrar um edifício de apartamentos, de tal modo que o retorno *in statu quo ante* configuraria solução excessivamente gravosa para a esposa e para os adquirentes de boa-fé. Veja-se o seguinte trecho do inteiro teor do acórdão:

> [...] a sentença que simplesmente reconheceu a nulidade dos negócios realizados não resolve satisfatoriamente a situação dos envolvidos e comporta adequação para que obtenha maior utilidade na solução do conflito. É de se observar que em nenhum momento foi cogitado (e muito menos comprovado) conluio da corré com o marido da autora na transmissão da propriedade. Se é assim, não se pode ignorar a presunção de boa-fé da adquirente. [...] na hipótese, a situação é agravada porque, não apenas está prevalecendo a presunção de inocência da adquirente, como também está demonstrada a consolidação de

---

analógica, e sucessivamente individualizaram os microssistemas ou subsistemas das nulidades assim chamadas especiais" (SPINA, Angela Ia. *Destrutturazione della nullità e inefficacia adeguata*, cit., p. 87. Tradução livre).

[854] Inclusive pelo Superior Tribunal de Justiça e não apenas no direito civil, como se depreende, ilustrativamente, do seguinte trecho da fundamentação de um acórdão da Corte Superior: "Conclui-se, portanto, que a nulidade do contrato administrativo não importa, necessária e inarredavelmente, no dever de restituir as partes ao estado patrimonial anterior quando houver boa-fé do particular contratante e a restituição de sua remuneração puder importar no enriquecimento sem causa do Estado. Em outras palavras, a realidade impõe a salvaguarda da confiança, da boa-fé e da segurança jurídica, fazendo com que se reconheçam certos efeitos do ato nulo. A propósito, destaco que o reconhecimento de efeitos ao ato nulo não é tema estranho ao Direito Civil" (STJ, 2ª T., REsp. 565.548, Rel. Min. Eliana Calmon, julg. 13.8.2013, publ. 20.8.2013).

[855] TJSP, 4ª C.D.Priv., Ap. Civ. 14143-60.2001.8.26.0001, Rel. Des. Enio Zuliani, julg. 24.5.2012, publ. 30.5.2012. Trecho do voto do relator.

uma situação fática que torna extremamente gravoso e dificultoso o retorno das partes ao '*status quo ante*'. [...] Dessa forma, simplesmente reconhecer o vício dos negócios negando-lhes efeitos é uma alternativa que, não só ignora a situação fática consolidada, a segurança jurídica e a função social da propriedade, como também que acaba se afigurando solução muito mais onerosa à autora que teve o consentimento simulado.

O caso representa um bom exemplo das hipóteses, muito frequentes, em que o intérprete se vê diante de uma situação concreta que jamais poderia ter sido cogitada pelo legislador, pela riqueza de suas peculiaridades fáticas. A procuração falsificada em questão fora lavrada em 1993 e a compra e venda fora ultimada em 1996, ao passo que a ação somente foi ajuizada em 2001. Nesse interregno, os imóveis em relação aos quais os ex-cônjuges titularizavam frações ideais foram unificados em uma única matrícula, sendo instituído um regime de condomínio edilício no local. Além disso, a corré na ação, adquirente de boa-fé, já havia alienado o bem a um casal, que o transferira a outro casal, que o vendera para uma quarta adquirente, atual proprietária, sendo que todas as referidas transferências haviam sido, isoladamente consideradas, válidas.[856] Observou o relator no caso: "Os terceiros de boa-fé e que estabeleceram vínculos subsequentes com o objeto do ato de forma onerosa não são atingidos e isso decorre de uma fenomenal evolução da doutrina na análise dos efeitos dos atos jurídicos nulos".[857] A solução alcançada foi a seguinte:

> Nesse contexto, a solução mais adequada é a do reconhecimento do vício do negócio, mas com responsabilização do réu pelas perdas e danos equivalentes ao prejuízo sofrido pela mulher. É claro que o Tribunal deve observar os limites objetivos da lide sempre que o princípio da congruência for útil

---

[856] Como se reconheceu na fundamentação do acórdão, "para que se ordene o retorno da fração ideal dos bens ao patrimônio do casal é necessário que o julgamento seja anulado e se promova a citação de todos os terceiros envolvidos nas posteriores transmissões da propriedade. Ademais, deveriam ser reconhecidos os direitos dos sucessivos adquirentes e não se poderia ainda negar a condenação à indenização pelas acessões e benfeitorias promovidas, já que à época em que havia propriedade do casal não existiria o prédio de apartamentos já erigido. A restituição ao estado anterior, portanto, envolve percurso mais complexo e ressarcimentos que podem ter valor superior ao da fração que corresponderia à autora".
[857] Trecho do voto do relator.

para uma sentença efetiva. No caso, a sentença útil não é a de anulação dos atos posteriores porque esse resultado é anormal, atinge múltiplos interesses, sendo que o vício que enseja a nulidade pode ser objeto de reparação por perdas e danos. Assim, a opção pela indenização atende aos princípios da decisão racional e sem prejudicar os interesses da autora ou comprometer patrimônio de terceiros, inexistindo ofensa aos arts. 128 e 460, do CPC. Com isso, o varão fica condenado a indenizá-la pelo valor de sua meação à época do ato ilícito. O patrimônio deverá ser avaliado em fase de liquidação [...]. A indenização será acrescida de correção monetária e juros de mora desde a data do ato ilícito e evento danoso.

Como se percebe, diante de todas essas ponderações, decidiu o Tribunal pela modulação de efeitos do ato nulo, no sentido de se afastar a desconstituição dos efeitos gerados para terceiros, mas a permitir a recomposição do patrimônio da ex-cônjuge que fora lesada. Optou-se por usar, no presente estudo, o termo "modulação de efeitos" para designar esse procedimento, em uma referência deliberada à terminologia que tem sido empregada, pelo direito constitucional, em matéria de declaração de inconstitucionalidade das leis pelo Supremo Tribunal Federal.[858] De fato, os estudiosos da

---

[858] Assim dispõe a Lei n. 9.868/1999, que dispõe sobre o processo e julgamento da ação direta de inconstitucionalidade e da ação declaratória de constitucionalidade perante o Supremo Tribunal Federal: "Art. 27. Ao declarar a inconstitucionalidade de lei ou ato normativo, e tendo em vista razões de segurança jurídica ou de excepcional interesse social, poderá o Supremo Tribunal Federal, por maioria de dois terços de seus membros, restringir os efeitos daquela declaração ou decidir que ela só tenha eficácia a partir de seu trânsito em julgado ou de outro momento que venha a ser fixado". O dispositivo é reiteradamente aplicado pela Corte. Ilustrativamente: "A modulação temporal das decisões em controle judicial de constitucionalidade decorre diretamente da Carta de 1988 ao consubstanciar instrumento voltado à acomodação otimizada entre o princípio da nulidade das leis inconstitucionais e outros valores constitucionais relevantes, notadamente a segurança jurídica e a proteção da confiança legítima, além de encontrar lastro também no plano infraconstitucional (Lei nº 9.868/99, art. 27). Precedentes do STF [...]. *In casu*, a concessão de efeitos retroativos à decisão do STF implicaria o dever de devolução por parte do Estado de Minas Gerais de contribuições recolhidas por duradouro período de tempo, além de desconsiderar que os serviços médicos, hospitalares, odontológicos, sociais e farmacêuticos foram colocados à disposição dos servidores estaduais para utilização imediata quando necessária [...]" (STF, Pleno, E.D. na ADI 3.106, Rel. Min. Luiz Fux, julg. 20.5.2015, publ. 13.8.2015). Idêntica disposição é prevista pelo art. 11 da Lei n. 9.882/1999, que disciplina a arguição de descumprimento de preceito fundamental (ADPF).

matéria têm enfrentado problemas muito semelhantes aos ora abordados, relativos à necessidade de se decidir o que acontecerá com os efeitos já produzidos sob a vigência da norma até o momento em que ela é declarada contrária à Constituição. Guardadas as diferenças ínsitas às duas questões (em que predominam as lógicas do direito público e do direito privado, respectivamente), o uso do termo por empréstimo do direito constitucional parece razoável porque também as normas inconstitucionais se consideram, em regra, nulas,[859] e considerando que, diferentemente do que ocorre em matéria de invalidade negocial, no regime da declaração de inconstitucionalidade pela via do controle concentrado previu o legislador expressamente a possibilidade de restrição dos efeitos da decisão pelo Supremo Tribunal Federal.[860]

O método ora proposto não permite prever, de início, os resultados que serão obtidos pelo julgador ao apreciar uma invalidade negocial, ante a necessária análise da eficácia negocial em concreto.[861] É possível, porém,

---

[859] A questão é assim apresentada por Luís Roberto BARROSO: "Se uma lei inconstitucional puder reger dada situação e produzir efeitos regulares e válidos, isso representaria a negativa de vigência da Constituição naquele mesmo período, em relação àquela matéria. A teoria constitucional não poderia conviver com essa contradição sem sacrificar o postulado sobre o qual se assenta. Daí porque a inconstitucionalidade deve ser tida como uma forma de nulidade, conceito que denuncia o vício de origem e a impossibilidade de convalidação do ato. [...] A vida, contudo, na aguda observação de Clèmerson Merlin Clève, é muito mais rica e complexa que a melhor das teorias. Foi inevitável, assim, que em algumas hipóteses excepcionais se admitisse o temperamento da regra geral, suprimindo ou atenuando o caráter retroativo do pronunciamento de inconstitucionalidade, em nome de valores como boa-fé, justiça e segurança jurídica" (*O controle de constitucionalidade no direito brasileiro*. São Paulo: Saraiva, 2007, pp. 16-21).

[860] O recurso à noção de modulação empregada em matéria de inconstitucionalidade das leis é referendado inclusive com argumentos alheios ao pensamento civil-constitucional, já se tendo afirmado, por exemplo, que a possibilidade de modulação dos efeitos da invalidade negocial decorreria do art. 182 do Código Civil, que, ao usar a expressão "não sendo possível restituí-las", para se referir as hipóteses de impossibilidade de retorno *in statu quo ante*, abrangeria também os casos em que a retroatividade da invalidação "implicar violação de normas estruturais do sistema jurídico, como a segurança jurídica e a proibição do enriquecimento injustificado" (BUNAZAR, Maurício. Elementos para uma análise unitária do fenômeno da invalidade. In: LEAL, Pastora do Socorro Teixeira Leal. *Direito civil constitucional e outros estudos em homenagem ao Prof. Zeno Veloso*: uma visão luso-brasileira. São Paulo: Método, 2014, p. 153).

[861] Essa falta de previsibilidade não deve ser confundida, como já se afirmou, com falta de segurança jurídica. Como leciona Humberto ÁVILA, a segurança jurídica "deixa de ser uma mera exigência de predeterminação para consubstanciar um dever de controle racional e

reconhecer algumas zonas de certeza negativa, que podem ser enunciadas desde já nesta sede. A primeira delas diz respeito à impossibilidade de se aplicarem, em qualquer caso, as normas a respeito das nulidades negociais com base em mero raciocínio silogístico, sem que se submetam as soluções legislativamente propostas a um teste de compatibilidade valorativa com o ordenamento do caso concreto. Ainda que o resultado prático obtido possa vir a ser o mesmo (o que ocorrerá com frequência), é a interpretação unitária do ordenamento, feita sempre com finalidade aplicativa e consentânea com os elementos do caso concreto, que reconduz a matéria da invalidade negocial à sistematicidade lógica e valorativa. O presente capítulo visa a munir o intérprete com alguns exemplos de modulação da disciplina das invalidades decorrente da incidência de determinados valores e interesses juridicamente relevantes, em um esforço inicial de facilitar essa tarefa.

A segunda certeza decorre da anterior. O rol de valores abaixo relacionados e de suas possíveis implicações para a modulação dos efeitos do negócio inválido não se pretende (nem o poderia, à luz de todas as considerações já realizadas até aqui) minimamente exaustivo, nem pode ser convertido em um conjunto de soluções *prêtes-à-porter* que o julgador possa simplesmente aplicar mecanicamente ao caso concreto – sob pena de se condenar o método ora proposto à mesma crise instaurada na doutrina tradicional das invalidades e dos planos de análise do negócio. As aplicações abaixo comentadas não passam, portanto, de exemplos; prestam-se a ilustrar este possível método de interpretação das normas sobre invalidades negociais, buscando proporcionar alguma orientação ao julgador, mas sem o propósito fornecer, em abstrato, soluções prontas. A advertência

---

argumentativo. Essa mudança de perspectiva demonstra que a segurança jurídica envolve elementos que devem permear o processo de aplicação do Direito e não simplesmente estarem aqueles presentes em seu resultado. [...] A segurança jurídica, por estar vinculada tanto a uma dimensão lógico-semântica quanto a uma dimensão pragmática do processo argumentativo de fundamentação, deve ser entendida, assim, como uma segurança jurídica processualmente dependente" (*Teoria da segurança jurídica*, cit., p. 269). O autor propõe, por isso, uma substituição da ideia de previsibilidade pela de calculabilidade, entendida como "a elevada capacidade de prever o espectro das consequências jurídicas", mas ressalva que essa concepção "não implica a ausência de controle das previsões", tendo em vista, dentre outros fatores, que "a interpretação, embora envolva algum grau de indeterminação, não é nem desvinculada nem independente de critérios de legitimação, como aqueles fornecidos pela proporcionalidade e pela razoabilidade" (Ibid., pp. 266-267).

parece necessária diante da própria tradição jurídica brasileira (e, talvez se possa dizer, romano-germânica), habituada a associar o abstracionismo – da norma legislada ou das construções dogmáticas – a um sinônimo de segurança para o intérprete.

Em um de seus poemas mais célebres, o escritor e poeta português José Régio aborda, de forma incisiva, a tensão entre a obediência às convenções sociais e a autonomia individual.[862] Em versos contundentes, o sujeito poético, rejeitando o dogmatismo e os conselhos de uma sociedade estagnada, que tenta impor sua permanência em uma zona de segurança (*'Vem por aqui' – dizem-me alguns com olhos doces, / Estendendo-me os braços, e seguros / De que seria bom que eu os ouvisse*), afirma categoricamente: *Não sei por onde vou, / Não sei para onde vou / – Sei que não vou por aí*. Despida do irracionalismo que caracteriza o poema (e, ao contrário, partindo de uma fundamentação racional da decisão), parece ser esta a postura mais recomendável ao intérprete diante da complexa tarefa de aplicar o regime legal das invalidades negociais a cada hipótese fática: embora não lhe seja possível saber, de antemão, a qual solução chegará para o caso concreto, deve ter a certeza de que não tomará o caminho, aparentemente mais fácil, da simples aplicação mecânica da norma.

3.1. Preservação da autonomia negocial (ou conservação do negócio jurídico)

O panorama ora proposto de valores que podem se mostrar relevantes para a modulação dos efeitos decorrentes da invalidade negocial conta, ao menos, com duas pedras fundamentais, que sempre estarão presentes, em alguma medida, na ponderação a ser realizada pelo julgador para individualizar o equilíbrio dos interesses no caso concreto. Como costuma ocorrer, tais valores parecem direcionar o intérprete para caminhos antagônicos (embora esse antagonismo seja apenas superficial, como se verá). O primeiro desses vetores valorativos é o da segurança jurídica, que aparenta propor sempre a ausência de modulação da disciplina legal, e sobre ele serão feitos comentários ao final deste capítulo.[863] Parece mais natural começar pelo valor que impulsiona, talvez mais do que qualquer outro, a modulação ora proposta: optou-se, aqui, por designá-lo como *preservação da vontade*

---

[862] Cântico negro. In: *Poemas de Deus e o diabo*, 1925.
[863] Cf. item 3.6, *infra*.

negocial, mas seria possível aludir, simplesmente, ao reconhecimento do valor e da tutela jurídica da autonomia privada, ou remeter ao princípio que sintetiza, nessa matéria, esse reconhecimento: o da conservação dos negócios jurídicos.[864]

No início deste estudo, comentou-se que a autonomia privada, nos moldes em que é concebida ainda hoje, construiu-se em torno da afirmação de uma liberdade por meio de sua limitação jurídica (a noção de legalidade).[865] Representando a teoria da invalidade negocial justamente uma expressão desse balizamento, seu contraponto necessário – e, por isso, presente em todos os casos de aplicação da teoria – é o reconhecimento de que a autonomia privada goza de tutela particular pelo ordenamento jurídico.[866] A crescente expansão do solidarismo constitucional sobre a esfera privada, com a consequente transformação de todos os institutos civilísticos patrimoniais e sua funcionalização a interesses sociais,[867] em

---

[864] Também designado, particularmente na doutrina portuguesa, como princípio de aproveitamento dos negócios jurídicos (cf. ASCENSÃO, José de Oliveira. *Direito civil*: teoria geral. Volume II, cit., p. 342).

[865] Cf. item 1.1.1, *supra*.

[866] Vale destacar, nesse ponto, a advertência de Pietro PERLINGIERI, que, após criticar a teoria preceptiva do negócio jurídico, por ele considerada "o melhor instrumento para salvaguardar o princípio da autonomia negocial que, na sua formulação, torna-se um valor", sustenta que o "dogma da autonomia privada [...] não pode ser tomado como postulado. É necessário questionar, ao contrário, quais são os aspectos em que se manifesta a autonomia negocial. Tradicionalmente, reponde-se que esta se traduz, antes der tudo, na liberdade de negociar, de escolher o contratante, de determinar o conteúdo do contrato ou do ato, de escolher, por vezes, a forma do ato. É preciso verificar se tais liberdades encontram efetiva confirmação na teoria dos atos, em razão da fisionomia que esta assume diante dos princípios gerais do ordenamento. É a partir de tais princípios que se extrai a valoração de merecimento de tutela para a autonomia negocial: a autonomia, portanto, não é um valor em si" (*O direito civil na legalidade constitucional*, cit., pp. 341-342). Em sentido diverso, mas não incompatível com tal entendimento, o presente estudo parte do pressuposto de que o ato de autonomia privada, desde que não viole a axiologia do ordenamento jurídico (portanto, desde que lícito e não abusivo) será merecedor de tutela, ainda que não promova especificamente nenhum interesse supraindividual, de modo que a autonomia pode, sim, ser considerada um valor juridicamente merecedor de tutela. A diferença de limites e possibilidades da funcionalização em matéria negocial e em sede de direitos reais, que embasa essa perspectiva, foi melhor desenvolvida em SOUZA, Eduardo Nunes de. Função negocial e função social do contrato: subsídios para um estudo comparativo, cit., item 4.

[867] Sobre o efeito transformador suscitado pelo princípio da solidariedade social sobre todas as áreas do direito privado, veja-se a lição de MORAES, Maria Celina Bodin de. O princípio da

maior ou menor medida, poderia sugerir uma progressiva rejeição da autonomia negocial pela ordem jurídica. Como já se observou em doutrina, porém, não é o que ocorre: a solidariedade social constitui apenas mais um valor a ser ponderado com a (igualmente tutelada) liberdade negocial dos privados.[868]

A consequência desse reconhecimento no âmbito da invalidade negocial é imediata e encontra-se consagrada no célebre princípio da *conservação do negócio jurídico*,[869] por meio do qual se impõe ao intérprete o dever[870] – mais do que a simples faculdade – de tentar preservar o conteúdo negocial e impedir que o ato deixe de produzir ao menos parte de seus efeitos, sempre que possível.[871] O princípio se manifesta de diversas formas ao longo da

---

solidariedade. *Na medida da pessoa humana*. Rio de Janeiro: Renovar, 2010, pp. 251 e ss., em que a autora apresenta aplicações do princípio no direito contratual, na responsabilidade civil, no direito de família e em diversos outros setores.

[868] A respeito, já se ponderou que a vontade privada não pode ser vista como um elemento antagônico ao interesse social e à proteção de grupos minoritários: "a ideologização da vontade (a exasperá-la ou demonizá-la) acaba por prejudicar a dogmática do direito civil, reduzindo, de maneira inquietante, o debate jurisprudencial (relacionado ao controle da atividade econômica privada, à execução específica das obrigações e à responsabilidade civil) à posição política do magistrado em relação ao consumidor, ao fornecedor, à Fazenda Pública, ao empresário, ao empregado e assim por diante. Daí o empobrecimento da dogmática e da jurisprudência. O caminho parece ser, em contrapartida, o respeito à autonomia privada sem mistificá-la, controlando-se evidentemente as forças de produção e o mercado, para que não venham estes a moldar a doutrina contratual e a teoria da interpretação" (TEPEDINO, Gustavo. Evolução da autonomia privada e o papel da vontade na atividade contratual. In: FRANÇA, Erasmo Valladão; ADAMEK, Marcus von (Coord.). *Temas de direito empresarial*. São Paulo: Malheiros, 2014, p. 334).

[869] O princípio da conservação é considerado "uma homenagem à autonomia privada" por ASCENSÃO, José de Oliveira. *Direito civil*: teoria geral. Volume II, cit., p. 342.

[870] Nesse sentido, AZEVEDO, Antonio Junqueira de. A conversão dos negócios jurídicos: seu interesse teórico e prático. *Revista da Faculdade de Direito da Universidade de São Paulo*. Volume 69. Número 1. São Paulo: USP, jan./1974, p. 182, segundo o qual o princípio da conservação do negócio jurídico determina que, "sempre que possível, devem o legislador e o juiz evitar que deixem de se produzir os efeitos de um negócio realizado".

[871] A respeito, leciona Alberto TRABUCCHI: "O fato de haver negócios eficazes não obstante a sua irregularidade nos mostra como o direito procura evitar, tanto quanto possível, que o negócio concluído seja reduzido ao nada. Existe uma tendência legislativa, economicamente e socialmente útil, à conservação de eficácia dos negócios jurídicos" (*Istituzioni di diritto civile*, cit., p. 157. Tradução livre). Vincula-se normalmente o princípio da conservação a um imperativo de "economia jurídica" ou à tutela da boa-fé negocial (PUTTI, Pietro. *La nullità parziale*, cit., p. 374).

própria disciplina da invalidade negocial.[872] Um exemplo emblemático de sua aplicação, previsto legislativamente, consiste na possibilidade de, em caso de negócio jurídico anulável por ocorrência de erro essencial, a parte que errou e pretende a anulação ter sua pretensão obstada se a outra parte se oferecer para cumprir a avença nos exatos termos que a primeira havia realmente concebido. A previsão se encontra no art. 144 do Código Civil,[873] que considera o ato plenamente válido em tais circunstâncias, sendo esta uma hipótese de direito potestativo de confirmação atribuído à parte que não teve sua vontade viciada no negócio.[874] Da mesma forma, o ato eivado de lesão não será invalidado "se for oferecido suplemento suficiente, ou se a parte favorecida concordar com a redução do proveito" (art. 157, §2º do Código Civil). Embora não tenha o legislador previsto semelhante solução diante de outros vícios, tais como o dolo e a coação, parece razoável a interpretação extensiva, sempre com respeito à plena proteção do interesse objetivamente apreensível da parte que teve sua vontade afetada.[875]

---

[872] A depender da acepção, mais restrita ou mais ampla, que se confira ao princípio da conservação. Nesse sentido, por exemplo, segundo Francisco Paulo de Crescenzo MARINO, "fala-se em acepção 'restrita' ou 'ampla' para designar, respectivamente, a corrente que entende ter o princípio da conservação dos negócios jurídicos atuação apenas no campo da interpretação dos negócios jurídicos (ele teria, assim, uma única e bem definida função: a de 'cânone hermenêutico") e a corrente que entende se aplicar o referido princípio também a outros fenômenos jurídicos, tais como a nulidade parcial do negócio jurídico, a conversão (substancial e formal) do negócio jurídico e a confirmação dos negócios jurídicos anuláveis" (*Interpretação do negócio jurídico*, cit., p. 308). Em sua função hermenêutico, o princípio não destoa de um dos tradicionais pontos de POTHIER para a interpretação dos contratos, segundo o qual, "quando uma cláusula é suscetível de duplo sentido, deve-se melhor entendê-la conforme o sentido que possa ser mais lógico, e não conforme o sentido do qual resulte não ser possível estipulação alguma" (*Tratado das obrigações*. Campinas: Servanda: 2002, pp. 96-97).

[873] *Verbis*: "Art. 144. O erro não prejudica a validade do negócio jurídico quando a pessoa, a quem a manifestação de vontade se dirige, se oferecer para executá-la na conformidade da vontade real do manifestante".

[874] O exemplo é considerado um reflexo do princípio da conservação do negócio jurídico, com base em dispositivo correspondente no Código Civil italiano, por TRABUCCHI, Alberto. *Istituzioni di diritto civile*, cit., p. 158.

[875] Assim se propõe na doutrina italiana, tendo em vista que o *Codice civile* também se omite nos casos de dolo e violência moral. Cf., a respeito, LUCARELLI, Francesco. *Lesione di interesse e annullamento del contratto*, cit., pp. 143 e ss. e, mais recentemente, POLIDORI, Stefano. Lesione d'interesse e annullamento del contratto: attualità e prospettive, cit., que afirma: "se condição para a anulação do contrato é que o vício tenha determinado um prejuízo, onde este tiver sido

Embora se cogite da aplicação do princípio de forma autônoma, isto é, pela simples manutenção de alguns ou de todos os efeitos do negócio em decorrência da ponderação dos interesses em jogo no caso concreto, a conservação do negócio jurídico é mais frequentemente invocada na forma de aplicações especificamente previstas em lei, particularmente no que tange a dois subprincípios,[876] a saber, o da *conversão* do negócio jurídico e o da *redução* do negócio jurídico.[877] O primeiro encontra-se previsto no art. 170 do Código Civil, segundo o qual, se o negócio nulo "contiver os requisitos de outro, subsistirá este quando o fim a que visavam as partes permitir supor que o teriam querido, se houvessem previsto a nulidade".[878] O segundo também foi previsto pelo legislador, na forma do art. 184 do Código Civil, que dispõe: "Respeitada a intenção das partes, a invalidade parcial de um negócio jurídico não o prejudicará na parte válida, se esta for separável; a invalidade da obrigação principal implica a das obrigações acessórias, mas a destas não induz a da obrigação principal".

tempestivamente removido, não há mais razão de acolher a pretensão do contraente a liberar--se do vínculo. Enquadrada entre essas premissas, parece coerente a tese de Lucarelli segundo a qual o instituto da retificação, embora previsto textualmente apenas na disciplina do erro, aplica-se também aos casos de contrato anulável por dolo ou violência. [...] o ordenamento não considera merecedora de tutela a pretensão à anulação do contrato procurada pela parte que, embora tendo incorrido em um vício, não sofreu um efetivo prejuízo ou, então, não o sofrerá, tendo intervindo a oferta da retificação" (pp. 255-259. Tradução livre).

[876] Mas não apenas neles. Antonio Junqueira de AZEVEDO, por exemplo, sustenta que seriam reflexos do princípio da conversão a própria existência da anulabilidade como vício que apenas nega eficácia ao ato se suscitado pela parte interessada, bem como a possibilidade de abatimento do preço em caso de vícios redibitórios ou evicção (A conversão dos negócios jurídicos, cit., p. 182).

[877] A atribuição desses procedimentos ao princípio da conservação é encontradiça em doutrina. Assim, por exemplo, Carlos Roberto BARBOSA MOREIRA explica que o fundamento da conversão reside no princípio da conservação do negócio jurídico (Conversão do negócio jurídico, cit., p. 683). Em sentido contrário, tradicional doutrina italiana já afirmou que a conversão não derivaria do princípio da conservação – imbuída, contudo, da lógica de que a conversão consistiria na transformação do negócio original em um novo ato, o que explica a incompatibilidade lógica com a ideia de conservar o primeiro (nesse sentido, cf. GRASSETTI, Cesare. *L'interpretazione del negozio giuridico con particolare riguardo ai contratti*. Padova: CEDAM, 1983, pp. 170-179).

[878] Conforme registra Carlos Roberto BARBOSA MOREIRA, o termo "conversão" é comum aos ordenamentos dos países de línguas neolatinas e já se utilizava no Brasil ao tempo da codificação anterior, a despeito da ausência de previsão legal específica (Conversão do negócio jurídico, cit., p. 678).

Conversão e redução do negócio jurídico apenas diferem na perspectiva estrutural que procura inserir cada ato analisado em determinado tipo, dotado de elementos essenciais. Nessa lógica, a conversão ocorrerá quando o negócio, não apresentando todos os elementos (e requisitos) que caracterizam certo tipo, puder ser validamente requalificado em outra espécie negocial (*conversão material*) ou, simplesmente, na mesma espécie, adotando-se, porém, forma diversa, para a qual estejam presentes os elementos suficientes (*conversão formal*).[879] Faz-se distinção, ainda, entre a conversão do negócio jurídico promovida judicialmente[880] e a chamada conversão legal, prevista em alguns casos específicos pelo próprio legislador.[881] Trata-se, em qualquer caso, de procedimento de requalificação:[882] do tipo ou, ao menos, da forma do negócio.[883]

---

[879] A classificação, amplamente difundida, é aludida por Salvatore PUGLIATTI (*Il fatto giuridico*, cit., p. 158), que assim define a conversão do negócio jurídico: "a vontade negocial, tendente a um determinado escopo prático, embora não podendo dar vida, por uma causa qualquer, ao tipo de negócio pré-escolhido, não resta de todo irrelevante para a ordem jurídica, podendo dar lugar a um negócio diverso, quando subsistam os requisitos de forma e substância requeridos para tanto [...]" (o.l.u.c. Tradução livre).

[880] MOREIRA, Carlos Roberto Barbosa. Conversão do negócio jurídico, cit., p. 685.

[881] Exemplo desta hipótese estaria no art. 1.952 do Código Civil, que prevê: "Art. 1.952. A substituição fideicomissária somente se permite em favor dos não concebidos ao tempo da morte do testador. Parágrafo único. Se, ao tempo da morte do testador, já houver nascido o fideicomissário, adquirirá este a propriedade dos bens fideicometidos, convertendo-se em usufruto o direito do fiduciário".

[882] Como pondera MENEZES CORDEIRO, "a conversão exprime, no fundo, uma interpretação melhorada do negócio, de modo a, dele, fazer uma leitura sistemática e cientificamente correta. No fundo, não há qualquer conversão de 'negócios': convertem-se, sim, meras declarações" (*Tratado de direito civil*. Volume II, cit., p. 955). No mesmo sentido, pondera PUGLIATTI que as partes apenas podem preparar o elemento material do ato e objetivar um escopo prático para ele, ao passo que o ordenamento jurídico, diante do elemento material, "nada mais faz do que atraí-lo para o próprio seio, e combiná-lo com um dado tipo ou esquema negocial predisposto"; desse modo, sempre é possível atrair o negócio para tipo ou esquema negocial diverso daquele pretendido pelas partes, se, faltando os pressupostos para este, existirem os pressupostos para aquele (*I fatti giuridici*, cit., p. 159). No direito brasileiro, Carlos Roberto BARBOSA MOREIRA afirma que a conversão costuma ser descrita, "em doutrina, como uma atividade de transformação; mas parece mais adequado situá-la no plano da qualificação jurídica de determinado negócio" (Conversão do negócio jurídico, cit., p. 679).

[883] Para Antonio Junqueira de AZEVEDO, apenas ocorreria nova qualificação na conversão substancial ou material: "Trata-se, aí, de fenômeno de alteração da qualificação categorial do negócio; as partes realizam um negócio de tipo X e, como, dentro dessa categoria X, esse

A redução, por sua vez, atua no âmbito do mesmo tipo negocial a que o ato originalmente se propôs: o regulamento de interesses simplesmente não é preservado em sua integralidade, suprimindo-se aspectos acessórios cuja invalidade não contamina aquilo que corresponderia ao "núcleo" do esquema negocial,[884] em aplicação da máxima *utile per inutile non vitiatur*.[885] É a lógica da conversão, portanto, que permite o reconhecimento da nulidade parcial dos negócios.[886] À semelhança da conversão, também a redução se encontra prevista em lei na disciplina de diversos institutos.[887] Do ponto de vista funcional, conversão e redução promovem o mesmo princípio, a saber, o da conservação do negócio jurídico, e tutelam o mesmo interesse: a autonomia privada.

---

negócio é nulo, anulável ou ineficaz, a lei ou o juiz determinam uma alteração da qualificação categorial, de forma que o negócio, considerado dentro da categoria Y, possa produzir pelo menos alguns dos efeitos que as partes queriam. Há, porém, além dessa espécie de conversão, a chamada conversão formal, que não implica alteração de tipo, e sim, somente uma mudança da forma originariamente utilizada; o negócio continua o mesmo, mas a forma passa a ser outra, cujos requisitos são menos severos" (A conversão dos negócios jurídicos, cit., p. 183).

[884] Registra Orlando GOMES que os atos passíveis de redução seriam ditos *atos vulneráveis*. O autor explica que "não há critério para indicar, em termos gerais, as disposições que podem ser isoladas para não prejudicar outras"; afirma, porém, que, nos atos *inter vivos*, deve-se interpretar que "a nulidade parcial acarreta a nulidade total, a menos que o contexto da cláusula nula resulte que, independente dela, o negócio teria sido realizado do mesmo modo" (*Introdução ao direito civil*, cit., p. 424). Aprofundando-se no problema, Enzo ROPPO afirma que a escolha pela nulidade total ou parcial do ato (aplicando-se, neste último caso, a redução) deve recorrer à "economia objetiva da operação, que as partes haviam concordantemente projetado: a nulidade será assim só parcial se a cláusula nula não tinha caráter de essencialidade para alguma das duas partes, e a sua falta não altera o equilíbrio dos interesses destas, realizado com o contrato; será, ao contrário, total se, pela importância objetiva da cláusula, o regulamento, privado desta, daria lugar a uma operação e a um composição de interesses substancialmente diversas e desequilibradas relativamente às prosseguidas na origem" (*O contrato*, cit., p. 208).

[885] Cf. WETTER, P. van. *Pandectes*, cit., p. 266.

[886] Conforme anota Pietro PERLINGIERI, trata-se de tendência associada não apenas ao princípio da conservação como também à "prevalência do alcance do resultado" dos negócios jurídicos "e, portanto, da execução específica em relação à resolução e ao ressarcimento" (*O direito civil na legalidade constitucional*, cit., p. 398).

[887] Ilustrativamente, prevê o art. 1.910 do Código Civil: "Art. 1.910. A ineficácia de uma disposição testamentária importa a das outras que, sem aquela, não teriam sido determinadas pelo testador". *A contrario sensu*, a disposição testamentária inválida que não mantenha relação com as demais não importa a invalidade do restante do ato de última vontade.

Não é acidental, desse modo, a remissão legal à vontade das partes como vetor e baliza da conversão e da redução. De fato, é tradicional no direito civil (embora, em certa medida, questionável) a concepção segundo a qual a vinculação das partes a determinado regulamento de interesses que seja diverso, ainda que minimamente, daquele por elas pretendido corresponde a uma intervenção muito mais drástica sobre sua autonomia do que o desfazimento integral do negócio.[888] Este seria o motivo de, por exemplo, no âmbito das vicissitudes supervenientes por que pode passar o ato negocial, admitir a lei de forma muito mais ampla a resolução do negócio do que a sua revisão judicial.[889] O Código Civil, no entanto, limita-se a dispor que a conversão se aplica aos casos em que o fim a que visavam as partes "permitir supor" que esse procedimento é o que elas "teriam querido, se houvessem previsto a nulidade", em formulação que prima pela falta de clareza e por um indesejável subjetivismo.[890] O dispositivo sobre a redução não contribui para a compreensão do critério buscado pelo legislador, remetendo tão somente à "intenção das partes".

---

[888] Nesse sentido, MENEZES CORDEIRO: "na área negocial, domina a autonomia privada. Esta deve prevalecer sobre uma regra de *favor negotii*. Quando as partes celebrem um negócio, querem-no no seu todo. Sobrevindo uma invalidade, deve entender-se, na dúvida, que as partes pretendem que todo o negócio seja afetado e isso mesmo quando (o que não se presume) ele seja divisível. A redução, quando não haja acordo das partes, pressupõe, sempre, uma especial iniciativa da interessada e uma cuidada sindicância do tribunal. Mas a boa-fé e a autonomia privada podem jogar, em concreto, no sentido da redução. Fazer soçobrar um negócio, por uma pequena invalidade, que não comprometa o plano desenhado pelas partes, fica fora de causa. Além disso, a confiança de quem seja surpreendido por uma invalidade parcial deve ser tutelada" (*Tratado de direito civil*. Volume II, cit., p. 950).

[889] Nesse sentido, afirma-se que "a revisão, não obstante represente uma afronta mais grave ao espírito liberal e individualista dos séculos XVIII e XIX, mostra-se, muitas vezes, como a solução mais adequada ao real interesse das partes, que não raro dependem da continuidade do negócio ou da manutenção do bem que tem por objeto" (TEPEDINO, Gustavo; SCHREIBER, Anderson. *Código Civil comentado*. Volume IV, cit., p. 219).

[890] Conforme pondera Carlos Roberto BARBORA MOREIRA, "a oração convencional 'se houvessem previsto a nulidade' inequivocamente aponta no sentido de que as partes nem previram a nulidade, nem, com maior razão, tinham conhecimento dela. Por isso, tem-se procurado substituir o suposto requisito daquela 'vontade hipotética' ou 'implícita' por um juízo puramente objetivo [...]" (Conversão do negócio jurídico, cit., p. 688). Por outro lado, "se as partes conheciam a causa da nulidade, o negócio não pode converter-se. Essa afirmação [...] põe em relevo a distinção entre as hipóteses de conversão e de simulação relativa" (Ibid., p. 689).

Como é notório, a evolução do direito privado caminha para uma progressiva adoção de critérios objetivos em praticamente todos os seus setores.[891] Nesse sentido, no negócio jurídico, a vontade hipotética das partes a que parece aludir o legislador, correspondente ao que elas teriam pretendido se pudessem prever a invalidade, deve ser entendida, na verdade, como um aspecto muito menos subjetivo: a causa negocial.[892] Não se trata aqui, portanto, da impossível reconstrução de uma vontade psicológica das partes, mas da síntese de interesses e efeitos objetivamente depreensível dos termos negociais e das circunstâncias de formação do ato.[893] O tormentoso

---

[891] Tal fenômeno também se observa na doutrina italiana. Em matéria negocial, comenta Massimo FRANZONI suas repercussões em relação à validade dos atos jurídicos: "a objetivação à qual aludo diz respeito ao progressivo deslocamento de atenção da vontade declarada na forma negocial ao elemento causal da relação: o relevo da operação econômica desenvolvida superou o interesse pela abstrata proteção dos sujeitos protagonistas dessa mesma operação. À ideia do contrato entendido como produto exclusivo da autonomia do sujeito de direito, enquanto tal objeto de tutela, substituiu-se a concepção do contrato entendido como instrumento da circulação da riqueza, a qual é tutelada tendo-se em conta o escopo objetivo do ato. Os sintomas desse processo se encontram nas normas que regularam diversamente os efeitos da nulidade em relação à anulação, no princípio de conservação do contrato [...], na predisposição de um sistema heterônomo das fontes do regulamento contratual [...] e ainda em outras disposições. Mais em geral se encontram em todas as disposições nas quais o terceiro de boa-fé goza de uma certa tutela por efeito da inoponibilidade das vicissitudes da aquisição efetuada por fato seu e em todas as disposições nas quais se tutela a confiança" (*Trattato della responsabilità civile*. Volume I: L'illecito. Milano: Giuffrè, 2010, p. 1270. Tradução livre). A respeito do mesmo processo de objetivação em matéria de responsabilidade civil, permita-se remeter a SOUZA, Eduardo. *Do erro à culpa na responsabilidade civil do médico*, cit., p. 175.

[892] Assim entende, de forma contundente, PUGLIATTI: "É, de fato, privada de conteúdo a referência textual à vontade presumida das partes, já que, não sendo, com efeito, a elas apresentada a eventualidade da conversão, qualquer vontade a esse propósito apenas poderá ser determinada de modo totalmente arbitrário. É por isso que o art. 1.424 do Código Civil [italiano] é compelido a colocar o acento sobre o momento do escopo: vale dizer, a colocar como critério determinativo da conversão a afinidade dos dois negócios ao perfil da causa. E como a causa, por sua vez, é construída, como se viu, sobre bases objetivas, não é diferente para reconhecer que igualmente sobre bases objetivas é construída a conversão" (*Il fatto giuridico*, cit., p. 159. Tradução livre). V., ainda, GAZZONI, Francesco. *Manuale di diritto civile*, cit., p. 1004, que afirma dever haver uma "*omogeneità funzionale*" entre o negócio nulo e o convertido, que corresponde à "mesma análise que pretende a investigação sobre a causa do contrato".

[893] Mesmo autores que não fazem referência à causa, como MENEZES CORDEIRO, afirmam que a viabilidade da conversão exige "uma valoração objetiva. Trata-se de uma questão-de-direito, que não deve ser quesitada. Todavia, os elementos fáticos de que ela se depreenda – e que

tema da causa não poderia ser retomado nesta sede, em sua multiplicidade de conceituações; contudo, a tendência geral da doutrina italiana de desvincular a causa negocial da vontade individual das partes e de associá-la a um olhar funcional sobre o próprio negócio parece indicar um caminho mais plausível para o intérprete[894] – aí residindo uma das distinções, que se fazem em doutrina, entre causa da obrigação e causa do negócio.[895] Em uma fórmula sintética, conversão e redução apenas podem ocorrer se não violarem o equilíbrio de interesses objetivamente depreensível do negócio.[896]

podem, eventualmente, transcender o mero contrato – têm de ser invocados e provados pelos interessados, nos termos gerais" (*Tratado de direito civil*. Volume II, cit., p. 956). V. também Enzo ROPPO, segundo o qual a conversão, longe de "obrigar o intérprete a indagações, ou melhor, conjecturas, de ordem psicológica", deve ser aplicada "segundo critérios objetivos, com um juízo ancorado ao teor objetivo do regulamento contratual, ao sentido objetivo (e complexo) da operação econômica correspondente: há lugar à conversão se os efeitos substitutivos não contrariam, mas antes são conformes à economia complexa da operação projetada pela autonomia privada" (*O contrato*, cit., p. 207).

[894] As duas mais conhecidas dessas formulações foram apresentadas no item 1.1.2, *supra*, a que se faz remissão. Desde que compreendida como síntese funcional do negócio, isto é, síntese dos aspectos dinâmicos do ato, qualquer dos conceitos mais específicos que venha a ser adotado conduz a resultados semelhantes para a análise que ora se propõe; de todo modo, o conceito que parece mais facilmente contribuir para o propósito de se modular a conversão e a redução do negócio é o da causa pugliattiana, entendida como síntese dos efeitos programados pelas partes, justamente porque se trata aqui, ao fim e ao cabo, de uma modulação de efeitos, que parte da consideração da essencialidade dos mesmos no regramento negocial originário.

[895] A distinção é traçada com precisão na análise empreendida por Maria Celina BODIN DE MORAES a respeito das correntes subjetiva francesa e objetiva italiana sobre a causa negocial (A causa do contrato, cit., pp. 8-9). Comentário mais detido a respeito foi formulado em SOUZA, Eduardo Nunes de. Função negocial e função social do contrato, cit., pp. 73-74. De se notar, no ponto, que a doutrina francesa sobre a causa das obrigações tende a sofrer modificações drásticas e uma provável retração por força de recente reforma legislativa promovida pela Ordonnance n. 2016-131, que, a partir de outubro de 2016, modificou os arts. 1108 e 1131-1133 do Código Napoleão, suprimindo por completo as disposições normativas que mencionavam a causa das obrigações como aspecto relevante para a validade das convenções.

[896] Trata-se, portanto, nesta sede da causa abstrata, e não da causa concreta, já que esta última apenas poderá divergir da causa original do negócio se as partes, de comum acordo (ainda que tacitamente) a modificaram. Havendo divergência entre as partes diante de um negócio que contenha um vício em sua estrutura, a parte interessada em invocar as possibilidades de conversão ou de redução apenas poderá fazê-lo com base na causa abstrata, à qual ambas as partes se vincularam ao celebrarem a avença. Sobre a distinção entre causa abstrata e concreta,

A DINÂMICA DAS INVALIDADES NEGOCIAIS

Afirmou-se mais acima que a tutela da vontade negocial seria um valor de fomento à modulação das consequências da invalidade negocial (na medida em que determina ao intérprete que evite, tanto quanto possível, a desconstituição de efeitos), mas essa perspectiva impõe, como se percebe, uma mitigação: o mesmo valor atribuído à autonomia privada pode consistir em um motivo para que o magistrado não module a disciplina da invalidade e simplesmente desconstitua os efeitos do ato. Note-se: o princípio da conservação do negócio jurídico não propõe a preservação do ato como um valor em si mesmo – a rigor, o princípio é de conservação do conteúdo determinado pelas partes como expressão de sua autonomia negocial, vale dizer, da síntese de interesses e efeitos objetivamente pactuada.[897] O negócio, assim, isoladamente considerado, não passa de uma estrutura formal sobre a qual não incide qualquer valoração, tutela ou sanção jurídicas: como já se afirmou, são os efeitos que são valorados e, eventualmente, protegidos.[898] Se um novo argumento for necessário em prol da tese, defendida no presente estudo, de que a invalidade corresponde a uma valoração dos efeitos e interesses negociais e não do próprio ato, o princípio da conservação parece fornecê-lo.[899] Pela mesma lógica, apenas o defeito do negócio substancial, e não o acidental, permite à parte legitimada o remédio radical da anulação:[900] gradua-se a consequência do

---

permita-se remeter a SOUZA, Eduardo Nunes de. Função negocial e função social do contrato: subsídios para um estudo comparativo, cit., pp. 78-79.

[897] Caio Mário da Silva PEREIRA, por exemplo, faz referência somente ao "aproveitamento da declaração de vontade" (*Instituições de direito civil*. Volume I, cit., p. 532).

[898] Cf. item 1.3.1.1, *supra*.

[899] Particularmente em matéria de anulabilidade negocial, já se ressaltou que a lógica tradicional "não permitia explicar as amplas margens de recuperação do vínculo previsto pelo legislador, que impedem a declaratória de eliminação do contrato, embora em presença de um vício abstratamente relevante"; essa constatação permite "rodar a ponta do compasso e concentrar a *ratio* da disciplina da anulabilidade sobre a lesão do interesse contratual da parte legitimada a agir" (POLIDORI, Stefano. Lesione d'interesse e annullamento del contratto: attualità e prospettive, cit., p. 254. Tradução livre).

[900] A esse propósito, o art. 138 do Código Civil exige que o erro seja substancial para que possa provocar a anulabilidade do ato, definindo-o nos incisos do art. 139 ("Art. 139. O erro é substancial quando: I – interessa à natureza do negócio, ao objeto principal da declaração, ou a alguma das qualidades a ele essenciais; II – concerne à identidade ou à qualidade essencial da pessoa a quem se refira a declaração de vontade, desde que tenha influído nesta de modo relevante; III – sendo de direito e não implicando recusa à aplicação da lei, for o motivo único

vício conforme o impacto que causou efetivamente sobre o conteúdo da vontade e, em consequência, sobre o regulamento negocial.[901]

Em sentido contrário, alguns autores buscam em interesses sociais e, particularmente, na solidariedade social[902] o fundamento para o princípio da conservação do negócio jurídico, ao entenderem que, tendo o ato ingressado no mundo jurídico, sua utilidade social estaria comprovada, o que tornaria imperativa sua preservação, sempre que possível.[903] Embora sustentado por autorizada doutrina, tal raciocínio consagra a proteção do ato como um fim em si mesmo,[904] ignorando que o principal parâmetro para a conservação do negócio, eleito pelo próprio legislador, reside na

---

ou principal do negócio jurídico"). Por sua vez, o art. 145 do Código Civil afirma que "são os negócios jurídicos anuláveis por dolo, quando este for a sua causa" e o art. 146 esclarece que "o dolo acidental só obriga à satisfação das perdas e danos, e é acidental quando, a seu despeito, o negócio seria realizado, embora por outro modo". Finalmente, nos termos do art. 151 do Código Civil, "a coação, para viciar a declaração da vontade, há de ser tal que incuta ao paciente fundado temor de dano iminente e considerável".

[901] Nesse sentido, na doutrina italiana, cf. LUCARELLI, Francesco. *Lesione di interesse e annullamento del contratto*, cit., pp. 63 e ss. e 97 e ss.; POLIDORI, Stefano. Lesione d'interesse e annullamento del contratto: attualità e prospettive, cit., p. 255.

[902] Assim, por exemplo, Francisco Paulo de Crescenzo MARINO entende que a função social do contrato seria um dos fundamentos do princípio da conservação do negócio jurídico (*Interpretação do negócio jurídico*, cit., p. 67). No mesmo sentido, Cristiano ZANETTI afirma que "a preservação dos efeitos dos negócios jurídicos tem um valor social, na medida de sua utilidade e também uma função social, dado que seus efeitos fomentam a colaboração por meio da criação e circulação de riquezas" (*A conservação dos contratos nulos por defeito de forma*. São Paulo: Quartier Latin, 2013, p. 64).

[903] Nesse sentido, afirma Antonio Junqueira de AZEVEDO: "O princípio da conservação, portanto, é a consequência necessária do fato de o ordenamento jurídico, ao admitir a categoria negócio jurídico, estar implicitamente reconhecendo a utilidade de cada negócio jurídico em concreto" (*Negócio jurídico*, cit., p. 67).

[904] Haveria, assim, um princípio geral do *favor negotii*: "justamente porque o negócio jurídico, ao ser 'recebido' pelo ordenamento, se vê *ipso facto* reconhecido como socialmente útil, vigora o princípio da conservação, segundo o qual, quer como orientação de política legislativa, quer como regra de aplicação da lei, deve-se procurar salvar o máximo possível do negócio jurídico realizado. Entre duas sanções cabíveis, deve ser escolhida a que permita a produção do maior número de efeitos. Predomina o *favor negotii*, gênero de que o *favor matrimonii* e o *favor testamentii* são espécies, multisecularmente formuladas" (AZEVEDO, Antonio Junqueira de. *Negócio jurídico e declaração negocial (noções gerais e formação da declaração negocial)*. Tese para o concurso de professor titular de Direito Civil da Faculdade de Direito da Universidade de São Paulo, 1986, p. 109).

vontade das partes (extraída da causa negocial). Além disso, ainda que a conservação dos negócios fosse inspirada precipuamente por um interesse social, a verificação desse interesse, na perspectiva apresentada por este estudo, jamais decorreria da mera celebração do ato. Parece mais lógico, diversamente, filiar a conservação à proteção da vontade negocial, sobretudo em se considerando que praticamente todos os demais valores relevantes para a disciplina das consequências da invalidade já se associam a interesses socialmente relevantes. Por esse mesmo motivo, o princípio da conservação não parece compatível com uma aplicação *ex officio*, devendo, em regra, ser invocado por uma das partes que celebraram o negócio.[905]

A jurisprudência costuma aplicar de forma parcimoniosa o princípio, justamente em respeito à causa negocial.[906] O respeito à síntese dos efeitos pretendidos originalmente pelas partes parece, nesse particular, mais determinante para autorizar a conservação do que o próprio equilíbrio econômico originalmente avençado, sobretudo se houvesse vulnerabilidade de uma das partes:[907] nesse sentido, em caso de prática de juros usurários

---

[905] Afirma, por exemplo, Cristiano ZANETTI que "a conversão, cumpre insistir, serve a secundar os propósitos das partes e não a violentá-los. Depende, portanto, da iniciativa da parte [...]" (*A conservação dos contratos nulos por defeito de forma*, cit., p. 84). Se a conservação do negócio jurídico estivesse, de fato, imbuída de valores supraindividuais, não haveria razão para se afastar, de plano, sua aplicabilidade de ofício pelo juiz, ao menos em determinados casos.

[906] Ilustrativamente: "Direito civil. Contratos. [...] Nulidade parcial. Manutenção do núcleo do negócio jurídico. Boa-fé objetiva. Requisitos. [...] Nos termos do art. 184 do CC/02, a nulidade parcial do contrato não alcança a parte válida, desde que essa possa subsistir autonomamente. Haverá nulidade parcial sempre que o vício invalidante não atingir o núcleo do negócio jurídico. Ficando demonstrado que o negócio tem caráter unitário, que as partes só teriam celebrado se válido fosse em seu conjunto, sem possibilidade de divisão ou fracionamento, não se pode cogitar de redução, e a invalidade é total. O princípio da conservação do negócio jurídico não deve afetar sua causa ensejadora, interferindo na vontade das partes quanto à própria existência da transação" (STJ, 3ª T., REsp. 981.750, Rel. Min. Nancy Andrighi, julg. 13.4.2010, publ. 23.4.2010).

[907] Com efeito, considera-se que a redução do negócio jurídico pode abranger não apenas a supressão de certas cláusulas, sem afetar o negócio jurídico como um todo, como também a redução de certa medida ou quantidade do objeto do contrato, que se excedeu de forma inválida. Ressalva José de Oliveira ASCENSÃO: "podem-se diminuir quantidades, mas não se pode substituir o conteúdo pactuado, fazendo introduzir preceitos diferentes dos que tiverem sido estabelecidos pelas partes. A redução, como a conversão, estão ainda dentro da autonomia privada. Não permitem a formação de regimes que as partes não tenham estipulado" (*Direito civil*: teoria geral. Volume II, cit., p. 353). Complementa o autor: "a redução encontra um limite

no mútuo feneratício, o Superior Tribunal de Justiça tem considerado a revisão da taxa de juros praticada uma hipótese de redução do negócio jurídico, em aplicação que viola por completo a própria definição de redução negocial (consistente no reconhecimento da nulidade parcial do negócio e não na revisão deste).[908] A viabilidade da conservação do negócio também é influenciada por outros valores juridicamente relevantes, alguns dos quais serão abordados nos próximos itens.

Assim, por exemplo, o Superior Tribunal de Justiça já realizou a conversão de uma escritura pública de mútuo com prestação de garantia hipotecária em confissão de dívida.[909] No caso, a Corte, analisando de forma exemplar os interesses envolvidos, verificou que parte do valor declarado no título fora objeto de simulação, com vistas a ocultar a prática de juros usurários; por outro lado, identificou-se que o mutuário atentara contra a boa-fé,[910] uma vez que participou da simulação e pretendeu, depois, a invalidação total do contrato, a despeito de ter recebido montante substancial do valor do empréstimo. Por tais razões, o título foi reputado parcialmente nulo (quanto à simulação realizada e à ilegalidade dos juros dissimulados), considerando-se válido como confissão de dívida:

---

quando há necessidade de alterar cláusulas. Então haverá mudança qualitativa, enquanto a redução é quantitativa. Se ainda então o negócio for aproveitável, será nos termos de outros instrumentos da ordem jurídica" (o.l.u.c.).

[908] Em mais de uma ocasião tem decidido a Corte neste sentido, aparentemente privilegiando a vulnerabilidade do consumidor sobre o equilíbrio econômico originário do contrato: "Agravo regimental. Agravo em recurso especial. Direito civil. Princípio da conservação dos atos jurídicos. Usura. Redução parcial do negócio jurídico. [...] 1. No contrato particular de mútuo feneratício, constatada prática de usura ou agiotagem, de rigor a redução dos juros estipulados em excesso, conservando-se, contudo, o negócio jurídico [...]" (STJ, 3ª T., AgRg. no AREsp. 116.476, Rel. Min. Sidnei Beneti, julg. 24.4.2012, publ. 8.5.2012).

[909] STJ, 4ª T., REsp. 1.046.453, Rel. Min. Raul Araújo, julg. 25.6.2013, publ. 1.7.2013.

[910] Concluiu-se que "a simulação realizada na escritura de confissão de dívida, embora beneficiasse, principalmente, o mutuante, também teve a participação do mutuário que, mesmo sabendo não corresponder a escritura lavrada à realidade contratual, realizou o negócio e, conforme afirmado pelas instâncias ordinárias, sem ser comprovadamente coagido. [...] Criou, assim, o mutuário uma situação inicial de confiança no adimplemento, mas depois buscou esquivar-se deste, por meio de comportamentos contraditórios, consubstanciados no ajuizamento de ações objetivando não só afastar o valor ilegal do débito, o que seria legítimo, como também aquele montante que era devido e legal" (trecho do voto do relator).

No negócio simulado, portanto, puderam ser separados os valores de R$70.000,00 e R$28.200,00. O primeiro corresponde ao mútuo efetivamente ocorrido, cuja validade foi reconhecida pela Corte Estadual. O segundo, por sua vez, decorre de encobrimento da cobrança indevida de juros remuneratórios de 8,11% ao mês, de forma excedente ao que permitido em lei, nos termos do art. 1º da Lei de Usura, sendo, por isso, invalidado. Nesse contexto, o princípio da conservação deve ser aplicado, na hipótese, de maneira a garantir a prevalência do negócio jurídico na parte válida e legal, ficando autorizada a nulidade parcial da avença. [...] A prática de usura e agiotagem, por certo, deve ser repelida, mas não é viável declarar a nulidade de todo o negócio jurídico, se o mutuário foi beneficiado pela parte legal do mútuo. Destarte, se o mutuário recebeu devidamente o valor do empréstimo, não se pode esquivar, na condição de devedor, de honrar sua obrigação de pagamento do valor efetivamente ajustado, acrescido dos juros legais, mas desde que excluído o montante indevido, cobrado a título usurário. Com efeito, não se pode premiar o mutuário com nulidade integral do mútuo, mormente porque o ajuizamento de nova demanda pelo credor para cobrança do valor legitimamente emprestado poderá estar inibido pela prescrição, o que ensejaria enriquecimento sem causa do devedor.[911]

A conservação dos negócios jurídicos aplica-se tanto a casos de nulidade quanto de anulabilidade negocial, não parecendo haver óbice à sua extensão a ambas as modalidades, muito embora o art. 170 do Código Civil se refira tão somente aos negócios nulos.[912] De fato, resulta bastante plausível que, também no caso do ato anulável, uma vez pretendida judicialmente a invalidação pela parte legitimada, verifique o juiz a possibilidade de preservação do ato a partir de uma nova qualificação. O predomínio da conversão no âmbito da nulidade parece decorrer de questão eminentemente prática: na maior parte dos casos de anulabilidade, o interesse da parte legitimada a impugnar o ato (justamente o interesse que a invalidade visa a tutelar) irá

---

[911] Trecho do voto do relator.
[912] Nesse sentido, no direito português, ASCENSÃO, José de Oliveira. *Direito civil:* teoria geral. Volume II, cit., p. 359; e, no direito brasileiro, ZANETTI, Cristiano de Sousa, *A conservação dos contratos nulos por defeito de forma*, cit., p. 76. Sob a égide do Código Civil de 1916, inclusive, sustentava-se a possibilidade de conversão de negócios simulados, a despeito de o vício, na época, ser causa de anulabilidade. Nesse sentido, por exemplo, previa Antonio Junqueira de AZEVEDO a conversão da compra e venda com pacto de retrovenda simulado em contrato de mútuo com garantia hipotecária (A conversão dos negócios jurídicos, cit., p. 189).

preponderar sobre a proteção jurídica da vontade negocial;[913] nada impede, contudo, que, no caso concreto, o julgador verifique que o pedido de anulação mostrou-se disfuncional, sendo certo que não se autoriza a invalidação total apenas porque a parte legitimada à impugnação arrependeu-se do negócio, quando a redução ou a conversão forem possíveis.

Para além dos procedimentos de conversão e de redução do negócio jurídico, outra aplicação prevista por lei para o princípio da conservação da vontade negocial consiste, em matéria sucessória, na chamada redução das disposições testamentárias. De fato, nos termos do art. 1.967 do Código Civil,[914] a cláusula testamentária por meio da qual o testador disponha de parcela superior à parte disponível de seu patrimônio não acarretará a nulidade do ato, a despeito de ferir vedação legal expressa.[915] Não haverá nem mesmo a invalidade parcial do testamento, aproveitando-se a disposição até o limite da parte disponível. Semelhante redução costuma ser frequentemente equiparada à redução do negócio jurídico prevista pelo art. 184 da Parte Geral do Código Civil, embora corresponda, a rigor, a hipótese bastante diversa. Com efeito, a redução das disposições testamentárias não deve obedecer ao equilíbrio de interesses originalmente

---

[913] Nesse sentido, afirma-se geralmente que a conversão não seria possível nos negócios anuláveis porque, para eles, já haveria as figuras específicas da ratificação e da confirmação (v., por todos, PERLINGIERI, Pietro. *Manuale di diritto civile*, cit., p. 597). No direito brasileiro, Carlos Roberto BARBOSA MOREIRA restringe a conversão aos negócios nulos, "ao menos *de lege lata*", pois para os anuláveis "há a possibilidade de confirmação", mas admite a conversão de "certos negócios meramente ineficazes (*v.g.*, pacto antenupcial, ao qual não se seguiu casamento, mas mera união estável, e que, embora ineficaz como negócio daquela natureza, pode produzir, todavia, os efeitos do 'contrato escrito' a que alude o art. 1.725 do novo Código Civil)" (Conversão do negócio jurídico, cit., p. 687). Não se vislumbra, porém, razão para se afastar, em tese, a possibilidade de recusa abusiva de convalidação do ato pela parte legitimada a tanto, hipótese em que é razoável a prevalência do princípio da conservação do negócio jurídico.

[914] *Verbis:* "As disposições que excederem a parte disponível reduzir-se-ão aos limites dela, de conformidade com o disposto nos parágrafos seguintes. §1º Em se verificando excederem as disposições testamentárias a porção disponível, serão proporcionalmente reduzidas as quotas do herdeiro ou herdeiros instituídos, até onde baste, e, não bastando, também os legados, na proporção do seu valor. §2º Se o testador, prevenindo o caso, dispuser que se inteirem, de preferência, certos herdeiros e legatários, a redução far-se-á nos outros quinhões ou legados, observando-se a seu respeito a ordem estabelecida no parágrafo antecedente".

[915] Dispõe o Código Civil: "Art. 1.857. [...] §1º A legítima dos herdeiros necessários não poderá ser incluída no testamento. [...]".

previsto pelo testador, mas, muito ao contrário, deve observar o princípio da intangibilidade da legítima, que contraria o intento do autor da herança.

Contudo, assim como o procedimento geral de redução do negócio jurídico inválido, a redução das disposições testamentárias também representa alternativa considerada mais razoável pelo legislador do que a simples ineficácia que decorreria ordinariamente da violação de norma cogente, em homenagem à máxima proteção da vontade negocial (*in casu*, à vontade do testador).[916] Além disso, a não arguição do excesso na disposição testamentária pelos herdeiros interessados acarreta a plena eficácia da cláusula.[917] Soluções semelhantes à redução das disposições testamentárias correspondem, ainda, à redução da doação inoficiosa prevista pelo art. 2.007 do Código Civil[918] e à redução da fiança prestada em montante superior ao da obrigação principal garantida, nos termos do art. 823 do Código Civil,[919] dentre tantos outros exemplos com frequência associados equivocadamente à redução do negócio jurídico, vez que igualmente imbuídos da tentativa de se preservar a vontade negocial.

Vale evidenciar, por fim, que a produção de efeitos pelo ato formalmente inválido pode se dar a despeito da vontade das partes e, portanto, em contrariedade ao princípio ora apreciado. É o que acontece na maior parte das vezes em que se admitem efeitos não previstos pelas partes para o negócio, que dificilmente estarão voltados à satisfação do interesse

---

[916] Conforme observa Giovanni PERLINGIERI em relação ao direito italiano, a preferência à ação de redução como alternativa à nulidade da disposição testamentária satisfaz "de modo mais eficaz os interesses envolvidos já que, para além da circunstância de que representa o remédio típico de proteção da quota de reserva [...], conjuga com razoabilidade a liberdade testamentária (assim como o interesse do testador à conservação do negócio e ao máximo respeito à sua vontade e personalidade) com a tutela dos [herdeiros] legitimários" (*Profili applicativi della ragionevolezza nel diritto civile*, cit., p. 88. Tradução livre).

[917] TEPEDINO, Gustavo; BARBOZA, Heloisa Helena; e MORAES, Maria Celina Bodin de (Org.). *Código Civil interpretado conforme a Constituição da República*. Volume IV, cit., p. 820. Segundo Caio Mário da Silva PEREIRA, podem promover a redução o herdeiro necessário, o sub-rogado nos seus direitos, por aquisição ou por sucessão, bem como os credores do lesado, mas não os do falecido (*Instituições de direito civil*. Volume VI, cit., p. 326.

[918] *Verbis:* "Art. 2.007. São sujeitas à redução as doações em que se apurar excesso quanto ao que o doador poderia dispor, no momento da liberalidade. [...]".

[919] *Verbis:* "Art. 823. A fiança pode ser de valor inferior ao da obrigação principal e contraída em condições menos onerosas, e, quando exceder o valor da dívida, ou for mais onerosa que ela, não valerá senão até ao limite da obrigação afiançada".

individual das mesmas. Quando se afirma, por exemplo, que a constituição de uma garantia, ainda que inválida, tem a eficácia de confissão de dívida,[920] certamente se está diante de um caso em que o único efeito reconhecido e preservado para o ato não segue a lógica de proteção da vontade negocial, sendo de difícil sustentação que o devedor, ao oferecer a garantia, pretendia também fornecer ao credor um título hábil para demonstrar a existência da dívida. A tutela da vontade negocial, assim, deve sempre ser sopesada com os demais valores em jogo, podendo ceder espaço, no caso concreto, a outros interesses,[921] que passam a se servir da conservação do ato para a sua própria promoção.[922]

---

[920] Diversos outros exemplos de conversão são aludidos por Antonio Junqueira de AZEVEDO, que as divide entre conversões legais e judiciais. Em todos eles, verificam-se efeitos que não eram, em princípio, pretendidos pelas partes (o autor, em posição mais extremada, afirma que nunca os efeitos do negócio convertido o terão sido). Alguns desses exemplos são: a instituição de substituição fideicomissária nula que se converte em substituição vulgar (art. 1.960 do Código Civil atual); a cambial nula que vale como promessa de pagamento; o contrato de mútuo feito sem a tradição, que pode ser convertido em promessa de mútuo ou abertura de crédito; a renúncia antecipada à prescrição que pode ser convertida em interrupção da mesma; o testamento nulo, que possa ser convertido em codicilo, dentre outros (A conversão dos negócios jurídicos, cit., pp. 189-190).

[921] Na doutrina italiana, Pietro PUTTI observa que o caráter protetivo das invalidades em relação a partes vulneráveis no negócio enseja uma "desvalorização, por parte do legislador, do perfil formal da invalidade em prol de um *favor contractus* geral" que supera o próprio princípio da conservação (*La nullità parziale*, cit., p. 374). Tais casos, vale observar, embora possam ser vinculados à conservação do negócio jurídico, na verdade expressam uma outra tendência, a saber, a de recondução do ato "aos parâmetros da legalidade", em expressão já usada pelo Superior Tribunal de Justiça: "A ordem jurídica é harmônica com os interesses individuais e do desenvolvimento econômico-social. Ela não fulmina completamente os atos que lhe são desconformes em qualquer extensão. A teoria dos negócios jurídicos, amplamente informada pelo princípio da conservação dos seus efeitos, estabelece que até mesmo as normas cogentes destinam-se a ordenar e coordenar a prática dos atos necessários ao convívio social, respeitados os negócios jurídicos realizados. Deve-se preferir a interpretação que evita a anulação completa do ato praticado, optando-se pela sua redução e recondução aos parâmetros da legalidade" (STJ, REsp. 1.106.625/PR, 3ª T., Rel. Min. Sidnei Beneti, julg. 16.8.2011).

[922] É o que parece ocorrer, por exemplo, nos casos em que se sustenta a subsistência de deveres anexos oriundos da boa-fé a despeito da nulidade do negócio, como deveres de proteção entre as partes ou perante terceiros: "Na celebração de um contrato, deve ler-se a permissão normativa genérica de produção, pelos particulares, de efeitos jurídicos. Quando essa celebração não se coadune com os cânones estabelecidos, o Direito sanciona recusando os efeitos pretendidos. Verifica-se agora que certos deveres acessórios, destinados, em princípio, a acompanhar a

3.2. Vedação ao benefício da própria torpeza (ou proteção da boa-fé subjetiva)

Como já se teve oportunidade de comentar, é tradicional na doutrina a afirmativa de que, em matéria de simulação negocial, seria vedada às partes a alegação da nulidade do ato.[923] Costuma-se vincular esse entendimento à incidência do princípio geral de vedação ao benefício da própria torpeza, comumente expresso por meio da máxima *nemo auditur propriam turpitudinem allegans*. Sob a égide do Código Civil de 1916, como visto, a lei era expressa em restringir a legitimação à alegação da invalidade na matéria, recorrendo a maior parte dos comentaristas ao aludido princípio para explicar a opção legislativa.[924] Parte da doutrina, contudo, discordava da disciplina legal, afirmando que a vedação ao benefício da própria torpeza deveria incidir sobre o negócio simulado para, no sentido diametralmente oposto, reforçar a ampla possibilidade de impugnação do ato, de modo que a parte interessada pudesse sempre alegar a nulidade, ainda que tenha concordado com a simulação – buscando, com isso, evitar que a contraparte tentasse fazer valer o negócio em seus termos objetivos e não de acordo com a finalidade efetivamente acordada entre elas.[925]

A supressão do dispositivo do Código anterior pela lei atual não impediu que a doutrina continuasse a restringir a legitimidade das partes à alegação

---

vinculação contratual, subsistem quando o Direito recuse eficácia à tentativa jurígena ensaiada. Esses deveres acessórios visam, pois, algo que transcende o escopo da autonomia privada: a regulação a efetuar pelos próprios sujeitos" (CORDEIRO, António Menezes. *Da boa-fé no direito civil*, cit., p. 619).

[923] Cf. item 2.2.4, *supra*.

[924] CARVALHO SANTOS considerava que o fundamento da ilegitimidade dos contraentes para a alegação da simulação sob a vigência do Código Civil de 1916 era "o princípio de moral, que não admite prevalecer-se alguém de seu próprio ato ilegal – *nemo auditur propriam turpitudinem allegans*" (*Código Civil brasileiro interpretado*. Volume II. Rio de Janeiro: Freitas Bastos, 1986, p. 398). No mesmo sentido, BEVILÁQUA, Clóvis. *Código Civil dos Estados Unidos do Brasil*. Volume I, cit., p. 356, embora aluda o autor a fórmula latina diversa: *nemo de improbitate sua consequitur actionem*.

[925] Nesse sentido, AUBRY e RAU sustentavam que "uma das partes pode também demandar fazendo prova da simulação, com o fim de evitar que a outra abuse do caráter aparente do ato simulado para fazer com que esse ato produza efeitos diferentes daqueles que a convenção realmente existente entre elas deveria engendrar" (*Cours de droit civil français*. Tome 1er., cit., p. 115. Tradução livre).

da nulidade decorrente da simulação.[926] Contemporaneamente, alega-se, inclusive, que a restrição decorreria da incidência de outro princípio geral do direito, a saber, o da vedação ao comportamento contraditório (*nemo potest venire contra factum proprium*):[927] assim, se ambas as partes celebraram voluntariamente um negócio simulado, a parte que viesse a alegar, depois, a invalidade em juízo atentaria contra sua própria conduta anterior. Tal explicação, porém, para a restrição à legitimidade de impugnação do ato simulado parece pouco adequada.[928] De fato, a vedação ao *venire contra factum proprium* costuma ser considerada uma aplicação da boa-fé objetiva, em sua função de índice do exercício abusivo de uma situação jurídica:[929] incorre em comportamento contraditório a parte cujo exercício atual de um direito, estruturalmente lícito, contraria a expectativa gerada por

---

[926] Nesse sentido, dentre outros, RODRIGUES, Silvio. *Direito civil*. Volume I, cit., p. 301; PEREIRA, Caio Mário da Silva. *Instituições de direito civil*. Volume I, cit., p. 535.

[927] Assim entende, por exemplo, Paulo LÔBO: "Não é admissível que a nulidade seja requerida justamente pela parte que deu causa a ela, ou que tinha o dever de evitá-la. Essa conduta é contrária ao princípio da boa-fé, pois quem assim age viola a vedação do *venire contra factum proprium*, voltando-se contra o próprio ato quando não mais lhe convém. Sofre, assim, atenuação a característica de ampla legitimidade a qualquer interessado" (*Direito civil*: Parte Geral, cit., p. 300).

[928] Assim, por exemplo, pondera Jan Peter SCHMIDT que, se tal aplicação do princípio dos atos próprios fosse admitida, "[...] jamais seria possível invocar a invalidade de um negócio jurídico, porque toda vez que alguém o fizesse, estaria contradizendo seu comportamento no momento da celebração do negócio, quando manifestou a sua intenção de querer se vincular. O grande perigo desse uso pouco criterioso da vedação do *venire contra factum proprium* [...] reside, pois, no seu potencial de subverter, a um golpe, todo o regime de invalidade do negócio jurídico, que o legislador estabeleceu com tanto cuidado e que é fundamental para a segurança jurídica. Aplicando a proibição do comportamento contraditório de maneira tão ampla, o juiz poderia, cada vez que a lei taxe um negócio jurídico de inválido, corrigir esse resultado a seu bel-prazer. Com isso, o regime da invalidade perderia sua força vinculante e seria nada mais que uma 'gentil recomendação' ao juiz por parte do legislador" (Alegação de invalidade como comportamento contraditório proibido?, cit., p. 424).

[929] No direito brasileiro, considera o *venire contra factum proprium* uma figura parcelar da boa-fé objetiva PENTEADO, Luciano de Camargo. Figuras parcelares da boa-fé objetiva e *venire contra factum proprium*. Revista de Direito Privado. Volume 27. São Paulo: Revista dos Tribunais, jul./2006, *passim*. Sobre a associação entre a vedação ao comportamento contraditório e o abuso do direito, v. ainda SCHREIBER, Anderson. *A proibição de comportamento contraditório*: tutela da confiança e *venire contra factum proprium*, cit., p. 146: "o *venire contra factum proprium* consiste em uma conduta aparentemente lícita, que se torna abusiva [...]".

um exercício anterior na outra parte.⁹³⁰ A seu turno, a nulidade atribuída à simulação decorre de uma rejeição, pela ordem jurídica, da ausência de veracidade da vontade declarada em relação à função efetivamente perseguida pelas partes, ainda que sem intuito fraudatório (a chamada simulação inocente).⁹³¹

Em outros termos, simular um negócio (independentemente da existência de outro negócio dissimulado, e da licitude deste) contraria a ordem jurídica.⁹³² A parte que, posteriormente, contrarie o acordo inicial e denuncie a simulação, alegando a invalidade do negócio, não poderia, em princípio, ser acusada de exercício contrário à boa-fé objetiva pela contraparte, pois a esta não assiste alegar que "confiava legitimamente" na manutenção de um acordo fictício, rejeitado pelo ordenamento.⁹³³ Eventual impedimento

---

⁹³⁰ Segundo MENEZES CORDEIRO, "a locução *venire contra factum proprium* traduz o exercício de uma posição jurídica em contradição com o comportamento assumido anteriormente pelo exercente. Esse exercício é tido, sem contestação por parte da doutrina que o conhece, como inadmissível" (*Da boa-fé no direito civil*, cit., p. 742).

⁹³¹ A despeito de autorizada doutrina que mantém o entendimento, esposado pelo art. 103 do Código Civil de 1916, de que a simulação inocente não era causa de invalidade (cf., por exemplo, PEREIRA, Caio Mário da Silva. *Instituições de direito civil*. Volume I, cit., p. 534), a maior parte dos autores tem entendido que o fato de o Código atual não ter feito semelhante distinção entre a simulação maliciosa e a inocente corrobora o entendimento de que ambas ocasionam a nulidade do ato. Nesse sentido: TEPEDINO, Gustavo; BARBOZA, Heloisa Helena; MORAES, Maria Celina Bodin de (Org.). *Código Civil interpretado conforme a Constituição da República*. Volume I, cit., p. 317; AMARAL, Francisco. *Direito civil:* introdução, cit., p. 570; VELOSO, Zeno. *Invalidade do negócio jurídico*, cit., p. 92. Nessa mesma direção, foi aprovado, na III Jornada de Direito Civil, organizada pelo Centro de Estudos Judiciários do Conselho da Justiça Federal, em 2004, o Enunciado n. 152, segundo o qual "toda simulação, inclusive a inocente, é invalidante".

⁹³² Nesse sentido, por exemplo, CARVALHO SANTOS entendia, mesmo sob a égide do Código Civil de 1916, que também a simulação inocente causava a nulidade do ato simulado – tão somente o ato dissimulado é que poderia ser válido (*Código Civil brasileiro interpretado*. Volume II, cit., p. 390).

⁹³³ A proibição de alegação da própria torpeza é assim diferenciada da teoria dos atos próprios por Anderson SCHREIBER: "o que essencialmente se reprime com o *nemo auditur propriam turpitudinem allegans* é a torpeza, o dolo, a malícia de quem praticou a conduta inicial. E o *nemo potest venire contra factum proprium*, ao contrário, independe da intenção subjetiva do agente; bastando-lhe a contradição objetiva entre dois comportamentos. [...] Quando se obsta a alegação da própria torpeza se está, a rigor, sancionando a malícia daquele que adotou certa conduta e depois pretende escapar, com base no próprio comportamento malicioso, aos seus efeitos. Pode ser que não haja sequer prejuízo a outrem, bastando a atuação torpe do agente. No *nemo*

para essa alegação há de residir na gravidade da má-fé de quem, depois, busca se beneficiar da própria torpeza alegando a invalidade – e não em suposta quebra de confiança da outra parte caracterizada como comportamento contraditório.⁹³⁴ A rigor, a parte que, arrependida da simulação, denunciasse a nulidade do ato estaria prestando, no que diz respeito estritamente à invalidade, um serviço à ordem jurídica:⁹³⁵ como as causas de

---

potest venire contra factum proprium, ao contrário, a função é exclusivamente proteger o outro, evitando a ruptura de sua confiança legítima" (*A proibição do comportamento contraditório*, cit., p. 176).

⁹³⁴ Leciona Judith MARTINS-COSTA: "Nem sempre a conduta contraditória importará no chamamento ao *venire contra factum proprium non potest*. Quando a ênfase residir não propriamente na confiança despertada legitimamente no *alter*, mas no elemento subjetivo da conduta do agente (malícia, torpeza, dolo), estará configurada situação ensejadora do brocardo *nemo auditur propriam turpitudinem allegans*. [...] Dito de outro modo: conquanto em ambos os casos se vede a deslealdade, as situações abrangidas pelo adágio *turpitudinem suam allegans non auditur* são ainda mais graves do que aquelas acolhidas sob o *venire contra factum proprium*, pois marcadas pela presença do elemento subjetivo. A questão é, no mais das vezes, de determinar qual o bem jurídico mais fortemente tutelado. Se é a proteção da confiança, o *venire* há de ser chamado. Se é a rejeição da malícia, invoca-se o *turpitudinem suam allegans non auditur*" (*A boa-fé no direito privado*, cit., p. 628).

⁹³⁵ Nesse sentido coloca-se a lição de Jan Peter SCHMIDT: "Quando o legislador cria normas imperativas, ele quer proteger certos interesses de forma absoluta, vedando, salvo exceção expressa, qualquer tipo de disposição sobre eles. Essa proteção abrange não apenas aquele indivíduo inexperiente, que não sabe o que está fazendo, mas também a pessoa que entende perfeitamente a situação jurídica e conhece a causa da invalidade. [...] Logo, o consumidor que assina uma cláusula que ele sabe ser abusiva nos termos do art. 51 CDC pode depois alegar a sua nulidade. O filho que renuncia ao seu direito de alimentos, sabendo que o art. 1.707 do CC/2002 o proíbe, pode continuar a pedi-los. O devedor que autoriza o credor pignoratício a ficar com o objeto de garantia, se a dívida não for paga no vencimento, sempre pode, com fundamento no art. 1.428 do CC/2002, alegar a nulidade do 'pacto comissório'. E a pessoa que penhora um bem que sabe ser impenhorável por causa do art. 1.º da Lei 8.009/1990, pode, no instante seguinte, e com um sorriso grande, arguir a impenhorabilidade (suponhamos, por enquanto, que o art. 3.º, V, da Lei 8.009/1990, que será tratado mais tarde, não se aplica). O direito tolera essa 'quebra de palavra', porque considera que outros interesses merecem maior proteção do que a confiança da outra parte" (Alegação de invalidade como comportamento contraditório proibido?, cit., p. 425). Note-se que o autor, porém, afasta tanto a incidência do princípio de vedação ao comportamento contraditório quanto o critério da má-fé como parâmetros para impedir a alegação da nulidade, em posicionamento diverso daquele ora sustentado: "Por isso, quem invoca a invalidade prevista por lei não atua com 'evidente má-fé', mas, ao contrário, faz exatamente o que o legislador como 'bom pai' previa e queria" (o.l.u.c.).

nulidade costumam ser associadas a lesões mais graves, interessa, em tese, ao ordenamento que ela seja suscitada por qualquer meio.[936]

Pelo mesmo argumento, não parece assistir razão à tradicional doutrina que afirmava que a consequência trazida pelo princípio de vedação ao benefício da própria torpeza aos negócios simulados deveria ser o reforço de sua impugnabilidade: como a ordem jurídica tutela a veracidade da declaração, pouco importaria se, com a alegação da simulação por uma das partes, a outra restaria prejudicada em seus interesses. Se o princípio, assim, deve surtir algum efeito sobre a disciplina da nulidade, faz mais sentido que não seja desempenhando o papel de tutela da confiança que se atribui à boa-fé objetiva: a vedação ao benefício da própria torpeza, como sugerido pela sua própria formulação, vincula-se a uma lógica mais antiga, que remete à boa-fé subjetiva das partes,[937] isto é, à tutela daqueles que desconheciam o vício que inquinava o ato e à censura de quem, ao revés, agindo com malícia ou má-fé, desejou a simulação.[938]

A opção, contudo, do codificador de 2002 por transformar a simulação em uma causa de nulidade parece ter algo a dizer a respeito dos interesses que essa causa de invalidade visa a tutelar. De fato, na simulação, o interesse

---

[936] Outros argumentos pela inaplicabilidade plena do *nemo potest venire contra factum proprium* à inalegabilidade das nulidades são apresentados por MENEZES CORDEIRO (*Da boa-fé no direito civil*, cit., p. 788).

[937] A distinção é traçada por Judith MARTINS-COSTA: "Em todas as situações, há um estado de fato, a crença legítima, de modo que a boa-fé subjetiva tem o sentido de uma situação psicológica denotando estado de fato habitualmente concretizado no convencimento do próprio direito, ou na ignorância de se estar lesando direito alheio ou, ainda, numa crença errônea, mas justificável. [...] Diz-se 'subjetiva' justamente porque, para a sua aplicação, deve o intérprete considerar a intenção do sujeito da relação jurídica, o seu estado psicológico ou íntima convicção. Antitética à boa-fé subjetiva está a má-fé, também vista subjetivamente como a intenção de lesar a outrem. [...] Diferentemente, a expressão boa-fé objetiva designa não uma crença subjetiva, nem um estado de fato, mas aponta, concomitantemente, a um instituto ou modelo jurídico (estrutura normativa alcançada pela agregação de duas ou mais normas); a um *standard* ou modelo comportamental pelo qual os participantes do tráfico obrigacional devem ajustar o seu mútuo comportamento (*standard* direcionador de condutas, a ser seguido pelos que pactuam atos jurídicos, em especial os contratantes); e a um princípio jurídico (norma de dever ser que aponta, imediatamente, a um 'estado ideal de coisas')" (*A boa-fé no direito privado*, cit., pp. 262-263).

[938] Na doutrina francesa, afirma-se que a regra visa a evitar que o contratante "que se prevalece de sua imoralidade" obtenha a restituição da prestação que realizou (TERRÉ, François; SIMLER, Philippe; LEQUETTE, Yves. *Droit civil:* les obligations. Paris: Dalloz, 2013, p. 472).

tutelado parece ser supraindividual e, por isso mesmo, indisponível pelas partes; tal constatação independeria da natureza de causa de nulidade atribuída à hipótese pelo legislador – basta pensar na situação concreta para concluir que, decorrendo do conluio entre as partes, não faz sentido supor que o interesse destas seja aquele protegido pela invalidade negocial. Por esse motivo (e não, propriamente, pela disciplina geral atinente à legitimidade para arguição das nulidades), não parece fazer sentido impedir que as partes aleguem a nulidade do negócio simulado: embora o vício decorra, de fato, da própria torpeza dos celebrantes, está em jogo um interesse sobre a veracidade negocial que, em linhas gerais, não pertence a eles, e que há de preponderar na maior parte dos casos.[939]

Isso não significa que o princípio do *nemo auditur propriam turpitudinem allegans* não surta nenhuma repercussão sobre a modulação de efeitos da simulação. Essa repercussão, porém, parece incidir sobre outros aspectos do regime a ser aplicado ao negócio simulado, e não propriamente sobre a legitimidade de impugnação. Parece razoável, assim, invocar o princípio para evitar, por exemplo, que uma parte, que alegou a simulação e pediu o reconhecimento judicial da nulidade do negócio, venha a cobrar da outra o ressarcimento por eventuais perdas e danos decorrentes do desfazimento do negócio: ora, se ambas arquitetaram a simulação do negócio, ambas concorreram culposamente para o dano que uma delas viria a sofrer ao pretender o reconhecimento da nulidade do mesmo – o que provavelmente resultará, quando não no afastamento do dever de indenizar da outra parte, ao menos em uma repercussão substancial no *quantum* indenizatório, tendo em vista o fato concorrente de quem impugna o ato.[940]

No que tange à aplicação do princípio de vedação da própria torpeza especificamente à legitimidade de arguição da invalidade, seu campo de

---

[939] Nesse sentido, Zeno VELOSO, segundo o qual, a partir da vigência do Código Civil: "um simulador pode agir contra o outro, para obter a declaração de nulidade do negócio que celebraram, e isto se explica pelo fato de a simulação acarretar, no sistema anterior, a anulabilidade, e, atualmente, determinar a nulidade do negócio, que pode ser alegada por qualquer interessado" (*Invalidade do negócio jurídico*, cit., p. 93). Com o mesmo entendimento, cf. MELLO, Marcos Bernardes de. *Teoria do fato jurídico*: plano da validade, cit., p. 138.

[940] Muito embora parte da doutrina afirme que a regra *nemo auditur propriam turpitudinem allegans* se restrinja ao pedido de restituição na declaração de nulidade e não possa influenciar, portanto, eventual pretensão reparatória. Nesse sentido: MALAURIE, Philippe; AYNÈS, Laurent. *Droit des obligations*. Paris: LGDJ, 2015, p. 362.

atuação parece ser, mais propriamente, o da anulabilidade negocial. De fato, como as causas de anulabilidade tutelam, em regra, interesses individuais das partes (e, evidentemente, apenas nos casos em que de fato for este o interesse precipuamente protegido), torna-se possível impedir que a pessoa que deu causa ao vício negocial venha a alegá-lo *a posteriori*, quando outro valor juridicamente relevante não indicar solução diversa. Nesse cenário, ao contrário do que se verifica com a simulação, se o interesse tutelado tocar particularmente à mesma pessoa que deu causa à invalidade negocial, é muito provável que, avaliando o equilíbrio dos interesses no caso concreto, entenda o julgador pela impossibilidade do pedido de anulação por quem era legitimado segundo a regra geral – normalmente, aliás, a única pessoa que detinha legitimidade para a impugnação.

Um exemplo do que se acaba de descrever não apenas foi previsto pelo legislador como constitui o caso mais tradicional de aplicação do princípio de vedação ao benefício da própria torpeza (mais ainda do que a incidência do princípio em matéria de simulação). Trata-se da hipótese em que o menor púbere, isto é, o relativamente incapaz por motivo de idade, fazendo-se passar por pessoa plenamente capaz, celebra determinado negócio jurídico sem assistência e, posteriormente, arrependendo-se, pretende a anulação do ato.[941] Em situações tais, o Código Civil dispõe, expressamente, em seu art. 180 que "o menor, entre dezesseis e dezoito anos, não pode, para eximir-se de uma obrigação, invocar a sua idade se dolosamente a ocultou quando inquirido pela outra parte, ou se, no ato de obrigar-se, declarou-se maior".[942] A *ratio* do dispositivo é simples: no

---

[941] Afirma-se tradicionalmente a respeito que "A malícia supre a idade, *malitia supplet aetatem*. O menor, que, dolosamente, esconde a sua idade e consegue convencer a outrem, de que é capaz, não pode invocar, depois, a proteção da lei em favor da sua debilidade mental. A malícia não deve aproveitar a ninguém, diz outro brocardo, nem, ainda, aos menores" (BEVILÁQUA, Clóvis. *Código Civil dos Estados Unidos do Brasil*. Volume I, cit., p. 422). Desse modo, "a ordem jurídica nega ao relativamente incapaz, que obrou de má-fé, por ação ou omissão, na conclusão do negócio, o direito de pleitear a sua anulação, impedindo-o de se beneficiar da própria torpeza" (TEPEDINO, Gustavo; BARBOZA, Heloisa Helena; MORAES, Maria Celina Bodin de (Org.). *Código Civil interpretado conforme a Constituição da República*. Volume I, cit., pp. 330-331).
[942] Tal consequência é considerada verdadeira punição ao incapaz, como leciona Caio Mário da Silva PEREIRA: "Costuma-se dizer, neste caso, que a malícia supre a idade, o que não é precisamente verdadeiro, pois a idade não pode considerar-se suprida pela má- fé; tem-se, contudo, convalescido o ato por via transversa, em razão de recusar a ordem jurídica proteção

caso da invalidade decorrente de incapacidade relativa por força de idade, entende-se que o interesse tutelado é prioritariamente do próprio incapaz (embora não pareça adequado afirmar que não há interesse social algum nessa proteção, em se tratando de pessoa que ainda se reputa vulnerável perante a ordem jurídica).[943] Por isso, admite-se que a sua torpeza ao ocultar a idade afaste, em boa parte das vezes, a legitimidade para alegar o vício.

Em boa parte das vezes: porque, mesmo neste caso de expressa disposição legal, não se pode considerar que, em todos os casos, a malícia do adolescente suprirá sua idade, como sugere o brocardo latino (*malitia supplet aetatem*). Preliminarmente, não se discute que, se for possível identificar uma segunda causa de anulabilidade, ainda que faticamente relacionada à idade (por exemplo, o menor que, com dezesseis anos e sem assistência, contrata prestação excessivamente desproporcional por força de sua inexperiência, incorrendo também em lesão), ainda será possível ao incapaz pretender a anulação. O art. 180, aliás, pressupõe tal conclusão, ao vedar apenas que o menor invoque "sua idade", sem afastar outras causas de invalidade. Além disso, porém, pode acontecer, em casos extremos, que outro valor juridicamente relevante determine a legitimidade para alegação do vício pelo menor a despeito de ter este ocultado sua idade: pense-se, por exemplo, no caso do adolescente que, fazendo-se passar por plenamente capaz e negociando com outro particular, contrata a aquisição de artigo de luxo, absolutamente supérfluo para ele, por preço correspondente ao de mercado, mas que levaria à absoluta insolvência sua e de sua família. Não haverá, no caso, lesão ou qualquer outro defeito negocial; no entanto, não se deve afastar, *a priori*, a possibilidade de o menor pedir a anulação do negócio, sobretudo quando for possível o retorno das partes *in statu quo ante*

àquele que se conduziu maliciosamente, e assim deixando de vir em seu socorro, como punição por haver procedido de má- fé" (*Instituições de direito civil*. Volume I, cit., p. 181).

[943] Um indício dessa proteção parece estar na exigência, tradicional em doutrina, de que a parte que contrata com o menor estivesse de boa-fé. Se não o estivesse, considera-se que, não tendo o menor logrado enganar a outra parte, não está mais impedido de alegar sua incapacidade. Nesse sentido, pondera Vicente RÁo: "Considerada, na hipótese, a situação do menor relativamente incapaz, cabe falar-se em inadmissibilidade de invocação do próprio dolo [...]; considerada, porém, a situação da outra parte, é da proteção de sua boa-fé que se trata, isto é, de sua boa-fé saneadora do defeito de incapacidade do outro contraente" (*Ato jurídico*, cit., p. 228). Com o mesmo entendimento, cf. SANTOS, Carvalho. *Código Civil brasileiro interpretado*. Volume III, cit., p. 296.

(por exemplo, com a restituição da coisa e o pagamento de eventuais perdas e danos, que talvez comprometam em grau muito menor o patrimônio do incapaz) – sobretudo se não restar evidenciado que a outra parte adotou a diligência devida ao investigar sua idade.

Outro exemplo de aplicação do princípio da vedação à própria torpeza em matéria de anulabilidade reside na figura do chamado *dolo recíproco*, *dolo bilateral* ou *dolo enantiomórfico*. De fato, preceitua o art. 150 do Código Civil que, durante a negociação, "se ambas as partes procederem com dolo, nenhuma pode alegá-lo para anular o negócio, ou reclamar indenização". Nesses casos, a conduta maliciosa de uma das partes é compensada pelo agir da parte contrária, igualmente imbuído de má-fé, a justificar que, a despeito do encontro de duas declarações de vontade viciadas, os respectivos interessados não possam alegar a invalidade e nem mesmo buscar eventual reparação civil.[944]

Pode o princípio de vedação ao benefício da própria torpeza ser aplicado, no que tange à restrição da legitimidade de impugnação, em matéria de nulidade? À luz das considerações traçadas até agora, tal possibilidade é plenamente admissível,[945] na medida em que, como se teve oportunidade de destacar,[946] a vinculação rígida das causas de nulidade a interesses sociais e das causas de anulabilidade a interesses individuais comporta muitos temperamentos.[947] Analogicamente ao que se acaba de sustentar a respeito

---

[944] A respeito, pondera Carlos Nelson KONDER: "Neste caso, conforme o princípio geral de direito de que ninguém pode beneficiar-se da própria torpeza, a sanção imposta pela norma é de que nenhum dos dois pode alegar o dolo alheio. Na ponderação entre a liberdade de não ser enganado e a confiança criada na outra parte, aqui entra o elemento de que o agente também atuou de forma a frustrar a confiança alheia e, assim, o negócio subsiste, sem poder ser anulado" (Erro, dolo e coação: autonomia e confiança na celebração dos negócios jurídicos, cit., p. 624).
[945] Nessa direção, leciona Judith MARTINS-COSTA que "as consequências ligadas à aplicação do *nemo auditur* consistem, modo geral, na suspensão ou modulação de determinada eficácia típica no negócio; ou pela atribuição de efeito ao nulo; nessas situações, impondo-se limites ao exercício de determinada posição jurídica" (*A boa-fé no direito privado*, cit., p. 633).
[946] Cf. item 2.2.1, *supra*.
[947] Valiosa a lição de Zeno VELOSO: "No que se refere às restituições entre os próprios figurantes, até para evitar que alguém se locuplete e, eventualmente, venha a lucrar e enriquecer com a sordidez praticada – *nemo auditur propriam turpitudinem allegans* –, e no que tange a terceiros de boa-fé – personagens nem sempre lembrados, nem sempre protegidos –, precisamos reconstituir o preceito da projeção retrooperante e oponível *erga omnes* da sentença que declara a nulidade ou da que anula o negócio jurídico" (*Invalidade do negócio jurídico*, cit., p. 364).

da anulabilidade, é possível cogitar de causas de nulidade negocial que protejam prioritariamente o interesse de uma das partes ou de terceiros. Nesses casos, resulta de todo razoável que esses interessados, tendo compactuado maliciosamente com a causa de nulidade (ou mesmo dado causa a ela), não se considerem legitimados, posteriormente, a alegá-la em juízo, a despeito da regra geral segundo a qual se admite a qualquer pessoa com interesse de agir suscitar essa espécie de invalidade.[948]

Importante aplicação, nesse sentido, consiste na previsão, já existente sob a égide da codificação anterior, e reproduzida atualmente pelo art. 883 do Código Civil, segundo a qual "não terá direito à repetição aquele que deu alguma coisa para obter fim ilícito, imoral, ou proibido por lei [...]". De fato, semelhante negócio seria, em princípio, nulo, por ilicitude do objeto ou do motivo determinante comum às partes; desse modo, o reconhecimento de sua invalidade implicaria o retorno das partes ao *status quo ante*. No entanto, repudia a ordem jurídica o benefício da própria torpeza; refuta-se, por isso, que qualquer das partes, ao alegar a invalidade, pretenda a restituição do que foi pago em cumprimento ao negócio nulo.[949] Em atenção, porém, a outro princípio relevante para fins de modulação dos efeitos da nulidade – a saber, a vedação ao enriquecimento sem causa –, inovou o legislador ao prever, no parágrafo único do mesmo dispositivo, que "o que se deu reverterá em favor de estabelecimento local de beneficência, a critério do juiz".

O princípio de vedação ao benefício da própria torpeza também tem sido posto em prática pela jurisprudência pátria, inclusive pelo Superior Tribunal de Justiça. Assim, por exemplo, já decidiu a Corte que certa

---

[948] "Há de entender-se que o interesse que compõe o suporte fático do art. 168, *caput* [do Código Civil], seja um interesse digno de tutela jurídica. Logo, não haverá interesse (e não poderá ser invocada a nulidade por quem lhe deu causa) se o interesse for torpe, malicioso" (MARTINS-COSTA, Judith. *A boa-fé no direito privado*, cit., p. 640). Observa-se, a respeito, que, embora a regra em matéria de nulidade seja a legitimidade ampla para sua alegação, "falece o interesse quando revestido pela torpeza que a lei também veda. Nesse caso, a boa-fé (por sua figura parcelar de rejeição à alegação da própria torpeza) autoriza conferir, mesmo a ato nulo, alguma medida de eficácia" (o.l.u.c.).

[949] Conforme observa Judith MARTINS-COSTA, "permanece vedado o direito à repetição pela parte que realizou pagamento para obter fim proibido por lei. É possível concluir, portanto, no sentido da vedação – tradicionalíssima em nosso sistema – da repetição do pagamento quando há torpeza" (*A boa-fé no direito privado*, cit., p. 635).

emissora de televisão, que contratara serviços de reforma de suas instalações por uma sociedade especializada, não podia alegar a nulidade do contrato com base na ausência de seriedade do preço, pois, tendo sido avençado que a contraprestação seria paga na forma de cessão de espaço publicitário em sua programação (espaço cujo valor é fixado unilateralmente por ela), a alegação da suposta nulidade implicaria o benefício da própria torpeza.[950] Entendeu a Corte que, no caso concreto, a invalidade acabava por tutelar exclusivamente o interesse de quem a alegava, e que essa pessoa também era quem havia dado causa ao vício.[951] Em outra interessante decisão, empregou o STJ o princípio do *nemo auditur propriam turpitudinem allegans* para modular, não a legitimidade para arguição da invalidade, mas a extensão da desconstituição de seus efeitos. *In casu*, um fiador havia se declarado separado, omitindo o fato de que mantinha união estável, para dispensar a vênia da companheira na prestação da fiança. Entendeu a Corte que a fiança seria parcialmente inválida com base no princípio da vedação à alegação da própria torpeza, a despeito do Enunciado n. 332 de sua Súmula, que comina a "ineficácia total" da garantia prestada sem outorga uxória.[952] Buscou-se, com a invalidade parcial, resguardar a integridade da meação da consorte, sem, contudo, beneficiar o fiador com a própria torpeza, em decisão que, atenta à peculiaridade do caso, levou em conta todos os interesses envolvidos.

---

[950] STJ, 4ª T., AgRg. no REsp. 479.746/RJ, Rel. Min. Carlos Fernandes Mathias, julg. 2.10.2008, publ. 24.11.2008.

[951] Decidiu o STJ: "A alegação de nulidade do pacto ante a ausência de preço sério não merece guarida, pois, de fato, é a própria recorrente que estabelece o custo dos serviços que fornece, portanto absolutamente credenciada a valorar tal prestação, sob pena de macular o conhecido brocardo jurídico '*nemo auditur propriam turpitudinem allegans*' (ninguém pode se beneficiar da própria torpeza), verdadeiro princípio geral de direito".

[952] STJ, 6ª T., AgRg. no REsp. 1.095.441/RS, Rel. Min. Og Fernandes, julg. 17.5.2011, publ. 1.6.2011. O acórdão recebeu a seguinte ementa: "Agravo regimental no recurso especial. Contrato de locação. Fiança sem outorga uxória. Súmula 332/STJ. Particularidade fática do caso concreto que afasta a aplicação do entendimento sumulado desta corte. Meação da companheira resguardada. 1. Tendo o fiador faltado com a verdade acerca do seu estado civil, não há como declarar a nulidade total da fiança, sob pena de beneficiá-lo com sua própria torpeza. 2. Assegurada a meação da companheira do fiador, não há que se falar em ofensa à legislação apontada. Particularidade fática do caso que, por si só, afasta a aplicação do entendimento fixado pela Súmula nº 332/STJ".

3.3. Tutela da confiança (ou proteção da boa-fé objetiva)

O princípio da boa-fé objetiva vem sendo responsável por verdadeira remodelação do direito privado brasileiro nos últimos anos, a tal ponto que o trabalho da doutrina contemporânea tem sido, muitas vezes, o de conter sua expansão em searas nas quais sua invocação, destoando dos seus próprios limites lógicos de conteúdo, possa resultar vazia ou atécnica, banalizando-o.[953] Em sede de invalidade negocial, no entanto, a boa-fé objetiva encontra um âmbito natural de aplicação.[954] Uma de suas três ocorrências expressas no Código Civil localiza-se justamente na teoria geral dos negócios jurídicos, prevendo o art. 113 a função interpretativa da boa-fé objetiva em matéria negocial.[955] De outra parte, a absorção da lógica da boa-fé objetiva como parâmetro de conduta entre partes contratantes pela disciplina dos defeitos do negócio jurídico representou uma fundamental guinada valorativa do Código atual em relação ao anterior.[956] Assumiu-se,

---

[953] Critica-se, nesse ponto, o fenômeno que já se denominou "superutilização da boa-fé objetiva": "a intensa força retórica da expressão tem habituado magistrados a simplesmente mencionar a boa-fé na fundamentação de suas decisões sem qualquer espécie de consideração adicional. O resultado é o alargamento do conceito a tal ponto que a sua função passa a se confundir com a do inteiro ordenamento jurídico. Em outras palavras, invocada como receptáculo de todas as esperanças, a boa-fé acaba por correr o risco de se converter em um conceito vazio, inútil mesmo na consecução daqueles fins que tecnicamente lhe são próprios" (SCHREIBER, Anderson. *A proibição de comportamento contraditório*, cit., p. 122).

[954] Conforme anota TORQUATO CASTRO, "a doutrina e a jurisprudência, 'fontes' cada vez mais concretas que a literalidade da lei, apontam com cada vez maior ênfase para o requisito da 'boa-fé' como decisivo para a validade das disposições contratuais. Nesse sentido, a chamada 'boa-fé' objetiva funciona, como veremos, propiciando uma espécie de paradigma hermenêutico, apto para uma reconstrução menos formalista da própria definição do que seja o ato jurídico válido" (*A pragmática das nulidades e a teoria do ato jurídico inexistente*, cit., p. 138). O autor considera a boa-fé objetiva uma "regra de calibração", "como o termostato de uma geladeira", que serve para "regular a dinâmica funcional do sistema, de modo a conservar o seu equilíbrio, impedindo que ele incorra em disfunção" (Ibid., p. 140).

[955] *Verbis:* "Art. 113. Os negócios jurídicos devem ser interpretados conforme a boa-fé e os usos do lugar de sua celebração".

[956] "Assim, o exame do negócio jurídico, capaz de vincular as partes a efeitos jurídicos, não se deve pautar pela investigação subjetiva do querer individual, mas tampouco, em nome da segurança jurídica, prender-se exclusivamente à forma pela qual a vontade foi declarada; as tendências hodiernas dirigem-se a considerar o padrão de conduta do declarante que justifique imputar-lhe as consequências pela declaração de vontade e a avaliação, no caso concreto, da

assim, definitivamente a teoria da confiança[957] em substituição à teoria da responsabilidade que vigorava na codificação anterior.[958]

Como se sabe, tem sido historicamente pela teoria dos vícios do consentimento e, particularmente, pela disciplina do erro[959] que se tem podido observar, ao longo da evolução do direito civil, a alternância entre teorias que privilegiam a vontade real em detrimento da vontade declarada, nas hipóteses de dissonância entre ambas, e teorias que privilegiam a segunda em face da primeira.[960] Herdeira das teorias da vontade e da declaração

---

legítima confiança construída entre as partes" (KONDER, Carlos Nelson. Erro, dolo e coação: autonomia e confiança na celebração dos negócios jurídicos, cit., p. 612).

[957] Sobre a importante mudança valorativa proporcionada pela adoção da teoria da confiança, aduz Anderson SCHREIBER: "ao impor sobre todos um dever de não se comportar de forma lesiva aos interesses e expectativas legítimas despertadas no outro, a tutela da confiança revela-se, em um plano axiológico-normativo, não apenas como principal integrante do conteúdo da boa-fé objetiva, mas também como forte expressão da solidariedade social, e importante instrumento de reação ao voluntarismo e ao liberalismo ainda amalgamados ao direito privado como um todo" (*A proibição de comportamento contraditório*, cit., p. 95). Complementa o autor: "Em outras palavras, o reconhecimento da necessidade de tutela da confiança desloca a atenção do direito, que deixa de se centrar exclusivamente sobre a fonte das condutas para observar também os efeitos fáticos da sua adoção" (Ibid., p. 94).

[958] Conforme relata MOREIRA ALVES, considerou-se a teoria da confiança "superior" à teoria da responsabilidade, pois tornaria mais difícil a anulação, ao mesmo tempo em que impediria a responsabilização de quem errou ainda quando o erro não fosse culposo (*A Parte Geral do Projeto de Código Civil brasileiro*, cit., p. 141).

[959] À luz do Código Civil de 1916, em que o critério da inescusabilidade do erro era o mais relevante para fins de determinação da anulabilidade do negócio jurídico eivado desse vício, observava Vicente RÁO que a tutela da aparência não dependia apenas da boa-fé, mas também, concomitantemente, da análise do erro (*Ato jurídico*, cit., p. 243).

[960] Como descreve TRABUCCHI, "quem vê no direito sobretudo a expressão das exigências sociais seguirá, para a tutela do tráfego, a teoria da declaração; quem, ao revés, quer afirmada a tutela das posições individuais dará maior relevo ao fator vontade. Entre as duas teses extremas foram se formando concessões de compromisso e, à vontade, alguns fizeram substituir a responsabilidade; à declaração, a confiança" (*Istituzioni di diritto civile*, cit., p. 168. Tradução livre). No direito brasileiro, afirma Carlos Nelson KONDER: "Reconhece-se, assim, que nos casos de perturbações na declaração negocial, há a busca de um equilíbrio entre interesses antagônicos: evitar o aprisionamento do declarante à vontade perturbada com a manutenção do negócio, mas tampouco ser levado à desconsideração das legítimas expectativas depositadas pelo declaratário. Esse equilíbrio, resultado da ponderação entre os princípios da liberdade individual e da solidariedade social, não importa desprezar a autonomia que deve ter o declarante de não se vincular juridicamente se esta não seria sua vontade, mas de conciliá-la com

(defendidas por juristas do porte de Savigny[961] e Saleilles,[962] respectivamente), a teoria da responsabilidade, privilegiando a vontade recôndita do celebrante que errou, admitia o desfazimento do negócio na hipótese de erro essencial, determinando a indenização da parte prejudicada por perdas e danos caso o erro se considerasse inescusável[963] (art. 86 do Código Civil de 1916).[964] Caminhando na direção oposta,[965] a teoria da confiança, expressa particularmente pelo art. 138 do Código atual,[966] adota a recognoscibilidade do erro como requisito para a anulabilidade do negócio, protegendo, assim, aquele que, tendo adotado a diligência média determinada pela boa-fé objetiva, confiou na higidez da declaração volitiva da outra parte, em circunstâncias nas quais não poderia perceber o erro em

---

o respeito aos legítimos interesses do declaratário que, de boa-fé, confiou na vontade declarada" (Erro, dolo e coação: autonomia e confiança na celebração dos negócios jurídicos, cit., p. 612).

[961] Cf. SAVIGNY, F. K. von. *Traité de droit romain*. Tome III. Paris: Firmin Didot Frères, 1843, Appendice VIII. Sob a teoria da vontade, note-se, ao contrário do que normalmente se supõe, a proteção à vontade real não era ilimitada. SAVIGNY propunha que o erro não poderia decorrer de negligência do declarante, e que, quanto ao erro de direito, deveria o mesmo ser provado pelo interessado (pp. 343-344).

[962] SALEILLES, Raymond. *De la déclaration de volonté*. Paris: Librairie Cotillon, 1901, pp. 12 e ss.

[963] Como leciona Silvio RODRIGUES a respeito da teoria da responsabilidade, "tal teoria reconhece que, mesmo desacompanhada da vontade, pode a declaração ter efeito obrigatório quando a disparidade entre ela e a vontade real decorrer de culpa ou dolo do declarante. Em tal caso, o declarante vincula-se, a despeito de não o querer, por isso que é responsável pelo desacordo entre o que disse e o que quis" (*Direito civil*. Volume I, cit., pp. 185-186). Conforme registra Carlos Nelson KONDER, "embora controversa, a exigência de escusabilidade do erro já foi um grande avanço para a superação do que restava da teoria da vontade e para o atendimento das demais exigências da convivência social na normatização dos negócios, em especial para a proteção da confiança e para o atendimento ao princípio da solidariedade" (Erro, dolo e coação: autonomia e confiança na celebração dos negócios jurídicos, cit., p. 617).

[964] Dispunha o Código Civil de 1916: "Art. 86. São anuláveis os atos jurídicos quando as declarações de vontade emanarem de erro substancial".

[965] Conforme observa Maria Celina BODIN DE MORAES, "A opção do novo Código sacrifica claramente o valor da 'vontade interna' do declarante" (A causa do contrato, cit., p. 11).

[966] *Verbis*: "Art. 138. São anuláveis os negócios jurídicos, quando as declarações de vontade emanarem de erro substancial que poderia ser percebido por pessoa de diligência normal, em face das circunstâncias do negócio".

que esta incorrera.⁹⁶⁷ Superam-se, assim, definitivamente os traços voluntaristas da codificação anterior.⁹⁶⁸

Afirma-se amplamente, nesse sentido, que a teoria da confiança se volta à proteção da aparência no direito civil; fala-se mesmo em *teoria da aparência*.⁹⁶⁹

⁹⁶⁷ A evolução de uma teoria à outra é descrita por Humberto THEODORO JÚNIOR, que conclui: "O último grau de evolução do tratamento do problema do erro no negócio jurídico foi acrescido pela teoria da confiança. Não basta analisar o dissídio entre vontade e declaração apenas no ângulo de quem a emite. É preciso levar em conta também o comportamento de quem a recebe. É preciso indagar se este manteve sua expectativa de vinculação segundo a boa-fé, ou se de alguma forma concorreu com culpa no evento" (Dos defeitos do negócio jurídico no novo Código Civil, cit., p. 67). No mesmo sentido, Maria Celina BODIN DE MORAES: "Mesmo que se pudesse, através do exame das disposições legais pertinentes, percorrer o caminho traçado pelo legislador civil brasileiro quanto à relevância atribuída à vontade, do ponto de vista teórico o resultado encontra-se prejudicado pelo conceito, hoje dominante, de que a vontade, ainda que seja o quid que dá vida ao negócio, se se mantém interiorizada, pouco importa para o ordenamento. [...] Não basta, como antes, alegar a distorção entre a vontade real e a declarada; agora é necessário também que o receptor pudesse ter percebido que o declarante se encontrava em erro para que o negócio seja passível de anulação" (A causa do contrato, cit., p. 11).

⁹⁶⁸ Na análise sempre atual de Orlando GOMES, ainda sob a égide do Código Civil de 1916, "a boa-fé nos contratos, a lealdade nas relações sociais, a confiança que devem inspirar as declarações de vontade e os comportamentos exigem a proteção legal dos interesses jurisformizados em razão da crença em uma situação aparente, que tomam todos como verdadeira. Coincide esse propósito tutelar com a tendência atual para a substituição do conceito voluntarístico do negócio jurídico pelo que se insere nas ideias de auto-responsabilidade e confiança" (*Transformações gerais do direito das obrigações*. São Paulo: Revista dos Tribunais, 1967, p. 96).

⁹⁶⁹ De acordo com Carlos Nelson KONDER, "a teoria da aparência, fazendo uso da denominação mais utilizada em doutrina, é um instrumento por meio do qual, em nome da proteção do sujeito de boa-fé, se desconsidera o vício interno de uma situação aparentemente válida para fazer valer a situação como se perfeita e regular fosse. Para proteger aquele que, de boa-fé, negocia com um falso titular do direito, a lei impõe a produção dos mesmos efeitos jurídicos que o negócio surtiria se ocorresse com o assentimento do verdadeiro legitimado, invadindo, portanto, seu patrimônio. [...] Os relevantes interesses em jogo gerados pelo 'parecer' levam a reconhecer efeitos jurídicos naquela situação a princípio puramente fática. O erro é eliminado por força da lei e a vontade de quem errou é preservada não através da anulação de um negócio, como no erro-vício, mas ao reconhecer eficácia às declarações que formam o conteúdo do ato. [...] Com a proteção de quem, de boa-fé, confiou na aparência também se evita uma incômoda, trabalhosa, ou mesmo impossível verificação preventiva da realidade, garantindo a agilidade e praticidade necessárias ao comércio jurídico cotidiano" (A proteção pela aparência como princípio. In: BODIN DE MORAES, Maria Celina. *Princípios do direito civil contemporâneo*. Rio de Janeiro: Renovar, 2006, pp. 114-115).

Não, porém, qualquer aparência, mas a aparência de regularidade da emissão volitiva suficiente para gerar expectativas legítimas quanto à validade do ato,[970] ou seja, a aparência que se insere no âmbito de atuação da boa-fé objetiva.[971] De fato, embora já se tenha associado a proteção da aparência ao vetusto brocardo *error communis facit ius* ("o erro comum cria direito"), na esteira da doutrina francesa da proteção da aparência, tal equiparação não parece desejável, tendo em vista que confunde o equívoco geral decorrente de qualquer causa com a confiança efetivamente despertada em determinada pessoa (efetiva hipótese de aparência juridicamente relevante).[972] Em vez disso, conclui-se contemporaneamente que a simples noção de erro compartilhado pela generalidade das pessoas não se mostra um critério suficiente.[973]

---

[970] Segundo Vicente RÁO, a proteção da aparência de direitos depende de: "a) uma situação de fato cercada de circunstâncias tais que manifestamente a apresentem como se fora uma segura situação de direito; b) situação de fato que assim possa ser considerada segundo a ordem geral e normal das coisas; c) e que, nas mesmas condições acima, apresente[-se] o titular aparente como se fora titular legítimo, ou o direito como se realmente existisse" (*Ato jurídico*, cit., p. 243). Já para Fernando NORONHA, são requisitos (embora alguns deles possam ser dispensados pela intensidade da presença dos demais): "a) a existência de uma situação aparente, isto é, uma situação de fato externa que parece ser uma coisa, mas na realidade é outra (isto é o que alguns autores chamam de elemento visível, encobrindo a realidade); b) a confiança legítima do interessado (fundamentando a sua boa-fé); c) um investimento de confiança do interessado, traduzindo-se em regra num ato de disposição patrimonial oneroso; d) uma imputabilidade objetiva da situação ao prejudicado" (*Direito das obrigações*, cit., p. 417).

[971] Oportuna, nesse ponto, a lição de Alberto TRABUCCHI: "Confiança não quer dizer valor absoluto da aparência, mas sim proteção da boa-fé. Hoje, o princípio da boa-fé tornou-se geral para o direito; é um requisito do agir, [...] e quem age em boa-fé, confiando no que parece segundo as manifestações alheias, deve ser protegido. Mas boa-fé não é servil ignorância, assim como confiança não é cega fidúcia. É salvaguardado apenas o terceiro que tenha sido diligente ao informar-se. [...] Com muita frequência na vida do direito descobriremos que os efeitos da situação jurídica são atribuídos a uma hipótese fática apenas porque esta apresenta a aparência de correspondentes elementos reais" (*Istituzioni di diritto civile*, cit., p. 168. Tradução livre).

[972] A crítica é formulada por Orlando GOMES, segundo o qual "a verdadeira aparência do direito não se confunde, todavia, com o erro comum", uma vez que, "para a teoria do *error communis*, é indiferente a atitude ou comportamento da pessoa a quem se refere o erro, bastando a convicção geral de que o estado de fato corresponde ao estado de direito, enquanto, para a teoria da aparência, é importante, justamente, que esse comportamento seja a causa do erro ou engano do terceiro" (*Transformações gerais do direito das obrigações*, cit., p. 97).

[973] A respeito, afirma Carlos Nelson KONDER que "a crítica central ao *error communis* está na necessidade de que o erro seja compartilhado, se não pela totalidade, ao menos pela generalidade das pessoas, desprezando as peculiaridades de cada caso. O caminho trilhado por parte

Afastando-se de critérios subjetivos,[974] procura o direito um parâmetro objetivo de aferição de condutas, e o encontra no padrão de diligência ditado pela boa-fé objetiva, de modo que o questionamento do intérprete passa a ser se a aparência de validade apresentada pelo ato seria bastante para que uma pessoa, adotando a diligência mínima que se lhe exige, nela confiasse.[975] A adoção da cláusula geral da boa-fé objetiva como critério, de outra parte, evita a restrição observada, por exemplo, no ordenamento alemão, que vincula a proteção da aparência à publicidade que reveste o título do direito aparente – opção incompatível com sistemas que não seguem a rígida lógica formalista germânica.[976]

Daqui já se extrai uma fundamental aplicação do princípio da boa-fé objetiva em matéria de anulabilidade negocial.[977] No que tange ao consentimento viciado por erro essencial, a invalidade não é oponível ao outro

---

da doutrina é, diante da insuficiência do erro como fundamento da aparência, combiná-lo com a boa-fé" (A proteção pela aparência como princípio, cit., p. 123).

[974] Conforme alude Orlando GOMES, trata-se da tendência seguida pela doutrina italiana, que acolhe, "como aparentes, situações de fato nas quais se torna necessária a proteção do terceiro porque se apresentam, objetivamente, capazes de suscitarem engano a qualquer pessoa que as considerasse. Necessário, assim, que esteja o terceiro de boa-fé, que ignore se tratar de situação irreal, ainda quando seja generalizada a opinião de que é real. Exige-se, entretanto, que a aparência seja constituída por uma situação jurídica objetiva, que a justifique" (*Transformações gerais do direito das obrigações*, cit., p. 97). Ressalta Carlos Nelson KONDER: "Imagine-se a insegurança social e os prejuízos que resultariam de se permitir que qualquer negócio pudesse ser desfeito sempre que o declarante alegasse que não teve uma adequada compreensão da realidade" (Erro, dolo e coação: autonomia e confiança na celebração dos negócios jurídicos, cit., p. 613).

[975] A doutrina costuma alertar para o fato de que, "se a aparência de direito possui a força de princípio, nem por isso, em sua aplicação, pode-se dispensar o emprego da máxima cautela, à vista da delicadeza da matéria e da possibilidade de se causar prejuízo injusto ao direito alheio" (RÁO, Vicente. *Ato jurídico*, cit., p. 247).

[976] Cf. GOMES, Orlando. *Transformações gerais do direito das obrigações*, cit., p. 96.

[977] Em sentido parcialmente contrário, Carlos Nelson KONDER afirma que, "embora partilhe do mesmo fundamento do princípio da boa-fé objetiva – a confiança –, tomar a proteção pela aparência como um aspecto de sua aplicação só seria possível mediante a deturpação dos claros confins da boa-fé objetiva e seria uma contribuição para um nocivo movimento de sua banalização" (A proteção pela aparência como princípio, cit., p. 133). Em sentido contrário, Judith MARTINS-COSTA filia a proteção da aparência à boa-fé subjetiva, e não objetiva: "pela expressão boa-fé subjetiva trata-se ou de designar um fato pelo qual um sujeito tem a convicção, ainda que errônea, de estar a respeitar o Direito, pois crê na legalidade da situação; ou de indicar a situação de um terceiro que deve ser protegido porque confiou – legitimamente – na aparência de certo ato" (*A boa-fé no direito privado*, cit., p. 262).

celebrante se este estava de boa-fé, preservando-se para ele os efeitos em sua integralidade.[978] O mesmo se aplica ao dolo e à coação praticados por terceiros, caso a parte que se beneficia estivesse de boa-fé, ou seja, não soubesse, nem devesse saber (à luz das circunstâncias do caso e da diligência média esperada) da existência de tais vícios (arts. 148 e 154 do Código Civil).[979] Analogamente, não se verifica o estado de perigo invalidante do negócio se não houvesse dolo de aproveitamento da parte beneficiada (art. 156 do Código Civil),[980] tendo aqui o legislador adotado um critério de boa-fé subjetiva apenas;[981] no entanto, como o princípio da boa-fé objetiva deve, necessariamente, incidir sobre todas as relações negociais, inclusive no momento de sua formação, parece razoável supor que a falta de cautelas mínimas por parte do contratante a quem aproveita o estado de perigo, ainda que insuficiente para caracterizar a anulabilidade do negócio, gere outras consequências, como eventual dever de indenizar. Também a boa-fé de

---

[978] Conforme pondera Silvio RODRIGUES, "se os dois contratantes estavam de boa-fé e um errou, não há razão para descarregar sobre os ombros do outro o prejuízo resultante da anulação" (*Direito civil*. Volume I, cit., p. 192).

[979] *Verbis:* "Art. 148. Pode também ser anulado o negócio jurídico por dolo de terceiro, se a parte a quem aproveite dele tivesse ou devesse ter conhecimento; em caso contrário, ainda que subsista o negócio jurídico, o terceiro responderá por todas as perdas e danos da parte a quem ludibriou"; "Art. 154. Vicia o negócio jurídico a coação exercida por terceiro, se dela tivesse ou devesse ter conhecimento a parte a que aproveite, e esta responderá solidariamente com aquele por perdas e danos". Conforme relata MOREIRA ALVES, ao contrário do Código Civil de 1916, o projeto do atual Código Civil "alterou o tratamento dado aos defeitos do negócio jurídico, para só admitir a anulabilidade quando o terceiro com quem celebre o negócio sabia, ou podia saber, da existência do vício. Adota o projeto essa orientação, para proteger o terceiro de boa-fé, e para dar mais segurança e estabilidade aos negócios jurídicos" (*A Parte Geral do Projeto de Código Civil brasileiro*, cit., p. 143).

[980] *Verbis:* "Art. 156. Configura-se o estado de perigo quando alguém, premido da necessidade de salvar-se, ou a pessoa de sua família, de grave dano conhecido pela outra parte, assume obrigação excessivamente onerosa [...]".

[981] Nesse sentido, afirma-se que, no estado de perigo, "o conhecimento do estado de perigo da vítima é essencial à caracterização do mesmo, ao contrário da lesão, que suscita a anulação do negócio independentemente da ciência que tem uma parte da inferioridade fática da outra" (TEPEDINO, Gustavo; BARBOZA, Heloisa Helena; MORAES, Maria Celina Bodin de (Org.). *Código Civil interpretado conforme a Constituição da República*. Volume I, cit., p. 296). Explica MOREIRA ALVES que essa distinção decorre do fato de, na lesão, não se preocupar o legislador em punir a atitude maliciosa do favorecido (como no direito italiano e português), mas apenas em proteger o lesado, ao contrário do que ocorre no estado de perigo (*A Parte Geral do Projeto de Código Civil brasileiro*, cit., pp. 109-110).

quem contrata com o devedor na fraude contra credores é tutelada nos negócios onerosos (art. 159 do Código Civil),[982] mas não nos gratuitos (art. 158 do Código Civil),[983] a refletir a desconfiança geral que cerca as liberalidades.[984]

Em matéria de lesão, optou o codificador de 2002 por reintroduzi-la no direito brasileiro com critérios de aferição puramente objetivos em relação à parte a quem aproveita: pouco importa, para sua configuração, se o celebrante beneficiado adotou a diligência mínima para identificá-la, e nem mesmo se tinha ciência ou não da necessidade ou inexperiência da parte lesada.[985] O propósito da norma, aqui, parece ser declaradamente mais drástico, albergando não apenas o interesse individual da vítima da lesão, mas também o interesse social na promoção da igualdade material nas relações negociais, expressão da incidência do princípio da solidariedade. Por isso mesmo, o vício da lesão parece mal situado no rol dos defeitos do negócio jurídico; sua *ratio* é, em linhas gerais, a da tutela de interesses supraindividuais em conjunto com o interesse da parte vulnerável no negócio, a justificar que houvesse sido inserida dentre as causas de nulidade do negócio jurídico.[986]

---

[982] *Verbis:* "Art. 159. Serão igualmente anuláveis os contratos onerosos do devedor insolvente, quando a insolvência for notória, ou houver motivo para ser conhecida do outro contratante".

[983] *Verbis:* "Art. 158. Os negócios de transmissão gratuita de bens ou remissão de dívida, se os praticar o devedor já insolvente, ou por eles reduzido à insolvência, ainda quando o ignore, poderão ser anulados pelos credores quirografários, como lesivos dos seus direitos. [...]".

[984] Na lição de Caio Mário da Silva Pereira, "no conflito entre o interesse do credor e do donatário, deve prevalecer o primeiro, porque o credor luta para evitar um prejuízo, enquanto o segundo defende apenas a manutenção do lucro percebido; mas, se a alienação foi onerosa, a aquisição custou ao adquirente uma prestação ou sacrifício patrimonial, e a sua posição é idêntica à do credor, pois *certant ambo de damno vitando*, e, nestas condições, somente deve ceder seu direito e perder o bem o adquirente que seja convencido de cumplicidade na manobra fraudulenta do devedor" (*Instituições de direito civil.* Volume I, cit., p. 453).

[985] Em síntese, "exige-se o aproveitamento, mas não o dolo de aproveitamento. Daí afirmar-se o caráter objetivo da lesão, bastando para caracterizá-la a prestação desproporcional e a circunstância fática do aproveitamento, prescindindo da investigação sobre a intenção de se aproveitar" (Tepedino, Gustavo; Barboza, Heloisa Helena; Moraes, Maria Celina Bodin de (Org.). *Código Civil interpretado conforme a Constituição da República.* Volume I, cit., p. 299). Esta também é a orientação do Enunciado n. 150 da III Jornada de Direito Civil, promovida pelo Conselho da Justiça Federal, em 2004, segundo o qual "A lesão de que trata o art. 157 do Código Civil não exige dolo de aproveitamento".

[986] Segundo Marcos Bernardes de Mello, a lesão teria sido inserida no rol das causas de anulabilidade porque o legislador teria se preocupado em lhe conferir elementos subjetivos,

A opção pela anulabilidade do negócio celebrado sob lesão decorreu, provavelmente, não apenas da dificuldade, já referida, em se separarem interesses individuais e sociais em cada *fattispecie*, como também do objetivo de se conferir legitimidade relativa para a arguição da invalidade, de modo que o lesado pudesse ponderar a respeito da conveniência em manter o negócio em vigor ou desfazê-lo, optando pela solução que lhe fosse menos onerosa.[987] Pretendeu, desse modo, o legislador tutelar *também* um interesse supraindividual, mas subordinado à proteção do melhor interesse da parte lesada; criou, assim, um caso de anulabilidade, de modo a garantir a restrição da legitimidade de impugnação, mas afastou, em princípio, a relevância da boa-fé da outra parte, o que acontece, em geral, na disciplina da nulidade. Nada impede, porém, que essa boa-fé atue, no caso concreto, para afastar a invalidade em casos extremos, até porque pode vir a afastar a configuração fática do requisito subjetivo do lesado, a saber, a inexperiência: pense-se no caso do contratante que, atuando acima do padrão médio de diligência, expressamente comunica ao outro celebrante que a prestação objeto do negócio está supervalorizada, mas a outra parte, mesmo alertada, decide celebrar a avença.

O elenco de hipóteses em que a boa-fé do outro contratante afasta a consequência do desfazimento de efeitos do negócio anulável é extenso e ultrapassa os defeitos do negócio.[988] Assim, por exemplo, o negócio celebrado

---

consistentes na premente necessidade ou inexperiência por parte do lesado, ao passo que a corrente objetivista, que sustenta ser relevante para a lesão apenas a obrigação a prestação manifestamente desproporcional, vincular-se-ia à nulidade (*Teoria do fato jurídico:* plano da validade, cit., p. 200). Ainda que tais requisitos aproximassem a lesão dos vícios do consentimento, não parece este ser um fator determinante para a natureza da invalidade, particularmente tendo em vista o histórico do instituto da lesão no país, intrinsecamente ligado ao combate aos crimes contra a economia popular, como já se comentou no item 2.2.1, *supra*. A respeito, comenta Humberto THEODORO JÚNIOR que "não se detecta na lesão ou no estado de perigo um vício de constituição do negócio jurídico com ato de vontade, mas na sua organização econômica. Atende-se mais à proteção dos critérios de justiça e equidade, na prática negocial, que à liberdade de vontade" (Dos defeitos do negócio jurídico no novo Código Civil, cit., p. 70).

[987] Era este, aliás, o motivo pelo qual Caio Mário da Silva PEREIRA, pioneiro defensor da reintrodução do instituto da lesão no direito civil pátrio, sustentava a natureza de ato anulável (*A lesão nos contratos*, cit., p. 224).

[988] A esse respeito, entende Zeno VELOSO que, no que tange "à análise da projeção retroativa da anulação do negócio jurídico, não se pode deixar de reconhecer que o intuito da lei, em primeiro lugar, é de proteger e amparar o que foi prejudicado pelo negócio inválido (o incapaz,

pelo representante em conflito de interesses com o representado apenas é anulável se a parte que com ele contrata tivesse ou devesse ter conhecimento do conflito (art. 119, *caput* do Código Civil).[989] O devedor que, de boa-fé, paga ao credor putativo considera-se exonerado da obrigação (art. 309 do Código Civil).[990] Os atos de alienação onerosa a terceiros de boa-fé realizados pelo herdeiro posteriormente excluído da sucessão reputam-se válidos, resguardado o direito dos demais herdeiros a perdas e danos[991] (art. 1.817 do Código Civil).[992] Do mesmo modo, o legislador considerou "eficazes" as alienações feitas a título oneroso pelo herdeiro aparente a terceiros de boa-fé (art. 1.827, parágrafo único, do Código Civil),[993] o que se tem interpretado no sentido de sua validade.[994]

o sujeito passivo do dolo, a vítima da coação, por exemplo); porém, em alguns casos, dadas as circunstâncias, deve socorrer terceiros de boa-fé, limitando a eficácia da sentença. O princípio da boa-fé, associado ao da segurança jurídica, pode estar, em alguns casos, colidindo com o princípio da legalidade. Como sair do impasse? Na falta de expressa previsão legislativa [...], o Poder Judiciário deve recorrer aos princípios gerais, à necessidade de garantir a certeza e segurança jurídicas" (*Invalidade do negócio jurídico*, cit., p. 350).

[989] *Verbis:* "Art. 119. É anulável o negócio concluído pelo representante em conflito de interesses com o representado, se tal fato era ou devia ser do conhecimento de quem com aquele tratou".

[990] *Verbis:* "Art. 309. O pagamento feito de boa-fé ao credor putativo é válido, ainda provado depois que não era credor".

[991] A respeito, comenta-se que, "se as alienações feitas pelo excluído nesse período fossem acoimadas de nulas, o adquirente seria burlado em sua boa-fé e sofreria um prejuízo de que não seria, de modo nenhum, merecedor. Ademais, a adoção de um tal entendimento não constitui apenas um atentado ao interesse individual, como se apresenta inconveniente também sob o ângulo social, pois o risco de se anularem os atos de disposição levados a efeito pelo herdeiro excluído representaria séria ameaça à estabilidade das relações jurídicas, visto que, enquanto não houvesse transcorrido o prazo de prescrição, não estariam os adquirentes a salvo de verem seus direitos infirmados" (RODRIGUES, Silvio. *Direito civil*. Volume VII. São Paulo: Saraiva, 1995, p. 53).

[992] *Verbis:* "Art. 1.817. São válidas as alienações onerosas de bens hereditários a terceiros de boa-fé, e os atos de administração legalmente praticados pelo herdeiro, antes da sentença de exclusão; mas aos herdeiros subsiste, quando prejudicados, o direito de demandar-lhe perdas e danos".

[993] *Verbis:* "Art. 1.827. [...] Parágrafo único. São eficazes as alienações feitas, a título oneroso, pelo herdeiro aparente a terceiro de boa-fé".

[994] Tributa-se tal disciplina à tutela da aparência e da confiança. Nesse sentido: VELOSO, Zeno. *Invalidade do negócio jurídico*, cit., p. 350; TEPEDINO, Gustavo; BARBOZA, Heloisa Helena; MORAES, Maria Celina Bodin de (Org.). *Código Civil interpretado conforme a Constituição da República*. Volume IV, cit., p. 623. Segundo Orlando GOMES, o regime jurídico aplicável aos negócios praticados pelo herdeiro aparente seria uma possível origem da difusão da

Por outro lado, no âmbito do contrato de mandato especificamente, não previu o legislador que a boa-fé do terceiro que negocia com o mandatário pudesse afastar a suposta "ineficácia" do ato realizado em excesso de poderes (art. 662, *caput* do Código Civil).[995] A explicação para tanto parece residir em uma espécie de presunção de que o terceiro não agiu com a devida diligência se não pediu ao representante a prova da extensão de seus poderes, à qual o mesmo está obrigado[996] (art. 118 do Código Civil).[997] Resguarda-se, assim, em regra o terceiro contratante apenas pela via ressarcitória, prevendo o legislador a responsabilidade do mandatário tanto no referido dispositivo da disciplina geral da representação quanto no regime do contrato de mandato, ao determinar a aplicação analógica da gestão de negócios.[998] Justamente por isso, caso o mandatário legítimo contrate com terceiros de boa-fé sem conhecer a morte do mandante ou a extinção do mandato por qualquer outra causa, o negócio entabulado será válido, uma vez que já houve mandato efetivo e o representante poderia, inclusive, comprovar a extensão de seus poderes ao terceiro contratante (art. 689 do Código Civil).[999]

teoria da aparência: "O reconhecimento de efeitos jurídicos a situações aparentes pode justificar-se doutrinariamente pela aplicação do princípio geral que protege a boa-fé, ou mediante construções jurídicas particulares com a teoria da tutela da expectativa ou a da posse de direitos. Mais simples, no entanto, parece ser a elevação a princípio geral do *jus singulare* relativo ao herdeiro aparente" (*Transformações gerais do direito das obrigações*, cit., p. 94).

[995] *Verbis:* "Art. 662. Os atos praticados por quem não tenha mandato, ou o tenha sem poderes suficientes, são ineficazes em relação àquele em cujo nome foram praticados, salvo se este os ratificar. [...]".

[996] Nesse sentido, afirma Gustavo TEPEDINO que "ganha relevo a necessidade de o mandatário provar a terceiros, com quem contratar, a sua qualidade de representante e a extensão de seus poderes [...]. Ao mesmo tempo, deve o terceiro, em contrapartida, ter a cautela de verificar a validade da procuração conferida e dos poderes atribuídos ao mandatário" (In: TEIXEIRA, Sálvio de Figueiredo (Coord.). *Comentários ao novo Código Civil*. Volume X. Rio de Janeiro: Forense, 2006, p. 82).

[997] *Verbis:* "Art. 118. O representante é obrigado a provar às pessoas, com quem tratar em nome do representado, a sua qualidade e a extensão de seus poderes, sob pena de, não o fazendo, responder pelos atos que a estes excederem".

[998] Nesse sentido, dispõe o Código Civil que: "Art. 665. O mandatário que exceder os poderes do mandato, ou proceder contra eles, será considerado mero gestor de negócios, enquanto o mandante lhe não ratificar os atos".

[999] *Verbis:* "São válidos, a respeito dos contratantes de boa-fé, os atos com estes ajustados em nome do mandante pelo mandatário, enquanto este ignorar a morte daquele ou a extinção do mandato, por qualquer outra causa".

Contudo, se o mandante não tiver sido diligente na estipulação dos termos da outorga de poderes, a conjugação da sua negligência com a boa-fé de quem contratou com o mandatário parece um critério razoável para a preservação de efeitos do negócio, que passam a ser exigíveis em face do representado[1000] (o que não afasta eventual responsabilidade do representante em face deste).[1001] Por razões semelhantes, o dolo do representante convencional obriga solidariamente o representado quanto aos danos que vier a ocasionar, diversamente do dolo do representante legal, pelo qual responde o representado apenas na medida de seu proveito, já que não participou com sua vontade para a escolha do representante[1002] (art. 149 do Código Civil).[1003]

[1000] De fato, parte da doutrina que trata da proteção da aparência prevê como requisito para tanto "a existência de algum tipo de omissão por parte do titular efetivo do direito que justificasse a imputabilidade do ônus decorrente da conversão da situação aparente em legitimidade jurídica" (KONDER, Carlos Nelson. A proteção pela aparência como princípio, cit., p. 126).

[1001] Tem-se, nessas hipóteses, o chamado mandato aparente, impondo-se, "então, em determinados casos, a proteção do terceiro de boa-fé que tenha depositado legítima confiança na aparência de legitimidade do representante, para a qual tenha contribuído, com sua própria ação ou omissão, o representado. Nestas hipóteses, a aparência mostra-se juridicamente prestigiada, reconhecendo-se a eficácia do ato sobre a esfera jurídica do representado, em nome da confiança anteriormente depositada no terceiro" (TEPEDINO, Gustavo. *Comentários ao Código Civil*. Volume X, cit., p. 87).

[1002] De fato, afirma-se que o dolo do representante convencional obriga o representado a ressarcir as perdas e danos causados a terceiros, com o eventual direito de regresso, porque o representante, nesse caso, foi "escolhido e constituído pela vontade da parte, para sua conveniência" (KONDER, Carlos Nelson. Erro, dolo e coação: autonomia e confiança na celebração dos negócios jurídicos, cit., p. 624). O autor, porém, posteriormente relativiza o requisito, ao afirmar que, "se de fato ocorre uma aparência inequívoca que preencha todos aqueles elementos necessários a provocar a confiança legítima, o titular já falhou em seu dever de impedir uma tal aparência. A prova de omissão ou culpa, nesse sentido, pode atuar como mais um elemento de persuasão sobre a adequação da aplicação do princípio, mas não deve ser imprescindível, podendo ser considerada *in re ipsa*" (Ibid., pp. 132-133). A seu turno, Vicente RÁO é mais categórico: "o titular verdadeiro possui, normalmente, meios legais para obstar que outrem disponha de seu direito sem estar, para tanto, legitimado; mas, se por qualquer circunstância não usou ou não pôde usar desses meios, cumpre-lhe, é certo, respeitar a situação de quem corretamente negociou à vista e consideração da aparência de direito, mas sempre lhe resta a faculdade de reclamar do titular aparente e não legitimado, que semelhante situação lhe causou, a reparação das perdas e danos" (*Ato jurídico*, cit., p. 244).

[1003] *Verbis:* "Art. 149. O dolo do representante legal de uma das partes só obriga o representado a responder civilmente até a importância do proveito que teve; se, porém, o dolo for do

Raciocínio muito semelhante pode ser aplicado aos negócios anuláveis por ausência da vênia do cônjuge de uma das partes, quando essa anuência é exigida. Não prevê o legislador uma aplicação direta da boa-fé do outro contratante, porque parece presumir que caberia a este ter requerido a prova da outorga uxória, de modo que, não o tendo feito, estaria *ipso facto* demonstrada sua falta de diligência. Nada impede, porém, como se teve oportunidade de comentar a respeito da aplicação do princípio do *nemo auditur propriam turpitudinem allegans*,[1004] que a má-fé da parte a quem incumbia apresentar a vênia conjugal – ocultando, por exemplo, seu estado civil –, conjugada com a boa-fé objetiva do outro celebrante, afaste, ao menos parcialmente, o desfazimento dos efeitos do ato; diz-se parcialmente, porque, nesse caso, a invalidade visa a proteger o interesse de terceiro (o cônjuge), sendo necessário conciliar a tutela desse interesse com a negativa de tutela ao contratante que agiu de má-fé. No que tange aos negócios celebrados por menores relativamente incapazes, como também se comentou, o dolo destes ao ocultar sua idade traz à tona a possibilidade de o outro contratante, alegando sua boa-fé, invocar a ilegitimidade do menor para impugnar o ato.

A análise conjunta de todos esses exemplos permite traçar algumas inferências acerca de tendências gerais da ordem jurídica no que tange à relevância da boa-fé objetiva para a modulação das consequências de atos anuláveis. Em primeiro lugar, a boa-fé costuma ser relevante ao ponto de justificar a modulação dos efeitos da anulabilidade apenas nos casos em que o vício existente no ato estiver voltado prioritariamente à tutela de interesses individuais. Se tais interesses pertencerem a terceiros (por exemplo, cuja anuência para o ato fosse necessária), a boa-fé dos contratantes desempenha um papel reduzido, a permitir a manutenção de efeitos do ato apenas na medida em que o terceiro não reste prejudicado – salvo se este tiver, com sua falta de diligência, contribuído para o vício (como no caso do mandante negligente).[1005] Se os interesses tutelados pela invalidade, por outro lado,

---

representante convencional, o representado responderá solidariamente com ele por perdas e danos".

[1004] Cf. item 3.2, *supra*.

[1005] Zeno VELOSO parece direcionar-se nesse sentido, ao ponderar que, "com relação à projeção *erga omnes* da invalidação dos negócios e consequente desfazimento retroativo de todos os atos praticados em decorrência dos mesmos, para restabelecer o *status quo ante*, é necessário que se alcance uma posição que harmonize e concilie os valores em conflito. *A conveniência puramente*

forem de uma das partes, a outra, tendo agido conforme a boa-fé objetiva, poderá, em regra, pretender a manutenção dos efeitos – sobretudo se a boa-fé de uma das partes acompanhar a negligência da outra.[1006]

Observa-se também uma paulatina transição da boa-fé subjetiva para a objetiva em boa parte dos casos, referindo-se o legislador, com frequência, não apenas ao conhecimento do vício como também a circunstâncias nas quais uma pessoa diligente *deveria conhecê-lo*. Busca-se, com isso, de modo geral, garantir maior segurança jurídica à vida de relação.[1007] Nos casos em que a existência do vício dependa da aferição da boa-fé dos contratantes (como no estado de perigo, em que se exige o dolo de aproveitamento do beneficiado), não parece legítimo substituir o critério da boa-fé subjetiva pelo da objetiva onde o legislador não o tenha feito (de modo a, por exemplo, permitir a anulação do ato se, embora não comprovado o dolo da parte beneficiada, tenha ficado evidente sua falta de diligência). Nos casos, porém, em que a boa-fé subjetiva possa ser usada para modular os efeitos de uma anulabilidade cuja causa independa dela, a boa-fé objetiva parece desempenhar esse papel com vantagem, por abranger tanto a fórmula do "conhecia" quanto a do "deveria conhecer".[1008] Finalmente, existe uma

individual, embora merecedora de atenção e amparo, não pode sobrepor-se ao interesse social, sobretudo de proteger e incrementar o comércio jurídico, havendo, ainda, que se levar em conta a situação de terceiros de boa-fé, que podem sofrer o reflexo impactante da sentença" (*Invalidade do negócio jurídico*, cit., p. 357. Grifou-se). Destaca Humberto THEODORO JÚNIOR que, no negócio anulável, estando o terceiro adquirente de boa-fé, a solução é a manutenção dos efeitos para protegê-lo, surgindo o dever de indenizar apenas entre as partes (*Comentários ao novo Código Civil*. Volume III. Tomo I, cit., p. 626).

[1006] Essa lógica prepondera na disciplina dos chamados defeitos do negócio jurídico, no âmbito dos quais "se está a decidir, em última instância, se naquele caso específico deve prevalecer a autonomia do declarante ou a confiança depositada no declaratário, qual dos princípios prevalece na situação em exame" (KONDER, Carlos Nelson. Erro, dolo e coação: autonomia e confiança na celebração dos negócios jurídicos, cit., p. 629).

[1007] Conforme destaca Fernando NORONHA, o contrato "não obriga propriamente porque tenha sido 'querido', porque fundamentalmente se deva dar relevância à vontade livre das partes (liberdade contratual), mas basicamente porque é necessário, do ponto de vista social, tutelar a confiança dos agentes econômicos e, com essa finalidade, do ponto de vista jurídico, garantir *segurança* ao negócio celebrado" (*O direito dos contratos e seus princípios fundamentais*. São Paulo: Saraiva, 1994, p. 82).

[1008] A esse propósito, veja-se a valiosa lição de Alberto TRABUCCHI: "Quando se trata de relações jurídicas privadas, especialmente onde está em jogo também o interesse de terceiros, não basta a ingênua crença de que o próprio comportamento deveria ser interpretado de certo

tendência maior de proteção à boa-fé em negócios onerosos do que em negócios gratuitos – que, por não implicarem dispêndio patrimonial do beneficiado, não o protegem em linha de princípio.[1009]

Pode a boa-fé objetiva desempenhar algum papel na modulação de efeitos de atos nulos? Uma possível aplicação do princípio nessa seara já foi mencionada[1010] no que tange ao problema do não convalescimento das nulidades: o comportamento de uma das partes que tenha suscitado na outra a confiança legítima na ausência de impugnação tornaria disfuncional o pedido de reconhecimento da nulidade pela mesma parte após o transcurso de lapso suficiente de tempo (apenas determinável à luz do caso concreto). O mesmo pode ser dito, inclusive, quanto ao exercício das pretensões de desconstituição de efeitos decorrentes do ato inválido, mesmo antes do lapso prescricional, a depender das circunstâncias.[1011]

---

modo; existe mesmo um dever de diligência, que impõe que se preveja o que teria entendido o destinatário de uma declaração. Assim é tanto para uma quanto para a outra parte: ao lado do conhecer existe, para quem contrata, um dever conhecer: deve-se conhecer o significado do próprio comportamento e junto a ele se deve valorar todo o complexo de circunstâncias que formam o comportamento alheio. A falta negligente ao informar ou ao informar-se é atingida no direito moderno pela equiparação prática do dever conhecer ao efetivo conhecimento: quando a parte devia conhecer o significado do próprio comportamento ou as circunstâncias do comportamento alheio, é, então, indiferente que tenha havido um conhecimento efetivo" (*Istituzioni di diritto civile*, cit., p. 169. Tradução livre).

[1009] Zeno VELOSO, ao propor, *de lege ferenda*, a criação de um parágrafo único para o art. 182 do Código Civil, sugere a seguinte redação para o mesmo: "Parágrafo único. A declaração de nulidade que não decorre de incapacidade absoluta, ou a anulação do negócio jurídico não prejudica os direitos adquiridos, a título oneroso, por terceiros de boa-fé" (*Invalidade do negócio jurídico*, cit., p. 357).

[1010] Cf. item 2.2.2, *supra*.

[1011] O campo privilegiado para a aplicação da *suppressio*, como já se comentou, consiste nas pretensões que não se sujeitam a prazo prescricional, muito embora não se descarte a incidência da figura sobre direitos prescritíveis. A respeito, afirma Anderson SCHREIBER: "Parece, todavia, razoável admitir que, neste confronto com os prazos legais (prescricionais ou decadenciais), o valor da segurança que os inspira ceda em favor da tutela da confiança naquelas hipóteses em que ao simples decurso do tempo se somem comportamentos do titular do direito [...] ou circunstância de fato, imputáveis a ele ou não, que justifiquem uma tutela da boa-fé objetiva independentemente e acima dos prazos fixados em leis, em uma espécie de prescrição de fato. Assim, nas hipóteses de (i) omissão somada a comportamento comissivo inspirador da confiança; ou de (ii) omissão qualificada por circunstâncias que, na ausência de qualquer comportamento do titular, sejam capazes de gerar a confiança de terceiros, pode se tornar aceitável a aplicação do [...] *Verwirkung*, mesmo na pendência de um prazo legal fixo. A efetiva ponderação, todavia,

Tem-se, assim, uma aplicação da figura da *suppressio*, que teria o efeito de modular as consequências da nulidade no tempo e em relação à legitimidade de arguição[1012] (sendo certo que, havendo mais de um interessado na impugnação, aqueles que não tenham suscitado a referida confiança não ficam, em princípio, impedidos de suscitar o vício). Haveria uma aplicação, porém, para a boa-fé objetiva das partes no momento da celebração do ato, e não apenas durante a relação dele decorrente?

No caso da alienação de imóvel inválida por força de falsificação da procuração da esposa do alienante, já comentado na apresentação deste capítulo, o Tribunal de Justiça de São Paulo asseverou, dentre as razões que fundamentaram o acórdão, que "os atos nulos retroagem para atingir direitos de terceiros quando esses direitos foram constituídos em fase posterior ao reconhecimento da nulidade, quando os terceiros se vinculam à coisa por intermédio de relações gratuitas ou quando agem de má-fé", considerando-se que "a má-fé é caracterizada pelo conhecimento do vício que inquina o ato".[1013] Como se percebe, a boa-fé de que se trata na hipótese é a que se contrapõe à má-fé, de ordem subjetiva. Contudo, a investigação, no caso, do conhecimento do vício por parte dos terceiros adquirentes, na medida em que implicaria a prova de fato negativo, parece ter sido feita a partir de uma presunção de inocência dos terceiros, aliada à adoção, por estes, das cautelas normais (padrão) esperadas de negociantes diligentes.

Afastou-se, assim, a desconstituição dos efeitos do ato nulo e de todas as transferências a ele subsequentes, a partir do princípio da boa-fé e de uma preocupação eminentemente prática com a segurança jurídica. Como destacou o Tribunal na fundamentação do acórdão, "é razoável admitir desvios ao princípio da retroatividade *ex tunc* do ato nulo para preservar direitos de terceiros de boa-fé", tendo-se concluído que, no caso, "existem motivos de sobra para fazê-lo, diante da divisibilidade do ato e dos registros posteriores que foram efetuados no cartório imobiliário e que outorgam

---

somente poderá ser feita em cada caso concreto" (*A proibição de comportamento contraditório:* tutela da confiança e *venire contra factum proprium*. Rio de Janeiro: Renovar, 2007, p. 185).

[1012] Tal aplicação é cogitada, dentre outros, por GAZZONI, Francesco. *Manuale di diritto privato*, cit., p. 1006.

[1013] TJSP, 4ª C.D.Priv., Ap. Civ. 14143-60.2001.8.26.0001, Rel. Des. Enio Zuliani, julg. 24.5.2012, publ. 30.5.2012. Trecho do voto do relator.

segurança jurídica a ser preservada".[1014] A falsificação da assinatura da esposa do alienante na procuração que deu origem a toda a cadeia de transmissões, assim, apesar de corresponder a uma evidente causa de nulidade, acabou sendo suprida pela reiterada confiança dos terceiros adquirentes, o que não impediu a determinação de que o patrimônio da esposa prejudicada fosse recomposto pelo desfalque sofrido. No juízo de merecimento de tutela em sentido estrito aí realizado, embora se tenha dado prevalência ao interesse dos terceiros, restou evidente que o interesse da esposa também merecia proteção, na medida do possível.[1015]

Em outro caso julgado pelo Tribunal de Justiça de São Paulo, no qual se postulou a declaração de nulidade de cessão de quotas sociais de uma pessoa jurídica, também foi conferida particular relevância ao princípio da boa-fé. Afirmava-se, no caso, a ocorrência de simulação com o fulcro de evitar a partilha de bens que decorreria de separação judicial posteriormente decretada. Tendo o Tribunal verificado a simulação, preservou a eficácia da transferência de quotas sociais para terceiro que as havia adquirido

---

[1014] Trecho do voto do relator. A preocupação maior no caso, também sentida pela doutrina, era com o que já se denominou "efeito cascata" da invalidação, a suscitar diversas invalidações sucessivas, ditas nulidades "consequenciais" ou "por arrastamento", em detrimento da boa-fé de terceiros. A respeito, no direito brasileiro, cf. VELOSO, Zeno. *Invalidade do negócio jurídico*, cit., p. 341. No direito espanhol, bastante referenciada é a lição de Jesús Delgado ECHEVERRÍA e Maria Angeles Parra LUCÁN, que questionam "a ideia de que, se uma venda é nula, os contratos celebrados pelo comprados dispondo da coisa são igualmente nulos. Não existe uma 'cadeia de nulidades', nesse sentido. A venda de coisa alheia não é nula pelo fato de sê-lo o contrato em cujo cumprimento o atual vendedor recebeu a coisa. Certamente, o segundo comprador não terá adquirido a propriedade, por carecer da mesma seu vendedor (pelo que estará exposto à reivindicação, salvo se tiver adquirido de um modo não reivindicável), e nesse sentido a venda é eficaz; mas o seu título é título válido, dele nascem obrigações entre as partes e ele serve para a usucapião ordinária" (*Las nulidades de los contratos*, cit., p. 210. Tradução livre). Como se pode notar, porém, essa concepção pressupõe que do ato nulo não pudessem decorrer quaisquer efeitos (tais como obrigações para as partes ou o preenchimento de requisito para a usucapião), noção que se buscou afastar no presente estudo.

[1015] Em caso semelhante julgado pelo TJRS, no qual fora falsificada a firma do proprietário dos imóveis alienados em procuração outorgando poderes para venda, constatou-se que a questão dizia respeito "à ponderação entre o direito de sucessão do proprietário registral, em ver declarado inexistentes os negócios fraudulentos, e o direito de terceiros adquirentes, supostamente de boa-fé", tendo-se concluído que "não pode o Direito fechar os olhos para as repercussões que o ato fraudulento gerou na esfera de atuação de terceiros sujeitos de direito" (TJRS, E.Infr. 70054874615, 9º G.C.C., Rel. Des. Liege Puricelli Pires, julg. 18.10.2013, publ. 22.1.2014).

posteriormente, de boa-fé. Tal solução já é determinada pelo §2º do art. 167 do Código Civil, que dispõe: "Ressalvam-se os direitos de terceiros de boa-fé em face dos contraentes do negócio jurídico simulado". O negócio, no entanto, fora entabulado sob a vigência do Código anterior, que previa apenas a inalegabilidade do vício pelas próprias partes que avençaram a simulação caso tivesse havido a intenção de prejudicar terceiros,[1016] o que torna ainda mais inovadora a decisão.

Seguindo-se a orientação proposta pelo legislador em matéria de simulação, o princípio da boa-fé parece aplicar-se também a casos de nulidade no que tange à modulação da desconstituição dos efeitos do ato.[1017] A chave interpretativa a guiar o julgador nessa tarefa há de ser a da identificação do interesse tutelado no caso concreto,[1018] de tal modo que a boa-fé, em si considerada, não costuma ser tão relevante para a modulação de efeitos nos casos em que houver interesses supraindividuais protegidos pela invalidade.[1019] Nos demais casos, importará investigar se o vício que motivou a

---

[1016] TJSP, 8ª C.D.Priv., Ap. Civ. 9091117-12.2006.8.26.0000, Rel. Des. Fortes Barbosa, julg. 8.9.2011, publ. 9.9.2011.

[1017] Mesmo na esfera pública, como já se decidiu sobre atos judiciais: "O ato nulo tem preservados os seus efeitos em relação aos terceiros de boa-fé, ensejando a validade de julgamento em que participou juiz cuja promoção foi anulada pelo STF" (STJ, 2ª T., REsp. 58.832, Rel. Min. Eliana Calmon, julg. 5.8.1999, publ. 4.9.1999).

[1018] De fato, como destaca Judith MARTINS-COSTA, é relativamente pacífico que "a boa-fé impede a alegação de nulidades formais, não havendo, outrossim, hesitações quanto às hipóteses de anulabilidade [...]. A hipótese de nulidade substancial, por sua vez, é mais tormentosa, por afrontar-se o postulado da irrenunciabilidade das alegações de nulidade" (*A boa-fé no direito privado*, cit., p. 628). De fato, a presunção de que as nulidades formais seriam desprovidas de conteúdo valorativo (cf. item 3.6, *infra*) facilita o entendimento de que tais nulidades poderiam ser afastadas pela boa-fé. A rigor, porém, diante de uma causa de nulidade, de qualquer natureza, será preciso indagar qual interesse é efetivamente tutelado, para, apenas então, ser possível decidir por sua "irrenunciabilidade" ou indisponibilidade.

[1019] Tal tendência também se observa na doutrina portuguesa, na qual reconhece MENEZES CORDEIRO que, em diversos casos excepcionais, "a natureza limitada dos interesses protegidos, dobrado pelo princípio da tutela da confiança, contrariam a lógica da nulidade. Com efeito, quer o bloqueio de certas nulidades perante pessoas de boa-fé, quer a convalidação por certos desaparecimentos supervenientes de vícios visam proteger a confiança de determinados interessados, com o reforço, daí derivado, da circulação dos bens. Prosseguindo: o negócio nulo, nos casos previstos, mantém-se em vida não *a se* mas por força do princípio da confiança" (*Tratado de direito civil*. Volume I, cit., p. 944). O autor cogita, assim, de "[...] uma nulidade que, sobreposta à tutela da confiança, dá azo a uma invalidade que apenas opera em relação a certas pessoas ou

nulidade era de tal forma sutil que uma pessoa diligente poderia, legitimamente, confiar na validade do ato;[1020] se assim for, é possível que a boa-fé interfira na concreta disciplina a ser aplicada ao ato nulo.[1021] Nesse sentido, por exemplo, tem-se admitido a invocação do princípio de vedação ao comportamento contraditório para justificar a inalegabilidade de determinadas nulidades formais.[1022] Finalmente, ressalta-se que a alegação de boa-fé de terceiros nos negócios inválidos relativos à transferência de propriedade ou de outros direitos reais, normalmente, não é admitida,[1023] embora o

em certas conjunturas. Poderíamos formular juízos paralelos, no tocante às demais nulidades sanáveis ou confirmáveis: verifica-se que elas são estabelecidas no interesse de certas pessoas, que se mostram acauteladas e, ainda, que cumpre proteger terceiros" (o.l.u.c.).

[1020] Como anota Alberto TRABUCCHI, o que diferencia a maior parte dos casos em que não se aplicam todas as consequências da nulidade por força da boa-fé é que, neles, "não corresponde ao defeito de vontade aquela cognoscibilidade mais fácil do fato, que, encontrando-se nos outros casos de nulidade radical (violência física, causa faltante, objeto indeterminado etc.), poderia colocar em alerta os terceiros que usassem a diligência ordinária. Já se falou, a esse propósito, de uma referência a ser feita em concreto ao 'horizonte do destinatário'" (*Istituzioni di diritto civile*, cit., p. 170. Tradução livre).

[1021] Como pondera Humberto ÁVILA, "a aparência de legitimidade do ato impugnado é requisito do princípio da proteção da confiança: para que haja confiança digna de proteção é preciso que a base da confiança seja merecedora de fé do destinatário". No entanto, a mesma intangibilidade do ato decorrente da aparência de legitimidade "pode decorrer não da eficácia subjetiva do princípio da segurança jurídica, mas da sua dimensão objetiva: há casos em que, embora o ato inicial não merecesse confiança, outros elementos – como o tempo – podem ter contribuído para a consolidação de uma situação de fato que não mais pode permanecer ou que deve ser futuramente alterada" (*Teoria da segurança jurídica*, cit., p. 582).

[1022] Cf. item 3.6, *infra*.

[1023] A regra geral é a de que a invalidade se transmite às transferências sucessivas, de modo que a restituição seria, em princípio, possível mesmo após várias alienações, e não seria afastada por princípios como a boa-fé objetiva (inclusive por força da disposição do art. 1.247, parágrafo único do Código Civil). Assim tem entendido o STJ: "Ação declaratória de nulidade de contrato de compra e venda. Reivindicatória. Procuração falsa. Nulidade absoluta. Vício que se transmite aos negócios sucessivos. Alegação de boa-fé. Impossibilidade" (STJ, 4ª T., REsp. 1.166.343, Rel. Min. Luís Felipe Salomão, julg. 13.4.2010, publ. 20.4.2010). O direito português adotou solução expressa para a alegação da boa-fé de terceiros em certos casos, dispondo art. 291º de seu Código Civil: "1. A declaração de nulidade ou a anulação do negócio jurídico que respeite a bens imóveis, ou a móveis sujeitos a registo, não prejudica os direitos adquiridos sobre os mesmos bens, a título oneroso, por terceiro de boa-fé, se o registo da aquisição for anterior ao registo da ação de nulidade ou anulação ou ao registo do acordo entre as partes acerca da invalidade do negócio. 2. Os direitos de terceiro não são, todavia, reconhecidos, se

caso acima referido do Tribunal de Justiça de São Paulo exemplifique o afastamento dessa regra em casos extremos.

3.4. Vedação ao enriquecimento sem causa

Considerada um princípio geral do direito civil brasileiro sob a égide do Código Civil de 1916, que apenas disciplinava o pagamento indevido (uma de suas hipóteses particulares de aplicação),[1024] a vedação ao enriquecimento sem causa encontrou abrigo no direito positivo com o advento do art. 884 do Código Civil de 2002.[1025] Embora se proclame sua subsidiariedade, não apenas no direito estrangeiro[1026] como também no ordenamento

---

a ação for proposta e registada dentro dos três anos posteriores à conclusão do negócio. 3. É considerado de boa-fé o terceiro adquirente que no momento da aquisição desconhecia, sem culpa, o vício do negócio nulo ou anulável". A respeito, cf. ALARCÃO, Rui de. *A confirmação dos negócios anuláveis*. Volume I, cit., p. 79.

[1024] Adverte Caio Mário da Silva PEREIRA: "não se conclua que o legislador de 1916 tenha admitido possa alguém enriquecer-se com a jactura de outrem. Apenas não procedeu, como na sistemática suíço-germânica, à unificação do enriquecimento sem causa" (*Instituições de direito civil*. Volume II. Rio de Janeiro: GEN, 2014, p. 273).

[1025] *Verbis*: "Art. 884. Aquele que, sem justa causa, se enriquecer à custa de outrem, será obrigado a restituir o indevidamente auferido, feita a atualização dos valores monetários [...]".

[1026] Tal subsidiariedade tem sido entendida pela doutrina como a simples constatação de que, nos casos em que o legislador tenha previsto regime específico, não podem as partes alegar o princípio geral como forma de burlar a regra particular. A rigor, trata-se muito mais propriamente de aplicação do princípio da especialidade das normas jurídicas do que de efetiva subsidiariedade do princípio. Nesse sentido, na doutrina portuguesa, afirma Diogo Leite de CAMPOS: "sempre que a lei se refira aos efeitos econômicos de uma certa deslocação patrimonial e os regule através de uma obrigação imposta ao beneficiário com um conteúdo diferente do da obrigação fundada no enriquecimento sem causa, é necessário proceder à análise da *ratio legis*, de modo a verificar se as normas tomadas em consideração esgotam – consomem – a regulamentação jurídica da situação de fato" (Enriquecimento sem causa e responsabilidade civil. *Revista da Ordem dos Advogados Portugueses*. Ano 42. Volume I, jan.-abr./1982, pp. 53-54). Como se percebe, o autor busca compreender o escopo da regra de subsidiariedade (prevista no art. 474 do Código Civil português) com base na consunção de normas concorrentes: "[...] as normas do enriquecimento sem causa são objeto de consunção pelas normas concorrentes. O seu ponto de vista dissolve-se na perspectiva mais ampla, mais rica, da norma consuntiva. Dos dois pontos de vista sobre o mesmo fato, deve excluir-se o do enriquecimento sem causa, dado que o da norma concorrente enquadra o problema de modo mais complexo e completo, esgotando a relevância jurídica do caso para efeitos de enriquecimento sem causa. Os elementos relevantes para o enriquecimento sem causa e o seu sentido jurídico integram-se na maior riqueza da norma consuntiva. [...] Sendo assim, a resolução de qualquer caso a partir das

pátrio[1027] e no próprio art. 886 do Código atual,[1028] a aparente relevância residual do princípio em diversas matérias de direito privado ignora o fato de que o legislador, muitas vezes, incorporou-o nas disciplinas específicas de diversos institutos – ainda que acompanhado de requisitos adicionais, decorrentes de outros valores relevantes para determinadas *fattispecie*. Assim também ocorre em matéria de obrigações de restituir decorrentes de invalidade negocial, diretamente informadas pelo princípio.[1029]

De fato, como já se teve oportunidade de comentar,[1030] o art. 182 do Código Civil, ao prever a retroatividade da invalidação do negócio jurídico,

---

normas mais complexas permite, através da assunção de um maior número de dados juridicamente relevantes, um resultado mais adequado" (Ibid., pp. 47-48). A ideia é desenvolvida em minúcia pelo autor em estudo monográfico sobre o tema: CAMPOS, Diogo José Paredes Leite de. *A subsidiariedade da obrigação de restituir o enriquecimento*. Coimbra: Almedina, 1974, *passim*.

[1027] No direito brasileiro, sustenta Sérgio SAVI que a ideia de subsidiariedade visa a "impedir a utilização do enriquecimento sem causa como mecanismo para burlar regras específicas, [...] que muitas vezes limitam ou mesmo afastam a possibilidade de restituição" (*Responsabilidade civil e enriquecimento sem causa*: o lucro da intervenção. São Paulo: Atlas, 2012, p. 116). Complementa o autor: "O objetivo da regra da subsidiariedade é, portanto, o de evitar a fraude à lei. Não pode o enriquecimento sem causa ser utilizado como 'boia de salvação' para alguém que tinha à sua disposição outra ação, que se tornou inoperante por fato imputável àquela pessoa" (o.l.u.c.). Em sentido semelhante, v. KONDER, Carlos Nelson. Enriquecimento sem causa e pagamento indevido. In: TEPEDINO, Gustavo (Coord.). *Obrigações*: estudos na perspectiva civil-constitucional. Rio de Janeiro: Renovar, 2005, pp. 391-393.

[1028] *Verbis:* "Art. 886. Não caberá a restituição por enriquecimento, se a lei conferir ao lesado outros meios para se ressarcir do prejuízo sofrido".

[1029] Conforme reconhecido por Antunes VARELA: "Se há fundamento para a nulidade, anulação, resolução ou revogação do negócio, não chega a pôr-se a questão da restituição baseada no enriquecimento injusto, porque a destruição do negócio envolve a eliminação do enriquecimento que poderia repugnar ao sistema jurídico" (*Das obrigações em geral*. Coimbra: Almedina, 1970, p. 336). A respeito, Diogo Leite de CAMPOS afirma que o "vastíssimo espectro do enriquecimento sem causa se estende por setores da vida econômica já regulados por normas jurídicas de caráter mais restrito. O princípio que proíbe o locupletamento injusto à custa de outrem é um dos mais gerais do sistema jurídico. Impedir o enriquecimento injusto constitui uma das finalidades gerais do direito das obrigações, que, no seu conjunto, tende a obter uma equilibrada distribuição dos bens jurídicos nas relações intersociais. Sendo assim, as deslocações patrimoniais encontram frequentemente dois tipos de normas arrogando-se a sua tutela jurídica – as regras do enriquecimento sem causa e as de outro instituto (responsabilidade civil, gestão de negócios, mandato, nulidade etc.)" (Enriquecimento sem causa, responsabilidade civil e nulidade. *Revista dos Tribunais*. Volume 560. São Paulo: Revista dos Tribunais, jun./1982, p. 259).

[1030] Cf. item 2.3, *supra*.

determina que, não sendo possível restituir as partes ao estado anterior, serão as mesmas "indenizadas com o equivalente". O dispositivo mostra-se atécnico ao fazer alusão à ideia de indenização – quando, em verdade, está prevendo uma obrigação legal de restituição de prestações já realizadas que decorre do princípio de vedação ao enriquecimento sem causa.[1031] Nos ordenamentos, como o italiano, em que não há comando legal expresso determinando a restituição, a associação desta ao princípio da vedação ao enriquecimento sem causa se revela mais imediata e não desperta grande dissenso doutrinário.[1032] Por outro lado, em outros sistemas, como o português, parte da doutrina oscila na qualificação – muito embora isso decorra de aspectos particulares da disciplina legal das invalidades negociais e da restituição do enriquecimento sem causa e não da lógica geral que guia o dever de restituição.[1033]

[1031] A respeito, leciona Paolo GALLO que, "desfeito o vínculo contratual, nenhuma pretensão poderá mais, obviamente, ser fundada sobre ele. Mais delicado é o discurso no caso em que o contrato já tenha tido execução parcial; nos casos desse gênero ingressam os remédios restitutórios, com a finalidade de permitir a recuperação do que foi prestado sem causa, a prescindir de esclarecimentos acerca da imputabilidade ou não do inadimplemento" (Le restituzioni contrattuali. In: Aa.Vv. *Studi in onore di Nicolò Lipari*. Tomo I. Milano: Giuffrè, 2008, p. 1075. Tradução livre).

[1032] Nesse sentido, cf. BIANCA, Massimo. *Diritto civile*. Volume III, cit., p. 631; ALPA, Guido. *Corso di diritto contrattuale*, cit., p. 132; GAZZONI, Francesco. *Manuale di diritto civile*, cit., p. 1000. Nesses ordenamentos, a questão mais debatida costuma ser a da proximidade ou distanciamento do regime da restituição em relação à disciplina legal do pagamento indevido. De fato, ao tratar da peculiaridade dos sistemas da família romano-germânica na matéria, explica Paolo GALLO que sistemas como o francês e o italiano adotaram, em linhas gerais, um modelo unitário do dever de restituir, ao passo que o sistema alemão segue um modelo binário, que trata diferentemente as restituições que decorrem do desfazimento contratual. No entanto, observa o autor, "em tempos recentes se tem observado fortes tendências de se diversificar o regime restitutório mesmo em ordenamentos como o francês e o italiano, tradicionalmente inspirados pela ideia da unidade da *condictio*. [...] Não se quer que a ausência de erro [elemento caracterizador do pagamento indevido] iniba o exercício da ação de nulidade, também para evitar que a execução consciente do contrato possa explicar um efeito sanatório" (Le restituzione contrattuali, cit., pp. 1076-1077. Tradução livre). Na França, onde o enriquecimento sem causa foi desenvolvido pelo trabalho jurisprudencial, afirmam MALURIE e AYNÈS: "a destruição do passado (o retorno ao *statu quo ante*) levanta sempre mais dificuldades que o desenvolvimento das situações adquiridas (a execução do contrato). A restituição lembra um pouco a repetição do indébito (art. 1376 [do *Code Napoléon*]), mas a condição de erro não é exigida [...]" (*Droit des obligations*, cit., p. 358).

[1033] Embora pondere que "o enriquecimento sem causa seria a via natural para, perante a invalidação de um negócio, fazer reverter quanto houvesse sido prestado", mencionando ser esta,

O princípio da vedação ao enriquecimento sem causa, portanto, já desempenha, de antemão, um papel fundamental na disciplina da invalidade negocial, previsto pelo referido dispositivo: o desfazimento do negócio por força do reconhecimento da nulidade ou da anulação do contrato determina para as partes o dever de restituição de prestações eventualmente já executadas por força da vedação ao enriquecimento injusto.[1034] A problemática, portanto, em torno das consequências da retroatividade do reconhecimento da invalidade (seja na forma de "declaração" de nulidade, seja na forma de

por exemplo, a solução adotada no direito alemão, MENEZES CORDEIRO acaba concluindo que, no direito lusitano, a obrigação de restituir decorrente da invalidade negocial seria autônoma em relação ao princípio; leva em conta, para tanto, distinções entre essa obrigação de restituição e aquela decorrente, em específico, do pagamento indevido (tais como natureza da sentença, prazo para exercício etc.), que, em princípio, não se aplicam ao direito brasileiro (*Tratado de direito civil português*. Volume II. Tomo III. Coimbra: Almedina, 2010, pp. 261-262). Particularmente quanto ao prazo, como visto no item 2.2.2, *supra*, muitos autores diferenciam a decadência da declaração de nulidade e a prescrição da pretensão de restituição, associando esta última à vedação ao enriquecimento sem causa. Além disso, mesmo no direito português, alguns autores reconhecem a influência do princípio de vedação ao enriquecimento sem causa sobre o dever de restituição decorrente da invalidade negocial. Nesse sentido, afirma Júlio GOMES: "consideramos tratar-se aqui de uma restituição de prestações fundada num enriquecimento sem causa, mas em que não é necessária uma ação autônoma de enriquecimento sem causa" (*O conceito de enriquecimento, o enriquecimento forçado e os vários paradigmas do enriquecimento sem causa*. Coimbra: UCP, 1998, pp. 609-610). O dissídio doutrinário, destaca o autor, decorre do fato de se conceber "a obrigação de restituição fundada no enriquecimento sem causa, como visando, exclusivamente, o enriquecimento patrimonial", o que não permite explicar a disciplina prevista pelo art. 289º, I do Código Civil português para as consequências da nulidade: "no intercâmbio de prestações, resultante da execução de um contrato sinalagmático, apenas uma das partes, quando muito, poderia considerar-se enriquecida, em razão de ter recebido uma prestação de valor superior ao que dispendeu, pelo que apenas a ela caberia uma obrigação de restituição dirigida, tão-só, a essa diferença de valor" (Ibid., pp. 611-612). O autor resolve a questão ao demonstrar como, a depender da natureza das prestações decorrentes do contrato inválido, as consequências impostas pela vedação ao enriquecimento sem causa serão distintas; assim, por exemplo, na compra e venda declarada nula ao poder de reivindicação da coisa pelo proprietário legítimo não corresponde um poder de reivindicação do preço pela parte prejudicada, eis que o dinheiro não se sujeita a esse tipo de ação, devendo sua restituição ocorrer no âmbito de uma ação fundada no enriquecimento.

[1034] Sobre a noção de enriquecimento injusto como uma perspectiva funcionalizada do dever de restituição à luz dos valores do ordenamento, cf. SILVA, Rodrigo da Guia. Contornos do enriquecimento sem causa e da responsabilidade civil: estudo a partir da diferença entre lucro da intervenção e lucros cessantes. *Civilistica.com*. Rio de Janeiro: a. 5, n. 2, 2016, p. 17.

anulação do contrato) deve ser orientada por esse princípio. Quando for possível o retorno efetivo das partes *in statu quo ante*, as prestações realizadas por elas devem simplesmente ser restituídas: assim, por exemplo, em um contrato de compra e venda de uma joia que tenha sido celebrado em erro essencial recognoscível pela outra parte, o comprador deve devolver a coisa e o vendedor, o preço que fora pago. Em hipóteses mais complexas, porém, a orientação proporcionada pela vedação ao enriquecimento sem causa se mostra particularmente útil.

Pense-se, em primeiro lugar, nos negócios sinalagmáticos que impliquem obrigações de fazer ou não fazer, cuja execução material não poderá ser desfeita. Como restituir as partes ao estado anterior? A solução prevista pelo Código Civil é a restituição do equivalente; chega-se, porém, a uma perplexidade. Se a contraprestação da prestação de fazer já houver sido paga, terá de ser igualmente devolvida (sob pena de enriquecimento sem causa) e, considerando que o valor equivalente deve ser aferido no negócio concreto, os dois valores a serem reciprocamente restituídos serão os mesmos – portanto, em regra, sofrerão compensação, de modo que nenhuma repercussão prática terá a invalidação neste ponto.[1035] Por outro lado, se a contraprestação ainda não houver sido paga, mas a prestação de fazer já houver sido realizada, a devolução do equivalente corresponderá ao pagamento que fora avençado para ela: em outros termos, determinará o julgador, a título de retorno das partes ao estado anterior, que o negócio seja, na prática, plenamente executado.[1036]

[1035] Na doutrina portuguesa, esclarece Júlio GOMES que, "nos contratos em que a prestação de uma das partes consistiu num serviço, no proporcionar o gozo temporário de uma coisa, ou em outro bem que não pode ser restituído *in natura*, pode colocar-se, com particular acuidade, a questão da natureza 'variável' dos efeitos da invalidade" (*O conceito de enriquecimento, o enriquecimento forçado e os vários paradigmas do enriquecimento sem causa*, cit., p. 662). Nesse sentido, Rui de ALARCÃO reconhece que, em negócios dessa natureza, "a chamada restituição em valor virá, por vezes, a traduzir-se no respeito pela execução, entretanto ocorrida, do negócio" (*A confirmação dos negócios anuláveis*. Volume I, cit., p. 76, nota 101).

[1036] Observa Humberto THEODORO JÚNIOR: "A restituição, por outro lado, não pode gerar enriquecimento indevido. Se, por exemplo, uma das partes, por força do negócio invalidado prestou serviço lícito à outra, a anulação não isentará aquela que se beneficiou da prestação irrestituível do dever de remunerá-la. [...] A restituição provocada pela anulação deve harmonizar-se, dessa forma, com os princípios que protegem a boa-fé e reprimem o enriquecimento sem causa" (*Comentários ao novo Código Civil*. Volume III. Tomo I, cit., p. 610). O dever de realizar a contraprestação ao serviço prestado, nesse caso, é atribuído por alguns autores ao princípio

O mesmo raciocínio também parece se aplicar aos contratos ditos bilaterais imperfeitos – assim designados porque, embora originalmente unilaterais, passam a apresentar obrigações para ambas as partes no curso de sua execução.[1037] O mandato gratuito que venha a ser declarado nulo, caso já tenha começado a ser executado pelo mandatário, poderá exigir do mandante que reembolse o representante das despesas de execução, como determina o art. 676 do Código Civil,[1038] sob pena de enriquecimento sem causa. Mais uma vez, ocorrerá o efeito que seria natural caso se tivesse mantido o contrato em vigor;[1039] não poderá sequer o mandante alegar que as despesas feitas pelo mandatário em nada lhe aproveitaram, se ficar caracterizado que elas seriam necessárias para o adequado cumprimento do mandato. Desse modo, por exemplo, se o procurador realizou despesas

nemo potest venire contra factum proprium: "Também aqui, mais uma vez, o princípio do *venire contra factum proprium* será utilmente invocado para integrar ou completar a distribuição do risco de perda das prestações (neste caso, mais do que de risco trata-se, face à natureza efêmera das mesmas, de algum modo de uma certeza) pelo que, se, por exemplo, o contrato pelo qual alguém se obrigue a pagar uma determinada quantia pela realização de um serviço for anulado por erro, poderá considerar-se abusivo o comportamento de quem, uma vez executado o contrato e recebido o serviço, pretende furtar-se a uma obrigação de o remunerar" (GOMES, Júlio. *O conceito de enriquecimento, o enriquecimento forçado e os vários paradigmas do enriquecimento sem causa*, cit., pp. 662-663).

[1037] A terminologia é empregada, dentre outros, por Orlando GOMES, que assim define essa categoria: "Uma vez que nos conceitos unilaterais somente uma das partes se obriga, é impossível conceber qualquer espécie de dependência, mas, em alguns, surge, no curso da execução, determinada obrigação para a parte que tinha apenas direitos. Nesse caso, diz-se que o contrato é bilateral imperfeito" (*Contratos*, cit., p. 85). A rigor, trata-se de categoria ainda atrelada à concepção estrutural de bilateralidade, que se restringe à análise da existência de obrigações convencionais para ambas as partes, e não à concepção funcional, que busca verificar a existência de sinalagma. No ponto, cf. MORAES, Maria Celina Bodin de. A causa do contrato. *Civilistica.com*, cit., p. 16.

[1038] *Verbis*: "Art. 676. É obrigado o mandante a pagar ao mandatário a remuneração ajustada e as despesas da execução do mandato, ainda que o negócio não surta o esperado efeito, salvo tendo o mandatário culpa".

[1039] Como leciona Rui de ALARCÃO, "o efeito da anulação (ou da nulidade) não exclui que do negócio inválido promanem determinadas consequências de natureza negocial. Se o Direito nega a semelhante negócio a relevância que ele se destinaria a ter enquanto tal, isso só acontece em via de princípio, cumprindo à lei, quando seja caso disso, limitar o efeito, por assim dizer, negativo ou destrutivo da invalidade. O negócio existe juridicamente, e bem pode competir-lhe uma certa relevância jurídico-negocial. Também aqui não valerá o princípio 'ou tudo ou nada' (*A confirmação dos negócios anuláveis*. Volume I, cit., p. 82, nota 111).

com certidões do Registro de Imóveis que seriam necessárias para levar a cabo a transação imobiliária determinada pelo mandante, mas a transação não chegou a se ultimar porque o mandato foi declarado nulo antes disso, ainda assim o mandante deverá reembolsar, em regra, o mandatário – ressalvados, dispõe o Código Civil, os casos de "culpa" deste último, o que abrange, para os fins do presente estudo, também os casos em que ele tenha dado causa à nulidade.[1040]

Solução semelhante poderia, ainda, decorrer de certos contratos que implicam a transferência de direitos reais. Cogite-se, por exemplo, da compra e venda de coisa móvel, em que a coisa já foi entregue ao comprador, mas o preço ainda não veio a ser pago ao vendedor. Suponha-se, então, que a coisa perece por causa fortuita nas mãos do comprador e, logo após, o contrato vem a ser declarado nulo. A restituição das partes ao *status quo ante* permitiria, em princípio, ao vendedor exigir o valor da coisa do comprador,[1041] nada tendo que restituir a este (já que ainda não recebera o preço). Esta, porém, corresponde, *grosso modo*, à mesma consequência que decorreria do perecimento do bem em um contrato válido: como *res perit domino*, tendo o bem sido adequadamente transferido ao comprador por meio da tradição fundada em título válido, caberia ao adquirente sofrer o prejuízo e pagar ao vendedor, de qualquer modo, o preço avençado – que será, ao mais das vezes, o valor de mercado da coisa.[1042] Nestes casos, porém,

---

[1040] Essa solução é proposta por Gustavo TEPEDINO, também com base na vedação ao enriquecimento sem causa, para o caso de revogação do mandato pelo mandante antes que o objetivo tenha sido alcançado (*Comentários ao novo Código Civil*. Volume X, cit., p. 136).

[1041] Assim também nos ordenamentos francês e italiano. Na França, adota-se majoritariamente a tese de que o dever de restituir a coisa que pereceu se converte em dívida de valor – considera-se, porém, o valor da coisa ao tempo do ato, e se permite ao adquirente a indenização das benfeitorias que tenha feito. A respeito, cf. a obra de MALAURIE e AYNÈS (*Droit des obligations*, cit., p. 359). No direito italiano, em que já se sustentou que a dívida seria de dinheiro ou de valor, conforme o adquirente estivesse de boa ou má-fé, respectivamente, tem-se adotado atualmente o entendimento de que a dívida será sempre de dinheiro – também ressalvada eventual indenização. Cf., no ponto, o já citado estudo de Paolo GALLO (Le restituzione contrattuali, cit., p. 1078).

[1042] Idêntica conclusão é alcançada por Júlio GOMES, que comenta: "se assim é, não só a distribuição do risco passa a divergir consideravelmente consoante o contrato haja sido executado por ambas ou por apenas uma das partes, mas também esta exigência do vendedor acaba por se aproximar de uma (absurda) exigência de cumprimento de um contrato nulo ou anulado. Não surpreende, pois, que a doutrina germânica que adere à teoria do 'saldo', bem como à teoria do sinalagma de fato, hesite quanto à solução a dar a esta hipótese: por um lado, o paralelo

a vedação ao enriquecimento sem causa acaba sofrendo a mitigação dos efeitos da posse de boa-fé por parte do adquirente: de fato, não responderá este pelo perecimento da coisa a que não deu causa, e, sendo inválido o título de transmissão, entende-se que o risco de perecimento continuava atribuído ao vendedor, que jamais teria deixado de ser proprietário.[1043]

Pense-se, em seguida, em negócios sinalagmáticos de execução continuada. A depender da natureza das prestações, pode resultar de todo despropositada a retroatividade, por exemplo, do reconhecimento judicial da nulidade. Um exemplo permitirá ilustrar a questão. Caso um menor impúbere contrate os serviços de um curso de idiomas sem representação, tal negócio será formalmente nulo; no entanto, caso se pretendesse restituir as partes ao estado anterior, após meses de fruição regular do

com a exceção de não cumprimento sugere que aquele que execute antecipadamente ou em primeiro lugar a sua prestação não pode, evidentemente, lançar mão deste meio de defesa; mas, por outro lado, o que aqui está fundamentalmente em jogo é uma distribuição do risco, a qual não parece que deve depender da circunstância fortuita de apenas uma ou ambas as prestações terem sido já executadas" (*O conceito de enriquecimento, o enriquecimento forçado e os vários paradigmas do enriquecimento sem causa*, cit., pp. 642-643).

[1043] No direito luso, a questão também é solucionada pela remissão ao art. 1269º do Código Civil português, equivalente ao art. 1.217 do Código Civil brasileiro, que atribui ao possuidor de boa-fé apenas a responsabilidade pela perda ou deterioração da coisa a que tenha dado causa. Júlio GOMES, contudo, critica a simples remissão à disciplina dos efeitos da posse. Entende o autor que se faz necessário conjugar a distribuição dos riscos da coisa (prevista pelo referido art. 1269º do Código Civil português) com o princípio de vedação ao comportamento contraditório e, de forma mais ampla, com o princípio da boa-fé objetiva. Ilustrativamente: "frequentemente, quem celebra um contrato que sabe ser oneroso, e que é nulo ou mais tarde vem a ser anulado, cometerá uma contradição ética se vier alegar, depois de receber uma vantagem ou utilidade, que não está disposto a pagar por essa vantagem e vier a solicitar o reembolso integral da sua própria prestação – a sua boa-fé, a convicção da validade e eficácia do negócio celebrado, implica já a consciência e o conhecimento de que a prestação recebida não é gratuita e de que por ela deverá ser pago um preço: esse preço é que não consistirá, necessariamente, no preço contratualmente convencionado, muito embora se nos afigure que, relativamente à parte de boa-fé, se possa aceitar que esse mesmo preço contratualmente convencionado represente, ao menos, o limite à obrigação de efetuar a contrapartida" (*O conceito de enriquecimento, o enriquecimento forçado e os vários paradigmas do enriquecimento sem causa*, cit., pp. 649-650). Tal conclusão, com a qual se coaduna o presente estudo, pode ser também alcançada a partir de um renovado conceito de enriquecimento sem causa, que leve em conta também os demais valores juridicamente relevantes incidentes sobre determinada hipótese fática (tal como a posse), como propõe SILVA, Rodrigo da Guia. Contornos do enriquecimento sem causa e da responsabilidade civil: estudo a partir da diferença entre lucro da intervenção e lucros cessantes, cit., p. 17.

serviço pelo incapaz, o resultado seria a compensação acima indicada: os deveres de restituição de anulariam.[1044] Se esse incapaz estivesse, por exemplo, inadimplente em face ao curso e seu representante legal viesse a pretender o reconhecimento judicial da nulidade do negócio, a dívida, em princípio, permaneceria vigente, sob pena de enriquecimento do aluno, que assistiu às aulas.

O Código Civil, aliás, prevê expressamente uma solução para a contratação com incapazes no art. 181, ao dispor que "ninguém pode reclamar o que, por uma obrigação anulada, pagou a um incapaz, se não provar que reverteu em proveito dele a importância paga". Em princípio, a disposição parece desnecessária: na hipótese de desfazimento de um negócio por força de invalidade, não se questiona que as partes apenas podem cobrar a repetição dos pagamentos recíprocos que tenham feito se puderem provar que efetivamente os realizaram. Na questão dos negócios celebrados com incapazes, porém, presume-se que a vantagem por este recebida pode ter sido perdida por sua inexperiência e imaturidade,[1045] exigindo-se, por isso, que o pagamento tenha permanecido no patrimônio do menor ou, alternativamente, que este tenha aplicado os valores dispendidos em despesas necessárias ou objetivamente úteis para ele.[1046]

[1044] A esse propósito, leciona MENEZES CORDEIRO: "Nos contratos de execução continuada, em que uma das partes beneficie do gozo de uma coisa – como no arrendamento – ou de serviços – como na empreitada, no mandato ou no depósito – a restituição em espécie não é, evidentemente, possível. Nessa altura, haverá que restituir o valor correspondente o qual, por expressa convenção das partes, não poderá deixar de ser o da contraprestação acordada. Isto é: sendo um arrendamento declarado nulo, deve o 'senhorio' restituir as rendas recebidas e o 'inquilino' o valor relativo ao gozo de que desfrutou e que equivale, precisamente, às rendas. Ambas as pretensões restitutórias se extinguem, então, por compensação, tudo funcionando, afinal, como se não houvesse eficácia retroativa, nesses casos" (*Tratado de direito civil*. Volume I, cit., p. 936).

[1045] Tal presunção é registrada também na doutrina estrangeira. Pondera-se, nesse sentido, que, "caso se impusesse ao incapaz [...] que ele entregasse, seja *in natura*, seja por equivalente, o que ele recebeu, a proteção que a lei quis lhe assegurar seria praticamente ilusória; normalmente, com efeito, quando um incapaz celebra um ato irregularmente, é para conseguir dinheiro e consumi-lo; forçá-lo a restituir esse dinheiro resultaria em suprimir toda a utilidade da ação de nulidade" (TERRÉ, François et al. *Droit civil*: les obligations, cit., p. 471. Tradução livre).

[1046] Assim, "demonstrando a parte capaz que, por exemplo, o dinheiro do pagamento se encontra em depósito bancário ou que foi aplicado na aquisição de outros bens ou em melhoramentos e ampliações do imóvel do incapaz, não há como se recusar a repetição, pois, sem ela dar-se-ia um

No caso em que a obrigação prestada ao incapaz tenha assumido a forma de serviço, deve ser a investigação da natureza desse serviço e de sua essencialidade a determinar o eventual dever de devolução, pautado pelo princípio de vedação ao enriquecimento sem causa.[1047] No exemplo formulado do curso de idiomas, não há dúvidas sobre o enriquecimento do menor. De modo geral, porém, não parece razoável afastar o dever de restituição se tiver sido prestado um serviço normalmente remunerado no mercado, ainda que de utilidade supérflua, como serviços de lazer – o que se aplica, sobretudo, aos relativamente incapazes, cuja proteção pelo ordenamento se mostra menos intensa e cujo discernimento se considera, evidentemente, mais desenvolvido.[1048] Vale frisar, aliás, que, como o art. 181 se aplica a menores absoluta e relativamente incapazes,[1049] no caso dos menores púberes se aplica o princípio, já explicitado, sobre a vedação ao

---

intolerável enriquecimento sem causa. Embora o enriquecimento seja a maneira mais evidente de revelar o proveito do incapaz, admite-se que, mesmo sem incremento patrimonial, o pagamento deva ser repetido quando tenha sido utilizado no custeio de despesas necessárias, como tratamento de saúde, educação, alimentação" (THEODORO JÚNIOR, Humberto. *Comentários ao novo Código Civil*. Volume III. Tomo I, cit., pp. 605-606).

[1047] O fundamento no princípio da vedação ao enriquecimento sem causa é reconhecido, por exemplo, por LÔBO, Paulo. *Direito civil*: Parte Geral, cit., p. 312. No mesmo sentido, NORONHA, Fernando. *Direito das obrigações*, cit., p. 444.

[1048] Veja-se a valiosa lição de Júlio GOMES: "Se o contrato de prestação do serviço se revelar nulo ou for anulado, o recipiente do serviço não poderá devolvê-lo *in natura*, sendo que a restituição do valor deste pode esvaziar de sentido a nulidade ou a anulação do contrato: tome-se como exemplo a hipótese de ter sido vendido a um menor um bilhete de ingresso num espetáculo, por uma quantia correspondente ao seu valor de mercado, mas que exorbita claramente do domínio dos negócios próprios da vida corrente do menor. Se o seu representante vier, mais tarde, (após o espetáculo a que se refere o bilhete), anular o negócio parece que o menor tem de restituir o valor de mercado da prestação que recebeu, para obter a restituição do preço pago, podendo ser a diferença entre o valor de mercado e o preço irrisória ou mesmo inexistente. O problema põe-se, em boa verdade, relativamente, não só a serviços, mas a todas as coisas de natureza eminentemente efêmera, mas revela-se com particular acuidade no caso que descrevemos em que um dos contratantes é menor (ou incapaz), porque estes negócios que não deixam um 'resíduo' ou enriquecimento no seu patrimônio são, precisamente, aqueles relativamente aos quais o menor merece especial proteção" (*O conceito de enriquecimento, o enriquecimento forçado e os vários paradigmas do enriquecimento sem causa*, cit., p. 642).

[1049] TEPEDINO, Gustavo; BARBOZA, Heloisa Helena; MORAES, Maria Celina Bodin de. *Código Civil interpretado conforme a Constituição da República*. Volume I, cit., p. 331.

benefício da própria torpeza, impossibilitando-se, em regra, a anulação do negócio se o adolescente ocultou dolosamente a idade.[1050]

Cogite-se, ainda, de um último caso, no mesmo exemplo do menor absolutamente incapaz que contrata, sem a intervenção de seus representantes legais, os serviços do curso de idiomas. Suponha-se que, em lugar de pagar as mensalidades do curso na forma de prestações periódicas, optou o menor por pagá-las em parcela única no momento da matrícula, de forma a obter um desconto substancial. Em caso de reconhecimento da nulidade do referido negócio, após meses de frequência às aulas, desta vez o princípio do enriquecimento sem causa atuará de forma diversa: determinará o desfazimento parcial dos efeitos do negócio, de modo a se restituir, proporcionalmente, apenas o montante do valor pago pelo menor que corresponda às aulas contratadas que ainda não haviam sido prestadas antes do momento da anulação.

Como se percebe, a incidência do princípio da vedação ao enriquecimento sem causa sobre a disciplina da invalidade negocial trará conteúdo à regra da retroatividade dos efeitos, regulando, no caso concreto, quais serão as repercussões práticas sobre as situações jurídicas subjetivas decorrentes do ato.[1051] Pode acontecer que a incidência do princípio determine o cumprimento de prestações ainda não efetuadas ou, ao revés, que fiquem as partes simplesmente exoneradas do dever de prestarem o que ainda deviam; pode acontecer, do mesmo modo, que se determine a restituição dos atos de execução já realizados, em seu montante total ou parcial (a depender do enriquecimento que seria causado), ou, ainda, pode-se concluir que nada deve ser desconstituindo, simplesmente se extinguindo a

---

[1050] SANTOS, J. M. *Código Civil brasileiro interpretado*. Volume III, cit., p. 303; THEODORO JÚNIOR, Humberto. *Comentários ao novo Código Civil*. Volume III. Tomo I, cit., p. 606.

[1051] Neste ponto, vale ressaltar que o princípio de vedação ao enriquecimento sem causa sempre será sopesado com outros valores juridicamente relevantes, como a boa-fé objetiva. Sobre a relação entre enriquecimento sem causa e boa-fé objetiva, registra MENEZES LEITÃO a possibilidade de a boa-fé do enriquecido limitar o valor a ser restituído, tendo em vista desvantagens que tenha sofrido por confiar na regularidade do ato: "diminuem o enriquecimento as desvantagens que ocorrem para o enriquecido em virtude de ter este confiado na conformidade ao direito da sua aquisição, desde que não resulte dos critérios de distribuição do risco, que deva ser o enriquecido a suportar o risco da diminuição do empobrecimento" (*Direito das obrigações*. Volume I. Coimbra: Almedina, 2009, p. 474).

avença *ex tunc*.[1052] Como já se afirmou ao se tratar do princípio da redução do negócio jurídico,[1053] o reconhecimento de invalidade parcial também é modulado pela vedação ao enriquecimento sem causa, que ajuda a determinar se a supressão de certa cláusula (mas não da integralidade do ato) pode ocasionar enriquecimento para uma das partes em relação ao equilíbrio originalmente previsto.[1054]

Particularmente à luz do entendimento de que tanto nulidade quanto anulabilidade acarretam a desconstituição retroativa dos efeitos concretamente produzidos pelo ato, o princípio de vedação ao enriquecimento sem causa acaba sendo chamado a modular a referida desconstituição com muito mais intensidade do que a própria natureza do vício verificado. Em linhas gerais, onde houve aproveitamento de ambas as partes proporcional aos termos do negócio, não tende a haver desconstituição retroativa, atuando o reconhecimento judicial da nulidade de modo *ex nunc*, em grande parte como a resilição unilateral em um contrato de duração. A principal exceção a essa tendência está nos atos inválidos que sirvam de título para a transferência de bens ou a constituição de direitos reais, nos quais o princípio de vedação ao enriquecimento sem causa não impedirá, em geral, a restituição da coisa e da eventual contraprestação;[1055] mesmo nesses casos, no entanto, pode não haver o que restituir – pense-se na aquisição de coisa a um só tempo infungível e consumível, como um bolo de casamento feito sob encomenda e já consumido no dia da festa, e que o adquirente desejasse, posteriormente, rescindir alegando lesão.

Sendo a restituição ao estado anterior a principal pretensão que move, na maior parte dos casos, as partes a pretenderem a invalidação dos negócios jurídicos, o prazo prescricional de três anos previsto pelo Código Civil (art. 206, §3º, IV) para o exercício de pretensões baseadas na vedação ao enriquecimento sem causa apresenta o potencial de se tornar, na prática,

---

[1052] O princípio da vedação ao enriquecimento sem causa ainda determina, como anota Zeno VELOSO, a atualização monetária dos valores a serem restituídos, sempre que for o caso de restituição (*Invalidade do negócio jurídico*, cit., p. 335).

[1053] Cf. item 3.1, *supra*.

[1054] Nesse sentido, Enzo ROPPO afirma que a aplicação da redução não pode dar origem "a uma nova operação e a uma nova composição, mais precisamente, por efeito da qual uma parte se enriqueceria injustificadamente e a outra resultaria injustificadamente empobrecida" (*O contrato*, cit., p. 208).

[1055] Aqui se aplica a mesma lógica apresentada acerca do princípio da boa-fé no item 3.3, *supra*.

o marco temporal para a determinação da perda de interesse das partes no pedido do reconhecimento da nulidade, nos moldes comentados previamente.[1056] Quando cabível essa aplicação do princípio, o prazo prescricional da pretensão restitutória será contado a partir da data de cada prestação que se visa a desconstituir. O princípio de vedação ao enriquecimento sem causa pode desempenhar, desse modo, também um papel relevante na modulação temporal dos efeitos das invalidades.

3.5. Tutela de pessoas vulneráveis

A noção de vulnerabilidade comporta múltiplas acepções no direito civil.[1057] Desde a debilidade de uma das partes em uma relação contratual, derivada de uma desigualdade eminentemente econômica (como se costuma verificar nas relações de consumo), até a inexperiência ínsita àqueles que ainda não atingiram a maioridade civil, toda pessoa pode e costuma apresentar alguma espécie de vulnerabilidade em suas diversas relações jurídicas, e a imperativa tutela da dignidade humana demanda uma proteção específica à pessoa, proporcional à sua vulnerabilidade concretamente observada.[1058] Muitas vezes, a proteção dessas vulnerabilidades específicas é inicialmente

---

[1056] Cf. item 2.2.2, *supra*.

[1057] Sobre a expansão das acepções do termo *vulnerabilidade*, registra Carlos Nelson KONDER que a expressão, "oriunda dos debates sobre saúde pública, hoje é utilizada no direito civil em suas mais diversas vertentes, do direito de família ao direito do consumidor. [...] No entanto, a proliferação das referências, em contextos e com significados diversos, gera o receio de uma superutilização da categoria, que lhe venha a esvaziar o conteúdo normativo. A falta de cuidado na definição de seus contornos científicos arrisca banalizar sua invocação, transformando-a de importante instrumento jurídico de alteração da realidade em mera invocação retórica, sem força normativa efetiva, processo que já foi alertado pela doutrina no tocante a conceitos igualmente importantes e abrangentes, como a boa-fé e a dignidade da pessoa humana" (Vulnerabilidade patrimonial e vulnerabilidade existencial: por um sistema diferenciador. *Revista de Direito do Consumidor*. São Paulo: Revista dos Tribunais, mai.-jun./2015, p. 101).

[1058] Na lição de Maria Celina BODIN DE MORAES, a tutela da dignidade humana está vinculada diretamente à proteção das vulnerabilidades humanas: "Neste ambiente, de um renovado humanismo, a vulnerabilidade humana será tutelada, prioritariamente, onde quer que se manifeste. Terão precedência os direitos e as prerrogativas de determinados grupos considerados, de uma maneira ou de outra, frágeis e que estão a exigir, por conseguinte, a especial proteção da lei. Nestes casos estão as crianças, os adolescentes, os idosos, os portadores de deficiências físicas e mentais, os não-proprietários, os consumidores, os contratantes em situação de inferioridade, as vítimas de acidentes anônimos e de atentados a direitos da personalidade, os membros da família, os membros de minorias, entre outros" (O princípio da dignidade humana, cit., p. 84).

promovida pelo próprio legislador, a partir da estipulação de invalidades, textuais ou virtuais.¹⁰⁵⁹

Uma tutela eficaz da pessoa, no entanto, há de ser feita a partir de um juízo de compatibilidade da proteção prevista legislativamente com as circunstâncias do caso concreto.¹⁰⁶⁰ Se essa característica, reiterada incisivamente no presente trabalho, deve ser comum à intepretação-aplicação de todas as normas sobre invalidade negocial (e, na metodologia civil--constitucional, simplesmente de todas as normas), tal orientação assume um papel ainda mais relevante quando se está diante de uma causa de invalidade especificamente voltada à tutela de uma vulnerabilidade. Não há tutela da dignidade humana consentânea com a axiologia do ordenamento feita exclusivamente em abstrato, ainda que essa tutela se inicie legislativamente, a partir da estipulação de regimes para categorias como o consumidor, o aderente, o locatário, a criança, o adolescente, o idoso,

---

¹⁰⁵⁹ Como anota Carlos Nelson KONDER, os mecanismos tradicionais de intervenção na autonomia privada são, ainda, prioritariamente de natureza patrimonial: "Esses instrumentos de intervenção jurídica reequilibradora, portanto, implicam uma fundamental superação do caráter individualista e formalista do direito civil clássico, mas só representam uma despatrimonialização do direito civil de forma indireta. Em sua maior parte, ainda se guiam pela lógica e pelos mecanismos das relações jurídicas de caráter econômico. Significativamente, os instrumentos de tutela utilizados em tais exemplos são a invalidade e a responsabilidade" (Vulnerabilidade patrimonial e vulnerabilidade existencial: por um sistema diferenciador, cit., p. 105).

¹⁰⁶⁰ Ao analisar o atual estágio de desenvolvimento do princípio da igualdade, manifestado pela efetivação do direito à diferença e à não discriminação, afirma Maria Celina BODIN DE MORAES: "A forma de violação por excelência do direito à igualdade, ensejadora de danos morais, traduz-se na prática de tratamentos discriminatórios, isto é, em proceder a diferenciações sem fundamentação jurídica (ratio), sejam elas baseadas em sexo, raça, credo, orientação sexual, nacionalidade, classe social, idade, doença, entre outras. [...] O vínculo de participação numa sociedade pautada pelo pluralismo compreende, cada vez mais, o respeito aos direitos dos membros das diversas culturas minoritárias — este, o único meio de proteger a pessoa humana em suas relações concretas, e não mais o 'cidadão', conceito abstrato, historicamente ligado ao exercício dos direitos políticos" (O princípio da dignidade humana, cit., pp. 90-92). No mesmo sentido, afirma-se que "o princípio da dignidade da pessoa humana, como bem se pode observar, deve fazer referência à proteção da pessoa concreta, não se reduzindo ao 'sujeito virtual' abstratamente considerado, reputado como mero elemento da relação jurídica ou centro de imputação" (FACHIN, Luiz Edson; PIANOVSKI, Carlos Eduardo. A dignidade da pessoa humana no direito contemporâneo: uma contribuição à crítica da raiz dogmática do neopositivismo constitucionalista. *Revista Trimestral de Direito Civil*. Volume 35. Rio de Janeiro: Padma, jul.-set./2008, p. 102).

a pessoa com deficiência e assim por diante.[1061] Se, por um lado, isso não autoriza o intérprete a, superando a disciplina prevista por lei para tais categorias, simplesmente aplicar qualquer outra norma do sistema para a pessoa que visa a proteger (como tantas vezes se propõe, por exemplo, no direito do consumidor),[1062] de outra parte não deixa de ser necessário aferir, no caso concreto, se o regime legal atinge o propósito buscado pelo legislador sem ferir outros valores igualmente relevantes.

Justamente por força de tais considerações, a modulação das consequências das invalidades voltadas à proteção de vulnerabilidades é a que mais dificilmente se presta a uma análise em abstrato. O procedimento geral a ser buscado pelo intérprete, porém, não parece infenso a uma enunciação mínima: incumbe ao julgador, ao apreciar a norma que dispõe sobre a invalidade, indagar se ela se volta a proteger alguma espécie de vulnerabilidade concreta, e em que medida essa vulnerabilidade demanda proteção, ponderando essa tutela com a proteção de outros valores que estejam em jogo.[1063] Vale frisar que, aqui, não se considera (ou, ao menos, assim tem entendido a melhor doutrina) ser a própria tutela da dignidade humana que se pondera com outros valores: ao contrário, como todas as regras e princípios do ordenamento se encontram funcionalizados à tutela da dignidade humana, a ponderação ocorre sempre *no interior da própria dignidade humana*, isto é, tomando esta última como o próprio parâmetro de equilíbrio entre os interesses sopesados.[1064]

[1061] O surgimento de estatutos para a proteção dessas categorias e sua inserção na sistemática do ordenamento são analisados por MORAES, Maria Celina Bodin de. A caminho de um direito civil-constitucional, cit., p. 8.

[1062] Para uma crítica a essa tendência, permita-se remeter a SOUZA, Eduardo Nunes de. *Do erro à culpa na responsabilidade civil do médico*, cit., pp. 82 e ss.

[1063] Nesse sentido, cf. PERLINGIERI, Pietro. *O direito civil na legalidade constitucional*, cit., pp. 374-375, para quem a disciplina das invalidades negociais tem de ser individuada, no caso concreto, à luz da vulnerabilidade específica da pessoa.

[1064] Cite-se, ainda uma vez, a lição de Maria Celina BODIN DE MORAES: "embora possa haver conflitos entre duas ou mais situações jurídicas subjetivas — cada uma delas amparada por um desses princípios, logo, conflito entre princípios de igual importância hierárquica —, o fiel da balança, a medida de ponderação, o objetivo a ser alcançado, já está determinado, *a priori*, em favor do conceito da dignidade humana. Somente os corolários, ou subprincípios em relação ao maior deles, podem ser relativizados, ponderados, estimados. A dignidade, do mesmo modo como ocorre com a justiça, vem à tona no caso concreto, quando e se bem feita aquela ponderação" (O princípio da dignidade humana, cit., pp. 85).

A tutela da vulnerabilidade, portanto, acaba atuando sobre a modulação de todas as consequências da invalidade negocial a um só tempo. Nesse sentido, caberá ao intérprete perguntar se a vulnerabilidade concretamente observada será protegida, na medida mais proporcional a ela, por meio da desconstituição de efeitos do negócio; se essa desconstituição deve ser total ou parcial; se deve ser retroativa ou operar apenas a partir do provimento judicial, e assim por diante.[1065] Como, em linha de princípio, a proteção de uma vulnerabilidade pode ser considerada um interesse supraindividual, atendendo, ao contrário do que se poderia imaginar, não apenas ao interesse da própria pessoa vulnerável como também ao interesse social na proteção daquela espécie de vulnerabilidade,[1066] a modulação de efeitos da invalidade nesses casos tende a indicar uma legitimidade mais ampla para a alegação

---

[1065] No direito italiano, já se observou que, em sede das chamadas nulidades de proteção, voltadas à tutela de contratantes mais fracos, existem nulidades parciais necessárias (por exemplo, no direito do consumidor, em decorrência de cláusulas abusivas, que se reputam inválidas sem prejudicar a higidez do restante do contrato), pois a negativa de eficácia ao inteiro negócio poderia prejudicar ainda mais a parte que se pretende proteger. A respeito, cf. TRABUCCHI, Alberto. *Istituzioni di diritto civile*, cit., p. 158. No direito brasileiro, criticou-se inicialmente a opção do Código de Defesa do Consumidor ao prever, em seu art. 51, a nulidade das chamadas cláusulas abusivas, em lugar da simples anulabilidade, que deixaria ao interessado a possibilidade de impugnar ou não a cláusula. Na matéria, editou o Superior Tribunal de Justiça o Enunciado n. 381 de sua Súmula, a determinar que, "nos contratos bancários, é vedado ao julgador conhecer, de ofício, da abusividade das cláusulas". Construiu-se, assim, um sistema híbrido: "De um lado os contratos bancários, em relação aos quais os juízes não podem conhecer de ofício cláusulas abusivas nulas, e os demais contratos de consumo, cuja declaração de ofício da nulidade da cláusula abusiva é inclusive legitimada pelo próprio tribunal, como demonstra ao reconhecer a possibilidade do reconhecimento pelo juiz, independente de requerimento da parte, da nulidade das cláusulas de eleição de foro" (MIRAGEM, Bruno. *Curso de direito do consumidor*. São Paulo: Revista dos Tribunais, 2013, pp. 334-335). Além disso, vale observar que, embora, em geral, pronunciáveis de ofício, tais cláusulas ensejam, via de regra, apenas a nulidade parcial do pacto, sempre em benefício do consumidor, como determina o CDC, no §2º de seu art. 51: "A nulidade de uma cláusula contratual abusiva não invalida o contrato, exceto quando de sua ausência, apesar dos esforços de integração, decorrer ônus excessivo a qualquer das partes".

[1066] Exemplo emblemático é a tutela do consumidor, cujo caráter de ordem pública é amplamente afirmado. Nesse sentido, aduz Bruno MIRAGEM: "No regime do CDC, a nulidade de pleno direito decorre de ofensa à ordem pública de proteção do consumidor, devendo ser reconhecida judicialmente mediante ação ou exceção oposta pelo consumidor, ou ainda reconhecida de ofício" (*Curso de direito do consumidor*, cit., p. 333).

do vício,[1067] diversamente do que ocorre nas invalidades que protegem a higidez da declaração de vontade, a vedação ao enriquecimento sem causa e interesses, de modo geral, patrimoniais,[1068] mais facilmente moduláveis no sentido da restrição do rol de legitimados.

Mais do que tais considerações, por outro lado, nem sempre é possível enunciar abstratamente. Essa dificuldade encontra um excelente exemplo no art. 424 do Código Civil, que dispõe: "Nos contratos de adesão, são nulas as cláusulas que estipulem a renúncia antecipada do aderente a direito resultante da natureza do negócio". O dispositivo corresponde a uma incomum hipótese em que o legislador lança mão de uma norma de textura aberta para cominar uma invalidade, atuando no limite da técnica das nulidades ao criar uma causa textual de invalidade negocial cujo preenchimento há de ser feito, necessariamente, pelo julgador – a reforçar o dever de fundamentação deste último, não apenas quanto à modulação dos efeitos do ato, como também quanto à própria causa de nulidade.[1069] A referência a direitos resultantes da natureza do negócio tem encontrado diversas interpretações na jurisprudência, normalmente com atenção ao grau de essencialidade do direito em relação ao concreto regulamento de interesses avençado pelas partes e, portanto, à causa do negócio.[1070]

[1067] Nesse sentido, ainda no âmbito do direito do consumidor, afirma Nelson NERY JÚNIOR que "o CDC afastou-se do sistema de nulidades do Código Civil, restando, pois, superado o entendimento de que as nulidades absolutas precisam de sentença judicial para produzirem seus efeitos no ato ou negócio jurídico" (In: *Código brasileiro de defesa do consumidor comentado pelos autores do Anteprojeto*. Rio de Janeiro: Forense Universitária, 2004, pp. 559-560).

[1068] A respeito, cf. KONDER, Carlos Nelson. Vulnerabilidade patrimonial e vulnerabilidade existencial: por um sistema diferenciador, cit., *passim*.

[1069] A tendência legislativa à adoção progressiva de cláusulas abertas e conceitos jurídicos indeterminados corrobora, inclusive, uma crescente relativização da relevância da tipicidade das causas legais de nulidade. Semelhante relativização já foi reconhecida, no ordenamento italiano, por PERLINGIERI, Pietro. *O direito civil na legalidade constitucional*, cit., p. 398.

[1070] A jurisprudência brasileira tem reputado nulas cláusulas que contrariem não só o conceito de natureza, mas ainda a finalidade econômica do contrato, principalmente quando tal renúncia atinja o cerne mesmo daquele pacto. Assim, em contrato de seguro de assistência médico--hospitalar que continha as expressões 'assistência integral' e 'cobertura total', considerou-se que tais expressões "têm significado unívoco na compreensão comum, e não podem ser referidas num contrato de seguro, esvaziadas do seu conteúdo próprio, sem que isso afronte o princípio da boa-fé nos negócios" (STJ, 3ª T., REsp. 264.562, Rel. Min. Ari Pargendler, julg. 12.6.2001, publ. 13.8.2001). Em contrato de fiança, reputou-se da natureza do contrato o benefício de ordem,

TEORIA GERAL DAS INVALIDADES DO NEGÓCIO JURÍDICO

Disposições semelhantes podem ser encontradas no Código de Defesa do Consumidor, particularmente na estipulação de algumas cláusulas contratuais ditas abusivas (art. 51).[1071]

No que tange à proteção da vulnerabilidade dos incapazes, importante modulação das consequências das invalidades voltadas a esse propósito já foi apresentada em matéria das chamadas relações contratuais de fato,

---

que não poderia ser renunciado em se tratando de fiador aderente: "Hipótese em que é abusiva a renúncia ao benefício de ordem da fiança em contrato de adesão (CC, art. 424). Necessidade de que sejam esgotadas as tentativas de obtenção do crédito perante a devedora principal" (TJSP, Ap. Civ. 0018121-16.2010.8.26.0038, 13ª C.D.Priv., Rel. Des. Ana de Lourdes Coutinho Silva da Fonseca, julg. 13.3.2013, publ. 14.3.2013). Ainda no contrato de fiança, entende o STJ que não fere a natureza do negócio a cláusula que prevê renovação automática para o fiador, vencido o Min. Marco Buzzi, que entendia ser a hipótese de nulidade com base no art. 424: "A simples e clara previsão de que em caso de prorrogação do contrato principal há a prorrogação automática da fiança não implica violação ao art. 51 do Código de Defesa do Consumidor, cabendo, apenas, ser reconhecido o direito do fiador de, no período de prorrogação contratual, promover a notificação resilitória, nos moldes do disposto no art. 835 do Código Civil" (STJ, 4ª T., REsp. 1.374.836, Rel. Min. Luís Felipe Salomão, julg. 3.10.2013, publ. 28.2.2014). Em contrato de afiliação a um sistema de cartões de crédito, invocou-se a natureza da avença para se reconhecer a nulidade da cláusula de renúncia prévia pelo comerciante ao direito de receber valores relativos a operações autorizadas pela operadora. "O direito ao auferimento dos valores que se referem às operações de compra por meio do cartão de crédito, por óbvio, refere-se à natureza do negócio pactuado entre a operadora de cartão de crédito e o estabelecimento, sendo nulas tais disposições quando impossibilitem, nos termos da boa-fé, a satisfação das expectativas de uma das partes do contrato" (TJMG, 10ª C.C., Ap. Civ. 0757283-21.2006.8.13.0024, Rel. Des. Cabral da Silva, julg. 24.7.2012, publ. 30.7.2012). Em contrato de veiculação de propaganda publicitária, considerou-se ser da natureza do negócio a possibilidade de cancelamento do contrato: "correto o decreto de nulidade da parte do termo de autorização para veiculação de propaganda que diz ser 'incancelável' o contrato (fl. 24), à vista do art. 424 do Código Civil, uma vez que vedada por lei em contratos de adesão a renúncia antecipada do aderente a direito resultante da natureza do negócio" (TJSP, 30ª C.D.Priv., Ap. Civ. 0001938-46.2009.8.26.0315, Rel. Des. Lino Machado, julg. 12.2.2014, publ. 13.2.2014).

[1071] A respeito do conteúdo aberto de tais cláusulas, pouco usual na técnica das nulidades, já se afirmou que: "Se é certo que em dadas situações o caráter abusivo decorre do exercício posterior à celebração, durante a execução do contrato, de determinada prerrogativa que esta mesma cláusula encerra – o que em tese aproximaria da ineficácia [...] –, em outros casos, o enquadramento de uma determinada situação concreta das hipóteses previstas nos incisos do artigo 51 [do CDC], ou ainda como violação às demais normas do Código de Defesa do Consumidor, aproxima o caráter abusivo da ilicitude, com sobradas razões para declaração de nulidade" (MIRAGEM, Bruno. *Curso de direito do consumidor*, cit., p. 335).

ou comportamentos socialmente típicos, realizados por menores de idade.[1072] Como se teve oportunidade de sustentar, tais construções parecem promover, na prática, a simples regulamentação, à luz do caso concreto, do regime de invalidade de certos negócios patrimoniais realizados por incapazes sem representação ou assistência.[1073] Semelhante modulação, por evidente, não pode ser aplicada a todos os casos, mas é justamente pela verificação, em concreto, da necessidade de se tutelar a vulnerabilidade do incapaz e da medida em que essa tutela deve ser promovida que se torna possível determinar quais negócios podem ser realizados validamente por menores de idade. Para essa determinação, como se viu, a aceitação social mostra-se de extrema relevância, a permitir um maior arejamento da disciplina negocial em cada época, à luz da evolução da sociedade.[1074]

Em certas espécies negociais, especificou o próprio legislador os limites da modulação dos efeitos de sua invalidade. Assim acontece, por exemplo,

---

[1072] Cf. item 2.3, *supra*.

[1073] Como registra Paulo LÔBO, "é o que ocorre com o menor de dezesseis anos que, compelido pelas necessidades de sobrevivência, realiza diversos atos negociais, como adquirir produtos em supermercados, trafegar em ônibus coletivos, fixar preço por serviços que presta (engraxates, jardineiros, carregadores). [...] a realidade clara é que o direito tutela os negócios em público realizados por incapazes, fazendo abstração da manifestação de vontade ou do consentimento, bastando as condutas dessas pessoas" (*Direito civil:* Parte Geral, cit., p. 304). Uma saída teórica alternativa é proposta por PONTES DE MIRANDA, segundo o qual, sempre que o responsável pelo menor lhe fornecesse os recursos para o desempenho de certo negócio, seria possível tratar o menor como seu "núncio em proveito próprio", explicando-se assim a validade do ato: "No direito brasileiro, o absolutamente incapaz, a quem o representante ou alguém dá dinheiro, compra validamente, sempre que se pode entender que o dinheiro lhe foi dado para isso. Assim se elimina a questão de valer, ou não, a compra de coisas de pequeno valor ou necessárias à vida diária, ou conforme os seus hábitos e no interesse do incapaz, que torturou e ainda tortura alguns juristas" (*Tratado de direito privado.* Tomo IV, cit., p. 191).

[1074] Como registra Menezes LEITÃO, a doutrina das relações contratuais de fato entrou em franca decadência na Alemanha, levando até mesmo Karl Larenz, que a desenvolvera à luz da teoria de Günther Haupt, a abandoná-la, porque se concluiu que "bastaria para a resolução dos problemas referidos uma reformulação do conceito de contrato no sentido da sua objetivação, a não aceitação da relevância da *potestatio facta contraria*, e da limitação da impugnação com fundamento em erro e incapacidade, no âmbito do tráfego de massas, com fundamento na proteção da boa-fé"; assim também ocorreria em Portugal, ao se concluir que se tratava de categoria "desnecessária em virtude de uma modernização da dogmática do negócio jurídico, tendo-se salientado o seu fundamento coletivista e, por isso, perigoso para a subsistência de alguns níveis significativo-culturais dos contratos" (*Direito das obrigações.* Volume I, cit., p. 511).

no contrato de mútuo, por força de disposição, atualmente contida do art. 588 do Código Civil, nos termos do qual "o mútuo feito a pessoa menor, sem prévia autorização daquele sob cuja guarda estiver, não pode ser reavido nem do mutuário, nem de seus fiadores". A regra, denominada *senatusconsultus Macedonianum*,[1075] tem raízes romanas e grande relevância histórica para os países do sistema continental.[1076] O empréstimo feito a menor de idade, sem representação ou assistência (e o dispositivo considera-se aplicável, na ausência de distinção expressa pela lei, tanto ao absolutamente quanto ao relativamente incapaz)[1077] será, em princípio, inválido. Ao determinar, no entanto, que o mutuante não pode reaver o valor emprestado ao menor, o dispositivo legal não apenas nega a esse contrato o efeito normal (o dever de restituição com juros), como também nega a ele a consequência normal da invalidação (possibilidade de se trazerem as partes ao estado anterior), de modo que o valor mutuado não terá de ser devolvido a nenhum título.[1078]

[1075] Cf. Digesto, Liv. 14, Tit. 6, 1, pr.: "*Verba senatus consulti macedoniani haec sunt: 'cum inter ceteras sceleris causas macedo, quas illi natura administrabat, etiam aes alienum adhibuisset, et saepe materiam peccandi malis moribus praestaret, qui pecuniam, ne quid amplius diceretur incertis nominibus crederet: placere, ne cui, qui filio familias mutuam pecuniam dedisset, etiam post mortem parentis eius, cuius in potestate fuisset, actio petitioque daretur, ut scirent, qui pessimo exemplo faenerarent, nullius posse filii familias bonum nomen exspectata patris morte fieri'*". Conforme explica Fernando NORONHA, "os *senatusconsulta*, que começaram sendo respostas a consultas feitas ao Senado romano (como o próprio nome indica), ao tempo do Principado passaram a ser deliberações com força igual à das leis". Relata o autor que o *senatusconsultus Macedonianus* tem seu nome derivado de um jovem *filius familias*, Macedo, que, em 46 d.C., pediu emprestado dinheiro sob condições usurárias e, não podendo solver a dívida, assassinou seu próprio pai para imitir-se na posse da herança, crime que surtiu fortes repercussões junto ao Senado romano (*Direito das obrigações*, cit., pp. 276-277).

[1076] A respeito, leciona Caio Mário da Silva PEREIRA: "O Direito Romano, a este propósito, enunciava um princípio, conhecido como *Senatusconsulto macedoniano*, o qual, atravessando os séculos, veio incorporar-se no direito positivo de vários povos, inclusive no nosso Código Civil [...]". O autor vincula o princípio à proteção do incapaz: "Trata-se de um preceito protetor contra a exploração gananciosa da sua inexperiência. E foi imaginado como técnica para impedir as manobras especuladoras, mediante a punição ao emprestador, que perderá a coisa mutuada se fizer o empréstimo proibido" (*Instituições de direito civil*. Volume III, cit., p. 332).

[1077] TEPEDINO, Gustavo; BARBOZA, Heloisa Helena; MORAES, Maria Celina Bodin de (Org.). *Código Civil interpretado conforme a Constituição da República*. Volume II, cit., p. 311.

[1078] Afirma-se, nesse sentido, que a obrigação do menor mutuário, assim como a de seu eventual fiador, de restituir o valor do mútuo consistiria em obrigação natural (NORONHA, Fernando. *Direito das obrigações*, cit., pp. 275-277).

Em outros termos, para evitar que a invocação da invalidade pelo mutuante (particularmente no caso de empréstimo a absolutamente incapaz, já que, nesse caso, o ato será formalmente nulo) acabasse produzindo a quase integralidade da consequência prática que o negócio produziria caso fosse válido (a devolução do valor mutuado, apenas desacompanhada dos juros remuneratórios), optou o legislador por não desfazer o ato, preservando, assim, a transferência financeira que aperfeiçoa a celebração do mesmo,[1079] ao mesmo tempo em que vetou o efeito do dever de restituir, com juros, esse valor. Não o fez, no entanto, sem balizamentos. Determinou, assim, no dispositivo seguinte que o empréstimo, em princípio nulo, será válido e, portanto, exigível se houver posterior confirmação pelo responsável, se o valor mutuado foi usado para necessidades essenciais do menor ou se o menor tiver bens próprios decorrentes de seu trabalho que permitam o pagamento do mútuo (e apenas dentro das forças desses bens).[1080] Reiterou, ainda, o legislador as regras, já comentadas, dos arts. 180 e 181 do Código Civil, para considerar válido o contrato se restar comprovado que o empréstimo aproveitou ao menor ou que este agiu com malícia ao contratar.[1081]

A modulação proposta pelo legislador mostra-se bastante *sui generis*, sobretudo porque o dispositivo se dirige, em princípio, tanto a contratos

---

[1079] Tem-se em conta, aqui, a natureza de contrato real atribuído ao mútuo, que apenas se aperfeiçoa com a tradição da coisa mutuada. A classificação, apesar de ainda predominante, encontra importantes críticas na doutrina. A respeito, com o entendimento da superação da figura do contrato real em prol da configuração de um mútuo consensual, cf. MORAES, Maria Celina Bodin de. O procedimento de qualificação dos contratos e a dupla qualificação do mútuo no direito civil brasileiro. *Revista Forense*. Volume 309. Rio de Janeiro: Forense, jan.-mar./1990, pp. 49 e ss.

[1080] Assim dispõe o Código Civil: "Art. 589. Cessa a disposição do artigo antecedente: I – se a pessoa, de cuja autorização necessitava o mutuário para contrair o empréstimo, o ratificar posteriormente; II – se o menor, estando ausente essa pessoa, se viu obrigado a contrair o empréstimo para os seus alimentos habituais; III – se o menor tiver bens ganhos com o seu trabalho. Mas, em tal caso, a execução do credor não lhes poderá ultrapassar as forças; IV – se o empréstimo reverteu em benefício do menor; V – se o menor obteve o empréstimo maliciosamente".

[1081] Admite-se, ainda, em doutrina a validade do contrato quando restar evidenciado que o empréstimo beneficiou o responsável pelo menor, que deveria ter autorizado o ato – hipótese em que o mutuante poderia acionar diretamente o responsável (PEREIRA, Caio Mário da Silva. *Instituições de direito civil*. Volume III, cit., p. 333).

de mútuo nulos quanto anuláveis.[1082] A possibilidade de confirmação posterior pelo responsável do menor, assim, representa importante distanciamento da teoria geral da nulidade.[1083] O reconhecimento de efeitos ao ato nas hipóteses em que o valor mutuado tenha sido empregado para a subsistência do menor ou tenha, de qualquer modo, a ele aproveitado parece conferir certa preferência do princípio da vedação ao enriquecimento sem causa, do mesmo modo que a referência ao caso de contratação dolosa por parte do menor remete ao princípio da vedação do benefício da própria torpeza. Já a previsão de que o menor, se tiver bens próprios oriundos de seu trabalho, arcará com o dever de restituição parece ditar o tom da modulação dos efeitos do negócio: se o menor já dispõe de bens próprios, presume-se que detinha discernimento suficiente para a contratação.[1084]

Outro exemplo eloquente da proteção aos incapazes pela disciplina legal de certas invalidades corresponde à regra do art. 824 do Código Civil, segundo o qual "as obrigações nulas não são suscetíveis de fiança, exceto se a nulidade resultar apenas de incapacidade pessoal do devedor". Em tradição que se prorroga inexplicavelmente no direito brasileiro, respeitada doutrina interpreta o dispositivo de forma *contra legem*, afirmando que a norma se refere apenas a obrigações anuláveis e não a obrigações nulas, já que, quanto a estas, não teria sido necessário fazer qualquer referência, uma vez que contaminariam, com sua invalidade, a fiança que lhes é

[1082] Por conta dos balizamentos do atual art. 589, a doutrina costuma afirmar, desde a vigência do Código anterior, que se trataria de negócio meramente anulável em qualquer caso (cf., por todos, SANTOS, J. M. de Carvalho. *Código Civil brasileiro interpretado*. Volume XVII. Rio de Janeiro: Freitas Bastos, 1986, p. 446).

[1083] Ao ponto de parte da doutrina interpretar o dispositivo no sentido de que não seria admissível tal confirmação em caso de mútuo contratado por absolutamente incapaz, a despeito de o legislador não ter feito qualquer distinção (TEPEDINO, Gustavo; BARBOZA, Heloisa Helena; MORAES, Maria Celina Bodin de (Org.). *Código Civil interpretado conforme a Constituição da República*. Volume II, cit., p. 312).

[1084] PEREIRA, Caio Mário da Silva. *Instituições de direito civil*. Volume III, cit., p. 332. Além disso, como anota CARVALHO SANTOS, o empréstimo, se bem administrado, pode não apenas ser útil como também necessário ao pagamento de dívidas ou à reparação de bens titularizados pelo menor, motivo pelo qual entende o autor que o Código Civil preceitua que "pode, pois, o empréstimo ser feito a pessoa menor, assim como aos outros incapazes" (*Código Civil brasileiro interpretado*. Volume XVII, cit., p. 445).

acessória.[1085] A *ratio* do dispositivo, contudo, parece ser clara: pretende-se justamente proteger a dívida contraída pela categoria mais vulnerável de incapazes, a saber, aqueles dotados de incapacidade absoluta: nesses casos, considera o legislador que a fiança será válida, embora se considere nula a obrigação principal.[1086]

Alguns autores chegam a fundamentar a escolha legislativa na presunção de que o fiador conheceria da incapacidade do afiançado e teria assumido o risco de garantir sua dívida.[1087] De fato, parece razoável supor que, se o fiador presta fiança de dívida de absolutamente incapaz, ao menos na medida em que for possível demonstrar que conhecia essa circunstância, assume a dívida como devedor principal e renuncia ao direito de reaver o que pagou ao se sub-rogar nos direitos do credor. A regra há de ser valorizada, sobretudo à luz da essencialidade do negócio que originou a obrigação garantida para o incapaz. Por outro lado, resulta plausível temperar o rigor da norma nos casos em que o fiador não conhecesse a incapacidade

---

[1085] A respeito, sustentava Clóvis BEVILÁQUA ainda sob a égide do Código Civil de 1916: "A linguagem do Código [Civil de 1916] não obedece, neste artigo, aos rigores da técnica. As obrigações nulas não são suscetíveis de fiança. É exato, mas seria dispensável afirmá-lo, pois que, se a fiança é obrigação acessória, não poderia subsistir onde não existisse obrigação. O que o Código pretendeu foi referir-se às obrigações meramente anuláveis, porque estas existem, podem ser confirmadas e executadas. E o que cumpria declarar era que tais obrigações não podiam ser, validamente, afiançáveis; salvo quando a anulabilidade proviesse apenas de incapacidade pessoal do devedor. O art. 1.600 do Projeto primitivo [do Código Civil, elaborado por Beviláqua] estava assim redigido [...]" (*Código Civil dos Estados Unidos do Brasil*. Volume II, cit., p. 629). No mesmo sentido, PEREIRA, Caio Mário da Silva. *Instituições de direito civil*. Volume III, cit., p. 471.

[1086] A respeito, cf. SANTOS, J. M. de Carvalho. *Código Civil brasileiro interpretado*. Volume XIX. Rio de Janeiro: Freitas Bastos, 1986, p. 453, que, ao comentar o dispositivo equivalente do Código Civil de 1916, ainda destacava: "a regra não oferece dificuldade, tão precisa como é: sendo a obrigação nula, não é suscetível de fiança".

[1087] Segundo Carvalho SANTOS, as obrigações contraídas por relativamente incapazes "[...] podem, todavia, ser garantidas por fiança e esta, ainda que anulada a obrigação principal, prevalece. A nulidade da fiança consequente à nulidade da obrigação principal resulta, tanto na teoria do acessório, como já demonstramos, como também do fato do erro provável do fiador, que não teve intenção de se obrigar sem a probabilidade do recurso contra o devedor principal. Se, pois, garante a obrigação principal de pessoa que sabe ser incapaz, renuncia a esse direito de regresso e se obriga como se devedor principal fosse" (*Código Civil brasileiro interpretado*. Volume XIX, cit., p. 454). Nesse sentido, embora apenas com relação às obrigações anuláveis, cf. PEREIRA, Caio Mário da Silva. *Instituições de direito civil*. Volume III, cit., pp. 471-472.

do afiançado,[1088] sobretudo quando este obteve proveito econômico da relação que deu origem à dívida principal, conferindo-se-lhe, ao menos, o direito de regresso em face do incapaz caso venha a solver o débito. Coerentemente com a disciplina já referida do mútuo feito a menores, o parágrafo único do mesmo art. 824 explicita que a norma do *caput* não se aplica nesse contrato específico, hipótese em que a fiança dada em garantia do mútuo será considerada nula.

No que tange à anulabilidade da dívida principal garantida por fiança, tendo em vista que a regra geral, nesses casos, é a plena produção de efeitos pelo ato anulável até que o legitimado venha a impugná-lo, parece razoável concluir que a fiança prestada em garantia de obrigação oriunda de ato anulável será válida, e exigível enquanto o for a obrigação garantida.[1089] Tendo-se em conta a lógica que rege a legitimidade de arguição da anulabilidade, discorda-se, neste ponto, da doutrina que afirma assistir ao fiador a possibilidade de invocar, como exceção, a incapacidade não arguida pelo devedor principal[1090] – o que contraria, de resto, a própria disposição do art. 837 do Código Civil.[1091] De fato, construiu o legislador, nessa matéria, um sistema coeso de proteção ao devedor incapaz que conte com a garantia fidejussória, agravando-se a responsabilidade do fiador tanto em caso de nulidade (pela validade da fiança) quanto de anulabilidade (pela

---

[1088] O conhecimento, pelo fiador, da incapacidade do afiançado como requisito para que possa ser responsabilizado pela dívida consiste em requisito exigido, por exemplo, pelo Código Suíço das Obrigações, que dispõe: "Art. 492. [...] 3. Quem declara garantir uma dívida resultante de um contrato que, por força de erro ou incapacidade, não obriga o devedor, responde por ela nas condições e segundo os princípios aplicáveis em matéria de fiança se conhecia, ao momento em que se vinculou, o vício do qual o contrato era eivado. A mesma regra se aplica àquele que se vincula a garantir a execução de uma obrigação prescrita para o devedor. [...]".

[1089] A seu turno, a doutrina que sustenta seriam afiançáveis apenas as obrigações anuláveis em decorrência da incapacidade do devedor principal explica essa possibilidade com base em uma suposta natureza de obrigação natural de tais obrigações (BEVILÁQUA, Clóvis. *Código Civil dos Estados Unidos do Brasil*. Volume II, cit., p. 629).

[1090] Assim sustenta Carvalho SANTOS: "Se a obrigação [principal anulável] vem a ser ratificada, a fiança será, por isso mesmo, validada. O fiador pode fazer valer, por sua própria conta, a exceção que o devedor não tenha querido invocar" (*Código Civil brasileiro interpretado*. Volume XIX, cit., p. 453).

[1091] *Verbis:* "Art. 837. O fiador pode opor ao credor as exceções que lhe forem pessoais, e as extintivas da obrigação que competem ao devedor principal, se não provierem simplesmente de incapacidade pessoal, salvo o caso do mútuo feito a pessoa menor".

inalegabilidade, por parte do fiador, da incapacidade do devedor como exceção), ressalvado o caso excepcional fiança prestada em garantia de mútuo feito a menor.[1092]

A minuciosa disciplina dirigida ao mútuo celebrado com menores e à fiança prestada em garantia de dívidas de incapazes permite entrever algumas tendências gerais na modulação dos efeitos da invalidade de negócios celebrados por incapazes. De modo geral, valorizam-se os negócios que tenham por escopo a própria proteção do menor, de sua subsistência e de suas necessidades úteis, entendendo-se que a tutela de sua vulnerabilidade não pode ser tão rígida ao ponto de impedir a realização de atos essenciais para o seu próprio desenvolvimento.[1093] Nesses casos, os efeitos tendem a ser preservados. O grau de discernimento do incapaz para a realização do negócio especificamente celebrado por ele também desempenha um papel relevante, sendo tão mais admissível (e aconselhável) a preservação dos efeitos quanto maior for esse discernimento. Daí também parece decorrer uma tendência à ampliação da possibilidade de confirmação do ato pelo representante ou assistente, que, ao fazê-lo, poderá indicar, talvez melhor do que ninguém, que o menor agiu com suficiente discernimento no caso concreto.

Finalmente, cabe destacar que a tutela da vulnerabilidade do incapaz não se promove apenas pela invalidade dos negócios em que ele seja parte. Bastante ilustrativo é o caso, julgado pelo Tribunal de Justiça de

---

[1092] A excepcionalidade da hipótese de fiança prestada em garantia de mútuo feito a menor é destacada por Fernando NORONHA: "Mesmo que se entenda que as razões justificativas da nulidade da fiança de mútuos feitos a incapazes deveriam valer também para os penhores ou hipotecas tendo por objeto empréstimos feitos a menores, a natureza excepcional do comando contido nos arts. 588 e 824, parágrafo único impede a aplicação analógica. Nesta hipótese, seria insustentável afirmar que a ampliação da norma aos penhores e hipotecas estaria contida dentro dos limites da interpretação extensiva [...]" (*Direito das obrigações*, cit., pp. 276-277).

[1093] A essencialidade do ato, aliás, tem sido considerada pela doutrina um critério útil para determinar a modulação de efeitos das nulidades. Nesse sentido, aduz Hamid Charaf BDINE JÚNIOR: "Na busca de um critério para se reconhecerem os contornos jurídicos capazes de oferecer um caminho para que se atribua eficácia a contratos que o direito positivo reconheça como nulos, destaca-se o paradigma da essencialidade. O critério contribui para identificar com maior acerto as situações em que será adequado atribuir eficácia a negócios nulos: aqueles em que o objeto satisfaça necessidades essenciais do contratante, em contraposição aos que têm em conta apenas bens supérfluos" (*Efeitos do negócio jurídico nulo*, cit., p. 212).

Santa Catarina,[1094] em que a emancipação voluntária de menor por sua mãe foi considerada inválida, porque se identificou, no caso, que o único escopo da emancipação fora o de dispensar a manifestação do Ministério Público em um processo judicial. Por outro lado, o Tribunal de Justiça do Distrito Federal e Territórios,[1095] ao julgar caso em que o pai de um menor emancipado pretendia a nulidade da emancipação que fora concedida apenas pela mãe sem o seu consentimento, julgou improcedente o pedido porque, passado o tempo, o emancipado já tinha alcançado a maioridade civil, de modo que havia mais interesse na invalidação da emancipação. Tem-se, aqui, um exemplo de como a tutela da vulnerabilidade do incapaz (ou, no caso, a desnecessidade dessa tutela, tendo o mesmo alcançado a maioridade) pode intervir sobre a modulação das consequências de uma invalidade no tempo.[1096]

3.6. Garantia da segurança jurídica

Conforme já aludido, um princípio de grande relevância costuma colocar-se na direção oposta da modulação de efeitos das invalidades negociais, ao menos aparentemente. Trata-se da imperativa necessidade de se tutelar a

---

[1094] TJSC, 4ª C.D.Pub., Ap. Civ. 2009.057139-3, Rel. Des. José Volpato de Souza, julg. 28.6.2014. Decidiu o Tribunal: "Ação declaratória de nulidade de ato jurídico c/c indenização por danos morais. Acidente de trânsito. Passageiro de ônibus. Autor que sofreu lesão permanente (paraplegia) e contava com 16 (dezesseis) anos à época do infortúnio. Emancipação concedida cinco meses após a ocorrência dos fatos. Pedido de anulação. [...] Evidências de que a emancipação foi concedida para dispensar a participação do Ministério Público no acordo. Evidente prejuízo ao apelante que, apesar de não ser mais incapaz civilmente, estava acometido de depressão e outros problemas originários da invalidez permanente, não podendo ter plena ciência das suas provisões futuras".

[1095] TJDFT, 2ª T.C., Ap. Civ. 20050110774798, Rel. Des. Angelo Passareli, julg. 9.7.2008, publ. 16.7.2008. O acórdão recebeu a seguinte ementa: "Direito civil e processual civil. Interesse processual. Inexistência. Emancipação. Filho. Maioridade alcançada. Negócio jurídico anulável. Validade. Preliminares rejeitadas. Sentença mantida. [...] A pretensão do pai de ver declarada a nulidade de emancipação concedida somente pela mãe carece de utilidade quando o filho detenha capacidade civil plena, alcançada com a maioridade, inexistindo, portanto, a possibilidade de retorno do exercício do poder familiar [...]".

[1096] Veja-se um trecho da ementa do caso: "Direito civil e processual civil. Interesse processual. Inexistência. Emancipação. Filho. Maioridade alcançada. [...] A pretensão do pai de ver declarada a nulidade de emancipação concedida somente pela mãe carece de utilidade quando o filho detenha capacidade civil plena, alcançada com a maioridade, inexistindo, portanto, a possibilidade de retorno ao exercício do poder familiar".

segurança jurídica nas relações privadas. Dentre as suas múltiplas acepções, a segurança jurídica pode ser entendida como a possibilidade de se preverem as consequências jurídicas para determinadas *fattispecie* concretas, sendo comum associar tal previsibilidade ao respeito à literalidade da lei e à sua aplicação estritamente subsuntiva.[1097] Em perspectiva contemporânea, porém, tem-se sustentado que tal associação deve ser substituída pela noção de que o ordenamento, em abstrato, pode e costuma propor mais de uma solução para cada caso, de tal modo que o processo de interpretação e aplicação do direito diante da controvérsia concreta terá sido legítimo se, balizado pelos parâmetros valorativos do sistema, for racionalmente fundamentado.[1098]

Essa compreensão renovada da segurança jurídica[1099] pode resultar, no caso concreto, na impossibilidade de se modularem funcionalmente as con-

---

[1097] Nesse sentido, leciona Francisco AMARAL: "Os sistemas jurídicos devem permitir que cada pessoa possa prever o resultado de seu comportamento, o que ressalta a importância do aspecto formal das normas jurídicas, a sua forma de expressão. O direito tem, por isso, como um dos seus valores fundamentais, para muitos o primeiro na sua escala, a segurança, que consiste, precisamente, na certeza da ordem jurídica e na confiança de sua realização, isto é, no conhecimento dos direitos e deveres estabelecidos e na certeza de seu exercício e cumprimento, e ainda na previsibilidade dos efeitos do comportamento pessoal. A segurança jurídica, significando a estabilidade nas relações e a garantia de sua permanência, justifica o formalismo no direito e encontra no positivismo o seu principal fundamento teórico" (*Direito civil*: introdução, cit., p. 21).

[1098] A respeito, Humberto ÁVILA sustenta que o Direito deve ser compreendido como "uma harmoniosa composição entre atividades semânticas e argumentativas: a atividade do operador do Direito parte de reconstruções de significados normativos por meio de regras de argumentação – contudo tem a sua aplicação dependente de postulados hermenêuticos e aplicativos" (*Teoria da segurança jurídica*, cit., p. 269).

[1099] "Segurança jurídica parece consistir em *standard* primacial do Estado Constitucional brasileiro, haurido não só do preâmbulo da Constituição da República, como também da enunciação de seu rol de direitos e deveres fundamentais. [...] Não se trata, por evidente, da noção de segurança jurídica formal, confinada na predeterminação de enunciados normativos, própria do modelo codificador fechado, de inspiração iluminista. Não se tomam, como partida, os grilhões de sua adaptação às práticas consolidadas [...].Trata-se, isso sim, de uma segurança jurídica ressignificada, substancial, mormente por intermédio do emprego de contemporâneas técnicas legislativas pelo legislador codicista privado, sob a égide da Constituição Republicana" (RAMOS, André Luiz Arnt; CORTIANO JÚNIOR, Eroulths. Segurança jurídica, precedente judicial e o direito civil brasileiro: prospecções à luz da Teoria do Direito. *Civilistica.com*. Rio de Janeiro, a. 4, n. 2, 2015, p. 6).

sequências legislativamente previstas para determinadas *fattispecie*,[1100] muito embora tal postura se coadune plenamente com a abordagem funcional ora proposta (e, na verdade, justamente por isso).[1101] De fato, alerta-se em doutrina para uma relevante decorrência do procedimento de afastamento em concreto de um ou alguns dos aspectos do regime legal das invalidades negociais: com o tempo, a reiterada preservação dos efeitos produzidos por negócios inválidos pode conduzir à expectativa, socialmente disseminada, da superação de certas hipóteses de invalidade ou, ainda mais gravemente, a um verdadeiro encorajamento das partes a celebrarem negócios jurídicos nulos ou anuláveis, supondo que tais negócios serão necessariamente eficazes.[1102] Ressalta-se, assim, a necessidade de que a modulação das consequências da nulidade seja feita minuciosamente e destaque, sobretudo, as peculiaridades do caso que justificam aquele específico regulamento da eficácia negocial.[1103]

[1100] Os valores subjacentes à norma e o valor da segurança jurídica encontram-se sempre presentes quando se cogita do afastamento em concreto da incidência de um regime legal. Como leciona Humberto ÁVILA, "A superação de uma regra deverá ter, em primeiro lugar, uma justificativa condizente. Essa justificativa depende de dois fatores. Primeiro, da demonstração de incompatibilidade entre a hipótese da regra e sua finalidade subjacente. [...] Segundo, da demonstração de que o afastamento da regra não provocará expressiva insegurança jurídica" (*Teoria dos princípios*, cit., p. 147).

[1101] Nesse sentido, por exemplo, afirma Gustavo TEPEDINO que a "segurança jurídica deve ser alcançada pela compatibilidade das decisões judiciais com os princípios e valores constitucionais, que traduzem a identidade cultural da sociedade", em superação ao raciocínio silogístico (Liberdades, tecnologia e teoria da interpretação. *Revista da Academia Paranaense de Letras Jurídicas*, n. 3. Curitiba: Juruá, 2014, pp. 36-37). Cf. também RAMOS, André Luiz Arnt; CORTIANO JÚNIOR, Eroulths. Segurança jurídica, precedente judicial e o direito civil brasileiro: prospecções à luz da Teoria do Direito, cit., pp. 6 e ss.

[1102] Segundo Humberto ÁVILA, o risco é de se preservar "a segurança jurídica no passado, incentivando a insegurança jurídica em maior medida no futuro. É importante ter em conta, sempre, que, se é verdade que a decisão de manter efeitos de atos inválidos tem a finalidade de evitar efeitos negativos para a segurança jurídica, a própria decisão de manter tais efeitos também provoca os mesmos efeitos negativos", de modo que "a manutenção de efeitos para atos contrários ao Direito igualmente produz efeitos que se contrapõem aos princípios do Estado de Direito e da segurança jurídica, como estimular o descumprimento dos contratos e a falta de manutenção da palavra" (*Teoria da segurança jurídica*, cit., p. 554).

[1103] Em posição extremada (e dirigida à declaração de inconstitucionalidade das leis), afirma-se mesmo que "o caso objeto de modulação eficacial deve ser realmente excepcional. Essa

Um importante imperativo, nesse sentido, para a tutela da segurança jurídica em matéria de invalidade – o qual, já percebido há muito pela doutrina, tem sido em grande parte atendido pelo princípio de vedação ao benefício da própria torpeza – consiste em não se preservarem, em princípio, efeitos de atos inválidos quando as partes tinham ciência do vício ao celebrá-lo.[1104] De fato, a manutenção da eficácia de um ato realizado nessas circunstâncias equivaleria, na grande maioria das vezes, à homologação, pela ordem jurídica, de atos voluntária e conscientemente realizados em contrariedade a ela, o que tiraria da disciplina da invalidade negocial todo o seu sentido.[1105] Pode acontecer, por evidente, que a necessidade de se tutelar algum interesse (em regra, individual de terceiros ou supraindividual) justifique a manutenção de efeitos a despeito do conluio ilícito das partes. Nesse caso, porém, a modulação deve se dar na medida exata da necessidade imposta por esse interesse preponderante, invalidando-se, sempre que possível, parcialmente o ato no que disser respeito apenas ao interesse das partes.

Assim, se outros valores (embora sempre relevantes no ordenamento do caso concreto) podem não chegar a desempenhar papel decisivo para a individuação da normativa aplicável, a proteção da segurança jurídica e a tutela da vontade negocial correspondem a princípios que, independentemente

---

excepcionalidade deve estar vinculada à dificuldade de repetitividade do caso no futuro" (ÁVILA, Humberto. *Teoria da segurança jurídica*, cit., p. 580).

[1104] Assim, "a modulação de efeitos só pode ser adotada nos casos em que a legitimidade do comportamento era plausível". Do contrário, se o agente "sabia ou podia saber da antijuridicidade da sua conduta, manter os efeitos significa prestigiar o descumprimento doloso da Constituição. Excetuando os casos em que o longo transcurso de tempo possa funcionar como fator estabilizador e modificador da valorização da ilicitude inicial, nos outros [...] o ato impugnado deve revestir-se de aparência de legitimidade, pois não sendo assim mantém-se a segurança jurídica passada, incentivando em maior medida a insegurança jurídica futura" (ÁVILA, Humberto. *Teoria da segurança jurídica*, cit., p. 583).

[1105] Conclui-se, de fato, que a segurança jurídica mantém íntima relação com o princípio da isonomia substancial, a exigir que eventual tratamento jurídico desigual se dê apenas na medida da desigualdade concreta: "Neste cenário e sob o crivo da igualdade, a segurança jurídica passa a ser compreendida como cognoscibilidade, confiabilidade, calculabilidade e efetividade do direito, numa perspectiva dinâmica de controlabilidade semântico-argumentativa e garantia de respeito ao jurídico" (RAMOS, André Luiz Arnt; CORTIANO JÚNIOR, Eroulths. Segurança jurídica, precedente judicial e o direito civil brasileiro: prospecções à luz da Teoria do Direito, cit., p. 7).

da hipótese em análise, sempre exercerão particular influência em matéria de invalidade do negócio. Assim como a tutela da vontade negocial, a segurança jurídica desempenha um papel que já foi referido como "ambíguo": pode indicar tanto o sentido da modulação quanto a observância estrita do abstrato regime previsto pelo legislador.[1106] De fato, não há dúvida de que a aplicação dos princípios supramencionados para justificar o controle judicial das consequências da invalidade também consiste em uma questão de segurança jurídica – o caso mais emblemático é, provavelmente, o da tutela da confiança: a justificativa para a proteção das situações aparentes está precisamente na necessidade de se garantir previsibilidade às relações jurídicas.[1107]

É preciso, desse modo, sem raciocínios aprioristicos, investigar de modo funcional e fundamentado como a segurança jurídica será promovida da forma mais adequada no caso concreto, em um cenário de segurança substancial já designado como *equilíbrio em movimento*.[1108] Assim como se

---

[1106] Cite-se, mais uma vez, a esclarecedora ponderação de Humberto ÁVILA: "a mesma segurança jurídica que pode ser utilizada para manter contratos inválidos com o objetivo de preservar a boa-fé das partes que atuaram acreditando na sua validade também pode ser usada com o fim de proteger a confiança das partes que confiaram na aplicação das consequências previstas para os casos de invalidade. Em suma, a manutenção de atos ou de efeitos de atos inválidos com base na segurança jurídica é ambígua" (*Teoria da segurança jurídica*, cit., p. 555). A solução é explicitada pelo próprio autor: "Com isso se quer apenas dizer que a decisão de manter os efeitos de atos inválidos com base no princípio da segurança jurídica deve analisar todos os efeitos decorrentes da inversão da consequência normal pelo descumprimento das normas [...]. Sendo assim, as decisões que se valem dessa técnica decisória não podem utilizar a segurança jurídica sem defini-la e sem analisar todos os efeitos que lhe digam respeito" (o.l.u.c.).

[1107] Oportuna, neste ponto, a observação de Vicente RÁO: "O fundamento da aparência assim caracterizada vem a ser, pois, a necessidade de ordem social, de se conferir segurança às operações jurídicas, amparando-se, ao mesmo tempo, os interesses legítimos dos que corretamente procedem" (*Ato jurídico*, cit., p. 243).

[1108] Assim ponderam André Arnt RAMOS e Eroulths CORTIANO JÚNIOR: "É, justamente, a controlabilidade semântico-argumentativa que marca a segurança jurídica substancial [...]. Nesta renovada dimensão, consagra-se o salto qualitativo da análise (em sentido amplo) de institutos e categorias jurídicas, cuja estrutura passa a interessar menos que a função. Finda-se, então, por deixar a estabilidade estática de uma ordenação, para ingressar num cenário de estabilidade como equilíbrio em movimento. Deste modo, as preocupações não mais recaem sobre categorias abstratas, mas sobre o objeto de análise em concreto. Esta ideia de movimento, na medida em que reconhecida como imanente aos pilares sustentadores do direito privado, determina a compreensão de que a previsibilidade tem, em seu âmago, a inconstância (ou

afirmou a respeito da tutela da vontade negocial, à luz da qual pode ser preferível desfazer o negócio do que manter as partes vinculadas a um ato modificado judicialmente, também em matéria de segurança jurídica a solução adequada pode ser aquela que normalmente não se associaria a esse valor: a modulação de efeitos pelo juiz, preservando-se o ato em alguma medida.[1109] No caso emblemático citado na apresentação deste capítulo, relativo à falsificação de uma procuração para fins de alienação imobiliária, parece ter sido a sensibilidade do Tribunal de Justiça de São Paulo quanto à necessidade de se garantir a segurança jurídica o fator determinante, mais do que qualquer outro incidente na hipótese, para a solução alcançada: não resultaria razoável, de fato, desfazer três alienações sucessivas em prol da simples observância mecânica à consequência prevista pelo regime legal da nulidade.

A possibilidade de a segurança jurídica ser promovida por meio da manutenção dos efeitos decorrentes de um ato parece ser corroborada pelo entendimento, já referido, de que, nas transferências de bens *a non domino*, a invalidade do título que serviu de base à tradição ou ao registro não afasta a possibilidade de consolidação da titularidade nas mãos do adquirente por meio de usucapião. A incidência da prescrição aquisitiva, em todas as matérias e também no campo ora estudado, volta-se justamente à estabilização das relações e à pacificação de eventuais controvérsias.[1110] Toda a discussão relativa à chamada imprescritibilidade das nulidades também atende à mesma preocupação: ao fazer uma opção pela não ocorrência de decadência na matéria, forçosamente distanciou-se o legislador da solução mais consentânea com a segurança jurídica em prol de outros valores que,

---

algo de imprevisibilidade)" (Segurança jurídica, precedente judicial e o direito civil brasileiro: prospecções à luz da Teoria do Direito, cit., pp. 7-8).

[1109] Aduz Zeno VELOSO: "O desfazimento inexorável de situações estabelecidas com base na aparência de legitimidade, gerando terríveis prejuízos para pessoas de boa-fé, que confiaram no que era confiável para o comum dos homens, agride e conturba, também, os postulados da certeza e segurança do Direito. A segurança jurídica é um princípio tão necessário e importante quanto o da legalidade" (*Invalidade do negócio jurídico*, cit., p. 364).

[1110] Clássica é a lição de SAN TIAGO DANTAS a respeito: "[...] para que a insegurança não reine na sociedade, para que nós não estejamos expostos, cada dia, à discussão de certas situações que o tempo já se incumbiu de consagrar, vem a prescrição considerar desaparecidos todos os defeitos e estender a sua anistia sobre os defeitos porventura existentes nas relações entre os indivíduos" (*Programa de direito civil:* teoria geral. Volume I, cit., p. 342).

conquanto juridicamente relevantes, talvez não demandassem uma solução tão drástica – particularmente em se tratando de interesses patrimoniais.[1111]

Interessante discussão sobre o papel da segurança jurídica na modulação dos efeitos das invalidades negociais diz respeito à possibilidade de serem alegadas, em determinadas circunstâncias, nulidades formais, isto é, decorrentes de vícios de forma. Conforme relatado por Menezes Cordeiro na doutrina portuguesa, a invalidade formal de um negócio, diversamente da material, suscita, inclusive socialmente, a impressão de que o ato negocial deveria ser cumprido a despeito de seu vício; alega-se mesmo que, caso as nulidades formais fossem sempre passíveis de impugnação, seria possível que um celebrante, agindo de má-fé, incentivasse a pessoa com quem ele negocia a celebrar negócio nulo por defeito de forma, de modo que pudesse se beneficiar do mesmo e, em seguida, impugná-lo, em detrimento da outra parte.[1112]

A questão parece solucionável, em grande parte, pela modulação das consequências da invalidade possibilitada pelos já mencionados princípios da vedação ao benefício da própria torpeza e da boa-fé objetiva[1113] – e o próprio autor cogita da *exceptio doli* e de outras soluções propostas para o problema

---

[1111] PEREIRA, Caio Mário da Silva. *Instituições de direito civil*. Volume I, cit., p. 532.

[1112] Nas palavras do autor: "Não obstante as apregoadas justificações da forma legal, quando prescrita – a reflexão das partes, a facilidade de prova e a publicidade – o seu desrespeito não concita, nos níveis ético, psicológico e social, a reprovação enérgica que o direito lhe conecta. As mesmas razões extrajurídicas que se viu militarem no sentido da proibição de *venire contra factum proprium* incitam, na sociedade, ao cumprimento dos negócios livremente celebrados, ainda que sem observância da forma legal. [...] No limite uma pessoa pode, com dolo até, induzir outra a celebrar um negócio sem a forma prescrita, retirar, da aparência daí emergente, os benefícios que lhe aprouver e, em qualquer momento que lhe convenha, alegar a nulidade" (CORDEIRO, António Menezes. *Da boa-fé no direito civil*, cit., p. 772).

[1113] De fato, como afirma Luciano de Camargo PENTEADO, cuida-se de "uma das reduções teleológicas a que se deve necessariamente chegar para se ter uma compreensão adequada do que seja a nulidade e sua relação com a boa-fé objetiva. Trata-se de um imperativo de justiça material, que leva ao cumprimento dos contratos, ainda que nulos, entre as partes, quando isto for possível. Assim, pela inalegabilidade das nulidades formais, não se pode em juízo postular nulidade de atos jurídicos, notadamente bilaterais, mas também os unilaterais, a que o postulante deu causa, quando esta for de caráter formal. Quando se fala de caráter formal da nulidade não se quer pontuar apenas a nulidade por vício de forma pública (e.g. art. 108 do CC/2002), mas também toda e qualquer nulidade que não diga respeito à substância do ato, o que, evidentemente demanda análise casuística" (Figuras parcelares da boa-fé objetiva e *venire contra factum proprium*, cit., p. 265).

a partir do controle de abusividade da impugnação do ato.¹¹¹⁴ Conclui, porém, que não é possível afastar, com tais argumentos, a alegabilidade das nulidades formais, porque estas não seriam inspiradas em qualquer valor relevante do ordenamento, correspondendo a imposições, de certa forma, arbitrárias do legislador, que deveriam ser sempre observadas;¹¹¹⁵ a única saída para a alegação abusiva da nulidade, nesses casos, seria a via ressarcitória.¹¹¹⁶

Semelhante solução contraria a lógica, sustentada ao longo deste estudo, segundo a qual toda causa de invalidade traduz a expressão da tutela de interesses e valores juridicamente relevantes pelo ordenamento.¹¹¹⁷ A per-

---

¹¹¹⁴ Conforme pondera o autor, "a solução mais perfeita para suprimir os inconvenientes da nulidade seria, como se adivinha, a manutenção do ato nulo por vício de forma, ainda que numa saída *contra legem*. O que foi tentado, no âmbito da segunda codificação, através da *exceptio doli*" (CORDEIRO, António Menezes. *Da boa-fé no direito civil*, cit., p. 773). Considera, porém, superada de forma "definitiva" a *exceptio doli*, pois, embora a inalegabilidade do vício possa ser facilitada pelo dolo inicial de quem a alega, depende muito mais da condição da pessoa contra quem ela é alegada (Ibid., p. 781).

¹¹¹⁵ A esse respeito, conclui MENEZES CORDEIRO: "a finalidade do legislador ao instituir a forma em certos negócios jurídicos e ao associar-lhe, em caso de inobservância, a nulidade, não é prosseguir os valores de reflexão, segurança e publicidade atribuídos ao formalismo clássico do direito. Esses fatores traduzem apenas elementos de política legislativa, que o legislador terá ponderado antes de, em concreto, restringir o consensualismo, neste ou naquele caso. A finalidade do legislador foi, simplesmente, igualizar, sob a forma, todas as declarações negociais atinentes a certos setores e uniformizar, sob a nulidade, todas as violações à regra anterior. A redução teleológica de normas deste jaez equivale à violação do seu escopo. Como tal, é impossível" (*Da boa-fé no direito civil*, cit., p. 792).

¹¹¹⁶ Sustenta o autor: "o titular exercente, em abuso, incorre em previsões de indenização ou outras, consoante os efeitos práticos a ponderar. Não podem, à face do Direito português, manter-se, por via direta da boa-fé, os efeitos falhadamente procurados pelo ato nulo" (CORDEIRO, António Menezes. *Da boa-fé no direito civil*, cit., p. 795). Propõe, porém, que, pela via ressarcitória, é possível a indenização pelo interesse positivo, inclusive admitindo que "o tribunal, embora adstrito às regras plenas da nulidade, tem a possibilidade de, a título indenizatório, determinar o acatamento do contrato" (Ibid., p. 796).

¹¹¹⁷ A propósito, denuncia Pietro PERLINGIERI o risco de o entendimento segundo o qual as prescrições de forma, por serem exceções ao princípio da liberdade formal, não seriam dotadas de conteúdo conduzir à subtração dessas prescrições do exame de constitucionalidade das limitações à autonomia negocial (*O direito civil na legalidade constitucional*, cit., p. 444). Critica o autor que esse caráter excepcional "significaria a automática nulidade de todo pacto contrário. Esta posição é criticável não apenas porque no âmbito da sanção de nulidade adverte-se uma gradação diversa das consequências em razão dos interesses violados e nem sempre, além do

cepção de que uma nulidade, apenas por dizer respeito à forma do negócio, não seria inspirada por nenhum conteúdo valorativo, embora sustentada por abalizada doutrina, não parece corresponder à realidade do direito brasileiro, sobretudo na perspectiva civil-constitucional ora adotada.[1118] A opção do legislador por tornar solene um negócio que, não fosse por isso, seguiria o princípio geral da liberdade das formas dirá respeito, em regra, à garantia da segurança jurídica e, particularmente, à certeza que decorre dessa solenidade e à necessidade de reflexão pelas partes acerca das consequências do ato que está prestes a ser celebrado por elas.[1119]

Por tal razão, a modulação da invalidade que tenha como causa um vício formal dependerá da ponderação, em concreto, do imperativo de garantia da segurança jurídica com outros valores juridicamente relevantes.[1120] Este deve ser, por exemplo, o raciocínio do intérprete ao analisar a viabilidade

---

mais, a violação da forma legal provoca a nulidade, mas, sobretudo, deve ser rejeitada porque inspirada em uma concepção mecanicista da norma inderrogável, à qual seria ínsita a nulidade" (Ibid., p. 445).

[1118] Nesse sentido, SAN TIAGO DANTAS é expresso ao vincular as solenidades no direito à promoção de um valor específico, consistente na segurança jurídica: "De modo que a evolução do direito cria solenidades novas e dispensa solenidades antigas, na medida em que a sociedade se vai transformando desnecessária à sua segurança certas solenidades e exigindo outras. Este é o verdadeiro ponto de vista que nós devemos colocar diante do tormentoso problema do formalismo e do antiformalismo; problema superado por outro, que é a necessidade de segurança nas relações jurídicas. Onde a segurança o exigir, dê-se forma; onde a dispensar, dê-se liberdade de forma" (*Programa de direito civil*: teoria geral. Volume I, cit., p. 221).

[1119] Sobre o princípio da liberdade das formas e a função de excepcionais exigências formais pela lei, afirma Alberto TRABUCCHI na doutrina italiana, em lição de todo aplicável ao direito brasileiro: "Por vezes o uso de uma forma precisa de manifestação é imposto para determinados atos jurídicos ou para certos efeitos. Essas disposições devem ser valoradas como excepcionais e não se estendem, assim, a casos além dos considerados [...], pois a regra é a liberdade da forma. A função da forma no ato solene, conexa com a oportunidade de predispor uma documentação e de ter certeza sobre o exato conteúdo das declarações (*animus hominis est anima scripti*), é sobretudo aquela de chamar atenção de quem conclui o negócio para a importância do ato que está prestes a celebrar" (*Istituzioni di diritto civile*, cit., p. 133. Tradução livre).

[1120] Apesar do entendimento supramencionado, MENEZES CORDEIRO admite que a "redução teleológica" das prescrições formais é "mais convincente do que a sua limitação imanente pela boa-fé. Para a concretizar, bastaria coligir os escopos visados pela prescrição de forma, de que se recordam: a defesa contra precipitações das partes, a clareza do conteúdo, a publicidade e o acautelar da posição de terceiros. Sempre que tais escopos estivessem assegurados no caso concreto, a pretensão legal ficaria satisfeita" (*Da boa-fé no direito civil*, cit., p. 790).

da conversão de um negócio eivado de nulidade formal em seu respectivo contrato preliminar (solução muito propalada pela doutrina).[1121] Vale destacar, ainda, que nem todo requisito formal será *ad substantiam* (e as exigências de forma *ad probationem tantum* não dizem respeito à validade negocial).[1122] Além disso, a doutrina, inclusive no ordenamento português, cogita de atos *meramente irregulares*, reputados válidos a despeito de vícios formais de menor importância.[1123]

Nesse sentido, em interessante precedente a respeito da invalidade de um contrato de transferência dos direitos federativos de atleta profissional, no qual faltara a assinatura do vice-presidente do clube (formalidade que era exigida pelo estatuto), entendeu o Superior Tribunal de Justiça que não era possível alegar a invalidade do título.[1124] Na percepção da Corte,

---

[1121] Em minucioso estudo sobre o tema, Cristiano de Sousa ZANETTI sustenta que toda prescrição de forma tem fundamento em uma finalidade específica do legislador, e que "definir a função da forma reclama, em verdade, esclarecer por que a exigência de certeza se faz mais premente em dados contratos do que em outros, a ponto de, nesses casos excepcionais, a validade do negócio depender de algo mais do que a simples obtenção do consenso" (*A conservação dos contratos nulos por defeito de forma*, cit., p. 192). O autor conclui que, "no direito brasileiro contemporâneo, o rigor formal obedece, essencialmente, a três propósitos": pode ter função assecuratória (consistente em "assegurar ambas as partes a respeito do exato momento do surgimento do vínculo"), função acautelatória (que visa a provocar, em uma ou em ambas as partes, a reflexão acerca das consequências do negócio que está prestes a ser realizado, precavendo-as dos riscos do mesmo) ou atender a um escopo informativo ("com o propósito de garantir que o contratante mais fraco esteja plenamente ciente dos termos do negócio pactuado") (Ibid., pp. 217-218). Tais finalidades serão decisivas, na percepção do autor, para determinar a possibilidade de conversão do contrato nulo por vício de forma em seu respectivo preliminar: assim, por exemplo, essa conversão não seria possível se a forma tivesse função assecuratória, pois restaria produzido o mesmo efeito que o legislador quis evitar ao prever a solenidade específica (Ibid., p. 247).

[1122] PEREIRA, Caio Mário da Silva. *Instituições de direito civil*. Volume I, cit., pp. 412-413.

[1123] José de Oliveira ASCENSÃO, por exemplo, alude à distinção entre "invalidade e irregularidade, no sentido de desconformidade à lei que não acarrete a destruição do ato, atendendo à natureza do elemento que é postergado" (*Direito civil: teoria geral*. Volume II, cit., p. 314).

[1124] O acórdão recebeu a seguinte ementa: "Civil e processual civil. Embargos à execução. Contrato de compra e venda dos direitos federativos de atleta profissional de futebol. Vício na constituição do título exequendo. Ausência da assinatura do vice-presidente financeiro do clube. Imposição do estatuto. Força executiva reconhecida. Teoria da aparência. Boa-fé objetiva. Recurso especial improvido. 1. Incensurável o tratamento dado ao caso pela Corte de origem, [...] pela repulsa à invocação de suposto vício na constituição do pacto, levado a efeito pelo próprio executado, uma vez havendo o recorrido agido de boa-fé e alicerçado na teoria da aparência, que legitimava a representação social por quem se apresentava como habilitado à

de todo consentânea com o que se propôs neste estudo, a impugnação do ato constituiria *venire contra factum proprium* por parte do clube, já que o mesmo havia dado causa à invalidade, ao mesmo tempo em que se deveria tutelar a confiança, depositada pela outra parte, na legitimidade do representante do clube que se apresentou na contratação para levar a cabo o negócio entabulado.[1125] Progressivamente, como se percebe, tem a modulação de consequências da invalidade negocial se mostrado uma promissora possibilidade de arejamento da disciplina legislativa, mesmo no que tange às nulidades formais.[1126] Particularmente quanto a estas, já

---

negociação empreendida. 2. Denota-se, assim, que a almejada declaração de nulidade do título exequendo está nitidamente em descompasso com o proceder anterior do recorrente (a ninguém é lícito *venire contra factum proprium*). 3. Interpretação que conferisse o desate pretendido pelo recorrente, no sentido de que se declare a inexequibilidade do contrato entabulado entre as partes, em razão de vício formal, afrontaria o princípio da razoabilidade, assim como o da própria boa-fé objetiva, que deve nortear tanto o ajuste, como o cumprimento dos negócios jurídicos em geral. 4. Recurso especial não conhecido" (STJ, 4ª T., REsp. 681.856, Rel. Min. Hélio Quaglia Barbosa, julg. 6.8.2007, publ. 6.8.2007).

[1125] Conforme esclarece Jan Peter SCHMIDT, a aplicação do *venire contra factum proprium* como parâmetro para considerar abusiva a alegação de nulidade depende não apenas do mero fato de celebração de negócio a cuja invalidade se deu causa, mas também de outros comportamentos ativos do agente que levem a outra parte a confiar concretamente na validade do ato: "[...] é necessário que as partes tratem o negócio como se fosse válido após sua conclusão. Elas devem ter 'vivido' a respectiva relação jurídica e ter pautado suas condutas de maneira correspondente, com o resultado de que uma reversão da situação, por meio da alegação de ineficácia, seria claramente iníqua. Em outras palavras, quando se veda a arguição de invalidade, não se protege a expectativa, ou a esperança, de que o direito iria tratar o negócio como válido; essa esperança nunca é digna de proteção, como já deriva do art. 3.º da LINDB. Capaz de ser protegida é apenas a expectativa de que a outra parte trate o negócio como válido e irá continuar a fazê-lo" (Alegação de invalidade como comportamento contraditório proibido?, cit., p. 428).

[1126] Contundente é a lição de Zeno VELOSO, que afirma: "na prática, na vida real, digamos assim, não resta a menor dúvida de que há razões que prescrevem a nulidade e a anulabilidade, respectivamente, mais graves do que outras, causando impacto diverso na consciência de quem observa, tem conhecimento do fato e precisa julgá-lo. A vícios distintos, de maior ou menor gravidade, devem ser atribuídas consequências diferentes, de maior ou menor extensão" (*Invalidade do negócio jurídico*, cit., p. 367). E arremata: "Na falta de modernização de atualização de textos legais, pode e deve o juiz interpretá-los progressivamente, aplicá-los construtivamente, diante do irreprimível movimento de socialização jurídica, de humanização do Direito, atendendo as novas concepções, deixando de tributar supersticiosa veneração a regras milenares, que tiveram a sua oportunidade e o seu momento, mas cujo tempo já passou. Afinal, a vida é mais viva, mais

se observou que o princípio de vedação ao comportamento contraditório, manifestação da incidência da boa-fé objetiva, encontra um campo de aplicação privilegiado.[1127]

complexa, mais criadora e dinâmica do que as normas positivadas, que os legisladores, por esquecimento ou preguiça, deixam como estão nos Códigos, ainda que se tenham desatualizado e se apresentem débeis, caducas, embalsamadas pela desídia [...]" (Ibid., p. 364). Impõe-se, assim, como afirma Raffaele TOMMASINI, superando-se o "excessivo formalismo", "confrontar o esquema da realidade" com a axiologia do sistema, "para ver se não emerge da hipótese fática, apesar de deformada, algum interesse merecedor de tutela de acordo com os valores formais e substanciais expressos pelo direito objetivo" (Nullità (dir. priv.), cit., p. 878. Tradução livre).

[1127] Assim, por exemplo, Jan Peter SCHMIDT, embora se posicione contrariamente à aplicação do princípio nos casos em que a invalidade decorre do conteúdo do negócio, entende que é possível aplicá-lo diante de invalidades formais: "Vedar a arguição de um vício de forma é obviamente menos problemático, porque nesse caso o legislador não proibiu o negócio como tal. Se as partes tivessem observado os requisitos formais, o negócio teria sido válido. Com base nessas considerações, não é surpreendente que a vedação de alegar a nulidade formal de um negócio jurídico tenha sido a hipótese em que a proibição do venire contra factum proprium foi aplicada com maior frequência, e também com melhor justificação" (Alegação de invalidade como comportamento contraditório proibido?, cit., p. 426).

Proposições conclusivas

Caminante, son tus huellas
el camino y nada más [...]*
A. MACHADO RUIZ

Este estudo procurou apresentar uma proposta de perspectiva funcional para a invalidade do negócio jurídico, a partir de construção que se poderia designar *a invalidade negocial como um processo*, em singela homenagem à celebre formulação, em matéria obrigacional, colhida do pensamento de Larenz por Clóvis do Couto e Silva. A fórmula busca destacar a falência da noção segundo a qual nulidade e anulabilidade consistiriam simplesmente em defeitos estruturais do negócio jurídico ou em um retrato estático e patológico (em certa medida, desalentador) do fenômeno negocial. Muito mais do que isso, a invalidade negocial representa um juízo valorativo sobre os efeitos produzidos pelo ato: portanto, um *processo*, que é iniciado em abstrato pelo legislador, ao prever as causas de nulidade e anulabilidade, e que deve, necessariamente, ser terminado pelo intérprete à luz do caso concreto, ao investigar os interesses que o ato tangencia e, eventualmente, modular a rigidez da disciplina positiva com base nas peculiaridades fáticas e na axiologia do sistema. A investigação alcançou as seguintes conclusões principais:

---

* "Caminhante, são tuas pegadas / O caminho, e nada mais [...]" (Proverbios y cantares XXIX. In: *Campos de Castilla*, 1912).

Sobre o perfil funcional da invalidade negocial:

i) Instâncias de controle valorativo da autonomia privada. O espaço de liberdade dos particulares para os atos da vida civil é definido pelos limites impostos pelo princípio da legalidade, que pode ser decomposto, contemporaneamente, em, pelo menos, três instâncias de controle valorativo (merecimento de tutela em sentido amplo): *licitude* (controle repressivo de compatibilidade estrutural dos atos particulares com o direito), *não abusividade* (entendida como o controle, também repressivo, de compatibilidade entre o exercício concreto das situações jurídicas e a função jurídica que justifica a tutela dessas situações) e *merecimento de tutela em sentido estrito* (controle de cunho promocional, responsável por compatibilizar exercícios que, embora em princípio lícitos e não abusivos, possam eventualmente entrar em colisão).

ii) Antijuridicidade do ato jurídico inválido. A técnica da invalidade negocial, baseada, de ordinário, na previsão regulamentar de causas de configuração pela lei, costuma inserir-se na lógica estrutural e silogística do controle clássico de licitude dos atos de autonomia. No sentido aqui proposto para a ilicitude (correspondente à antijuridicidade estrutural, isto é, à contrariedade expressa ao direito, muito mais ampla que a figura do ilícito culposo que enseja o dever de indenizar), os atos jurídicos inválidos são, em regra, ilícitos. As causas legais de invalidade podem, porém, com menor frequência, decorrer de interpretação marcadamente funcional e sistemática. Em qualquer caso, as causas de invalidade decorrem da violação a interesses juridicamente tutelados, presumida em abstrato pelo legislador e identificada a partir de características estruturais do ato em sua origem (ausência dos chamados requisitos de validade).

iii) Diferença (meramente) quantitativa entre as classes de atos jurídicos e seus graus de controle de validade. O controle valorativo dos atos de autonomia privada promovido pelo juízo de invalidade será tão mais intenso quanto maior for o papel da vontade particular na determinação dos efeitos do ato, o que significa um sistema mais rígido de validade para negócios jurídicos, um controle menos rígido para atos jurídicos *stricto sensu* (aos quais se aplicam, sobretudo, as regras relativas à capacidade do agente e aos vícios do consentimento) e, em princípio, uma ausência de controle de validade para os atos-fatos jurídicos (tendo em vista que, nestes, não se exige qualificação jurídica para a vontade do agente). Entre as diversas classes de atos jurídicos em sentido lato, a diferença se revela mais quantitativa do que qualitativa, já que em todos eles a lei concorre, em alguma medida, para a regulação de seus efeitos e tendo-se em conta que para a realização de todos eles concorre a vontade humana, em maior ou menor grau, voltada à obtenção do efeito jurídico que será produzido. Isso explica a existência de casos fronteiriços, atos de difícil enquadramento nas tradicionais classificações estanques, que costumam ser objeto de disciplina legal mais minuciosa, tais como o casamento.

iv) **Situações jurídicas subjetivas como efeitos negociais.** O controle valorativo dos negócios jurídicos promovido pelas invalidades não incide sobre os atos em si, mas sobre os seus efeitos, que consistem nas situações jurídicas subjetivas – cujas diversas categorias dogmaticamente conhecidas devem ser estudadas, sobretudo em seus perfis funcionais, para que se torne possível aferir seu merecimento de tutela em concreto.

v) **Delineamento conceitual da eficácia negocial.** Entende-se por eficácia negocial, em sentido lato, tanto os efeitos produzidos pelo ato (situações jurídicas subjetivas) quanto a maneira como esses efeitos são produzidos (total ou parcialmente, com oponibilidade às partes ou a terceiros, com valor retroativo, imediato ou sucessivo etc.). Mesmo nesta última acepção, aqui designada como *eficácia em sentido estrito*, não se justifica a redução do chamado plano da eficácia às modalidades dos negócios jurídico (uma vez que a validade negocial diz mais respeito à eficácia do que tais elementos), nem se pode descuidar para o fato de que tanto causas originárias do ato quanto fatores supervenientes podem interferir na sua eficácia, relacionando-se a invalidade apenas com as primeiras. Não se reconhecem causas supervenientes de invalidade.

vi) **Invalidades negociais como uma questão de eficácia.** A invalidade negocial se revela, nessa perspectiva, *uma questão de eficácia*, seja quanto à sua *identificação* (já que as causas de invalidade são previstas pelo legislador com referência a um juízo de valor feito em abstrato sobre os potenciais efeitos de certos atos), seja quanto à sua *disciplina* (uma vez que as regras sobre invalidade visam justamente a regular a maneira como serão preservados, ou desconstituídos, os efeitos do ato, e considerando que a qualificação da natureza da invalidade é, muitas vezes, proposta pela doutrina, pela jurisprudência ou pelo próprio legislador a partir de um juízo prévio sobre a modulação de efeitos que se reputa mais adequada para cada caso).

Sobre as críticas dirigidas à doutrina tradicional das invalidades:

vii) **Ociosidade do plano da existência.** À ciência jurídica não assiste, em princípio, negar a existência material de fatos, mas tão somente reconhecer ou não efeitos a eles (existência de direitos, obrigações e assim por diante). Ademais, os atos ditos inexistentes produzem, normalmente, efeitos (ou, ao menos, a aparência de efeitos) que a ordem jurídica será chamada a regular, não se podendo simplesmente ignorar sua celebração. Por esse motivo, a tais atos se atribuem, em geral, as consequências da nulidade. Parece, assim, mais lógico reconduzir todas as supostas hipóteses de inexistência à categoria da invalidade e, particularmente, à nulidade negocial.

viii) **Natureza do interesse tutelado pela invalidade.** A afirmativa de que a nulidade estaria destinada a tutelar interesses sociais, ao passo que a anulabilidade seria voltada à proteção de interesses individuais, não resiste a uma análise atenta das *fattispecie* negociais, nas quais, com frequência, torna-se difícil separar uma natureza da outra. A dificuldade torna-se ainda maior com a progressiva mitigação da *summa divisio* entre as esferas pública e privada e com o surgimento de causas de nulidade cada vez mais voltadas à proteção dos interesses das partes negociantes.

ix) **Convalescimento pelo decurso do tempo.** A despeito da expressa opção legal pelo não convalescimento das nulidades pelo decurso do tempo, a perspectiva segundo a qual a invalidade consiste na valoração dos efeitos do ato permite deslocar o problema para os prazos prescricionais que regulam a exigibilidade de situações jurídicas decorrentes do negócio ou a desconstituição de atos materiais de execução negocial, findos os quais parece não haver mais qualquer interesse no reconhecimento da nulidade ou na sua alegação por via de exceção.

x) **Possibilidade de confirmação ou suprimento judicial.** Também no que tange à confirmação dos atos inválidos e ao suprimento judicial das invalidades a distinção entre nulidade e anulabilidade tem se enfraquecido, tendo em vista que a realização posterior de novo ato idêntico ao negócio nulo (porém sem o vício que inquinava o primeiro ato) com frequência proporciona os mesmos resultados práticos de uma confirmação para as partes, e considerando que é admissível o suprimento judicial, por exemplo, da anuência abusivamente negada para fins de validação de determinados atos nulos.

xi) **Legitimidade de arguição.** A regra segundo a qual qualquer pessoa poderia alegar a nulidade, ao passo que a anulabilidade apenas poderia ser suscitada pelas partes do negócio ou por alguns interessados, tem encontrado diversas exceções previstas pelo próprio legislador ou sustentadas pela doutrina e pela jurisprudência. Além disso, como o interesse de agir é processualmente necessário para a alegação da nulidade, o rol de legitimados para alegar essa forma de invalidade torna-se mais restrito do que se supõe, ao mesmo tempo em que pode acontecer, tanto na nulidade quanto na anulabilidade, que apenas terceiros (e não as partes no negócio) estejam legitimados a impugnar o ato.

xii) **Operatividade de pleno direito e retroatividade.** A concepção de que nulidades operariam de pleno direito não se coaduna com o fato de que, com grande frequência, os negócios nulos produzem efeitos, inclusive expectativas legítimas (que demandarão tratamento específico pela ordem jurídica). Reitera-se, ainda, o entendimento, já antigo e cada vez mais difundido, de que a sentença que versa sobre a invalidade negocial será sempre constitutiva, e não meramente declaratória, tanto na nulidade quanto na anulabilidade. Desse modo, em ambas as hipóteses de invalidade, os efeitos negociais podem ser desconstituídos *ex tunc*. Resta, assim, prejudicada a maior das distinções teóricas entre as duas hipóteses de invalidade, cuja separação absoluta não parece mais se sustentar.

Sobre o método proposto:

xiii) **Valorização das diretrizes legais sobre as propostas dogmáticas.** É preferível levar em consideração apenas as categorias sistematicamente disciplinadas pelo legislador (nulidade e anulabilidade), deixando-se de lado as construções doutrinárias que não se adaptam perfeitamente a elas – como os planos de análise do negócio jurídico, a noção de inexistência ou o uso do termo ineficácia como espécie autônoma (o qual, ou bem poderá ser reconduzido a uma hipótese de invalidade, ou dirá respeito a uma vicissitude superveniente do negócio e, portanto, não abrangida por este estudo). As causas de invalidade previstas em lei devem ser o ponto de partida do intérprete, não apenas porque indicarão as situações em que ele deverá se pronunciar sobre a validade do ato, como também porque representam uma ponderação prévia já realizada pelo legislador sobre o merecimento de tutela dos efeitos negociais.

xiv) **Modulação de efeitos a partir do equilíbrio concreto de interesses.** A solução prevista legislativamente para a regulação dos efeitos negociais deve ter sua adequação posta à prova à luz do caso concreto, incumbindo ao julgador investigar se a disciplina legal pode conduzir a resultados contrários à axiologia do ordenamento diante de valores e interesses que estejam em jogo no ato analisado. Se for esse o caso, não se estará diante de uma quebra de sistemática, pois a aplicação da integralidade da ordem jurídica ao caso concreto autoriza o intérprete a modular de forma diferenciada as consequências do reconhecimento da nulidade ou da anulação do negócio, inclusive ao ponto de considerar certo ato em concreto funcionalmente válido, a despeito de conter uma causa de invalidade, por força do equilíbrio dos interesses por ele tangenciados. Do mesmo modo, mostra-se cabível cogitar da excepcional modulação de efeitos de determinado ato pela sentença que declare a sua validade plena, diante de interesses juridicamente relevantes.

xv) **Fundamentação à luz da legalidade constitucional.** A modulação judicial ora proposta deve ser minuciosamente fundamentada à luz dos elementos do caso concreto (sempre e particularmente quando se cogitar da restrição de efeitos de atos válidos), indicando-se quais peculiaridades da hipótese fática analisada demandam uma solução diferenciada. Essa modulação encontra-se balizada pela axiologia do ordenamento, devendo o intérprete explicitar quais valores e interesses determinaram cada consequência por ele proposta para a invalidade do negócio. Ainda que se alcance, em muitos casos, a mesma solução que se obteria pela simples aplicação silogística da regra legal ao fato concreto, o mecanismo subsuntivo nunca será fundamento suficiente para a decisão, pois é a aplicação das normas sobre a invalidade à luz dos valores do ordenamento que confere sistematicidade à matéria – a qual, de outro modo, permaneceria caracterizada por exceções às regras gerais aparentemente assistemáticas.

Algumas aplicações frequentes de valores relevantes para a modulação da eficácia dos negócios inválidos:

xvi) **Preservação da autonomia negocial (conservação do negócio jurídico).** A tendência geral a se preservar, sempre que possível, o conteúdo ditado pela autonomia negocial costuma ser a mais relevante razão para a modulação de efeitos da nulidade, embora nada impeça que esse mesmo valor justifique, em concreto, a negativa de eficácia ao ato (em regra, menos atentatória à autonomia do que a revisão de seu conteúdo). A principal expressão dessa tendência reside no chamado *princípio da conservação do negócio jurídico*, sobretudo na forma dos subprincípios da *redução* e da *conversão*. O critério determinante para tais procedimentos será sempre encontrado na síntese funcional que decorre da causa negocial. A aplicação mais frequente da conversão se verifica no campo da nulidade, embora nada impeça que também ocorra em matéria de anulabilidade, caso se considere que o pedido de anulação pela parte legitimada contraria, de forma abusiva, a síntese de efeitos originalmente avençada. No que tange à redução, admite-se sua aplicação tanto para se suprimirem cláusulas acessórias à avença quanto para se minorarem valores originalmente acordados pelas partes.

xvii) **Vedação ao benefício da própria torpeza (boa-fé subjetiva).** No que tange à aplicação do princípio de vedação da própria torpeza à modulação da legitimidade de arguição da invalidade, sua atuação parece possível nos casos em que o interesse tutelado pela invalidade seja o da própria pessoa que agiu de forma maliciosa – o que ocorre com mais frequência nos casos de anulabilidade e, de forma menos usual, em sede de nulidade. Diante de invalidades que tutelem interesses predominantemente supraindividuais, a alegação da própria torpeza parece menos relevante, embora o princípio possa encontrar outras aplicações; afigura-se razoável, por exemplo, que a parte que, tendo compactuado com uma causa de nulidade e depois tenha pretendido o reconhecimento judicial do vício, ainda que se considere legitimada a fazê-lo, não possa, por exemplo, cobrar eventuais perdas e danos pelo desfazimento do ato.

xviii) Teoria da confiança (boa-fé objetiva). *Em negócios anuláveis*, a boa-fé objetiva costuma justificar a preservação de efeitos quando o interesse tutelado pertencer a uma das partes, que não tenha sido diligente; a outra parte, então, tendo agido conforme a boa-fé, poderá, em regra, pretender a manutenção. Se o interesse pertencer a terceiros, cuja anuência fosse necessária, a boa-fé dos contratantes apenas será relevante na medida em que o terceiro não seja prejudicado, salvo se também ele não tiver agido com a diligência esperada. Observa-se uma tendência geral à transição da boa-fé subjetiva para a objetiva: quando a existência do vício depende da aferição da boa-fé das partes, não parece legítimo substituir a boa-fé subjetiva pela objetiva se o legislador não o fez; quando, porém, a boa-fé subjetiva possa ser usada para modular os efeitos de uma anulabilidade já constatada, a boa-fé objetiva desempenha melhor esse papel regulador. Existe, ainda, uma tendência maior de proteção à boa-fé em negócios onerosos do que em negócios gratuitos. *Em matéria de nulidade*, a boa-fé pode ser empregada para a modulação da impugnação do ato no tempo, por meio da figura da *suppressio*. No que tange à modulação da desconstituição dos efeitos do ato, o princípio não costuma ser tão relevante se houver interesses supraindividuais protegidos; nos demais casos, importará saber se o vício era de tal forma sutil que uma pessoa diligente poderia, legitimamente, confiar na validade do ato. A alegação de boa-fé por terceiros em negócios que sirvam de base à transferência de direitos reais apenas tem sido admitida em casos extremos.

xix) Vedação do enriquecimento sem causa. O princípio traz conteúdo à regra da retroatividade da invalidação, regulando, no caso concreto, as repercussões práticas sobre as situações jurídicas subjetivas decorrentes do ato. Pode, assim, determinar o cumprimento de prestações ainda não efetuadas ou, ao revés, exonerar as partes do dever de prestarem o que ainda deviam; pode determinar a restituição dos atos de execução já realizados, total ou parcialmente, ou, ainda, levar à conclusão de que nada deve ser desconstituído. O princípio também ajuda a determinar, na redução do negócio inválido, se a supressão de determinada cláusula prejudica o equilíbrio econômico originalmente previsto para a avença.

xx) **Proteção de pessoas vulneráveis.** A tutela das vulnerabilidades atua sobre a modulação de todas as consequências da invalidade, a determinar se os efeitos do ato devem ser desconstituídos e se o devem ser total ou parcialmente, retroativamente ou não e assim por diante. Por se tratar, em princípio, de interesse supraindividual, a legitimidade para alegação do vício que tutela uma vulnerabilidade tende a ser mais ampla. Em negócios celebrados por incapazes, preservam-se geralmente atos que tenham por escopo sua subsistência e suas necessidades, de modo a não se impedirem atos essenciais ao seu próprio desenvolvimento. Considera-se tão mais admissível a preservação dos efeitos do ato quanto maior for o discernimento do incapaz, sendo tendencialmente maior a possibilidade de ratificação do negócio pelos responsáveis, justamente para que confirmem esse discernimento.

xxi) **Garantia da segurança jurídica.** A garantia da segurança jurídica impõe que a modulação judicial da disciplina legal da invalidade se dê apenas em casos cujas peculiaridades a justifiquem, particularmente quando as partes não tivessem consciência do vício, de modo a não se incentivar a prática voluntária de atos inválidos. Embora represente, em regra, o fundamento das invalidades por vício de forma, a segurança jurídica não impede que, em face de outros valores relevantes, restrinja-se em concreto a alegabilidade de invalidades formais pelas partes.

Ao final deste itinerário, espera-se ter oferecido uma contribuição útil à ingente tarefa, que tem sido desempenhada pela doutrina civilista e, particularmente, pelo direito civil-constitucional, de releitura dos institutos do direito privado a partir de uma chave de interpretação funcional. O terreno escolhido revela-se um dos mais áridos à proposta, ante o predomínio do pensamento estruturalista na matéria – mas, justamente por isso, talvez possa ser útil a abordagem ora sugerida. Buscou-se oferecer ao intérprete alguns subsídios valorativos para guiar a eventual modulação da disciplina legalmente prevista para as invalidades, por imposição das peculiaridades de determinado caso concreto. A documentação de cada um desses passos na fundamentação da decisão permitirá a verificação da legitimidade da conclusão alcançada à luz da legalidade constitucional. Como no verso clássico do poeta espanhol Antonio Machado Ruiz, porém, aqui também não há caminho pré-estabelecido: faz-se o caminho ao andar.

REFERÊNCIAS

AGUIAR JÚNIOR, Ruy Rosado. *Extinção dos contratos por incumprimento do devedor*. Rio de Janeiro: AIDE, 2004.

ALARCÃO, Rui de. *A confirmação dos negócios anuláveis*. Coimbra: Atlântica, 1971. Volume I.

ALPA, Guido. *Corso di diritto contrattuale*. Padova: CEDAM, 2006.

ALVES, José Carlos Moreira. *A Parte Geral do Projeto de Código Civil brasileiro*. São Paulo: Saraiva, 1986.

__. 10ª Reunião. Conferência do Prof. Min. José Carlos Moreira Alves. In: MENCK, José Theodoro Mascarenhas (Org.). *Código Civil brasileiro no debate parlamentar*: elementos históricos da elaboração da Lei nº 10.406, de 2002. Brasília: Câmara dos Deputados, Edições Câmara, 2012, pp. 411-460.

__. Distinção entre os atos jurídicos negociais e os atos jurídicos não negociais. *Revista da Academia Brasileira de Letras Jurídicas*. Volume 10, jul.-dez./1996, pp. 170-189.

__. O problema da vontade possessória. *Revista do Tribunal Regional Federal*. Volume 8, out.-dez./1996, pp. 17-26.

AMARAL, Francisco. *Direito civil*: introdução. Rio de Janeiro: Renovar, 2014.

__. *Da irretroatividade da condição suspensiva no direito civil brasileiro*. Rio de Janeiro: Forense, 1984.

AMORIM, Agnelo. Critério científico para distinguir a prescrição da decadência e para identificar as ações imprescritíveis. *Revista dos Tribunais*. Ano 49, volume 300. São Paulo: Revista dos Tribunais, out./1960, pp. 7-37.

ASCARELLI, Tullio. *Lezioni di diritto commerciale:* introduzione. Milano: Giuffrè, 1955.

ASCENSÃO, José de Oliveira. *Direito civil:* teoria geral. São Paulo: Saraiva, 2010. Volume II: Ações e fatos jurídicos.

__. *Direito civil*: teoria geral. São Paulo: Saraiva, 2010. Volume III: Relações e situações jurídicas.

AUBRY, Charles; RAU, Charles. *Cours de droit civil français*. Paris: Imprimerie et

Librairie Générale de Jurisprudence, 1869. Tome 1er.

AULETTA, Giuseppe. Attività (dir. priv.). *Enciclopedia del diritto*. Milano: Giuffrè, 1958. Volume III.

ÁVILA, Humberto. *Teoria da segurança jurídica*. São Paulo: Malheiros, 2014.

__. *Teoria dos princípios*: da definição à aplicação dos princípios jurídicos. São Paulo: Malheiros, 2015.

AZEVEDO, Antônio Junqueira de. A conversão dos negócios jurídicos: seu interesse teórico e prático. *Revista da Faculdade de Direito da Universidade de São Paulo*. Volume 69. Número 1. São Paulo: USP, jan./1974, pp. 181--190.

__. Crítica à Parte Geral do Projeto de Código Civil. *Estudos e pareceres de direito privado*. São Paulo: Saraiva, 2004, pp. 67-79.

__. *Negócio jurídico e declaração negocial (noções gerais e formação da declaração negocial)*. Tese para o concurso de professor titular de Direito Civil da Faculdade de Direito da Universidade de São Paulo, 1986.

__. *Negócio jurídico*: existência, validade e eficácia. São Paulo: Saraiva, 2002.

__. O direito como sistema complexo e de segunda ordem; sua autonomia. Ato nulo e ato ilícito. Diferença de espírito entre responsabilidade civil e penal. Necessidade de prejuízo para haver direito de indenização na responsabilidade civil. *Civilistica.com*. Rio de Janeiro: a. 2, n. 3, jul.-set./2013.

BARCELLOS, Ana Paula de. *Ponderação, racionalidade e atividade jurisdicional*. Rio de Janeiro: Renovar, 2005.

BARROSO, Luís Roberto. *O controle de constitucionalidade no direito brasileiro*. São Paulo: Saraiva, 2007.

__. Apontamentos sobre o princípio da legalidade. *Temas de direito constitucional*, t. 1. Rio de Janeiro: Renovar, 2006, pp. 165-188.

BAUMAN, Zygmunt. *Modernidade líquida*. Rio de Janeiro: Zahar, 2001.

BDINE JÚNIOR, Hamid Charaf. *Efeitos do negócio jurídico nulo*. São Paulo: Saraiva, 2010.

BETTI, Emilio. *Teoria geral do negócio jurídico*. Campinas: Servanda, 2008.

BEVILÁQUA, Clóvis. *Código Civil dos Estados Unidos do Brasil*. Rio de Janeiro: Editora Rio, 1976. Volume I.

__. *Código Civil dos Estados Unidos do Brasil*. Rio de Janeiro: Editora Rio, 1976. Volume II.

__. *Teoria geral do direito civil*. Rio de Janeiro: Editora Rio, 1975.

BIANCA, Cesare Massimo. *Diritto civile*. Milano: Giuffrè, 2002. Volume I.

__. *Diritto civile*. Milano: Giuffrè, 2000. Volume III.

BOBBIO, Norberto. A função promocional do direito. *Da estrutura à função*. São Paulo: Manole, 2007, pp. 1-21.

__. *O positivismo jurídico*: lições de filosofia do direito. São Paulo: Ícone, 2006.

__. Sanzione. In: *Novissimo Digesto Italiano*. Volume XVI. Torino: UTET, 1957, pp. 530-540.

__. *Teoria da norma jurídica*. Bauru: EDIPRO, 2001.

BODIN DE MORAES, Maria Celina. A caminho de um direito civil-constitucional. *Na medida da pessoa humana*. Rio de Janeiro: Renovar, 2010, pp. 3-20.

REFERÊNCIAS

__. A causa do contrato. *Civilistica.com*. Rio de Janeiro: a. 2, n. 4, out.-dez./2013.

__. A causa do contrato. *Na medida da pessoa humana*. Rio de Janeiro: Renovar, 2010, pp. 289-316.

__. Ampliando os direitos da personalidade. *Na medida da pessoa humana*. Rio de Janeiro: Renovar, 2010, pp. 121-148.

__. A nova família de novo: estruturas e função das famílias contemporâneas. *Pensar*. Volume 18. Número 2. Fortaleza: mai.-ago./2013, pp. 587-628.

__. Danos morais em família? Conjugalidade, parentalidade e responsabilidade civil. *Na medida da pessoa humana*. Rio de Janeiro: Renovar, 2010, pp. 423-455.

__. Do juiz boca-da-lei à lei boca-de-juiz: notas sobre a aplicação-interpretação do direito no início do século XXI. *Revista de Direito Privado*. Volume 56. São Paulo: Revista dos Tribunais, out.-dez./2013, pp. 11-30.

__. O princípio da dignidade humana. *Na medida da pessoa humana*: estudos de direito civil-constitucional. Rio de Janeiro: Renovar, 2010, pp. 71-120.

__. O princípio da solidariedade. *Na medida da pessoa humana*. Rio de Janeiro: Renovar, 2010, pp. 237-265.

__. O procedimento de qualificação dos contratos e a dupla qualificação do mútuo no direito civil brasileiro. *Revista Forense*. Volume 309. Rio de Janeiro: Forense, jan.-mar./1990, pp. 34-61.

__. Prefácio. *Na medida da pessoa humana*. Rio de Janeiro: Renovar, 2010, pp. ix-xvi.

__. Prefácio a NEGREIROS, Teresa. *Teoria do contrato*: novos paradigmas. Rio de Janeiro: Renovar, 2006, pp. xix-xxviii.

__. Professores ou juízes?. Editorial. *Civilistica.com*. Rio de Janeiro: a. 3, n. 2, jul.-dez./2014.

__. Risco, solidariedade e responsabilidade objetiva. *Na medida da pessoa humana*: estudos de direito civil-constitucional. Rio de Janeiro: Renovar, 2010, pp. 381-421.

__. Uma aplicação do princípio da liberdade. *Na medida da pessoa humana*. Rio de Janeiro: Renovar, 2010, pp. 183-206.

BOZZI, Giuseppe. Comportamento del debitore e attuazione del rapporto obbligatorio. In: LIPARI, Nicolò; RESCIGNO, Pietro (Org.); ZOPPINI, Andrea (Coord.). *Diritto civile*. Milano: Giuffrè, 2009. Volume III: Obbligazioni. Tomo I: Il rapporto obbligatorio, pp. 35-203.

BRASIL. Novo Código Civil: exposição de motivos e texto sancionado. Brasília: Senado Federal, Subsecretaria de Edições Técnicas, 2005.

BUNAZAR, Maurício. Elementos para uma análise unitária do fenômeno da invalidade. In: LEAL, Pastora do Socorro Teixeira Leal. *Direito civil constitucional e outros estudos em homenagem ao Prof. Zeno Veloso*: uma visão luso-brasileira. São Paulo: Método, 2014, pp. 147-154.

CAMPOS, Diogo Paredes Leite de. Enriquecimento sem causa e responsabilidade civil. *Revista da Ordem dos Advogados Portugueses*. Ano 42. Volume I, jan.-abr./1982, pp. 39-55.

__. Enriquecimento sem causa, responsabilidade civil e nulidade. *Revista dos*

Tribunais. Volume 560. São Paulo: Revista dos Tribunais, jun./1982, pp. 259-266.

___. *A subsidiariedade da obrigação de restituir o enriquecimento*. Coimbra: Almedina, 1974

CANARIS, Claus-Wilhelm. *Pensamento sistemático e conceito de sistema na ciência do direito*. Trad. António Menezes Cordeiro. Lisboa: Calouste Gulbenkian, 1996.

CARBONNIER, Jean. *Droit civil*. Paris: PUF, 2004. Tome 1: Introduction, les personnes, la famille, l'enfant, le couple.

___. *Droit civil*. Paris: PUF, 2004. Tome 2: Les biens, les obligations.

CARNELUTTI, Francesco. *Teoria geral do direito civil*. Rio de Janeiro: Âmbito Cultural, 2006.

CARPENA, Heloisa. O abuso do direito no Código de 2002: relativização de direitos na ótica civil-constitucional. In: TEPEDINO, Gustavo (Coord.). *O Código Civil na perspectiva civil-constitucional*. Rio de Janeiro: Renovar, 2013, pp. 423-444.

CARVALHO, Francisco Pereira de Bulhões. *Sistemas de nulidades dos atos jurídicos*. Rio de Janeiro: Forense, 1981.

CARVALHO, Luiz Paulo Vieira de. *Direito das sucessões*. São Paulo: Atlas, 2015.

CASTRO JÚNIOR, Torquato. *A pragmática das nulidades e a teoria do ato jurídico inexistente*. São Paulo: Noeses, 2009.

CHAMOUN, Ebert. *Instituições de direito romano*. Rio de Janeiro: Forense, 1968.

CHIOVENDA, Giuseppe. *Istituzioni di diritto processale civile*. Napoli: Jovene, 1960.

CORDEIRO, António Manuel da Rocha e Menezes. *Da boa-fé no direito civil*. Coimbra: Almedina, 2007.

___. *Tratado de direito civil*. Coimbra: Almedina, 2012. Volume I: Introdução, fontes do direito, interpretação da lei, aplicação das leis no tempo, doutrina geral.

___. *Tratado de direito civil*. Coimbra: Almedina, 2012. Volume II: Parte Geral, negócio jurídico, formação, conteúdo e interpretação, vícios da vontade, ineficácia e invalidades.

___. *Tratado de direito civil português*. Coimbra: Almedina, 2010. Volume II: Direito das obrigações. Tomo II: Gestão de negócios, enriquecimento sem causa, responsabilidade civil.

COSTANZA, Maria (Coord.). Volume III: Effetti. In: ROPPO, Vincenzo. (Org.). *Trattato del contratto*. Milano: Giuffrè, 2006.

DANTAS, Francisco Clementino de San Tiago. *Programa de direito civil*: teoria geral. Atual. Gustavo Tepedino et al. Rio de Janeiro: Forense, 2000. Volume I.

___. *Programa de direito civil*. Rio de Janeiro: Editora Rio, 1978. Volume II.

___. *Programa de direito civil*. Rio de Janeiro: Editora Rio, 1984. Volume III.

DE PAGE, Henri. *Traité élémentaire de droit civil belge*. Tome 1. Bruxelles: Émile Bruylant, 1948.

DIAS, Maria Berenice. *Manual de direito das famílias*. São Paulo: Revista dos Tribunais, 2013.

DINAMARCO, Cândido Rangel. *Instituições de direito processual civil*. São Paulo: Malheiros, 2009. Volume II.

___. Relativizar a coisa julgada material. *Revista da Procuradoria Geral do Estado de São Paulo*. Volumes 55-56. São Paulo: jan.-dez./2001.

DOHRMANN, Klaus Jochen Albiez. La repercusión de la nulidad 'dentro' y 'fuera' del contrato. In: GABRIEL, José Ramón Ferrandíz (Dir.). *El negocio jurídico:* la ineficacia del contrato. Madrid: CGPJ, 1994, pp. 61-108.

DOMAT, Jean. Les lois civiles dans leur ordre naturel. *Civilistica.com*. Rio de Janeiro: a. 3, n. 2, jun.-dez./2014.

DONISI, Carmine. In tema di nullità sopravvenuta del negozio giuridico. *Rivista Trimestrale di Diritto e Procedura Civile*. Anno XXI. Milano: Giuffrè, 1967, pp. 755-824.

ECHEVERRÍA, Jesús Delgado; LUCÁN, Maria Angeles Parra. *Las nulidades de los contratos:* en la teoría y en la práctica. Madrid: Editorial Dykinson, 2005.

ENGISCH, Karl. *Introdução ao pensamento jurídico*. Lisboa: Calouste Gulbenkian, 2001.

ENNECCERUS, Ludwig; KIPP, Theodor; WOLFF, Martin. *Tratado de derecho civil*. Tomo I, Volume II. Barcelona: Bosch, 1981.

ESPÍNOLA, Eduardo. *Manual do Código Civil brasileiro*. Rio de Janeiro: Jacintho Ribeiro dos Santos, 1932. Volume III. Parte I.

___. *Manual do Código Civil brasileiro*. Rio de Janeiro: Jacintho Ribeiro dos Santos, 1932. Volume III. Parte II.

___. *Manual do Código Civil brasileiro*. Rio de Janeiro: Jacintho Ribeiro dos Santos, 1932. Volume III. Parte IV.

FACHIN, Luiz Edson. In: AZEVEDO, Antônio Junqueira de. *Comentários ao Código Civil*. São Paulo: Saraiva, 2003. Volume XV.

FACHIN, Luiz Edson; RUZYK, Carlos Eduardo Pianovski. A dignidade da pessoa humana no direito contemporâneo: uma contribuição à crítica da raiz dogmática do neopositivismo constitucionalista. *Revista Trimestral de Direito Civil*. Volume 35. Rio de Janeiro: Padma, jul.-set./2008, pp. 101--119.

FALZEA, Angelo. Efficacia giuridica. *Enciclopedia del diritto*. Milano: Giuffrè, 1958. Volume XIV.

___. *Le condizioni e gli elementi dell'atto giuridico*. Milano: ESI, 1941.

FERRARA, Francesco. *A simulação dos negócios jurídicos*. São Paulo: Red Livros, 2014.

___. *Teoria del negozio illecito nel diritto civile italiano*. Milano: Società Editrice Libraria, 1902.

___. *Trattato di diritto civile italiano*. Roma: Athenaeum, 1921. Volume I.

FERRARA, Luigi Cariota. *Il negozio giuridico nel diritto privato italiano*. Napoli: ESI, 2011.

FERREIRA, José Geinaert do Valle. Subsídios para o estudo das nulidades. *Revista da Faculdade de Direito da UFMG*. Ano XIV. Número 3 (nova fase). Belo Horizonte: out./1963, pp. 29-38.

FRANZONI, Massimo. *Trattato della responsabilità civile*. Milano: Giuffrè, 2010. Volume I: L'illecito.

FLUME, Werner. *El negocio juridico*. Madrid: Fundación Cultural del Notariado, 1998.

GALGANO, Francesco. Il negozio giuridico. In: CICÙ, Antonio; MESSINEO, Francesco; MENGONI, Luigi; SCHLESINGER, Piero (Coord.). *Trattato di diritto civile e commerciale*. Milano: Giuffrè, 2002.

GALLO, Paolo. Le restituzioni contrattuali. In: Aa.Vv. *Studi in onore di Nicolò Lipari*. Milano: Giuffrè, 2008. Tomo I, pp. 1075-1107.

GAMA, Guilherme Calmon Nogueira da. *Direitos reais*. São Paulo: Atlas, 2008.

GARCEZ, Martinho. *Das nulidades dos atos jurídicos*. Rio de Janeiro: Renovar, 1997.

GAZZONI, Francesco. *Manuale di diritto privato*. Napoli: ESI, 2015.

GIORGIANNI, Michele. O direito privado e as suas atuais fronteiras. *Revista dos Tribunais*, n. 747. São Paulo: Revista dos Tribunais, 1998, pp. 35-55.

GOMES, Júlio Manuel Vieira. *O conceito de enriquecimento, o enriquecimento forçado e os vários paradigmas do enriquecimento sem causa*. Coimbra: UCP, 1998.

GOMES, Orlando. *Contratos*. Rio de Janeiro: Forense, 2007.

___. *Direito de família*. Rio de Janeiro: Forense, 2000.

___. Distinção entre negócio jurídico e ato jurídico. *Transformações gerais do direito das obrigações*. São Paulo: Revista dos Tribunais, 1967, pp. 72-92.

___. *Introdução ao direito civil*. Rio de Janeiro: Forense, 2007.

___. *Obrigações*. Rio de Janeiro: Forense, 2006.

___. *Sucessões*. Rio de Janeiro: Forense, 2008.

___. Tendências modernas na teoria da responsabilidade civil. In: DI FRANCESCO, José Roberto Pacheco (Org.). *Estudos em homenagem ao professor Silvio Rodrigues*. São Paulo: Saraiva, 1989, pp. 291-392.

___. *Transformações gerais do direito das obrigações*. São Paulo: Revista dos Tribunais, 1967.

GRASSETTI, Cesare. *L'interpretazione del negozio giuridico con particolare riguardo ai contratti*. Padova: CEDAM, 1983.

GRAU, Eros. *Ensaio e discurso sobre a interpretação/aplicação do direito*. São Paulo: Malheiros, 2005.

GUEDES, Gisela Sampaio da Cruz; LGOW, Carla Wainer Chalréo. Prescrição extintiva: questões controversas. In: TEPEDINO, Gustavo (Coord.). *O Código Civil na perspectiva civil-constitucional: Parte Geral*. Rio de Janeiro: Renovar, 2013, pp. 475-498.

HAICAL, Gustavo. O inadimplemento pelo descumprimento exclusivo de dever lateral advindo da boa-fé objetiva. *Revista dos Tribunais*. Volume 900. São Paulo: Revista dos Tribunais, out./2010, pp. 45-84.

HART, Herbert Lionel Adolphus. *O conceito de direito*. Lisboa: Calouste Gulbenkian, 1994.

HEDEMANN, Justus Wilhelm. *Tratado de derecho civil*. Volume III. Madrid: Revista de Derecho Privado, 1958.

HESPANHA, António Manuel. *Cultura jurídica europeia: síntese de um milênio*. Coimbra: Almedina, 2015.

JAPIOT, René. *Des nullités en matière d'actes juridiques: éssai d'une théorie nouvelle*. Paris: LGDJ, 1909.

JHERING, Rudolf von. *L'esprit du droit romain*. Paris: A. Maresq, 1880. Volume IV.

JOSSERAND, Louis. *De l'esprit des droits et de leur rélativité*. Paris: Dalloz, 1927.

KELSEN, Hans. *Teoria pura do direito*. São Paulo: Martins Fontes, 2006.

KONDER, Carlos Nelson. A proteção pela aparência como princípio. In: BODIN DE MORAES, Maria Celina. *Princípios do direito civil contemporâneo*. Rio de Janeiro: Renovar, 2006, pp. 111-134.

__. Enriquecimento sem causa e pagamento indevido. In: TEPEDINO, Gustavo (Coord.). *Obrigações*: estudos na perspectiva civil-constitucional. Rio de Janeiro: Renovar, 2005, pp. 369-398.

__. Erro, dolo e coação: autonomia e confiança na celebração dos negócios jurídicos. In: TEIXEIRA, Ana Carolina Brochado; RIBEIRO, Gustavo Pereira Leite. *Manual de teoria geral do direito civil*. Belo Horizonte: Del Rey, 2011, pp. 609-632.

__. Vulnerabilidade patrimonial e vulnerabilidade existencial: por um sistema diferenciador. *Revista de Direito do Consumidor*. Volume 99. São Paulo: Revista dos Tribunais, mai.-jun./2015, pp. 101-123.

LARENZ, Karl. Estabelecimento de relações obrigacionais por meio de comportamento social típico. *Revista Direito GV*, vol. 2, n. 1, 2006, pp. 55-63.

__. *Derecho civil*: Parte General. Madrid: Editorial Revista de Derecho Privado, 1978.

LEAL, Fernando. Seis objeções ao direito civil-constitucional. *Direitos Fundamentais e Justiça*, a. 9. n. 33, out.-dez./2015, pp. 123-165.

LEITÃO, Luís Manuel Teles de Menezes. *Direito das obrigações*. Coimbra: Almedina, 2009. Volume I: Introdução, da constituição das obrigações.

LIEBMAN, Enrico Tullio. *Manual de direito processual civil*. Rio de Janeiro: Forense, 1985.

LÔBO, Paulo. *Direito civil*: Parte Geral. São Paulo: Saraiva, 2009.

LOPES, Miguel Maria de. *Curso de direito civil*. Rio de Janeiro: Freitas Bastos, 1996. Volume I.

__. *Curso de direito civil*. Rio de Janeiro: Freitas Bastos, 1996. Volume VI.

LOTUFO, Renan. *Código civil comentado*. Volume I. São Paulo: Saraiva, 2003.

LUCARELLI, Francesco. *Lesione di interesse e annullamento del contratto*. Milano: Giuffrè, 1964.

MADALENO, Rolf. Testamentos inválidos e ineficazes: revogação, rompimento, caducidade, anulabilidade e nulidade. In: HIRONAKA, Giselda; PEREIRA, Rodrigo da Cunha (Coord.). *Direito das sucessões e o novo Código Civil*. Belo Horizonte: Del Rey, 2004, pp. 265-318.

MALAURIE, Philippe; AYNÈS, Laurent. *Droit des obligations*. Paris: LGDJ, 2015.

MARINO, Francisco Paulo de Crescenzo. *Interpretação do negócio jurídico*. São Paulo: Saraiva, 2011.

MARUCCI, Barbara. Invalidità e inefficacia dell'atto giuridico. *Rassegna di diritto civile*. Anno 33, n. 1. Napoli: ESI, 2012, pp. 87-105.

MARTINS-COSTA, Judith. *A boa-fé no direito privado*: critérios para a sua aplicação. São Paulo: Marcial Pons, 2015.

__. In: TEIXEIRA, Sálvio de Figueiredo (Coord.). *Comentários ao novo Código Civil*. Rio de Janeiro: Forense, 2003. Volume V. Tomo I.

__. Os avatares do abuso do direito e o rumo indicado pela boa-fé. In: TEPEDINO, Gustavo (org.). *Direito civil contemporâneo: novos problemas à luz da legalidade constitucional*. São Paulo: Atlas, 2008, pp. 57-95.

MEIRELES, Hely Lopes. *Direito administrativo brasileiro*. São Paulo: Revista dos Tribunais, 1989.

MELLO, Marco Aurélio Bezerra de. *Direito das coisas*. Rio de Janeiro: Lumen Juris, 2008.

MELLO, Marcos Bernardes de. *Teoria do fato jurídico:* plano da eficácia. São Paulo: Saraiva, 2009.

__. *Teoria do fato jurídico:* plano da existência. São Paulo: Saraiva, 1999.

__. *Teoria do fato jurídico:* plano da validade. São Paulo: Saraiva, 2009.

MESSINEO, Francesco. *Manuale di diritto civile e commerciale*. Milano: Giuffrè, 1957. Volume I.

MIRAGEM, Bruno Nubens Barbosa. *Curso de direito do consumidor*. São Paulo: Revista dos Tribunais, 2013.

__. Nulidade das cláusulas abusivas nos contratos de consumo: entre o passado e o futuro do direito do consumidor brasileiro. *Revista de Direito do Consumidor*. Volume 72. São Paulo: Revista dos Tribunais, out.-dez./2009, pp. 41-77.

MIRANDA, Francisco Cavalcanti Pontes de. *Tratado de direito privado*. São Paulo: Revista dos Tribunais, 2012. Tomo II.

__. *Tratado de direito privado*. São Paulo: Revista dos Tribunais, 2012. Tomo IV.

__. *Tratado de direito privado*. São Paulo: Revista dos Tribunais, 2012. Tomo V.

__. *Tratado de direito privado*. São Paulo: Revista dos Tribunais, 2012. Tomo XXIV.

__. *Tratado de direito privado*. São Paulo: Revista dos Tribunais, 2012. Tomo XLIII.

MONTEIRO FILHO, Carlos Edison do Rêgo. Usucapião imobiliária urbana independente de metragem mínima: uma concretização da função social da propriedade. In: MONTEIRO FILHO, Carlos Edison do Rêgo (Coord.). *Direito das relações patrimoniais*: estrutura e função na contemporaneidade. Curitiba: Juruá, 2014, pp. 13--34.

MONTEIRO FILHO, Carlos Edison do Rêgo; BIANCHINI, Luiza. Breves considerações sobre a responsabilidade civil do terceiro que viola o contrato (tutela externa do crédito. In: TEPEDINO, Gustavo; FACHIN, Luiz Edson (Org.). *Diálogos sobre direito civil*. Volume III. Rio de Janeiro: Renovar, 2012, pp. 453-471.

MOREIRA, Carlos Roberto Barbosa. Conversão do negócio jurídico. In: TEIXEIRA, Ana Carolina Brochado; RIBEIRO, Gustavo Pereira Leite. *Manual de teoria geral do direito civil*. Belo Horizonte: Del Rey, 2011, pp. 609--632.

MOREIRA, José Carlos Barbosa. Abuso do direito. *Revista Trimestral de Direito Civil*. Volume 13. Rio de Janeiro: Padma, jan.-mar./2003, pp. 97-110.

___. As presunções e a prova. *Temas de direito processual civil*. São Paulo: Saraiva, 1988. 1ª série, pp. 55-71.

___. Invalidade e ineficácia do negócio jurídico. *Revista de Direito Renovar*. Número 25. Rio de Janeiro: Renovar, jan.-abr./2003, pp. 94-106.

___. Julgamento e ônus da prova. *Temas de direito processual civil*. São Paulo: Saraiva, 1988. 2ª série, pp. 73-82.

___. Notas sobre pretensão e prescrição no sistema do Novo Código Civil brasileiro. *Revista da Academia Brasileira de Letras Jurídicas*. Volume 19, número 22. Rio de Janeiro: jul.-dez./2002, pp. 147-158.

___. Reflexões críticas sobre uma teoria da condenação civil. *Temas de direito processual*. São Paulo: Saraiva, 1977, pp. 72-80.

MORESO, José Juan. Confliti tra princìpi costituzionali. *Diritto & Questioni Pubbliche*. Número 2, ago./2002, pp. 19-34.

NEGREIROS, Teresa. *Teoria do contrato: novos paradigmas*. Rio de Janeiro: Renovar, 2006.

NERY JÚNIOR, Nelson et al. *Código brasileiro de defesa do consumidor comentado pelos autores do Anteprojeto*. Rio de Janeiro: Forense Universitária, 2004.

NERY JÚNIOR, Nelson e NERY, Rosa Maria de Andrade. *Código Civil comentado*. São Paulo: Revista dos Tribunais, 2006.

NICOLÒ, Rosario. Diritto civile. *Enciclopedia del diritto*. Volume XII. Milano: Giuffrè, 1964.

NORONHA, Fernando. *Direito das obrigações*. São Paulo: Saraiva, 2010.

___. *O direito dos contratos e seus princípios fundamentais*. São Paulo: Saraiva, 1994.

PENTEADO, Luciano de Camargo. *Doação com encargo e causa contratual: uma nova teoria do contrato*. São Paulo: Revista dos Tribunais, 2013.

___. Figuras parcelares da boa-fé objetiva e *venire contra factum proprium*. *Revista de Direito Privado*. Volume 27. São Paulo: Revista dos Tribunais, jul./2006, pp. 252-278.

PEREIRA, Caio Mário da Silva. *A lesão nos contratos*. Rio de Janeiro: Forense, 1959.

___. *Instituições de direito civil*. Rio de Janeiro: GEN, 2014. Volume I.

___. *Instituições de direito civil*. Rio de Janeiro: Forense, 1997. Volume I.

___. *Instituições de direito civil*. Rio de Janeiro: GEN, 2014. Volume II.

___. *Instituições de direito civil*. Rio de Janeiro: GEN, 2014. Volume III.

___. *Instituições de direito civil*. Rio de Janeiro: GEN, 2014. Volume V.

___. *Instituições de direito civil*. Rio de Janeiro: GEN, 2014. Volume VI.

___. *Responsabilidade civil*. Rio de Janeiro: GEN, 2016.

PEREIRA, Lafayette Rodrigues. *Direito das coisas*. Rio de Janeiro: Freitas Bastos, 1956.

PEREIRA, Régis Velasco Fichtner. Da regra jurídica sobre a fraude à lei. *Revista de Direito Civil*. Número 50. São Paulo: Revista dos Tribunais, out.--dez./1989, pp. 41-47.

PERLINGIERI, Giovanni. *Profili applicativi della ragionevolezza nel diritto civile*. Napoli: ESI, 2015.

PERLINGIERI, Pietro. Applicazione e controllo nell'interpretazione giuridica. *Rivista di diritto civile*. Anno LVI, n. 1. Padova: CEDAM, jan.-fev./2010, pp. 317-342.

___. Il diritto di legalità nel diritto civile. *Rassegna di diritto civile*. Anno 31, n. 1. Milano: ESI, 2010, pp. 164-201.

___. Il 'giusto rimedio' nel diritto civile. *Il giusto processo civile*. N. 1/2011. Napoli: ESI, 2011, pp. 1-23.

___. In tema di tipicità e atipicità nei contrati. In: PERLINGIERI, Pietro (a cura di). *Il diritto dei contratti tra persona e mercato*. Napoli: ESI, 2003, pp. 391-413.

___. *La persona e i suoi diritti*. Napoli: ESI, 2005.

___. *Manuale di diritto civile*. Napoli: ESI, 2014.

___. *O direito civil na legalidade constitucional*. Trad. Maria Cristina De Cicco. Rio de Janeiro: Renovar, 2008.

___. *Perfis do direito civil*: introdução ao direito civil constitucional. Trad. Maria Cristina De Cicco. Rio de Janeiro: Renovar, 2007.

PIGA, Emanuele. Nullità (in genere). In: D'AMELIO, Mariano (Coord.). *Nuovo Digesto Italiano*. Torino: UTET, 1939. Volume VIII.

PINO, Giorgio. *Diritti fondamentali e ragionamento giuridico*. Torino: G. Giappichelli, 2008.

PINTO, Carlos Alberto da Mota. *Teoria geral do direito civil*. Coimbra: Coimbra Editora, 2005.

PLANIOL, Marcel; RIPERT, Georges. *Traité élémentaire de droit civil*. Tome 1er. Paris: LGDJ, 1908.

POLIDORI, Stefano. Lesione d'interesse e annullamento del contratto: attualità e prospettive. *Rassegna di diritto civile*. Anno 33, n. 1. Napoli: ESI, 2012, pp. 253-263.

POTHIER, Robert Joseph. *Tratado das obrigações*. Campinas: Servanda: 2002.

POUYAUD, Dominique. Nullité. In: ALLAND, Denis; RIALS, Stéphanie (Coord.). *Dictionnaire de la culture juridique*. Paris: PUF, 2003.

PRATES, Homéro. *Atos simulados e atos em fraude da lei*. Rio de Janeiro: Freitas Bastos, 1958.

PROSPERI, Francesco. Rilevanza della persona e nozione di *status*. *Civilistica.com*. Rio de Janeiro: a. 2, n. 4, out.--dez./2013.

PUCCINI, Lapo. *Studi sulla nullità relativa*. Milano: Giuffrè, 1967.

PUGLIATTI, Salvatore. "Autonomia privata". *Enciclopedia del diritto*. Milano: Giuffrè, 1959. Volume IV.

___. Autoresponsabilità. *Scritti giuridici*, vol. IV. Milano: Giuffrè, 2011.

___. *I fatti giuridici*. Milano: Giuffrè, 1996.

___. Precisazioni in tema di causa del negozio giuridico. *Diritto civile: metodo-teoria-pratica*. Milano: Giuffrè, 1951.

PUTTI, Pietro Maria. *La nullità parziale*: diritto interno e comunitario. Napoli: ESI, 2002.

___. Le nullità contrattuali. In: LIPARI, Nicolò; RESCIGNO, Pietro (Org.); ZOPPINI, Andrea (Coord.). *Diritto civile*. Milano: Giuffrè, 2009. Volume III: Obbligazioni. Tomo II: Il contratto in generale.

RAMOS, André Luiz Arnt; CORTIANO JÚNIOR, Eroulths. Segurança jurídica, precedente judicial e o direito civil brasileiro: prospecções à luz da Teoria do

Direito. *Civilistica.com*. Rio de Janeiro, a. 4, n. 2, 2015, pp. 1-25.

RÁO, Vicente. *Ato jurídico*. São Paulo: Saraiva, 1981.

REALE, Miguel. *Lições preliminares de direito*. São Paulo: Saraiva, 2006.

RENTERÍA, Pablo. Considerações acerca do atual debate sobre o princípio da função social do contrato. In: BODIN DE MORAES, Maria Celina. *Princípios do direito civil contemporâneo*. Rio de Janeiro: Renovar, 2006, pp. 281-314.

RESCIGNO, Pietro. *Manuale del diritto privato italiano*. Napoli: Jovene, 1994.

RIZZARDO, Arnaldo. *Parte Geral do Código Civil*. Rio de Janeiro: GEN, 2011.

RODOTÀ, Stefano. *Dal soggetto alla persona*. Napoli: Editoriale Scientifica, 2007.

__. *Le fonti di integrazione del contratto*. Milano: Giuffrè, 1969.

RODRIGUES, Silvio. *Direito civil*. São Paulo: Saraiva, 2007. Volume I.

__. *Direito civil*. São Paulo: Saraiva, 1995. Volume VII.

__. *Direito civil aplicado*. São Paulo: Saraiva, 1986. Volume III.

ROPPO, Enzo. *O contrato*. Coimbra: Almedina, 2009.

ROUBIER, Paul. *Droits subjectifs et situations juridiques*. Paris: Dalloz, 1963.

RUGGIERO, Roberto de. *Instituições de direito civil*. Campinas: Bookseller, 2005. Volume I.

SÁ, Fernando Augusto Cunha de. *Abuso do direito*. Coimbra: Almedina, 2005.

SACCO, Rodolfo. *Introdução ao direito comparado*. São Paulo: Revista dos Tribunais, 2001.

SAINT-HILAIRE, Philippe Delmas. *Le tiers à l'acte juridique*. Paris: LGDJ, 2000.

SALEILLES, Raymond. *De la déclaration de volonté*. Paris: Librairie Cotillon, 1901.

SANTOS, João Manuel de Carvalho. *Código Civil brasileiro interpretado*. Rio de Janeiro: Freitas Bastos, 1986. Volume II.

__. *Código Civil brasileiro interpretado*. Rio de Janeiro: Freitas Bastos, 1986. Volume III.

__. *Código Civil brasileiro interpretado*. Rio de Janeiro: Freitas Bastos, 1986. Volume XV.

__. *Código Civil brasileiro interpretado*. Rio de Janeiro: Freitas Bastos, 1986. Volume XVII.

__. *Código Civil brasileiro interpretado*. Volume XIX. Rio de Janeiro: Freitas Bastos, 1986.

SAVI, Sérgio. *Responsabilidade civil e enriquecimento sem causa*: o lucro da intervenção. São Paulo: Atlas, 2012.

SAVIGNY, Friedrich Karl von. *Traité de droit romain*. Paris: Firmin Didot Frères, 1840. Tome I.

__. *Traité de droit romain*. Paris: Firmin Didot Frères, 1843. Tome III.

SCHMIDT, Jan Peter. Alegação de invalidade como comportamento contraditório proibido? Comentários ao Acórdão do REsp 1.461.301/MT. *Revista de Direito Civil Contemporâneo*. Ano 3. Volume 7. São Paulo: Revista dos Tribunais, abr.-jun./2016, pp. 419--437.

__. Vida e obra de Pontes de Miranda a partir de uma perspectiva alemã – com especial referência à tricotomia 'existência, validade e eficácia do negócio jurídico'. *Revista Fórum de Direito Civil*.

Ano 3. Número 5. Belo Horizonte: Fórum, jan.-abr./2014, pp. 135-158.

SCHREIBER, Anderson. *A proibição de comportamento contraditório:* tutela da confiança e *venire contra factum proprium.* Rio de Janeiro: Renovar, 2007.

___. Reparação não pecuniária dos danos morais. In: TEPEDINO, Gustavo; FACHIN, Luiz Edson (Org.). *Pensamento crítico do direito civil brasileiro.* Curitiba: Juruá, 2011, pp. 329-346.

SCOGNAMIGLIO, Renato. *Contributo alla teoria del negozio giuridico.* Napoli: Jovene, 2008.

SILVA, Clóvis Verissimo do Couto e. *A obrigação como processo.* Rio de Janeiro: FGV, 2006.

___. Para uma história dos conceitos no direito civil e no direito processual civil (a atualidade do pensamento de Otto Karlowa e Oskar Bülow. *Boletim da Faculdade de Direito de Coimbra.* Número especial: Estudos em homenagem aos Profs. Manuel Paulo Merêa e Guilherme Braga da Cruz. Coimbra: 1982. Separata.

SILVA, Rodrigo da Guia. Contornos do enriquecimento sem causa e da responsabilidade civil: estudo a partir da diferença entre lucro da intervenção e lucros cessantes. *Civilistica.com.* Rio de Janeiro: a. 5, n. 2, 2016, pp. 1-25.

___. Danos por privação do uso: estudo de responsabilidade civil à luz do paradigma do dano injusto. *Revista de Direito do Consumidor.* Volume 107. São Paulo: Revista dos Tribunais, set.-out./2016, pp. 89-122.

___. Em busca do conceito contemporâneo de (in)adimplemento contratual: análise funcional à luz da boa-fé objetiva. *Revista da AGU.* Volume 16, número 2. Rio de Janeiro: abr.--jun./2017, pp. 293-322.

___. Um olhar civil-constitucional sobre a 'inconstitucionalidade no caso concreto'. *Revista de Direito Privado,* vol. 73, ano 18. São Paulo: Revista dos Tribunais, jan./2017, pp. 31-62.

SOUZA, Eduardo Nunes de. Abuso do direito: novas perspectivas entre a licitude e o merecimento de tutela. *Revista Trimestral de Direito Civil.* Volume 50. Rio de Janeiro: Padma, abr.-jun./2012, pp. 35-91.

___. Autonomia privada e boa-fé objetiva em direitos reais. *Revista Brasileira de Direito Civil.* Volume 4. Rio de Janeiro: abr.-jun./2015, pp. 54-80.

___. *Do erro à culpa na responsabilidade civil do médico:* estudo na perspectiva civil-constitucional. Rio de Janeiro: Renovar, 2015.

___. Função negocial e função social do contrato: subsídios para um estudo comparativo. *Revista de Direito Privado.* Volume 54. São Paulo: Revista dos Tribunais, abr.-jun./2013, pp. 65-98.

___. Merecimento de tutela: a nova fronteira da legalidade no direito civil. *Revista de Direito Privado.* Volume 58. São Paulo: Revista dos Tribunais, abr.--jun./2014, pp. 75-110.

SOUZA, Eduardo Nunes de; SILVA, Rodrigo da Guia. Autonomia, discernimento e vulnerabilidade: estudo sobre as invalidades negociais à luz do novo sistema das incapacidades. *Civilistica.com.* Rio de Janeiro: a. 5, n. 1, jan.-jun./2016, pp. 1-37.

SPINA, Angela la. *Destrutturazione della nullità e ineficacia adeguata*. Milano: Giuffrè, 2012.

TARUFFO, Michele. Legalidade e justificativa da criação judiciária do direito. *Revista da EMASPE*. Volume 6, n. 14. Recife: jul.-dez./2001, pp. 431-456.

TEPEDINO, Gustavo. A função social da propriedade e o meio ambiente. *Temas de direito civil*. Rio de Janeiro: Renovar, 2008. Tomo III, pp. 175-199.

___. Aquisição *a non domino* e os efeitos do tempo na cadeia de aquisição imobiliária. *Soluções práticas de direito:* pareceres. Volume I: Novas fronteiras do direito civil. São Paulo: Revista dos Tribunais, 2011, pp. 503-526.

___. Atividade sem negócio jurídico fundante e seus desdobramentos na teoria contratual. Prefácio a SILVA, Juliana Pedreira da. *Contratos sem negócio jurídico:* crítica das relações contratuais de fato. São Paulo: Atlas, 2011, pp. vii-xxi.

___. A tutela da personalidade no ordenamento civil-constitucional brasileiro. *Temas de direito civil*. Rio de Janeiro: Renovar, 2008. Tomo I, pp. 25-62.

___. In: AZEVEDO, Antonio Junqueira de. *Comentários ao Código Civil*. São Paulo: Saraiva, 2011. Volume XIV.

___. In: TEIXEIRA, Sálvio de Figueiredo (Coord.). *Comentários ao novo Código Civil*. Rio de Janeiro: Forense, 2006. Volume X.

___. Dez anos de Código Civil e a abertura do olhar do civilista. *Revista Trimestral de Direito Civil*. Volume 49. Rio de Janeiro: Padma, jan.-mar./2012, pp. 101--105.

___. Esboço de uma classificação funcional dos atos jurídicos. *Revista Brasileira de Direito Civil*. Volume 1, jul.-set./2014, pp. 8-38.

___. Evolução da autonomia privada e o papel da vontade na atividade contratual. In: FRANÇA, Erasmo Valladão Azevedo; ADAMEK, Marcus Vieira von (Coord.). *Temas de direito empresarial*: homenagem ao Professor Luiz Gastão Paes de Barros Leães. São Paulo: Malheiros, 2014, pp. 316-335.

___. Liberdades, tecnologia e teoria da interpretação. *Revista da Academia Paranaense de Letras Jurídicas*, n. 3. Curitiba: Juruá, 2014, pp. 29-50.

___. Notas sobre a função social dos contratos. In: FACHIN, Luiz Edson e TEPEDINO, Gustavo (Org.). *O direito e o tempo*: embates jurídicos e utopias contemporâneas. Rio de Janeiro: Renovar, 2008, pp. 395-405.

___. O Código Civil, os chamados microssistemas e a Constituição: premissas para uma reforma legislativa. *Problemas de direito civil-constitucional*. Rio de Janeiro: Renovar, 2001, pp. 1-16.

___. Prescrição da nulidade em instrumento de cessão de créditos. *Soluções práticas de direito*: pareceres. São Paulo: Revista dos Tribunais, 2012. Volume I, pp. 573-592.

___. Prescrição aplicável à responsabilidade contratual: crônica de uma ilegalidade anunciada. Editorial à *Revista Trimestral de Direito Civil*. Volume 27. Rio de Janeiro: Padma, jul.-set./2009, pp. iii-v.

TEPEDINO, Gustavo; BARBOZA, Heloisa Helena; e MORAES, Maria Celina Bodin de (Org.). *Código Civil interpretado conforme a Constituição da República*. Rio de Janeiro: Renovar, 2004. Volume I.

___. *Código Civil interpretado conforme a Constituição da República*. Rio de Janeiro: Renovar, 2006. Volume II.

___. *Código Civil interpretado conforme a Constituição da República*. Rio de Janeiro: Renovar, 2014. Volume III.

___. *Código Civil interpretado conforme a Constituição da República*. Rio de Janeiro: Renovar, 2014. Volume IV.

TEPEDINO, Gustavo; SCHREIBER, Anderson. In: AZEVEDO, Álvaro Villaça (Coord.). *Código Civil comentado*. São Paulo: Atlas, 2008. Volume IV.

TERRÉ, François; SIMLER, Philippe; LEQUETTE, Yves. *Droit civil: les obligations*. Paris: Dalloz, 2013.

THEODORO JÚNIOR, Humberto. In: TEIXEIRA, Sálvio de Figueiredo (Coord.). *Comentários ao novo Código Civil*. Rio de Janeiro: Forense, 2006. Volume III. Tomo I.

___. In: TEIXEIRA, Sálvio de Figueiredo (Coord.). *Comentários ao novo Código Civil*. Rio de Janeiro: Forense, 2006. Volume III. Tomo II.

___. Dos defeitos do negócio jurídico no novo Código Civil: fraude, estado de perigo e lesão. *Revista da EMERJ*. Volume 5, número 20. Rio de Janeiro: 2002, pp. 51-78.

TOMMASINI, Raffaele. Nullità (dir. priv.). *Enciclopedia del diritto*. Milano: Giuffrè, 1978. Volume XXVIII.

TRABUCCHI, Alberto. *Istituzioni di diritto civile*. Padova: CEDAM, 2015.

VARELA, João de Matos Antunes. *Das obrigações em geral*. Coimbra: Almedina, 1970.

VELOSO, Zeno. *Invalidade do negócio jurídico*: nulidade e anulabilidade. Belo Horizonte: Del Rey, 2005.

___. Nulidade e inexistência. In: CASSETTARI, Christiano. *10 anos de vigência do Código Civil brasileiro de 2002*: estudos em homenagem ao professor Carlos Alberto Dabus Maluf. São Paulo: Saraiva, 2013, pp. 192-204.

VENOSA, Silvio de Salvo. *Direito civil*. Volume I. São Paulo: Atlas, 2003.

___. *Direito civil*. Volume VI. São Paulo: Atlas, 2003.

VENOSA, Silvio de Salvo; GOZZO, Débora. In: ALVIM, Arruda; ALVIM, Teresa (Org.). *Comentários ao Código Civil brasileiro*. Volume XVI. Rio de Janeiro: Forense, 2004.

VILELA, João Baptista. Do fato ao negócio: em busca da precisão conceitual. *Estudos em homenagem ao Professor Washington de Barros Monteiro*. São Paulo: Saraiva, 1982, pp. 255--266.

WETTER, Polynice Alfred Henri Van. *Pandectes*. Paris: LGDJ, 1909. Tome 1er.

WIEACKER, Franz. *História do direito privado moderno*. Trad. António Manuel Botelho Hespanha. Lisboa: Calouste Gulbenkian, 2010.

ZACHARIAE, Karl Salomo. *Cours de droit civil français*. Bruxelles: Meline, Cans et Comp., 1850. Tome 1er.

___. *Le droit civil français*. Paris: Auguste Durand, 1854. Tome 1er.

ZANETTI, Cristiano de Sousa. *A conservação dos contratos nulos por defeito de forma*. São Paulo: Quartier Latin, 2013.

ÍNDICE

NOTA DO AUTOR	5
AGRADECIMENTOS	7
PREFÁCIO	11
SUMÁRIO	17
INTRODUÇÃO	21
1. PERFIL FUNCIONAL DAS INVALIDADES NEGOCIAIS: UMA QUESTÃO DE EFICÁCIA	35
2. PERFIL ESTRUTURAL DAS INVALIDADES NEGOCIAIS: CRÍTICA AOS TRADICIONAIS PLANOS DE ANÁLISE E SUA RECONDUÇÃO À EFICÁCIA DO NEGÓCIO JURÍDICO	171
3. A DINÂMICA DAS INVALIDADES NEGOCIAIS: ALGUNS VALORES RELEVANTES PARA A MODULAÇÃO JUDICIAL DE EFEITOS DO NEGÓCIO INVÁLIDO	287
PROPOSIÇÕES CONCLUSIVAS	381
REFERÊNCIAS	391